U0120824

让 我 们 一 起 追 寻

［英］威廉·达尔林普尔　作品六

陆大鹏　刘晓晖　译

威廉·达尔林普尔作品集

WILLIAM DALRYMPLE

THE **ANARCHY**

东印度公司的崛起

THE RELENTLESS RISE OF

THE EAST INDIA COMPANY

无政府

社会科学文献出版社
SOCIAL SCIENCES ACADEMIC PRESS (CHINA)

一家商业公司奴役了一个拥有 2 亿人口的国家。

——列夫·托尔斯泰，致印度教徒的信，

1908 年 12 月 14 日

企业没有可供惩罚的肉体，也没有可供谴责的灵魂，所以它们为所欲为。

——爱德华（1731~1806），第一代瑟洛男爵，

沃伦·黑斯廷斯被弹劾时期的英国大法官

目　录

18 世 纪 的 印 度

莫卧儿人

1761年帕尼
帕特战役
1803年
德里战役

奥德

阿格拉
勒克瑞
法伊扎巴德

安拉阿巴德
1764年布克
萨尔战役
穆尔希达巴德

拉杰普特人

恒河

孟加拉
1757年
普拉西战役
加尔各答

苏拉特

1803年
阿萨耶战役

马拉塔人

尼查姆

孟买
浦那

海德拉巴

克里希纳河

阿拉伯
海

蒂普苏丹

孟加
拉湾

1780年
波利罗尔战役
1792-1799年
塞林伽巴丹战役

马德拉斯

本地治里

北

西
东

南

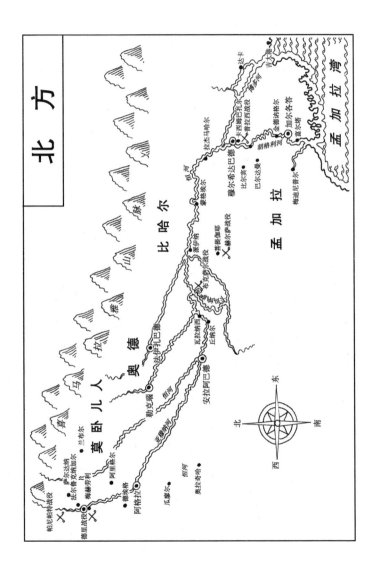

北 方

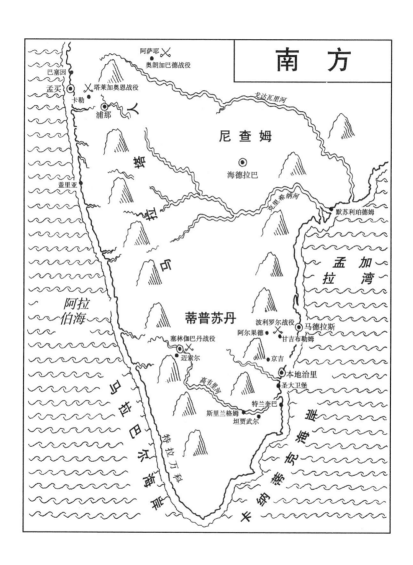

南 方

巴塞因
孟买
卡勒
阿萨耶
奥朗加巴德战役
塔莱加奥恩战役
浦那

盖里亚

尼查姆
戈达瓦里河
海德拉巴
克里索纳河
默苏利珀德姆

塔
莫
乌
山

阿拉
伯海

孟加
拉湾

蒂普苏丹
波利罗尔战役
阿尔果德
甘吉布勒姆
马德拉斯
塞林伽巴丹战役
迈索尔
京吉
高韦里河
本地治里
圣大卫堡
特兰奎巴
斯里兰格姆
坦贾武尔

马拉巴尔海岸

特拉万科

卡纳蒂克海岸

莫卧儿皇帝谱系图

人名下方为生卒年，序号表示担任皇帝的次序

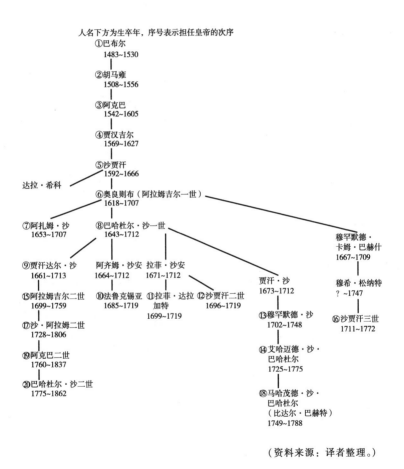

①巴布尔
1483~1530

②胡马雍
1508~1556

③阿克巴
1542~1605

④贾汉吉尔
1569~1627

⑤沙贾汗
1592~1666

达拉·希科

⑥奥良则布（阿拉姆吉尔一世）
1618~1707

⑦阿扎姆·沙
1653~1707

⑧巴哈杜尔·沙一世
1643~1712

穆罕默德·
卡姆·巴赫什
1667~1709

⑨贾汗达尔·沙
1661~1713

阿齐姆·沙安
1664~1712

拉菲·沙安
1671~1712

贾汗·沙
1673~1712

穆希·松纳特
？~1747

⑮阿拉姆吉尔二世
1699~1759

⑩法鲁克锡亚
1685~1719

⑪拉菲·达拉
加特
1699~1719

⑫沙贾汗二世
1696~1719

⑬穆罕默德·沙
1702~1748

⑯沙贾汗三世
1711~1772

⑰沙·阿拉姆二世
1728~1806

⑭艾哈迈德·沙·
巴哈杜尔
1725~1775

⑲阿克巴二世
1760~1837

⑳巴哈杜尔·沙二世
1775~1862

⑱马哈茂德·沙·
巴哈杜尔
（比达尔·巴赫特）
1749~1788

（资料来源：译者整理。）

出场人物

1 英国人

罗伯特·克莱武（Robert Clive），第一代克莱武男爵，
1725~1774

原为东印度公司的职员，凭借卓越的军事才华平步青云，成为孟加拉总督。他身材矮胖，沉默寡言，野心勃勃，坚决果敢。作为东印度公司及其驻印度军事力量的领导者，他残暴而冷酷，但精明强干。他像街头斗士一样擅长评估和把握对手，懂得紧抓偶然降临的机遇，关键时刻敢于孤注一掷，并且敢打敢冲，勇猛无畏。在他的领导下，东印度公司在孟加拉、比哈尔和奥里萨建立了政治和军事霸权，为英国在印度的殖民统治奠定了基础。

沃伦·黑斯廷斯（Warren Hastings），1732~1818

学者和语言学家，曾任威廉堡管辖区①的首任总督、孟加拉最高议事会②主席，也是 1773~1785 年实际上的首任印度总

---

① 18 世纪末，英国在印度的直接控制领地大体上局限于三座城镇——加尔各答、孟买和马德拉斯及其腹地。这就是所谓的三个管辖区。威廉堡在加尔各答。（本书脚注如无特别说明，皆为译者注。）

② 从 1773 年开始，东印度公司董事会选举四人组成一个议事会，辅佐总督，称为"孟加拉最高议事会"，总督为第五名成员。该议事会的决议对总督有约束力，曾弹劾第一任总督沃伦·黑斯廷斯。后来议事会的权力变小，总督的权力变大。1833 年，该议事会改称"印度议 （转下页注）

督。他生活简朴，学识渊博，勤奋，严肃，嗜工作如命，是著名的亲印度分子，年轻时曾坚决反对他的同僚对孟加拉的劫掠。但是，他与菲利普·弗朗西斯的仇怨导致他被指控犯有贪腐罪行，因此遭英国议会弹劾。经过漫长的公开审判，他终于在 1795 年被宣布无罪。

菲利普·弗朗西斯（Fhilip Francis），1740~1818

出生于爱尔兰的政治家，爱搞阴谋诡计的论战文章作者，被认为是《尤尼乌斯来信》（*The Letters of Junius*）的作者。他是沃伦·黑斯廷斯的主要对手和政敌。他错误地相信黑斯廷斯是孟加拉的腐败之源；并且他野心勃勃，企图取代黑斯廷斯成为印度总督，因此从 1774 年到去世一直对黑斯廷斯穷追猛打。在一次决斗中，弗朗西斯未能杀死黑斯廷斯，自己的肋骨反倒中了一发手枪子弹，随后他回到伦敦。他的指控导致黑斯廷斯和大法官伊莱贾·英庇（Elijah Impey）遭到弹劾，但他俩最终都被无罪开释。

查尔斯·康沃利斯（Charles Cornwallis），第一代康沃利斯侯爵，1738~1805

在 1781 年的约克镇围城战之后，康沃利斯率领驻北美的英军向美利坚和法国联军投降。后来他被东印度公司聘为印度

（接上页注②）事会"，在印度事务方面的权力仅次于公司董事会和英国政府。1858 年，统治印度的权力从东印度公司转移到英国政府，于是在伦敦成立了新的政府机构"印度事务部"，由级别相当于内阁大臣的印度事务大臣负责，而辅佐他的议事会被称为"印度总督议事会"，也叫"印度议事会"。

总督，以防止印度发生同样的情况。他是精力充沛的行政管理者（这一点很令人意外），颁布《永久协议》，增加了东印度公司在孟加拉的地税收入，并在1782年的第三次英国-迈索尔战争中打败了蒂普苏丹。

理查德·科利·韦尔斯利（Richard Colley Wellesley），第一代韦尔斯利侯爵，1760~1842

印度总督。他在印度征服的土地之广袤，超过了拿破仑在欧洲的战果。他鄙视东印度公司的商人心态，听从好友邓达斯（时任控制理事会①主席，反法分子）的命令，运用东印度公司的军队和资源打赢了第四次英国-迈索尔战争，于1799年杀死蒂普苏丹并摧毁了他的都城；随后他又打赢了第二次英国-马拉塔战争，于1803年打败了辛迪亚王朝和哈尔卡尔王朝的军队。到那时，他已经将最后一批法军从印度驱逐出去，让东印度公司掌控了南亚次大陆在旁遮普以南的绝大部分地区。

阿瑟·韦尔斯利上校（Colonel Arthur Wellesley），1769~1852

迈索尔总督和"德干高原②与南马拉塔地区政治与军事主

① 《1784年东印度公司法》，也叫《皮特印度法案》，得名自当时的英国首相小威廉·皮特（1759~1806），旨在将东印度公司置于英国政府的控制下。该法案任命了一个控制理事会，并促成公司与英国政府共同管理英治印度，最终权力由政府掌握。该法案的目的之一是解决公司内部的贪腐和裙带关系问题。详见下文。

② 德干高原位于印度中部和南部，包括今天马哈拉施特拉邦、安得拉邦、卡纳塔克邦和泰米尔纳德邦的一部分，是有名的熔岩高原。海拔平均为500~600米，地质主要是白垩纪的玄武岩。德干高原东边与东高止山脉相连，西边与西高止山脉相接。德干高原西北部是印度棉花的主要产区。"德干"这个名称来自梵文，意思是南边、右边。

官"。他在 1799 年参加了打败蒂普苏丹军队的战役，1803 年参加了打败马拉塔军队的战役。后来成为闻名世界的威灵顿公爵。

杰拉德（Gerald），第一代莱克子爵，1744~1808

莱克勋爵喜欢说自己是亚瑟王传说中的英雄"湖上骑士"兰斯洛特的后代。他不是一个欣赏外交手段的人。据说他曾向军中的一位簿记员咆哮："不要光顾着写，多花点心思在打仗上！"尽管年过六旬，参加过七年战争和美国独立战争，曾在约克镇与华盛顿对战，但他充满孩子气的魅力和充沛精力非常有名。他经常在凌晨 2 点起床，然后精神抖擞地亲自率领部队行军。他是韦尔斯利总督麾下精明强干的军队总司令，于 1803 年负责在北部战区打败印度斯坦的马拉塔军队。

爱德华·克莱武，第一代波伊斯伯爵，1754~1839

罗伯特·克莱武（"印度的克莱武"）的儿子，马德拉斯总督，头脑不灵光。

2　法国人

约瑟夫-弗朗索瓦·杜布雷（Joseph-François Dupleix），
1697~1764

法属印度殖民地的总督，在印度南部的卡纳蒂克战争[①]中

---

① 卡纳蒂克战争（Carnatic Wars）有三次，发生在 1746 年到 1763 年间，地点是南印度东海岸的卡纳蒂克沿海地带。参战的有南印度的许多政权和势力，法国东印度公司和英国东印度公司参与各种土著政权之间的战争，并互相较量，最终英国东印度公司成为在印度的各个欧洲势力当中的主宰者，法国东印度公司的势力范围锐减，仅限于本地治里。

败给了年轻的罗伯特·克莱武。

米歇尔·若阿基姆·马利·雷蒙（Michel Joachim Marie Raymond），1755~1798

雇佣兵，海德拉巴的法国营的营长。

皮埃尔·屈耶-佩龙（Pierre Cuiller-Perron），1755~1834

佩龙是一名普罗旺斯织工的儿子，接替比他能干得多的伯努瓦·德·布瓦涅，成为辛迪亚王朝军队的指挥官。他率领部队驻扎在德里东南100英里处的庞大要塞阿里格尔，在1803年背弃了自己的部下，换取东印度公司允许他带着毕生积蓄离开印度。

3　莫卧儿人

阿拉姆吉尔·奥朗则布（Alamgir Aurangzeb），1618~1707

缺乏魅力的古板的莫卧儿皇帝，他雄心勃勃地征服了德干高原，使莫卧儿帝国的疆域达到极限，最终导致了帝国的瓦解。宗教方面的偏执让他疏远了帝国的印度教徒，尤其是他的拉杰普特盟友，这加速了帝国在他死后的衰落。

穆罕默德·沙·兰吉拉（Muhammad Shah Rangila），1702~1748

莫卧儿皇帝，颓废的唯美主义者。他在行政管理上的粗枝大叶和缺乏军事才干，导致他在1739年的卡尔纳尔战役中被波斯军阀纳迪尔沙打败。纳迪尔沙洗劫了莫卧儿帝都德里，抢走了孔雀宝座（上面嵌有传奇的光之山钻石），随后返回波斯。穆罕默德·沙成为光杆司令。莫卧儿帝国国库空虚，财政破产，四分五裂，无力回天。

加齐·丁·汗（Ghazi ud-Din Khan），**伊玛德·穆尔克**（Imad ul-Mulk），1736~1800

海德拉巴第一代尼查姆①"尼查姆·穆尔克"的孙子，狂妄自大。他首先在 1753 年背叛并打败了自己的恩主萨夫达尔·忠格，然后在 1754 年将皇帝艾哈迈德·沙的双目刺瞎，囚禁并最终谋害了皇帝。扶植阿拉姆吉尔二世为傀儡皇帝之后，他又企图抓捕并杀害阿拉姆吉尔二世的儿子沙·阿拉姆，并最终于 1759 年刺杀了他自己扶植的傀儡皇帝阿拉姆吉尔二世。阿富汗人纳吉布·道拉崛起之后，伊玛德·穆尔克逃离德里。纳吉布·道拉取而代之，成为相当有才干的德里总督。

阿拉姆吉尔二世（Alamgir Ⅱ），1699~1759

贾汗达尔·沙皇帝的儿子，沙·阿拉姆二世的父亲。1754 年，伊玛德·穆尔克将他从宫廷囚笼中释放，扶植他为傀儡皇帝。但在四年后（1759 年），阿拉姆吉尔二世在菲鲁兹·沙要塞被伊玛德·穆尔克下令刺杀。

---

① 尼查姆（Nizam）为海德拉巴王国君主的头衔。初代尼查姆从 1724 年开始统治这个王国。尼查姆及统治阶级为穆斯林，民众以印度教徒为主。尼查姆大力赞助文学、艺术、建筑和文化。1948 年，海德拉巴被印度吞并，尼查姆被废黜。

沙·阿拉姆二世（Shah Alam），1728～1806

相貌英俊、才华横溢的莫卧儿皇子，一生坎坷，但在严峻的考验当中表现出超乎寻常的果敢。他在少年时代目睹纳迪尔沙率军闯入德里并将其洗劫一空。后来他躲过了伊玛德·穆尔克的暗杀，与克莱武多次交战都得以幸存。他在巴特那①和布克萨尔与东印度公司交战，在安拉阿巴德将孟加拉、比哈尔和奥里萨三个省份的财政管理权（Diwani）赐给克莱武，并不顾沃伦·黑斯廷斯的反对，长途跋涉返回德里。在德里，尽管局势对他极其不利，他还是和米尔扎·纳杰夫·汗一道披荆斩棘，差一点就成功重建了他祖先的帝国。但在米尔扎·纳杰夫·汗（莫卧儿帝国最后一位伟大的军事家）早逝后，帝国又如海市蜃楼一般消失。最终，沙·阿拉姆二世皇帝在其人生的最低谷遭到他曾经的宠臣、癫狂的古拉姆·卡迪尔攻击，被刺瞎双目。虽然遭受了这么多挫折，但沙·阿拉姆二世始终不放弃。只有在他的家人遭到摧残、他自己被罗赫拉人②刺瞎之后，他才短暂地陷入绝望。在极其险恶的环境（所谓的"无政府时期"）里，他统治着一个拥有高雅文化的宫廷。他本人是优秀的诗人，也慷慨地赞助诗人、学者和艺术家。

---

① 巴特那，今天是印度比哈尔邦首府，古称华氏城。

② 罗赫拉人是普什图族的一个分支，历史上生活在罗赫尔康德地区（在今天印度的北方邦），是在印度生活的最大的一个普什图人群体。他们最早在17～18世纪从阿富汗来到北印度，最初是为莫卧儿帝国效力的雇佣兵，后来发展成印度的一支强大的势力。1947年印巴分治之后，大部分罗赫拉人移民到巴基斯坦。

4 纳瓦布①

阿里瓦迪·汗（Aliverdi Khan），孟加拉的纳瓦布，
1671~1756

阿里瓦迪·汗是阿拉伯和阿夫沙尔②土库曼混血儿，于
1740 年通过军事政变在孟加拉（莫卧儿帝国最富庶的省份）
掌权。这场政变的资助者和主谋是权势炙手可热的贾加特·赛
特银行家族。阿里瓦迪·汗爱猫，是享乐主义者，晚间喜欢享
用美食、读书和听故事。打败马拉塔人之后，他在穆尔希达巴
德创设了强劲有力而令人眼花缭乱的什叶派宫廷文化，建立了
一个稳定的政治和经济中心。在莫卧儿帝国衰落的无政府时
期，他的领地是一个难得的安宁而繁荣的孤岛。

西拉杰·道拉（Siraj ud-Daula），孟加拉的纳瓦布，
1733~1757

阿里瓦迪·汗的外孙。他对东印度公司位于卡西姆巴扎尔
和加尔各答的贸易站的攻击，是公司征服孟加拉的战争的导火
索。关于这个时段的许多史料（无论是波斯的、孟加拉的、
莫卧儿的、法国的、荷兰的还是英国的）对西拉杰的评价都
很低。据他的政治盟友让·劳说，"他的名声糟糕透顶"。不
过，对西拉杰最激烈的谴责，是他的亲戚古拉姆·侯赛因·汗

---

① 纳瓦布（Nawab）是莫卧儿皇帝授予南亚一些半自治的穆斯林统治者的
荣誉头衔，他们名义上是皇帝的行省总督，实际上往往是独立君主。也
可以这样理解：印度教的君主称王公（Raja），穆斯林的君主往往称纳瓦
布。有时一些王室成员和权贵也被称为纳瓦布。
② 阿夫沙尔人（Afshar）是突厥人的一个族群，今天被算作阿塞拜疆人或
土库曼人等。波斯的著名统治者纳迪尔沙就是阿夫沙尔人。

发出的。古拉姆·侯赛因·汗曾是西拉杰·道拉的幕僚，说他是男女通吃的连环强奸犯和疯子，对他的恶行感到无比震惊。古拉姆·侯赛因·汗写道："他既无知又放荡。"

米尔·贾法尔（Mir Jafar），孟加拉的纳瓦布，约 1691~1765

不通文墨的阿拉伯雇佣兵，来自什叶派圣城纳杰夫①，在阿里瓦迪针对马拉塔人的许多关键战事中发挥了作用，并于 1756 年为西拉杰·道拉效力，率军攻克加尔各答。他参加了贾加特·赛特家族的阴谋，推翻了西拉杰·道拉，自己取而代之。但米尔·贾法尔很快就发现自己只不过是孟加拉的傀儡统治者，被东印度公司玩弄于股掌之间。罗伯特·克莱武说得对，米尔·贾法尔是"资质有限的君主"。

米尔·卡西姆（Mir Qasim），孟加拉的纳瓦布，卒于 1777 年

米尔·卡西姆与他那位头脑混乱的大老粗岳父米尔·贾法尔截然不同。他是波斯贵族，不过出生于他父亲位于巴特那附近的庄园。米尔·卡西姆身材矮小，缺乏军事经验，但年轻、能干、聪慧，并且意志坚定。他与东印度公司密谋，于 1760 年发动政变，取代了无能的米尔·贾法尔，然后成功建立了一个井井有条的国家，并且拥有自己的现代化步兵。但不到三年，他与东印度公司发生冲突。1764 年，他的军队的残部在布克萨尔战役中被彻底击败。他向西逃亡，在阿格拉附近一贫

---

① 纳杰夫位于伊拉克中部，在首都巴格达以南 160 公里处。什叶派创始人阿里被安葬于此，因此纳杰夫是伊斯兰教什叶派的圣城。

如洗地去世。

舒贾·道拉（Shuja ud-Daula），**奥德的纳瓦布，1732～1775**

舒贾·道拉是莫卧儿帝国伟大的维齐尔①萨夫达尔·忠格的儿子，继承了父亲的奥德纳瓦布的头衔。他是个巨人，身高将近 7 英尺，涂了油的小胡子像雄鹰展翅一样在脸上翘着，体力惊人。到 1763 年，他已过盛年，但仍然非常强壮，能够一剑斩断水牛的头，或者双手各举起一名军官。他的缺点在于野心勃勃、傲慢自负，并且自视过高。温文尔雅的知识分子古拉姆·侯赛因·汗注意到了他的这些缺点。他认为舒贾是个累赘，既鲁莽又愚蠢。他写道：舒贾"既傲慢又无知"。舒贾于 1764 年在布克萨尔战役中被东印度公司打败。克莱武把他送回奥德的宝座，于是他成为公司的忠实盟友，一直统治到他去世。

5 罗赫拉人

纳吉布·汗·优素福宰（Najib Khan Yusufzai），**纳吉布·道拉**（Najib ud-Daula），**卒于 1770 年**

原为普什图人优素福宰部族的马贩子，在莫卧儿军队中担任骑兵指挥官，但于 1757 年投奔了入侵印度的艾哈迈德·沙·杜兰尼。他成为忠于艾哈迈德·沙的德里总督，于人生的最后阶段居住在萨哈兰普尔附近的纳吉巴巴德，1770 年在那里去世。

---

① 维齐尔最初是阿拉伯帝国阿拔斯王朝哈里发的首席大臣或代表，后来指各伊斯兰国家的高级行政官员。

扎比塔·汗·罗赫拉（Zabita Khan Rohilla），卒于1785年

罗赫拉人的酋长，曾在帕尼帕特作战，并多次反叛沙·阿拉姆二世。他是纳吉布·道拉的儿子，古拉姆·卡迪尔的父亲。

古拉姆·卡迪尔·汗·罗赫拉（Ghulam Qadir Khan Rohilla），约1765~1787

古拉姆·卡迪尔是扎比塔·汗·罗赫拉的儿子。1772年帕塔加尔陷落后，他被沙·阿拉姆二世俘虏并带到德里，在库德西娅花园被当作皇子抚养长大。有的资料说他是沙·阿拉姆二世的宠臣，甚至可能是他的娈童。1787年，也许是为了复仇，他攻击德里，洗劫红堡①，残酷折磨并强暴皇室女眷，刺瞎了沙·阿拉姆二世的眼睛。最终，古拉姆·卡迪尔被马哈吉·辛迪亚领导的马拉塔人俘虏，被折磨至死。

6　迈索尔苏丹

海德尔·阿里（Haidar Ali），卒于1782年

原为迈索尔军队的军官，于1761年推翻了瓦迪亚王朝的迈索尔王公②，夺取政权。他通过观察法军学习了现代步兵战术，强有力地抵抗东印度公司，于1780年和儿子蒂普苏丹一

---

① 红堡（Red Fort）位于印度德里，是莫卧儿帝国的皇宫，也是政治与仪式中心。红堡始建于1639年，属于典型的莫卧儿风格伊斯兰建筑，紧邻亚穆纳河，因建筑主体呈红褐色而得名。
② 印度的王公（Raja）一词源自梵文，大致即国王、君主之意。伊斯兰教传入印度之后，印度教君主称Raja，以区分伊斯兰教君主的"苏丹"等称号。Raja也常被译为"土邦主""拉惹"等。

起在波利鲁尔赢得了他最辉煌的胜利。

蒂普苏丹（Tipu Sultan），1750~1799

迈索尔的苏丹和军事家，多次打败东印度公司，最有名的一次胜利是 1780 年与父亲海德尔·阿里一起在波利鲁尔打败公司军队。他于 1782 年继承父位，在和平时期励精图治，政绩斐然，但在战争当中极其残暴。1792 年，他被迫将自己王国的一半领土割让给康沃利斯勋爵、马拉塔人和海德拉巴人组成的联盟，并最终于 1799 年被韦尔斯利勋爵打败和杀死。

7 马拉塔人

查特拉帕蒂·希瓦吉·蓬斯尔（Chhatrapati Shivaji Bhonsle），卒于 1680 年

马拉塔人的军事领袖，在阿迪勒·沙王朝，即比贾布尔苏丹国①的废墟（位于德干高原）之上建立了自己的王国，然后与莫卧儿帝国交战（莫卧儿帝国于 1686 年征服了比贾布尔）。希瓦吉是莫卧儿皇帝奥朗则布的敌人。希瓦吉建造要塞，兴办海军，发动袭掠作战，深入莫卧儿领土。1674 年，也就是他的晚年，他在赖加德的连续两次典礼上被加冕为皇帝［查特拉帕蒂（Chhatrapati），字面意思是"伞王"］。

纳纳·法德纳维斯（Nana Phadnavis），1742~1800

以浦那为大本营的政治家，任佩什瓦（首相），被称为

---

① 阿迪勒·沙王朝，或称比贾布尔苏丹国，是南印度的一个穆斯林政权，是巴赫曼尼苏丹国解体后的德干高原五大苏丹国之一，以比贾布尔为首都，存在时间为 1490~1686 年，最终被莫卧儿帝国吞并。

"马拉塔人的马基雅维利"。他是最早认识到东印度公司对印度的生存构成威胁的人之一，并试图与海德拉巴人和迈索尔苏丹组建同盟来驱逐东印度公司，但没能实现这个计划。

图科吉·霍尔卡（Tukoji Holkar），1723～1797

风流倜傥的马拉塔军事领袖，在帕尼帕特战役中幸存，成为马哈吉·辛迪亚在北印度的主要对手。

马哈吉·辛迪亚（Mahadji Scindia），1730～1794

马拉塔首领和政治家，从 18 世纪 70 年代起，统治了 21 年之久，是印度斯坦北部最强大的统治者。他在 1761 年的帕尼帕特战役中身负重伤，此后跛足，并且变得非常肥胖。但他是一位精明的政治家，从 1771 年开始庇护沙·阿拉姆二世，把莫卧儿皇族变成了马拉塔人的傀儡。他建立了一支强大的现代化军队，由萨伏依公国的军事冒险家伯努瓦·德·布瓦涅指挥。但马哈吉·辛迪亚在晚年与图科吉·霍尔卡的竞争，以及他与东印度公司的单边和约（《萨尔拜条约》），都严重损害了马拉塔人的团结，使东印度公司在他去世九年后得以彻底打败马拉塔人。

巴吉·拉奥二世（Baji Rao Ⅱ），1775～1851

马拉塔帝国最后的佩什瓦，1795～1818 年执政。他就任佩什瓦时还只是个 21 岁的青年，身材瘦弱、怯懦、缺乏自信，下巴后缩，上唇刚刚生出细细的胡须。没过多久，事实就证明他完全没有能力应对挑战。他完全没有办法把构成他的马拉塔力量核心的不同派系团结起来。他于 1802 年在巴塞因与东印度公司签订的条约导致伟大的马拉塔邦联最终瓦解。

道拉特·拉奥·辛迪亚（Daulat Rao Scindra），1779~1827

马哈吉·辛迪亚于 1794 年去世时，他的继承人道拉特·拉奥年仅 15 岁。这个少年继承了伯努瓦·德·布瓦涅为马哈吉·辛迪亚训练的精锐军队，但对于如何部署和运用这支军队却缺乏想象力，也没有军事才干。他与霍尔卡王朝的竞争，以及未能与其团结起来共同对抗东印度公司，引发了 1803 年的第二次英国-马拉塔战争，使得东印度公司成为印度的主宰，为英国统治印度铺平了道路。

亚什万特·拉奥·霍尔卡（Jaswant Rao Holkar），1776~1811

亚什万特·拉奥是图科吉·霍尔卡与一个小妾的私生子。他是一位相当了不起的军事领袖，但对外交不是很在行，于是东印度公司对马拉塔邦联分而治之，先打败了辛迪亚，然后强迫亚什万特·拉奥于次年投降。这使得东印度公司于 1803 年底控制了印度斯坦的绝大部分地区。

引　言

最早进入英语的印度词汇当中有一个词 loot，是印度斯坦
语的俚语，意思是劫掠或战利品。根据《牛津英语词典》，18
世纪末之前，在北印度平原之外很少有人使用这个词。而在这
个时期之后，loot 突然成了英国家喻户晓的词。要想明白这个
词为什么能够在遥远的英国生根发芽，我们只需要去参观一下
威尔士边境地带的波伊斯城堡（Powis Castle）。

在 13 世纪，最后一位世袭威尔士王公，名字令人难忘的
"格鲁菲兹·格温文文之子欧文"，在崎岖难行的山峰之上建
造了波伊斯城堡。这片土地是他将威尔士交给英格兰王国而获
得的奖赏。但波伊斯城堡拥有的最壮观的财宝，出自英格兰在
数百年后的另一场征服与劫掠。

波伊斯城堡内塞满了来自印度的战利品，一个又一个房间
里满是帝国主义劫掠的产物，都是东印度公司在 18 世纪从印

度掳掠来的。这座威尔士乡村私宅收藏的莫卧儿工艺品的数量超过了印度任何一个地方，比德里的印度国家博物馆还多。波伊斯城堡的财宝包括锃亮的黄金水烟筒，上面镶嵌了紫檀；雕工精美的巴达赫尚①尖晶石和镶嵌珠宝的匕首；色泽如鸽子血的熠熠生辉的红宝石，还有碧绿的翡翠。这里有镶嵌蓝宝石和黄晶的虎头雕塑；玉和象牙制成的饰物；带有罂粟花和莲花图案的丝绸帐幕；印度教神祇的雕像和大象披挂的成套铠甲。最显眼的位置摆着两套精美绝伦的战利品，都是英国人打败并杀死其原主人之后夺来的：孟加拉的纳瓦布西拉杰·道拉的轿子，是他逃离普拉西战场时丢弃的；还有"迈索尔之虎"蒂普苏丹的行军营帐。

这些财宝令人眼花缭乱，以至于我去年夏季去参观时险些忽略了那幅解释这些战利品如何来到波伊斯的巨幅油画。这幅画悬挂在一个木制房间的门口，处于阴影之中，而这个房间位于一段光线黯淡、装有橡木饰板的楼梯的顶端。这不是一幅艺术杰作，但值得仔细研究。画中有一位颓废的印度王公，身穿金线华服，端坐在宝座上，头顶上有丝绸华盖。他的左侧立着一些手持弯刀和长矛的军官；他的右侧是一群头戴扑粉假发的乔治时代英国绅士。王公急切地将一个卷轴塞到一个身穿红色长礼服的微胖英国人手中。

这幅画表现的是 1765 年 8 月的一个场景，当时年轻的莫卧儿皇帝沙·阿拉姆二世被从德里放逐，又被东印度公司军队

---

① 巴达赫尚（Badakhshan，中国古书称把丹沙、八答黑商、巴达克山等）是历史上的一个地区，大致包括现在阿富汗的东北部、塔吉克斯坦东部和中国的部分地区。巴达赫尚在 19 世纪是英国和俄国"大博弈"的中心地区之一。

打败，不得不接受我们今天所说的"强制私有化"。那个卷轴是一道圣旨，解雇了他在孟加拉、比哈尔和奥里萨三个省份的莫卧儿税务官员，以罗伯特·克莱武（新任孟加拉总督）和东印度公司董事任命的一群英国商人取而代之。圣旨将东印度公司的董事描述为"崇高的、强大的，最高贵的贵族，最显赫的武士，值得我恩宠的忠实仆人和真诚朋友，英国的公司"。从此之后，莫卧儿人的征税权就被转包给了一个强大的跨国公司，它用自己的私营军队来保护它的征税行动。

东印度公司的创办特许状授权它"对外作战"，所以公司自从 1602 年的处女航（在这次航行期间，公司雇员强行登上一艘葡萄牙船，将其俘获）以来，就运用暴力追寻自己的目标。并且，自 17 世纪 30 年代以来，公司就控制了它在印度的定居点周围的小片土地。[1] 不过，对东印度公司来说，1765 年才是真正的分水岭，它再也不是一个传统的经营丝绸与香料的贸易公司，而是变成了一个极不寻常的实体。在几个月内， xxv
250 名公司雇员在 2 万名从当地招募的印度士兵的支援下，实际上成了莫卧儿帝国最富庶的几个省份的统治者。就这样，一个国际公司开始变身为一个极具侵略性的殖民霸主。

到 1803 年，公司的私营军队已经扩张到将近 20 万人。公司迅速征服或者直接侵占了整个南亚次大陆。这个过程只花了不到半个世纪，时间之短，令人惊愕。最早的大规模领土征服于 1756 年在孟加拉开始；四十七年后，东印度公司已经向北扩张到莫卧儿帝国的都城德里，而德里以南的几乎全部土地都实际上被伦敦金融城的一个董事会办公室统治了。一位莫卧儿官员问："这些商人连洗屁股都不会，我们却要听从他们发号施令，那么我们还有什么荣誉可言？"[2]

我们今天还说是英国人征服了印度，但这种说法掩盖了更为阴森可怖的事实。从 18 世纪中叶开始攫取印度大片土地的，并非英国政府，而是一家严重缺乏监管的私营公司。它的总部就在伦敦一间只有五扇窗那么宽的小办公室里，而公司的一线管理者是一个凶残成性、冷酷无情、有时精神状况不稳定的"企业掠食者"：克莱武。印度殖民化的过程发生在这样一家以营利为目的的企业的领导之下，而这家企业之所以存在，纯粹是为了给它的投资者带来收益。

在 19 世纪中叶的维多利亚时代鼎盛时期，英国人对他们在印度建立殖民统治的不光彩、残暴而唯利是图的方式感到尴尬。维多利亚时代的英国人认为，历史的真正内容应当是民族国家的政治。他们相信，民族国家的政治，而不是腐败企业的经济学，才是最根本的研究对象和人类历史变革的真正驱动力。并且，他们喜欢把帝国视为一种文明教化的事业：从西方到东方，以善意的方式转移知识、铁路和现代文明的各种艺术。所以，当时的英国人刻意地淡化和有选择地遗忘了这一点：正是唯利是图的劫掠，开启了英国在印度的殖民统治。

英国下议院墙壁上由威廉·罗森斯坦①绘制的壁画，能够体现维多利亚时代的英国人多么成功地编造和修改了对上述历史进程的"官方记忆"。今天仍能在下议院所在地威斯敏斯特宫的圣斯蒂芬大厅（气势恢宏的接待区）看到这幅画。它是一个叫作"英国的缔造"的壁画系列的一部分。这一系列壁画体现了当时负责绘画陈设的委员会眼中的英国历史的高光时

---

① 威廉·罗森斯坦（William Rethenstein, 1872~1945）爵士是英国画家和作家。他在两次世界大战中以战争为主题的画作以及肖像画非常有名。

刻和转折点：阿尔弗雷德国王于 877 年打败丹麦人，1707 年英格兰和苏格兰两国议会联合，诸如此类。

这个系列当中涉及印度的壁画表现的是一位莫卧儿皇帝坐在高台之上、华盖之下。这也是宫廷的场景，四面八方都是侍从，喇叭齐鸣，也是一个英格兰人站在莫卧儿皇帝面前。但这一次，双方的力量对比就大不相同了。

这幅壁画表现的场景是，1615 年，詹姆斯一世派往莫卧儿朝廷的大使托马斯·罗爵士拜见贾汉吉尔皇帝。此时莫卧儿帝国正处于富庶和强盛的巅峰状态。贾汉吉尔从他的父亲阿克巴那里继承了当时全世界最富裕的两个国度之一，只有中国明朝能与其媲美。贾汉吉尔的领土覆盖了今天印度的绝大部分、巴基斯坦和孟加拉国的全部，以及阿富汗的绝大部分。他统治下的人口是奥斯曼帝国人口的五倍以上，差不多有 1 亿人。他的子民创造了当时全球制造业产值的大约四分之一。

贾汉吉尔的父亲阿克巴曾考虑对在印度的欧洲移民（他称之为“一群野蛮人”）施加文明教化，但后来放弃了这个计划，因为觉得它不现实。贾汉吉尔喜欢富有异国情调的东西和野兽，所以他热情地欢迎托马斯·罗爵士，就像他热情欢迎第一只来到印度的火鸡一样。他详细询问托马斯爵士欧洲有哪些奇异之处。在下议院绘画陈设委员会看来，这个时刻标志着英国与印度接触的开始：两个国家首次直接接触。但如本书第一章所示，英国与印度的关系其实不是从外交和使节会晤开始的，而是从威廉·霍金斯船长的贸易活动开始的。霍金斯是东印度公司的一个嗜酒如命的老水手，抵达阿格拉之后接受了皇帝赐给他的一名女子，娶她为妻，然后兴高采烈地把她带回英格兰。这是下议院绘画陈设委员会选择遗忘的一段历史。

从多个角度看，东印度公司是商业效率的典范：创办一百年之后，它的总部只有三十五名常设员工。但是，这个小小的团队却运营了史上独一无二的"事业"：对南亚的广袤土地加以征服、镇压和劫掠。我们几乎可以肯定，东印度公司是世界历史上企业暴力最极端的例子。

xxvii

历史学家为东印度公司的惊人成功提出了很多解释：莫卧儿印度分裂成许多个互相争斗不休的小国；弗里德里希大王的军事革新让欧洲人拥有军事优势；最重要的一点是，欧洲人在国家治理、税收与银行业等领域的革新让东印度公司得以在很短时间内筹集巨额现金。因为，在鲜红的军服、帕拉迪奥风格①的宫殿、猎虎大会和政府大楼②的波尔卡舞的背后，我们始终不能忘了东印度公司会计师的资产负债表（标明收益与亏损的账簿），还有东印度公司在伦敦证券交易所不断波动的股价。

但最关键的因素或许是，东印度公司得到英国议会的鼎力支持。这两者在整个 18 世纪变得越来越互利共生，最终发展成了今天我们所说的"公私合作伙伴关系"。像克莱武那样在

---

① 曾风靡欧洲的帕拉迪奥建筑风格得名自威尼斯建筑师安德烈亚·帕拉迪奥（1508~1580）。这种风格在很大程度上受到古希腊罗马神庙建筑的对称、透视和价值观的影响。

② 加尔各答的政府大楼（Raj Bhavan）于 1803 年在当时的印度总督理查德·韦尔斯利侯爵主持下建成。此前的印度总督官邸是从土著王公那里租借的，韦尔斯利侯爵认为应当建造自己的豪华官邸，以彰显帝国的权威。19 世纪初的加尔各答被称为东方的圣彼得堡，是印度最富裕和优雅的殖民城市。1858 年东印度公司解散、建立英属印度（British India）之后，加尔各答的政府大楼是印度副王的官邸。1911 年印度首都迁往德里之后，这里又变成西孟加拉副总督的官邸。加尔各答的政府大楼当初设计的时候参考了寇松家族宅邸的风格，巧合的是，后来有一位寇松家族成员成为印度副王，居住在这里。

印度大发横财的英国人运用他们的财富去收买议员，也为自己购买议会席位。臭名昭著的"腐败选区"① 就是这么回事。作为回报，议会用国家的力量去支持东印度公司：当法国东印度公司和英国东印度公司用大炮互相瞄准的时候，就需要舰船和士兵，而国家可以提供这些。

东印度公司始终盯着两个目标：一是它做生意的土地（印度）；二是它诞生的地方（英国）。公司的律师和说客以及持股的议员缓慢地、巧妙地影响和操控议会的立法，使其为公司服务。我们甚至可以说，"企业游说"就是东印度公司发明的。1693 年，也就是东印度公司创办不到一个世纪之后，公众第一次发现，东印度公司用自己的股份去收买议员，每年要向重要的议员和内阁大臣行贿 1200 英镑。这是世界上第一起企业游说丑闻。议会做了调查，判定东印度公司的行贿和内部交易罪名成立，导致枢密院议长被弹劾，东印度公司的总裁锒铛入狱。

尽管东印度公司的全部营业资本是永久性借贷给英国政府的，但公司在有需要的时候就大肆宣扬自己在法律上相对于政府的独立地位。它有力且成功地论证了 1765 年沙·阿拉姆二世签署的那份文件（称为 Diwani）是东印度公司，而不是英国政府的合法财产，尽管英国政府为了保护东印度公司在印度 xxviii 获取的土地花费了巨额军费。不过，投票支持东印度公司独立

---

① 腐败选区（Rotten Borough）又称口袋选区（Pocket Borough），是《1832年改革法令》颁布之前英国下议院选举当中出现的一种现象。由于工业化发展，选区与城镇的地理范围不一定重合，导致有的选区人口很少却能选举议员，有的新兴工业城市人口很多但可选举的议员数量很少。这就违背了一人一票的原则，也使一些人口少的选区很容易被权贵操控。

法律地位的议员并非完全中立：将近四分之一的议员持有公司的股份，如果英国政府接管公司的话，股价就会暴跌。同样是由于这个原因，保护东印度公司、消灭外国竞争者就成了英国外交政策的一个主要目标。

波伊斯城堡那幅画描绘的交易产生了灾难性的后果。东印度公司和当时与现今的所有类似企业一样，只对股东负责。公司对公正地治理孟加拉不感兴趣，对孟加拉的长治久安也不感兴趣，所以它对孟加拉的统治很快蜕变成赤裸裸的劫掠，以及将孟加拉的财富快速输送到西方。

没过多久，这个原本就饱受兵燹之苦的省份就因为 1769 年的饥荒而一蹶不振，后来又被苛捐杂税拖垮。公司的税吏在征税的过程中犯下了当时所谓"摇晃宝塔树"[①] 的罪行，今天我们会称之为严重的侵犯人权的罪行。孟加拉的财富迅速流向英国，而当地原本生意兴隆的织工和手工匠人"如同大批奴隶"，受到新主人的强制和压迫。

孟加拉财富的很大一部分直接流进了克莱武的口袋。他衣锦还乡的时候，身价高达 234000 英镑（按照当时的币值），成为白手起家的欧洲人当中的第一富豪。在 1757 年的普拉西战役（英国人在此役中获胜，靠的不只是军事优势，还有奸计、伪造合同、银行家的支持和贿赂）之后，克莱武从落败的孟加拉统治者手中掳走不少于 250 万英镑[②]，将其收入东印度公司的金库。这在当时是史无前例的数字。克莱武的操作相当赤裸裸。他简单地将孟加拉金库中的全部金银财宝装上一百

---

① 这句俗语里说的"宝塔"是印度当地通行的金银币。
② 相当于今天的 2.625 亿英镑。——作者注

艘小船，通过恒河将财宝从位于穆尔希达巴德的孟加拉纳瓦布宫殿运到威廉堡，即东印度公司在加尔各答的总部。这笔收益的一部分后来被用于重建波伊斯城堡。

波伊斯城堡那幅描绘克莱武和沙·阿拉姆二世的油画很有欺骗性：画家本杰明·韦斯特从未到过印度。即便在当时，也有一位观众注意到，油画远景中的清真寺看上去非常像"我们的圣保罗大教堂的庄严圆顶"。实际上当时并没有举办盛大的公开典礼。孟加拉的权力交接是私下里进行的，地点是克莱武的营帐，它刚刚在英国人新近占领的安拉阿巴德的莫卧儿要塞的操练场上搭建起来。沙·阿拉姆二世并没有端坐在丝绸宝座上，而是坐在克莱武的扶手椅上。为了这个场合，扶手椅被特地抬到了克莱武的餐桌上，然后盖上了一张印花棉布的床单。

后来，英国人煞有介事地将这份文件称为《安拉阿巴德条约》，但实际上完全是克莱武发号施令，开出条件，战战兢兢的沙·阿拉姆二世只是挥挥手表示同意。如当时的莫卧儿历史学家古拉姆·侯赛因·汗所说："关系如此重大的事情……无论如何都需要双方派遣睿智的大使和精明的谈判代表来磋商……都需要经过大臣之间的谈判和争辩，而如今却匆匆敲定，花的时间还不如买卖一头驴或者其他什么役畜的时间多。"[3]

不久之后，东印度公司的势力就横跨全球。自古罗马时代以来，东西方的贸易趋势一直是西方的金银持续流向东方。而东印度公司几乎凭借一己之力就扭转了贸易平衡。它向东方的中国输送鸦片，并在适当的时机发动两次鸦片战争，从而侵占香港这个离岸基地，并以武力保障利润丰厚的鸦片贸易。

东印度公司把中国茶叶卖到了马萨诸塞，发生在那里的"波士顿倾茶事件"引发了美国独立战争。在战争爆发前不久，北美"爱国者"的一项主要担忧就是英国议会可能会允许东印度公司大肆劫掠美洲，就像它劫掠印度那样。1773年11月，北美的"爱国者"约翰·迪金森说东印度公司的茶叶是"可憎的垃圾"，并说如果让东印度公司统治了北美，北美就如同"被耗子吞噬"了。他说，这家"几乎破产的公司"之前忙着在孟加拉"无恶不作，敲诈勒索，从事垄断经营"，如今"将目光投向北美，打算在这个新地区施展它劫掠、压迫与残酷镇压的能耐"。[4]

1803年，东印度公司占领了莫卧儿帝国的都城德里。在城内，双目被刺瞎的皇帝沙·阿拉姆二世枯坐在残破的皇宫中。到此时，东印度公司已经培训了大约20万人的私营安全部队，规模相当于英国陆军的两倍。在当时，东印度公司拥有胜过亚洲任何一个国家的强大武力。

xxx

此时，来自欧洲边陲一个小小岛国的一小群商人统治着北印度的广袤土地，从西面的德里一直到东面的阿萨姆。南亚次大陆的几乎整个东海岸都在东印度公司手中，公司还拥有西海岸的古吉拉特和科摩林角①之间的全部战略要地。在四十年多一点的时间里，东印度公司鸠占鹊巢，几乎成为整个南亚次大陆（总人口约5000万至6000万②）的主人，继承了一个庞大

---

① 科摩林角是印度大陆部分的最南端。

② 原文如此。上文说贾汉吉尔（1569—1627）时代莫卧儿帝国（今天印度的绝大部分、巴基斯坦和孟加拉国的全部，以及阿富汗的绝大部分）的总人口有约1亿人。此处说19世纪初南亚次大陆总人口为5000万到6000万，显然不合理。5000万到6000万的数字应当指的是当时东印度公司直接统治下的人口。

的帝国。在这个帝国里，即便是小省的纳瓦布和总督也统治着广袤的土地，无论面积还是人口都超过欧洲最大的国家①。

如东印度公司的一位董事所说，公司是"帝国中的帝国"，它有权力在东方的任何地方开战或议和。到此时，公司也创建了一个庞大而复杂的行政和公务员体系，建设了伦敦码头区的很大一部分，贸易额达到英国全国贸易总额的将近一半。难怪此时的东印度公司自称"宇宙中最伟大的商人团体"。

但和当代的超大型企业一样，东印度公司在极其强盛的同时，面对经济的动荡却显得格外脆弱。在获得孟加拉、比哈尔和奥里萨的财政管理权之后，因为获得了孟加拉国库的财富，东印度公司的股价一夜之间翻了一倍。但在仅仅七年之后，劫掠和饥荒导致孟加拉的土地收入骤减，于是东印度泡沫破裂了。东印度公司一下子负债150万英镑，另外还欠英国政府100万英镑②的税金。公众获知这个消息之后，欧洲有三十家银行像多米诺骨牌倒下般纷纷破产，导致贸易停滞。

于是东印度公司不得不承认失败，并请求政府提供大规模的紧急援助。读者诸君对这种情况一定感到熟悉。1772年7月15日，东印度公司的董事向英格兰银行申请了40万英镑的贷款。两周后，董事们又要求追加30万英镑的贷款。但银行只筹措到20万英镑。③ 到8月，董事们私下里告诉政府，他们实际

---

① 这里的欧洲显然不包括俄国。
② 分别相当于今天的1.575亿英镑和1.05亿英镑。——作者注
③ 当时的40万英镑相当于今天的4200万英镑，30万英镑相当于今天的3150万英镑，20万英镑相当于今天的2100万英镑。——作者注

上还需要 100 万英镑，这是史无前例的惊人数字。埃德蒙·伯克①于次年起草的正式报告预测道，东印度公司的财政问题可能"像一块磨石，把［英国政府］拖向万劫不复的深渊……最终，这家可憎的公司将像毒蛇一样，毁掉将它抱在胸口抚育的国家"。

xxxi

但东印度公司毕竟"大到不能倒"。于是在次年，即 1773 年，世界上第一家侵略性极强的跨国公司被历史上最早的超大规模的政府救市行动拯救了。然而，英国政府拯救东印度公司的条件是，政府要获得对其的监管权，并对其严加管控。这是历史上第一个政府以获得监管权为条件救市的例子。

本书的宗旨不是全面记述东印度公司的完整历史，更不是对其商业经营进行经济学层面的分析。本书的目的是尝试回答这样一个问题：一家以伦敦一栋写字楼为总部的私营公司，如何在 1756~1803 年取代了强大的莫卧儿帝国，成为广袤的南亚次大陆的主宰。

本书会讲述东印度公司如何打败它的主要竞争对手（孟加拉的纳瓦布、奥德的纳瓦布、蒂普苏丹的迈索尔苏丹国和强大的马拉塔邦联），又如何将沙·阿拉姆二世皇帝置于自己的

① 埃德蒙·伯克（1729~1797）是出生于爱尔兰的政治家、作家、演说家、政治理论家和哲学家，他曾在英国下议院担任数年辉格党议员。他最为后人所知的事迹包括：反对英王乔治三世和英国政府、支持北美殖民地（后来的美国）独立，以及批判法国大革命。对法国大革命的反思使他成为辉格党里的保守主义代表人物。他常被视为英美保守主义的奠基者。

羽翼之下。沙·阿拉姆二世见证了东印度公司在长达五十年的时间里如何向印度发动猛攻，并从一个小小的贸易公司崛起为羽翼丰满的帝国主义霸主。沙·阿拉姆二世的生平可以说是本书叙述的一条主线。

如今历史学界的共识是，之前几代历史学家的看法是错误的，18世纪并不是印度的"黑暗时代"。莫卧儿帝国的政治衰败恰恰使得次大陆的其他一些地区发生了经济的复苏。近期的许多史学研究都致力于加深我们对这种新观点的理解。[5]但是，关于区域复苏的精彩学术论述不能改变这样的事实：当时的印度处于无政府状态，这在18世纪的大部分时间里肯定扰乱了莫卧儿帝国的心脏地带，尤其是德里和阿格拉周边。如法基尔①海尔·丁·安拉阿巴迪所说："混乱和腐败再也不屑于隐藏自己，曾经太平的印度如今成了混乱无序的国度（dâr al-amn-i Hindûstân dâr al-fitan gasht）。莫卧儿帝国早已名不副实，它只留有一个虚名，或者说是一道阴影。"[6]

xxxii

因为记载这个无政府时期历史的人不只是少数像法基尔海尔·丁和古拉姆·侯赛因·汗那样郁郁寡欢的莫卧儿绅士，还包括当时的大量旅行者，所以我相信上述的历史修正主义有些矫枉过正了。从劳和莫达沃伯爵到波利耶和富兰克林，18世纪末印度的几乎所有见证者都不厌其烦地谈到当时无穷无尽的流血冲突和混乱无序，以及不带全副武装的护卫就在乡村旅行是多么危险和艰难。这些见证者让我们相信，当时的印度处于"无政府"状态。

---

① 法基尔（fakir）是中东和南亚一些守贫和虔诚禁欲的苏非派修士。莫卧儿帝国时期的南亚次大陆常错误地用这个词指印度教和佛教的苦修者。

　　东印度公司的历次战争，以及它对孟加拉、比哈尔和奥里萨的劫掠，尤其是在 18 世纪 50 年代到 70 年代之间，大幅加剧了印度的混乱，并且影响到了距离德里非常遥远的地区。所以我给本书取的书名是《无政府》。关于这个时段，有两种史学：一种是记述当时高度紧张、混乱且极其暴烈的军事发展的军事史；另一种是理查德·巴尼特和我在剑桥大学的教授克里斯托弗·贝利①通过大量研究来阐释的新的政治、经济与社会结构长期巩固的历史。在这两种史学之间达到平衡显然是很困难的。我不确定是否有人把这些不同层面的历史事件与分析协调起来，但本书就是朝这个方向的一次努力。

　　本书依据的史料主要是东印度公司自己的卷帙浩繁的档案。公司总部的文件，以及它在印度的工作人员向在利德贺街办公的董事发送的报告，如今塞满了伦敦大英图书馆的地下室。东印度公司在印度的总部（即加尔各答威廉堡的政府大楼）的记载往往更为详细，更有价值，如今存放在新德里的印度国家档案馆（NAI），我的研究工作主要是在那里进行的。

　　但印度国家档案馆的 18 世纪档案比 19 世纪的资料（得到了很好的整理和编目）要难查得多，我在那里的最初几周甚至连大多数索引都很难找到。最终，印度国家档案馆的工作人员 Jaya Ravindran 和 Anumita Bannerjee 睿智而始终耐心地帮助我搜索了各个密室和仓库，最终找到了我需要的材料。这番辛劳带来了丰厚的报偿。几周之内，我就拿到了从洛里昂港发出的情报的原件。正是这份情报促使东印度公司命令总督罗杰·

xxxiii

---

① 克里斯托弗·艾伦·贝利爵士（1945~2015），英国历史学家，专攻大英帝国史、印度史和全球史。1992~2013 年，他是剑桥大学的帝国史与海军史教授。

德雷克重建加尔各答的城墙，而这个举动激怒了西拉杰·道拉。我还找到了克莱武从普拉西战场发出的最初报告的原件。

除了公司的英文档案，我还运用了整个 18 世纪许多学识渊博的莫卧儿历史学家、贵族、孟希①和书记员撰写的绝佳的波斯文史书。其中最好的一部是《对现代的审视》（*Seir Mutaqherin*），作者是才华横溢的年轻莫卧儿历史学家古拉姆·侯赛因·汗。这本书是关于该时段的入木三分的印度史料，18 世纪 90 年代就有了英译本。但还有其他许多极有价值的波斯文史书，至今既未得到翻译，也未曾出版。

在我的长期合作者布鲁斯·万奈尔（Bruce Wannell）的帮助下，我得以使用这些史料。一连好几个月，布鲁斯住在我位于梅赫劳利的山羊养殖场花园的帐篷里，翻译了许多此前被忽视的史料，比如法基尔海尔·丁·安拉阿巴迪的《警世书》（*Ibrat Nama*）和帕尼帕特的穆罕默德·阿里·汗·安萨里的《穆扎法里历史》（*Tarikh-i Muzaffari*）。这些史料对我的工作起到了重要作用。布鲁斯对 18 世纪印度和更广阔的伊斯兰世界如数家珍，对我帮助极大。我特别感谢布鲁斯在拉贾斯坦邦栋格市 MAAPRI 研究所做的工作：他在那里翻译了之前无人使用过的沙·阿拉姆二世传记，即孟希蒙纳·拉尔的《沙·阿拉姆本纪》（*Shah Alam Nama*）。我还要感谢布鲁斯在本地治里与让·德洛什②的讨论，这让布鲁斯后来精彩地翻译了好几部之前未被翻译且很少有人使用的 18 世纪法国史料，如让

---

① "孟希"是波斯语，在莫卧儿帝国和英属印度指的是欧洲人雇的本土语言教师或秘书。

② 让·德洛什（1929~2019）是法国学者，主要研究与印度历史有关的 18 世纪法国手稿和印度科技史。

蒂、马代克和劳的回忆录，尤其是莫达沃伯爵的精彩绝伦的《航行记》（*Voyages*）。温文尔雅的莫达沃伯爵是格勒诺布尔人，是伏尔泰的朋友和邻居，对 18 世纪的印度做出了精妙、讥讽而极具洞察力的评论，涉及对象从东印度公司统治下加尔各答的宽阔林荫大道到沙·阿拉姆二世的衰败都城德里的废墟，不一而足。

xxxiv　　在研究东印度公司的六年时间里，我欠了很多人情。首先，我要感谢 Lily Tekseng 一连许多个月的艰辛劳动，她把我在印度国家档案馆找到的手抄本内容输入电脑，而我的弟媳 Katy Rowan 和 Harpavan Manku 在伦敦做了类似的工作。他们在东印度公司官方档案和克莱武、黑斯廷斯、康沃利斯与韦尔斯利等人的私人书信上付出心血。我还要感谢 Aliya Naqvi 和 Katherine Butler Schofield 把沙·阿拉姆二世本人的诗作翻译得那么优美。

　　许多朋友阅读了本书不同阶段的草稿，我对他们十分感激：Peter Marshall、Rajat Datta、Robert Travers、Najaf Haider、Lakshmi Subramanian、Jean-Marie Lafont、Nonica Datta、Sonal Singh、Vijay Pinch、Mahmood Farooqui、Yashashwini Chandra、Narayani Basu、Katherine Butler Schofield、Mala Singh、Rory Fraser、Sam Miller、Gianni Dubbini、Jeremy Parkinson、Riya Sarkar、Chiki Sarkar、Jayanta Sengupta、Adam Dalrymple 和 Nandini Mehta.

　　还有很多朋友给了我无价的帮助。在印度，我要感谢 B.

N. Goswamy、Ebba Koch、Momin Latif、John Fritz、George Michel、Shashi Tharoor、Chander Shekhar、Jagdish Mittal、Diana Rose Haobijam、Navtej Sarna、Tanya Kuruvilla、S. Gautam、Tanya Banon 和 Basharat Peer。我要特别感谢榕树（Banyan）旅行社的 Lucy Davison，她的公司是印度最好的旅行社，非常高效地帮助我安排了许多趟科研之旅：卡纳蒂克沿岸、塞林伽巴丹、栋格、穿过德干高原去浦那，最令人难忘的一次旅行要算在难近母节①期间去加尔各答和穆尔希达巴德。

在巴基斯坦，我要感谢 Fakir Aijazuddin、Ali Sethi、Hussain 和 Aliya Naqvi，还有旁遮普档案馆的 Abbas，他慷慨无私地帮助我查阅了波斯文和乌尔都文的史料。

在美国，我要感谢 Muzaffar Alam、Maya Jasanoff、Ayesha Jalal、Ben Hopkins、Nile Green、Sanjay Subramanyam、Durba Ghosh、Elbrun Kimmelman 和 Navina Haidar。

在英国，我要感谢 Nick Robbins、Saqib Baburi、Ursula Sims-Williams、Jon Wilson、Malini Roy、Jerry Losty、John Falconer、Andrew Topsfield、Linda Colley、David Cannadine、Susan Stronge、Amin Jaffer、Anita Anand、Ian Trueger、Robert Macfarlane、Michael Axworthy、David Gilmour、Rory Stewart、Charles Allen、John Keay、Tommy Wide、Monisha Rajesh、Aarathi Prasad、Farrukh Husain、Charles Grieg、Rosie Llewellyn-

---

① 难近母（Durga）是印度教的一位女神，传统上被认为是湿婆之妻雪山神女的两个凶相化身之一（另一个是时母）。难近母的最主要职能是降魔。她是与恶魔战斗的可怕的女武士形象，有十只手、三只眼，拿着许多武器和法器。她的坐骑有时是一头狮子，有时是一只老虎。难近母节（Durga Puja）就是纪念和崇拜她的节日，大约在 9 月到 10 月，为期十天。

Jones、Richard Blurton、Anne Buddle、Sam Murphy、Henry Noltie、Robert Skelton、Francesca Galloway、Sam Miller、Shireen Vakil、Zareer Masani、Tirthankar Roy、Brigid Waddams、Barnaby and Rose Rogerson、Anthony and Sylvie Sattin、Hew、Jock and Rob Dalrymple，还有我非常思念的已故的克里斯·贝利（Chris Bayly），三十多年前他在剑桥大学的讲座让我第一次对错综复杂的 18 世纪印度产生了兴趣。

我非常幸运地结识了 David Godwin 这样无与伦比的优秀经纪人，以及 Bloomsbury 出版社的一大批卓越的出版人：Alexandra Pringle、Trâm-Anh Doan、Lilidh Kendrick、Emma Bal、Richard Charkin、Yogesh Sharma、Meenakshi Singh、Faiza Khan、Ben Hyman，特别是与我合作三十多年的编辑 Mike Fishwick。我还要感谢 Buchet Chastel 出版社的 Vera Michalski，以及意大利 Adelphi 出版社的杰出的 Roberto Calasso。

我挚爱的家人，Olivia、Ibby、Sam 和 Adam，在我写作本书的漫长六年当中让我不抓狂，保持开心。尤其 Olivia 是我可以倚靠的磐石，在情感上是我的港湾，并且引导我从事这项工作。她是我的第一位编辑，也是最好的编辑，同时是我的人生伴侣，对我永远耐心、永远慷慨、永远充满爱意。我对妻儿和挚爱的父母（他俩都在我写作本书期间去世）亏欠最多。我父亲自感时日无多，无法见到我完成这本书。他没能看见我写完本书的最后一个句号。在我还差两章的时候，他于圣诞节次日去世。他教会我热爱历史，也教会我如何生活。所以，谨以此书纪念他。

威廉·达尔林普尔

北伯立克—奇西克—梅赫劳利，2013 年 3 月~2019 年 6 月

第一章　1599 年

1599 年 9 月 24 日，威廉·莎士比亚在萨瑟克家中（位于 1
泰晤士河畔环球剧场的下游）构思《哈姆雷特》的时候，从
他家往北 1 英里，在泰晤士河对岸、步行还不到 20 分钟的地
方，一群身份和背景五花八门的伦敦人正聚集在一座庞大而凌
乱的半木制房屋内。许多竖框的都铎式窗户让光线进入这栋
房子。[1]

即便在当时，人们也认识到这次会议具有历史意义。现
场有公证人备好了笔墨，准备记录此次会议的经过。这真是
件稀罕的事：这一天，伊丽莎白时代伦敦社会各阶层的代表
都聚集到了沼泽门原野之外的铸工行会大厅。[2]上层社会的代
表是伦敦市长斯蒂芬·索姆爵士，他戴着象征官职的黄金项
链，身穿鲜红色麻纱布长袍，身材粗壮结实。他身边是两位
前任市长，还有伦敦城好几位资深的市议员，都是老于世故

的伊丽莎白时代的伦敦市民，蓄着白胡须，戴着柔软如羽毛的细棉布轮状硬领。[3]其中最有权势的人是伦敦城的审计官托马斯·史密斯爵士，他蓄着庄重的山羊胡子，身披貂皮镶边的大衣，头戴高高的大礼帽。他靠从希腊诸岛进口黑加仑和从阿勒颇进口香料发了大财。几年前，"审计官史密斯"参与组建了黎凡特①公司，通过这家公司来从事远洋贸易。本次会议就是他发起的。[4]

除了这些身材发福的伦敦城精英之外，在座的还有许多地位不是那么尊贵、渴望发财的商人，以及一些出身较卑微但是雄心勃勃、渴望攀升的人士。公证人尽职尽责地记录了这些人的职业：杂货商、布商和男装店店主、一名"织工"、一名"葡萄酒商"、一名"皮具商"和一名"皮货商"。[5]在场的还有一些来自伍利奇②和德特福德③的面带伤痕的军人、水手和满面胡须的冒险家，其中有一些是饱经风霜的老水手，参加过十年前打退西班牙无敌舰队的海战。这些水手都穿着紧身上衣，戴着金耳环，低调地在腰带上挂着匕首。其中一些下级水手曾经与德雷克、雷利一起，在温暖的加勒比海域袭击西班牙的运宝船。面对公证人的询问，水手们用伊丽莎白时代礼貌的委婉语"私掠船主"来自我介绍。还有一群去过更远地方的探险家和旅行家：例如北极探险家威廉·巴芬，北冰洋的巴芬湾就是用他的名字命名的。最后，一个自称"东印度航行史官"

---

① 黎凡特（Levant）是历史上的地理名称，一般指中东、地中海东岸、阿拉伯沙漠以北的一大片地区。在中古法语中，黎凡特一词即"东方"的意思。黎凡特是中世纪东西方贸易的传统路线必经之地。

② 伍利奇是英国伦敦东南部格林尼治区的一个郊区，位于泰晤士河右岸。

③ 德特福德是英国伦敦东南部的一个区域。

的年轻人在认真记录。他的名字是理查德·哈克卢伊特。冒险家们付他 11 英镑 10 先令①的薪水，请他编纂当时英格兰已知的关于香料航线的全部资料。6

身份如此迥异的人很少会聚集在同一个屋檐下，但如今他们都是为了同一个目的而来：请求上了年纪的伊丽莎白一世女王（当时已经 66 岁，头戴假发，涂脂抹粉）批准创办一家公司来"组织远航，去东印度和它附近的其他土地与国家从事贸易……通过购买或以物易物，获取那些土地或国家可能拥有的财物、货物、珠宝或商品……（愿上帝让这样的事业兴旺发达）"。7

史密斯在两天前召集了 101 位最富裕的商人，敦促他们出资，金额从 100 英镑到 3000 英镑不等，这在当时是相当大的数目。史密斯一共筹集了 30133 英镑 6 先令 8 便士②。投资者们拟定了契约，"亲笔记录"他们每个人的出资金额，并宣称，此项事业是为了"我们祖国的荣誉，为了英格兰王国的贸易与商业的进步"。

3

用后见之明来解读历史永远是错误的。今天我们知道东印度公司最终控制了全球贸易的将近一半，并成为历史上最强大的企业（埃德蒙·伯克有句名言，说东印度公司是"一

---

① 相当于今天的 1200 英镑。——作者注
② 当时的 100 英镑相当于今天的 1 万英镑，3000 英镑相当于今天的 30 万英镑，30133 英镑 6 先令 8 便士超过了今天的 300 万英镑。——作者注

个披着商人外衣的国家"）。从今天的视角回顾，东印度公司的崛起似乎是必然的。但在 1599 年，人们绝对不是这么想的，因为很少有企业在草创之初比东印度公司更没有成功的把握。

当时的英格兰总的来讲还是一个相对贫困的农业国。在将近一个世纪的时间里，为了当时最有争议的话题——宗教，英格兰陷入无休止的内斗。[8]在此过程中，英格兰单方面脱离了当时欧洲最强大的机构——天主教会。在很多睿智的英格兰人看来，这简直就是自残。而在很多欧洲人眼中，英格兰成了一个弃儿般的国家。邻国都对英格兰脱离天主教会感到不解。与邻国切断关系之后，英格兰人不得不到全球各地寻找新的市场，到遥远的地方寻找商业机遇。他们这么做的时候，经常会扮演起海盗的角色。

弗朗西斯·德雷克爵士是英格兰冒险家的榜样。德雷克在 16 世纪 60 年代初一举成名，靠的是沿着巴拿马地峡抢劫从银矿向港口运送白银的西班牙骡队。抢劫活动的部分收益让德雷克得以在 1577 年指挥"金鹿"号开始为期三年的环球航行。这是历史上第三次有人尝试环球航行。德雷克的航行之所以能够成功，得益于罗盘和星盘技术的进步，也要感谢英格兰与西班牙和葡萄牙之间关系的恶化。[9]

德雷克"热切希望找到金银……香料、胭脂虫①"。他的航行经费来自对两个伊比利亚国家的航运的打劫。俘获一艘满

---

① 胭脂虫原产于美洲。雌虫体内含胭脂红酸，可以用来制造绯红色（胭脂红）染料。在哥伦布发现美洲之初，胭脂虫被引入了欧洲。今天，胭脂虫被用于布料染色、食用色素和化妆品。

载金银财宝的葡萄牙克拉克帆船①之后，德雷克带回了"大量金银、珍珠和宝石"，价值超过 10 万英镑②。这是大航海时代利润最丰厚的航行之一。英格兰王室向冒险家们发放执照，授权他们骚扰和打劫西班牙与葡萄牙在南美洲和中美洲的殖民帝国（西、葡两国的殖民帝国发展得比英格兰更早，也更富庶）。这实质上是伊丽莎白时代的国家许可的有组织犯罪，由白厅和查令十字街的寡头们控制。德雷克的竞争对手沃尔特·雷利爵士及其船员从一次类似的袭掠远航返回之后，西班牙大使立刻谴责他们是"海盗、海盗、海盗"。10

聚集在铸工行会大厅的许多人也会被西班牙大使认定为海盗。东印度公司的潜在投资者知道，这群水手和冒险家或许是很厉害的海盗，但在当时都没能成功地开展远途贸易，也没能建立有利可图的殖民地并耐心地经营下去。实际上，与很多欧洲邻国相比，英格兰人在这些活动当中都是外行。

英格兰人努力寻找前往香料群岛的具有传奇色彩的西北水道③，却以灾难告终。他们没有找到摩鹿加群岛④，而是在北

---

① 克拉克帆船是 15 世纪盛行于地中海的一种三桅或四桅帆船。它的特征是巨大的弧形船尾，以及船首的巨大斜桅。克拉克帆船体型较大，稳定性好，是欧洲历史上第一种可用作远洋航行的船型。

② 超过了今天的 1000 万英镑。——作者注

③ 西北水道是一条穿越加拿大北极群岛、连接大西洋和太平洋的航道。1903 年，挪威探险家罗尔德·阿蒙森乘小船从大西洋进入西北水道，三年后到达阿拉斯加，成为第一个乘船通过整个西北水道的人。在过去，因为西北水道的很大一部分被冰封住，所以对普通船只来说不安全，在经济上也不划算。但随着全球变暖，西北水道的冰雪部分融化，将来可能会有更多船只经过西北水道在大西洋和太平洋之间航行。

④ 摩鹿加群岛位于今天印尼的苏拉威西岛东面、新几内亚西面以及帝汶北面，是马来群岛的组成部分。中国和欧洲传统上所说的香料群岛，多指这个群岛。

极圈的边缘止步不前。他们的盖伦帆船①被困在浮冰之中，饱受摧残的船体被冰山刺透。水手们用长枪自卫，但仍然遭到北极熊的撕咬。[11]英格兰人也没能保护好他们在爱尔兰新建的新教徒种植园，这些种植园在 1599 年遭到猛烈攻击。英格兰人试图强行加入加勒比海的奴隶贸易，也是无功而返，而他们在北美建立英格兰殖民地的尝试同样以灾难告终。

　　1584 年，沃尔特·雷利爵士在切萨皮克湾以南的罗阿诺克岛上建立了英格兰在北美的第一个殖民地。他把这片土地命名为弗吉尼亚，以纪念女王。② 但罗阿诺克岛上的殖民地维持了不到一年，就在 1586 年 6 月被放弃了。救援舰队抵达的时候，发现殖民地已经空无一人。船上热情洋溢的新殖民者跳上岸，却发现栅栏和房屋已经被彻底拆毁。除了一具骷髅和一棵树上用大写字母刻的 CROATOAN（当地印第安部落的名字）字样之外，没有任何迹象能表明定居者的境遇。雷利留在那里的 90 名男子、17 名女子和 11 名儿童仅仅两年就销声匿迹，仿佛定居者都凭空消失了。[12]

5　　　　就连身在伦敦的最有经验的两位航海家和东方探险家拉尔夫·菲奇和詹姆斯·兰开斯特爵士（都参加了铸工行会大厅的会议）结束旅行之后也没有什么成绩可言，只能胡吹乱侃

---

① 盖伦帆船是至少有两层甲板的大型帆船，在 16~18 世纪被欧洲多国采用。它可以说是卡拉维尔帆船与克拉克帆船的改良版本，船身坚固，可用作远洋航行。最重要的是，它的生产成本比克拉克帆船便宜，生产三艘克拉克帆船的成本可以生产五艘盖伦帆船。盖伦帆船被制造出来的年代，正好是西欧各国争相建立海上强权的大航海时代。所以，盖伦帆船的面世对欧洲局势的发展亦有一定影响。

② 因为伊丽莎白一世女王终身未嫁，被称为"童贞女王"，而"弗吉尼亚"（Virginia）有"处女"之意。

一些神奇故事，而且他们的船员和货物都损失惨重。

拉尔夫·菲奇于 1583 年搭乘"老虎"号从法尔茅斯①出发，奉审计官史密斯新创办的黎凡特公司之命去东方。他从黎凡特海岸走陆路，经过阿勒颇，但刚走到霍尔木兹就被葡萄牙人当作间谍逮捕了。他披枷带锁地被押解到果阿，葡萄牙人威胁要对他施以吊刑。这种刑罚类似于蹦极，一个人被绳子捆住从高处下坠。据说人体快速下坠时，绳子的长度全部放完后，下坠骤然停止造成的震动会给人带来极大的痛苦，比伊丽莎白时代英格兰人更喜欢用的肢刑（用转轮牵拉四肢，使关节脱离原位）更痛苦。

在果阿的英格兰籍耶稣会士托马斯·史蒂文斯修士出手救了菲奇，为他担保。菲奇得以穿过德干高原的那几个富庶的苏丹国，来到 16 世纪的莫卧儿帝都阿格拉，然后取道孟加拉来到摩鹿加群岛。[13]三年后，他返回伦敦，向伦敦人绘声绘色地讲述自己的旅行故事，一时间闻名遐迩，就连莎士比亚也在《麦克白》中提到了他的船："她的丈夫是'老虎'号的船长，到阿勒颇去了。"尽管菲奇带回了大量关于胡椒贸易的诱人信息，但他并没有带回一粒胡椒。[14]

黎凡特公司打入香料贸易的第二次尝试（这次是走海路）比第一次更失败。詹姆斯·兰开斯特爵士于 1591 年驾船驶入印度洋，这是英格兰人第一次尝试取道好望角前往东方。此次远航的经费和武装船只都是审计官史密斯和他的黎凡特公司提供的。但最终，兰开斯特的四艘船中只有一艘，即"好运爱

---

① 法尔茅斯是英格兰西南部康沃尔郡的一座海港城镇，位于法尔河河口，南滨法尔茅斯湾，为天然深水良港，造船业和旅游业发达。

德华"号，从东印度返回，并且人员也折损大半。最后一批幸存者，五个男人和一个男孩，带着之前从一艘过路的葡萄牙船打劫来的胡椒艰难地驾船回到英格兰。兰开斯特所在的那艘船因遭遇飓风而失事，他和船员滞留在科摩罗群岛①，1594 年才回国。在整个远航过程中，他曾被困在赤道无风带，染上坏血病，损失了三艘船，几乎所有同船的伙伴都被愤怒的岛民用长矛戳死。此次远航在经济上也蒙受了沉重的损失，不过好在黎凡特公司财力雄厚。[15]

6　　　与这些命途多舛的英格兰海盗相比，他们的葡萄牙和西班牙竞争对手更有能耐，在过去的一个多世纪里一直忙于在全球建立利润丰厚的世界性殖民帝国。从新大陆夺取的黄金让西班牙成为欧洲第一富国，让葡萄牙得以控制东方的海域和香料，成为仅次于西班牙的殖民大国。令英格兰人恼羞成怒的是，唯一能与西、葡竞争的国家竟然是新近独立的弹丸小国：荷兰共和国。它的人口不到英格兰的一半，在二十年前（1579 年）刚刚摆脱西班牙的统治。

　　　正是荷兰人在近期取得的辉煌成就，让本章开头的那群身份各异的伦敦人聚集到一起。三个月前的 7 月 19 日，荷兰远方公司②的海军将领雅各布·科内利松·范·内克从印度尼西亚安全返回，带回了数量惊人的香料：800 吨胡椒、200 吨丁香和大量肉桂与肉豆蔻。此次远航的利润率高达 400%，堪称史无前例。黎凡特公司的一名观察家妒火中烧地写道："从未有这样满载财富的船只抵达荷兰。"[16]

---

① 科摩罗群岛位于印度洋上，靠近非洲东南海岸，在莫桑比克以东、马达加斯加西北。

② 即荷兰东印度公司的前身之一。

8月，继"荷兰人远航的成功"之后，英格兰商人开始讨论建立一家公司开展购买香料的远航的可能性，但不像之前那样从中东的中间商那里购买，因为他们为了挣佣金会把价格哄抬到三倍；而是从半个地球之外的香料产地东印度直接购买。这个计划的主要推动者仍然是史密斯的黎凡特公司的商人集团，他们清楚地认识到（正如其中一位商人从希腊的希俄斯岛写的那样），荷兰人"去东印度的贸易远航已经彻底颠覆了我们与阿勒颇的生意"。[17]

最后的打击是荷兰人派了代表团到伦敦，企图买下英格兰的所有远洋船只，用于他们自己的东方航行。这严重刺激了伊丽莎白时代伦敦人的自尊。阿姆斯特丹的代表们在汉堡公司的老钢院①得到了这样的答复："我们伦敦商人需要我们的所有船只，没有船可以卖给荷兰人。我们自己打算立刻开始与东印度的贸易。"[18]铸工行会大厅的会议就是这样召集起来的。与会者在给伊丽莎白女王枢密院的请愿书中写道，他们"满怀爱国之心，希望促进祖国的贸易，就像荷兰商人希望为他们的祖国带来福祉一样……为了我们祖国的荣誉和贸易的发展……我们要在今年发动去东印度的远航"。[19]

此次远航的投资者的四分之一，以及十五名首任董事中的七人，都是黎凡特公司的大佬。他们有充分的理由担心，荷兰人已经毁掉了他们在香料贸易中现有的投资，所以他们不仅提供了全部资金的三分之一，还提供了许多船只，以及最初的几次会议所用的办公室。所以，"伦敦商人在东印度开展贸易的

7

---

①　钢院（Steelyard，出自德语 Stalhof）是 15～16 世纪汉萨同盟在伦敦的主要贸易站，位于伦敦城，在泰晤士河北岸。

公司"原本脱胎于黎凡特公司，是黎凡特公司的股东用来开发海路、拓展远东贸易并尽可能多地筹集新资本的工具。[20]

这就是为什么史密斯及其伙伴决定创办一家新公司并向社会各界融资，而不是仅仅拓展现有公司的业务。黎凡特公司的董事会是固定的，有五十三名互相之间关系盘根错节的投资人。与黎凡特公司不同，东印度公司从一开始就是股份公司，向所有投资者开放。史密斯及其伙伴认定，因为远航的开支太大、风险太高，所以"只有借助股份制资本，才能经营如此遥远地方的贸易"。[21]成本确实太高了，简直就是天文数字。他们想买的商品极其昂贵，并且需要用庞大而昂贵的船只去运送那些商品，而船只需要大批水手来操纵，还需要炮兵和专业的火枪手来保护。并且，就算一帆风顺，收回投资也需要好几年。

股份公司是都铎时代英格兰最精彩、最具革命性的发明之一。这种理念源自中世纪的手工业行会，商人和生产者可以把各自的资源整合起来，共同从事任何个人都无力承担的事业。但股份公司与行会的关键区别在于，股份公司可以吸引消极投资人，也就是说他们只投入资金，不参与公司的经营。任何人都可以买卖这样的股份，股价则根据供需关系和生意的成功与否涨跌。

这样的公司是一个"法团"，因此拥有法人地位和长期存续的权利，不受个别股东死亡的影响，就好比"尽管构成泰晤士河的每个部分无时无刻不在变化，但它始终是同一条河"（这是法律学者威廉·布莱克斯通①的说法）。[22]

---

① 威廉·布莱克斯通爵士（1723～1780）是英国法学家、法官和托利党政治家，以创作《英格兰法律评论》而闻名，对英美法系有重大影响。

四十年前的 1553 年，老一辈伦敦商人创建了世界上第一家股份公司。这就是莫斯科公司，全名为"探索未知地区、领地、岛屿与地点的商人冒险家公司"。[23]该公司的最初目标是验证最早由古典时代地理学家提出的一种理念，即世界是一个岛，周围有大洋环绕，所以要想去远东寻找香料与黄金，除了绕过好望角之外，应当还有一条北方的航线，在这条航线上无须担心西、葡两国的竞争。

尽管莫斯科公司的董事们很快就认定北方航线并不存在，但在寻找它的过程中，他们发现了通过俄国去波斯的陆上路线，并在这条路线上成功地从事贸易。在奥斯曼土耳其人的征服战争于 1580 年切断这条路线之前，莫斯科公司发动了六次前往伊斯法罕和该地区其他大型商贸城镇的旅行，都取得了成功，获得了相当丰厚的利润。[24]

1555 年，莫斯科公司终于从英格兰王室那里获得了特许状，它规定了公司的特权和责任。1583 年，英格兰有了专门与威尼斯和土耳其做生意的公司，这两家公司于 1592 年合并，成为黎凡特公司。同年，专营奴隶贸易的塞拉利昂公司成立。因此，东印度公司可以参考一系列成功的先例，本应当能轻松地获得王室特许状。此外，女王担心桀骜不驯的埃塞克斯伯爵罗伯特·德弗罗会发动叛乱，特别需要伦敦城的支持，因此她非常乐意倾听伦敦商人的请愿。[25]

然而没过多久，枢密院就颁布命令，暂时中止了东印度公司的组建和远航的筹备工作。西班牙国王腓力二世于 1598 年驾崩之后，英、西两国的和谈取得了进展，枢密院的权贵"认为缔结和平更为有利，不能允许两国之间的争端耽误了和平"，于是他们决定"今年不再推进"东印度公司的事业。

商人们都是平民出身，在朝中无权无势。他们别无选择，
只能等待。一连十二个月，似乎组建一家英格兰公司与东方做
生意的雄心壮志只不过是仲夏的幻梦。

直到 1600 年，英格兰与西班牙的和谈失败后，枢密院才
回心转意，并且足够自信地强调普遍的海上通航自由，以及所
有国家都有权按照自己的意愿向任何地方派遣船只。在请愿书
起草的差不多整整一年之后，1600 年 9 月 23 日，东印度公司
的投资者终于获得批准。他们得知，"女王陛下恩准他们继续
追寻自己的目标……开启上述远航"。[26]

1600 年 12 月 31 日，新世纪第一年的最后一天，"伦敦商
人在东印度开展贸易的公司"的总裁与股东共 218 人，领取
了王室颁发的特许状。[27]

王室特许状给东印度公司的权力远远超过了申请者的期
待，甚至超过了他们的最大希望。除了最初六次航行不必缴纳
任何关税之外，特许状还给了公司"与东印度从事贸易"的
十五年垄断权。"与东印度从事贸易"这个概念的定义很含
糊，很快就被理解为包括好望角与麦哲伦海峡之间的一切贸易
与交通。特许状还赋予东印度公司近似于国家主权的特权，允
许公司统治新领土和招募军队。特许状的措辞模棱两可，让后
来的许多任公司官员能够利用它对在亚洲的所有英国臣民提出
司法管辖的主张，能够铸币、建造要塞、立法、开战、独立执
行自己的外交政策、主持司法、施加惩罚、囚禁英国臣民和建

9

立英国人的定居点。后来有一位小册子作者和批评者抱怨说，东印度公司得到了"贸易世界将近三分之二"[28]的垄断权。这句怨言并非没有道理。尽管东印度公司花了两个半世纪才充分发挥了自己的潜力，但公司特许状的措辞从一开始就赋予它成就帝国主义霸权、行使主权和控制土地与人民的可能性。[29]

在等待特许状的一年里，商人冒险家们并没有闲坐。他们去德特福德"查看了好几艘船"，其中一艘是"五月花"号，它后来因为另一趟航行（不是去东方，而是向西航行）而名声大噪。[30]公司买了四艘船，将其放进干船坞整修。考虑到时间宝贵，公司授权每天给工人提供一桶啤酒，"从而更好地团结工人，免得他们离开岗位去饮酒"。公司的旗舰是排水量900 吨的"恶意惩罚者"号，原本是私掠船，是专门为了在加勒比海骚扰西班牙航运而建造的。现在它被更名为"红龙"号，让它听起来不那么像海盗船。

不久之后，冒险家们不仅买船，还开始购买新的桅杆、船锚和索具，并开始拟定航海装备的详细清单，包括"小锚""下部辅助帆""所有的标准索具和动绳""优质与劣质缆绳，一套极好的主帆帆布"和"一套大型拖索"。还有他们需要的军械："40 支火枪、24 支长矛……13 门中型加农炮、2 支鸟枪、25 桶火药"以及大炮需要的"海绵、长柄勺等"。[31]

他们还以旺盛的精力定做了大量大木桶，在里面装了"170 吨啤酒、40 吨猪肉、12 吨干燕麦、1 吨干芥末籽、1 吨水稻……非常干燥的饼干……美味的鱼……非常干燥"以及"120 头牛"和"60 吨苹果酒"。与此同时，公司的财务人员开始收集价值 3 万英镑的金银以及各种用于贸易的商品，包括铁、锡和英格兰细平布，这些都是他们所说的"投资"。他们希望能够用这些商品换取印度尼西亚的胡椒、肉豆蔻、丁香、豆蔻、小豆蔻和其他香料与珠宝。[32]

最后还有一个小障碍。1601 年 2 月，羽翼初生的东印度公司的领导人审计官史密斯被指控参与了脾气急躁的埃塞克斯伯爵的叛乱，因此被短暂地囚禁于伦敦塔。[33] 尽管如此，在正式获得特许状仅仅两个月后，1601 年 2 月 13 日，整修一新的"红龙"号离开了位于伍利奇的锚地，在 2 月泰晤士河上的冷雾中航行，后面紧跟着三艘较小的护卫船只："赫克托耳"号、"苏珊"号和"升天"号。舰队指挥官是严厉但吃过苦头、受过教训的詹姆斯·兰开斯特爵士。兰开斯特从之前的冒险当中吸取到了好几条教训，所以这次带上了柠檬汁给船员喝，以预防坏血病；他还带上了足够多的武器装备，包括不少于 38 门炮，用来应对途中可能遭遇的竞争对手。[34]

这次远航出师不利。他们离开泰晤士河入海口的时候，风突然停了。一连两个月，舰队在英吉利海峡上能看得见多佛的地方逡巡不前，十分狼狈。风总算又刮了起来，舰队在 9 月绕过了好望角，在那里逗留并补充给养。为了向等在岸上的部落族民表示自己想买肉，兰开斯特表现出了超凡的语言才能（后来英帝国主义以这种才华闻名），"用牛的语言向他们讲话，哞哞叫表示牛，咩咩叫表示羊"。然后他们继续前往毛里求斯，在岸边岩石上发现了一系列雕刻文字。这不是好消息：五艘荷兰船只在仅仅五个月前在此地记载了他们的到访。[35]

直到 1602 年 6 月，兰开斯特的舰队才抵达亚齐①，开始

---

① 在今天印尼的苏门答腊岛北端。

与当地苏丹谈判购买香料的事宜。不久之后，船员们发现了一艘葡萄牙的克拉克帆船。兰开斯特得到的指示是"以商人的身份行事"，但也得到了授权，如果"有机会，并且无风险的话"，可以向西班牙或葡萄牙船只发动海盗式攻击。他毫不犹豫，立刻命令攻击那艘葡萄牙船。

一年后的 1603 年 6 月 1 日，开始有消息途经法国传到了伦敦，说东印度公司的第一支舰队已经安全返回欧洲海域。但直到 6 月 6 日，兰开斯特才终于在英格兰南海岸的唐斯锚地落锚，"感谢全能的上帝，将我们从无尽的危险中解救出来"。[36]这一次兰开斯特完好无损地带回了他的全部四艘船，并且船上载满货物。他运回了多达 900 吨胡椒、肉桂和丁香（很大一部分是从葡萄牙克拉克帆船上抢来的），还有从亚齐购买的更多香料。这次远航的利润率高达 300%。

在随后十五年里，东印度公司又进行了十五次远航。但与英吉利海峡另一面的荷兰人的成就相比，这只是小打小闹。因为在 1602 年 3 月，也就是兰开斯特还在摩鹿加群岛的时候，荷兰的几家从事东印度贸易的公司达成协议，合并组建了荷兰东印度公司（Vereenigde Oostindische Compagnie，简称 VOC），并从政府那里获得了垄断东方贸易的特权。阿姆斯特丹的会计师计算该公司的融资总额时发现，公司筹集的资本相当于英格兰东印度公司的十倍，立刻就可以向投资者提供 3600% 的红利。[37]

与荷兰人相比，英格兰东印度公司在许多年里都只做很小的生意，也没有什么高远的志向。最初在铸工行会大厅开会的人们虽然激动无比，但他们实际上只筹措到 68373 英镑的资本，而荷兰人那时已经为他们的东印度公司筹集了 55

万英镑巨款。① 自那之后，荷兰人又给他们的公司注入更多资本，而英格兰的公司连第一批投资者承诺的资本都很难筹齐。

1599 年 10 月，英格兰东印度公司的档案第一次出现了怨言，谈到"许多承诺要投资的人士的懈怠"，他们"至今没有兑现承诺"。几个月后，董事们开始威胁那些没有兑现在铸工行会大厅做出的承诺的人，要对他们施加严厉的制裁。1600 年 1 月 11 日，董事们"命令，本公司的任何股东……若违反了任何规章制度……将被投入监狱，听候处罚"。随后公司发出了将四人投入马歇尔西监狱的逮捕令，除非他们在四天内如期付款。

因为资本不足，所以英格兰的东印度公司规模很小，它拥有的舰队的规模也很小，并且没有自己的永久资本，仅仅是为每一次具体的远航单独集资。此时的英格兰人完全没有荷兰人那样雄厚的财力。并且，弗吉尼亚和新大陆越来越吸引富裕的英格兰贵族，一个重要原因是，开拓新大陆是更物美价廉、风险更小的选项：拿出 10 先令购买弗吉尼亚的 100 英亩肥沃土地，显然比拿出 120 英镑②购买东印度公司的 10 股（风险很大）更划算。在当时，东印度公司顶多是全世界最富庶、最复杂、竞争最激烈的市场中的一个很小的玩家。[38]

此外，因为远航的风险太大，东印度公司吸引不到能够帮助它的艰难事业取得成功的高级人才。公司早期的一封公函如此抱怨招募来的员工的素质："其中不少人是从新门监狱出来

---

① 当时的 68373 英镑相当于今天的 7179165 英镑，55 万英镑超过了今天的 5700 万英镑。——作者注

② 当时的 120 英镑相当于今天的 12600 英镑。——作者注

的，不过这些人我们倒还能控制得住。但最近我们从［精神病医院］招来了一些人。"[39]已经有报告称，公司员工"酗酒、嫖妓，制造了危险的事端"。另一封信则恳求董事们努力招募"文明、头脑清醒的人"，并建议"开除那些玩忽职守或生性放荡之徒或酒鬼"。[40]

17 世纪早期，英格兰东印度公司开展了更多的远航，获得了说得过去的利润，但英格兰东印度公司从一开始就没办法与武器装备更精良、财力更雄厚、航海技术更高超的荷兰东印度公司竞争。英格兰东印度公司的一名船长抱怨道："［荷兰人］目空一切，不可一世，如果我们再容忍他们一段时间，他们就会索要整个东印度。那样的话，未经他们的许可，任何人都不能在东印度做生意。但我希望看到荷兰人的傲气被打压下去。"[41]但是，被打压下去的不是荷兰人的傲气。1623 年，摩鹿加群岛安汶岛的英格兰贸易站遭到荷兰东印度公司军队的攻击，十名英格兰人惨遭酷刑折磨，最后丢了性命。英格兰与荷兰之间长达几十年的冲突就这样开始了。在这一过程中，英格兰人偶尔得手，但大多数情况下都落败。有一次，一支荷兰舰队甚至闯入泰晤士河，攻击施尔尼斯①，摧毁了停泊在查塔姆和罗切斯特造船厂的船只。[42]

经过更多的血腥冲突之后，英格兰东印度公司的董事们认定，他们别无选择，只能将利润丰厚的香料群岛和那里的香料贸易全盘让给荷兰人，然后集中力量于竞争不是那么激烈但前景可能更光明的亚洲贸易，即精细棉纺织品、靛青与印花棉布

---

① 施尔尼斯是英格兰肯特郡北部谢佩岛上的一座海港城镇，历史上有要塞和海军基地。

的贸易。

这三种奢侈品的来源都是印度。

14　　　1608 年 8 月 28 日，参加东印度公司第三次远航的威廉·霍金斯船长（一位性格直率的航海家）将他的船"赫克托耳"号停泊在苏拉特①外海。于是，他成为第一位踏上印度土地的英格兰东印度公司船长。[43]

当时的印度有 1.5 亿人口，大约占到全世界总人口的五分之一；印度的制造业产值占到全世界的大约四分之一。从很多角度看，印度是当时世界的制造业引擎，也是全世界领先的纺织品制造国。英语当中很多与纺织有关的词，比如印花棉布（chintz）、白棉布（calico）、披肩（shawl）、睡衣（pyjama）、卡其布（khaki）、粗蓝布（dungarees）、腹带（cummerbund）和塔夫绸（taffetas），都源自印度。[44]印度在世界贸易中的占比肯定超过了任何一个与它有可比性的地区，它的经济力量甚至影响到了遥远的墨西哥。由于印度纺织品的大量进口，墨西哥的纺织业经历了"去工业化"的危机。[45]当时的英格兰人口仅相当于印度的 5%，在全世界制造业产值中的份额仅有不到 3%。[46]印度纺织业产生的利润有很大一部分流入了位于阿格拉的莫卧儿国库，让莫卧儿皇帝的岁入达到约 1 亿英镑②，所以他是全世界最富裕的君主。

————————

① 苏拉特位于今天印度西部的古吉拉特邦，是重要的港口城市和商贸中心。
② 超过今天的 100 亿英镑。——作者注

　　莫卧儿帝国的几座都城是当时超大规模的城市。耶稣会士安东尼奥·蒙塞拉特修士认为："无论在亚洲还是欧洲，无论是规模、人口还是富庶程度，它们［几座莫卧儿都城］都是无与伦比的。他们的城市挤满来自全亚洲的商贾。没有一种艺术或者技艺是这里没有的。"从 1586 年到 1605 年，欧洲白银以每年 18 公吨的惊人体量流入莫卧儿帝国的心脏地带。威廉·霍金斯说："所有民族都送钱到印度，换取商品。"[47]当时的西方人穿着股囊①跌跌撞撞地走来走去，衣着寒酸。在他们眼中，穿着绫罗绸缎、浑身珠光宝气的莫卧儿人就是财富与权力的化身。后来"莫卧儿人"（mogul）在英语中就有了"大亨""富豪"的意思。

　　到 17 世纪初，欧洲人已经习惯于轻松打败世界上的其他民族。在 16 世纪 20 年代，西班牙人在区区几个月内就横扫强盛的阿兹特克帝国。在摩鹿加群岛（香料群岛），荷兰人在前不久掉转大炮朝向他们之前的商业伙伴，屠戮那些乘坐独木舟前来迎接他们的岛民，焚毁他们的城市，攫取他们的港口。仅朗托（Lontor）这一个岛就有 800 名居民被奴役，被强行驱逐到荷兰人在爪哇新建的香料种植园去做苦工；47 名酋长惨遭酷刑折磨和杀害。[48]

　　但霍金斯船长很快认识到，任何一个欧洲国家都不可能这样对待伟人的莫卧儿帝国，原因之一是莫卧儿人拥有惊人的 400 万大军。[49]1632 年，莫卧儿皇帝发现葡萄牙人在孟加拉的胡格利未经许可就建造要塞和"极为壮美和坚固的住宅"，并

----

① 股囊（codpiece）为欧洲古时男子裤子的一部分，是裆部的一个布盖或囊，以保护阳具。

（右侧边注：15）

且葡萄牙人违反莫卧儿帝国的规矩，强迫一些土著皈依基督教，于是皇帝下旨攻击葡萄牙人的定居点，驱逐那里的葡萄牙人。

莫卧儿军队只用了几天时间就攻克了胡格利城，城内的葡萄牙人企图从恒河上逃走，但莫卧儿军队巧妙地用一道河障截断了河流。400 名葡萄牙俘虏"以及那些思想错误的异教徒的偶像"被送到阿格拉乞求皇帝饶命。根据《沙贾汗皇帝本纪》（*Padshahnama*）的记载，拒绝归顺的俘虏"被［当作奴隶］分配给埃米尔①们"，"或者被投入监狱，遭到折磨。绝大多数人都死了"。葡萄牙的果阿副王对此束手无策。[50]

英格兰东印度公司了解到这些情况，并清楚地认识到，要想成功地与莫卧儿人做生意，公司需要合作伙伴和帝国的许可，所以公司必须与莫卧儿皇帝本人建立联系。霍金斯打扮成阿富汗贵族，花了一年时间才抵达阿格拉。皇帝短暂接见了他，双方用土耳其语交流，然后贾汉吉尔皇帝对这个只是粗通文墨的老水手就没了兴趣，送了他一个亚美尼亚基督徒女子当妻子，然后让他打道回府。霍金斯此行无功而返。不久之后，另一支由亨利·米德尔顿爵士指挥的东印度公司舰队被逐出苏拉特城的苏瓦利（Suvali，英格兰人称之为 Swally Hole）锚地。当地莫卧儿官员遭到葡萄牙在该港口的常驻代表的威胁之后，勒令米德尔顿离开。[51]

东印度公司需要一次新的、规格更高的出使。这一次，公司说服詹姆斯一世国王派出一位王室特使。被选中执行此次使

---

① 埃米尔是阿拉伯国家的贵族头衔。其最初本意有军事统帅的意思，最早用于哈里发派驻在外的军事统帅及各地总督，亦作为最高级的贵族称号。莫卧儿帝国等非阿拉伯国家也会用这个头衔。

命的人是托马斯·罗爵士，他是廷臣、议员、外交官、亚马孙河探险家、英格兰驻奥斯曼帝国大使，喜欢自称"有身份的人"。[52]1615 年，罗终于抵达阿杰梅尔①，带来的礼物包括"几条猎犬"（英格兰獒和爱尔兰灵猩）、一辆英制御用马车、几幅风格主义油画、一台英制维金纳琴②和许多箱红酒（他听说贾汉吉尔嗜饮红酒）。但是，罗多次觐见皇帝的过程并不顺利。罗终于获准觐见并向皇帝行大礼之后，想要直奔主题，讨论贸易和优惠关税，但身为审美家的皇帝几乎掩饰不住对这些话题的厌倦。

贾汉吉尔毕竟是一个极其敏感、好奇心重而且聪明绝顶的人。他对自己周围的世界有敏锐的观察，喜好收藏各种珍奇，从威尼斯宝剑和地球仪到萨非王朝的丝绸、玉石，甚至独角鲸的长牙，他都喜欢。印度-莫卧儿皇室的传统是精于审美、热爱知识、在维护帝国的同时还赞助伟大的艺术作品。贾汉吉尔是这种伟大传统的自豪继承者，对山羊和猎豹的育种、医学和天文学都有浓厚的兴趣，并且像几十年之后启蒙时代的一些地主一样，对畜牧业兴趣盎然。

他感兴趣的是这些，而不是贸易机制。所以在随后几个月里，他和罗的对话始终是鸡同鸭讲。罗努力将话题转向贸易和外交，希望皇帝颁布御旨，确认"他对位于苏拉特的英格兰贸易站的恩宠"，并"为我的同胞建立稳定而安全的贸易与居住场所"，"让他们安享太平"。而贾汉吉尔不着急谈这些常规的事务，而是向罗了解他的家乡，即那个遥远而雾气笼罩的岛

---

① 阿杰梅尔位于今天印度西北部的拉贾斯坦邦。
② 维金纳琴是一种类似羽管键琴的欧洲乐器，在文艺复兴末期至巴洛克时期最为流行。

16

国；那里发生了什么样的奇怪事情，那里有什么样的艺术品。罗发现贾汉吉尔"期待得到厚礼和珠宝，而对贸易不感兴趣，除非能满足他对宝石、财富和珍稀艺术品的欲壑难填的胃口"。[53]

罗写道："他问我，我们会给他带来什么样的礼物。"

> 我答道，[英格兰与莫卧儿印度之间的]关系刚建立不久，还很脆弱：我们的国家有很多罕见的、价值连城的稀奇之物。如果能够以体面的条件确定两国的贸易与保护关系，我们的国王会给他送来那些宝物，我们的商人会到世界各地为他搜罗宝物。
>
> 他问我提到的珍稀宝物是什么，我指的是不是珠宝和宝石。我回答，不是的。我们不认为那些东西是适合送给他的礼物，因为那些东西是印度出产的，而他是印度的统治者……我们会寻找在印度很稀罕、闻所未闻的东西给陛下。他说这样很好，但他想要一匹英格兰骏马……我们大谈特谈他的国家的艺术，说笑逗乐，吹嘘胡侃。然后他向我提问每天喝几次酒，每次喝多少，喝的什么酒？在英格兰喝什么？啤酒是什么？如何酿制啤酒？在印度能酿制啤酒吗？我尽心回答了他的这些问题，满足了他的求知欲……[54]

罗有时对莫卧儿帝国的治理表现出非常轻蔑、不以为然（"宗教太多，法律全无"）的态度，但他对印度感到眼花缭乱、肃然起敬。他从印度中部的曼度（一座美丽的、半荒废的山顶要塞）写信给身在白厅的未来英格兰国王查理一世，

17

描述了贾汉吉尔皇帝 1616 年的大寿庆典。在信中，罗说他进入了一个光辉璀璨到无法想象的美妙世界。

举行庆典的地点是一座设计巧夺天工的"规模极大的美丽园林，广场四周环水，侧面有花卉和树木，正中央有一座小尖塔，那里有纯金的天平"，人们用珠宝作为砝码称量皇帝的体重。

> 全体贵族都坐在地毯上，等待皇帝驾临。他终于到了，穿金戴银，浑身都是钻石、红宝石、珍珠和其他珍贵的珠宝首饰，熠熠生辉，璀璨辉煌！他的头上、脖子上、胸前、胳膊、手肘上方、手腕、手指上都戴着至少两三个金环，上面挂满钻石链子和胡桃那么大的红宝石（有的甚至更大），还有炫目的珍珠……他最喜爱的东西之一就是珠宝首饰，他就是全世界财宝的主人，买下了所有的珠宝，并把宝石堆积起来，仿佛要［用它们］建造房屋，而不是穿戴它们。[55]

莫卧儿人对英格兰人肯定也很好奇，但肯定没有为之倾倒。贾汉吉尔很欣赏罗的女友之一（可能是亨廷登女士，罗"从印度"给她写了一些激情洋溢的情书）的细密画像。[56]但贾汉吉尔刻意向罗表明，他的艺术家能够将这幅画临摹得与原作分毫不差，就连罗也分不清。贾汉吉尔喜欢英制御用马车，但他觉得车内的都铎风格装饰略显寒酸，于是立刻让人用莫卧儿的金线织物对其升级改造，然后又一次展示了莫卧儿工坊的高超技艺，让工匠在一周多一点的时间内完美复制了马车，从而让他心爱的皇后努尔·贾汉能够拥有自己的一辆。[57]

18

与此同时，罗恼火地发现，对莫卧儿人来说，与英格兰人的关系是一件不值一提的小事。他抵达宫廷后，被漫不经心地安排在档次较低的住宿地：给整个英格兰使团只准备了四间商队旅馆的房间，而且房间"比炉子大不了多少，也是炉子的形状，顶是圆形的，只有门可以采光，而且面积太小，两辆马拉大车的货物就能将其塞满"。[58]更令他恼羞成怒的是，他那些略显陈旧的礼物很快就被一支葡萄牙使团送来的礼物给比下去了。葡萄牙使团向贾汉吉尔献上了"珠宝、玫瑰红尖晶石和珍珠，这让我们的英格兰礼物黯然失色"。[59]

罗在莫卧儿宫廷逗留了三个年头，身心俱疲，最终启程返回英格兰时，从贾汉吉尔那里获得了在苏拉特建造一个贸易站的许可。贾汉吉尔同意"在他的领地接纳我们，允许我们长期居留"，还颁布了几道御旨。这些御旨的内容和涉及范围很有限，但对英格兰人来说很有用，可以拿着吓唬企图阻挠他们的莫卧儿官员。不过，贾汉吉尔刻意没有向英格兰人授予任何重要的贸易特权，他也许觉得那样做会有损他的尊严。[60]

贾汉吉尔的宫廷画师比奇特尔创作的一幅细密画成为当时最著名的图像之一，或许最能反映这个时期英格兰人在莫卧儿宫廷的地位。这幅画的主旨在于，贾汉吉尔更愿意和苏非派大师与圣人相伴，而不是与强大的王公待在一起。这听起来很夸张，但确实有真实的成分：罗讲的最意思的故事之一就是，贾汉吉尔在旅行途中与一个过路的圣人攀谈了一个钟头，这让英格兰使者十分惊愕：

　　一个傻乎乎的穷老头，风尘仆仆，衣衫褴褛，身边有个顽童侍奉他。这个可怜虫穿着破布衣服，头上戴着羽

毛，但皇帝陛下与他聊了大约一个钟头，并且对他十分和
蔼亲切。帝王很少有这样的谦卑……这个老头浑身污秽，
任何一个干干净净的人都不会愿意触碰他，但皇帝亲手扶
他起来，拥抱他，并三次用手触碰他的心脏处，称他为父
亲。我们所有人，包括我，都对这样一位异教徒君主的美
德佩服得五体投地。[61]

　　在比奇特尔的画中，贾汉吉尔坐在正中央的宝座上，身后
有庄严的光环，明亮炫目，以至于一个小天使（是从一幅葡
萄牙的耶稣显圣容像上临摹来的）不得不挡住自己的眼睛；
另一对小天使在一面旗帜上书写："真主伟大！哦，君王，愿
你的时代延续一千年！"皇帝转身将一本《古兰经》递给一位
胡须形似积云的苏非派大师，而不理睬奥斯曼苏丹伸出的双
手。头戴饰有珠宝和白鹭羽毛的帽子、身穿银白色的詹姆斯时
代紧身上衣的英王詹姆斯一世则被贬到画的左下角，在贾汉吉
尔脚边，位置只比比奇特尔的自画像高一点点。英王的肖像是
四分之三侧脸像（在莫卧儿细密画当中，这个角度是专门留
给不重要的小人物的），一脸酸溜溜的愠怒表情，肯定在为自
己在莫卧儿帝国等级制度当中卑微的地位而恼火。[62]另外，尽
管罗花了大量笔墨去描写贾汉吉尔，贾汉吉尔在自己卷帙浩繁
的日记里却懒得提到罗。这些来自北方的粗笨又幼稚的商人和
请愿者要再等一个世纪，莫卧儿人才会屈尊对他们真正产生
兴趣。

　　罗的出使虽然坎坷，却是莫卧儿帝国与东印度公司关系的
开端。后来双方会逐渐发展出合作伙伴的关系，东印度公司也
会逐渐深入莫卧儿帝国的网络。在随后的两百年里，东印度公

司将逐渐在莫卧儿体制里游刃有余，掌握莫卧儿人的处世方式，公司的官员会精通波斯语、正确的宫廷礼节、贿赂重要官员的艺术，最终战胜所有竞争对手（葡萄牙人、荷兰人和法国人），独享皇帝的支持。事实上，东印度公司在这个时期取得的成功，在很大程度上是因为公司一丝不苟地尊重莫卧儿帝国的权威。[63]过不了多久，东印度公司就开始在莫卧儿人面前把自己打扮为（借用历史学家桑贾伊·苏布拉马尼亚姆的精彩描述）"不是企业，而是一种人格化的实体，是一种叫作'公司英雄'（Kampani Bahadur）的印度-波斯生物"。[64]

20　　罗返回伦敦后向董事们明确表示，与莫卧儿帝国打交道的时候动武是不可行的。他写道："战争与交流不能共存。"他甚至不主张修建设防的定居点，并指出，"葡萄牙人的大量豪华住宅和领地［正在］拖累"他们的贸易，因为定居点的开销过于浩大、令人无法承受。他写道，即便莫卧儿人允许东印度公司建造一两座要塞，"我也不接受……因为在印度维持驻军和打陆战是绝对错误的"。他的建议是："请相信，如果你们要的是利润，那么就去海上找寻，并从事安宁的贸易。"[65]

东印度公司在最初接受了他的建议。早期的东印度公司官员引以为豪的本领是通过谈判获得商业特权，而不是像脾气更火暴的葡萄牙人那样武力攻击战略港口。英格兰人的这种策略收到了丰厚的回报。罗忙着向贾汉吉尔发动魅力攻势的同时，公司的另一名使者西彭船长奉命指挥"环球"号驶往面向东方的科罗曼德尔海岸①，在那里开拓纺织品贸易，并在默苏利珀德姆建立第二个贸易站。默苏利珀德姆是莫卧儿帝国在德干高原的竞争对手、出产钻石的戈尔康达苏丹国的港口，在那里可以买到印度最高档的珠宝和印花棉布。⁶⁶第三个贸易站于不久之后在巴特那开业，主要从事硝石贸易（硝石是火药的主要成分之一）。

　　不久之后，这些珠宝、胡椒、纺织品与硝石生意就收到了很好的回报，利润比荷兰人的香料贸易还要高：到 17 世纪 30 年代，东印度公司从印度进口了价值 100 万英镑的胡椒，然后通过姊妹公司黎凡特公司向意大利和中东出口。数百年来的贸易模式就这样戏剧性地逆转了。三十年后，东印度公司进口了 25 万匹布料，其中将近一半来自科罗曼德尔海岸。⁶⁷不过公司的损失仍然巨大：1601~1640 年，东印度公司一共向东方派出 168 艘船，只有 104 艘返回。⁶⁸但东印度公司的生意越来越兴隆，以至于全欧洲的投资者都开始争相购买东印度公司的股票。1613 年，发行的第一批股票筹集了 418000 英镑资金。四年后的 1617 年，发行的第二批股票筹集了 160 万英镑②的巨资，于是东印度公司首次成为商业巨头，至少按照英格兰的标准是这样。⁶⁹而东印度公司的兴旺发达反过来不仅刺激了伦敦码头区的开发，还推动了新生的伦敦证券交易所的日新月异。到 17 世纪中叶，当选为伦敦市议员的精英当中有一半要么是黎凡特公司的商人，要么是东印度公司的董事，或者同时拥有两个身份。⁷⁰公司的成

21

---

① 科罗曼德尔海岸指南印度东南沿海地带。
② 当时的 100 万英镑相当于今天的 1.05 亿英镑，418000 英镑相当于 4400 万英镑，160 万英镑相当于 1.68 亿英镑。　　作者注

员之一、早期的经济理论家托马斯·蒙写道，东印度公司的贸易如今是"本王国之繁荣昌盛的试金石"。[71]

直到 1626 年，东印度公司才在印度建立了自己的第一个设防基地，地点在科罗曼德尔海岸中部的阿尔马冈，在普利卡特以北。不久之后，那里建造了城堞，部署了十二门大炮。但这座要塞建造得过于仓促和潦草，而且在军事上无险可守，所以公司在六年后的 1632 年放弃时毫不遗憾。如公司的一位员工所说，这座要塞"还是丢了的好"。[72]

两年后，东印度公司又一次尝试建立自己的基地。阿尔马冈贸易站的主管弗朗西斯·戴与南印度毗奢耶那伽罗帝国①（已经日薄西山，并且四分五裂）驻当地的总督谈判，获得了在一个叫作马德拉斯帕塔姆的渔村附近建造一座新要塞的授权，位置就在葡萄牙的圣多马殖民地以北不远处。选择这个地点，既不是出于商业方面的考虑，也不是出于军事上的斟酌。据说戴与距离马德拉斯帕塔姆不远的一个村庄的一位泰米尔女子有私情。根据一部当时的史料，戴"对她痴迷不已"，热切希望他们的幽会"越频繁越好，并且不要被人打扰"，所以他把圣乔治堡的地点选在她住的村庄隔壁，是自然而然的事情。[73]

这个新的定居点（不久之后被简称为马德拉斯②）后来繁荣起来。把这片土地租给英格兰人的总督说他渴望看到该地区"欣欣向荣，变得富庶"，所以授权戴建造"一座要塞和城

---

① 毗奢耶那伽罗（字面意思：胜利城）帝国（1336～1646），位于印度南部，是印度历史上倒数第二个印度教帝国（最后一个印度教帝国是马拉塔帝国），1565 年被德干高原的伊斯兰教苏丹国打败后逐渐衰败。
② 马德拉斯今称金奈，为印度东南部的大城市，由英国殖民者于 17 世纪建立，逐渐发展成为相应区域的中心城市和海军基地。

堡"，征收关税，并"永久性享有铸币权"。这都是非常重要的让步。北方的更强大的莫卧儿人要再过将近一个世纪才会向东印度公司做出这些让步。

起初马德拉斯"只有几名法国神父和大约六名渔民。所以为了吸引人们到那里定居，公司发布了公告……说在三十年内"免征关税。很快，织工、其他手工匠人与商人就蜂拥而来。要塞的城墙竣工后，前来定居的人就更多了，"因为时局动荡"，海岸居民想要的就是安全和保护。东印度公司能够满足他们的需求。[74]

不久之后，马德拉斯就成长为英格兰在印度的第一个殖民城镇，拥有自己的小型民政机关，享有城市的地位，人口达到4万。到17世纪70年代，这座城市甚至铸造和发行自己的"宝塔"金币。这种金币之所以被如此称呼，是因为它的一面是神庙图案，另一面是神猴哈努曼的形象，这两种图案都是从毗奢耶那伽罗的钱币上学来的。[75]

英国人在印度的第二个大型定居点孟买是王室赠给东印度公司的。英国王室是从葡萄牙王国那里得到了孟买，因为它是1661年英王查理二世迎娶葡萄牙公主布拉干萨的卡塔利娜而获得的嫁妆的一部分。① 葡萄牙公主的嫁妆除了丹吉尔港②之外，还有"孟买岛"。在伦敦，英国人起初搞不清楚孟买究竟在什么地方，因为与葡萄牙公主的婚姻契约一同送来的地图在中途丢失了。英国朝廷没有一个人确切地知道孟买的位置，比

---

① 查理二世与布拉干萨的卡塔利娜正式结婚是在 1662 年，不过根据他们的结婚契约，葡萄牙确实在 1661 年将孟买移交给英国。

② 丹吉尔在今天的摩洛哥北部，位于直布罗陀海峡入口处的北非一侧，是一座历史文化名城。

如大法官相信它在"巴西附近的某地"。[76]

英国人花了一些时间才搞清楚这个棘手的问题，后来又费了更多功夫才真正控制了这个岛，因为当地的葡萄牙总督没有收到将其交给英国人的指示，所以拒绝这么做。亚伯拉罕·希普曼爵士于 1662 年 9 月率领 450 人第一次抵达孟买并企图接收它时，葡萄牙人用大炮阻挡他。整整三年之后英国人才终于接收了孟买，那时倒霉的希普曼及其绝大部分军官（只有一人例外）都已经在孟买以南的一个荒岛上苦等时死于热病和中暑。希普曼的秘书最终于 1665 年获准登上孟买岛时，希普曼带来的官兵只剩下 1 名少尉、2 名炮手和 111 名士兵还活着，能够为英王陛下占领这片新领土。[77]

虽然开头很坎坷，但这个岛很快就证明了自己的价值：孟买群岛是南亚的天然良港。它很快成为东印度公司在亚洲的主要海军基地，拥有唯一能在雨季安全地修理船只的干船坞。没过多久，孟买就取代苏拉特，成为东印度公司在西海岸的行动中心，尤其是因为粗暴而好吵架的英国人在苏拉特越来越不受欢迎。一位东印度公司官员厌倦地写道："他们嫖娼、酗酒和类似的恶行……大闹妓院和酒吧等行为，已经让当地居民非常敌视我们。"难怪英国人很快就在苏拉特街头被骂作"Banchude① 和 Betty-chude②，我不好意思翻译这两个词"。[78]

---

① 字面意思：奸自己姐妹的人。——作者注
② 字面意思：奸自己女儿的人。顺便说一下，尤尔在《霍布森-乔布森词典》中收录了这两个词。这些词在今天的印度仍然是常见的骂人话。尤尔没有给出直译，而仅仅说："Banchoot 和 Beteechoot 是脏话，若不是因为'大众'对它们不熟悉，我们都不好意思把它们印刷出来。有的英国人有时会用这些词，但我们相信，绝大多数英国人都会避免使用如此野蛮的词。"——作者注

在三十年的时间里，孟买发展为拥有 6 万人口的殖民城镇，各色建筑也越来越多，包括贸易站、法院、一座英国圣公会教堂；要塞周围和马拉巴尔山的山坡上坐落着白色的住宅，总督府在马拉巴尔山脚下的海边。孟买甚至拥有 17 世纪虔诚的新教徒社区必须拥有的一种设施：绞刑架。"巫婆"在绞刑架下会得到最后一次认罪的机会，然后被处死。[79]孟买还有自己的驻军，包括 300 名英国士兵、"400 名黑人天主教徒士兵、500 名土著民兵和 300 名负责保护可可树林的班达利①［挥舞棍棒的棕榈酒工］"。到 17 世纪 80 年代，孟买一度超越马德拉斯，成为"英国人在东印度的权力与贸易的中心"。[80]

与此同时，在伦敦，东印度公司的董事们开始第一次认识到，他们自己是多么强大。1693 年，也就是东印度公司创办不到一个世纪之后，有人发现公司用自己的股份去贿赂和拉拢议员，每年要向重要的议员和内阁大臣支付 1200 英镑。后来的调查发现，东印度公司行贿到了副总检察长和总检察长这个层级的官员，前者得到 218 英镑，后者得到 545 英镑②。这是世界上第一起企业游说丑闻，议会对其进行调查，认定东印度公司的行贿和内部交易罪名成立，导致枢密院院长被弹劾，公司总裁锒铛入狱。

在 17 世纪，东印度公司只有一次尝试用自己的力量去对付莫卧儿人，结果酿成人祸。1681 年，生性咄咄逼人且莽撞的乔赛亚·蔡尔德爵士成为公司总裁。他是靠给驻扎在朴次茅

---

① 班达利（Bhandari）是印度西海岸的一个种姓，传统职业是生产棕榈酒。许多班达利在马拉塔帝国军队或英国军队中服役。

② 当时的 1200 英镑相当于今天的 12.6 万英镑，218 英镑相当于今天的 22890 英镑，545 英镑相当于今天的 57225 英镑。——作者注

斯的英国海军供应啤酒而发迹的，日记作者约翰·伊夫林描述他为"幼稚可笑的暴发户……贪得无厌，极其丑恶"。[81]在孟加拉，贸易站职员发出了一些抱怨。如斯特兰舍姆·马斯特①在写给伦敦方面的信中所说："这里的每一个下级军官都欺负我们，恣意压榨我们的金钱。"他写道，他们"遭到莫卧儿官员的鄙视和践踏"。此话不假：孟加拉的纳瓦布沙伊斯塔·汗毫不掩饰他对东印度公司的敌意，并写信给他的外甥和朋友奥朗则布皇帝，说"英国人是一群卑贱、爱争吵的家伙和奸诈之徒"。[82]

蔡尔德对莫卧儿帝国的强盛一无所知，所以做出了愚蠢的决定：向莫卧儿人动武，给他们一个教训。他从东印度公司在利德贺街的总部写道："我们别无选择，要么放弃贸易，要么拔出国王陛下托付于我们的宝剑，在印度捍卫英吉利民族的权利与荣誉。"[83]1686年，一支有相当规模的舰队从伦敦驶往孟加拉，计有19艘战舰、200门大炮和600名士兵。蔡尔德写道："我们应当利刃出鞘，尽力掳掠。"[84]

然而，蔡尔德挑选这个时机与地球上最富庶国家的皇帝撕破脸皮，实在太不巧了。莫卧儿人刚刚征服了德干高原的两个强大的苏丹国比贾布尔和戈尔康达，并且似乎很快就能把马拉塔人驱逐回山区。所以，此时的莫卧儿帝国是南亚无与伦比的超级大国，它的军队现在能够集中力量对付新的威胁。莫卧儿的战争机器轻而易举地消灭了英国的登陆部队，仿佛是打苍蝇一般；不久之后，东印度公司在胡格利、巴特那、卡西姆巴扎

---

① 斯特兰舍姆·马斯特爵士（1640~1724）是东印度公司的开拓者之一，1678~1681年担任公司在马德拉斯的代表。他禁止寡妇自焚殉夫（这是英国官方对此习俗的第一次正式反应），并让英语成为马德拉斯管辖区的官方语言。

尔、默苏利珀德姆和维沙卡帕特南的贸易站全都遭到占领和洗劫，英国人被彻底逐出孟加拉。苏拉特贸易站被关闭，孟买遭到封锁。

东印度公司别无选择，只得求和，哀求返还它的贸易站和来之不易的贸易特权。公司还哀求释放被俘的贸易站职员，其中很多人披枷带锁地被押着游街，或者被囚禁在苏拉特城堡与达卡红堡内，"衣衫褴褛，生存条件极其恶劣，不堪忍受……被视为窃贼和谋杀犯"。[85]奥朗则布得知东印度公司已经"为此次异常行为悔罪"并臣服于莫卧儿帝国的权威之后，让公司职员自行舔舐伤口一段时间，然后于 1690 年慷慨地同意宽恕他们。

此次惨败之后，一位名叫约伯·查诺克的年轻贸易站职员决定在孟加拉建立一个新的基地，以取代刚刚被摧毁的贸易站。1690 年 8 月 24 日，尽管"大雨倾盆，日夜不息"，但查诺克还是开始在卡利卡塔与苏多努蒂这两个村庄之间的沼泽地建造他的定居点。此地的旁边是一个小型的亚美尼亚贸易站，河对面还有一座葡萄牙贸易站。

约伯·查诺克建造的这个定居点后来发展为大城市加尔各答。苏格兰作家亚历山大·汉密尔顿说，查诺克之所以选择这个地方，"是为了一棵大树的荫凉"，但这是一个奇怪的选择，"因为整条河的沿线没有比这更不卫生的地方了"。[86]根据汉密尔顿的《东印度新纪事》："查诺克先生为这个殖民地选址，然后比印度王公更专制地统治这里。"

此地周边的乡村盛行多神教，还流行寡妇自焚殉夫的习俗。查诺克先生有一次带着卫兵去看一位年轻寡妇的悲

25

剧性灾难，但他被这位寡妇的美貌迷住了，于是命令卫兵将她强行从刽子手那里带走，然后把她带到自己的住处。他俩幸福地生活了很多年，有好几个儿女。他在加尔各答定居之后，她去世了。他非但没有让她皈依基督教，自己反倒成了多神教徒。他身上唯一值得称道的基督教精神是为她举行了体面的葬礼，为她建了一座墓。她去世后，每逢她的忌日，他都在墓前遵照多神教的习俗，献祭一只公鸡。[87]

查诺克太太不是加尔各答的唯一牺牲品。在加尔各答的英国殖民地建立一年之后，那里的人口达到 1000，但汉密尔顿在葬礼登记簿上看到了 460 个名字。死在那里的人太多了，以至于"出现了一种流行的说法，即他们活着的时候像英国人，死的时候像腐烂的羊"。[88]

只有一个理由让这个定居点能够继续发展下去：借用法国旅行家弗朗索瓦·贝尼耶的说法，孟加拉是"世界上最美丽、最富饶多产的国家"。苏格兰人亚历山大·道也说，孟加拉是"最富庶、人口最稠密、发展最好的国家"之一。孟加拉有大量的纺织工人，仅达卡就有 25000 人，还有无与伦比的奢侈品纺织业，生产丝绸织物和精美无比的平纹细布。到 17 世纪末，孟加拉已经是亚洲向欧洲出口的最重要供货商，也是莫卧儿帝国最富裕的地区和最容易发财致富的地方。在 18 世纪初，荷兰东印度公司和英格兰东印度公司每年共向孟加拉运送价值约 415 万卢比①的商品，其中 85% 是白银。[89]

---

① 相当于今天的 5400 万英镑。——作者注

东印度公司之所以存在就是为了挣钱。他们很快就认识到，孟加拉是最适合挣钱的地方。

为东印度公司打开新局面的转机，是奥朗则布于 1707 年驾崩。

奥朗则布皇帝幼年没有得到过父爱，长大成人之后是一个满腹愤恨、偏见很深的原教旨主义者，没有宽容之心，而且死守教条。他是一位残酷无情、才华横溢的军事家和擅长运筹帷幄的战略家，但完全没有之前几代皇帝那种令人如沐春风的魅力。随着他年纪增长，他的统治越来越严酷无情、压迫成性、不得民心。他的曾祖父阿克巴对占多数的印度教徒臣民采取自由主义的、兼容并包的政策，而他明显背离了这种政策，允许乌理玛①对伊斯兰教法从严阐释。饮酒和服用印度大麻都被禁止，皇帝也停止赞助音乐家。他还废止了莫卧儿皇室采纳的一些印度教习俗，比如每天在红堡皇室套房中央的阳台窗口露面，供臣民瞻仰礼拜。全国有十几座印度教神庙被摧毁，他还在 1672 年下旨收回之前封给印度教徒的所有土地，将来仅向穆斯林封授土地。向全体非穆斯林征收的吉兹亚税曾被阿克巴废除，而奥朗则布在 1679 年重新征收该税种。他还处决了锡

---

① 乌理玛，阿拉伯文原义为学者，是伊斯兰教学者的总称。任何一位了解《古兰经》注疏学、圣训学、教义学、教法学及有系统的宗教知识的学者，都可被称为乌理玛。它被用来泛指伊斯兰社会中所有的知识分子，包括阿訇、毛拉、伊玛目等。

克教的第九代上师得格·巴哈杜尔①。[90]

　　虽然奥朗则布这个人实际上比很多批评者描述的更复杂、
更务实，但他在印度制造的宗教鸿沟始终没有完全弥合，并且
在当时就把国家撕裂了。② 他谁都不信任，在帝国各地来回奔
波，残暴地镇压此起彼伏的叛乱。帝国的立国之本是务实的宽
容态度，以及与印度教徒（尤其是拉杰普特③武士集团，他们
构成了莫卧儿战争机器的核心）的联盟。而如今这种联盟受
到了极大的压力，再加上皇帝越来越陷入宗教偏执，这都加速

27

---

① 得格·巴哈杜尔（1621～1675）是创建锡克教的十代上师中的第九代。
他不仅是宗教领袖，还是武士、学者和诗人，最后因为反对莫卧儿帝国
的宗教迫害政策而被奥朗则布皇帝下令处死。

② 安拉阿巴德学派著名历史学家伊什瓦里·普拉萨德（Ishwari Prasad）认
为，奥朗则布是一个“偏执的逊尼派教徒，对所有形式的异议都持不宽
容的立场”。见 I. Prasad, *The Mughal Empire*, Allahabad, 1974, p. 612。贾
杜纳斯·萨卡尔（Jadunath Sarkar）的五卷本著作 *History of Aurangzeb*,
London, 1912-24 对奥朗则布的描述也类似。近些年，有些历史学家在努
力修正奥朗则布的偏执狂形象，并验证一些针对他的极端的批评。在这
些方面，凯瑟琳·巴特勒·布朗（Katherine Butler Brown）做出了有意义
的贡献。她指出，在奥朗则布统治时期，帝国的音乐创作并没有停止，
反而产生了比之前几百年更多的音乐作品。见 ‘Did Aurangzeb ban
Music?’, *Modern Asian Studies*, vol. 41, no. 1 (2007), pp. 82-5。美国梵
文学者奥德丽·特鲁施克（Audrey Truschke）的 *Aurangzeb: The Man and
the Myth*, New Delhi, 2017 也很有意思，但更有争议。这部书让倒霉的特
鲁施克成为印度教民族主义右翼的眼中钉。穆尼斯·D. 法鲁基（Munis
D. Faruqui）正在写一部新的奥朗则布研究专著，但目前他的 *Princes of
the Mughal Empire 1504-1719*, Cambridge, 2012 也有许多关于奥朗则布的
洞见。我个人的观点是，奥朗则布肯定比攻击他的人所说的更为复杂，
他在统治的早期也确实保护过婆罗门、赞助印度教机构、提携印度教徒
贵族，并且一直到去世都经常征询印度教徒象学家和医生的意见，但
他仍然是一个不寻常的冷酷无情而令人不快的人物，他咄咄逼人的性格和
缺乏魅力的个性在很大程度上损害了他努力去维持的帝国。——作者注

③ 拉杰普特人（Rajput，字面意思是“国王之子”）是印度的一些构成非
常复杂的种姓、族群和阶层。英国人将他们划分为“尚武种族”。

了莫卧儿国家的分裂。奥朗则布驾崩后，帝国最终失去了军队的骨干。

奥朗则布莽撞地向德干高原扩张，讨伐比贾布尔和戈尔康达这两个什叶派穆斯林建立的国家。这些征服战争严重地消耗了帝国的资源，超过了它能承受的限度。此外，莫卧儿人面前还突然出现了一个出人意料的强敌。马拉塔农民曾在比贾布尔和戈尔康达的军中服役。在 17 世纪 80 年代，莫卧儿人征服这两个国家之后，马拉塔游击袭掠者在极具领袖魅力的马拉塔印度教徒、军阀希瓦吉·蓬斯尔的领导下，开始攻击占领德干高原的莫卧儿军队。一位莫卧儿编年史家轻蔑地记载道："马拉塔军队中的绝大多数人都出身卑贱，他们的士兵当中有许多农民、木匠和小店主。"[91]马拉塔人大多是武装的农民，他们熟悉地形，也骁勇善战。

希瓦吉从德干高原西部草木稀疏的山区率领农民奋起反抗莫卧儿帝国及其税吏，起义渐呈燎原之势。配有长矛的马拉塔轻骑兵的机动性极强，能够发动长途奔袭，深入敌境。这种骑兵能在一天之内行军超过 50 英里，因为他们不带行李也不带给养，完全依赖于就地取食。希瓦吉的格言是："不劫掠，就没有军饷。"[92]詹姆斯时代的一位英国旅行者，东印度公司的约翰·弗赖尔医生写道，组成希瓦吉军队的那些"衣不蔽体、饥肠辘辘的流氓"的武器仅有"长矛和刃宽 2 英寸的长剑"，他们打不赢"正面对垒"的战斗，但特别擅长"偷袭和劫掠"。[93]

据弗赖尔说，希瓦吉领导下的马拉塔人明智地避免与莫卧儿军队发生正面交锋，而是四处游击，蹂躏莫卧儿帝国的各大中心，直到帝国的经济崩溃。1663 年，希瓦吉率军向位于浦那的莫卧儿大本营发动了一次大胆的夜袭，在那里杀死了德干总督（奥朗则布的舅舅沙伊斯塔·汗）的亲眷。希瓦吉还砍断了总督的一根手指。[94]1664 年，希瓦吉的农民军袭击了莫卧儿帝国的港口苏拉特，洗劫了那里装满商品的仓库，从当地的许多银行家那里勒索巨款。1670 年，他又一次袭掠苏拉特。马拉塔人于 1677 年第三次袭掠苏拉特时，当地已经毫无还手之力。

在后两次袭击之间，希瓦吉在他位于赖加德①的壮观的山地要塞，从瓦拉纳西②的班智达③嘉嘉巴塔那里接受了吠陀律法的祝圣和加冕，这是希瓦吉一生中宗教层面的高光时刻。仪式举办的时间是 1674 年 6 月 6 日，他获得了"查特拉帕蒂"和合法的印度教皇帝（Samrajyapada）的地位。不久之后第二次恒特罗密教的加冕礼举行了，他的追随者相信，这次加冕礼将他与康坎④山脉三位伟大女神的神力与祝福联系了起来。仪式的过程是这样的：

希瓦吉手持宝剑走进御座厅，向护世四天王⑤行了血

① 赖加德位于今天印度西部的马哈拉施特拉邦。
② 瓦拉纳西位于今天印度北部的北方邦，在恒河之滨，是印度教七座圣城之一。印度教徒一般都认为，在瓦拉纳西死去就能够超脱生死轮回的厄运；在瓦拉纳西的恒河畔沐浴后，即可洗涤污浊的灵魂；另外，在瓦拉纳西的恒河畔火化并将骨灰撒入河中，也能超脱生前的痛苦。
③ "班智达"是梵语中的智者和教师，尤其是精通梵语和吠陀经书的人。今天常用这个词指知识分子、专家、智慧的人。
④ 康坎地区是印度西部的沿海地带之一。孟买和门格洛尔即属于康坎地区。
⑤ 即方位护法（Lokapala 或 Dikpalaka），是印度教当中守不同方位的婆罗门护法神。根据《摩诃婆罗多》记载，护世四天王分别为：阎摩（Yama），位置东方，司死者审判，掌管地狱；因陀罗（Indra），位置南方，司气候和战争；伐楼拿（Varuna），位置西方，司宇宙及海水；俱毗罗（Kubera），位置北方，司财富。佛教吸收了印度教的方位护法，创立了自己的四大天王。

祭。参加仪式的廷臣被要求离开，与此同时，在乐声和祭　29
司的吟诵伴奏下，祭司向国王的身体施了吉祥的神咒。最
后国王登上雄狮宝座，接受观看者的"胜利"欢呼。他
用十种真知的神咒赋予宝座神力。十种真知的神力让御座
厅内一片光辉灿烂。祭司手持油灯，净化国王，而国王像
梵天①一样通体生辉。[95]

奥朗则布蔑称希瓦吉为"沙漠里的耗子"，但在希瓦吉于
1680 年去世之前，他已经成为奥朗则布的劲敌，并且留名青
史，成为五百年的伊斯兰统治之后印度教抵抗与复兴的伟大象
征。几十年之后，马拉塔作家们已经把希瓦吉描绘为半神。例
如在卡维拉甲·帕拉马南达的《希瓦吉史诗》（*Sivabharata*）
中，希瓦吉向世人揭示，他其实就是毗湿奴②的化身：

> 我是大神毗湿奴，
> 众神之精髓。
> 现身凡界，
> 铲除世间的负担！
> 异教徒是恶魔的化身，
> 用他们自己的宗教，
> 淹没了大地。

---

① 梵天为印度教的创造之神，与毗湿奴、湿婆并称三主神。他的坐骑为孔
　雀（或天鹅），配偶为智慧女神辩才天女，故梵天也常被认为是智慧
　之神。
② 毗湿奴是印度教的三主神之一。梵天上管"创造"、湿婆主掌"毁灭"，而
　毗湿奴即"维护"之神，在印度教中被视为众生的保护之神。他性格温
　和，对信仰虔诚的信徒施予恩惠，且常化身成各种形象拯救危难的世界。

因此我将消灭这些

以异教徒的身份出现的恶魔，

我将无畏地传播达摩。[96]

在许多年里，莫卧儿军队稳步反攻，占领了德干高原的一座又一座山地要塞。一时间，似乎帝国军队正在缓缓地、有条不紊地粉碎马拉塔人的反抗，就像当初粉碎了东印度公司的抵抗一样。1689 年 3 月 11 日，也就是奥朗则布皇帝打败东印度公司军队的同一年，莫卧儿军队俘虏了希瓦吉的长子和继承人桑巴吉。这位不幸的王子先是蒙受羞辱，被强迫戴一顶滑稽的帽子，坐在骆驼上被牵着去觐见皇帝。然后，他被残酷地折磨了一周之久。他的眼睛被用钉子戳瞎，舌头被割掉，皮肤被虎爪撕烂，接着被野蛮地处死。尸体被丢去喂狗，而首级则被塞满稻草，送到德干高原的各城市示众，最后被悬挂在德里城门上。[97]1700 年，皇帝的军队攻克了马拉塔首都萨塔拉。一时间，奥朗则布似乎终于要打败马拉塔人了，正如伟大的莫卧儿历史学家古拉姆·侯赛因·汗所说，皇帝很快就能"将那个不安分的民族从其家园驱逐出去，让他们只能鬼鬼祟祟地躲藏在山洞和堡垒里"。[98]

但是，在奥朗则布的晚年，他的好运气用完了。马拉塔人的骑兵部队遇强则避，运用游击战术攻击莫卧儿军队的补给队伍。这让因为携带大量辎重而行动缓慢的莫卧儿部队要么饿死，要么灰溜溜地无功而返，退回位于奥朗加巴德①的基地。

---

① 奥朗加巴德位于今天印度西部的马哈拉施特拉邦，得名于莫卧儿皇帝奥朗则布，他将帝国都城设于此处，以征服德干高原诸苏丹国及马拉塔邦联。城市始建于 17 世纪，曾为重要商业中心，但在海德拉巴建成后逐渐衰落。

皇帝御驾亲征，占领了一座又一座要塞，但每当他将注意力转向别处，刚占领不久的要塞就失守了。他写道："只要我还有一口气，就永远摆脱不了这样的艰辛劳动。"[99]

此时的莫卧儿帝国达到了疆界的极限，从喀布尔一直延伸到卡纳蒂克地区，但突然间帝国全境四处起火。给奥朗则布制造麻烦的再也不只是马拉塔人：到 17 世纪 80 年代，帝国的心脏地带发生了愈演愈烈的叛乱，恒河河间地区①的贾特人②和旁遮普的锡克人发动了农民起义。在帝国各地，柴明达尔③地主乡绅纷纷反叛，公开抵制莫卧儿政权的征税估值和中央政府的干预（原本农村地区由本地的世袭统治者掌控，如今莫卧儿中央政府企图深入农村，直接管理农村的许多事务，因此遭到柴明达尔的激烈反对）。土匪活动也十分猖獗：在 17 世纪 90 年代中叶，意大利旅行者乔瓦尼·杰梅利·卡雷里抱怨道，莫卧儿印度无法保障旅行者"不受匪盗侵害"。[100]就连奥朗则布的儿子阿克巴皇子也倒戈到拉杰普特人那边，举起了反叛大旗。

这些五花八门的抵抗运动使国库收到的地租、关税和其

---

① 河间地区（Doab）指的是两条河之间的土地，通常非常肥沃，是令人眼红的优质农田。最有名的就是恒河河间地区，即恒河和亚穆纳河之间的肥沃三角洲。

② 贾特人（Jats）是北印度和巴基斯坦的农业族群，信奉印度教、伊斯兰教和耆那教等。17 世纪末到 18 世纪初，他们曾起兵反抗莫卧儿帝国。英国人认为贾特人属于所谓的"尚武种族"，所以大量招募贾特人。

③ 柴明达尔（zamindar）是南亚次大陆的一个贵族阶层，这个词在波斯语中的意思是"地主"。柴明达尔一般是世袭的，拥有大片土地，对农民有很强的控制，有权代表中央政府（如莫卧儿帝国）向农民征税或索取劳役。柴明达尔在自己的领地内拥有司法权。在 19 世纪，随着英帝国主义在印度的发展，很多柴明达尔在英国人庇护下获得"纳瓦布""王公"等头衔。20 世纪 50 年代，印度和巴基斯坦相继废除柴明达尔制度。

他财税收入大幅减少，莫卧儿帝国历史上破天荒地出现了国家没有足够的钱来维持行政开销或者给官员支付薪水的现象。随着军事开支继续飙升，莫卧儿帝国越来越分化。根据成书年代稍晚的史料《奥朗则布轶闻录》（*Ahkam-i Alamgiri*），皇帝自己也承认："没有一个省份或者地区是太平的，每个地方都有异教徒掀起动乱。他们没有受到惩罚，所以他们在各地都扎下根来。国家的大部分地区已经变得荒无人烟，如果某个地方有人居住，说明那里的农民很可能与强盗蛇鼠一窝。"[101]

奥朗则布在临终前给儿子阿扎姆写了一封悲哀而沮丧的信，承认了自己的失败：

> 我孤零零来到这个世界，又像个陌生人一般离去。失去权力的那一刻，只留下哀痛。我没有当好帝国的守护者和捍卫者。宝贵的生命被无谓地挥霍掉了。真主在我心中，但我看不见他。人生苦短，转瞬即逝。往昔已逝，未来无望。整个帝国军队就像我一样：困惑、不安、远离真主、如水银般颤抖。我害怕自己将要受到的惩罚。尽管我坚定地希望得到真主的恩典，但因为我做过的那些事，焦虑始终不离我心。[102]

奥朗则布于1707年2月20日驾崩。他被埋葬在一个露天的简单坟墓中，地点不是在阿格拉或德里，而是在德干高原（他成年后的大部分时间都在试图征服这片土地，但最终失败）中央的库尔达巴德。[103]在他死后的岁月，莫卧儿国家的权威开始瓦解，先是在德干高原；然后，随着马拉塔军队在他们的伟大军事领袖巴吉·拉奥一世①的领导下北上，莫卧儿国家在印度中部和西部越来越多地区的权威逐渐瓦解。

皇位继承的争端和连续多位软弱无能的皇帝，更是加剧了帝国的危机：三位皇帝惨遭谋杀（其中一位死前先被用烧烫的针戳瞎双目）；一位统治者的母亲被勒死，另一位统治者的父亲被迫坐着大象从悬崖上跳下去。1719年是最糟糕的一年，这一年有四位不同的皇帝先后坐上孔雀宝座，每一位都很快就被推翻。用莫卧儿历史学家海尔·丁·安拉阿巴迪的话说："皇帝花费了很多年和大量财富，试图铲除马拉塔势力的根基，而怎么也没办法将这株可憎的树连根拔起。"

> 从巴布尔到奥朗则布，印度斯坦的莫卧儿帝国日渐强盛，但如今奥朗则布的子孙在自相残杀、互相拆台。君主对大臣和将领满腹猜忌，担心他们僭越犯上；再加上君主的短视、自私与奸诈，时局更是雪上加霜。混乱和腐败再也不屑于隐藏自己，曾经太平的印度如今成了混乱无序的国度。[104]

32

战火中，马拉塔人不断进犯，莫卧儿帝国统治下的许多村庄只剩下冒着黑烟的瓦砾堆。马拉塔人的游击式袭掠以残酷无情而臭名昭著。一位欧洲旅行者从奥朗加巴德出发，亲眼见证

---

①　巴吉·拉奥一世（1700-1740）是马拉塔帝国的第七代佩什瓦和著名军事家。他征战二十年未尝败绩，因此被认为是印度历史上最优秀的骑兵将军之一。

了马拉塔人一次袭击的后果：

> 我们抵达边境时，看到那里已经被付之一炬。我们在化为灰烬的村庄旁边露营，随处可见笔墨难以形容的恐怖和凄凉景象，到处是被烧死的人和家畜的尸体。死去的妇女怀里抱着孩子，男人的尸体狰狞扭曲。有的手脚被烧成黑炭，也有的身体只剩下躯干还辨认得清。恐怖的尸体，有的被烧得微焦，有的被烧得漆黑。我以前从未见过这样令人魂飞魄散的景象。我们经过的三个村庄有大约 600 具这样被烧毁的尸体。[105]

马拉塔人在战时非常残暴，在和平时期却完全可能施行仁政。[106]一位法国旅行者记述道："马拉塔人会以极其令人憎恨的野蛮方式来毁灭敌人的土地，但他们信守与盟友的诺言，维持和平；让他们自己领地的农业和商业都发展得欣欣向荣。从外部看，这种统治方式很可怕，因为这个民族天生喜好烧杀抢掠；但从内部看，这种统治却是善政。"[107]到 18 世纪初，马拉塔人的势力已经大幅扩张，控制了印度中部和西部的很大一部分。他们分成五个邦国，由五位酋长统治，共同构成马拉塔邦联。这五位酋长建立了世袭的王朝，统治五个不同地区。佩什瓦（这是个波斯词，意思是首相，巴赫曼尼苏丹①在 14 世纪把这个词

---

① 巴赫曼尼苏丹国（存在时间为 1347~1527 年）是南印度德干高原的一个波斯化的穆斯林政权。它是德干高原第一个独立的伊斯兰国家，长期与毗奢耶那伽罗帝国交战。巴赫曼尼苏丹国后来分裂为五个苏丹国，它们联手洗劫了毗奢耶那伽罗的都城。最后五个苏丹国全部被莫卧儿帝国吞并。

引入印度）控制马哈拉施特拉①，并担任邦联的首脑，与他手下的所有地区总督频繁通信。蓬斯尔王朝负责奥里萨，盖克瓦王朝控制古吉拉特，哈尔卡尔王朝主宰印度中部，辛迪亚王朝掌控拉贾斯坦和北印度的大片土地，并且不断扩张。马拉塔人沿袭了莫卧儿帝国的行政程序和实践，在绝大多数情况下非常顺畅地接管了权力，所以从莫卧儿帝国到马拉塔邦联的权力交接几乎无人注意到。[108]

　　面对越来越势不可当的马拉塔势力，莫卧儿帝国的封疆大吏越来越指望不上帝国中央，只能自行决断，于是好几位地方总督开始像独立统治者一样施政。1724 年，奥朗则布最宠信的将领和门客之一，钦·基里奇·汗·尼查姆·穆尔克，未经年轻皇帝穆罕默德·沙的许可就擅自离开德里，在德干高原东部自立为总督，打败了皇帝任命的正式总督，然后在海德拉巴城建立自己的大本营。② 奥德（相当于今天的北方邦）也发生了类似的情况，那里的权力集中到纳瓦布萨阿达特·汗和萨夫达尔·忠格的手中。纳瓦布萨阿达特·汗是来自波斯的什叶派移民，出生于内沙布尔③的萨夫达尔·忠格则是他的外甥、女婿和最终的继承者。舅甥二人成为北方的主要权力掮客，以恒河平原中央的法伊扎巴德为基地。[109]

　　尼查姆·穆尔克和纳瓦布萨阿达特·汗原本都是莫卧儿

---

① 马哈拉施特拉（字面意思为"伟大的民族"），在中国古书中被称为摩诃剌侘国，位于印度中部，西邻阿拉伯海，今天是印度的一个邦，首府为孟买，浦那亦为该地区的主要城市之一。

② 他就是海德拉巴的第一代尼查姆（统治者），正式称号为尼查姆·穆尔克，也作阿萨夫·贾赫一世（1671～1748）。

③ 内沙布尔在今天伊朗东北部，中国古书称其为乃沙不儿或你沙不儿。

帝国的封疆大吏，但他们与朝廷的关系，以及他们对皇帝本人的效忠关系，越来越由他们自己决定，当然也就越来越为他们自己的利益服务。他们仍然在僵死的莫卧儿国家的框架之内活动，并借用皇帝的名义来给自己的统治赋予合法性，但实际上他们的总督辖区越来越像是自治省份，由各自的独立王朝来统治。最终尼查姆·穆尔克和纳瓦布萨阿达特·汗都建立了自己的王朝，主宰印度的很大一片区域达一个世纪之久。

地方总督逐渐成为独立统治者、仅仅名义上效忠于莫卧儿皇帝的模式就这样建立了。但有一个例外，那就是孟加拉。那里的总督穆尔希德·库里·汗原本是一个出身婆罗门种姓的奴隶，后来皈依伊斯兰教。他仍然对皇帝忠心耿耿，每年从他的富庶省份向德里送去相当于 50 万英镑的税金。到 18 世纪 20 年代，中央政府的绝大部分财政收入都来自孟加拉。为了维持税金收入，穆尔希德·库里·汗对人民横征暴敛，因此臭名远扬。地方乡绅如果交不出税金，会被传唤到总督的新都城穆尔希达巴德（用总督大人的名字命名），在那里被投入监狱，断粮断水。在冬季，总督会命令将拖欠税金的乡绅剥光衣服，用冷水泼他们。他还经常"把柴明达尔们倒挂起来，用细树枝抽打他们"。如果这还不见效，他就把乡绅扔进一个大坑，"里面灌满大粪，腐烂不堪，满是蛆虫，臭气熏天，让走近的人几乎窒息……他还强迫他们穿上长长的皮革内裤，里面塞满活猫"。[110]

随着国家越来越混乱失序，穆尔希德·库里·汗开动脑筋，想了一些新颖的办法给德里输送每年的贡金。他不再像往常那样，用武装人员护送运载金银的车队，因为如今的道路太

不安全。现在，他利用一个出身于马尔瓦尔地区①奥斯瓦尔②
耆那教社群的银行家族的信贷网络来输送资金。这个家族原本
来自焦特布尔国的纳加尔地区，皇帝在 1722 年授予他们"贾
加特·赛特"（意思是"世界银行家"）的世袭荣誉称号。贾
加特·赛特家族以他们位于穆尔希达巴德的宏伟宫殿为大本
营，掌控了帝国最富裕省份的铸币、征税和税金转移业务。他
们的影响力和权势仅次于总督本人，很快就获得了类似于罗斯
柴尔德家族在 19 世纪欧洲的那种声望。历史学家古拉姆·侯
赛因·汗相信，贾加特·赛特家族"富可敌国。说到他们的
财富的时候，总会让人觉得夸大其词或者在讲神话故事"。一
位孟加拉诗人写道："财富流入赛特家族的金库，如同恒河数
条支流注入大海。"¹¹¹东印度公司的评论家同样感到眼花缭乱。
对孟加拉了如指掌的历史学家罗伯特·奥姆③说，当时的贾加
特·赛特家族是"已知世界最伟大的金融家和银行家"。¹¹²芬
威克上尉在撰写《1747～1748 年孟加拉事务》一文时说，该
家族的成员马赫塔卜·拉伊·贾加特·赛特是"在印度发财
的欧洲人的宠儿，是比整个伦巴第街［伦敦金融城的银行区］
加起来都更伟大的银行家"。¹¹³

　　东印度公司官员很早就认识到，在混乱的印度政治当中，
贾加特·赛特家族是他们的天然盟友，双方在大多数事务当中
都是利益一致的。公司也经常毫无顾忌地利用贾加特·赛特家
族的信贷机构：从 1718 年到 1730 年，东印度公司平均每年从

---

① 　马尔瓦尔地区也叫焦特布尔地区，在今天印度西北部拉贾斯坦邦的西南部。
② 　奥斯瓦尔人指的是马尔瓦尔地区的耆那教徒。
③ 　罗伯特·奥姆（1728～1801）是研究印度的英国历史学家。他的父亲是
　　东印度公司的医生，自己也曾在东印度公司担任高官。

贾加特·赛特家族那里贷款 40 万卢比①。一段时间之后，这
两个商业巨头之间"以互惠互利为基础的"联盟，以及东印
度公司在这些马尔瓦尔银行家帮助下干预印度金融的行动，将
会戏剧性地改变印度历史的进程。[114]

东印度公司还认识到，现在没了强有力的莫卧儿中央政
府，公司就能够以几十年前根本不可能的方式来行使自己的意
志。即便在奥朗则布统治末年的动荡岁月里，东印度公司也仍
然像以前一样，对莫卧儿帝王的权威毕恭毕敬。1701 年，帝
国新征服的卡纳蒂克地区的总督达伍德·汗抱怨公司的马德拉
斯议事会对他不够礼貌。他说，马德拉斯议事会对他"漫不
经心……他们没有好好思考，他们是在他的领地发了横财。他
相信他们一定忘记了，他才是卡纳蒂克省的总督。自从戈尔康
达王国倒台以来，公司就没有汇报过他们的行政管理情况，无
论是好是坏……他们也没有报告过烟草、槟榔、葡萄酒等商品
的税收，这些方面的税收一定每年都有相当大的金额"。[115]

东印度公司的使者尼科洛·马努奇（一位威尼斯冒险家，
此时以医生的身份生活在马德拉斯）回答说，东印度公司把
一片沙滩发展成了欣欣向荣的港口，如果达伍德·汗对公司过
于严苛，征缴过多的赋税，公司就会搬到别的地方做业务。那
样的话，真正的输家是马德拉斯的纺织工人和商人，他们通过
与外国人的贸易，每年都给达伍德·汗的领地挣数十万宝塔
币。马努奇的策略奏效了：达伍德·汗不得不让步。三百年
后，很多现代企业面对政府的加强管制和征税的要求时，会给
出类似的答复：如果不宽纵我们，我们就把生意转移到别处。

---

① 超过了今天的 500 万英镑。——作者注

达伍德·汗抱怨"那些戴帽子的人①饮下了傲慢之酒"。在他之后，这片海岸还会有别的统治者对东印度公司发出类似的怨言。

　　九年后，东印度公司做了更出格的事情。京吉②的莫卧儿要塞司令扣押了两名英国人，还短暂地攻打了圣大卫堡（位于马德拉斯以南不远处）。为了报复，圣大卫堡的公司职员拿起了武器。1710 年，他们骑马从位于古达罗尔③附近的要塞出发，突破莫卧儿人的防线，蹂躏了科罗曼德尔海岸的五十二座城镇和村庄，杀害了许多无辜的村民，破坏了大片农田（有价值数千宝塔币的水稻在等候收割）。马德拉斯总督自豪地报告称，此次行动"让敌人火冒三丈，不可能与我们和解"。这可能是英国人针对印度普通民众犯下的第一起大规模的暴行。两年后，通过本地治里的法国总督的友好调停，东印度公司才与当地的莫卧儿政府达成谅解。伦敦的董事们认可了一线员工采取的措施："当地和印度其他地方的土著听到此事之后一定会对英国人的勇气与壮举肃然起敬，知道我们有能力与如此强大的君王交战。"[116]

　　在孟加拉，穆尔希德·库里·汗也对东印度公司在加尔各答的官员的飞扬跋扈、仗势欺人感到愤恨，于是写信给德里，明确表达自己的想法。他写道："说到这些人的可憎行为，我简直没有办法向您陈述。"

36

---

① 戴帽子的人（topi wallah）是常见的印度说法，指的是欧洲人，尤其是在这个时期经常戴帽子的英国人。印度人自称"戴头巾的人"（pagri wallahs）。
② 京吉是印度南部的一座城镇，今天属于泰米尔纳德邦维鲁普兰县。
③ 古达罗尔是印度南部的一座城镇，今天属于泰米尔纳德邦古达罗尔县，与本地治里接壤，濒临印度洋。

他们刚刚来到我国的时候，卑躬屈膝地恳求当时的政府允许他们买地建造一座贸易站。但是等我们批准之后，他们就立刻建造了一座巩固的要塞，在周围挖掘与河流相通的壕沟，并在城墙上部署大量火炮。他们引诱一些商人和其他人接受他们的保护，然后征收高达 10 万卢比①的赋税……他们大肆抢劫和掳掠，把皇帝的许多男女臣民卖为奴隶。[117]

但在此时，德里的帝国官员正忙于应对更严重的威胁。

1737 年的德里大约有 200 万人口。它比伦敦和巴黎加起来还要大，当时是奥斯曼帝国的伊斯坦布尔和日本的江户（今天的东京）之间最繁荣、最辉煌的城市。莫卧儿帝国在分崩离析，而它的都城德里就像熟透了的芒果，硕大无朋、充满诱惑，但显然正在腐坏的过程中，随时可能坠落和溃烂。

尽管阴谋、纷争和叛乱此起彼伏、愈演愈烈，但深居红堡的皇帝仍然统治着广袤的领土。他的宫廷是整个地区学习礼节的学校，也是印度-伊斯兰艺术的主要中心。到访的客人总是视德里为南亚最伟大也最魅力无穷的城市。1731 年参观德里的旅行者穆尔塔扎·侯赛因写道："沙贾汗纳巴德②极其光辉

① 超过了今天的 100 万英镑。——作者注
② 沙贾汗纳巴德（Shahjahanabad）即德里城（今天的旧德里），1639 年莫卧儿皇帝沙贾汗开始营造该城，因此叫作沙贾汗纳巴德。

璀璨，人口繁多。晚上在月光集市①或萨阿杜拉·汗集市寸步难行，因为那里人山人海，熙熙攘攘。"廷臣和知识分子阿南·拉姆·穆赫里斯说这座城市"就像装满喧闹的夜莺的鸟笼"。[118]莫卧儿诗人哈特姆写道：

> 德里不是一座城市，而是一座玫瑰园，
> 就连它的荒地也比果园更宜人。
> 羞怯的美女是它的集市的花朵，
> 每个角落都有青葱的草木和优雅的柏树。[119]

统治着这个富庶却脆弱的帝国的人，是颓废软弱的皇帝穆罕默德·沙，他的绰号是"兰吉拉"（Rangila），意思是"多姿多彩"或"玩乐者"。他是一位审美家，酷爱穿女式佩什瓦兹长袍和饰有珍珠的鞋子；他是精通音乐和绘画的艺术赞助者。正是穆罕默德·沙把锡塔琴和塔布拉鼓从民间带入他的宫廷。他还慷慨赞助之前被奥朗则布及其继任者忽视的莫卧儿细密画艺术，请画家创作了许多表现莫卧儿宫廷生活的田园牧歌风格的作品：笼罩在神话般红色与橘色氛围中的宫廷侯丽节②庆祝活动；皇帝在亚穆纳河沿岸放鹰打猎，或者在他的高墙环

---

① 月光集市（Chandni Chowk）是印度旧德里最古老繁忙的集市之一。据说因月光倒映在水渠中而得名。

② 侯丽节（Holi）是印度教的一个重要节日，是印度教徒的传统春节，在节日期间，大家互相投掷彩色粉末、泼洒有颜色的水，以庆祝春天的到来。

绕的园林内游玩；比较罕见的题材是皇帝在红堡的花圃当中接见大臣。[120]

穆罕默德·沙之所以能够在皇位上生存下来，是因为他运用了一种简单的策略：沉溺于玩乐，让人们不觉得他在统治。每天上午，他观看鹧鸪和大象的打斗；下午，他欣赏杂耍艺人、哑剧演员和魔术师的表演。至于政治，他明智地将其留给 38 谋臣和首相。在他统治期间，权力逐渐从德里流失，地方上的纳瓦布们开始对所有的政治、经济、治安和防卫要务自行决断。

法国旅行者和雇佣军人让-巴蒂斯特·让蒂写道："这位君主在过去一直待在萨利姆要塞①，过着舒适而充满脂粉气的生活。在混乱与动荡的风暴中，他接过了政权。"

> 他年轻而缺乏经验，没有注意到自己戴的皇冠实际上是被献祭动物头戴的饰带，预示着死亡。他生性温和、喜好安宁，却没有专制君主必需的坚强个性。尤其在这样的时代，权贵们除了适者生存之外不知道任何法则，除了强权即公理之外不懂得任何规矩，皇帝尤其需要强悍的个性。所以这位不幸的君主成了那些权臣手中的玩物。权臣们仅仅在需要用皇帝的名义将自己攫取权力的行为合法化时，才会承认他那已经空洞无物的头衔。那曾经无比威严的名号，如今只剩下一道残影。就这样，在他统治时期，权臣们为所欲为地篡夺权力，摧毁了他最后一点残存的权

---

① 萨利姆要塞（Salimgarh）在德里附近的亚穆纳河上，建于 1546 年，现在是一处世界遗产。

力后，瓜分了他的财产。[121]

来自法国巴勒迪克的目击者约瑟夫·德·沃尔通写信给法国东印度公司位于本地治里的总部，描述了他对帝都愈加严重的危机的印象。根据一份对沃尔通报告的摘要：

> 这个帝国可怜兮兮的政府似乎即将迎来某种灾祸。人民惨遭权贵的恣意欺压和践踏……［穆罕默德·沙］是一位极其昏庸无能的君主，简直可以说是个白痴，沉溺于享乐……一段时间以来，这个大帝国被此起彼伏的叛乱动摇了根基。德干高原的马拉塔人曾经向帝国称臣纳贡，但如今已经摆脱了桎梏，甚至敢于从印度斯坦的一端向帝国中枢发动相当规模的武装袭掠。他们遇到的抵抗微乎其微，这预示着任何人都可以轻而易举地攫取这个帝国。[122]

德·沃尔通所言极是。随着马拉塔军队不断北上，就连帝都也不安全了。1737 年 4 月 8 日，马拉塔邦联的年轻名将巴吉·拉奥一世率领一支行动神速的军队，袭掠了阿格拉郊区，两天后兵临德里城下，洗劫并焚毁了郊区的村庄马尔查、塔尔卡托拉、帕拉姆和梅赫劳利。马拉塔人甚至在顾特卜塔①脚下安营扎寨。顾特卜塔就是纪念六百年前第一批伊斯兰征服者来到印度的胜利之塔。纳瓦布萨阿达特·汗率军从奥德赶来勤王的消息传来后，马拉塔袭掠者撤退了，但此役仍然是对莫卧儿

39

---

① 顾特卜塔是世界上最高的砖砌清真寺宣礼塔，高 72.5 米，13 世纪初由德里苏丹国的建立者顾特卜下令建造。现在是一处世界文化遗产。

人史无前例的羞辱，也是对他们公信力和自信心的沉重打击。[123]

皇帝认识到局势危如累卵，于是传唤尼查姆·穆尔克北上救援德里。古拉姆·侯赛因·汗写道："这位老将曾在奥朗则布麾下南征北战，建功立业，如同一匹饱经风霜的老狼，经验丰富，精明世故。"[124]尼查姆响应了皇帝的传召，率军北上，但他深知，战胜马拉塔人绝非易事。在给皇帝的信中，他写道："自奥朗则布驾崩以来，马拉塔人拥有的资源翻了一番，而帝国的事务却凌乱不堪。随处可见国家糜烂的迹象。"[125]莫卧儿帝国中央政府的会计师一定会赞同尼查姆的说法：到 18世纪 30 年代，马拉塔人仅从印度中部富饶的摩腊婆①一地就能征收 100 万卢比②的贡金。而莫卧儿人收不到这样的贡金，所以他们的国库日渐空虚。[126]

尼查姆的担忧很有先见之明。1738 年 1 月 7 日，巴吉·拉奥一世的马拉塔军队在博帕尔附近偷袭尼查姆，将他包围得水泄不通。起初巴吉·拉奥一世不敢直接攻击尼查姆的设防阵地，但后来还是进攻了，并打败了这位莫卧儿老将。这让双方都大吃一惊。被俘的尼查姆承诺把摩腊婆总督的位置交给巴吉·拉奥一世，希望笼络这位马拉塔名将，让他为莫卧儿帝国所用。[127]但就在受辱的尼查姆前往德里的同时，帝国的北方出现了更严重的威胁。

40

---

① 摩腊婆是印度历史上的一个地区名，基本上位于今中央邦境内。该地区大部分是平原（称为摩腊婆平原）。在 1947 年以前，该地区一直是一个独立的行政单位。长久以来该地区形成了一些有自己特色的文化，尤其是语言。摩腊婆曾是世界上重要的鸦片产地，英国人从这里收购鸦片，然后贩运到中国沿海，走私进入中国。摩腊婆的译名最早见于玄奘的《大唐西域记》，赵汝适《诸蕃志》称之为麻罗华国。

② 相当于今天的 1300 万英镑。——作者注

纳迪尔沙·阿夫沙尔出生于波斯的呼罗珊，是一个卑微的牧羊人和毛皮裁缝的儿子。凭借卓越的军事才华，他在波斯萨非王朝的军中平步青云。他与穆罕默德·沙形成了鲜明对比。穆罕默德·沙有艺术气质、头脑糊涂，而纳迪尔沙坚忍不拔、残酷无情、办事高效。温文尔雅的法国耶稣会士路易·巴赞神父对纳迪尔沙进行了存世的最精彩的描摹。这位神父成了纳迪尔沙的御医，对这个残暴、不怒而威的男人既仰慕又畏惧。巴赞写道："尽管他出身卑微，但似乎生来就是要坐王座的。上苍给了他所有的英雄品质，甚至还给了他一些伟大帝王的品质。"

> 他的头发已经雪白，但胡须染成黑色，与之形成鲜明对照；他天生身强体健，身材伟岸；他面容严峻，饱经风霜；长脸，鹰钩鼻，嘴形匀称，但下唇凸出。他眼睛不大，目光炯炯有神，仿佛能穿透人心；他的嗓音粗而洪亮，不过有时为了自己的利益，或者心血来潮，他的嗓音也会变得柔和……
>
> 他居无定所，军营就是他的宫廷。他的宫殿是一座帐篷，他的王座就在兵器丛中，他的亲信就是他手下最勇敢的武士……他作战时英勇无畏，几乎到了鲁莽的地步，总是身先士卒、在最危险的地方冲杀……但他的贪得无厌，以及闻所未闻的极端残忍，很快就令他的人民厌倦；他的放纵以及他凶暴而野蛮的性格，使他做出恐怖的暴行，让波斯哭泣和流血。有人敬慕他，有人畏惧他，也有人憎恨他……[128]

1732 年，纳迪尔沙发动军事政变，夺取了波斯的王位。不久之后，他废黜了最后一位尚在襁褓中的萨非王朝王子，结束了两百年的萨非王朝。六年后的 1738 年春季，他挥师入侵阿富汗。在他离开伊斯法罕之前就有传闻说，他的真实计划是袭掠莫卧儿帝国的德里城，从莫卧儿孔雀身上"拔掉一些黄金羽毛"。[129]

41　　5 月 21 日，纳迪尔沙率领 8 万大军越境进入莫卧儿帝国，奔赴帝国的夏都喀布尔。这是两个世纪以来印度首次遭到外敌入侵。喀布尔的巴拉希萨尔要塞于 6 月投降。随后纳迪尔沙率军通过开伯尔山口①南下。1739 年 2 月，在德里以北 100 英里处的卡尔纳尔，他以 15 万火枪兵和奇兹尔巴什骑兵②打败了三支合流的莫卧儿军队（大约 100 万人，其中大约一半是战士）。纳迪尔沙的军队虽然兵力远远不如敌人，但纪律严明，并且拥有最先进的军事科技，即一种以马背承载、火力足以穿透铠甲的回旋炮。

对纳迪尔沙来说特别有利的是，穆罕默德·沙手下的两位主将萨阿达特·汗和尼查姆·穆尔克之间越来越势如水火。萨阿达特·汗迟到了，他从奥德抵达莫卧儿军营的时候，尼查姆

---

① 开伯尔山口是连接阿富汗与巴基斯坦的重要山口，自古为南亚与中亚的重要商贸路线必经之地，具有重要的战略地位。

② 奇兹尔巴什人是 15 世纪末以来在阿塞拜疆、安纳托利亚、库尔德斯坦等地兴起的若干什叶派武装群体的统称，大多为突厥人，其中有些群体参与建立了波斯的萨非王朝。"奇兹尔巴什"是奥斯曼土耳其语，意思是"红头"，来自他们的红色帽子。奇兹尔巴什雇佣兵曾为莫卧儿皇帝效力，还曾帮助阿富汗的杜兰尼王朝在 1761 年的第三次帕尼帕特战役中打败马拉塔帝国。不少奇兹尔巴什人在阿富汗定居，大多生活在城市，从事手工业和贸易，在政府中颇有影响力。他们说波斯语，在很大程度上波斯化了。在第一次英国-阿富汗战争中，他们支持英国，招致逊尼派普什图族的敌视。

早已就位。但萨阿达特·汗急于展示自己优越的军事才干，所以决定不给长途行军而来的士兵休息的时间，直接投入战斗。大约在 2 月 13 日中午，他不顾尼查姆的劝阻，"以一位指挥官不应有的莽撞"，率军离开尼查姆为了保护部队而建造的土木工事。尼查姆留在工事内，表示"急躁是魔鬼"。[130]他主张谨慎行事是对的：萨阿达特·汗一头闯进了敌人精心布置的陷阱。

在纳迪尔沙的诱骗之下，萨阿达特·汗的旧式莫卧儿重骑兵（手执长剑的胸甲骑兵）发动了集群正面冲锋。他们接近波斯战线时，纳迪尔沙的轻骑兵像帘子一样主动让开，让莫卧儿骑兵去面对长长的乘骑火枪兵战线，每一名火枪兵都装备了回旋炮。他们在敌军抵近时猛烈开火。几分钟之内，莫卧儿人的精锐骑兵就纷纷倒毙。如见证此役的克什米尔人阿卜杜勒·卡里姆·沙里斯坦尼所说："印度斯坦的军队很英勇，但不能用弓箭去对抗火枪子弹。"[131]

初战告捷之后，纳迪尔沙用一个简单的计谋俘获了皇帝本人：他邀请皇帝赴宴，然后不准他离开。[132]阿南·拉姆·穆赫里斯写道："骁勇善战、装备精良的百万骑兵当了俘虏，皇帝及其权贵的所有资源都被波斯人支配。莫卧儿帝国似乎行将就木。"[133]马拉塔人的大使肯定也是这样想的。他借助夜幕的掩护逃离莫卧儿军营，绕道经过丛林返回德里，然后于当天离开德里，飞也似的南下。他写信给身在浦那的主公："诸神佑助我避开了巨大的危险，帮助我光荣地离开。莫卧儿帝国终结了，波斯人的帝国已经建立。"[134]

3 月 29 日，也就是纳迪尔沙的军队攻入莫卧儿都城一周后，**荷兰东印度公司**的一位新闻撰写人呈送了一份报告，描述

42

了纳迪尔沙在德里屠城的惨状。"伊朗人如同野兽，"他写道，"至少 10 万人丧命。纳迪尔沙下令杀死所有敢于自卫的人。全城遭到血洗，下水道里都流着血。"[135]古拉姆·侯赛因·汗记载道："波斯士兵一瞬间就爬上屋顶，然后开始烧杀抢掠，掳夺妇女。大量房屋被彻底焚毁。"[136]

除了惨遭屠戮之外，还有许多德里妇女被卖为奴隶。贾玛清真寺①周边的整个区域化为废墟。波斯人遇到的武装抵抗微乎其微。阿南·拉姆·穆赫里斯写道："波斯人穷凶极恶地对待所有人和所有东西；布匹、珠宝、金银餐具都是他们接受的战利品。"穆赫里斯曾在自家屋顶观看城市被毁的惨景，"下定决心，如有必要就死战到底……在很长时间里，大街上到处是死尸，就像花园的步道上撒满枯花落叶一样。整座城市化为灰烬，看似被火海席卷的平原。华美的街道和建筑都化为瓦砾，需要很多年的艰辛劳作才能让这座城市恢复昔日的光辉"。[137]根据法国耶稣会士的记载，城内大火四起，熊熊燃烧了八天之久，他们的两座教堂毁于一旦。

大屠杀一直持续到尼查姆摘去头巾，用它捆缚自己的双手，双膝跪下哀求纳迪尔沙饶恕市民，只惩罚他一人。纳迪尔沙命令部下放下屠刀，他们立刻服从。但纳迪尔沙的条件是尼查姆给他提供 10 亿卢比②的现金，他才肯离开德里。一位荷兰观察者记述道："波斯人继续抢劫、折磨平民和掳掠，但好

---

① 贾玛清真寺（Jama Masjid）位于印度旧德里中心繁忙的义卖市场街（Chawri Bazar Road），是印度最大的清真寺。贾玛（Jama）一词源于穆斯林在星期五下午举行的主麻日聚礼。贾玛清真寺于 1650 年 10 月 19 日（星期五）动工，到 1656 年建成。莫卧儿帝国第五代皇帝沙贾汗，即泰姬陵和红堡的兴建者，下令修建了这座清真寺。

② 相当于今天的 130 亿英镑。——作者注

在已经停止杀人。"[138]

在随后的日子里，为了筹措罚金，尼查姆万般无奈之下不得不掳掠自己的城市。他把德里分成五个区域，分别向其索要巨款。阿南·拉姆·穆赫里斯写道："现在，大规模的掳掠开始了，令群众涕泗横流……他们不仅家财尽失，而且家破人亡的情况也很普遍。很多人服毒自尽，也有人用刀子自杀……简而言之，积攒了 348 年的财富一夜易主。"[139]

随后几天里，波斯人对自己收到的财物之多也感到难以置信。他们从未见过这样的荣华富贵。纳迪尔沙的宫廷史官米尔扎·马赫迪·阿斯塔拉巴迪目瞪口呆。"短短几天之内，负责封存皇室宝库与御用工坊的官员就完成了各自的任务，"他写道，"那里成了珍珠和珊瑚的海洋，堆积如山的各式珠宝、金银器和其他镶嵌贵重宝石的物件，以及海量的其他奢侈品，以至于会计师和书记员做梦都想不到自己有朝一日要登记如此惊人的财富。"

被封存的财物当中有莫卧儿皇帝的孔雀宝座，它上面镶嵌的珠宝是古代帝王的珍宝也不能媲美的。印度莫卧儿帝国早期的几位皇帝用了价值 2000 万卢比①的珠宝来装饰这座宝座。最珍稀的尖晶石和红宝石，最璀璨夺目的钻石，过去和当今任何一位帝王的宝藏都不能与之媲美，如今都被纳入纳迪尔沙的国库。我们［波斯军队］在德里期间，从帝国国库取走了数千万卢比。莫卧儿帝国的军事贵族和地主豪强、帝都的权贵、各独立王公、富裕的行省

---

① 相当于今天的 2.6 亿英镑。——作者注

总督，全都交出了价值数千万的金银币、宝石、镶嵌珠宝
的皇室宝器，以及最珍稀的器皿，数量之多，非笔墨所能
描摹。[140]

纳迪尔沙并不打算统治印度，只是想把印度洗劫一空，然
后用抢来的资源去对付他的真正敌人：俄国人和奥斯曼人。攻
破德里的五十七天之后，他满载莫卧儿帝国在两百年的统治与
44　征战中积攒的财富，春风得意地凯旋。他送回波斯的战利品包
括贾汉吉尔的光辉璀璨的孔雀宝座，上面镶嵌着光之山钻石和
价值连城的帖木儿红宝石。纳迪尔沙还掳走了大莫卧儿钻石
（据说是世界上最大的钻石）和光之海钻石（光之山钻石的
"姊妹"，比它略小一些，颜色更偏粉），以及"700 头大象、
4000 头骆驼和 12000 匹马，拖着大车，上面满载黄金白银和
宝石"，总价值估计相当于当时的 8750 万英镑①。

纳迪尔沙一夜之间就打破了莫卧儿帝国不可一世的魔咒。
穆罕默德·沙·兰吉拉仍然是皇帝，但几乎丧失了全部公信力
和实权。他隐遁起来，很少离开德里。莫卧儿历史学家瓦利德
写道：

皇帝陛下为了抚慰自己遭受噩耗摧残的心灵，要么流
连于御花园，观赏新栽植的树木，要么骑马去平原上狩
猎；而维齐尔为了寻求慰藉，去了距离德里 4 里格②的池

---

①　相当于今天的 92 亿英镑。——作者注
②　里格是古老的长度单位，1 里格在英语世界通常为 3 英里（约 4.828 公
里，适用于陆地上），即大约等同一个人步行 1 小时的距离，或为 3 海里
（约 5.556 公里，适用于海上）。

塘观赏莲花，在那里搭帐篷居住，一待就是一个月甚至更久，终日在河边钓鱼或者在平原猎鹿。皇帝和维齐尔都完全把政事、收税和军队的需求抛在脑后。没有人费心去保卫国家和人民，而动乱每天都愈演愈烈。[141]

莫卧儿的老牌精英们认识到，他们的整个世界的末日即将到来。如诗人哈特姆所写：

> 贵族沦为割草工，
> 久居宫殿的人，如今连能遮风挡雨的破屋都没有。
> 怪风似乎在德里吹拂
> 贵族逃离各城市
> 森林里的猫头鹰飞到了沙贾汗纳巴德，
> 在公子王孙的庭院筑巢。

很多观察者，比如贵族沙基尔·汗，把国家的败局归咎于穆罕默德·沙统治下社会的腐化与堕落，于是坚决反对皇帝那种漫不经心的享乐主义，主张更严格地遵守伊斯兰教的清规戒律。"在这个时期的开端，"沙基尔·汗写道，"有音乐和饮酒作乐，有喧闹的艺人和成群结队的娼妓。这是胡闹和玩笑、充满脂粉气和追逐易装癖者的时代。"

各种各样的淫乐，无论是不是律法禁止的，都任君享受；宗教权威的声音变得含糊，被淹没在纵酒狂欢的喧嚣中。人们习惯了恶习，忘记了体面的正道，因为他们内心的镜子再也不能映出有德之人的颜面，以至于当灾难降临、社会被撕裂的时候，再也不能矫正积弊、修补乾坤。

没过多久，就到了这样的地步：私人豪宅和皇室套房、皇家军械库、皇家衣橱和家具仓库里的各色财物，甚至御膳房里的锅碗瓢盆、皇家图书馆的藏书、皇家的琴瑟钟鼓等乐器、皇家作坊里的所有器物，全都被卖给了店主和商贩。得来的金钱绝大部分被用于支付军队的欠饷。[142]

在这个关头，权势最盛的两位地方大员——尼查姆·穆尔克和萨夫达尔·忠格不再向德里输送税金，于是莫卧儿国家的经济危机加剧到了濒临破产的地步。德里一夜之间变得赤贫，文武官员再也领不到薪水。帝国就这样被釜底抽薪，奄奄一息。地方总督们的王朝巩固了权力，彻底摆脱了德里的节制。在区区几个月里，用了一百五十年时间才建设起来的莫卧儿帝国变得四分五裂，被许多更小也更脆弱的邦国取而代之。

国库充盈、千军万马的辉煌时代一去不复返了。随着中央权威的崩溃，所有人都采取措施来自卫，于是印度变成了一个去中心化的、支离破碎但高度军事化的社会。此时几乎所有人都携带武器，几乎所有人都是潜在的军人。印度斯坦各地出现了军事劳动力市场（也是当时全世界最发达的雇佣兵市场），只要有钱，什么都可以买得到。战争逐渐被视为一种生意。[143]到18世纪末，相当一部分农民已经武装起来，每年有几个月在遥远的地方当兵吃粮。有时，为了抓住当雇佣兵的挣钱机会，他们会带着家人搬迁，把农业活动也转移到别处。与此同时，雇用他们的地方统治者必须想办法支付军饷，从而维持开销极大的新式军队，与他们的对手竞争。为了做到这一点，他们发展出了新的国家官僚机构和财政工具，试图比被他们取代的莫卧儿政权更深层次地控制商贸和生产。[144]

18 世纪印度最有洞察力的历史学家古拉姆·侯赛因·汗在这些新事态中只能看到恐怖和无政府状态。他写道："就这样，原本从东方冉冉升起的公平正义的太阳，逐渐下沉，最终落在了无知、莽撞、暴力和内战肆虐的西方。"

> 就是从那个时期开始，地租暴跌，农业衰败，人民受苦受难，并且憎恨他们的统治者。除了不择手段地挣钱之外，人们什么都不想。所有阶层的人的唯一志向就是挣钱。

> 在帝国如此衰颓的状态下，崛起了一种新类型的人，他们非但没有树立虔诚与美德的榜样，反而厚颜无耻地挥霍穷人的生命与财产。其他人看到他们的恶行，也变得胆大妄为，毫无顾忌地实施最恶劣、最丑陋的歹行，毫无畏惧，也毫无悔意。这些人当中出现了不计其数的恶人，他们毒害了印度世界，践踏了可怜兮兮的人民……

> 邪恶无以复加，几乎无药可救。就是因为这些人的恶政，印度的每一个部分都被毁了。所以，把当下与往昔相比，我们很容易相信，这个世界已经被黑暗吞没。[145]

但是，在德里似乎迎来世界末日的同时，印度的其他地方却是另一番景象，因为一个世纪的中央集权结束了，区域性的

47

身份认同和地方自治又复苏起来。1707 年之后印度斯坦的心脏地带陷入衰败和动乱，但莫卧儿帝国的边缘地带有了长足的发展和相对的繁荣。浦那和马拉塔山区获得了大量战利品和源源不断涌来的税金，进入了一个黄金时代。阿富汗的罗赫拉人、旁遮普的锡克人、德埃格①和珀勒德布尔②的贾特人都开始在莫卧儿帝国的死尸之上裂土封疆，建立自己的独立国家，并称王称帝，号令一方。

对斋浦尔、焦特布尔、乌代浦和其他拉杰普特小朝廷来说，这也是获得权力和复兴的时代。它们纷纷独立，摆脱了向莫卧儿帝国纳税的重担，开始运用节省下来的税金给自己的雄伟要塞增添奢华的新宫殿。在奥德，法伊扎巴德的巴洛克风格宫殿足以与南方海德拉巴的尼查姆建造的宫殿媲美。这些城市都崛起成为文学、艺术和文化赞助的中心，文化事业一时间欣欣向荣。

与此同时，瓦拉纳西成为金融与商贸重镇，也是宗教、教育和朝圣的独特中心。在孟加拉，瑙迪亚是梵文学术的中心，也是极具地方特色的建筑中心和印度斯坦最高水准音乐的大本营。

在南方的坦贾武尔，稍晚之后，卡纳蒂克音乐将会得到开明的马拉塔朝廷（已经控制了坦贾武尔这个泰米尔文化的古老中心）的赞助。在次大陆的另一端，喜马拉雅山麓丘陵地带的旁遮普山区诸邦进入了一个惊人的文化昌盛的时代。那些

---

① 德埃格是今天印度北部拉贾斯坦邦的一座城镇，在阿格拉以北 98 公里处。

② 珀勒德布尔在今天印度北部的拉贾斯坦邦，历史上曾是贾特人的珀勒德布尔邦国的中心。

偏远的山区小国突然间涌现出一大批卓越的艺术家，其中很多人曾在如今已经衰败的莫卧儿工坊学习；不同的绘画世家之间互相竞争、互相启发，很像文艺复兴时代意大利的那些争奇斗艳的城邦。古勒尔和贾斯罗达可以和圣吉米尼亚诺①和乌尔比诺媲美，都是面积很小的山区城镇，统治者都对艺术拥有不寻常的浓厚兴趣，赞助和庇护了一小群超凡脱俗的艺术家。

　　但是，对莫卧儿帝国心脏地带陷入无政府状态而带来的机遇利用得最好的两股势力，却根本不是印度人。在本地治里和马德拉斯，两家互相竞争的欧洲贸易公司深刻认识到了莫卧儿帝国的衰弱无力和如今印度政府权威的支离破碎，于是开始招兵买马，训练在当地招募的步兵部队，并向其发放高薪。

48

　　如东印度公司职员威廉·伯尔茨后来所说，欧洲人看到一小股波斯人能轻而易举地攻占德里，大受刺激，做起了在印度开拓征服和建立帝国霸业的梦。纳迪尔沙向欧洲人展示了该如何操作。

　　在刚建立不久的法国殖民地本地治里（位于马德拉斯以南温暖的科罗曼德尔海岸沙滩之上），法国东印度公司那位雄心勃勃、精明强干的新任总督约瑟夫-弗朗索瓦·杜布雷一直在密切关注纳迪尔沙入侵的消息。1739 年 1 月 5 日，在纳迪尔沙抵达卡尔纳尔之前，杜布雷就写道："这个帝国处于一场

---

　　① 圣吉米尼亚诺是意大利中北部托斯卡纳大区锡耶纳省的一座有城墙环绕的小城，以中世纪建筑闻名。

大变动的前夜。"

> 莫卧儿帝国政府的虚弱让我们有充分理由相信，纳迪
> 尔沙可能很快就会成为这个帝国的主人。这场大变动如果
> 发生了，必然会极大地扰乱贸易。但它对欧洲人一定是有
> 利的。[146]

杜布雷还是个毛头小伙子的时候就来到印度，随着他的雇
主法国东印度公司逐渐发展壮大，他也从基层攀升到高位。法
国人较晚才认识到与印度开展贸易的潜力。直到 1664 年，法
国人才创办了自己的东印度公司。八年后，他们建立了本地治
里城，并贿赂马拉塔人，让他们在不断袭掠卡纳蒂克的时候不
要侵犯本地治里。

法国东印度公司起初亏损严重，不得不在 1719 年由才华
横溢的苏格兰低地金融家约翰·劳·德·劳里斯顿重建。此人
在一场决斗之后逃离伦敦，去了法国，后来成为法国摄政王奥
尔良公爵的谋臣。劳把两家与印度做生意的规模小、资不抵债
的公司合并，然后筹措到足够的资本，让公司正常运转起来。

49 不过，法国东印度公司始终缺乏资金。英国东印度公司从一开
始就是股份制的，而法国东印度公司部分由王室持股，由贵族
经营，而贵族和国王一样，往往对政治而不是贸易更感兴趣。
杜布雷比较不寻常，因为他对这两方面都感兴趣。[147]

1742 年，年近 50 的杜布雷离开了法国人在孟加拉的基地
金德讷格尔，南下去担任本地治里总督和法国东印度公司的总
经理。他上任后的最早举措之一就是，让他在莫卧儿宫廷的代
表德·沃尔通向皇帝请愿，赐给杜布雷 "5000 骑兵级别" 的

纳瓦布头衔，并授予本地治里的法国人铸币权。这两项请求立刻就得到批准，所以杜布雷开始理解，纳迪尔沙的入侵已经严重削弱了莫卧儿皇帝的权威。[148]

杜布雷立刻制订计划，增强公司的军事实力，并开始积极训练在当地招募的说泰米尔语、马拉雅拉姆语和泰卢固语的武士，向他们传授欧洲的步兵战术。[149]到 1746 年，他已经用法国方式组建和训练了两个团的印度兵①，并为其提供武器装备和军饷。杜布雷任命颇有才干的比西侯爵夏尔－约瑟夫·帕蒂西耶为公司的军事指挥官。这位侯爵刚刚从波旁岛（今天的毛里求斯）来到本地治里，担任公司的军事指挥官。他俩开始采取措施，让他们的贸易公司插手后莫卧儿时代的区域政治。

杜布雷来到本地治里的时候，已经靠经商发了大财，还一心要积累更多的财富。和他的很多英国同行一样，他通过做私人生意（往往与印度商人和放债人合作）挣到的钱远远多于他的正式薪水。所以，尽管当时英、法两国在欧洲的关系越来越剑拔弩张，他却非常希望两家公司能够井水不犯河水。

18 世纪 40 年代的法国比英国强盛得多，经济总量是英国的两倍。并且法国的人口是英国的三倍，拥有欧洲最庞大的陆军。不过，英国的海军比法国强大得多，是海上的主宰势力。并且，自 1688 年的光荣革命以来，英国借助荷兰人的技术专长建立了更为先进的金融机构，有能力在很短时间内筹措大笔军费。所以英、法两国都自信能够打败对方。杜布雷的心愿则是，不要让这些国家大事耽误他油水丰厚的私人生意。所以，

50

---

① 印度兵（Sepoy）是欧洲殖民者（主要是英国人）招募的印度土著士兵。现今印度、巴基斯坦、孟加拉和尼泊尔陆军都保留了 Sepoy 这个词，作为对列兵的称呼。Sepoy 源自波斯语 sepahi，意为陆军。

当英、法两国都投入了奥地利王位继承战争并且针锋相对的消息从欧洲姗姗来迟之后，杜布雷就联络了他在英国东印度公司的同行、马德拉斯总督摩尔斯，向他保证，本地治里的法国人不会主动进攻。

摩尔斯本人倒是很乐意保持中立，但他知道一些杜布雷不知道的事情：英国皇家海军的一支分舰队已经奉命驶向东方，随时可能抵达。所以他支吾搪塞，告诉杜布雷，他没有缔结中立条约的权限。那支分舰队于 1745 年 2 月抵达，立刻攻击并俘获了一些法国船只，其中一艘是杜布雷本人投了巨资的。[150]

杜布雷试图向马德拉斯索赔。遭到拒绝后，他决定发动反击，通过武力获得赔偿。他从法国位于波旁岛的海军基地召唤了一支分舰队，并派遣他的主工程师、瑞士雇佣军人帕拉迪去评估马德拉斯的城防。一个月后，杜布雷写信给毛里求斯方面说："马德拉斯的驻军、城防和总督都不堪一击。"然后，他开始自掏腰包，修整本地治里的城墙，同时告诉他的秘书阿南达·兰加·皮莱："英国公司注定要完蛋。它早就一贫如洗……记住我的话。要不了多久，你就会看到我的预言成为现实，到那时你就会看清他们的真实状况。"[151]

他的增援部队于 1746 年 9 月初抵达，共计约 4000 人，包括好几个营的训练有素的非洲奴隶兵和一些最新式的攻城大炮。杜布雷立刻主动出击。他训练的几个团的印度兵，以及从毛里求斯来的非洲和法国增援部队都趁夜色乘坐运兵船北上，并得到八艘战舰的支援。他们在马德拉斯以南不远处的圣托马斯山附近登陆，然后快速行军北上，从敌人绝没有料到的方向包围了马德拉斯城。就这样，他们出其不意地一下子出现在了英国人防线和东印度公司防御工事的背后。围城战于 9 月 18

日开始，法军臼炮的轰击极其猛烈，以至于东印度公司的主炮手史密斯因为过度紧张，当场死于心肌梗死。

马德拉斯的驻军仅有 300 人，其中一半是印度和葡萄牙混血的卫兵，他们不愿意为了英国雇主卖命。另外一半是由身躯肥胖、油头粉面的英国商人组成的民兵，缺乏训练。不过三天，就有许多守军开了小差，于是摩尔斯总督与敌人谈判。9 月 20 日，马德拉斯向法国人投降。东印度公司方面死了六个人，法国人没有任何伤亡。阿南达·兰加·皮莱在日记中把这个缺乏英雄气概的事件描写得壮怀激烈："法国人冲向马德拉斯，如同雄狮冲进象群……他们攻克要塞，将自己的旗帜插到城头，在马德拉斯大放异彩，如同阳光照向全世界。"[152]

但此次战争中最重要的事件发生在一个月之后。卡纳蒂克的莫卧儿纳瓦布安瓦尔·丁因为杜布雷未经他的许可就攻击马德拉斯、后来又拒绝将占领的城镇交给他而大发雷霆。安瓦尔·丁决不允许一家贸易公司以这种方式挑战他的统治，于是派遣自己的儿子马赫福兹·汗率领卡纳蒂克的全部莫卧儿军队去惩罚法国人。

1746 年 10 月 24 日，在阿德亚尔河的入海口，马赫福兹·汗试图挡住帕拉迪指挥的增援部队（700 名印度兵）的去路。法国人将步兵排好阵型，用滑膛枪集中火力射击，并在近距离发射葡萄弹①。就这样，法国人打退了 1 万名莫卧儿士兵的进攻。这种打法在印度是闻所未闻的。阿南达·兰加·皮莱

① 葡萄弹（grapeshot）是一种炮弹，通常是大量铁制弹丸紧紧地装在帆布袋内，因形似一串葡萄而得名，陆战和海战中均可使用。发射之后弹丸向四周飞散，在近距离对密集人员的杀伤力极强。葡萄弹与霰弹类似，但霰弹一般装在锡罐内。

51

也见证了此次战役。他写道：

> 帕拉迪先生在靠近海边的沙滩上用棕榈树的树干搭建了胸墙，把手下的法国兵和印度兵分成四队。他给每一队分工，专门去对付一群敌人。他自己身先士卒，率领最前方的一队。穆斯林用三门火箭炮和四门大炮开火。火箭和炮弹落入河中，没有任何功效。随后法国人用滑膛枪向敌人发出一轮齐射，杀死大群敌人。

> 敌人丢盔弃甲，抱头鼠窜，个个披头散发、衣衫不整。有些人在逃跑过程中倒毙。他们的伤亡极多。马赫福兹·汗也徒步逃窜，直到爬上自己的大象，然后一溜烟逃走。他和他的部队一直逃到库纳图尔才停下脚步。他们逃得一干二净，以至于整个麦拉坡①一只苍蝇、一只麻雀或一只乌鸦都看不见。[153]

另一部史料（由卡纳蒂克纳瓦布的宫廷史官撰写）说法国人发动了夜袭，"而纳瓦布的军队完全没有想到敌人会夜袭，所以毫无防备，在黑暗中阵脚大乱"。无论真相究竟如何，阿德亚尔河战役都是印度历史的一个转折点。此役中法国方面仅损失了 2 名印度兵，而莫卧儿人伤亡超过 300 人。这是 18 世纪欧洲的战术（在普鲁士发扬光大，在法国和佛兰德的战场得到检验）首次在印度得到实践。大家一下子就发现，莫卧儿武库中没有一样东西能与欧洲人较量。

---

① 麦拉坡是马德拉斯（今天的金奈）市中心的一个部分，是该城最古老的区域之一。

欧洲人早就猜测自己在技术上胜过莫卧儿人，但没有意识到在 1687 年乔赛亚·蔡尔德爵士的詹姆斯时代的长矛兵被奥朗则布的莫卧儿军队轻松打败之后的半个世纪里，欧洲人相对于莫卧儿人已经拥有压倒性的军事优势。17 世纪末的欧洲战争当中，军事技术日新月异，尤其是欧洲人普遍采用燧发滑膛枪和插座式刺刀，取代了之前的长矛。把步兵编组成营、团和旅，于是步兵可以持续发挥火力和执行复杂的战场机动动作。最新的标准步兵战术是：在机动性和射击精度都大大提升的野战炮的支援下，发出猛烈的齐射，然后发动刺刀冲锋。发明了用于抬升炮口的螺旋装置之后，大炮的精度有所提高，步兵的火力也增强了不少，让他们对抗骑兵时能够占上风。阿德亚尔河战役是上述战术在印度的首次应用，证明了一小群配备新式燧发枪和刺刀的步兵，在射速快、机动性强的火炮的支援下，能够像在欧洲一样轻松地击溃庞大的敌军。这些教训不会被抛在脑后。训练有素的印度兵使用新式滑膛枪，组成空心方阵，得到快速发射葡萄弹和霰弹①的大炮的支援：这将成为随后一个世纪里印度战争当中不可阻挡的力量。[154]

即便在见证阿德亚尔河战役之前，阿南达·兰加·皮莱就告诉杜布雷，1000 名这样的法国士兵，再加上大炮和地雷，　53

---

① 霰弹（Canister）是拿破仑时代陆军拥有的杀伤力最强的武器。它简单而危险，仅仅是一个锡罐，里面装满弹丸。霰弹有两种，重型和轻型，区别是罐内装填的弹丸的重量。霰弹被发射出去之后，锡罐会在炮口炸裂，弹丸会四散射出，于是大炮就变成了一支巨大的霰弹枪。炮手往往会同时发射一发霰弹和一发实心弹。霰弹是近距武器，超过 600 码就没有杀伤力了，而英军一般会在距离敌人仅 350 码时射击。在这样的距离，四散的弹丸构成的扇面可以达到 100 英尺宽。当然有的弹丸在空中或地面浪费掉了，但在这么近的距离，面对队形密集的敌人，霰弹是一种恐怖的武器。

就能征服整个南印度。经过此役，杜布雷认识到，只需要 500 名士兵和 2 门炮就足够了。

在随后的岁月里，他俩都会有很多机会来验证这种想法。

1749 年，从欧洲传来消息，奥地利王位继承战争结束了。根据《亚琛条约》，法国人要把马德拉斯归还给英国东印度公司。

然而，缔造和平不是这么简单的事情。战火一旦燃起，就不容易被扑灭。杜布雷非但没有解散他新建的几个团的印度兵，反而决定将其租借给他的印度盟邦，并运用这些部队去获得土地和政治影响力。

新任马德拉斯总督查尔斯·弗洛耶于次年写道："由于杜布雷的阴谋诡计，尽管已经和平了，但局势反而比战时更加错综复杂。他对英国人恨之入骨，所以总是忍不住暗中作祟，与我们敌对。"[155]伦敦的董事们同意，东印度公司绝不能放松警惕："经验告诉我们，法国人对莫卧儿领土的中立性没有任何尊重。"

> 即便莫卧儿地方政府愿意保护我们，他们也没办法与法国人抗衡。法国人无所顾忌，为了掳掠战利品不惜违反国际公法……我们命令你想方设法地自卫，抵抗法国人或者其他欧洲敌人……国王陛下会支持东印度公司为其未来安全而采取的一切措施；因为尽管我国目前与法国有和

约，但无人知道和约能维持多久。等战争打响了才修建防御工事去抵挡野心勃勃的敌人（就像在马德拉斯那样）就太晚了。[156]

没过多久，英国人和法国人都与南印度的各邦暗中谋划，秘密地兜售自己的军事援助，换取影响力、金钱或者土地封授。1749 年，为了换取一个小型贸易港口，东印度公司第一次尝试了今天所说的"政权颠覆"，积极干预了马拉塔人的坦贾武尔王国的继承争端。这次政变以惨败告终。

不过，杜布雷的雇佣兵生意大获成功。他的客户为了换取欧式武器和部队，要用土地和地税征收权去支付。法国公司就利用这些收入来维持自己的印度兵部队，并把取自印度的资金用作在印度做生意的本金，而不是从欧洲输入金银。杜布雷首先向卡纳蒂克王位争夺者之一提供佣兵服务，然后做了一件更雄心勃勃的大事：派遣比西侯爵去海德拉巴。该地区最强大的莫卧儿宗主尼查姆·穆尔克去世后，海德拉巴发生了继承危机，他的儿子们为了争夺尼查姆的半独立领地而大打出手。杜布雷因支持其中一方获得了价值 77500 英镑的厚礼和对应 7000 骑兵级别的莫卧儿头衔"曼萨卜达尔"①（相当于欧洲的

①　曼萨卜达尔（Mansabdar）制度是阿克巴大帝在莫卧儿帝国建立的军事行政制度。根据该制度，贵族从皇帝那里获得一处地产或庄园的财政收入（而不是土地本身）。曼萨卜达尔是帝国的高级将领、高级文官、行省总督等。曼萨卜达尔按照所谓的"骑级"来分等级，比如 1000 骑级的曼萨卜达尔理论上要为帝国提供 1000 名骑兵。共分 33 级，最低级的曼萨卜达尔可以指挥 10 名士兵，最高级的可以指挥 1 万人。只有皇室成员或其他高级权贵才能指挥更多士兵。

54

公爵）、富庶的港口默苏利珀德姆和一座价值 2 万英镑①的庄园。他很快就认识到，兜售他那些训练有素、纪律严明的军队的服务，是比买卖棉纺织品的利润丰厚得多的生意。

杜布雷手下的大将比西侯爵也发了大财。他率军穿过德干高原的时候，简直不敢相信自己这支小小的雇佣军取得的惊人成绩。他在 1752 年写信给杜布雷说："我亲手扶植了许多国王，用我的军队支撑他们的统治。我打败了许多敌军，仅用一小队人马就能占领诸多城镇；通过我的调停，签订了许多条约……我的国家的荣耀达到了巅峰，印度人更喜欢我国，而不是欧洲的其他国家；公司的利益也超过了原先的期望，甚至超过了它的梦想。"[157]

但实际上，这些交易都是双刃剑：后莫卧儿时代诸邦的那些虚弱的印度统治者向多家欧洲公司提供大片土地或土地收入，换取军事支持。随后发生的战争（往往有规模很小的公司军队参加）往往是不连贯的、没有决定性的，但足以证明如今欧洲人面对印度骑兵始终享有明显的优势，一小群欧洲人就足以打破莫卧儿帝国崩溃之后支离破碎的新政治环境当中的力量平衡。

随后断断续续打了十年的卡纳蒂克战争几乎完全没有产生决定性的或永久性的战略结果，但见证了英、法两家公司的质变：从贸易公司变成了越来越好斗和军事化的实体，它们部分是纺织品出口商，部分是胡椒商人，部分是拥有土地、征收赋税的企业，如今又成了最先进的雇佣兵企业，并且这是最有利

---

① 77500 英镑相当于今天的 800 多万英镑，2 万英镑相当于今天的 200 多万英镑。——作者注

可图的生意。

英国人妒火中烧地观察着杜布雷的成功。英国冒险家米尔斯上校写道："莫卧儿人的政策很糟糕，他们的军队更糟糕；他们没有海军……我们可以轻松地征服这个国家，迫使它称臣纳贡，就像西班牙人易如反掌地战胜了美洲那些赤身露体的印第安人一样……"[158]新任马德拉斯总督托马斯·桑德斯表示同意。他写道："摩尔人①的羸弱已经人尽皆知，任何一个欧洲国家，只要下定决心对其开战，并且投入相当规模的军队，就能征服全国。"[159]

五十年后回顾卡纳蒂克战争时，温文尔雅的莫达沃伯爵怪罪他的法国同胞的狂傲，他们把欧洲国家之间的明争暗斗和英法战争带到了印度，并且，杜布雷和比西侯爵的骄傲和野心毁掉了法国人在印度从事有利可图的贸易的机会。

莫达沃伯爵写道，杜布雷和比西侯爵迫使英国对手投入全部军事资源保护其生意，因为这门生意的利润太丰厚，英国人不肯轻易放弃。莫达沃伯爵是在晚年写作的，带有后见之明。他回忆了半个世纪之前法国人在卡纳蒂克究竟犯了哪些错误。"奥朗则布在位的时候，莫卧儿帝国还能够维持，"他写道，"即便在本世纪初，他刚死后的几年里，帝国也还能勉力

---

①　在中世纪，北非、伊比利亚半岛、西西里岛和马耳他岛等地的穆斯林被欧洲基督徒称为"摩尔人"。摩尔人并非单一民族，而是包括阿拉伯人、柏柏尔人和皈依伊斯兰教的欧洲人等。"摩尔人"也被用来泛指穆斯林。这里就是这个意思。

支撑。"

56 　　因为利国利民的法律拥有一定的内在力量，能够让它们在一段时间内抵抗无政府状态的侵袭。但在大约四十年前，莫卧儿帝国陷入了恐怖的混乱：奥朗则布为了推进商贸而做的好事都灰飞烟灭。野心勃勃、冷酷无情的欧洲人在这些地区也成了致命的祸害。仿佛欧洲和美洲还不够他们互相吞噬、追寻一己私利和为非作歹，他们又在亚洲无情地作恶。

　　当时莫卧儿帝国的贸易被英、法两国瓜分。而荷兰人已经堕落成了卑贱、贪得无厌的蛤蟆，蹲坐在他们成堆的黄金和香料上，仿佛为了攫取葡萄牙人的帝国而赎罪，把自己作践成了无足轻重之辈。

　　一系列侥幸的胜利（更多是空虚的幻影而不是真实的胜利，因为这些胜利之后惨败就接踵而至）让法国人眼花缭乱、头脑发昏：他们仿佛喝醉了，愚蠢地吹嘘自己可以掌控印度的全部贸易。但他们的海军势力逊于英国人，他们的公司腐化不堪，他们的领导者愚昧无知，他们在海上的主要事业都被太容易猜测的原因损害了（呜呼哀哉，这样的局面持续的时间和法国君主制一样久），所以无一例外都以失败告终：但这一切都不能让他们从主宰印度的癫狂幻梦中清醒过来。他们洋洋自得地打仗，仿佛他们必胜无疑，于是，在所难免地，他们不仅攫取不到自己想要的东西，还赔光了本钱。

　　英国人当时只想着安安生生地从他们在印度的基地发展贸易。英国东印度公司的管理者从未偏离当初创办公司的初衷……是法国人的误判局势和野心勃勃，激起了英国人的嫉妒和贪婪。

对法国人来说，完全主宰印度的计划的代价过于高昂，会让他们破产，所以根本不可能实现；而对英国人来说，这也是一件棘手的事情，但有希望获得丰厚的回报。法国人办事莽撞，在疯狂的事业当中挥霍了他们支付不起的金钱；而英国人目标明确，坚定不移，不断补充资源，很快就实现了我们法国人的梦想，并等待时机来打垮我们，而这并没有给英国人造成任何麻烦，也不会对他们已经获得的巨大优势构成任何威胁。[160]

卡纳蒂克战争在 18 世纪 50 年代中叶接近尾声（但仍然胜负未决）的时候，英国人打压法国人的机会来了。因为英、法之间随时可能爆发的争斗不仅仅发生在印度。引发了下一轮英、法冲突的爆炸性事件发生在距离印度十分遥远的地方，在美国和新法兰西（今天的加拿大）冰封的边境地带，也就是五大湖和俄亥俄河的源头之间。

1752 年 6 月 21 日，一队为法国效力的印第安人（共计 240 名武士）在法国冒险家夏尔·朗格拉德的率领下，穿过休伦湖和伊利湖，进入英属俄亥俄新近开垦的农田地带。朗格拉德的妻子是休伦族，他在塞尼卡族、易洛魁族和米格玛族当中也颇有影响力。这群印第安武士手持战斧，袭击了英国人的定居点皮科维勒尼，打得他们手足无措。只有二十名英国定居者集合到了栅栏前应战。其中一人后来被剥去头皮，另一人被活活煮死，他身体最美味的部分被吃掉。[161]

这次凶残的袭击在远至纽约和弗吉尼亚的英国商人和定居

者当中传播了不安全感，甚至是恐惧感。几个月后，有传闻说，法国正规军在土著向导、辅助人员和大群印第安武士的支持下，正大批开进俄亥俄河谷的源头地带。11 月 1 日，弗吉尼亚总督派遣一位 21 岁的民兵志愿者北上去侦察。此人就是乔治·华盛顿。美国人至今仍然称之为"法国与印第安战争"的冲突就这样开始了第一幕。对世界上其他人来说，这是七年战争的一部分。[162]

这将是一场全面战争，也许可以算作全球战争。战火燃遍了好几个大洲。这也是英、法两个帝国主义大国在全世界争夺利益的无情战争。它将欧洲的军队、欧洲的战火从俄亥俄带到菲律宾，从古巴带到尼日利亚海岸，从魁北克城外的亚伯拉罕平原带到普拉西的水泽平原和芒果树林。

但在整个地球上，受七年战争影响最持久的地区，要算印度。

第二章　一个让他无法拒绝的提议

1755 年 11 月初，在法国布列塔尼的洛里昂港，一个毫不引人注目的家伙在用望远镜观察寒风萧瑟的斯科夫河入海口对岸的造船厂。他的目光扫视了码头和库房，掠过干船坞和熙熙攘攘的码头周边地区，最终落在由 11 艘高桅船组成的舰队上。其中 6 艘是装备齐全的战舰，还有 5 艘是法国东印度公司的商船。这些舰船都在锚地随波摇曳，与港口面向大海一面的其他船只稍微隔开。

这些舰船的周围一派繁忙的景象：大批法国士兵正列队跨过跳板登上巡航舰，码头的木制吊车缓缓地将一门又一门大炮吊上船。后甲板上除了刚运上来的大炮，还有箍着铁圈的酒桶和水桶、成捆的食物、装满航海数月所需各式物资的托盘。用望远镜观察的人随后开始清点舰船的数目，并记下运上船的给养与武器装备，准确地记录不同火炮的口径、上船的兵员数量，仔细地估算每艘船的吃水深度。

60 　　今天，印度国家档案馆的地下室里藏着上述活动的情报报告的简洁摘要，是发给东印度公司董事的。[1]这份文件当然没有给出搜集情报的人的身份：可能是港口的一名官员，或是第三国的商人，他的船只正在隔壁码头上若无其事地卸载货物。但考虑到情报的详细程度，以及记录者能够打听到船只的目的地和可能的登船日期，所以此人不大可能是仅仅在远距离用望远镜观察的侦察员，也不大可能是冒险来到布列塔尼以南海岸的英国私掠船主闯过了戒备森严的法国海军基地布雷斯特和罗什福尔以及这二者之间的基伯龙湾锚地。提供情报者一定就在港内，就在熙熙攘攘的人群和排队登船的士兵当中，仔细地观察着舰队启程的准备工作，与此同时佯装漫不经心地从水手、码头工人和仓库工人那里打探消息，说不定还在港口的酒馆里一边喝着白兰地一边问东问西。

　　几个月后，1756 年 2 月 13 日，心急如焚的东印度公司董事们坐在利德贺街镶有饰板的会议室内，仔细研究上述报告，讨论如何应对。他们一致认为，鉴于法国人在北美的侵略行径，在印度也难免要开战。所以，洛里昂港的分舰队可能不是法国东印度公司的某次任务派遣，更可能表明法国人将大举入侵印度。董事们担心凡尔赛宫接受了最初由杜布雷构思的计划：打垮英国东印度公司，由法国公司取而代之。董事们下定决心，绝不允许这样的事情发生。

　　董事们讨论了可供选择的各种方案之后，决定将情报发给加尔各答的威廉堡总督罗杰·德雷克，并向他警示，战争已经迫在眉睫，绝不可以重蹈覆辙，像十年前丢掉马德拉斯那样。他们警示德雷克必须加强戒备，因为他们估计法国人的那支分舰队的目标要么是加尔各答，要么是马德拉斯，因为"有鉴于当前英、法两国之间的局势，法国人极有可能向最容易取得战果的地方发动打击"。

敌人可能会攻击我们最薄弱的地点，尤其在孟加拉，那里的定居点在过去一些年里没有驻军，并且威廉堡的防御不足，难以抵挡强大的欧洲军队。所以董事会认为有必要请你采取相应措施，保护和捍卫公司在孟加拉的产业、权益与特权。 61

然后他们讨论了刚刚收到的情报的细节："我们得知，法国公司的 11 艘舰船组成的分舰队大约于 11 月中旬从洛里昂港启航，船上载有约 3000 人。"

其中 6 艘最大的舰船没有满载，配备约 60 门口径不一的火炮，负责为另外 5 艘照常满载货物的船护航。这 11 艘舰船，再加上之前已经启航的 4 艘，一共是 15 艘。据说他们还打算派遣更多的舰船。但这些船都不是去中国的，所以这些武器装备很可能被用于科罗曼德尔海岸或孟加拉海岸。

最后，董事们给出了关于应对的具体指示："你应当在定居点尽可能做好防御准备，时刻保持警惕，采取最恰当的安保措施。为了这个目标，当你察觉到危险的时候，必须争取其他管辖区的支援。"

重中之重是加强你的驻军部队，招募尽可能多的欧洲人，尽量做到齐装满员。我们建议你对此格外重视和努力。你必须敦促圣乔治堡［马德拉斯］的治理委员会，从他们那里和孟买抽调尽可能多的部队给你，你还必须经常向国王陛下的陆海军的指挥官汇报你的状况，若有必要就请求他们支援和保护你。

62

我们真诚地建议你采取一切稳健的措施，让你那里的纳瓦布［孟加拉的纳瓦布阿里瓦迪·汗］采取有效措施，阻止英、法两国在孟加拉发生冲突，并让他的整个政府从上到下严守中立。我们保护自己符合他的利益，所以你的请求一定会奏效，我们希望这样的和平手段能够有所裨益。

董事们在信的末尾还告诫要严守机密："对于此信所含的信息，请务必严格保密，决不能走漏风声到法国人那里。如果机密泄露，后果无须多言。你的一切活动都必须加强保密。"[2]

但是，无论古今，戏剧性的情报往往会有根本缺陷，上述情报就是如此。虽然报告十分详尽，但洛里昂港的那支分舰队并没有驶向印度。1755 年其实并没有运兵的法国舰队前往孟加拉。约一年后的 1756 年 12 月，终于有一支法国舰队启航的时候，目的地却是本地治里，而不是加尔各答。[3]但不管正确与否，这份报告都足够详细，令人不得不严肃对待，所以报告迅速从洛里昂港传到伦敦，然后从那里送到加尔各答。德雷克总督收到报告之后立刻命令重建和加固城墙。这是孟加拉的纳瓦布明令禁止的行为。于是，这份报告迅速触发了一系列对孟加拉民众和在印度的法国人都极其危险的事件。

在东印度公司董事将洛里昂港的情报发到加尔各答的几个月前，一位年轻的政客被召集到东印度公司理事会的会议上。一天前这位政客还是康沃尔某选区的议员。由于有人指控他在选举中舞弊，他刚刚被褫夺了议会的席位。东印度公司的董事们毫不犹豫地抓住了这个机会。他们找来了这个身材粗壮、沉默寡言、雄心勃勃、坚定果敢的年轻人，然后在董事会的正式会议上向他提出了一个让他无法拒绝的就业提议。这个人就是罗伯特·克莱武。

　　东印度公司的总部前不久采用当时的乔治时代风格进行翻新，但行人还是很容易错过它：这座房屋的正面很不起眼，并且没有紧临大街；门前有栏杆，只有两层楼，比左右两边的建筑都矮得多，并且只有五扇窗那么宽。当时的东印度公司已经是全世界最大、最富有也最复杂的商业组织，这里的董事们行使的政治与金融权力仅次于王国政府本身，而公司的总部就在这样朴素的建筑里，很让人意外。

　　这种低调是有意为之的。东印度公司在印度的时候喜欢大搞排场，因为那样在印度有帮助；而在伦敦，保持低调、不要显摆自己的巨富才最为有利。迟至 1621 年，也就是创办二十年之后，东印度公司仍然在公司总裁托马斯·史密斯爵士的家中办公，常设员工仅有六七人。[4]直到 1648 年，公司才终于迁往利德贺街，在一座朴素、正面狭窄的房屋内办公，房子的底楼正面装饰着满帆航行的盖伦帆船的图像。1698 年，一个行

63

人漫不经心地问，这座房子里住的是什么人。他得到的回答是："富可敌国、目光远大的人。"[5]

1731 年，也就是东印度大楼①得到帕拉迪奥风格的翻修不久之后，一位葡萄牙旅行者记述道，这座大楼"在近期翻修得十分雄伟壮丽，临街一面有石质的正立面，但正面很窄，让人想不到里面有多豪华。大楼的占地面积很大，办公室和库房的设计很巧妙，公共大厅和会议室不逊于城内任何类似的机构"。[6]和东印度公司的权力一样，东印度大楼的朴素外观也具有很大的欺骗性。

走进门厅之后，里面就是主要的办公区：房间密集排布，室内的架子上堆满卷轴、档案、文献和记录簿，300 名文员、公证人和会计师在那里辛勤工作，在硕大的皮面账簿上写字。还有一些面积不一的会议室，最大的房间是董事会的大会议室。最重要的会议都在这里举行，发往印度的信函在这里起草，公司人员在此讨论每年 30 次的进出口货物，在此计算和评估销售额（当时达到每年 125 万~200 万英镑）。

这些办公室里的人经营着体量惊人的生意，其规模在 18世纪 50 年代已经达到史无前例，英国每年 800 万英镑进口贸易额中有将近 100 万英镑是东印度公司的生意。仅茶叶的营收每年就达到 50 万英镑，相当于进口了 300 万磅的茶叶。东印度公司的其余账目涉及硝石、丝绸、色泽鲜艳的床罩和奢华的印度棉布的销售。此时每年印度棉布的进口量达到约 3000 万平方码。[7]东印度公司的股份总额在 1708 年固定为 320 万英镑，大约有 3000 名股东，每年获得 8% 的股息。每年东印度公司有

---

① 即东印度公司的伦敦总部。

面值约 110 万英镑的股票转手。[8]东印度公司的财力极其雄厚，并依靠自己良好的信用大量发行债券。在 1744 年，公司的债券总额被设定为 600 万英镑①。公司每年缴纳给政府的关税就有约 33 万英镑。在 1754 年，东印度公司向政府提供 100 万英镑的贷款。作为回报，政府将公司的特许状展期到 1783 年，于是在随后的至少三十年里保障了公司在亚洲的利润丰厚的贸易垄断。根据 18 世纪的标准，东印度公司是一个商业巨人，也是世界上最先进的资本主义组织。[9]

就是这样一家企业的董事们，在 1755 年 3 月 25 日第二次聘用了不到 30 岁的罗伯特·克莱武。这让各方都颇感意外：仅仅在十八个月前，28 岁的克莱武在印度发了大财之后，就从公司离职了。他回到伦敦，打算从政，很快运用自己的财富买下了一个"腐败选区"。但他在威斯敏斯特的仕途并不顺利。就在前一天，下议院启动"一项极不寻常的程序"，将克莱武逐出了议会，因为有人指控他在选举中舞弊。经过几周的争吵和讨价还价，正试图瓦解辉格党政府的托利党进行了一系列阴险的政治运作，以 207 票对 183 票把克莱武赶下了台。[10]克莱武之前挣的钱基本上已经在贿选当中花光了，所以他不仅颜面无光、仕途无望，而且两手空空。要想再次发财致富，并在将来再次参选议员，克莱武最好的选择就是重新回到印度工作。

公司董事们有必要迅速把克莱武拉回自己那边，因为尽管

① 当时的 125 万英镑相当于今天的 1.3 亿英镑，200 万英镑相当于 2.1 亿英镑，100 万英镑相当于 1.05 亿英镑，800 万英镑相当于 8.4 亿英镑，320 万英镑相当于 3.36 亿英镑，110 万英镑相当于 1.15 亿英镑，600 万英镑相当于 6.3 亿英镑。——作者注

克莱武第一次去印度的时候只不过是个人微言轻的职员，但事实证明他在好几个不同的领域拥有出人意料的才干。他没有受过军事训练，也没有正式军职，并且当时只有 25～26 岁。但这个言辞不多、性格内向、不擅交际的年轻职员在卡纳蒂克战争中意外地成为明星。阻止杜布雷实现其梦想（将英国东印度公司逐出印度，以法国东印度公司取而代之）的头号功臣就要算克莱武。现在，既然法国人在北美又一次敲响了战鼓，而英、法两国都手忙脚乱地重新武装、为新一轮冲突做准备，公司董事们热切希望把克莱武派回印度，让他率领他自己参与招募、训练和指挥的由印度兵组成的私营军队。

罗伯特·克莱武于 1725 年 9 月 29 日出生于什罗普郡默顿赛村的斯泰奇庄园，一个外省小乡绅家庭。他在童年时代就因为格外桀骜不驯和凶暴而闻名：据为了他忧心忡忡的叔父说，他 7 岁时就"斗殴成瘾"，"性子暴烈，专横霸道，遇到任何鸡毛蒜皮的小事都可能大发雷霆……我竭尽全力地抑制这条好汉，从而在他身上培养更好的品质，比如谦卑、仁慈和耐心"。[11]叔父的努力完全是白费功夫：克莱武一辈子都不曾培养出谦卑、仁慈和耐心的品质。进入青春期不久之后，他就成为村里的问题少年，在马基特德雷顿①周边收保护费，"有时敲诈担心自己的窗玻璃被砸碎的心急如焚的店主；有时用自己的躯体堵住大街上的排水沟，让污水淹没得罪他的商贩的店铺"。[12]

66　　　克莱武年满 17 岁之后，他的父亲理查德认识到儿子的性子太阴郁、太乖张，不适合进教会；又太鲁莽和急躁，不适合学法律。好在理查德·克莱武碰巧认识东印度公司的一位董

---

①　马基特德雷顿是英格兰什罗普郡的一座城镇。

事。于是罗伯特在 1742 年 12 月 15 日第一次来到东印度大楼，正式获得了级别最低的"文员"职位。三个月后的 1743 年 3 月 10 日，他乘船前往印度。

他的起步并不光彩。途中，在巴西外海，克莱武丢失了很大一部分行李，然后不知怎的坠入海中，险些溺死。一位水手完全是出于偶然才注意到他落海，赶紧把他救上船来。抵达马德拉斯之后，他也没有崭露头角。他默默无闻，貌不惊人，也没有贵人相助和引荐，所以只能过着孤寂的生活，偶尔与文员同事吵架斗殴。这个"阴郁、冷淡、不善言辞"的年轻人有一次严重冒犯了圣乔治堡的秘书，以至于总督大人亲自命令他正式道歉。他茕茕孑立，思乡心切，十分郁闷。没过多久，他就产生了对印度的深刻仇恨，这种情绪萦绕了他一辈子。在印度的第一年的末尾，他逐渐陷入抑郁，在家信中写道："自我离开家乡以来，我不曾有过一天快乐的日子。"在不到一年的时间里，因为没有更好的出路，他把内心的暴烈向着自己发泄，尝试过自杀。

他从马德拉斯发出的书信里只字不提印度的美妙神奇之处，也没有讲过自己的见闻；他似乎也完全没有下功夫去学习当地语言。他对印度不感兴趣，对它的美视若无睹，对它的历史、宗教和古代文明没有好奇心，对当地人民也完全提不起兴趣，轻蔑地说他们"懒惰、好奢侈、无知、怯懦"。[13]他在 1745 年的一封家信中写道："我只想着我亲爱的故乡英格兰。"不过，他从一开始就像街头斗士一样擅长评估和把握对手，懂得紧抓偶然降临的机遇，关键时刻敢于孤注一掷，并且敢打敢冲。他鲁莽无畏，并且有一种阴森森的个人魅力，让人们对他言听计从。

直到 1746 年法国人进攻和征服马德拉斯的时候，克莱武的才华才显露出来。杜布雷的军队攻克马德拉斯的时候，克莱武就在城内。他拒绝承诺永不拿起武器反对法国人，然后在夜间乔装打扮溜出城，避开了法国巡逻队，徒步逃到了英国人在科罗曼德尔海岸的另一座较小的要塞，即圣大卫堡。在那里，他接受了斯特林格·劳伦斯的军事训练。劳伦斯是个虚张声势、身材肥胖的英国人，绰号"老公鸡"，曾在丰特努瓦与法国人真刀真枪地打过仗①，还参加过镇压英俊王子查理召集的詹姆斯党②叛军的卡洛登战役③。劳伦斯和克莱武秉性相似，都是言辞不多、有一说一的人，所以合作愉快。劳伦斯是第一个慧眼识珠、发现克莱武潜力的人。到 18 世纪 40 年代杜布雷开始向他的纳瓦布客户出租他的印度军团的时候，克莱武已经在他所谓的"军事领域"崭露头角，在行伍中稳步攀升，晋升为一个步兵连的中尉，展现出了势不可当的斗志与勇气，以及敢于冒险的精神。这些品质将会让他平步青云。

在这个关头，在斯特林格·劳伦斯的领导下，马德拉斯当局开始效法法国人的做法，第一次训练自己的印度兵（起初

---

① 丰特努瓦在比利时境内，丰特努瓦战役是奥地利王位继承战争的一部分，发生在 1745 年 5 月 11 日，法军打败英国、神圣罗马帝国与荷兰联军。

② 詹姆斯党是 17 世纪到 18 世纪上半叶的一股政治力量，目的是帮助 1688 年被废黜的英国国王詹姆斯二世及其后代（即斯图亚特王族）复辟。詹姆斯党的基地主要在苏格兰、爱尔兰和英格兰北部，他们发动了多次反对英国政府（汉诺威王朝）的武装叛乱。

③ 卡洛登战役是 1745 年詹姆斯党叛乱的最后一战。1746 年 4 月 16 日，在苏格兰高地的因弗尼斯附近，坎伯兰公爵威廉王子（乔治二世最小的儿子）领导的英国政府军决定性地打败了王位觊觎者查尔斯·爱德华·斯图亚特（1720~1788，斯图亚特王朝被推翻的国王詹姆斯二世的孙子，绰号小僭王、英俊王子查理）领导的军队。此役是英国本土发生的最后一次正面对垒的战役。从此詹姆斯党一蹶不振。

主要是说泰卢固语的人），训练他们以步兵队形作战，由欧洲人组成的机动野战炮兵加以支援。在很多年里，印度兵只有数百人，连正规制服都没有。他们最初的战斗是试探性的，显得很外行。克莱武在 18 世纪 50 年代中叶回顾自己在卡纳蒂克战争初年的表现时写道："在那个时候，我们对战争的艺术一无所知。"

1751 年 8 月 26 日，克莱武首次扬名立威。他自告奋勇，仅带 200 名欧洲人和 300 名印度兵，顶着季风带来的倾盆大雨，去救援正遭受法国人及其盟友围攻的阿尔果德城（卡纳蒂克的纳瓦布的都城）。克莱武出其不意地选择在暴风雨正发威的时候发动进攻，令敌人措手不及。他很快就在城门上升起了纳瓦布的莫卧儿军旗。他的胜利首次表明，东印度公司完全有能力在印度打胜仗，不管对手是印度军队（在那之前公司经常是他们的手下败将）还是法国人（就在几年前，法国人第一次证明现代的步兵和野战炮兵战术能够打败印度的骑兵部队）。这是东印度公司在印度崛起的关键时刻。[14]

军事专家们对克莱武手下的那些业余士兵不屑一顾，挖苦说，他们"羡慕他的好运气，但不能欣赏他的军事艺术知识"。[15]但克莱武取得的一连串胜利足以让批评者闭嘴。作为军事家，他最喜欢的策略就是快速机动，打敌人一个出其不意。18 世纪印度的战争往往是缓慢、颇有绅士风度、非常正式的事情，很像复杂的棋局：通常情况下，贿赂和谈判比正式的进攻更重要；可以用金钱收买敌人，或者引诱敌将改换阵营。当这些把戏对克莱武有帮助的时候，他也乐意玩这些把戏；但他经常打破陈规，在敌人万万想不到的时候发动进攻，并且打起仗来极其残酷无情和咄咄逼人；他愿意在雨季的瓢泼大雨中急

68

行军，在出其不意的地方设埋伏，喜欢在夜间或浓雾中进攻。

克莱武最辉煌的一次胜利是在 1752 年取得的，当时他打退了敌人向马德拉斯的一次进攻。随后他和斯特林格·劳伦斯转守为攻，在卡纳蒂克周边打赢了一系列小规模的战斗，保卫了英国人及其傀儡纳瓦布穆罕默德·阿里的阿尔果德和蒂鲁吉拉帕利。法国人囊中羞涩，没办法给他们的印度部队支付军饷。[16]1752 年 6 月 13 日，法军指挥官雅克·劳（法国东印度公司创始人的侄子）在雄伟的岛屿神庙斯里兰格姆（泰米尔的印度教毗湿奴派①的古老中心）之外向克莱武和劳伦斯投降。785 名法国人和 2000 名印度兵当了俘虏。

此役对杜布雷的雄心壮志来说是一次灾难性的打击。据他的秘书阿南达·兰加·皮莱说，杜布雷得知噩耗后"无心做弥撒，也吃不下饭"。不久之后，杜布雷被免职、逮捕并押解回法国，颜面扫地。[17]克莱武则凯旋马德拉斯，成为万众景仰的英雄。克莱武的父亲在道贺信中敦促他在印度积攒尽可能多的财富："你的业绩和英勇已经成为全国的话题，所以现在正适合你积累财富。好好利用面前的机会，然后离开印度。"[18]克莱武无须这样的鼓励。作为对他的胜利的奖赏，他获得了油水丰厚的军需总监职务，在这个位置上很短时间内就挣到了 4 万英镑②的巨额佣金。

1753 年 2 月 18 日，克莱武一时冲动，在圣乔治堡的圣马利亚教堂娶了令人生畏的玛格丽特·马斯基林，她是皇家天文

---

① 毗湿奴派是印度教的主要分支之一，与湿婆派、性力派等传统教派并列。毗湿奴派主要崇拜毗湿奴及其十大化身（特别是黑天）。

② 超过今天的 400 万英镑。——作者注

学家内维尔·马斯基林①的妹妹。3 月 23 日，新婚夫妇乘坐 69
"孟买城堡"号返回英国。他们打算永远不再回印度了。抵达
伦敦之后，克莱武迅速还清了家族的债务。（据说他的父亲理
查德评论道："鲍勃到底不是废物。"）然后他一掷千金，试
图进入议会。但是，尽管花钱买了康沃尔郡的一个"腐败选
区"，他的政治生涯还是很快因为两党之间的明争暗斗而搁
浅。仅仅十八个月后，他发现自己有必要返回印度，重新
来过。

当时大家都相信法国人即将大举进攻，所以公司非常需要
他的服务。克莱武的身份比较特殊，在东印度公司的文职和军
事领域都有涉足，所以这次回来之后他一方面获得了马德拉
斯副总督的高级文官职位，另一方面也得到了一个军衔：陆军中
校，但仅在印度有效。[19] 在东印度公司的添油加醋下，英国的
内阁大臣们对法国人在印度重兵云集而英国人在印度的力量无
法与其抗衡的情况感到惊恐。对很多议员来说，这关系到他们
的个人利益，因为很多议员把积蓄投资到了东印度公司的股票
当中。② 最关注印度的内阁大臣霍尔德内斯勋爵告诉他的同僚

---

① 内维尔·马斯基林牧师是达娃·索贝尔的畅销书《经度：一个孤独的天
才解决他所处时代最大难题的真实故事》（1995 年出版于伦敦）中的反
派角色。如一位批评家所说，该书把马斯基林描绘为"沉闷无趣、嫉妒
心重、势利眼的毕业于剑桥大学的牧师，他的精英主义和把天文学看得
比机械发明更重要的思想，使他反对生于约克郡、长于林肯郡的［该书
主人公约翰·］哈里森。马斯基林嫉贤妒能，心胸狭窄，喜欢刁难人，
更看重潜在的个人好处，而不是公正客观的评判"。——作者注

② 东印度公司的董事和在印度的一线大员除了能给政客们提供慷慨的分红
外，还能给他们提供荫庇，也就是说，把政客或其亲人安排到印度油水
丰厚的职位上，换取政治影响力。这是议员们团结在东印度公司周围，
派遣皇家海军和陆军部队去保护公司的另一个主要原因。 作者注

阿尔伯马尔勋爵，英国政府永远不可以接受"法国人在印度拥有决定性的兵力优势"。英国政府很快就决定，派遣皇家海军的一支分舰队（由沃森将军指挥）去支援东印度公司的私营军队，还派遣了一些英国陆军的正规军，从而与法国人（据说）已经派往印度的部队抗衡。[20]克莱武在一个月后随另一支分舰队启航。他的口袋里装着一份王室委任状，命令他抵达印度之后接管这些部队的指挥权。

克莱武从政的野心受挫，家财散尽，因此不得不重新回到东印度公司。造成这一切的完全是一系列偶然的政治因素。但这些偶然产生了极重大、极深远的影响。克莱武的特殊个性（极端咄咄逼人，天不怕地不怕的勇敢和闯劲）驱动了随后几个月的局势发展，也直接导致了世界历史上最怪异的事件之一：一家总部设在伦敦城一座小楼内的贸易公司，居然打败了曾经不可一世的莫卧儿帝国，篡夺和攫取了它的权力。

"加尔各答，"克莱武在几年后写道，"是世界上最邪恶的地方之一……欲壑难填、穷奢极欲，超出想象。"[21]

1755 年 9 月，克莱武乘坐的"斯特雷特姆"号驶近印度的时候，英国在孟加拉的桥头堡加尔各答与六十年前约伯·查诺克建立的那个满地烂泥的贸易站相比已经有了天壤之别。查诺克的儿媳仍然生活在加尔各答，但这座城市的开拓者如果泉下有知，一定认不出此时的加尔各答了。[22]

查诺克去世后，加尔各答迅速发展为东印度公司所有海外贸易站的中心：它是东印度公司在印度最重要的贸易站，也是英国纺织品进口的主要来源。此时东印度公司从亚洲进口的全部商品的 60% 要经过加尔各答。[23] 为了购买这些商品，东印度公司每年要向孟加拉输送 18 万英镑①，其中 74% 是以金银的形式送来的。[24]

由于大量的现金输入，加尔各答旧貌换新颜：河沙淤积的胡格利河 3 英里沿岸挤满了防御工事、码头和密密麻麻的库房，这些建筑一直延伸到苏达班②的丛林；平坦的城市天际线上的最高点就是威廉堡的低矮城墙，还有一些气度恢宏的新式"希腊风格"建筑：罗杰·德雷克的总督府、一所学校、剧院、新教的圣安娜教堂、亚美尼亚人的圣拿撒勒教堂、一家医院、监狱、饮用水的大储水池，以及"住户"越来越多的陵园。

71

加尔各答此时的人口约有 20 万，不过有些比较夸张的估计达到了将近 40 万。其中约 1000 人是欧洲人。城市的码头区和集市一样熙熙攘攘、热闹非凡。每年造访加尔各答的船只数量是河流上游不远处竞争对手——莫卧儿人的胡格利港的两倍。加尔各答的酒馆内总是坐满了船长、水手长、大副、二副和领航员，他们在这里借酒浇愁，然后去加尔各答臭名远扬的妓院玩乐。

加尔各答的欧式房屋距离河边较远，通常很宽敞、舒适、通风良好，粉刷成亮白色，配有宽大的露台、马厩和大花园。即便在它的巅峰时期，加尔各答的城市规划也不理想：杰迈

---

① 接近今天的 1900 万英镑。——作者注
② 苏达班是孟加拉湾沿海的一个地区，有广阔的森林，横跨今天印度与孟加拉国的边境，是一处世界遗产。

玛·金德斯利太太①觉得这座城市看上去"极其粗笨，奇形怪状，仿佛所有的房子都被抛向空中，然后凭着运气坠落到了如今所在的地方：人们不断地建造新房屋；任何人只要能买得起盖房子的土地，都按照自己的品位和方便来施工，丝毫不考虑城市的美观或整齐"。²⁵这座城市也许很混乱，但是繁荣昌盛。

加尔各答的贸易利润极其丰厚，而且还在持续增长，但真正吸引印度人到这座属于外国人的城市的，是它能够提供的安全感和稳定感。在18世纪40年代，卡纳蒂克战争在南方肆虐的时候，马拉塔人凶残地攻击孟加拉。据荷兰东印度公司在孟加拉的主管估计，马拉塔人杀死了多达40万平民百姓。²⁶1750年，马拉塔领袖蓬斯尔麾下的将军巴斯卡尔·潘迪特再度入侵孟加拉，这一次带来了2万骑兵。他们发动夜袭，洗劫孟加拉纳瓦布的营地，消灭为他的军队输送粮草的车队。马拉塔人执行焦土政策，为了防止粮食送达敌人手中，不惜焚毁周边的所有村庄。纳瓦布的士兵拿不到粮草、运输工具和自己的行李，就丧失了战斗力。东印度公司的职员在家信中生动描绘了这种局面。²⁷巴尔达曼②大君手下的"班智达"瓦奈什瓦尔·维迪亚兰卡尔写道，马拉塔人"心狠手辣，恣意杀害孕妇和婴儿、婆罗门和贫民。他们生性凶悍，擅长掳掠所有人的财产，无恶不作。他们在当地制造了一场大灾祸，像［邪恶的］彗星一样毁灭了孟加拉许多村庄的居民"。²⁸

孟加拉诗人甘加·拉姆在《马哈拉施特拉往世书》中更详细地描述了马拉塔人制造的恐怖："世间的人们罪恶滔天，

---

① 杰迈玛·金德斯利（1741~1809）是英国的游记作家，随丈夫（驻印度的英国军官）长期在印度生活。

② 巴尔达曼是今天印度西孟加拉邦的一座城镇。

拒不礼拜罗摩①和黑天②。人们日夜只知与别人的妻子淫乐。"最后他写道，湿婆③命令南迪④占据了马拉塔国王夏胡⑤的身躯，"让他派遣他的爪牙，去惩罚有罪的人和恶徒"。29

> 不久之后，［马拉塔人］开始劫掠各村庄，人们心惊胆寒，作鸟兽散。婆罗门班智达们逃之夭夭，带走大量手稿；金匠带着天平和砝码逃走；渔民带走渔网和鱼线。所有人都逃走了。人们逃向四面八方，谁能数得清有多少人在逃难？
>
> 村民们听到马拉塔人的名字就赶紧逃跑。此前大门不出二门不迈的良家女子如今头顶着篮子逃离马拉塔人的魔爪。凭借自己的剑获得财富的拉杰普特地主们也丢下兵器，抱头鼠窜。苦行僧和僧侣乘着轿子逃走了，轿夫把行李背在肩膀上。还有很多农民在逃难，用牛载着来年的粮食种子，肩膀上背着犁铧。几乎走不动路的孕妇在路上分娩。

---

① 罗摩是印度教神话中主神毗湿奴的第七个化身，也是史诗《罗摩衍那》的主人公。对罗摩的崇拜在印度民间非常流行。

② 黑天是印度教诸神中最广受崇拜的一位神祇，被视为毗湿奴的第八个化身，是诸神之首。关于黑天的神话主要源自《摩诃婆罗多》和《往世书》。在艺术上，黑天通常被描述为蓝黑色皮肤、身缠腰布、头戴孔雀羽毛王冠的形象。他代表极具魅力的情人，因而常以在一群女性爱慕者簇拥下吹笛的牧人形象出现。

③ 湿婆是印度教崇奉的主神，集多种神威于一身，是复杂而矛盾的神话人物。他既是毁灭者，又是起死回生者；既是大苦行者，又是色欲的象征；既有牧养众生的慈心，又有复仇的凶念。他在湿婆教中也是主神。

④ 南迪是湿婆的坐骑，是湿婆最忠实的信徒，还是湿婆与喜马拉雅山的守门神。一般认为南迪是牛。

⑤ 夏胡·蓬斯尔一世（1682～1749）是马拉塔帝国的第五位皇帝。他是希瓦吉·蓬斯尔的孙子。夏胡在位期间，马拉塔帝国的国势大大扩张，但他死后，帝国的权力落入佩什瓦和几个地方王朝手中。

有人在路上停下脚步，问所有的过路人，马拉塔人到了何处。所有人都答道：我没有亲眼看见过他们；但看到大家都逃难，我也逃。

然后马拉塔人突然高声呐喊着，飞也似的出现，把难民包围在田地里。他们抢走金银，其他什么都不要。他们砍掉一些人的手，割掉一些人的鼻子和耳朵，把有些人当场杀死。他们拖走最美丽的女人，为了防止她们逃跑，用绳子拴着她们的手和脖子。一个男人强暴了一名女子之后，另一个男人接着上，遭到强暴的女子则尖叫着呼救。马拉塔人犯下最丑恶、最罪大恶极、最野蛮的恶行之后，才将受害的女人释放。

洗劫农田之后，他们闯进村庄，纵火焚烧房屋。平房①、茅屋和神庙，无论大小，都被焚毁。他们摧毁全村，四处游荡劫掠。他们将一些人的双手捆在背后，将另一些人推倒在地，狠狠踢他们。他们不停大喊："给我们卢比！给我们卢比！给我们卢比！"他们拿到卢比之后，就给受害者的鼻孔灌水，或者把他们溺死在储水池里。他们索要金钱而不得的时候，就把对方活活打死……平房、茅屋、毗湿奴派的神庙厅堂，无论大小，全被烧毁……他们把遇见的所有婆罗门或毗湿奴派教徒或修行者都斩尽杀绝，屠戮成百上千的母牛和妇女。[30]

这种乱局对孟加拉来说是一场噩梦，对东印度公司来说却

---

① 印度语境里的"平房"（bungalow）原指孟加拉地区的一种单独一层、有游廊的房屋，bungalow 这个词的本意即"孟加拉"。

是重大的机遇。马拉塔骑兵没有办法对付欧洲列强的大炮和训练有素的火枪兵防守的城市。[31]尤其是，加尔各答城拥有很深的护城河，是东印度公司为了阻挡马拉塔骑兵而专门挖掘的。于是，流离失所的孟加拉百姓纷纷涌进加尔各答城（十年间城市规模增加三倍多），因为他们相信此地比孟加拉其他任何地方都能更有效地保护平民。据一位曾在这个时期到访孟加拉的名叫阿卜杜勒·卡里姆的克什米尔士兵说，马拉塔人特意不去攻击胡格利河沿岸的欧洲人要塞："欧洲士兵比其他任何国家的士兵都更厉害，马拉塔人懂得这一点，所以尽管加尔各答城内有丰富的欧洲商品，并且缺乏城防，城内的欧洲居民人数微不足道，而马拉塔人多如蚂蚁或蝗虫，他们却从来不敢尝试攻击加尔各答，因为他们害怕欧洲人会团结起来共同防御。欧洲人擅长使用大炮和火枪。"[32]

这些难民当中有后来该城最显赫的名门世家的创始人，比如纳巴克里希纳·德布①和拉姆杜拉尔·戴伊②。[33]但吸引人的不仅仅是要塞的防御。此时的加尔各答已经成为私营企业的天堂，不仅吸引了孟加拉的纺织品商人和放债人，还吸引了帕西人③、古

74

----

① 纳巴克里希纳·德布大君（1733~1797）是孟加拉的豪门贵族，也是罗伯特·克莱武的伙伴和盟友。他是推翻西拉杰·道拉的密谋的关键人物之一。他曾是沃伦·黑斯廷斯的波斯语教师。在克莱武和黑斯廷斯的庇护下，他成为当时的大富豪。有些人认为他是出卖印度祖国的叛徒。
② 拉姆杜拉尔·戴伊（1752~1825）是孟加拉商人，是18世纪印度与美国贸易的重要人物。
③ 帕西人（意为"波斯人"）是印度的琐罗亚斯德教徒。他们的祖先是信奉琐罗亚斯德教的波斯人，为摆脱穆斯林的迫害于8世纪至10世纪移民到印度。17世纪末英国东印度公司统治了孟买，并在那里实施宗教自由，帕西人陆续迁往孟买，到19世纪很多帕西人成为富有的商人。帕西人至今仍主要居住在孟买，也有部分居住在印度的班加罗尔和巴基斯坦的卡拉奇。

吉拉特和马尔瓦尔的企业家与巨商家族，他们找到了一个安全稳定的环境来经商。[34]城内庞大的印度人口还包括许多富商巨贾，他们单纯是想生活在不受纳瓦布征税的地方。还有人利用英国舰队的保护，去波斯、海湾等地经商，或者向东取道马六甲海峡去中国。[35]加尔各答的法律制度和国家强制执行的英式商业法律框架与正式的商业合同，都让这座城市越来越成为亚洲各地商人和银行家青睐的地方。[36]

所以，到 1756 年，加尔各答的人口极其多元化，语言也是南腔北调：除了孟加拉人、马尔瓦尔的印度教徒和耆那教徒银行家，还有葡萄牙人、亚美尼亚人、波斯人、德意志人、瑞典人和荷兰人。根据一次早期的人口普查，有些居民拥有高超的、有时显得怪异的技能：这里有钟表匠、画家、糕点师、金匠、殡葬从业者和假发匠。

黑城是加尔各答的印度人区域，那里坐落着不计其数的神庙、清真寺和熙熙攘攘的菜市场。黑城比白城更混乱、肮脏和泥泞。但是，来自亚洲其他地方的人们对黑城赞不绝口。据波斯旅行者和学识渊博的"赛义德"① 阿卜杜勒·拉蒂夫·舒什塔里说："加尔各答已经取代了胡格利，如今只有荷兰船只才去胡格利。［白城］有许多两三层的砖石和灰泥楼房，粉刷和油漆得看似大理石。"

楼房紧邻街道，过路人看得见里面的动静。夜间，上

---

① 赛义德是伊斯兰世界对先知穆罕默德的女儿法蒂玛与阿里的两个儿子哈桑和侯赛因的后裔的敬称，如果是女性则称赛义达。在印度等地方，穆罕默德的后裔还被尊称为"埃米尔"或"米尔"。如果某人的父亲不是赛义德，而母亲是赛义达，那么他可能被尊称为"米尔扎"。

下层的房间都燃起樟脑蜡烛，这真是美妙的景观。在这里不必害怕盗匪，没有人拦住你，质问你从何处来，往何处去；时常有大船从欧洲、中国和新大陆抵达，满载贵重商品和精美布匹，所以天鹅绒、缎子、瓷器和玻璃器皿在这里都是稀松平常的东西。加尔各答港口通常停泊着超过一千艘大大小小的航船，船长们在抵达或启航时都鸣炮宣示……[37]

75

舒什塔里写道，尽管英国人有很多恶习，但他们求贤若渴、奖掖人才："英国人不会无故解雇人，所以每一个有本事的人都能保住自己的工作，除非他自己写信请求退休或者辞职。更不寻常的是，英国人会参加穆斯林和印度教徒的绝大多数节庆与仪式，与大家打成一片。他们非常尊重有成就的学者，不管学者是哪个教派的。"

他写道，英国人经常与当地人通婚。不过，他坚持说，与欧洲人结婚的印度女人大多不是良家女子："那些没有前途的女人，要么是腐化的穆斯林，要么是邪恶的印度教徒，自愿与英国人结婚，而英国人不干涉她们的宗教，也不强迫她们离开深闺；这样的异族通婚生出的儿子到4岁后，就被从母亲身边带走，送到英国去受教育。"

英国人把胡须刮得干干净净，并把头发梳成单根辫子。无论男女都在头发上扑白粉，让自己的头发变成白色，从而减小年龄的差距。无论男女都不会除去阴毛，而是让其保持自然状态。绝大多数欧洲男女的体毛都不发达，即便有，也是葡萄酒色的，柔软且极其精细。

因为英国女人不戴面纱，而且男女儿童一起上学，所以他们很容易坠入爱河。无论男女都酷爱诗歌，喜欢写情诗。我听说出身高贵的英国姑娘有时会爱上出身卑贱的年轻男子，因此引发丑闻，无论是威胁还是惩罚都控制不了，所以她们的父亲不得不把她们逐出家门。大街上到处是这样的曾经身份高贵的姑娘，如今坐在马路上。

妓院门口设有广告，上有妓女的肖像，一夜的服务明码标价，还标出狂欢所需的器物……因为妓女极多，所以淋病在各阶层当中流行。这是一种严重的性病，会导致阴囊和睾丸肿胀。健康的人和淋病患者在一起厮混，于是疾病从一个人传播到另一个身上，甚至这个地区的穆斯林也是这样！[38]

对加尔各答那些风流成性的英国居民抱有疑虑的人不止舒什塔里一个。英国人来到东方，往往只有一个念头：在尽可能短的时间里挣尽可能多的钱。绝大多数英国人对他们从事贸易的东道国的道德风尚没有兴趣，把他们自己祖国的社会规则也抛在脑后。每年抵达加尔各答的大批公司雇员和军人通常是英国外省地主家庭的囊中羞涩的幼子、在 1745 年詹姆斯党叛乱中失去土地或者财富或者两者都失去了的苏格兰人、从伦敦东区招募来的新兵，以及潦倒不堪的盎格鲁-爱尔兰地主或牧师子弟。他们都愿意拿自己的生命冒险，长途跋涉数千英里，来到孟加拉的沼泽地和酷热难当的丛林，忍受令人难耐的恶劣气候，随时都可能英年早逝。他们之所以愿意这么做，是出于一个原因：只要能在这活下去，那么世界上没有比这里更容易发财的地方了。

在加尔各答，幸运儿在几个月里就能积攒巨富，但在牌桌上也可能几分钟就输个精光。死亡（无论疾病还是放纵造成的）司空见惯，到印度的公司雇员有三分之二永远不能回国。公司军队中的欧洲人生存率更低，每年有 25% 的欧洲军人死亡。[39]因为见惯了死人，所以人们变得麻木不仁：为了亡故的朋友，他们可能短暂地哀悼，然后烂醉如泥地争夺死者的遗产，包括他的马匹和轻便马车、他的镶嵌象牙的维沙卡帕特南家具①，甚至他的孟加拉情妇（bibis）。[40]所以这座城市的人口以年轻男子居多：例如罗杰·德雷克就任总督的时候年仅30 岁。

对绝大多数人来说，加尔各答的生活成本极高：此时，在孟加拉租一所像样的房子每年需要花大约 1000 英镑②；加尔各答的几乎所有欧洲居民都欠了印度放债人的钱。[41]1754 年 1月 3 日，一个名叫斯泰尔·达尔林普尔的年轻苏格兰人（刚刚从北伯立克来到加尔各答）写信给他的父亲、身为下议院议员的休·达尔林普尔爵士说："此地所有东西的价格都是家乡的两倍。即便厉行节约，还是花钱如流水。我刚到这里就发现了这条令人悲伤的真理，此地所有的绅士都是这么告诉我的。没有一样东西如我之前预想的那样……我之前的想法都是空中楼阁。"他觉得，如果"厉行节约"的话，他的年薪大概够维持六个月的生活开销。之前他曾写道："我估

77

---

① 维沙卡帕特南位于今天印度南部的安得拉邦，位于东高止山脉和孟加拉湾之间，是天然良港。18 世纪末以来，当地的家具非常有名，将西方品位与东方技艺完美结合。极其精致的维沙卡帕特南家具，在檀香木和乌木上镶嵌象牙，算得上是英国-印度镶嵌细工艺术的令人眼花缭乱的辉煌成就。

② 相当于今天的 10.5 万英镑。——作者注

计在这里要待十五年或二十年。那时我也许能当上总督。如果当不上总督，我就发一笔大财，让我能够过上绅士的生活。"[42]

所有人都在疯狂地拼命挣钱。在这样的气氛当中，德雷克领导下的加尔各答议事会忘记了一件大事：巩固城防。要塞的城墙显然正在朽坏，大炮生了锈，新房屋侵占了城墙周围的土地，有的房屋甚至能够俯瞰城防工事。并且，如果遭到敌人攻击，城内只有人数极少的民兵可供调遣：大约 260 名官兵，其中只有四分之一是货真价实的英国人，其余的是葡萄牙、意大利、瑞士和斯堪的纳维亚雇佣兵。卡纳蒂克战争期间，英国人曾在马德拉斯训练出身于武士种姓的土著，但在孟加拉没有这么做过。如戴维·伦尼上尉所说："加尔各答既缺军事物资，也缺兵员。"

> 我们没有好的炮车。民兵既没有轻武器也没有弹药箱……公司在去年让"特拉华"号送来指示，要求改善城防，但我们没有经费，也没有正儿八经的工程师。虽然缺钱的时候可以借贷，但我们的公司坚决反对借贷。弹药奇缺，任何型号的子弹都没有：库存的少量葡萄弹已经在仓库里放了太久，被虫子毁掉了；大小炮弹都没有装配好，也没有准备好引信……我们只有少量火药，并且绝大部分是湿的。[43]

法国人很清楚加尔各答城防的这些弱点。此时法国人在卡西姆巴扎尔（孟加拉首府穆尔希达巴德南端的商业中心）的贸易站的指挥官是让·劳，他是卡纳蒂克战争期间被克莱武打败的那个雅克·劳的兄弟。他在信中写道，加尔各答的"要塞规模很小，建得很差，没有壕沟。城墙周围有很多更高的房屋，并且守军……人数太少，无法有效地守城"。[44]

在伦敦，东印度公司的董事们对加尔各答暴露无遗的脆弱也是忧心忡忡。随着英法战争迫在眉睫，他们又给加尔各答送去 59 门火炮，并再次建议当地的议事会立即开始施工，加固防御工事。1756 年，董事们写信问德雷克有没有开始升级城防的工程，并敦促他尽快修补工事，最好能得到纳瓦布阿里瓦迪·汗的批准，"或者至少得到纳瓦布的官员的默许"。董事们担心的不仅仅是法国人的威胁。"纳瓦布年事已高，随时可能去世，而在下一任纳瓦布稳固地掌权之前，极有可能发生大的动乱和麻烦。所以我们建议你，无论发生什么情况，都要谨慎地采取措施，保护我们的财产、商品和特权。"[45]

几周后，城防的修理和重建才真正开始，德雷克不理睬董事们让他申请纳瓦布批准的指示，因为他听信了卡西姆巴扎尔的英国贸易站主管威廉·沃茨的说法，即"他［阿里瓦迪］不一定会注意到我们在加尔各答加强城防……不过我们可以确信，他之前的［允许英国人修理城墙的］许可是要花相当一大笔钱才能拿到的。因此阁下应当立即开始巩固城防，不必申请纳瓦布的批准"。[46]

但是，纳瓦布的情报工作比德雷克或沃茨设想的要高效得多。几天之后，老纳瓦布阿里瓦迪·汗就得到了关于德雷克重整城防计划的详细报告，并传唤自己的外孙兼继承人西拉杰·道拉前来商讨如何应对这些胆大妄为的商人向莫卧儿权威发出的挑战。

78

莫卧儿帝国孟加拉行省的首府穆尔希达巴德位于帕吉勒提河之滨，在加尔各答上游，乘船去加尔各答有三天的路程。帕吉勒提河是恒河的两大源流之一。

在1756年，穆尔希达巴德和大型纺织业中心达卡是孟加拉仅有的两座规模比加尔各答大很多的城市。根据某些估算，穆尔希达巴德的人口大致和伦敦差不多。纳瓦布阿里瓦迪·汗以这里为基地，统治着莫卧儿帝国最富庶的省份，不过在1756年，莫卧儿帝国大体上可以说是名存实亡。在18世纪40年代马拉塔人开始入侵之后，孟加拉纳瓦布就不再向德里输送每年的税金，现在尽管马拉塔人的入侵已经停止，但纳瓦布仍然没有恢复向德里输送税金。

阿里瓦迪·汗是阿拉伯和阿夫沙尔土库曼混血儿，于1740年靠发动军事政变上台。政变的幕后指使和金主是权势遮天蔽日的贾加特·赛特银行家，他们掌控着孟加拉的财政。在孟加拉，贾加特·赛特家族可以随心所欲地扶植或者打击任何人，就连统治者也被他们玩弄于股掌之中。并且贾加特·赛特家族在政治领域的敏感度和在金融领域一样出色。和通常情况一样，赛特家族这次也是慧眼识珠：阿里瓦迪是一位颇得民心、有文化修养的统治者；他也极其精明强干。凭借他的勇敢、坚持不懈和军事天才，他成功地遏制了马拉塔人的入侵。同时期的其他莫卧儿将领当中很少有人能做到这一点。阿里瓦迪能够抵挡住马拉塔人，部分是靠军事才干，部分是靠残酷无

79

情和狡猾。1744 年，他引诱巴斯卡尔·潘迪特和他的马拉塔军官前来谈判，借这个机会让他的阿富汗裔将领穆斯塔法·汗在举行和谈的营帐里刺杀了前来参会的所有马拉塔领导人。

在穆尔希达巴德，阿里瓦迪·汗创设了强大而令人眼花缭乱的什叶派宫廷文化，建立了一个稳定的政治和经济中心。在莫卧儿帝国衰落的无政府混乱时期，他的领地是一个难得的安宁而繁荣的孤岛。许多有才华的莫卧儿难民（军人、行政官员、歌手、舞者、画家）离开了越来越动荡和凶险的沙贾汗纳巴德街巷，迁移到了穆尔希达巴德。于是，在阿里瓦迪的统治下，穆尔希达巴德成了莫卧儿晚期艺术的伟大中心之一。[47]

闻名遐迩的德里艺术家迪普·昌德和尼达·玛尔在这里领导着一个由难民艺术家组成的绘画工坊，穆尔希达巴德的宫廷画师在那里很快发展出一种辨识度极高的风格，画的背景里总有宽阔的恒河在流淌。这些画作展现出一种奇妙的新自然主义，喜欢描绘熙熙攘攘的河畔乡村景致，随处可见神庙与清真寺，芒果树和团花树投下阴凉，肩扛犁具的农夫和拿着秤的商贩漫步走过，向梳着细发辫、身裹虎皮的圣人鞠躬。画的一边是骑着披挂华美的大象的贵族和乘轿的王公。与此同时，河岸上点缀着高耸的巴尔米拉棕榈树，帕吉勒提河上捕鱼的独木舟和东印度公司的单桅帆船从穆尔希达巴德后宫女眷乘坐的金碧辉煌的镰刀形画舫旁掠过，那些画舫正驶向莫卧儿风格的福园①。[48]

在这样一幅宫廷细密画（绘制时间不晚于 1755 年）当

①　福园（Khushbagh）是孟加拉纳瓦布的园林兼陵园，位于穆尔希达巴德的帕吉勒提河西岸，西拉杰·道拉及其妻了卢图夫·妮萨就被安葬在那里。

中，阿里瓦迪的女婿沙哈马特·忠格在欣赏一群来自德里的世袭乐师（kalawants）的演奏。这些乐师显然被视为珍宝，因为图中给出了他们每个人的名字，肖像画得也极精细。在大厅另一侧有四名国色天香的德里名妓在等候唱歌，画中也给出了每个人的名字。[49]

在这个时期从德里半壁倾颓的街巷迁移到孟加拉的众多人士当中有纳瓦布的亲戚、才华横溢的年轻莫卧儿历史学家古拉姆·侯赛因·汗。在他眼中，阿里瓦迪·汗是一位了不起的英雄。古拉姆·侯赛因记载 18 世纪印度历史的名著《对现代的审视》（Seir Mutaqherin）是关于该时期的最有价值的史料。他在其中绘声绘色地描摹了阿里瓦迪·汗的形象：这是一位爱猫的享乐主义者，晚间喜欢享用美食、读书和听故事。"他全神贯注于维护和平与臣民的安全，尤其是保护农民。在他的统治下，人民安居乐业，如同在父亲膝下或者母亲怀中一样轻松安逸。"

> 他懂得各种艺术，尤其喜爱精彩的表演，素来对艺人十分尊重，懂得如何奖赏那些卓越的艺术家。他喜欢以机智风趣的对话来消遣，他本人就是一位特别宜人的伙伴，在当时极其难得。他是审慎而机敏的将领和英勇无畏的军人，几乎没有一样美德或者品质是在他身上找不到的……

> 阿里瓦迪从不吸烟，但爱喝咖啡，并向人们赏赐咖啡……［上午的政事处理完毕之后］他会花整整一个小时与人们闲聊消遣，听人朗诵诗歌，自己阅读诗歌或者听人讲有趣的故事。在此过程中，他还偶尔对某道菜［的菜谱］给出指示，食材都是当着他的面处理的，他任命

了某个新近从波斯或其他以厨艺闻名的国家来的人专门负责此事；他喜爱美味佳肴，品位高雅。

　　他有时命令将肉、香料和其他必需品送到他面前。他会向大厨发号施令，经常亲自指导他们，有时自己发明一些新的烹饪方法……宴毕，他回到自己的卧房稍事休息，那时会有说书人和近侍在一旁侍奉。[50]

阿里瓦迪的另一大爱好是白色波斯猫。在孟加拉的法国人和英国人争相到全世界为他寻找最美丽的波斯猫，这样的礼物一定能赢得阿里瓦迪的好感。[51]阿里瓦迪偶尔向几家欧洲公司索要数目不小的金钱，用于保卫孟加拉、抵抗马拉塔人，这让欧洲人十分不悦；但总的来讲，欧洲人很感谢他强有力的统治带来的安定繁荣。他也知道这些贸易公司给他的国度带来了财富和其他益处。"商贾是国家的恩人，"这是他的信念，"他们的进出口生意对所有人都有裨益。"[52]

有一次，阿里瓦迪·汗告诉他麾下的年迈将领米尔·贾法尔·汗，欧洲人就像一窝蜜蜂，"你也许能从他们的蜜里得到好处，但如果你搅扰了他们的蜂巢，他们就会把你蜇死"。[53]他建议将军们不要得罪欧洲人。他告诉一名任性的阿富汗军官："英国人对我做过什么让我敌视他们的坏事吗？你看看那边长满青草的平原。如果你在那里纵火，那么就会星火燎原。大火会一直烧到我们的土地，那时谁有本事把火扑灭？对这种建议［与英国人为敌］要小心提防，因为这只会酿成大祸。"[54]

孟加拉人后来把阿里瓦迪·汗统治的末年视为黄金时代，之后的所有时代都望尘莫及：国家富裕而兴旺，孟加拉的财政收入自 18 世纪 20 年代以来增长了 40%，单是穆尔希达巴德附近的一座市场每年就有 65 万吨水稻成交。[55] 孟加拉的出口产品（蔗糖、鸦片和靛青），以及 100 万织工生产的纺织品，在全世界大受欢迎；并且自从打败马拉塔人以来，国家安享了一段太平。1753 年，一个英国人写道，商人"往往只需要一名或两到三名雇工护送"，就可以从孟加拉的一端输送金银到另一端。[56] 对古拉姆·侯赛因·汗以及宫廷的很多成员来说，天际线上只有一道乌云：阿里瓦迪·汗的外孙和继承人西拉杰·道拉。

这个时段的许多史料（无论是波斯的、孟加拉的、莫卧儿的、法国的、荷兰的还是英国的）对西拉杰的评价都很低。据他的政治盟友让·劳说，"他的名声臭得无以复加"。

> 这个年轻人中等身材，24 岁或 25 岁……因极其放荡堕落和残酷无情而臭名昭著。印度教徒女子惯于在恒河中沐浴。西拉杰的走狗会向他报告，洗澡的女子当中有哪些人有些姿色。他会派人乘小船把正在河中的女子抢走。有很多次，大河涨水的时候，他故意驾船撞击渡船，使其颠簸，或者将渡船撞破、漏水，仅仅是为了享受把一百多人（男女老少都有）吓得战战兢兢的刺激感。其中很多人不通水性，肯定会淹死。
>
> 如果需要铲除某位大臣或者贵族，西拉杰会主动请缨。阿里瓦迪·汗不忍听到被处决的人的哭喊，所以会在这种时候躲到某座花园或者城外的房屋。仅仅听到西拉杰的名字，人们就面如土色。大家就是这么怕他……这个青年丝毫不为他人着想，也没有治国的才干。他仅仅依靠恐吓来统治，但与此同时，他自己的怯懦人尽皆知。

他天性轻浮鲁莽，胆小如鼠，顽固不化，优柔寡断。他暴躁易怒，哪怕是最微不足道的冒犯也让他暴跳如雷。有时他会无缘无故发脾气。他喜怒无常，情绪波动极大，个性软弱，内心阴险奸诈，毫无信义，谁都不信任，随时发誓赌咒却随时食言。我们能为他做的唯一辩护是，自他孩提时代以来，他就知道自己将会成为一国之君。他没受过像样的教育，所以不懂得服从的价值。[57]

83

古拉姆·侯赛因·汗是西拉杰·道拉的亲戚，也曾是他的幕僚，但恰恰是古拉姆·侯赛因·汗对他发出了最严厉的谴责，说他是连续作案的双性恋强奸犯和疯子，对他的恶行感到无比震惊。古拉姆·侯赛因·汗写道："他既无知又放荡。权贵和将领们已经很不喜欢这位王子，觉得他轻浮、讲话严酷、心肠硬。"

这位王子……如果看中了什么人，不管男女，就肆无忌惮地强迫对方满足自己的淫欲；如果对方不从，他就心狠手辣地迫害他们，或者用各式心血来潮的手段折磨他们……那些曾经忠诚而勇敢地为阿里瓦迪·汗效力的老将，每天遭到西拉杰的怠慢和侮辱，以至于他们害怕阿里瓦迪·汗的外孙的歹毒心肠和污言秽语，在他面前噤若寒蝉，甚至不敢喘气。绝大多老将对他与他们讲话时的满嘴脏话感到震惊，并对他那些暴发户亲信的傲慢感到愤怒，所以老将们不肯为他提供良策，巴不得看到他倒台。而他自己也从不征询别人的意见。

西拉杰对世界一无所知，没有能力采取合理的行动，完全缺乏理智和洞察力，并且头脑稀里糊涂，极其无知，又因为年纪轻轻就掌握权力和国家而得意忘形，所以他不知好歹，不辨善恶。他极其轻率莽撞，甚至在作战期间也会对最勇敢、最能干的将领口出恶言、暴跳如雷，给他们的心里捅刀子。如此粗暴的待遇自然让他们没办法尊重他，对他失去忠心……最终他像埃及法老一样招人憎恨。偶然遇见他的人会说，愿真主佑我们，不要受他毒害！[58]

84　　　西拉杰最严重的错误是得罪了孟加拉的银行业巨头贾加特·赛特家族。当初是赛特家族的计谋帮助阿里瓦迪上台，任何想在孟加拉运作的人都会拉拢和讨好赛特家族。西拉杰却反其道而行之，严重冒犯了贾加特·赛特家族的两位掌门人，其中之一是"贾加特·赛特"头衔此时的拥有者马赫塔卜·拉伊，另一位是他的堂兄弟斯瓦鲁普·昌德，阿里瓦迪·汗曾赐给后者"大君"的头衔。西拉杰在统治早期想要武装一支部队去攻击他在普尔尼亚①的亲戚，就命令赛特家族提供3000万卢比②。马赫塔卜·拉伊说办不到，西拉杰竟然出手殴打他。[59]据古拉姆·侯赛因·汗记载，"贾加特·赛特，都城的显贵，经常受到西拉杰的怠慢和嘲弄。西拉杰还经常威胁要给他行割礼，这就严重冒犯了贾加特·赛特，让［西拉杰政权］彻底失去了他的忠心"。[60]这原本是很容易避免的错误，西拉杰后来会追悔莫及。

　　西拉杰虽然不成器，却对外祖父有一种奇特的影响力。阿

---

① 普尔尼亚在今天印度的比哈尔邦。

② 相当于今天的3.9亿英镑。——作者注

里瓦迪·汗没有儿子，只有三个女儿和两个外孙。当另一个外孙，也就是西拉杰的哥哥，死于天花之后，老人的全部希望都寄托在剩下的唯一外孙身上。祖孙俩的品质截然相反：阿里瓦迪·汗睿智而有自制力，而他的外孙是个无知的浪荡子。但阿里瓦迪对外孙极其宠爱。据古拉姆·侯赛因·汗记载，即便在西拉杰于1750年发兵反叛并夺取巴特那之后，深爱他的外祖父仍然坚持要宽恕他，在信中"如同激情洋溢的情人，恳求［西拉杰］再一次回到可怜的老人身边，因为他在年迈之时唯一的乐趣就是与外孙相伴"。[61]

在一段时间里，人们希望阿里瓦迪·汗能够看清真相，指定他那位慷慨大方、颇得民心的女婿纳瓦齐什·汗为继承人。纳瓦齐什·汗娶了阿里瓦迪·汗的长女加茜迪公主，被宫廷公认为是完美的继承人。但是，阿里瓦迪·汗在1754年正式指定西拉杰为继承人。

到1755年，王位继承的问题已经成了大家忧心忡忡的话题，因为所有人都明白，80岁高龄、身患水肿病的纳瓦布的日子不多了。东印度公司对此尤其担忧，因为他们之前没有下功夫拉拢西拉杰，而是努力结交纳瓦齐什·汗及其妻子。西拉杰对姨妈和姨父恨之入骨。法国人的赌注下得很对，让·劳希望这能让他们在阿里瓦迪驾崩后在孟加拉获得显著的优势。而英国人"看到西拉杰性格暴虐，招人仇恨，所以坚信他永远不会成为纳瓦布"。

英国人从来没有结交过他，甚至没有求过他帮助。恰恰相反，他们尽量避免与他打交道。众所周知，他们好几次不准他进入他们位于卡西姆巴扎尔的贸易站，也不准他去他们在乡下的宅邸。西拉杰·道拉粗暴而无知，喜欢乱砸家具，看中了什么东西就直接拿走，而且他还是个睚眦必报的人。所以，在阿里瓦迪·汗去世很久之前，大家就知道西拉杰·道拉讨厌英国人。

另一方面，他对我们［法国人］颇有好感。温和地迎合奉承他，符合我们的利益，所以我们总是在贸易站毕恭毕敬地接待他，远远超过了他有资格得到的礼数。在所有的重要事情当中，我们都请他出手干预。为了达成这个目标，我们经常给他送礼。这有助于维持我们与他之间的友好关系。[62]

1756 年 3 月，阿里瓦迪·汗的健康状况急剧恶化，他的水肿病很严重，身体半瘫。大约就在这个时候，老纳瓦布收到了从莫卧儿南方土地来的访客的一份报告，谈到欧洲人在五年前的卡纳蒂克战争期间的表现多么恶劣。尤其是，他了解到，欧洲人原本是卡纳蒂克的莫卧儿纳瓦布手中有用的工具，后来却变成了专横跋扈的傀儡操纵者，恣意在印度统治者之间制造争端，兔死狗烹。古拉姆·侯赛因·汗写道，这些消息"对他［阿里瓦迪·汗］的震动很大，因为他知道西拉杰·道拉多么缺乏知识和慎重；他也很清楚西拉杰·道拉会是怎样的一位统治者，他与将领们的关系有多差，以及他有多渴望与加尔各答的英国人翻脸。阿里瓦迪·汗经常当着满堂宾客的面说，等他死了并且西拉杰·道拉继承大统之后，英国人一定会占领印度的每一片海岸"。[63]

86　　不久之后，消息传来，东印度公司未经许可就在维护加尔各答的城墙，还在某些地方彻底重建城墙。于是阿里瓦迪传唤西拉杰来商量，并下定决心要写信给英国人和法国人，要求他们都彻底拆毁自己的防御工事。法国人发回了很有策略的答复，并向金德讷格尔的莫卧儿官员行贿，所以避免了拆毁他们坚固的新城墙。德雷克总督的防御工事的规模其实比法国人的要小得多，但他给纳瓦布的回信被认为是傲慢无礼的。他竟然质疑纳瓦布保护其子民的能力，并说英国人做好了准备，要把他们与法国人的战争（已经在卡纳蒂克造成了严重破坏）打到孟加拉境内。德雷克写道："我们绝不会屈从于这种前所未有的要求。"

> 在过去的一个世纪里，我们在他〔纳瓦布〕的领地内经商，得到了好几位纳瓦布的保护和鼓励，我们始终服从他们的命令。而如今，我们担忧地看到，有些敌人向殿下进献谗言，诬赖我们在建造新的防御工事……殿下一定知道，当初法国人占领马德拉斯，给敝公司造成了多么严重的损失；以及英法两国之间似有发生战争的可能。所以我们在修理破败不堪、随时可能被洪水冲垮的城墙，并没有建造新工事。[64]

阿里瓦迪的回应是最后一次使用外交手段，派遣代表纳拉扬·辛格告诫德雷克服从纳瓦布的权威，向他解释商人在莫卧儿国家的身份和地位，并简要概述，假如东印度公司继续抗拒他的意志，后果会是什么样。

老纳瓦布在生命的最后日子里忙于观看斗鸡和建议外孙尽可能息事宁人，以和为贵。"因为国家的兴旺发达取决于团结与合作，"他说，"而争吵和对抗必然导致国家毁灭，所以如果你的统治以共识和服从为基础，那么你就必须坚定不移地效仿我的办事方式。这样的话，你就能安享太平，一直到晚年都

87　不必担心敌人的掌控。但如果你走上争吵与冲突的道路，那么这个国家极有可能衰败，令千秋后世为之悲痛和懊恼。"[65]

阿里瓦迪·汗于 1756 年 4 月 9 日早晨 5 点去世。他于当天被安葬在福园，在母亲墓旁长眠。当晚，西拉杰·道拉袭击了姨妈加茜迪公主的宫殿，将她的亲兵杀死或者缴械，并夺占了她的全部金钱和珠宝首饰。

5 月 22 日，西拉杰率领数千士兵和 500 头大象前往普尔尼亚，去攻击他认为可能成为竞争对手的亲戚。在普尔尼亚，西拉杰遇见了外祖父的代表纳拉扬·辛格，他刚结束与英国人沟通的使命，怒气冲冲、倍感屈辱地从加尔各答回来。他告诉新任纳瓦布，德雷克根本不肯接见他，直接下令把他逐出城市。纳拉扬发问道："这些商人连洗屁股都不会，却驱逐君主的使者，那么我们还有什么荣誉可言？"西拉杰·道拉听了这话，立刻率领大军原路折返，经过一夜的行军，来到卡西姆巴扎尔的英国贸易站门前。[66]

贸易站大门紧闭，英国人准备好城堞上的大炮，装填了葡萄弹，随时待命；一连几天，双方僵持不下，贸易站先是遭到封锁，然后遭到围攻。贸易站的职员意见不一，有人主张用手头的少量兵力和武器抵抗，有人主张向西拉杰·道拉投降。起初，包围贸易站的只有 300 名莫卧儿骑兵，但每天都有援兵赶到。6 月 3 日，西拉杰亲自率领一支部队赶到，心情焦灼的英国人估计他带来了 3 万人。[67]而贸易站内的英国人只有 200 人。最终，贸易站主管威廉·沃茨听信了他在孟加拉宫廷的多位朋友的说法，即如果他无条件投降，纳瓦布会对他宽大处理，于是沃茨决定投降。

据一位英国目击者记述，"沃茨先生来到纳瓦布面前，双手交叉，手腕上裹着手绢，表示臣服和投降，而他［西拉杰］对沃茨百般虐待"。[68] 沃茨被强迫拥抱纳瓦布的双脚并呼喊："我是您的奴才！我是您的奴才（Tomar ghulam，tomar ghulam）！"

> 贸易站的大门打开之后，大批敌人立刻蜂拥而入，索要公家和私人的库房的钥匙；他们随即控制了武器弹药，态度极其傲慢无礼，威胁要割掉绅士们的耳朵和鼻子、鞭笞他们，用其他方式惩罚他们，目的是迫使他们屈从……然后他［西拉杰］命令所有欧洲人离开贸易站，将他们严密看押起来。所有俘虏都被押往穆尔希达巴德的监狱，披枷带锁，被囚禁在那里。[69]

88

遭到抢劫、被戴上手铐脚镣的俘虏当中有一个 24 岁的年轻学徒，名叫沃伦·黑斯廷斯。投降的守军指挥官艾略特中尉不肯受辱和被囚，举枪自尽。[70]

5 月 28 日，在卡西姆巴扎尔围城战期间，西拉杰·道拉派遣一名亚美尼亚中间人去加尔各答，向德雷克发出了最后通牒，并告诉他："如果英国人想要留在我的国家，就必须拆除他们的要塞，填平他们的壕沟，并参照纳瓦布穆尔希德·库里·汗时代的条件来从事贸易；否则我就把英国人全部逐出我统治的省份……我心意已决，要用上述手段来对付英国人……"[71] 西拉杰希望英国人像亚美尼亚人那样，以臣属商人群体的身份在孟加拉从事贸易，没有自己的要塞，而是依赖于莫卧儿总督的保护。

德雷克根本懒得回复。于是，在卡西姆巴扎尔贸易站投降的次日，西拉杰·道拉率领 7 万大军开拔，准备去征服加尔各答，迫使那些狂妄自大的商人屈服。

在西拉杰·道拉率军南下去驯服东印度公司的同时，在相隔 1000 英里的地方，在德里以西数百英里处的贾特人要塞哈恩西，另一位年轻的莫卧儿王公正在努力行使自己的权威。他也是 30 岁出头，他的命运也将与克莱武和东印度公司的命运紧紧缠绕在一起，密不可分。这位王公生性和蔼可亲，是一位悲天悯人的知识分子和文人，莫达沃伯爵说他"善良到了软弱的程度"。他并不是惩戒性远征的合适领导人，他的路途也比残酷无情、嗜血成性的西拉杰·道拉要坎坷得多。[72]

阿里·高哈尔，即沙·阿拉姆皇子，身材魁梧匀称，相貌英俊，富有魅力，敏感而学识渊博（这些都是西拉杰·道拉欠缺的品质）。他不是军人，却是一位多语种的卓越诗人；他的兴趣在于诗歌而不是兵法，尽管大家都知道他作战勇敢、剑术精湛。

让·劳对西拉杰·道拉严加批判，对年轻的沙·阿拉姆却赞不绝口，几乎把他描写成了完美的君主："他身材中等偏上，容貌俊美，皮肤却出奇地黧黑。"

这位皇子受过最好的教育，从中获益匪浅。我在他身上观察到的一切都是正面的。他精通多种东方语言，也懂历史。他熟悉阿拉伯语、波斯语、突厥语和印度斯坦语。他酷爱读书，每天都要花几个钟头读书……他有强烈的好

89

奇心，生性快活，在私人场合轻松随意，经常与信任的主要将领聚会。我有幸经常得到他的邀请。[73]

这位皇子不幸出生在动荡年代。在这样的年代，赤裸裸的侵略和野蛮的武力似乎比魅力与和解更能够得到可靠的成果。如他自己所说：

> 由于贵族和附庸的奸诈，国家陷入了这样的无政府状态，每个人都自立为王，互相杀伐，弱肉强食……皇帝陛下的圣心深感不安，因为如果他不捍卫家族与帝国的荣誉，那么那些仅仅看表面文章的人就会轻视他的尊严……在这个充满欺骗与奸计的年代，皇帝陛下不依赖任何人的服务，也不信任任何人的自表忠心。[74]

二十年前，在穆罕默德·沙·兰吉拉统治的时期，帝国疆土大幅缩水。自那以后，沙贾汗纳巴德的腹地陷入了狗咬狗的混乱而凶险的状态，每个村庄如今都是一个自给自足、戒备森严的"共和国"，与邻居厮杀。在动乱和入侵的年代，莫卧儿朝廷没有向这些村庄共和国提供任何援助，所以村民也觉得没有理由向朝廷纳税。根据《沙·阿拉姆本纪》的说法，君主的职责是"教训那些僭越上级权力的奸诈王公和那些黑心肠、犯上作乱的柴明达尔，训斥他们，让他们规规矩矩"。[75]说起来容易，做起来难。沙·阿拉姆皇子试图迫使哈恩西臣服并纳税时，那里的市民干脆紧闭城门，然后借着夜色的掩护攻击和掳掠他的营地。

沙·阿拉姆是巴哈杜尔·沙一世皇帝的曾孙，出生于红

90

堡。他在皇子的"囚笼"，即红堡的皇子居住区长大成人，接受教育。在那里，皇子们拥有比较舒适的生活条件，但没有外出的自由，如同生活在监狱中。纳迪尔沙闯入德里并洗劫莫卧儿人的几乎全部财富的时候，沙·阿拉姆仅有12岁。在他长大成人的过程中，他的皇朝屡遭波斯人、阿富汗人和马拉塔人的沉重打击，他深感重建帝国的需求是多么迫切。但在1753年，莫卧儿人非但没有团结一心、向外敌发动反击，反而陷入新一轮的内战，于是帝国中兴的梦想又一次破灭。

维齐尔萨夫达尔·忠格（奥德的纳瓦布）在经历了一次反对他的宫廷阴谋之后，在德里的大街上与自己提携过的后辈、16岁的伊玛德·穆尔克（尼查姆·穆尔克的孙子，极其狂妄自大）大战起来。老维齐尔和年轻权臣之间的内战在城市的郊区打了八个月，他们从3月一直厮杀到11月，德里新城和老城被不同派系盘踞，而新城和老城之间的地域毁于战火。诗人绍达①写道，如今德里城始终有遭到攻击的危险，所以即便在沙贾汗纳巴德市中心，人们晚间出门去参加诗歌朗诵会时也是全副武装，仿佛要去打仗。"看吧，正义在这个时代遭到了怎样的扭曲！"他写道，"豺狼当道，无所顾忌，牧羊人却被锁起来。"[76]

新任维齐尔伊玛德·穆尔克从小受到父亲加齐·丁②（一个原教旨主义者）的严加管束，平时接受教师和毛拉③的监

91

---

① 米尔扎·穆罕默德·拉菲·绍达（1713~1781）是出生于德里的乌尔都语诗人。

② 加齐·丁（1709~1752）是海德拉巴第一代尼查姆的长子。

③ 毛拉是伊斯兰教内对学者或宗教领袖的称呼，特别是在中东和印度次大陆。原意为"主人"，在北非也用在国王、苏丹和贵族的名字前。现称毛拉者，多为宗教领袖，包括宗教学校的教师、精通教法的学者、伊玛目（清真寺内率领穆斯林做礼拜的人）和诵经人。

督，在星期五的穆斯林安息日只有宦官与他做伴。他从来没有机会与同龄的儿童玩耍，也从来没有观赏过乐师和舞女的表演。结果就是他在智识方面非常早熟，但野心勃勃、毫无道德原则，所有帮助过他的人都遭恩将仇报，首当其冲的就是他曾经的恩公萨夫达尔·忠格。

加齐·丁去世之后，萨夫达尔·忠格曾经出手挽救伊玛德家的庄园，并在伊玛德年仅 16 岁时就任命他为帝国出纳总管，这是宫廷的一个要职。[77]"伊玛德·穆尔克表面上是个风流倜傥的青年，风度翩翩，和蔼可亲，"让·劳写道，"萨夫达尔·忠格把他当作自己的亲儿子看待，绝对想不到自己竟然是救活蛇的农夫。"

> 他［伊玛德·穆尔克］天生的魅力和才华让他能够轻松地把皇帝玩弄于股掌之间……为了达到自己的目的，他毫无顾忌，不择手段，随时可以牺牲自己的恩公……他为人处世的特点就是极端的狡猾和令人作呕的残酷。他手里总是拿着念珠，假装虔诚，就像奥朗则布一样，纯粹是虚伪。过度的虔诚是最可怕的事情。他刚刚成为维齐尔，就开始耍弄诡计，去迫害所有对他帮助最大的人。[78]

萨夫达尔·忠格在德里老城的基地，即老要塞①周边地区，惨遭洗劫和摧毁，再也没有恢复元气。据古拉姆·侯赛

---

① 老要塞（Purana Qila）是德里城最古老的要塞之一，有大约两千五百年连续有人居住的历史。现存的建筑始建于胡马雍皇帝时期。

因·汗说，"德里老城曾经比新城沙贾汗纳巴德更富庶，人口更稠密，如今被洗劫一空，不计其数的人家破人亡"。[79]最终他别无选择，只能逃到奥德。萨夫达尔·忠格始终没能东山再起，"他对自己的垮台感到震惊和悲痛"，不到一年后就去世了。[80]

伊玛德·穆尔克在 16 岁时就推翻了自己的头号恩公萨夫达尔·忠格，然后在 17 岁时决定推翻自己的另一位大恩公，即皇帝本人。皇帝艾哈迈德·沙和他的母亲库德西娅太后躲藏在红堡彩宫①前方的花园内，被人发现。母子都被投入监狱，伊玛德·穆尔克命人用烧红的针尖刺瞎了他们的双目。然后伊玛德·穆尔克扶植 55 岁的阿拉姆吉尔二世为傀儡皇帝，取代艾哈迈德·沙。阿拉姆吉尔二世毫无执政经验，伊玛德·穆尔克自信可以操控他。如劳所说，阿拉姆吉尔二世从一开始就"更多是奴隶，而不是皇帝"。[81]

就这样，阿拉姆吉尔二世的长子沙·阿拉姆在 26 岁时突然被从皇宫"囚笼"释放，成为摇摇欲坠的帝国的皇储。他获得了"阿里·高哈尔"和"沙·阿拉姆"的头衔，意思是"高贵的血统、世界之王"。他不得不开始关注政治，尽管他最大的爱好还是文学。他以"阿夫塔卜"的笔名，成为乌尔都语、波斯语、旁遮普语，以及尤其是西弗栗特语②的深受尊敬的多产作家。他用西弗栗特语写了大量献给大神黑天、湿

92

---

① 彩宫（Rang Mahal）是德里红堡的一部分，曾经是女眷的后宫，英军于1857 年占领红堡之后曾是英军食堂。彩宫的内部装饰原本非常豪华。
② 西弗栗特语（Braj Bhasha）是印地语的一个分支，曾经是印度中北部的文学语言之一。

1599 年 9 月 22 日，也就是在沼泽门原野之外的铸工行会大厅举行第一次公开会议的两天前，"审计官史密斯"为"去往东印度的远航"召集 101 名伦敦富人集资，这是第一张集资清单。

上左：托马斯·史密斯爵士（"审计官"），东印度公司的创始人，1616年。

上右：詹姆斯·兰开斯特爵士于1601年指挥了东印度公司的首次航行。这幅肖像表现的是五年前他结束了去往东方的灾难性航行归来时的模样。

下：詹姆斯一世的大使托马斯·罗爵士，于1615年率领第一支正式的英国使团访问印度。

《千年苏丹贾汉吉尔更愿意与苏菲派圣人相伴》，比奇特尔作。

贾汉吉尔坐在正中央的宝座上，身后有庄严的光环，极其明亮，以至于一个小天使不得不挡住自己的眼睛；另一对小天使在画面下方书写："真主伟大！哦，君王，愿你的时代延续一千年！"皇帝转身将一本《古兰经》递给一位苏菲派大师，而不理睬奥斯曼苏丹伸出的双手。英王詹姆斯一世被贬到画的左下角，在贾汉吉尔脚边，位置只比奇特尔的自画像高一点点。英王的肖像是四分之三侧脸像（在莫卧儿细密画当中，这个角度是专门留给不重要的小人物的），一脸酸溜溜的愠怒表情，肯定在为自己在莫卧儿帝国等级制度当中卑微的地位恼火。

上：新东印度大楼，即东印度公司的伦敦总部，位于利德贺街，在 18 世纪初得到帕拉迪奥风格的翻修后的外观。1731 年，一位葡萄牙旅行者记述道，这座大楼"在近期翻修得很华丽，临街的门面为石质的立面；但门面很窄，让人想不到里面有多么豪华"。和东印度公司之权力的很多方面一样，东印度大楼的朴素外观有很大的欺骗性。

下：德特福德的东印度公司船只，1660 年。

上：《荷兰东印度公司在胡格利的总部》画作，Hendrik van Schuylenburgh 作，1665 年。

下：《加尔各答的威廉堡》画作，George Lambert 和 Samuel Scott 作，1731 年。

上：性情严峻、奉行极端宗教政策的莫卧儿皇帝阿拉姆吉尔·奥朗则布过于野心勃勃地征服德干高原，使得莫卧儿帝国的疆域达到最大，但后来导致帝国最终崩溃。作于1653年。

下：奥朗则布的死敌——马拉塔军阀希瓦吉·蓬斯尔，这是他晚年，约1680年的模样。希瓦吉建造了许多要塞，建立了海军，并发动袭掠作战，深入莫卧儿领土。1674年，他在偏僻的要塞赖加德的连续两次典礼上被加冕为查特拉帕蒂（字面意思是"伞王"）。

上：波斯军阀纳迪尔沙是一个卑微的牧羊人和毛皮裁缝的儿子。凭借卓越的军事才华，他在波斯萨非王朝的军中平步青云，后来掌控了波斯，并"从莫卧儿孔雀身上拔掉一些黄金羽毛"。

下：纳迪尔沙与颓废的唯美主义者、莫卧儿皇帝穆罕默德·沙·兰吉拉。纳迪尔沙洗劫了穆罕默德·沙的全部财富，抢走了孔雀宝座（上面嵌有传奇的光之山钻石）。纳迪尔沙离去之后德里城一下子变得一贫如洗，这意味着莫卧儿朝廷发不出行政官员的工资和军人的军饷，帝国被釜底抽薪。

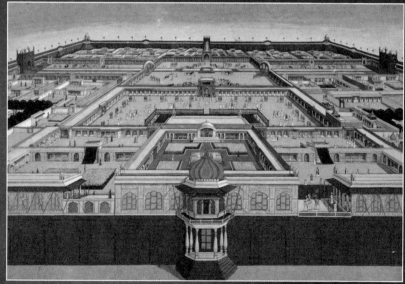

上：一位莫卧儿皇子（可能是年轻的沙·阿拉姆）在红堡的露台上观赏舞女的表演，大约 1739 年，也就是纳迪尔沙入侵之时。

下：红堡的鸟瞰图，约 1770 年。

上：《悠闲的骑行》画作，Nainsukh 作。在莫卧儿帝都德里陷落之后，皇室的艺术家们逃散到帝国各地。在喜马拉雅山麓的古勒尔和贾斯罗达这样偏远的小邦，也开始出现如图的优雅杰作。

下：《欧洲人围攻一座城市》画作。随着莫卧儿权威的崩溃，所有人都采取措施来自卫，于是印度变成了一个去中心化的、支离破碎但高度军事化的社会。拥有高超军事技能的欧洲雇佣兵很受青睐，尤其是炮兵。

上：穆尔希达巴德一处圣所的景象。

下：穆尔希达巴德附近的胡格利河上。

法扎巴德的宫殿。

阿里瓦迪·汗于 1740 年通过军事政变在孟加拉掌权。这场政变的资助者是权势炙手可热的贾加特·赛特银行家族。阿里瓦迪·汗爱猫，是享乐主义者，晚间喜欢享用美食、读书和听故事。打败马拉塔人之后，他在穆尔希达巴德建立了一个稳定的政治和经济中心。在莫卧儿帝国衰落的无政府混乱时期，他的领地是一个难得的繁荣的孤岛。

上：阿里瓦迪·汗在放鹰打猎。

下：年纪稍长些的阿里瓦迪·汗在向他的侄子授予装饰头巾的宝石（sarpeche，是莫卧儿人表示官职的徽章），而他的外孙西拉杰·道拉在一旁观看。

上左和上右：西拉杰·道拉和他的女人。他的亲戚、历史学家古拉姆·侯赛因·汗写道："这位王子看中了什么人，不管男女，就肆无忌惮地强迫对方满足自己。"

下：阿里瓦迪·汗的女婿沙哈马特·忠格在欣赏一群来自德里的世袭乐师（kalawants）的演奏。这些乐师显然被视为珍宝，因为图中给出了他们每个人的名字，肖像画得也极精细。在大厅另一侧有四名国色天香的德里名妓在等候唱歌，画中也给出了每个人的名字。

上：西拉杰·道拉骑马去打仗。

下：才华横溢的历史学家古拉姆·侯赛因·汗。他是纳瓦布的亲戚，是当时从破败不堪的德里城流亡的众多人之一。他记载 18 世纪印度历史的名著《对现代的审视》是关于该时期的最有价值的史料。

上：1757 年，罗伯特·克莱武在普拉西战役中指挥作战。

下：米尔·贾法尔是个不通文墨的阿拉伯雇佣兵，在阿里瓦迪针对马拉塔人的许多关键的军事胜利中发挥了作用，并于 1756 年为西拉杰·道拉效力，率军攻打加尔各答，取得成功。他参加了贾加特·赛特家族的阴谋，推翻了西拉杰·道拉，自己取而代之，但很快就发现自己只不过是孟加拉的傀儡统治者，被东印度公司玩弄于股掌之间。罗伯特·克莱武说得对，米尔·贾法尔是"资质有限的君主"。

年轻的罗伯特·克莱武，约 1764 年，也就是布克萨尔战役前一年。他沉默寡言，但雄心勃勃，坚决果敢。作为东印度公司及其驻印度军事力量的领导者，他残暴，但精明强干。他像街头斗士一样擅长评估对手的实力，懂得紧抓偶然降临的机遇，关键时刻敢于孤注一掷。

婆、时母①与辩才天女②的热情洋溢的颂歌。他的很多作品后来根据他自己的要求结集出版，题为《皇帝的瑰宝》（Nadirat-i-Shahi）。他后来还创作了一部"达斯坦"③传奇，题为《拍案惊奇》（Aja'ib al-Qasas）。[82]沙·阿拉姆在宗教上属于苏非派。他的父亲阿拉姆吉尔二世是严格的原教旨主义者，严守奥朗则布皇帝的狭隘之路，但沙·阿拉姆相信，在清真寺的仪式当中找寻不到真主，而要去真主的万般神奇造物中寻找他：

> 哦，毛拉，不要在清真寺和克尔白④浪费时间，
> 还是到每一个角落去搜寻挚爱真主的足迹吧。

沙·阿拉姆终其一生都是伟大的苏非派思想家库图卜丁·巴赫蒂亚尔·卡奇⑤的信徒，这位圣人的圣所就在莫卧儿皇室的雨季别墅梅赫劳利的中央。沙·阿拉姆自幼浸淫于苏非派文学和思想，所以他的诗歌经常把雨季（喜悦、爱与渴望的季节）大地的肥沃多产和他最喜爱的圣人的苏非派灵性联系起

---

① 时母（Kali）是印度教中的时间女神、母亲女神等，形象可怖，伸长舌头，既能制造祸害也能造福。

② 辩才天女（Saraswati，音译娑罗室伐底）昂婆罗门教和印度教的一位重要女神，代表医疗、子嗣、财富、智慧、美貌、音乐；传统上她被认为是主神梵天的妻子。

③ 达斯坦是波斯语，意为"故事"，指的是中亚的一种口传历史，一般是英雄传说。

④ 克尔白，即"天房"，是伊斯兰教圣城麦加的禁寺内的一座建筑，是伊斯兰教最神圣的地点，所有信徒在地球上任何地方都必须面对它的方向祈祷。

⑤ 库图卜丁·巴赫蒂亚尔·卡奇（1173~1235）是德里的苏非派圣人和学者。他出生于今天的吉尔吉斯斯坦境内，后到印度传播苏非派思想。

来。他最喜欢的"拉格"（一种音乐模式）是如今已经失传的雨季拉格（Raag Gaund），它是在雨中吟唱的，淋漓尽致地体现了雨带来的许多愉悦：

> 哦，与我的爱人相会的季节到了！
>
> 青蛙、孔雀和布谷鸟在呼唤；黑布谷鸟在呼喊。
>
> 93　雨和水，雷鸣，聚云，如今我们的眼睛渴望去畅饮
>
> 电闪雷鸣，震撼我的生命；我的爱人，你睡得好吗？[83]
>
> 郁郁葱葱大地的美妙如此宜人，云朵在环绕
>
> 我这个乞丐，要去朝圣，恳求库图卜丁大人的恩典。[84]

　　虽然在享受这些苏非派的幻梦，但沙·阿拉姆越来越害怕那个把他父亲扶上宝座的人。维齐尔伊玛德·穆尔克比沙·阿拉姆差不多年轻 10 岁，毫不掩饰自己对风流倜傥的皇储的嫉妒。据《沙·阿拉姆本纪》记载，伊玛德·穆尔克"满腹恶毒和歹意，见不得别人春风得意。皇储颇得民心，这让伊玛德十分不悦，甚至可以说是恼羞成怒，于是他开始搞阴谋诡计。他的作恶在整个国家造成了不和。他的暴政如同荆棘，在帝国的花园里酿成灾祸，他的黑暗灵魂毁坏了国家"。[85]

于是，在斋月期间，在 4 月最酷热的时候，伊玛德·穆尔克让沙·阿拉姆结束对哈恩西的远征，回到朝中，对他阿谀奉承，说要在红堡设宴款待他。沙·阿拉姆自然生了疑心。让他特别紧张的一点是，他从哈恩西收集的不只是税金，还有军队。据莫卧儿编年史家海尔·丁说："皇帝怨恨伊玛德·穆尔克的趾高气扬、不可一世，更怨恨自己不得不依附于他，于是开始结交朝中与伊玛德关系不睦的人。没过多久，双方就成了针锋相对的关系，这给国家造成了混乱和腐败。"

> 之前皇帝允许沙·阿拉姆离开红堡，表面上是要重建皇室在哈恩西及其周边地区的权威，从而征税，但皇帝在私底下给了儿子指示，让他组建一支有相当规模的军队，从而应对伊玛德·穆尔克的敌意，并运用他那些勇敢而忠诚的武士，狠狠打击混蛋伊玛德的气焰。[86]

皇子缓慢地返回德里，心急如焚地考虑自己下一步如何是好，在途中的好几座莫卧儿园林扎营，并去梅赫劳利朝拜他最喜欢的圣所。他在朝中的好几位朋友骑马到哈里亚纳①，警示他要小心谨慎，说他正走向敌人的陷阱。他们告诉他，伊玛德·穆尔克非但不打算礼遇他，反而企图等他踏入红堡之后就将他送回皇宫"囚笼"。与此同时，伊玛德·穆尔克继续施展魅力攻势，发来表示欢迎和友谊的书信，以及"用大托盘盛的美食、花卉和成箱的槟榔"，说自己正在红堡恭候。[87]但皇子

①　哈里亚纳地区在今天印度的北部，现在是一个邦。

越来越疑心，避开了对方的埋伏，在城北阿里·马尔丹·汗①宅邸下榻，这座宅邸的一部分曾是苏非派皇子达拉·希科②的图书馆。[88]

"伊玛德·穆尔克佯装与皇子友好，继续奉承他，"海尔·丁写道，"最终沙·阿拉姆决定，假装听信这些谄媚的欺骗性的提议。"

> 按照伊玛德·穆尔克的建议，沙·阿拉姆把自己的一些部队派遣到他的庄园，整顿那里的秩序并征税充当军饷。但他把最可靠的追随者留在自己身边。他部署了步兵和骑兵卫队，把配备杰撒伊火枪③的神枪手和火枪兵安排在城堞、塔楼和设防城门上，还在这些要地部署了火箭炮兵和岗哨。

> 在两个星期的时间里，伊玛德·穆尔克试图欺骗他，让他误以为自己很安全。然后有一天，伊玛德·穆尔克宣

---

① 阿里·马尔丹·汗（卒于 1657）是库尔德裔将领，先为波斯萨非王朝效力，后为莫卧儿皇帝沙贾汗服务，成为帝国的封疆大吏和高级将领。

② 达拉·希科（1615~1659）是莫卧儿皇帝沙贾汗的长子，在四位皇子争夺皇位的斗争中失败，被弟弟奥朗则布下令处死。达拉·希科的思想比较开明，不像奥朗则布那样采取极端宗教政策。达拉·希科曾主张将伊斯兰教苏非派哲学与印度教哲学融合，并且大力赞助艺术，对军事征服不太感兴趣。很多人会设想，如果是达拉·希科而不是奥朗则布成为皇帝，那么印度次大陆的历史可能大不相同。

③ 杰撒伊火枪（jezail）是 18~19 世纪中亚和中东部分地区常用的一种简单、高效、往往是手工打造的火枪，一般枪管很长，常有精美的装饰。在几次英国-阿富汗战争中，阿富汗人常用杰撒伊火枪。柯南·道尔告诉我们，华生医生就是在第二次英国-阿富汗战争的迈万德战役中被杰撒伊火枪打伤的。而吉卜林告诉我们，杰撒伊火枪的杀伤力超群："在边境兵站的一场混战，/在山间狭道缓步骑行，/价值 2000 英镑的教育，/毁于10 卢比的杰撒伊火枪。"

布自己要带领一群人骑马去朝拜"先知的脚印"圣地①
（就在皇子居住的地方以北不远处）。亚穆纳河的水很少，
于是他们通过渡口去了河对岸的阿里·马尔丹·汗宅邸，
穿过集市走向宅邸的大门。他们从四面八方将宅邸团团围
住，就像指环紧紧箍着手指一样。伊玛德·穆尔克用自己
的部队把阿里·马尔丹·汗宅邸包围得水泄不通，表面上
是当作仪仗队，然后他命令部下逮捕皇子。士兵们从四面
八方攻击宅邸，有的人翻墙进去，有的人爬上屋顶，居高
临下地用火枪向下方的庭院射击。皇子的一些伙伴拼死抵
抗，被打倒在地。[89]

据古拉姆·侯赛因·汗记载，皇子"身边的亲信所剩不
多，但这些人意志坚定、顽强不屈"。

他们翻身上马，冲向宅邸的后部，那里的护墙有个缺
口，俯瞰河流。他们从这里出其不意地冲出去，攻击敌
人，片刻就在敌群中杀出一条血路，杀得遍地死尸。皇子
亲手杀死两人，在整个战斗过程中表现得英勇无比，古代
的英雄好汉若是见证了他的英雄气概一定也会惊愕。敌人
看到煮熟的鸭子要飞走，恼羞成怒，蜂拥而上，拼命追
赶。在千钧一发之际，皇子的队伍勇敢地回身反击，高举
利剑，仿佛它们是战旗，把冲在前头的敌人杀得人仰
马翻。[90]

95

---

① "先知的脚印"（Qadam Rasul）是伊斯兰教中对先知穆罕默德的一种崇拜
形式，虽然不属于伊斯兰正统，但很普遍，很多地方都有据说是先知留
下的脚印，成为信徒顶礼膜拜的对象。

但到了晚上，皇子的队伍毕竟寡不敌众，渐显颓势。他只有400人，而伊玛德·穆尔克带来了超过1500人，包括60名配备最新式火枪的欧洲雇佣兵；皇子的士兵大多只有"长矛、马刀和弓箭"。[91]

"这时，勇冠三军的米尔·贾法尔和阿里·阿扎姆·汗对皇子说，振作起来，杀出重围。"

让我们视死如归，向敌人发动突袭。如果成功，我们就打碎许多脑袋和脖颈，然后安全逃出；如果失败，我们的勇敢也会名垂青史。皇子坐着，热切地聆听，在伙伴们的鼓舞下一跃而起，率领少数无畏的战士冲进敌群，拼死砍杀，打死了许多敌人。他的伙伴们勇敢地在刀枪剑戟当中援救皇子：他们巧妙地快速逃离混乱的战场。

但在冲出深谷的途中，敌人又包围过来，打伤了皇子的战马，并竭尽全力要抓住皇子本人。阿里·阿扎姆·汗像平素一样勇敢，向皇子呼喊："沙·阿拉姆，你注定有一天要统御天下，所以在今天你的生命比我们的更宝贵。冲出去，冲远一些。我会拖住敌人，直到你走远。我会拼死为你打开一条道路，哪怕要我献出生命！"话音刚落，他就跳下马背，勇敢地站着与蜂拥而上的敌人厮杀，仿佛一头咆哮的雄狮；他身上多处负伤，最终英勇牺牲。

此时皇子已经骑马逃离城镇，摆脱了敌人的追击。最终他来到他的［马拉塔］朋友阿迪尔·拉奥的军营。阿迪尔·拉奥赞扬皇子的勇气，命令为他和他的伙伴搭建帐

96

篷。招待皇子一行人几天之后，他陪他们向东去往法鲁卡巴德①。在那里，皇子得到了 30 万卢比②的贡金。随后皇子到了罗赫拉人的领地，他们赶紧出来迎接他，并按照他们的风俗习惯热情款待他。[92]

皇子在法鲁卡巴德等了几天，希望有更多支持者赶来与他会合。他现在知道伊玛德·穆尔克会不择手段地杀害他，于是决定不返回德里，而是"前往东方，接管富庶而繁荣的孟加拉省和比哈尔省"。[93]他决心从已经停止向德里输送税金的纳瓦布手里夺回这两个省份的控制权。他宣称："这个世界如同花园，间或有杂草和荆棘，所以我决心要铲除奸恶，让我的忠诚而善良的臣民能够安享太平。"[94]

皇子深知，流亡生活必然是痛苦的，必然充满不确定性，于是他"将面庞转向荒野之路，完全信赖真主"。对于自己的前景，他并不乐观，但决心竭尽全力收复自己应得的遗产。当在他勇敢地杀出重围的消息传到德里，大家都知道有一位年轻、颇得民心且风度翩翩的莫卧儿皇子正在前往东方、力图中兴帝国、结束半个世纪的无政府状态之后，印度斯坦各地都有人前去投奔这位新的阿克巴。

起初投奔他的人只不过是涓涓细流，但后来变成了滔滔洪水。没过多久，皇子就得到了许多历史悠久的莫卧儿豪门世家的支持，这些家族因为半个世纪的内战已经衰败。据古拉姆·侯赛因·汗记载，在皇子离开德里的几个月后，就有将近 3 万

97

---

① 法鲁卡巴德是今天印度北部北方邦的一座城镇。
② 折合今天的将近 400 万英镑。——作者注

士兵集结到他的大旗下。其中有古拉姆·侯赛因的父亲，齐娜特·玛哈尔皇后（沙·阿拉姆的母亲）秘密派他从红堡赶到皇子身边，为他出谋划策："皇子身边有几位品德高尚的显赫人物，全都追随他，为他效力。他们全都和主公一样，吃尽苦头。"

> 皇子刚刚逃离沙贾汗纳巴德的时候，他的处境令人绝望，一贫如洗，很少有人愿意援助他或者追随他。何况大家都害怕维齐尔伊玛德·穆尔克的仇恨……但我父亲准备了一些野战装备和其他必需品，并招贤纳士，把尽可能多的莫卧儿退伍老兵招募到自己旗下，然后带着他们为皇子效力。

> 沙·阿拉姆打算向比哈尔和孟加拉省份发动远征并且他本人很快就要抵达阿琪玛巴德［今天的巴特那］的消息得到证实之后，所有居民都感念这位皇子的祖先曾经的善政，所以都为他祈祷，祝他旗开得胜。对这件事情，可以说是万众一心，尽管他们当中没有一个人受过他的恩惠，或者得过他的一丁点好处。[95]

但实际上，沙·阿拉姆的行动已经太迟了。他正在奔赴的孟加拉正处于剧变的过程中，印度政治当中的一股新力量即将永久性地改变孟加拉。这股新力量就是东印度公司，尤其是罗伯特·克莱武的阴谋诡计。

第三章　扫荡式的大劫掠

　　西拉杰·道拉率军奔向加尔各答的速度之快，远远超过人
们的想象。莫卧儿军队行动迟缓是出了名的，往往每天不超过
3 英里，但西拉杰鞭策他的部队急行军。尽管 6 月的孟加拉赤
日炎炎，他的军队还是在 10 天内前进了大约 130 英里。

　　在卡西姆巴扎尔贸易站陷落之后的几天里，德雷克总督还
相信新任纳瓦布只不过是虚张声势，绝对不敢染指威廉堡。德
雷克的情报工作极差，所以当西拉杰军队已经逼近他的外围防
线时，他还以为对方不敢来进攻。东印度公司在加尔各答的议
事会还没来得及讨论有组织的防御策略，西拉杰的先头部队已
经于 6 月 13 日逼近了加尔各答北郊附近的杜姆杜姆，并稳步
向马拉塔壕沟①推进。

---

①　马拉塔壕沟是 1742 年英国人在加尔各答城周围挖掘的长 3 英里的壕沟，
　　用来抵御马拉塔人的袭击。不过马拉塔人并未袭击加尔各答。1799 年，
　　这条壕沟被填平，以修建环城公路。

德雷克不仅无能，而且非常不得民心。据自告奋勇加入城市民兵队的加尔各答市民威廉·图克说，德雷克是个特别有争议的人物，几乎没有办法组织有效的防御。"德雷克先生在近 100 些年的行为举止无疑应受到谴责"，他与"自己的妹妹举止轻浮（我就不用更严厉的词了），这是绝对不可以原谅的事情；不仅这种罪行本身极端恶劣，而且在那之后，每一个有品格和理智的人都对他避之不及，于是他与品德不端的人结交和厮混，做了无数卑劣下流的事。这些事情放在任何人身上都是不妥的，何况他还是总督"。[1]

德雷克手下的军事指挥官明钦上校也不让人放心。一位幸存者后来写道："说到我们的城防司令的军事才干，我是外行。我只能说，如果他有军事才干的话，他总是藏着掖着，不让我们知道。无论我还是其他人，都从来没有看见过他的行为举止具有城防司令的风度。"[2]

沃茨估计，西拉杰正在率领 7 万大军奔赴加尔各答。而德雷克能够投入作战的只有 265 名身穿制服的公司官兵和 250 名有武器但缺乏训练的民兵，也就是说总计 515 人。[3]其中"有大约 100 个亚美尼亚人，他们几乎完全无用；民兵当中还有一些少年和奴隶，他们不会使用火枪，所以实际上我们的守军总共不超过 250 人，包括军官"。[4]敌我力量如此悬殊，卑躬屈膝地道歉和谈判或许才是最明智的策略。德雷克却开始建造一系列炮台来守卫马拉塔壕沟上的主要通道。这样的努力为时已晚。

有人提出应当拆除要塞附近以及俯瞰要塞的一些房屋，以免为敌所用，但这个提议被迅速否决了。根据总督侍从长格兰特上尉的记述："当时人们的态度极为轻浮，所以好几项措施都被认为没有必要。"

> 我们对于纳瓦布的动向和兵力的情报始终不可靠，我
> 们也始终不肯完全相信他竟敢进攻我们的炮台。我们顶多
> 只相信他会封锁全城，切断我们的补给，直到我们
> 妥协……

> 直到最后一天，我们都还不相信纳瓦布敢进攻我们，
> 所以把欧洲人房屋留在［最外层防线］之外的决定引起
> 了普遍的不满。如果有人建议爆破拆除一些房屋以增强要
> 塞的防御，他的建议会被视为无稽之谈，何况我们没有足
> 够的时间，也没有足够的炸药来执行。[5]

101

西拉杰·道拉于 6 月 16 日率军队抵达并用重炮轰城，英国人"轻浮的态度"就烟消云散了。莫卧儿军队跨过壕沟的前两次努力都被挫败，损失惨重。但到了晚上，已有二十名守军阵亡，"在天黑之前不久，［莫卧儿前锋部队］全部冲向南方，成功跨过了黑城周围的壕沟。黑城规模很大，多处都可以通过，所以守军完全没有办法阻挡他们"。[6]

次日，黑城被洗劫一空："不计其数的敌人闯入我们的城区，掳掠每一座房屋，然后纵火将其焚毁。到晚上，全城都被包围……这一夜有数千人冲进大集市，见人就杀，见东西就抢，然后烧毁了所有房屋。"[7]守军没有动一根指头去保护黑城，也不肯让魂飞魄散的居民到要塞避难。所以到第二天，所有为英国人服务的印度人都倒戈了，导致守军没有劳动力帮助他们拖曳大炮，没有苦力给他们搬运炮弹和火药，没有木匠修建炮台和修理炮架，甚至没有厨子给民兵做饭。

18 日上午，莫卧儿前锋部队逼近要塞以北，在逐屋争夺的激烈巷战中被打退，但西拉杰的部队仍然在东面稳步推进。在那里，下午 3 点，东印度公司的部队被迫撤离位于监狱的据点，并且伤亡惨重："一小群人勇敢地坚守了六个钟头，直到绝大多数人都负伤，才肯撤退。"到晚间，莫卧儿人还突破了东印度公司在大储水池附近的防线。北面和西南面的炮台都陷入危险，可能被敌人切断，所以被快速放弃。全部公司官兵不得不撤到内层防线，即要塞本身。格兰特上尉写道："随后我们考虑的是部署兵力来防守要塞，它是我们剩下的唯一据点。"

102　　很少有人预想到，炮台竟然如此突然地被放弃了，绝大多数人都觉得炮台的失陷将会造成致命后果。如果敌人占领了要塞隔壁的房屋和教堂，就能居高临下地扫射要塞的堡垒和城墙，我们将完全暴露在轻武器的射击下，没有办法守在大炮旁边。尤其是要塞的护墙很低，射击孔很宽，我们几乎没有可供掩蔽之处。我们有沙袋，可以在一定程度上弥补这些缺陷，但所有劳工都背弃了我们，所以我们没办法把沙袋运到城墙顶端。我们的军人和民兵因为缺乏睡眠和补给个个疲惫不堪，所以起初没有办法让他们做任何事情。[8]

深夜的作战会议上，英国守军查明，他们只剩下最多能维持三天的弹药。士兵们已经精疲力竭，很多人还喝醉了："我们有一半人酩酊大醉，没有给养，没有饮水。表示敌人逼近城墙的战鼓敲了三次，却几乎没有一个人能去城墙上守卫。"[9]

民兵戴维·伦尼写道："在此时，我们第一次感到绝望。"

我们的处境糟糕透顶……要塞内至少有两千妇孺，所以混乱到了难以想象的程度。也没有任何办法阻止平民进来躲避，因为军人和民兵都宣布，必须把他们的亲属接到要塞里避难，否则他们不肯作战。敌人开始从四面八方向要塞轰击。我们的守军因为饥饿和干渴而开始发牢骚，因为要塞内没有一个厨子，尽管之前曾专门把几名厨子安排到要塞里做饭。全体守军都累坏了，因为前一夜他们都在守备和作战。许多军人和民兵因为喝了酒而变得不听管教，抗命不遵，甚至用刺刀威胁多名军官。

现在大家觉得有必要把女眷送出去，让她们乘船逃走。事不宜迟。［午夜］大约 12 点，消息传来，敌人即将向要塞发动总攻，正在南面的库房附近准备云梯。于是所有人都立刻赶到护墙，在那里我们听见敌人干活的声音。上级命令准备迎战，但亚美尼亚人和葡萄牙人都不见踪影，他们藏匿在要塞的不同地方。我们向敌人扔了一些手榴弹，很快把他们驱散了。[10]

次日，19 日，抵抗开始瓦解，守军阵脚大乱。纳瓦布的主将米尔·贾法尔·阿里·汗率军发动猛攻。到午间，英国人得知只剩下够用两天的弹药，于是议事会的绝大多数成员主张干脆放弃要塞，撤到停泊于河面的船上。下午 2 点，议事会还在讨论撤退计划时，一发炮弹射穿了会议室，于是会议解散，"大家争先恐后地逃跑，大呼小叫，乱作一团，稀里糊涂"。[11]士气降到了谷底，随处可见因为绝望而酗酒的人。午餐后不久，英国人开始混乱地撤退。

敌人向要塞内和岸边发射带火的箭矢，于是其中一艘船，

103

"多戴利"号，为了避免着火，未得到命令就驶向上游。其他船只也开始这么做。在要塞中等待的妇孺以为船只不等他们就要离开，不禁恐慌起来，跑出要塞，蜂拥到岸边，企图登船逃命。所有的小艇都超载了，其中几艘不幸倾覆。

这时，"岸边的许多绅士，原本也许从未想过要抢在别人前头逃离，这时却跳进贸易站的各色小船，划向大船。以如此不可理喻的方式离开要塞的人当中，就有总督德雷克先生……［和］城防司令明钦……这种糟糕的行为引发了随后的骚动和灾祸"。[12]一个小时之内，所有船只都起锚了，开始缓缓漂向下游的苏达班丛林以及更远方的海岸。

古拉姆·侯赛因·汗记载道："德雷克先生发现处境不妙，就擅离职守，自己逃之夭夭，甚至没有通知自己的同胞一声。"

104   他躲到其中一艘船上，带领一小群朋友和要人，立刻逃走了。留在要塞内的人们发现自己被长官抛弃了，于是知道自己的处境已经无望。但他们宁死不屈，仍然拼命抵抗，直到火药和子弹都耗尽，然后勇敢地直面死亡。也有一些人因为造化弄人，当了俘虏。[13]

守军残部原本希望乘坐"乔治王子"号逃走，它此时仍然停泊在上游稍远的地方。但在次日早晨，这艘船遇到落潮而搁浅，动弹不得。"剩余的守军看到所有退路都被切断，于是紧闭大门，决心死战到底，尽可能多地杀伤敌人，所以顽强抵抗，十分疯狂。"[14]

在都柏林人约翰·泽弗奈亚·霍尔维尔的指挥下，未能逃出生天的剩余大约150名守军继续抵抗了一个上午。但莫卧儿军队猛烈进攻，并且正如格兰特上尉预言的那样，米尔·贾法尔派遣神射手携带长管的杰撒伊火枪到俯瞰要塞城墙的教堂钟楼和房顶上，"居高临下地向我们射击，让我们损失惨重。无人能抵挡他们。他们打死或者打伤了视野中的所有人，打伤了我们的绝大多数军官，其中好几人后来伤重不治身亡。幸存下来的军官不得不手执手枪，竭力让士兵们留在自己的阵地"。[15]

到下午 3~4 点时，又有许多守军阵亡，幸存者也"精疲力竭"。城墙上现在只有 100 名战士，"大约下午 4 点，敌人向我们呼喊，要我们不要开枪。于是霍尔维尔举起了表示停火的白旗，并命令守军停止射击"。

> 于是大批敌人涌到我们的城墙下，立刻开始纵火焚烧窗户和被成捆的棉花与布匹堵住的要塞大门。他们开始打破要塞大门，并从四面八方借助云梯攀爬。这让我们乱作一团，有些人打开了后门，跑向河边，其他人夺得一艘停在岸上的小艇。小艇上一瞬间就挤满了人，根本无法行驶。[16]

在要塞内，西拉杰的军队开始抢劫。约翰·库克回忆道："几分钟之内，要塞就挤满了敌人。他们立刻开始掳掠财物，见什么就抢什么。我们的怀表、皮带扣、纽扣等东西都被抢走，但他们没有伤害我们。居住在要塞内的绅士们的房间里的成捆细平布、成箱的珊瑚、金银餐具和财宝都被抢走，摩尔人忙得不可开交。"[17]

当晚，"对加尔各答进行了扫荡式的大劫掠"之后，西拉杰·道拉乘轿子前来视察他的新产业。[18]他在要塞中央举行接待会，宣布将加尔各答更名为阿里纳加尔，以纪念伊玛目阿里①。因为孟加拉是什叶派统治的省份，所以这样的命名是很恰当的。随后他任命他的印度教徒廷臣之一拉贾·马尼克昌德为阿里纳加尔的长官，并命令爆破拆除英国人的政府大楼。他欣赏这座建筑的美丽，但觉得它配得上成为"君主的居所，商人拥有它就是僭越了"。他显然误以为它是可憎的德雷克的私产。[19]"西拉杰·道拉发现守军人数之少，似乎大吃一惊，"一名俘虏后来回忆道，"于是他立刻派人寻找德雷克先生，似乎对他很生气。霍尔维尔先生双手被捆着，被押到西拉杰面前。霍尔维尔抱怨自己受到虐待之后，纳瓦布命令解开他的双手，并以军人的信誉保证，绝不伤害我们的一根汗毛。"[20]随后他命令举行祈祷，为他的这次胜利感谢真主，并乘轿去了他的营帐。

到此时为止，投降的守军得到了礼遇，这对莫卧儿人来说是不寻常的。俘虏没有被立即卖为奴隶，没有被当场处死，没有被钉死在尖木桩上，没有被斩首，没有受到酷刑折磨。按照莫卧儿人的惯例，对于犯上作乱的臣民，上述惩罚都是常规的操作。等到西拉杰离开之后，英国人的噩梦才开始。

东印度公司守军中的很多人此时仍然处于醉酒的状态。傍

---

① 伊玛目是伊斯兰社会的重要人物。在逊尼派中，伊玛目等同于哈里发，是穆罕默德指定的政治继承人。逊尼派认为伊玛目也可能犯错误，但假如他坚持伊斯兰教的仪式，仍要服从他。在什叶派中，伊玛目是拥有绝对宗教权力的人物，只有伊玛目才能明晓和解释《古兰经》的奥秘含义，他是真主选定的，不会犯错。伊玛目也可能是一种荣誉称号，是主持礼拜的德高望重的穆斯林。

在此处，伊玛目阿里指的是先知穆罕默德的女婿阿里，他是阿拉伯帝国的第四任哈里发，也是什叶派的第一代伊玛目。

晚时分，一名喝醉的公司士兵因为被抢走了财物而大怒，立刻
掏出手枪，打死了抢劫他的莫卧儿人。形势一下子就变了。所
有俘虏被关进一间长 18 英尺、宽 14 英尺的极小的惩戒牢房， 106
那里只有一扇小窗户，几乎没有空气流通，也几乎完全没有
饮水。这间牢房后来被称为"加尔各答的黑洞"。根据莫卧
儿编年史家优素福·阿里·汗的记载，莫卧儿军官在这间牢
房里"关押了将近一百个英国人，他们在这一天，在这个小
房间里感受到了命运的残酷。被关在那里的人全都窒
息而死"。[21]

　　我们不知道具体的死亡人数，相关的争议也很多。霍尔维
尔在 1758 年写了一篇非常浮夸的文章来记述"加尔各答的黑
洞"，并开始对这个事件加以神化。他说有 1 名妇女和 145 名
公司雇员被关进去，其中 123 人死亡。[22]这个数字显然被夸大
了。近期进行的仔细研究表明，有 64 人被关进"加尔各答的
黑洞"，21 人幸存。死于"加尔各答的黑洞"的年轻男子当
中包括来自北伯立克的 19 岁青年斯泰尔·达尔林普尔，他在
两年前还抱怨过加尔各答的生活成本太高，并梦想成为总督。

　　不管真实的数字是什么，"加尔各答的黑洞"事件激起了
好几代英国人的愤怒。一百五十年后，英国的学校还会向孩子
讲这个故事，以证明印度人在木质上是多么野蛮，英国对印度
的统治是多么有必要，多么正当。但在当时，史料很少提及
"加尔各答的黑洞"，而好几份详细的记述，包括古拉姆·侯
赛因·汗的记述，根本不曾提及此事。东印度公司失去了利润
最丰厚的贸易站。公司的领导者最忧愁的是这一点，而不是那
些无能的守军的命运。[23]

在随后几周里，人们深刻地认识到了，以加尔各答的陷落为代表的灾难是多么严重。

　　所有人都很快意识到，加尔各答的陷落完全改变了整体局势。威廉·林赛写信给后来专门研究东印度公司的历史学家罗伯特·奥姆，说这是"毁灭与解体的景象……当我想到这会对生活在印度的每一个英国绅士以及全体英国人产生怎样的后果时，我不禁为之战栗。我认为，我们在印度的全部力量都不足以让我们重新在印度扎下根来并获得安全。现在我们什么都缺，就像我们刚刚在这里定居时一样"。[24]

　　令东印度公司惊恐万状的，不仅仅是损失了生命和声望，蒙受了伤痛和羞辱，最重要的是公司在经济上受到了沉重打击。这必然导致公司股价暴跌，说不定会彻底完蛋。伦尼上尉写道："我会讲讲这个悲伤的事件让东印度公司损失了多少。但这不可能说得清，因为尽管当前的损失很大，如果不赶紧整顿的话，将来的损失还会更惨重。"

　　　　从英国来的货物如今无人问津，留在印度的船只不得不滞留，开销极大。下一个季节还会是这样。我们一天都不能没有硝石和生丝，所以如今只能从荷兰人、法国人、普鲁士人和丹麦人那里购买，达卡的平纹细布也是这样……这会让我们损失大笔收入。

　　　　印度各地也对加尔各答的陷落大为震惊，因为如果我没弄错，一方面，科罗曼德尔海岸和马拉巴尔海岸、波斯湾和红海，甚至马尼拉、中国和非洲沿海地区都依赖孟加拉进口它们的棉花、胡椒、药品、水果、犬齿螺、宝贝①贝壳、锡等；另一方面，这些地区也从孟加拉进口必需品，比如生丝和它的各种制成品，以及鸦片、棉布、水稻、姜、姜黄、荜芨和其他各色商品。[25]

卡西姆巴扎尔陷落的消息以及第一封请求军事援助的信函于7月14日送抵马德拉斯。整整一个月后的8月16日，西拉杰·道拉攻破威廉堡的消息才终于抵达。在正常情况下，马德拉斯或许会派遣一个代表团去穆尔希达巴德，与纳瓦布朝廷谈判，向其道歉，给出保证，缴纳赔款，然后贸易活动就可以一切照旧，这样对双方都好。但这一次，因为偶然的因素（而不是缜密的筹划），英国人有另一个选择。

因为，正如命运所安排的那样，罗伯特·克莱武和他的三个皇家炮兵团刚刚抵达科罗曼德尔海岸的圣大卫堡（在马德拉斯以南），登上沃森将军的舰队（装备齐全，随时可以投入作战）。这支部队原本是用来对付法国人的，不是为了对付孟加拉纳瓦布。在随后的讨论中，马德拉斯议事会的好几位成员主张让这支舰队留在科罗曼德尔海岸，继续防备据信已经从洛里昂港出发的法国分舰队。英国人估计法国分舰队随时会到，英、法两国爆发战争的消息也随时可能送抵，所以议事会的好几位成员提出了很有力的意见：东印度公司刚刚丢失一个主要

108

————————

①　宝贝（Cowry）是多种海洋软体动物的统称，有些种类的贝壳在印度洋等地区被当作货币使用。

的贸易站，如果此时再丢掉第二个，就显得太大意了。

此外，沃森将军身为王室的忠仆，起初认为自己的使命是保卫英国的国家利益免受法国人的侵害，而不是保卫东印度公司的利益免受土著权贵的侵害。但克莱武不肯错失这样千载难逢的良机，尤其是他刚刚损失了一大笔钱，部分是在孟加拉的直接投资，还有一部分是公司股票。他坚决主张采取更积极进取的行动，最终成功地说服了议事会的其他成员，并把沃森（以及他的全部4艘风帆战列舰和1艘巡航舰）也拉到他们那边。沃森只坚持一点，即等到10月初的雨季开始时再行动，因为在那之后法国战舰冒险驶入开阔海域的可能性就小了很多，他也会得到好几个月的时间来重建英国人在孟加拉的势力范围，而不至于让科罗曼德尔海岸防备空虚。[26]

几周后，克莱武春风得意地写信给父亲："此次远征如果成功，也许能让我成就大业。这是到目前为止我采取的规模最大的一次行动。我将率领大军，拥有崇高的权威。"在给位于利德贺街的主子们的信中，他的口吻比较内敛，也不是那么以自我为中心。"尊敬的先生们，"他写道，"你们会从很多人那里得知，摩尔人占领了加尔各答，东印度公司和我们国家遭遇了一连串不幸。"

> 每个人的心中都满怀悲痛、恐惧和仇恨……在这个悲伤的关头，总督和议事会决定传唤我到此地。他们甫一决定发动远征，我就自告奋勇参加，并最终获得批准。我即将率领一群优秀的欧洲人登上国王陛下的舰船。我们斗志昂扬，为如此多的英国人遭受侮辱和野蛮暴行愤恨不已。我坚信，此次远征不会仅仅以收复加尔各答结束，东印度

公司在这些地区的产业一定能够得到比以往更有利、更持久的条件。[27]

马德拉斯的专责委员会也和克莱武一样雄心勃勃。"我们认为,仅仅收复加尔各答绝不是本次行动的最终目标。"他们于 10 月初写信给伦敦的董事们:"不仅要恢复[东印度公司在孟加拉的]定居点和贸易站,还要完全恢复它们享有的特权,并为不久前蒙受的损失获得充分的赔偿。我们要保障我们的殖民地在将来再也不会遭受这样的羞辱和侵害,否则我们宁愿不发起任何行动,不拿这支军队去冒险。"[28]

在两个月时间里,英国人忙着制订详细计划,整修和装配船只,装载大炮和准备军需物资。这支远征军包括 785 名欧洲士兵、940 名印度兵和 300 名海军步兵,最终于 10 月 13 日起航。英国人此前在印度还从来没有集结过如此庞大的陆海军力量。沃森知道雨季的季风会阻止法国舰船出港,但猛烈的季风也差点摧毁了英国的远征舰队。舰队刚起航就被暴风吹散了。有些船只被一口气吹到了遥远南方的斯里兰卡。就连沃森的旗舰"肯特"号也花了六周才抵达孟加拉湾。在那里,克莱武终于看到海水呈现恒河泥沙的独特颜色。[29]

直到 12 月 9 日,远征军的第一批舰船才趁退潮驶入胡格利河。此时克莱武手下一半士兵染上了各种疾病,军中还暴发了坏血病。六天后,"肯特"号在伏尔塔①落锚。加尔各答惨败的幸存者就躲藏在那里疟疾蔓延的沼泽边缘,衣衫褴褛的幸存者有一半已经死于热病,被埋葬在苏达班的淤积泥沙中。[30]

---

① 伏尔塔(Fulta),在胡格利河畔、加尔各答以南约 20 英里处。

不久之后，沃森的另外两艘舰船抵达。剩余的两艘舰船"马尔伯勒"号和"坎伯兰"号运载着远征军的大部分火炮和

110 士兵。在等待这两艘舰船的同时，克莱武写信给阿里纳加尔（即加尔各答）的新任司令长官拉贾·马尼克昌德，宣布自己带来了空前规模的军队，"比孟加拉见过的任何一支军队都更强大"，并且"我们是来要求道歉和赔偿的"。但是，克莱武的威胁没什么效果。如古拉姆·侯赛因·汗所说，"当时孟加拉人只知道英国人是生意人"，朝廷没有人"知道英国人在战争中的本领，也不知道他们在受到挫折的时候仍然拥有多少资源"。[31]

对方迟迟不回复，自己军中又因为疾病而不断减员，于是克莱武的远征军在 12 月 27 日起锚，缓缓地逆流而上。此时他们还缺两艘船。舰队静悄悄地驶过了椰子树林，穿过漂满莲叶的红树林沼泽地，那里到处是巨型蝙蝠和老虎。他们接近第一道重要的障碍（巴吉巴吉要塞，配有重炮，掌控着大河的一个转弯处）时，让印度兵上岸。他们随后进行了长达 16 小时的艰难行军，有时蹚过齐胸深的河水，有时跌跌撞撞地穿过丛林或灌水的稻田。[32]

太阳快下山时，他们逼近了巴吉巴吉要塞，拉贾·马尼克昌德发动了伏击，率军突然从丛林里杀出，从意想不到的方向突袭，打得公司的印度兵措手不及。混战持续了一个钟头，双方都伤亡惨重。克莱武十分紧张，差一点就下令撤退。但公司的新式"褐贝丝"滑膛枪的快速齐射，再加上野战炮的支援，发挥了强大的威力。根据克莱武的妻侄爱德华·马斯基林的记载，莫卧儿人"看到我们的火力如此猛烈，都大吃一惊，看到大炮登场也目瞪口呆，因为他们没想到我们居然能把火炮运过昨夜行军的复杂地域。根据我们的计算，他们有 200 人伤

亡，4 名军官和 1 头大象死亡，他们的指挥官［拉贾·马尼克昌德］的头巾被子弹射穿"。[33]

　　马尼克昌德撤退之后，沃森的舰船就能够用侧舷的大炮猛轰巴吉巴吉要塞，很快就打哑了莫卧儿人的火炮。公司的士兵纷纷上岸，准备发动地面进攻时，"'肯特'号上一个叫斯特拉恩的普通水手"，因为醉酒，跌跌撞撞地走上河岸，蹚水走过壕沟，"竟然大胆地攀爬舰炮在城墙上打开的缺口"。守军冲过来阻挡他，"他挥舞短剑，用手枪射击。然后他高声呐喊三次，喊道'这地方属于我'"。他的战友们冲上来营救他，守军则快速消失在夜色中。[34]

　　随后舰队继续逆流而上，西拉杰的另外两座要塞未经一战便被弃守。

　　1757 年 1 月 2 日破晓时分，舰队来到了威廉堡附近。海军步兵登陆，然后战舰向敌人的防御工事发起一轮侧舷齐射。双方短暂交火，有九人死亡，然后马尼克昌德再次撤退。古拉姆·侯赛因·汗写道："此地的总督毫无头脑，被英国人的大胆吓坏了，没有勇气与敌人交锋，于是消极避战，自己拼命逃窜。英国将军［克莱武］看见敌人自行退散，就占领了贸易站与要塞，到处升起他的胜利战旗，然后让逃难的绅士们各自回家。"[35]

　　人们欢呼雀跃。有人在树上悬挂了米字旗。[36]但太阳升起来之后，大家才看清城市遭到了多么严重的破坏：政府大楼、圣安娜教堂和沿河的豪宅全都被焚毁，只剩下空壳，从被洗劫一空的河边突兀地伸出来，如患病的牙龈上变黑、破碎的牙齿。码头一片荒凉；在豪宅内，精美的乔治时代家具、家族肖像，甚至羽管键琴都被当作柴火，在原先摆放的客厅里烧掉了。要塞东侧的幕墙处建起了一座小清真寺。[37]

111

尽管如此，到了 1757 年 1 月 2 日上午 8 点，满目疮痍、半是废墟的加尔各答终于回到了东印度公司手中。

1 月 3 日，克莱武以东印度公司的名义向西拉杰·道拉宣战。沃森也以英国王室的名义向后者宣战。这是东印度公司有史以来第一次向一位印度王公正式宣战。古拉姆·侯赛因·萨利姆在《帝王的乐园》① 中写道："时间的棋盘上开始了一轮新的博弈。"38

112　　　克莱武按照自己的秉性，二话不说，直接发动攻势。1 月 9 日，当加尔各答的居民还在重整家园，工程师开始重建威廉堡要塞（终于爆破拆除了所有俯瞰城墙的建筑）的时候，克莱武和沃森乘坐"肯特"号，前去攻击西拉杰·道拉的主要港口胡格利港，为加尔各答遭受的毁灭而复仇。抵达之后，他们用葡萄弹横扫胡格利河的河坛②，然后在下午 4 点派遣掷弹兵登陆，占领要塞周边地区。凌晨 2 点，借助满月，他们用云梯攀爬要塞的城墙。冲进去之后，他们"不到一个小时就占领了要塞，损失极其轻微，然后大肆屠戮"正在酣睡的守军。然后，英国人开始掳掠和焚毁港口，"从而更好地打击敌人，震撼整个省份，并制造恐怖气氛，而恐惧是西拉杰最懂的一种

---

① 《帝王的乐园》（*Riyazu-s-salatin*）是第一部完整记载穆斯林在孟加拉的统治的史书，作者为古拉姆·侯赛因·萨利姆（？～1817 或 1818），从 13 世纪初讲到 1757 年的普拉西战役。

② 在南亚语境里，河坛（Ghat）是通往水边（往往是圣河，也可能是一个小池塘）的阶梯。

情感。上级命令焚毁房屋，特别是要摧毁河两岸的所有仓库"。³⁹随后劫掠队伍向四周扫荡，收缴军火，沿途烧毁了好几座村庄及其粮仓。到晚上，他们又回到了威廉堡的城墙之后。

两周后，1 月 23 日，西拉杰·道拉率领 6 万大军，再次逼近加尔各答。和上次一样，他的动作很快。2 月 4 日，克莱武惊愕地发现，西拉杰及其军队已经在加尔各答北郊的一座园林扎营，就在城墙以北不远处。西拉杰邀请公司派人与他谈判，于是公司派了两名资深的谈判者，但西拉杰对他们"十分傲慢和轻蔑，所以他们对取得进展不抱希望"。⁴⁰西拉杰邀请公司的代表第二天再来"谈判"，但他们担心中计，所以没有去。

克莱武选择了他在卡纳蒂克战争期间最喜欢的策略：出其不意的夜袭。他像往常一样果断，"立刻登上沃森将军的旗舰，向他解释了立刻攻击纳瓦布的必要性；并希望得到四五百名水手的支援，让他们搬运弹药，拖曳大炮。沃森同意了。水手们在凌晨 1 点前后上岸。大约 2 点，士兵们已经整装待发。4 点，部队开拔，去攻击纳瓦布的营地"。⁴¹

新的一天，即 1757 年 2 月 5 日，清晨的河上笼罩着浓雾。爱德华·马斯基林在日记中写道："我们静悄悄地行军，有470 名欧洲官兵、800 名印度兵、6 门野战炮、1 门榴弹炮、70名随从，还有一队水手，其中一半负责拖曳大炮，另一半参加战斗。"

113

黎明时分，我们逼近了纳瓦布的营地，这时对方发现了我们的动静，向我们猛烈射击，我们的先头士兵开火还击。敌军撤退，我们继续前进，轻松地穿过他们的营地，来到营地的正中央。此时浓雾中冲出约300名骑兵，在距离我们不到10码的地方。我们以排为单位交替向他们开了两轮火。他们伤亡惨重，能够逃走的不超过13人。这之后，他们的全军开始包围我们，于是我们不得不用持续的滑膛枪火力和炮火把他们阻挡在一定距离之外。我们冲进他们的营地有整整2小时，敌人骑兵多次冲击我们的后卫部队，但都不像第一次冲锋时那样勇敢。[42]

上午11点，克莱武的部队垂头丧气地回到加尔各答城内。他们损失了将近150人，包括克莱武的副官和秘书，都是在他身旁阵亡的。克莱武在给父亲的家书中写道，"这是我经历过的最激烈的一场战斗。我的进攻未能达成主要目标"，即俘获或杀死纳瓦布。[43]克莱武不确定自己的这次进攻算是成功还是失败，但估计自己失败了。他们的向导在大雾中迷失方向，他们错过了纳瓦布的营帐，向着黑影胡乱开枪，说不准自己有没有命中目标。他们还损失了两门炮，因为它们陷进了纳瓦布营地的烂泥，所以不得不抛弃。但他们不知道，这次进攻让西拉杰·道拉魂飞魄散。他本人侥幸保住了性命，他的大约1500名穆尔希达巴德步兵就没那么幸运了。另外，他还损失了600名骑兵和4头大象。古拉姆·侯赛因·汗从莫卧儿人的视角记述了这次战斗："英国人在凌晨2点乘小船出发，划到我军营地的边缘，在那里等到天蒙蒙亮。"

114

大约黎明时分，他们在我军背后登陆，闯入营地，开始有条不紊地猛烈射击，船上的人也纷纷开枪。子弹如冰雹一般，我军的人员和马匹死伤枕藉。多斯特·穆罕默德·汗负伤，失去了战斗力。他不仅是主要的指挥官，还是无畏的勇士，也是西拉杰·道拉最信赖的人之一。其他许多军官也负伤了。据说英国人的目的是抓获西拉杰本人，将他掳走。

他的运气很好，因为当时降下了伸手不见五指的浓雾，印地语称之为cohessa。所以那两人［克莱武和西拉杰］虽然相距很近，却分辨不出对方。因为天黑，英国人迷失了方向，错过了西拉杰·道拉的私人营帐，所以纳瓦布侥幸逃生。据我们观察，英国人行军时步伐稳健，队伍齐整，坚定果敢，仿佛在演习。他们不停地向四面八方射击，直到撤回营地前方，然后秩序井然地回到自己的阵地和设防建筑，没有损失一个人。[44]

克莱武当时不知道，他这次夜袭实际上是一个关键的转折点。西拉杰被这次出乎意料的袭击吓坏了，立刻拔营，在这天上午后撤了10英里。次日，他派遣一名大使去提议和谈。在遭受夜袭之前，他已经认识到加尔各答的毁灭给孟加拉经济造成的沉重打击，所以愿意做一些妥协。2月9日，他签署了《阿里纳加尔条约》，同意了东印度公司的几乎全部主要要求，恢复了英国人在过去享有的全部特权，允许所有英国商品免税，并允许东印度公司保留其防御工事并建造一座铸币厂。他坚持的唯一一点是罢免德雷克，"告诉罗杰·德雷克"不要"扰乱我们的事务"。东印度公司很乐意答应这一点。[45]

次日，西拉杰·道拉开始撤回穆尔希达巴德。克莱武和沃森对自己取得的成功大吃一惊。克莱武已经达成了所有作战目标，开销和人员损失都极少，所以他准备返回马德拉斯。他在

2月23日给父亲的信中写道："我估计很快就能回到岸上，因为这里的事情已经办完了。"[46]

但是，沃森不一样。他要对英国政府负责，不是对东印度公司负责，所以对他来说，局势变得比以往复杂得多了。[47] 几天之后，他正式收到通知，战争爆发了，也就是后来人们所说的七年战争。在全世界，从魁北克到塞内加尔河，从俄亥俄到汉诺威，从梅诺卡岛到古巴，英、法之间终于爆发了大战，战火燃遍每一个殖民地。沃森从伦敦收到的包裹里包括给他的指示、宣战书的正式副本和海军部的一封信，要求"国王陛下的所有军官尽其所能地打击敌人"。[48]

对于自己现在需要做什么，沃森没有任何疑问：攻击法国人，不管他们身在何方。在孟加拉，这意味着攻击位于金德讷格尔的法国殖民地，它就在加尔各答上游20英里的地方。

金德讷格尔和加尔各答两地的殖民政府之间的关系一直出乎意料地融洽：加尔各答被纳瓦布占领之后，金德讷格尔的法国人对逃离西拉杰·道拉魔爪的英国难民慷慨地伸出援手，只是对德雷克及其议事会感到愤怒。金德讷格尔的法国总督雷诺先生写道："［德雷克等人］的可耻逃跑让所有在印度的欧洲人蒙羞，永远洗不净这样的耻辱。所有人都诅咒、憎恨和厌恶他们……简而言之，无论人们说什么，这些先生，尤其是德雷克先生，永远摆脱不了这样的耻辱。英国人永远有权绞死德雷克先生及其议事会的全体成员。"[49]

所以，在英国人收复加尔各答之后，法国人快速与他们取得联系，希望即便两国之间发生战争，双方在印度也能保持中立。加尔各答方面给出了热情的答复，于是双方开始谈判。沃森却在 3 月 6 日原定签署中立条约的时间前几个小时中断了谈判。据让·劳说，沃森的立场是，"金德讷格尔当局没有订立条约的权限，所以他拒绝签署条约草案。但真相是，就在原定签约的那一天，沃森得知，他的两艘迷途许久的战舰终于抵达了恒河入海口。正是这条消息让他改了主意。英国军队现在向金德讷格尔进发，而那两艘战舰准备在恒河逆流而上"。[50]

3 月 8 日，克莱武率领一支小部队（兵力增加到 2700 人）开始进军。他并不着急，花了三天才走完两座对立的贸易站之间的 20 英里路程。两天后，纳瓦布给克莱武写了一封信，克莱武对其的理解是，西拉杰准许他攻击法国人，这是对东印度公司之前做出的承诺（即如果阿富汗君主艾哈迈德·沙·杜兰尼①进攻孟加拉，公司将向纳瓦布提供军事援助）的回报。艾哈迈德·沙·杜兰尼刚刚占领德里，这是他对北印度十七次年度袭掠作战的第一次，据说他正计划袭掠东方的孟加拉。12 日，克莱武在距离金德讷格尔 2 英里的地方扎营，并呼吁法国人投降。法国人拒绝了。

金德讷格尔和加尔各答一样，在近期发展壮大，超过了

---

① 艾哈迈德·沙·杜兰尼，或称艾哈迈德·汗·阿布达里（约 1722~1772）是阿富汗杜兰尼王朝的创立者，一般被认为是现代阿富汗国家的奠基人和民族英雄。1747 年他成为阿富汗国王，然后率军进攻印度的马拉塔帝国和莫卧儿帝国、伊朗和中亚诸国，战果辉煌，大大扩张了自己的国土。艾哈迈德在印度的征战，包括重创马拉塔帝国，间接地为英国东印度公司在随后一百年内逐步控制印度扫清了一个重要障碍。

116

所有竞争对手的定居点，成为法国在东方的主要贸易站。但和加尔各答一样，它也很容易遭到攻击，不过它不怎么害怕敌人从陆路进攻，因为它的奥尔良堡是根据塞巴斯蒂安·德·沃邦①的原则来建造的，防御能力比威廉堡强得多；但金德讷格尔在河流一面的防御就不是那么牢固了。雷诺知道这一点，所以战争爆发后他就把四艘船凿沉，并在其周围设置了拦障和几条铁链，来阻止英国战舰接近他的要塞比较脆弱的东侧。

3月23日，克莱武猛攻并夺取了掌控河面的法军主炮台。此后沃森将军接管指挥，伤亡更多的是英国海军，而不是克莱武的陆军。法国守军只有700人，在他们熊熊燃烧、逐渐瓦解的建筑里奋勇拼杀，丝毫没有得到救援的希望。

对攻克金德讷格尔之战留下最精彩记述的，仍然是克莱武的妻侄爱德华·马斯基林。他在日记中写道："'肯特'号和'老虎'号一直在河上航行，但行动迟缓，因为法国人在河道里凿沉了四艘船。"

117　　　　［拆除铁链和拦河障碍之后，］终于解决了这个难题，两艘战舰逼近法军要塞，但还没有进入滑膛枪射程，法国人就用16门炮猛烈轰击。我军战舰用侧舷大炮还击，敌人很快就逃离了炮位，因为他们在两个钟头内损失了150名军官。与此同时，两座堡垒被夷为平地，所以法国先生

---

① 塞巴斯蒂安·德·沃邦，沃邦侯爵（1633~1707）是路易十四时期的法国军事工程师，著有《论要塞的攻击与防御》《筑城论文集》等，是西方军事史上的重要人物。他确立的筑城理论体系在随后将近一百年里得到普遍应用。

们举起白旗，投降了。

[在法国人投降之前，]"肯特"号的后甲板上已经没剩几个人了，只有［沃森］将军和领航员斯皮克上尉，所有军官都阵亡或者负伤了，两艘船上还有大约 150 名士兵伤亡。"老虎"号的水手损失惨重，"肯特"号的军官和水手都有大量伤亡。斯皮克上尉的一条腿负了重伤，他的儿子比利被同一发炮弹打断了一条腿，只剩下大腿的一部分。那个魅力十足的小伙子佩罗头部中弹，海斯少尉失去了一条大腿，现在已经死了。

我们［陆军］因为有房屋的掩蔽，所以损失很少。我们的实心弹①和榴弹②给敌人制造了很多麻烦。考虑到各方面的情况，我们必须承认，法国人的防御战打得很好，不过他们的要塞在我军战舰逼近后只坚守了两个钟头。

一位幸存的水手写道："'肯特'号和'老虎'号在此役中受到了沉重打击，损失惨重，你也许不会听到比这更艰难的

---

① 实心弹（roundshot）是当时最常见的一种弹药，其实就是一个实心的铁球。当时火炮的型号也由其决定，比如 12 磅火炮就意味着能发射一个重约 12 磅的铁球。在战场上，实心弹适于射击各类目标，不仅可以杀伤人员和马匹，而且可以破坏野战工事。因为其弹道低伸，造成的毁伤呈线形，密集的步兵纵队和步兵方阵是实心弹比较有价值的射击目标。另外，炮弹落地后，若遇到坚硬地面，经常还能弹起继续杀伤人员。所以，那时的炮兵喜欢平整开阔、地面较硬的地形，而制造出更多的跳弹也是炮术高超的体现。

② 榴弹（shell）外观是球形，内部中空，装有火药，靠插在弹丸开口处的引信引燃。它一般由榴弹炮发射，弹道较为弯曲，利用爆炸后的破片杀伤人员，理论上可以用来对付背坡上的敌人。

战例。我们从来没有经历过这样的惨胜。"[51]

要塞内部的情况和英军甲板上一样惨烈。到黄昏时，法军的全部五门 24 磅炮都被炸得从炮位飞了出去，"奥尔良堡的墙壁满目疮痍，炮手几乎全部阵亡，英军从附近的屋顶和舰船的桅杆与索具顶端向下射击，打死了许多法国人。在仅仅一天的战斗中，法国人损失了 2 名上尉，200 名士兵阵亡或负伤"。[52]

金德讷格尔被英国人占领，对法国人在印度的整个殖民事业来说是一个沉重的打击。如让·劳所说："金德讷格尔陷落后，整个国家的门户就向英国人洞开了，这是通往荣耀与财富的门户。而法国东印度公司在印度的主要贸易据点、我们的船只能够遮风挡雨的唯一港口，不得不关闭很长时间。一个欣欣向荣的殖民地被摧毁了，在法属印度的许多正派人因此破产。我自己也深受其害。"[53]

这场战役发生的同时，西拉杰·道拉犹豫不决：他想帮助法国人对付英国人，但又不敢给东印度公司一个借口去撕毁与他的条约。他一度派出了救援军队去金德讷格尔，但踌躇一段时间后又把军队撤回。一天后，为了尽可能地利用既成事实，他给克莱武写了一封信，说自己对克莱武的胜利"大喜过望"。他还随这封信送去一件礼物。

根据《帝王的乐园》的记载，现在年轻的纳瓦布"不再像过去那样鲁莽轻率"，给克莱武送去两只"非常擅长猎鹿"的豹子，希望赢得他的友谊。但现在讨好英国人为时已晚。"因为真主已经下了旨意，所以再怎么努力也无法挡住命运之箭。"[54]

4月底，克莱武和沃森开始收拾行装，准备率军撤离孟加拉，前往科罗曼德尔海岸。他们很紧张，不愿意过久地离开马德拉斯，免得那里遭到法国人的攻击。整个孟加拉战役原本可以就此结束，但西拉杰·道拉的臣民（尤其是一手遮天的孟加拉银行世家贾加特·赛特家族）对他的憎恨与厌恶偏偏在这个时候总爆发。

　　西拉杰·道拉在克莱武的夜袭之后狼狈逃离加尔各答，再加上他签署了丧权辱国的《阿里纳加尔条约》，这让他的朝廷的权贵不再噤若寒蝉。他已经疏远了外祖父的许多老将，尤其是久经沙场的米尔·贾法尔·阿里·汗。米尔·贾法尔是一位阿拉伯冒险家，出生于今天伊拉克境内的什叶派圣城纳杰夫。他在阿里瓦迪针对马拉塔人的许多关键的军事胜利中都发挥了作用，不久前率军攻打加尔各答取得了成功。但占领加尔各答并打败东印度公司军队之后，他就遭到排挤，加尔各答司令长官的位置被交给他的竞争对手——印度教徒拉贾·马尼克昌德。古拉姆·侯赛因·汗写道，米尔·贾法尔和马拉塔战争期间的战友"都是有功的将领，有身份和地位，都理应得到尊重，如今他们厌倦了在这样的君主统治下生活"，"希望杀死西拉杰·道拉，从而摆脱这样的政府"。

　　所以，每当他们看到任何地方有对纳瓦布不满的迹象，或者对政府的敌意，他们就秘密联络相关的人士，告

119

诚他们想方设法解放自己，并承诺坚定不移地支持他们。米尔·贾法尔·汗是心怀不满的人士当中地位最高、受冤屈最重的人，所以成为他们的领袖。贾加特·赛特秘密承诺大力支持他；于是他们结成联盟……其他心怀恨意的权贵也加入了推翻西拉杰·道拉的密谋，因为他的残暴和无知让他们寝食难安，他的暴躁和无能让他们颤抖。[55]

密谋者的第一个计划是支持阿里瓦迪·汗的女儿加茜迪公主，但西拉杰在登基之后迅速镇压了她，所以密谋者的这个计划无疾而终。第二个计划是推举西拉杰的亲戚普尔尼亚的肖卡特·忠格①，"他是符合贾加特·赛特和主要王公贵族口味的总督"。但肖卡特·忠格比西拉杰更不靠谱。[56]他与疯狂的亲戚西拉杰打仗的时候吸食了大量鸦片，以至于"抬不起头来"，顶多只能"聆听女眷的歌声……从大象背上下来……神志不清，这时一发子弹击中了他的前额，让他的灵魂去见了真主"。[57]

直到克莱武收复加尔各答又攻克金德讷格尔，从而展现了自己的军事才干之后，密谋者才决定向东印度公司求援，希望借助公司的军力来达成自己的目标。威廉·沃茨刚刚根据《阿里纳加尔条约》返回之前惨遭洗劫的英国贸易站卡西姆巴扎尔，他是第一个听到纳瓦布手下权贵的不满之声的英国人。在穆尔希达巴德南缘的东印度公司贸易站，沃茨发现朝中心怀不满的贵族们在窃窃私语，暗示可能发生政变，于是他派遣自己的亚美尼亚代表赫瓦贾·彼得勒斯·阿拉通去调查。调查结

---

① 肖卡特·忠格是阿里瓦迪·汗的另一个外孙，也就是西拉杰的表兄弟。

果是，身为孟加拉军队出纳总管的米尔·贾法尔愿意给东印度
公司 2500 万卢比①巨款，换取公司帮助他除掉纳瓦布。更多的　　120
调查表明，这个密谋得到了贵族们的广泛支持。但米尔·贾法
尔是个不通文墨的将领，没有政治才干，所以他其实是政变的
真正幕后势力贾加特·赛特银行家族的傀儡。让·劳在许多个
月之后写道："我可以确认，他们［贾加特·赛特银行家族］是
这次革命的发动者，如果没有他们的话，英国人绝对不会做后
来做的事情。英国人的事业和赛特家族的事业合流了。"[58]

沃茨把密谋者的提议转告克莱武。此时克莱武还驻扎在金
德讷格尔城外，并且他也听到了孟加拉宫廷可能发生政变的传
闻。1757 年 4 月 30 日，克莱武首次以书面形式提到这起后来
与他的名字永远紧密联系的密谋。在给马德拉斯总督的信中，
他说，西拉杰·道拉的行为举止比以往更加凶暴，"他在一星
期内两次威胁要把沃茨先生钉死在尖木桩上……简而言之，他
身上汇聚了所有邪恶的品质。他只与家奴相伴，受到普遍的仇
恨和鄙视"。

所以我要向您汇报，目前好几位权贵在密谋反对他，
为首的是贾加特·赛特本人。他们请求我的支持，并承诺
给公司各种好处。委员会的意见是，等控制住纳瓦布之
后，我们就立刻向密谋者提供援助。我个人坚信不疑，只
要这样一个怪物还在统治，就不可能有和平与安定。

沃茨先生目前在穆尔希达巴德，多次与权贵们商谈。
他希望我们发出提议，他们只等着执行计划；所以您也许

———————————

①　相当于今天的 3.25 亿英镑。——作者注

> 很快就会听到政变的消息，它将彻底终结法国人在印度扎根的希望……[59]

支撑着西拉杰·道拉政权的孟加拉银行家和商人集团终于对他反戈一击，与他自己军队中的不满分子携起手来。现在他们打算运用东印度公司的雇佣军来推翻他。这种事情在印度历史上很新鲜：一群印度金融家与一家国际贸易公司密谋，企图运用该公司的私营安保部队来推翻一个印度政权，因为他们认为该政权威胁到了他们的商业利益。[60]这里没有什么帝国主义的宏大设计。实际上，一线的东印度公司雇员没有理睬从伦敦发来的严格指示。伦敦方面的命令仅仅是打退法国人的进攻，避免与东道主莫卧儿人发生可能酿成大祸的战争。但是，一线的公司雇员看到有机会谋取私利，同时也有机会为公司获得政治上和经济上的好处，他们就用伦敦方面喜欢的话术对政变密谋加以粉饰，并说政变的主要目标是将法国人永久性地从孟加拉驱逐出去。①

———————

① 这是很关键的一点。如果说东印度公司（它的代表是董事、官员和绝大多数股东）作为一家企业有自己的意志的话，那么，它的意志就是为这些人及其投资者获取最大限度的利润和丰厚而稳定的分红。根据菲利普·斯特恩的研究，自17世纪末以来，东印度公司肯定欢迎运用印度的财税收入来增强公司的商业资本，后来当然也热情地欢迎克莱武获得的孟加拉财税收入。但董事们始终痛恨野心勃勃的征服计划，因为他们担心这样的计划可能一发不可收拾，给公司带来难以承担的债务。正是出于这个原因，东印度公司在印度开拓征服的宏大计划极少发源于利德贺街。事实上，英国人在印度的征服和劫掠几乎全都是由公司在一线的高管发动的，公司总部实际上没有办法控制他们。而这些高管的动机很多样化，有贪婪、赤裸裸的物欲和快速发一笔横财的渴望，也有人渴求的是名望，或者希望胜过法国人、挫败他们在印度的野心。在英国殖民印度的整个时期，情况都是这样，克莱武、黑斯廷斯、康沃利斯和韦尔斯利都是这样的人。——作者注

5月1日，由在孟加拉的公司高管组成的秘密委员会正式决定参与反对纳瓦布的密谋："委员会一致同意，我们无法信赖这位纳瓦布的承诺、荣誉和友谊，所以孟加拉政府发生政变对公司的事务极其有利。"[61]

随后，秘密委员会开始为他们的服务条款讨价还价，又一次让赫瓦贾·彼得勒斯当中间人，传递加密的书信。没过多久，米尔·贾法尔和贾加特·赛特家族大幅提升了他们愿意开出的价码，现在承诺给公司 2800 万卢比（相当于当时的 300 万英镑，是孟加拉整整一年的财政收入），换取公司帮助他们推翻西拉杰，并给公司军队每个月 11 万卢比的军饷。此外，东印度公司还将获得在加尔各答附近占有土地的权利，在城市里拥有铸币厂，并享有贸易免税权。5 月 19 日，除了上述条件之外，米尔·贾法尔还同意向东印度公司支付额外的 100 万英镑①巨款，作为对加尔各答之前遭受破坏的赔偿，并拿出 50 万英镑，赔偿加尔各答的欧洲居民。[62]

6月4日，双方达成了最终协议。当晚，赫瓦贾·彼得勒斯为沃茨搞来一顶有帘幕遮挡的轿子，"就是摩尔人的妇女乘坐的那种轿子，它是神圣不可侵犯的，除非是知情人，否则任何人都不敢掀开帘子往里看"。[63]沃茨乘坐这顶轿子进了米尔·贾法尔的宅邸，请老将军和他的儿子米朗在协议上签字，并请他们手按《古兰经》宣誓履行协议规定的义务。[64]6 月 11 日，签好字的文件被送到加尔各答的专责委员会，他们也签了字。次日晚上，沃茨和他的部下假装要出去打猎，离开了卡西姆巴

①　当时的 300 万英镑相当于今天的 3.15 亿英镑，11 万卢比相当于今天的 143 万英镑，100 万英镑相当于今天的 1.05 亿英镑。——作者注

扎尔，在夜色掩护下前往金德讷格尔。

1757 年 6 月 13 日，也就是西拉杰·道拉攻击加尔各答整整一年后，克莱武向他发出最后通牒，指控他违反了《阿里纳加尔条约》。当天，克莱武率领由 800 名欧洲人、2200 名来自南印度的印度兵和仅 8 门大炮组成的小规模部队，开始了向普拉西的历史性进军。

从加尔各答去穆尔希达巴德沿途要经过一大片平坦而青翠的洪泛平原和稻田。这里的肥沃泥土和开阔天空都向南方沼泽丛生的苏达班、恒河三角洲和孟加拉湾延伸而去，仿佛一座水与植物构成的郁郁葱葱的伊甸园。在这些湿地当中，耕牛在肥沃的稻田中犁地，村民在高高的河岸上牧羊和放鸭子。以芦苇为屋顶的孟加拉茅屋周围环绕着一丛丛翠竹和庞大的榕树林，成群的长尾小鹦鹉在林中飞翔和尖叫。

顶着雨季来临之前的酷热，克莱武率领他的印度兵部队沿着一条有树荫的路堤行进，穿过宽阔的湿地。路堤一侧的稻田里，水稻已经收割了一半，也有些青翠的秧苗刚刚被移植到波光粼粼的方形水田里。当地主要的水道帕吉勒提河从这些地域穿过，河水太浅，不能供沃森的战舰航行，但河面上有一些木船和竹船与克莱武的陆军队伍平行地行驶，运载着欧洲部队的一些军官和全体官兵的粮食弹药。

经过前一周紧张忙碌的准备工作和联络之后，克莱武率军北上，但他越来越紧张，因为密谋集团此时一片沉默。这是不祥的征兆。6 月 15 日，克莱武写信给贾加特·赛特家族，保证自己将坚守双方达成的协议：

> 因为纳瓦布迟迟不肯履行他与英国人达成的条约，所以我亲自前来，以确保条约得到尊重。我听说城里发生了严重的骚动。我希望我的到来能够结束动荡。你们和我们是一体的，我将始终聆听你们的建议。我目前在库尔纳，希望在两天后抵达阿果阿迪普。请放心，你们在城内绝对安全，我的军队会像过去一样严守纪律，绝不掳掠财物。[65]

但对方没有回信。

次日，他又提笔写信，这一次是写给米尔·贾法尔："我到了帕特利附近的唐特绍尔。我在等你的消息，并将按照你的建议采取措施。请每天两次给我发送消息。在得到你的消息之前，我不会离开帕特利。"[66]但对方仍然不回复。克莱武现在起疑心了。他在 17 日写道："我率领全军来到了帕特利，却没有得到你的消息，这让我十分吃惊。我希望你收到此信后将你的意图详尽地通知我。"[67]

尽管密谋集团一声不吭，克莱武还是在 18 日派遣一个排北上，命令他们占领卡特瓦要塞。这项任务顺利完成了，没有遇到抵抗。按照原计划，米尔·贾法尔应当在此地与东印度公司军队会师，但这个所谓的盟友仍然不见踪影。当天下午，克莱武经历了对他来说很罕见的自信危机。他写信给加尔各答的专责委员会："面对当前形势，我真不知道如何操作。"

124

尤其是，假如我得到确认，米尔·贾法尔决心保持中立［也就是说不参加即将开始的战斗］的话，我不知道如何是好。纳瓦布的军队据说目前不超过 8000 人，但如果纳瓦布满足军队的要求，就很容易获得更多兵力。如果我们发动进攻，敌人肯定掘壕据守，以逸待劳，而我们得不到任何援助。如果在这样的地方被打退，后果不堪设想。而如果我们获胜，就能获得极大的利益……我恳求诸君告知，在这个关键时刻我应当如何行动。[68]

这天深夜，克莱武收到了米尔·贾法尔的一封很短而且很暧昧的信："听说你要来，纳瓦布十分畏惧，请求我在这样的关键时刻支持他。我觉得最好同意他的请求，但我们之前达成共识的事情必须要做。我决定在下个月第一天出征。真主保佑，我一定会来。"[69]克莱武起初因为收到米尔·贾法尔的信而如释重负，所以十分谄媚地回复："我收到了你的信，这让我非常满意，因为你之前的沉默让我非常痛苦。"

我已经派遣一支队伍去占领卡特瓦镇及其要塞，明天将率领全军抵达那里。我相信我将于后天从那里出发，两天之内抵达蒙库拉，但我的行动将在很大程度上取决于我从你那里得到的建议。请写信告诉我，你的打算是什么，我怎样操作最为妥当。我们的事业能否成功，取决于我们能否互通有无。所以请每天给我写信，详细介绍情况。如果我遇到纳瓦布的军队，你会扮演怎样的角色，我应当如何应对？请放心：我在发现纳瓦布军队的 24 小时内一定会发动进攻。最重要的是，你要小心保护自己，千万不要在我抵达之前被人出卖、被纳瓦布逮捕。[70]

但在次日上午，重读了米尔·贾法尔的信之后，克莱武越 125
来越相信自己正在落入一个陷阱。他怒气冲冲地给这个所谓的
盟友写了一封信："在关系如此重大，尤其是对你自己关系如
此重大的事情当中，你居然不卖力，这让我十分担忧。"

> 在我行军期间，你没有给我提供一丁点儿的信息，没
> 有告诉我应当采取什么样的措施，也不告诉我穆尔希达巴
> 德正在发生什么。你肯定有办法每天给我发送消息。你肯
> 定比我更容易找到值得信赖的信使。不过，送去此信的信
> 使是个理智的聪明人，我对他非常信任。请你通过他告诉
> 我，你究竟在想什么；我会在这里等待，直到我放心地觉
> 得可以继续前进。我认为你必须尽快与我会合。纳瓦布的
> 兵力每天都会增加。请带着你的军队到普拉西或者其他你
> 觉得合适的地方来找我，哪怕你只带 1000 骑兵来也足够
> 了，我会立刻与你一同向穆尔希达巴德进发。我倾向于通
> 过公开动武来取胜。[71]

6 月 21 日，克莱武召开作战会议以决定是否继续前进。
此时他们距离普拉西的芒果种植园只有一天的行军距离。西拉
杰·道拉的军队此时已经增加到 5 万人，在普拉西掘壕据守。
克莱武向与会者分享他得到的情报后，同僚们都坚决反对继续
前进。克莱武这一夜犹豫不决，但第二天早晨决定仍然按原计
划进军。不久之后，米尔·贾法尔的一封短信送抵，说他已经
开始行动："等你接近时，我会与你会合。"

克莱武的回复很简练："我下定决心，为了你孤注一掷，尽管你自己不卖力。"

今晚我会到河对岸。如果你到普拉西与我会师，我就走到路途的中点迎接你，然后纳瓦布的全军都会知道我将为你战斗。请允许我提醒你，你自己的荣耀与安全都取决于此。请放心，如果你来与我会师，你将成为这些省份的总督；但如果你不肯花力气协助我们，我会请上帝做证，错不在我，那时我必须请你同意我们与纳瓦布议和。[72]

当晚 6 点，他又收到了一封模棱两可的短信，然后回复道："收到你的信后，我决定立即向普拉西进发。我焦急地等待你的回信。"[73]

随后克莱武命令他的部队前进。印度兵部队开进了一片水乡，那里的一片片陆地如同岛屿一般漂浮在溪流和池塘（内有许多鱼和睡莲）构成的网络当中。傍晚时分，公司的士兵们从涟漪中发现好几个隆起的小丘，周围环绕着由棕榈树、竹林和高高的开花的野草构成的防风林。其中坐落着一个小村庄，房屋都是枝条结构的，可以看见牛车和干草堆，还有好几株蔓生的榕树。在另一侧，在蜿蜒曲折的胡格利河的一个 U 字形拐弯处，坐落着一幢砖砌的狩猎小屋。它属于穆尔希达巴德的纳瓦布，名字是"普拉西"，因为它俯瞰着一片开着橘色花朵的紫矿（palash）树林。在大约凌晨 1 点的黑暗中，克莱武就在这里，也就是普拉西小屋，躲避季风前的倾盆大雨。他的士兵就没那么幸运了，在他的狩猎小屋背后茂密的芒果园中扎营，被淋成了落汤鸡。

黑夜过去，东方破晓，仍然没有米尔·贾法尔的消息。早晨 7 点，心急如焚的克莱武给米尔·贾法尔写信威胁道，说如果米尔·贾法尔继续无动于衷、保持沉默的话，他就与西拉杰·道拉议和："我能做的事情，都已经做了。我不能做更多了。如果你到丹德波尔，我就从普拉西过去迎接你。但如果你不肯这么做，那么请原谅，我会与纳瓦布议和。"[74]然而，议和的可能性越来越小，因为纳瓦布成千上万威武雄壮的士兵从他们的堑壕中出来，开始包围小小的公司军队。纳瓦布的兵力起码是公司军队的二十倍。

前一夜的暴风雨平息之后，空气清新。6 月 23 日的早晨阳光明媚。克莱武决定爬上狩猎小屋的平坦屋顶以便更好地观察敌情。眼前的景象让他大吃一惊："许多大象披挂着带刺绣的红布，骑兵的出鞘利剑在阳光下熠熠生辉，大队的公牛拖曳着重炮，旌旗招展，好一幅威风凛凛的雄壮景观。"

克莱武估计纳瓦布集结了 35000 步兵、15000 骑兵和 53 门重炮，由一组法国专家负责指挥炮兵。克莱武的部队背对胡格利河的河弯处，到早晨 8 点的时候已经没有退路。不管米尔·贾法尔会不会兑现诺言，克莱武现在都别无选择，只能迎战。

8 点，炮击开始了。克莱武损失了 30 名印度兵之后，将部队撤到芒果林旁边的泥泞河岸躲避。现在他随时可能被敌人包围。根据一位军官的记载，克莱武说："我们必须在白天死战，夜间把滑膛枪背到肩上，撤回加尔各答。"绝大多数军官都像他一样对胜利没有信心。[75]克莱武后来在正式报告中写道："敌军开始缓步逼近，在 8 点开始用重炮轰击我军，他们的重炮得到全军的支援。"

他们继续对我们炮击了好几个小时，在这期间我军隐蔽在一大片树林里，周围有很好的泥土堤岸为我们提供防护。要尝试［夺取］他们的大炮几乎是不可能的，因为敌人的大炮环绕着我们，彼此相距很远，所以我们在阵地保持安静，顶多指望在夜间能够成功地袭击他们的营地。[76]

将近中午时，天空变得昏暗，雷声滚滚，战场上下起了瓢泼大雨，人们都浑身湿透，地面化为泥沼。东印度公司的士兵将火药和引信藏在防水布下面，保持干燥，但莫卧儿人没有这么做。大雨下了 10 分钟之后，克莱武换了一件干的军服，重新登上狩猎小屋的屋顶，这时西拉杰的所有大炮都哑了。

纳瓦布的骑兵指挥官米尔·马丹相信东印度公司的大炮也失效了，于是命令前进。他的 5000 名精锐阿富汗骑兵开始向公司军队的右翼冲锋。古拉姆·侯赛因·汗记载道："余烬下的战争与屠戮之火如今一下子迸发出来。"

英国人使用火枪和大炮的本领天下无双，秩序井然，射速又快，所以子弹和炮弹如雨点般落下，令旁观者目瞪口呆。持续的雷鸣震聋了战场上人们的耳朵，枪炮的不断闪光模糊了他们的视线。[77]

阿富汗骑兵瞬间就纷纷倒毙，包括米尔·马丹本人，"他拼命努力冲向前方，但腹部被一发炮弹击中，当场死亡"。[78]"看到这景象，西拉杰·道拉的士兵们面如土色，炮兵抬着米尔·马丹的尸体撤进帐篷。正午时分，帐篷里的人们逃走了，士兵们逐渐也开始逃跑。"[79]此时，克莱武的副将基尔帕特里克少校看见莫卧儿人正在放弃几座炮台，于是违抗了上级的命令，未经批准就上前去占领敌人抛弃的阵地。克莱武向前方传达了愤怒的口信，威胁要以抗命不遵的罪名逮捕基尔帕特里克。但恰恰是抗命不遵的行为赢得了此次战役。据爱德华·马斯基林说，就是在这个关头，战局开始逆转："看到很多敌人逃回他们的营地，我们觉得这是很好的机会，趁机去占领一处高地，那里的敌方大炮烦扰了我们一个上午。"

于是，第 1 营的掷弹兵带着两门野战炮和一群印度兵，在第 2 营的四个排和两门野战炮支援下，奉命去占领那座高地，果然马到成功。他们的成功鼓舞我们去占领另一处据点，就在距离敌营入口 300 码的地方……[80]

位于左翼的大群莫卧儿骑兵开始转移到胡格利河的两岸，离开了战场。这些人其实就是米尔·贾法尔的部队。他按照之前的约定脱离了纳瓦布军队。看到他走了，穆尔希达巴德的全部军队都开始撤退。起初还是井然有序的撤退，但很快就转变成狼狈的抱头鼠窜。大群莫卧儿步兵也开始逃跑。克莱武在最初的报告（现存于印度国家档案馆）中写道："此时敌军开始全面溃败。我们追击敌人 6 英里，遇见他们抛弃的超过 40 门火炮，还有不计其数的牛车和马车，上面堆满了各式各样的辎重。"

西拉杰·道拉骑着骆驼逃跑，于次日早晨抵达穆尔希达巴德，派人运走了方便携带的珠宝和财宝，他自己于午夜出发，继续逃跑，只带了两三名随从。据计算，敌军有约 500 人死亡。我军仅有 22 人阵亡，50 人负伤。[81]

次日，即 6 月 24 日的上午，克莱武给米尔·贾法尔写了一封显然言不由衷的信："这场胜利不属于我，而属于您，所以我恭贺您。我很高兴看到您以最快的速度与我会师。我们建议现在大举进兵，完成上帝赐予我们的征服事业。我希望能有荣幸宣布您成为纳瓦布。"[82]

当天上午晚些时候，看上去神经紧绷又疲惫的米尔·贾法尔来到英国人的营地。当卫兵隆重欢迎他时，他误以为对方要对自己不利，吓坏了。他被带到克莱武的营帐并与克莱武拥抱之后，才放下心来。克莱武向他敬礼，尊他为新任孟加拉总督。克莱武并没有企图陷害米尔·贾法尔。克莱武始终是非常讲求实际的人，所以需要扶植米尔·贾法尔，把他当作傀儡，所以克莱武压制住了过去一周里对米尔·贾法尔的怒火。他建议米尔·贾法尔在沃茨的陪同下火速赶往穆尔希达巴德，控制都城。沃茨奉命去监视国库。克莱武率领主力部队殿后，花了三天时间行军 50 英里，抵达穆尔希达巴德，沿途随处可见被抛弃的大炮、损坏的马车，以及人和马的肿胀死尸。

克莱武原计划于 27 日入城，但贾加特·赛特家族警示他，有人预谋要行刺他。所以直到 29 日，克莱武才在米尔·贾法尔的陪同下进入穆尔希达巴德。在 500 名士兵的护卫下，鼓乐齐鸣，旌旗招展，他们以征服者的身份一同入城。克莱武引领米尔·贾法尔登上宝座，并向他行礼，尊他为总督。然后，克莱武公开宣布（并且他在当时可能是真诚的），东印度公司不会干预米尔·贾法尔的政府，而是"纯粹关注商贸"。[83]年迈的将军"静悄悄地占据了宫殿和国库，立刻被接受为纳瓦布"。

　　然后，他俩立刻去拜见帮助他们走到这一步的那个人：马赫塔卜·拉伊·贾加特·赛特。克莱武记载道，"我与这位伟大的银行家谈了很多"，"因为他是这三个省［孟加拉、奥里萨和比哈尔］里最富裕、影响力最大的人，在莫卧儿宫廷也很有地位，所以他是最适合执掌政府的人。于是，当新任纳瓦布在今天上午回访我时，我建议他在所有事务当中咨询贾加特·赛特的意见，他立刻同意了"。[84]

　　事实证明，贾加特·赛特的善意是非常必要的。国库中只有大约 1500 万卢比，比预计的数字少得多，所以米尔·贾法尔如果要兑现诺言向克莱武和东印度公司支付全部酬金的话，就必须请贾加特·赛特提供贷款。克莱武本人应得的酬金相当于 23.4 万英镑，他还将得到一座岁入 2.7 万英镑的庄园。① 年仅 33 岁的克莱武即将成为欧洲的巨富之一。但他得先拿到那些钱才行。随后几天的气氛十分紧张。克莱武显然担心米尔·贾法尔会食言，那样的话他就被老将军耍了。米尔·贾法尔和克莱武就像抢劫成功之后的两名匪徒一样，惴惴不安地互相观察，而贾加特·赛特在想办法筹钱。一周后，克莱武写信给米尔·贾法尔："每当我写信给阁下表达怨言的时候，我都会十

_____

　　① 当时的 1500 万卢比相当于今天的 2 亿英镑，23.4 万英镑接近今天的 2500 万英镑，2.7 万英镑接近今天的 300 万英镑。——作者注

分忧愁。"

131 　　尤其是在此事当中，我觉得英国人的利益受到了损害。我坚信不疑：您是个有原则的、天生善良的人，所以如果发生什么差错的话，一定是您手下大臣的错。但是距沃茨先生和沃尔什先生去查看国库已经过去好几天了。阁下与我方当着贾加特·赛特的面，经他调停达成了协议。沃茨先生和沃尔什先生负责监督该协议的履行。但他俩的使命没有办法完成。如果阁下不亲自决定用多少金银餐具、多少布匹和多少珠宝支付我们，并严格命令您的部下开始支付，那么就什么事都办不成。

　　我非常急切地希望看到金钱尽快交割完毕，因为只要这个问题还没有解决，您的敌人和我的敌人就始终会为了私利而尝试在你我之间制造争端、挑拨离间，这只能让我们的敌人幸灾乐祸、心生希望。但是英国人的利益和您的利益是一致的，我们要么携手前进，要么一同垮台。

　　克莱武还在信的末尾发出了含蓄的威胁："如果阁下有什么不测，英国公司就全完了。我选择以书面形式向阁下表达自己的所思所想，因为这个话题太敏感了，不能用口信传达。"[85]

　　克莱武心急如焚地等待酬金的同时，"在贾加特·赛特的坚持要求下"，米尔·贾法尔的儿子米朗正在孟加拉各地搜寻仍然在逃的西拉杰·道拉。他逃离了都城，逆流而上，"身穿寒酸的衣服……身边只有一名宠妃和一名最得宠的宦官侍奉"。古拉姆·侯赛因·汗描写西拉杰在普拉西战役之后"在宫中独自待了一整天，没有一个朋友来为他分忧，也没有一个伙伴能与他交谈，于是他在绝望之下做了一个决定"。

深夜，他把正妻卢图夫·妮萨和一些宠妃送上有帘幕遮蔽的马车和轿子，并装上尽可能多的黄金和珠宝，并用一些大象驮着他最好的行李与家具，于凌晨 3 点逃离宫殿，逃之夭夭……他去了巴格万格拉，在那里登上几艘随时待命的船…… 132

[两天后，]这位不幸的、命途多舛的王公，抵达了拉杰马哈尔对面的河岸，在那里上岸停留了大约一个钟头，只是打算为自己和女儿与姬妾们准备一些大米扁豆饭，因为他们都已经三天三夜粒米未进了。碰巧一位法基尔住在附近。西拉杰掌权的时候曾经冒犯和压迫过这个人，所以他现在很高兴有机会发泄怨气、向西拉杰报复。他表示很高兴看到西拉杰驾临，然后积极地帮助西拉杰准备饭食，与此同时却派了一艘快船去向西拉杰的敌人通风报信，他们正在掘地三尺，到处搜寻他。

按照沙·达纳（就是那位法基尔的名字）的建议，米尔·卡西姆［米尔·贾法尔的女婿］立刻渡河，带兵把西拉杰·道拉团团围住，将他和他的亲眷擒获，还缴获了他的珠宝……王公如今成了俘虏，可怜兮兮地被押回穆尔希达巴德。

一个叫马赫梅迪·贝格的人接受了［处死西拉杰的］任务，西拉杰被押到不过两三个钟头他就动手了。西拉杰·道拉一看到这个恶棍就问他是不是来杀自己的？马赫梅迪·贝格说是的，于是这位倒霉的王公彻底绝望了。

他匍匐在大慈大悲的真主面前，为自己过去的行为恳求宽恕，然后转向刽子手，问道："这么说，他们不肯让我退隐到某个偏僻角落，拿一笔退休金，了却残生？"他没有时间说更多的话，因为话音刚落，刽子手就用军刀砍了他好几下。军刀有几下砍中了他那张在整个孟加拉以五官端正和俊美而著称的面庞。王公跌倒在地，灵魂出窍。他蹚过自己的血泊，离开了充满苦难的尘世。他的尸体被砍成碎片，残尸被扔到一头大象的背上，拉到城里示众。[86]

133　　西拉杰·道拉死时只有 25 岁。不久之后，米朗屠杀了阿里瓦迪·汗家族的所有女眷："大约七十名无辜的贵妇小姐被用小船运到胡格利河中央的一个偏僻地方，然后船被凿沉。"其余的人则被毒死。这些死尸和那些被冲刷上岸的尸体一起，被埋葬在绿树成荫的福园内的两长排墓穴中，就在老族长阿里瓦迪·汗的墓旁。穆尔希达巴德今天已经沦落为一个很小的集市城镇，福园就坐落在与它隔着胡格利河相望的地方。

但有一个女人被饶了性命。米朗和他的父亲都向著名的美人卢图夫·妮萨求婚。但她拒绝了，给出了这样的答复："我已经骑过大象，现在不愿意骑驴。"[87]

西拉杰·道拉的尸体被拉到大街小巷示众的同一天，即 7 月 7 日，恰好是英国远征军在胡格利河上开往伏尔塔的两百天纪念日。克莱武终于拿到了他的酬金。这是历史上最大的横财之一，相当于现代的 2.32 亿英镑，其中有 2200 万英镑是给克莱武本人的。他立刻把自己得到的金银财宝送到下游的加尔各答。

克莱武的助理卢克·斯克拉夫顿写道："我们胜利收获的第一批果实是 750 万卢比，相当于 100 万英镑①，是总督交来的，用了 200 艘船运载，这些船是之前伴随我们行军的船队的一部分，如今运送这笔巨款的时候得到一支陆军部队的护卫。"

> 这些船驶入大河后，就与另外一批船会合，组成一支拥有三百艘船的船队，一路擂鼓奏乐，旌旗招展，向沿途的法国和荷兰定居点展示我们的胜利。一年前，这些法国人和荷兰人见证了与现在截然相反的景象：纳瓦布的舰队和陆军从他们眼前经过，押解着被俘的英国人，运载着从加尔各答掳走的全部财富与战利品。至于哪一幅景象让法国人和荷兰人更喜笑颜开，我就不妄自揣测了。

134

克莱武在 1757 年大发横财完全符合 157 年前创办东印度公司的那些加勒比海私掠船主的精神：一切都是为了官员们发财致富和公司分红，为了财富而不是荣耀，为了战利品而不是权力。但这些收获还只是开始：米尔·贾法尔向东印度公司及其雇员一共支付了约 1238575 英镑，其中至少有 17 万英镑是给克莱武本人的。从 1757 年到 1765 年的八年里，穆

---

① 当时的 100 万英镑相当于今天的 1 亿英镑。——作者注

尔希达巴德的纳瓦布一共向东印度公司支付了大约 250 万英镑的"政治礼金"。克莱武自己的估算是，总金额差不多有"300 万英镑"①。[88]

克莱武押运着巨资在帕吉勒提河顺流而下的时候写信给父亲，说自己已经发动了"一场史上几乎无与伦比的革命"。[89]这种说法很不谦虚，符合他的秉性。不过，他说的也不算很错。他促成的变革是永久性的，影响极其深远。这是历史上第一次一家企业获得了真正的、实实在在的政治权力。[90]在普拉西，东印度公司大获全胜，成为莫卧儿帝国境内的一支强大的军事力量。18 世纪 40 年代在孟加拉烧杀抢掠、制造恐怖的马拉塔人留下了残酷和凶暴的恶名。而十年后东印度公司在同一地区的掳掠更有秩序、更有条不紊，但我们可以说公司的贪婪比马拉塔人更致命，因为公司的手段更巧妙、更无情，并且最重要的是，造成的影响也更持久。[91]

普拉西战役开启了东印度公司恣意掳掠和"资产剥除"的新时代，英国人自己对此的说法是"摇晃宝塔树"。[92]从这以后，英国在印度的贸易发生了质变：在 18 世纪上半叶，英国人向印度输送了 600 万英镑②资金，而在 1757 年之后流向印度的白银极少。在 1757 年之前，孟加拉是吸纳外国金银的无底洞，但在普拉西战役之后，孟加拉成了英国人予取予求的宝库，海量的财富从孟加拉流向英国，孟加拉却几乎得不到任何回报。

---

① 当时的 1238575 英镑相当于今天的 1.3 亿英镑，17 万英镑相当于今天的 1800 万英镑，250 万英镑相当于今天的 2.6 亿英镑，300 万英镑超过了今天的 3 亿英镑。——作者注

② 当时的 600 万英镑相当于今天的 6.3 亿英镑。——作者注

　　孟加拉历来是莫卧儿帝国境内财政收入最丰厚，也最容易征税的地区。普拉西战役让东印度公司得以开始攫取这些财政收入。这种意外之财为东印度公司提供了海量的资源，让它得以打败一连串竞争对手，直到公司最终于 1803 年占领莫卧儿帝国首都德里。东印度公司再也不仅仅是争夺印度市场与商品的诸多欧洲贸易公司之一。它成了印度的立王者，成了一支独立自主的势力。事情不仅仅是东印度公司参与了一次宫廷政变因而得到丰厚报酬这么简单。普拉西大捷之后，整个印度的力量平衡都发生了变化。

　　英国人成了孟加拉在军事和政治上的主宰力量。他们现在揣测，如果他们的军队发展壮大，也许能够占领他们垂涎的任何一个地区，要么直接统治它，要么借助一个恭顺的傀儡来统治。并且，很多印度人也开始理解了这一点。这意味着，所有那些被推翻、被剥夺领地和心怀不满的统治者，现在都会寻求东印度公司的支持，于是出现了一系列始终在变化和解体的联盟，像万花筒一样让人眼花缭乱。整个南亚次大陆几乎永无宁日。

　　克莱武的宫廷政变的最直接后果就是孟加拉陷入了动荡。三个月后，也就是在 9 月，克莱武不得不返回穆尔希达巴德，去努力平息那里愈演愈烈的混乱。东印度公司的盘剥、米尔·贾法尔军队被拖欠越来越多的军饷、叛乱纷起导致的军事瘫痪状态，以及运用公司印度兵开展的讨伐行动，这些共同造成了暴力与动乱的旋涡。明眼人都看得清楚，米尔·贾法尔没有能力掌控局面；并且不管他和米朗清洗了西拉杰·道拉政权的多少成员，这位谋杀了自己君主的将军都没有什么合法性可言，因为正如公司的一位观察者所说，米尔·贾法尔坐在"自己的主公血迹未干、仍然温热的宝座上"。[93]

从此以后，孟加拉的军人、商贾、银行家和文职官员都缓缓地向东印度公司靠拢，纳瓦布们曾经的光辉一去不复返。克莱武及其同僚原本的目标仅仅是以优惠的条件重建英国在孟加拉的贸易，并确保一位亲英的纳瓦布登基。但他们的行动实际上致命地、永久性地破坏了纳瓦布的权威，让孟加拉（在当时还是老莫卧儿帝国当中最安定、最繁荣的地区）也陷入了无政府状态。[94]

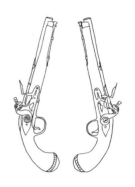

第四章　资质有限的君主

十二个月后，为了庆祝普拉西"革命"一周年，米尔·贾法尔正式访问了加尔各答。

两年前，米尔·贾法尔以西拉杰·道拉麾下将领的身份攻打加尔各答。自那以后，这位新任纳瓦布第一次来到加尔各答。这也是克莱武返回伦敦从政前米尔·贾法尔的最后一次访问。所以，此时仍然显得凋敝的加尔各答竭尽全力，举办了尽可能隆重的欢迎活动。米尔·贾法尔参观了剧院，听了好几场音乐会，在加尔各答法院（选择这个地方略微有些奇怪）参加了一场盛大的舞会，在场的少数贵妇小姐跳舞跳到"脚都酸了"。

英国人为了招待虔诚的什叶派纳瓦布而在法院大楼内做的装饰更让人感到惊讶："十二尊维纳斯蜡像"在喇叭、号角和鼓声中揭幕。卢克·斯克拉夫顿写道："为了招待纳瓦布，我们安排了许多舞会、音乐会和访问，以至于公务全部被抛在脑后。"[1]

但是，在盟友亲善的表象之下，孟加拉两个对立政府之间的猜疑和厌恶在不可避免地滋长。斯克拉夫顿在一周后写道："感谢上帝，纳瓦布殿下终于打道回府了。他在这里的时候，我就得一刻不停地伺候他和他的姑娘们，把我累得够呛，因为他哪怕离开住处20码的距离，也要带上一大群女人。"[2] 克莱武更刻薄。在普拉西战役之前他曾为米尔·贾法尔无懈可击的品格担保，赞扬他是"仁慈、慷慨而正直的君主"，说自己"像儿子尊重父亲那样"尊重米尔·贾法尔。如今，克莱武却经常说米尔·贾法尔是"老傻瓜"，并轻蔑地说他的儿子米朗是"一钱不值的狗崽子"。[3] 克莱武写信报告伦敦方面，懒惰、无能和鸦片已经让米尔·贾法尔变了个人。克莱武扶植到宝座上的那个人如今已经变得"傲慢、贪得无厌、凶神恶煞……这种行为疏远了人民"。[4]

如果说有人变了，那么实际上变化的人恰恰是因胜利而洋洋自得并且富可敌国的克莱武。克莱武已经变得目空一切，开始表现出不愿意与莫卧儿人分享权力。在给伦敦的报告中，他提出，要借助他那支规模越来越大、实力越来越强并且纪律严明的印度兵部队，去夺取孟加拉完全的、直接的控制权。到1758年底，他已经在给东印度公司董事会主席的信中轻蔑地写道："我可以相当自信地说，只需要2000名欧洲官兵的小部队，就能完全征服这个繁荣的王国。"

> 摩尔人的懒惰、奢侈、无知和怯懦超出了我们的想象……他们的士兵，如果算得上士兵的话，对他们的君主没有一星半点儿的感情；那些士兵都唯利是图，愿意为出钱最多的人效力，也不管这人是谁。我坚信不疑，在普拉

西战役之后，我完全可以凭借英国的军事力量和影响力，把整个国家收入公司囊中，随后可以像现任总督米尔·贾法尔一样轻松地守住它……

　　[莫卧儿] 帝国的力量已经毁于内乱。也许仅仅是因为 [从孟加拉] 送去德里的金钱，帝国才免于彻底崩溃……您很熟悉这些穆斯林的性情：他们忘恩负义；他们目光短浅，采纳了一种独特的只适合这个国家的政治体系，做任何事情都通过奸计，而不是武力。在这种情况下，像米尔·贾法尔这样软弱无能的君主很容易被消灭，或者被我们的敌人影响。如果那样的话，我们该如何保障现有的利益，或者获取更多的利益？唯一的办法就是运用武力，让他们的奸诈和忘恩负义都施展不出来……[5]

从这一时期的通信当中，我们不仅能看出双方的互不信任和互相鄙视，更重要的还有这两个差异极大的世界刚刚发生近距离接触而造成的互相不理解。例如，米尔·贾法尔显然误以为东印度公司是一个人。他得知克莱武要返回英国，就给他尊敬的盟友东印度公司送去了一些礼物，还附了一封十分客气的波斯文书信。在这封信里，米尔·贾法尔显然以为东印度公司是一位独立的君主，尽管它实际上是由一群伦敦富商组成的公司董事会。沃伦·黑斯廷斯翻译了这封信。在信中，米尔·贾法尔表达了"诚挚的愿望，我渴望见到您……无法用笔墨和言语表达……我向您的心倾吐我的愿望……我的眸子的光，比我的生命更宝贵的纳瓦布萨布特·忠格·巴哈杜尔 [即克莱武] 将要启程回国。与他分离，对我来说极其痛苦。请尽快把他派回我国，让我能够幸福地再见到他"。[6]

双方互相不理解。在伦敦，董事们还在懵懂地消化西拉杰·道拉被推翻和谋杀的消息，以至于一位心急如焚但粗心大意的董事询问另一位，前不久遇刺身亡的"罗杰·道拉特爵士"真的是一位从男爵①吗？[7]

但有一点英国人是很清楚的，那就是闻所未闻的巨款在流向英国，并且是克莱武把巨款带回来的。在科尔特斯②之后，欧洲人还不曾见到一位冒险家在远方通过征服战争获得如此之多的金银财宝。

1760 年 2 月 5 日，克莱武携妻子玛格丽特乘"皇家乔治"号回国。他们还没有抵达，伦敦八卦界的话题就集中在克莱武运回国的巨额财富上：埃德蒙·伯克在《年度纪事》③ 中估计："这位将军能够获得相当于 120 万英镑的现金、有价证券和珠宝；他的夫人拥有一箱珠宝首饰，估计至少价值 20 万英镑。④ 所以毫不夸张地说，他就是这三个王国⑤里最富裕的臣民。"

真实的数字没有这么多。不过，35 岁的前任孟加拉总督克莱武回国之后就买下了什罗普郡的沃尔科特庄园，并租了伦敦梅费尔区权贵云集的伯克利广场的一栋豪宅。一年后，克莱

---

① 从男爵是英国的一种世袭身份，低于男爵，高于骑士，不算是贵族（在上议院没有议席），和骑士一样以"爵士"为敬称。2015 年英国有约 1200 个从男爵。

② 埃尔南·科尔特斯（1485~1547）是殖民时代活跃在中南美洲的西班牙殖民者，以摧毁阿兹特克古文明，并在墨西哥建立西班牙殖民地而闻名。

③ 《年度纪事》（*The Annual Register*）是英国的一部类似于年鉴的参考书，记载每年全世界的重大事件和动态。最初由埃德蒙·伯克在 1758 年主编。

④ 当时的 120 万英镑相当于今天的 1.26 亿英镑，当时的 20 万英镑相当于今天的 2100 万英镑。——作者注

⑤ 指英格兰、苏格兰和爱尔兰，当时已经联合成一个国家，即大不列颠。

武夫妇又花 2.5 万英镑从纽卡斯尔公爵夫人手中买下了克莱尔蒙特庄园；还在伊舍①买了一座度周末用的别墅以及周边的几块土地，并改良这些土地和别墅，将其整合成一座庄园，一共花了 4.3 万英镑。他们还在克莱尔郡②买了大片土地，并将这些土地的名字从巴利基蒂改为普拉西。"这位克罗伊斯③来了之后，周边的生活成本立刻升高，"生性尖刻的辉格党人霍勒斯·沃波尔④在日记中写道，"他手里的庄园和钻石多得不得了……如果有乞丐向他乞讨，他会说：'朋友，我手边没有小粒的钻石。'"此时大家已经把克莱武的财富传得神乎其神，《索尔兹伯里日报》报道称，就连克莱武夫人的宠物雪貂也戴着一条价值超过 2500 英镑的钻石项链。⑤8

　　与此同时，刚刚被克莱武征服的孟加拉却快速陷入混乱。

　　年轻的沃伦·黑斯廷斯此时是东印度公司在穆尔希达巴德的常驻代表（实际上相当于大使）。他是第一个发出警报，敦

---

①　伊舍是英格兰萨里郡的一座城市。

②　克莱尔郡在爱尔兰岛西岸。

③　克罗伊斯（公元前 595~约前 546）是吕底亚（小亚细亚中西部）国王，以巨富而闻名，最终被波斯的居鲁士大帝打败。克罗伊斯被认为是第一个发行纯金和纯银货币并将其标准化后用于普遍流通的人。

④　霍勒斯·沃波尔（1717~1797），第四代奥福德伯爵，英国作家、艺术史学家和辉格党政治家。他在伦敦西南方建造的草莓山庄复兴了哥特式建筑风格。他的《奥特兰托城堡》是文学史上的第一部哥特小说。他的父亲罗伯特·沃波尔（第一代奥福德伯爵）是英国历史上第一位首相。

⑤　当时的 2.5 万英镑相当于今天的 262.5 万英镑，当时的 4.3 万英镑相当于今天的 451.5 万英镑，当时的 2500 英镑相当于今天的 26.25 万英镑。——作者注

促他的上司（克莱武）留在孟加拉并处置他参与制造的无政府状态的人。黑斯廷斯特别提及了穆尔希达巴德朝廷越来越严重的不稳定。就在克莱武动身回国之前，米尔·贾法尔已拖欠141了他的军队十三个月的军饷，但他只能支付三个月的军饷。于是，拿不到钱的士兵公开哗变，有的甚至饿得奄奄一息。"他们的马匹瘦如骷髅，"黑斯廷斯写道，"骑兵的状况也好不了多少。就连很多军官也衣衫褴褛。"[9]在普拉西战役之后，仅仅三年的时间里，曾经是印度最富裕城镇之一的穆尔希达巴德就穷困到了这步田地。

局势如此糟糕，米尔·贾法尔肯定有一定的责任。和他的"导师"克莱武一样，他在普拉西战役之后也大发横财，并且喜欢炫富，哪怕他的士兵正在饥肠辘辘。据古拉姆·侯赛因·汗记载，米尔·贾法尔一直喜欢精美珠宝，如今"浑身戴满闪闪发光的东西；他的手腕上戴着六七个手镯，每一个都镶嵌着不同品种的宝石；他脖子上戴着珠宝，胸前也是珠宝，戴着三四条珍珠项圈，每一条都价值连城……与此同时，他欣赏歌舞取乐；他骑着大象外出的时候，不管走到哪里都带着一群歌女"。[10]

现在所有人都看得清楚，米尔·贾法尔根本没有治理孟加拉的能耐。他是个阿拉伯大老粗军人，没有政治才干，也不懂治国和财政经营。克莱武带着金银财宝登船之前冷静地评论道，事实证明米尔·贾法尔是"资质有限的君主，并且完全没有能力去赢得主要将领的爱戴与信任。他的管理不当已经让国家一团糟"。[11]1760年，米尔·贾法尔的领地同时爆发三场叛乱，分别在梅迪尼普尔①、普尔尼亚和巴特那。军中的莫卧儿

---

① 梅迪尼普尔在今天印度的西孟加拉邦。

贵族和军官越来越怨恨米尔·贾法尔为了推翻西拉杰·道拉而交给东印度公司巨额财富，这导致军官们拿不到薪水，国家机器难以运转。

始终精明机敏并且保持警惕的贾加特·赛特家族最先认识到，他们这一次支持了一个废物，于是拒绝贷款给米尔·贾法尔去平息像野火一样蔓延到整个国家的叛乱。为了避免尴尬，银行家们宣布，他们要带着家眷去贾坎德山区的帕拉斯那特，去朝拜他们神祇的庙宇，一时半会儿回不来。纳瓦布命令军队阻挡赛特家族的去路，而赛特家族不予理睬，直接强行通过。

米尔·贾法尔一筹莫展，他的国库空空如也。与此同时，穆尔希达巴德朝中有人在搞阴谋。在国家的军事机器似乎陷入瘫痪的时候，米尔·贾法尔的那个精力充沛但凶暴的儿子米朗变得越来越恶毒。对他很熟悉的古拉姆·侯赛因·汗写道："他［米朗］喜好压迫和折磨别人。他搞屠杀和谋杀的时候头脑灵活、动作神速；他在这些事情上特别有才能，并且把臭名昭著或者令人发指的暴行视为谨慎和高瞻远瞩的行为。在他眼中，怜悯和仁慈毫无价值。"[12]

米朗的头等大事是有条不紊地消灭阿里瓦迪·汗家族的残余势力，以免他们报复。他已经派人去溺死阿里瓦迪·汗和西拉杰·道拉的全部女眷，接着就轮到西拉杰·道拉的五个血缘最近的亲戚。他的弟弟米尔扎·迈赫迪还是个 19 岁的孩子，死得特别惨："这个不幸的无辜少年被硬塞进两个用来存放披肩和其他珍贵物品的木架子之间；然后刽子手拉紧绳子，把他活活挤死；这个清白的灵魂从如此酷刑之中，飞向永恒的纯洁

143 142

与安宁之地。"[13]米朗后来引用萨迪①的一句名言，为自己的暴行辩解："杀死毒蛇却饶恕幼蛇，非智者所为。"

其他的潜在竞争对手，包括旧政权的几位宠臣和米朗自己手下的两位高级大臣，都被他在接见会上刺死，或者在宫门口杀害，或者"用剧毒的毒药"害死。越是天下大乱，米朗就越是疯狂：他用一个特殊笔记本记录准备杀掉的人的名单，这份名单上的名字很快就超过 300 个。[14]沃伦·黑斯廷斯得知西拉杰的家人被大规模屠杀之后，写信给加尔各答："任何论点都不能为如此残暴的恶棍辩护和辩解，（并且，先生，恕我直言）我们支持这样一个暴君也是不可原谅的。"[15]

但是，东印度公司非但不帮助米尔·贾法尔，还在积极地破坏支撑他的政权的孟加拉经济。东印度公司这么做，可以说是杀死下金蛋的鹅。普拉西战役之后，不受任何监管的英国私营商人开始在孟加拉扩大经营，接管市场，作威作福。在米尔·贾法尔的宫廷政变之前，这是他们想都不敢想的。到1762 年，至少 35 家这样的私营公司在孟加拉各地超过 400 个新的英国贸易站活动。这些私营公司藐视当地官员的权威。虽然当地政府向它们征收的赋税、通行税和关税微不足道，但它们仍然拒不纳税；它们还非法侵占土地。就这样，它们逐渐蚕食孟加拉的经济，就像入侵的白蚁不断咬啮看似坚固的木结构的内部。[16]

才华横溢但性格软弱的亨利·范西塔特是黑斯廷斯的朋友，刚刚接替克莱武成为总督。他努力遏制上述种种弊端，不

---

① 设拉子的萨迪（1210~1291?），最重要的波斯诗人之一。他不仅在波斯语诸国享有盛誉，在西方国家也十分有名。萨迪作品中有六百多首抒情诗保留下来。他的成名作有《果园》和《蔷薇园》。

过总的来讲是徒劳的。用范西塔特的话说："他们［英国的诸多私营公司］开始从事之前被禁止的贸易，并干预当地的事务。纳瓦布频繁地抱怨。"[17]其中一些英国商人的业务规模极大：1762～1763年，阿奇博尔德·基尔已经拥有13000名员工，每年生产12000吨食盐，尽管根据当地法律，纳瓦布拥有食盐贸易的垄断权。[18]

利用时局、借助暴力来敛财的人有很多，不只是东印度公司的官员。任何人只要向东印度公司支付足够的钱，就可以买到通行证、许可证，还可以租借印度兵。米尔·贾法尔特别强烈地抗议了法国商人舍瓦利耶先生的行径：此人搞到了东印度公司的许可证和一个营的印度兵，然后"以非常凶暴和专横跋扈的方式"向阿萨姆人民强买强卖。[19]根据另一个法国人莫达沃伯爵的说法，舍瓦利耶先生"把一大批食盐和其他商品运到富庶的阿萨姆省，并得到英国人发放的通行证和印度兵的护卫。他运用这支武装卫队去销售他的商品，在谷地站稳脚跟之后，立刻派遣他的士兵去找最富裕的居民，强迫他们用他规定的高价购买大宗食盐。他还借助暴力卖掉了自己的其他商品"。[20]

莫达沃伯爵注意到，距离加尔各答越远，局势就越不堪："到访恒河上游的欧洲人会发现，那里负责东印度公司事务的人都是无恶不作、肆无忌惮的强盗，或者是可耻的奸诈小贼，他们玷污了英国人的荣誉，似乎完全抛弃了英国人的荣誉感和人道精神。"

这个民族的道德观在别的地方都值得尊重，但他们在这里变得极端堕落。这让所有正派的、有头脑的观察者都

144

忍不住悲哀。英国军人和商人为了谋取私利可以无所不用其极，并且不用担心受罚。我看到有些英国人已经把自己的职责忘得一干二净，为了向一些不幸的印度人强取豪夺，甚至将他们活活打死。

这个国度在无政府状态当中痛苦呻吟，法律失去了神圣性，道德腐化不堪，人民在五花八门的压迫之下呻吟。这一切都是因为这个曾经伟大的帝国土崩瓦解，造成了衰败与混乱，合法统治者没有公信力也没有权威。肥沃的土地正在化为荒漠。除非突然间发生一场全面的变革来恢复它往昔的荣光，否则这个国家就完了。[21]

这一次，仍然是年轻的沃伦·黑斯廷斯（当时在加尔各答上游的穆尔希达巴德）发出警报，检举许多非法活动，揭露在孟加拉各地发生的肆无忌惮的敲诈勒索罪行。他写信给自己的朋友和同盟者范西塔特："我向您呈报一桩急需申诉的冤情。此事若得不到妥善处理，将会让纳瓦布与公司之间建立稳定与长久和谐关系的一切努力都付之东流。我指的是某些人以英国的名义进行的种种压迫。"

我确信不疑，为非作歹的不只是我们的臣民。全国各地都有人假冒我们的印度兵，或者自称是我们的代理或经理，然后打着我们的旗号作恶。一方面，英国的强大力量让老百姓不敢抵抗，另一方面，老百姓又很难接触到有能力为他们伸张正义的人，所以我们未能知晓以我们的名义犯下的种种罪行。于是恶人更加有恃无恐。这就严重玷污了我们政府的声誉。

我［在胡格利河沿线］惊讶地看到好几个地方飘着英国国旗，我看到河上的每一艘船都打着我们的旗帜。不管这些人使用英国国旗是否正当，我坚信这对纳瓦布的财政收入来说绝不是好事，对英国的荣誉来说也不是好事。[22]

"除非明确地划定纳瓦布的权威与我们的特权之间的界线，"他补充道，"否则我们永远没有办法铲除这些弊端。"[23]

此时的黑斯廷斯是在东印度公司驻孟加拉的行政机关中冉冉升起的明星。他从未见过自己的父母：他的母亲死于难产，父亲不久之后去了巴巴多斯，在那里再婚，后来去世。沃伦由祖父母抚养长大，在格洛斯特郡戴尔斯福德村的一家慈善学校与最贫穷的孩子一起读书。后来一位叔父搭救了他，把他送到伦敦，在威斯敏斯特公学就读。传说他在那里曾与爱德华·吉本（后来成为历史学家，即《罗马帝国衰亡史》的作者）一起打板球。[①] 在威斯敏斯特公学，黑斯廷斯很快成为名列前茅的学生，但在叔父去世后不得不退学，那时他只有 16 岁。他的监护人为他在东印度公司找了一份文员的工作，把他送到孟加拉，结果他到了那里之后正好赶上 1756 年卡西姆巴扎尔贸易站陷落，于是他成了西拉杰·道拉的俘虏。[24]

那时的黑斯廷斯负责在穆尔希达巴德周边的村庄收购丝绸。他的乌尔都语和孟加拉语都已经说得很流利，并且正在努力学习波斯语。他已经爱上了印度，一直说他爱印度比爱自己的祖国"更多一些"。从他这个时期留下的肖像当中，我们看

---

① 但是吉本出生于 1737 年，黑斯廷斯出生于 1732 年，两人年龄相差 5 岁，所以这个传说可能是后人附会的。——作者注

145

到的是一个瘦削、衣着朴素而谢顶的青年，穿着简朴的棕色棉亚麻混纺粗布衣服，神色坦率，表情显得很聪慧，也有些忧伤，但嘴唇的模样似乎暗示他是个有幽默感的人。他的书信也确实很风趣，让人觉得他是一个羞怯、严峻、敏感而独立自主的青年。他黎明就起床，洗个冷水澡，然后骑马一个钟头，偶尔胳膊上带着一只猎鹰。他似乎喜欢独处，"只喝一点点葡萄酒"，晚上的时间都用来读书、弹吉他和学习波斯语。他的家信里常有索要书籍的请求。[25]从一开始，他就坚定不移地捍卫孟加拉人的权益，他们在普拉西战役之后面对东印度公司代表的掳掠与剥削，简直毫无抵抗之力。黑斯廷斯写道，公司代表对民众的压迫往往"骇人听闻，我不能容忍，否则就违背了我的品格……我厌倦了向不懂得公义、悔恨和羞耻的人发怨言"。[26]他才华横溢，极其勤奋，又是少见的语言天才，所以很快就被提升为东印度公司在米尔·贾法尔宫廷的常驻代表。他的任务就是努力维护这位倒霉的纳瓦布的政权，让它不要垮台。

但是，米尔·贾法尔政权摇摇欲坠，似乎随时会垮台。政府收不到赋税和关税，因此纳瓦布的财政压力越来越大，导致穆尔希达巴德街头的暴力流血事件越来越多，纳瓦布的饥肠辘辘的士兵们现在开始恣意抢劫。这就疏远了一些原本很可能站到东印度公司支持的纳瓦布政权那边的权贵。孟加拉新政治形势的第一批受害者当中有一位名叫米尔·阿什拉夫的颇有影响力的克什米尔商人。他出身于一个以巴特那为大本营的很有文化教养的巨商世家，这个家族靠硝石（比哈尔的土壤里含有天然硝酸盐）的生产和贸易而发财。硝石是火药的重要成分，莫卧儿人也用硝石给饮料降温。

米尔·阿什拉夫的家族在穆尔希达巴德朝廷有很好的政治人脉。在普拉西战役之前，他的家族在纳瓦布支持下能够轻松地主宰硝石贸易。这让英国的硝石商人很恼火，因为他们没办法与米尔·阿什拉夫高效的收购组织竞争，所以英国商人近些年来一直在抱怨米尔·阿什拉夫垄断了所有硝石，把英国商人逐出了市场。

在普拉西战役之前，纳瓦布阿里瓦迪·汗根本不理睬英国人对米尔·阿什拉夫的抱怨，认为英国外来户对他的朋友米尔·阿什拉夫的指控极其放肆。但在西拉杰·道拉被推翻的六个月后，东印度公司在巴特那的商人不仅成功地侵蚀了米尔·阿什拉夫的生意，还借助武力控制了他的全部硝石存货。1757年8月，一个名叫保罗·皮尔克斯的特别咄咄逼人的公司代理商（他的名字出现在米尔·贾法尔写的好几封申诉信中）干脆向阿什拉夫的仓库发动了武装袭击，动用了负责守卫巴特那贸易站（东印度公司在内地的基地）的170名印度兵。他的借口是，他的商业竞争对手窝藏法国商品。这个指控显然是莫须有的。皮尔克斯扣押了该仓库里的全部硝石，尽管在巴特那的好几位英国官员出手干预，他仍然拒不归还。直到米尔·阿什拉夫亲自向克莱武本人申诉，他的财产才物归原主。[27] 147

由于英国人的胡作非为，到1760年，米尔·阿什拉夫和影响力很大的贾加特·赛特家族都转而反对新政权，并积极地写信给他们眼中唯一能把孟加拉从东印度公司的魔爪下解放出来的人。那就是新任莫卧儿皇帝沙·阿拉姆二世。他从德里逃出之后就在恒河平原漫游，积极寻找一个可供他统治的王国，并且招贤纳士，身边有许多希望恢复莫卧儿旧秩序的追随者。[28]

1760 年 2 月 9 日，也就是克莱武离开印度的仅仅四天之后，沙·阿拉姆跨过了米尔·贾法尔领地的边界卡玛纳萨河，并向他的追随者宣布，为帝国收复"繁荣而富庶的省份"孟加拉的时机已经到了。他说，他的最终目标是"获取足够多的经费和收入，去镇压［德里那位疯狂的青年维齐尔］伊玛德·穆尔克，以及所有反对皇帝的人"。[29]

米尔·阿什拉夫运用印度教的苦修者与沙·阿拉姆互通消息，传递密信。在米尔·阿什拉夫的鼓励下，沙·阿拉姆确定的第一个目标就是利用米尔·贾法尔领地愈演愈烈的无政府状态，去攻击他在西部的大本营巴特那。几天之内，孟加拉的大批莫卧儿旧贵族就拒绝向米尔·贾法尔效忠，而是支持年轻的皇帝。而这位皇帝，正在像堂吉诃德一样努力，希望能重建只剩下躯壳的莫卧儿帝国。[30]

在穆尔希达巴德分崩离析时，莫卧儿都城德里的情况甚至更糟糕：它所剩不多的财富吸引了一连串过路的军队，如同腐尸被一群群互相争斗的豺狼团团围住。它有时被南方来的马拉塔袭掠者占领和掳掠，有时又被从北方来的阿富汗入侵者占领。

在持续被外敌占领的时候，伊玛德·穆尔克在马拉塔人的支持下，设法在德里的废墟上保住了自己的权力。对于毫无实权的傀儡皇帝阿拉姆吉尔二世（沙·阿拉姆的父亲），伊玛德·穆尔克时而不理不睬，时而横加欺凌。最终，在艾哈迈德·沙·杜兰尼（他娶了阿拉姆吉尔二世的女儿）率领阿富汗人又一次入侵的前夜，维齐尔决定彻底除掉这位傀儡皇帝，免得为其所害，因为他担心艾哈迈德·沙·杜兰尼会支持自己的岳父。[31]

根据海尔·丁·安拉阿巴迪在《警世书》中的记载，伊玛德·穆尔克在 1759 年 11 月 29 日下午早些时候采取了行动，地点是 14 世纪兴建的菲鲁兹·沙要塞，它坐落在红堡以南，俯瞰亚穆纳河。"伊玛德·穆尔克不信任皇帝，也不信任陆军总司令，因为他知道总司令是皇帝的亲信。"

所以，他先是在总司令祈祷的时候谋杀了他，然后给皇帝送去假消息："有一个游方的德尔维希①从坎大哈来到城里，住在菲鲁兹·沙要塞的废墟。他是一个值得拜访的圣人！"伊玛德·穆尔克知道虔诚的皇帝喜欢接见到访的法基尔，所以一定抵制不住诱惑，想去拜访来自艾哈迈德·沙·杜兰尼家乡的圣人。

皇帝果然按捺不住，立刻出发了。他来到那个房间的门口停下脚步。仆人礼貌地取走他的佩剑，掀起门帘。他刚走进去，门帘就被降下，并紧紧闭合。陪同皇帝前来的米尔扎·巴布尔看到皇帝处于危险中，立刻拔剑与刺客交锋。但他被伊玛德·穆尔克的一大群部下制服，被缴械并塞进一顶有遮蔽的轿子送进了红堡的监狱。

与此同时，一群早就在等待皇帝抵达的邪恶的莫卧儿士兵从黑暗中冲出，用匕首捅了手无寸铁的皇帝很多次。他们拖着他的脚，把他的尸体拖出去，扔到下方河岸的沙滩上，剥去他的外套和内衣，让他赤身裸体地躺在那里六

---

① 德尔维希是伊斯兰教苏非派教团之一。这些神秘主义者强调通过狂喜、舞蹈和旋转表达献身的情感。德尔维希或出家隐居，或云游四方；云游四方的德尔维希叫作托钵僧，常被认为具有神奇的力量。多数穆斯林将他们视为非正统和极端分子，但该运动持续至今。

个钟头，然后才让人把他埋葬到胡马雍皇帝的陵园①。[32]

三周后，沙·阿拉姆终于收到了父亲遇刺身亡的消息。皇
子此时还在东方漫游。根据他的宫廷编年史《沙·阿拉姆本
纪》的记载，此时年轻皇子在周游恒河平原，向人们封授头
衔、承诺赐给他们土地，并努力寻求支持。这就像现代的印度
政治家在竞选一样：访问圣地，寻求圣人的祝福，举行招待
会，接见支持者和新招募来的人。[33]

沙·阿拉姆既没有土地，也没有金钱，但他竭尽全力用自
己无穷的魅力、英俊的相貌、诗意的性情和高雅的言行举止来
弥补。这位"世界之王"进不了自己的都城，但这个头衔仍
然有一些残存的魔力，所以这个身无分文的流浪者如今被广泛
地视为几乎整个印度的合法统治者，他有权授予令人垂涎的帝
国头衔。[34]年轻的沙·阿拉姆很擅长利用神圣的皇帝身份的神
秘感，以及人民对曾经国泰民安的莫卧儿统治的越来越强烈的
怀旧感。就这样，他招募到了大约2万名追随者和失业的雇佣
军人，其中大多数和他一样一贫如洗。在皇帝的钱袋空空如也
的同时，皇帝的克里斯玛（领袖魅力）却越来越重要。

除了金钱之外，沙·阿拉姆最缺的是现代欧洲风格的步兵
部队和能够攻城拔寨的炮兵。不过，就在得知父亲遇刺的消息
不久前，命运给他的这两个问题送来了部分解决方案。风度翩

---

① 胡马雍（1508~1556）是莫卧儿帝国的第二代皇帝。他早年被阿富汗统
治者舍尔沙打败，丢失了自己的领地，后在波斯萨非王朝的帮助下收复
失地并大大扩张领土。莫卧儿帝国的宫廷文化于是呈现波斯色彩。波斯
语言、艺术、建筑和文学对印度产生了极大影响。他的陵园位于新德里
东南郊亚穆纳河畔，巧妙融合伊斯兰教与印度教的建筑风格，1993 年被
联合国教科文组织列入世界文化遗产名录。

149

翻的苏格兰裔法国逃亡者和军官让·劳·德·劳里斯顿来到了沙·阿拉姆身边。对法国人来说，金德讷格尔陷落和普拉西战役是双重灾难，暂时挫败了法国人在印度东部和北部的野心。在这两场灾难不久之后，劳成功地逃离孟加拉。他还在躲避英国东印度公司军队的时候，偶然来到了沙·阿拉姆的营地。他见到这位年轻、雄心勃勃而魅力十足的皇帝，不禁喜出望外。

沙·阿拉姆没有试图在劳面前掩盖自己处境的困难。他告诉劳："不管我走到何处，都会发现觊觎皇权的人，无论是纳瓦布还是王公，他们都习惯了自行其是，独立自主对他们来说极好，他们不愿意为了我挺身而出。除了寻求他们的帮助，我别无办法，除非上天通过某种不寻常的神迹来宣布支持我。在这里，整个孟加拉都处于动荡中，上天说不定真的会为了我而施加干预。但说不定我的末日就在眼前。我只能走一步算一步。"[35]

沙·阿拉姆的接见让劳受宠若惊，但他是个经验丰富、吃过苦头的人，所以对这位新皇帝取得成功的可能性表示怀疑，尤其是因为劳很熟悉沙·阿拉姆依赖的那些莫卧儿贵族。劳向历史学家古拉姆·侯赛因·汗吐露心迹："从孟加拉到德里，我游历极广，但在每一个地方，我见到的都是穷人受压迫，旅人遭抢劫。"

> 我希望那些著名的权贵，比如舒贾·道拉［奥德的维齐尔］、伊玛德·穆尔克或其他人，能够为了荣誉、为了妥善的治理而奋起，整顿孟加拉的秩序并镇压英国人，但他们当中没有一个人愿意承担这项使命。他们从来不考

150

虑自己的行为是多么可耻……印度的贵族是一群混乱无序、反复无常的傻瓜，他们之所以存在，纯粹是为了毁掉人类世界。[36]

劳带来了一支虽然衣衫褴褛但坚定不移的小部队，只有100人，是北印度最后的一群法国士兵；另外还有一个由200名印度兵组成的久经战阵、训练有素、纪律严明的步兵营。他把这些部队献给沙·阿拉姆，皇帝欣然接受。1759年12月23日，在安拉阿巴德附近的戈陶利，年轻的皇帝结束了为父亲举行的三天哀悼，从营帐中走出。

据莫卧儿历史学家沙基尔·汗记载："在他登上皇位的那个胜利的日子，神圣的皇帝陛下、真主的影子、大慈大悲的真主的副手、庇护全世界的皇帝，在世人的支持与欢呼之下，命令铸造新的钱币，并以世界之王、勇士、皇帝、高贵者、拥有古代波斯帝王之荣耀光环的沙·阿拉姆的名义举行'呼图白'① 讲道。愿真主让他统治千秋万代！"[37]

不久之后，宫廷画师米希尔·昌德为沙·阿拉姆绘制了庄严的登基肖像。以沙·阿拉姆的名义新铸造的卢比被分发到军营各处，将领和军官们纷纷前来道贺。劳写道："我荣幸地被任命为'米尔阿迪什'，即莫卧儿帝国的炮兵总监，尽管我手头没有一门重炮。不过在名义上，整个帝国的所有大炮和燧发枪都归我管辖。"

---

① 呼图白（Khutbah）指伊斯兰教在公开正式场合的演讲。"呼图白"一词音译自阿拉伯语，意即"演讲"。通常在主麻日和宗教节日礼拜时，由毛拉或阿訇对信众宣讲教义。通常也会提及君主，表示他仍在位。

随后，其他许多军官获得了任命。这次典礼进行得很顺利，伴有喇叭的演奏声和礼炮声……

此时整个国家都在熊熊燃烧，不计其数的派系把国家撕扯得支离破碎。并且，皇帝麾下的军官也分成好多派，不存在统一的指挥，而且他们已经好几个月没有领到军饷。军中完全没有经费和军需物资……我让人制造了一批刺刀，将其固定在长竿上，然后用这些兵器武装了追随我们的大约 300 名科利人①。我让他们排好队伍，在我的正规印度兵后面行进，这样就大大增强了我们的兵力。我还拥有一支莫卧儿骑兵队，大约 15 人，有很好的战马……这不是一支雄壮的大军，但我现在是"米尔阿迪什"，就像沙·阿拉姆已经成为皇帝一样。这种信念，就是我们的一切。[38]

沙·阿拉姆旨在收复孟加拉的军事行动旗开得胜。皇帝顺利渡过卡玛纳萨河，在一次接待会上正式要求孟加拉的人民、地主和统治者们向他宣誓效忠，还命令他们"别再玩忽职守"。几天之内，胡格利河以西的三名重要的孟加拉柴明达尔宣布支持新皇帝，米尔·贾法尔的两名最资深的将领也支持皇帝。他们都带领自己的军队火速赶往西方，与皇帝会合。[39]

---

①　科利（Koli）人是印度拉贾斯坦邦、古吉拉特邦、喜马偕尔邦、北方邦等地的一个族群。

沙·阿拉姆决定抢在米朗和东印度公司的指挥官约翰·卡约少校带领增援部队从穆尔希达巴德赶来之前，立刻发动进攻。2月9日，皇帝的军队开始推进，在巴特那城外不远处的马苏普尔与巴特那总督拉姆·纳拉因王公指挥的公司印度兵部队交锋。战场在德瓦河两岸。古拉姆·侯赛因·汗写道，"从英国人的战线发出的子弹像冰雹一样"，但年轻皇帝的军队抢先进攻，"突破了敌人的战线，打得他们转身逃跑……"

> 英国人的枪炮都沉寂下来，并且敌人败退的时候，[沙·阿拉姆麾下的将领卡姆加尔·汗] 就扑向拉姆·纳拉因，他还 [骑着大象] 带领一群士兵坚守阵地……拉姆·纳拉因的军队兵败如山倒，他本人也不得不逃命。卡姆加尔·汗向他投掷长矛，把他打成重伤……他在象轿内无言地倒下，但他的运气很好，象轿的护栏遮挡住了他的身体……拉姆·纳拉因失去了知觉，于是赶象人驱使大象调头逃跑……皇帝对这次胜利很满意，命令奏乐庆祝，但没有追击败军。[40]

允许落败的敌人撤退并疗伤，这也许是一种高尚的义举，但古拉姆·侯赛因·汗相信这也是致命的错误："如果胜利者穷追不舍，就能立刻占领巴特那城，因为城内没有一名士兵。然后皇帝的军队就能掳掠该城，并消灭身负重伤、动弹不得的拉姆·纳拉因。但是，命运要挽救这座城市，所以卡姆加尔·汗满足于掳掠城墙之外的平原，强迫那里的人们纳贡。"[41]

巴特那城内的部分英国人乘船逃往下游。但拉姆·纳拉因的军队在城内很安全，因为在他们紧闭城门之后，皇帝因为没

152

有攻城大炮或其他攻城器械而一筹莫展。

关于皇帝获胜的夸张传闻很快就传到了穆尔希达巴德，那里的朝廷手足无措，米尔·贾法尔深知自己的政权极不稳定，所以陷入了深深的绝望。[42] 但是，皇帝的胜利很短暂。不到一周后，卡约少校和米朗率军开进巴特那，增援了那里的驻军，然后出城去对抗皇帝的军队。卡约指挥部队的一翼，米朗指挥另一翼。皇帝的部队首先攻击米朗的骑兵。

卡约后来写道："敌人斗志昂扬地向我们冲来，不过他们的队形有些混乱，而且是按照东方人的战法，分成好几个互相独立的大群。"[43]

米朗的军队在敌人的冲锋之下阵脚大乱。古拉姆·侯赛因·汗写道："米朗的衔级和地位都很高，但他顾不上这些，手忙脚乱起来，掉头就跑；他的指挥官们不情愿地跟着后撤，拼命喊他回去，但他不理睬。"皇帝的弓箭手穷追不舍，包围了米朗乘坐的大象，向他的象轿射箭："一支箭击中了米朗，打碎了他的几颗牙；他用手捂嘴的时候，另一支箭射中了他的脖子。"但卡约麾下纪律严明的公司印度兵守住了阵地，构成一个方阵，用他们能够使用的所有滑膛枪在近距离猛轰莫卧儿军队的侧翼和后方。滑膛枪近距离齐射的威力是非常可怕的。数百人倒在弹雨中。不久之后，就轮到皇帝的部队溃散了。

但沙·阿拉姆千里迢迢从德里来到这里，可不是为了遇到挫折就放弃。他让劳护送辎重和大炮回营，自己大胆地集结了一小队精锐的莫卧儿轻骑兵（由卡姆加尔·汗指挥）。他非但不撤退，反而从乡村继续东进。古拉姆·侯赛因·汗写道："他决心把敌军甩在背后，从山区抄近路，直接攻击毫无防备的穆尔希达巴德城，希望在那里擒获米尔·贾法尔本人，并控制那座富裕都城的财富。"[44]

沙·阿拉姆这支小部队的神速和勇气让东印度公司大吃一惊。好几天之后卡约才明白皇帝的意图以及他的目标，于是集结了一支精锐骑兵部队开始追击。

根据《穆扎法里历史》的记载，与此同时，比追兵领先三天的皇帝和卡姆加尔·汗"认为必须选择最快捷的路线，所以迅速翻越好几座高山隘口，以强行军通过险峻的山岭和狭窄黑暗的峡谷，然后转向南方，穿过孟加拉平原，途经比尔宾，最终抵达巴尔达曼地区"。巴尔达曼的王公是卡姆加尔·汗的叔父，已经宣布支持沙·阿拉姆，并起兵反抗米尔·贾法尔。[45]

在这里，也就是穆尔希达巴德和加尔各答之间的中点，皇帝的军队犯了一个错误：他们在那里停留了三天，休整队伍，并从对米尔·贾法尔心怀不满的孟加拉贵族手中收集新兵、经费和装备。卡约看到敌人停下脚步，如释重负。他后来写道："不知是因为犹豫不决，还是因为将领之间的分歧，他〔沙·阿拉姆〕犯了一个不可原谅的弥天大错。他没有立刻趁着老纳瓦布的两支部队没有会师的时候立即发动进攻。他〔沙·阿拉姆〕的计划极其巧妙，并且执行得也顺风顺水，但这么一耽搁就彻底毁了他。"[46]

就像之前沙·阿拉姆在巴特那城外取胜之后没有乘胜追击

一样，如今在比尔宾的耽搁也让他的敌人有机会重整旗鼓来追杀他。皇帝命令他的部队（兵力比之前略多一点）从巴尔达曼北上的时候，米朗和卡约已经追上他们，并在 4 月 4 日与米尔·贾法尔的小部队会师。现在他们一起挡住了通往穆尔希达巴德的道路。

沙·阿拉姆已经完全丧失了突袭出其不意的效果。米尔·贾法尔的两支部队会师后在达摩达河两岸的蒙哥尔科特排兵布阵。他们控制了渡口，让皇帝无法向北前进最后的几英里去占领穆尔希达巴德。如果沙·阿拉姆没有绕道往南去巴尔达曼，而是径直冲向穆尔希达巴德，他会发现那座城市几乎没有任何防御。但如今，米尔·贾法尔还不断得到增援："所有这些部队，加上英国人的部队，都去对付在河对岸扎营的皇帝军队。"

> 皇帝看到兵力远远超过自己的敌军占据了达摩达河沿岸，意识到自己如果渡河并与敌军交锋，一定毫无胜算，于是他别无选择，只能返回巴特那。米尔·贾法尔看到自己突然得胜，于是派遣一支部队去追击撤退的皇帝。但卡姆加尔·汗和其他人不断袭扰追兵，且战且退，掩护大部队和辎重安全返回了巴特那，在那里与劳的印度兵部队会合。[47]

皇帝的这次远程奔袭非常大胆，很有想象力，并且差一点就成功了。但他的机会不多了。几个月前还热情欢迎沙·阿拉姆的比哈尔人民，如今厌倦了接待这样一支纪律不严并且吃了败仗的大部队。据古拉姆·侯赛因·汗记载，比哈尔人民起初很喜欢"重建莫卧儿帝国的良好秩序"的理念，但他们"受

155　到了皇帝那些桀骜不驯的士兵和难以驾驭的将领的种种压迫与敲诈勒索；另外，他们每天都看到当时的英国军官多么严守纪律，并且英国军队在行军的时候，［军官］会严格管束士兵，秋毫无犯。果然，等到皇帝第二次进入这些地区时，我听说当地人民高声咒骂他，并祈祷英国军队得胜"。[48]

随后几个月里，皇帝的运气越来越差，军中逃兵越来越多。他的最终失败发生在 1761 年 1 月 15 日，地点是菩提伽耶（佛陀悟道的地方）附近的赫尔萨。在这里，皇帝的军队终于被好几个营的红衣①印度兵包围，走投无路。

在战役前夜，劳最后一次与皇帝一同用膳："这是很私密的一顿饭，气氛非常放松，没有平时的繁文缛节。我坦诚地告诉他，我们的局势非常糟糕。皇帝随后向我敞开心扉，讲了他遭遇的一连串不幸。我努力劝说他，为了他自己的安全和安宁，将目光转向孟加拉之外别的方向也许更好。他叹气道：'唉！如果我撤退，世人会怎么说？我的臣民现在已经对我十分冷漠，到那时还会加上鄙夷。'"[49]

次日清晨，东印度公司的军队主动进攻，从堑壕中快速推进，"一边前进，一边炮击敌人"。一门 12 磅炮发射的炮弹炸死了皇帝乘坐的大象的象夫。另一发流弹打伤了大象，它快速逃离战场，把皇帝也带走了。[50]与此同时，米尔·贾法尔运用他一贯的奸诈手段，重金贿赂了沙·阿拉姆的大将卡姆加尔·汗以及皇帝身边的好几位廷臣，"他们临阵叛变，加入纳瓦布的军队"（这是法国雇佣军人让-巴蒂斯特·让蒂的说法）。

---

① 红衣军指英国人的武装力量，因为当时英国陆军的制服上衣是红色的，为英国效力的印度兵也穿这种颜色的衣服。

"此后，战局就没有任何悬念了。将军和廷臣们全都逃到敌阵，带走了大部分莫卧儿军队。帝国军队炮兵的指挥官劳·德·劳里斯顿先生极其勇敢、精通军事并且拼死奋战，但也无力回天。这位法国军官被俘虏了。"[51]

古拉姆·侯赛因·汗生动地记述了劳英勇的最后抵抗。他看到皇帝被所有人抛弃，就连总司令也背叛了皇帝，于是决心死战到底："劳先生率领一支小部队和他能够收集的几门炮，勇敢地与英国人厮杀，在一段时间内甚至能够阻挡住兵力远远超过他的敌军。跟随劳先生的小股部队看到皇帝逃跑，不禁灰心丧气，而且他们厌倦了在皇帝麾下的流浪生活，于是掉头逃跑。劳先生看到自己被抛弃了，孤立无援，但仍然决心死战到底。他骑在一门大炮上，岿然不动，等待死神降临。"[52]

东印度公司军队的指挥官约翰·卡纳克被劳的英勇无畏深深感动，于是翻身下马，没有带卫兵，而是带着几名最高级的参谋军官，向劳走去，"摘下并挥舞帽子，仿佛向他行大礼"，恳求劳投降。"你是一位勇士，已经尽力了，你的英名无疑会永垂青史，"卡纳克恳求道，"现在请你解下佩剑，跟我们走，并放弃与英国人对抗的想法。"

劳答道，如果他们愿意"接受他携带佩剑投降，他不会反对；但如果让他交出佩剑，就是莫大的耻辱，他宁死不从；如果他们不接受这个条件，他们就必须夺走他的生命。英国指挥官敬佩他的坚定，同意让他带剑投降。随后少校以欧洲人的风俗与劳握手，双方一笑泯恩仇"。[53]

后来，在公司军队的营地，古拉姆·侯赛因·汗震惊地看到米尔·贾法尔的穆尔希达巴德士兵粗野地嘲弄被俘的劳，问他："劳太太如今在哪里？"

156

卡纳克对这句无礼的言辞勃然大怒。他说："这个人打得极其英勇，有资格得到所有勇士的尊重。你竟敢如此放肆地辱骂他，这在你的朋友和你的民族当中也许是习以为常的，但在我们这里绝对不可以。因为我们的规矩是永远不要侮辱落败的敌人。"嘲弄劳的那个人受到这样的训斥，赶紧闭嘴，不敢回话。虽然他是个有身份的指挥官，但他还是灰头土脸地溜走了……没有人与他交谈，他走的时候也没有人起立以示尊重。

157

这件事情让古拉姆·侯赛因·汗一反常态地赞扬了在他看来毁掉他祖国的英国人：

这句斥责非常给英国人脸上增光；我必须承认，这些外国人在战争中的行为值得钦佩，无论是在激战过程中还是取胜之后，他们对待敌人的方式都是体面的。[54]

1761 年 7 月 2 日，米尔·贾法尔的儿子，"令人憎恶"、嗜杀成性而腐化堕落的米朗，死了。据说他在对抗沙·阿拉姆的战役结束后班师途中被雷电击毙。据当时在军营中的约翰·卡约说，"午夜时分，年轻的纳瓦布在帐篷里睡觉。在猛烈的暴风雨当中，他被雷电击中身亡。这件事情虽然奇特，但并没有十分不寻常的地方。雷电从帐篷顶端射入，击中了他的左胸，导致他在火焰中死去"。[55]

但此事恰巧发生在米朗屠杀西拉杰·道拉女眷的周年纪念日，所以从一开始就有人说，米朗的死是因为遭了天谴；也有人说，这根本不是事故，米朗是被谋杀的。最可疑的人是一个姬妾，她的姊妹被米朗杀害了，于是她为姊妹报仇，并放火焚烧帐篷，以销毁杀人的证据。[56]

很多人为这个嗜血而道德沦丧的王子的暴死而欢呼雀跃。但对他的父亲米尔·贾法尔来说，这是压垮骆驼的最后一根稻草。当东印度公司要求他立即偿付所有债务并且他的臣民和军队起来反叛他的时候，这位老人越来越依赖儿子的坚毅和果敢。现在儿子死了，米尔·贾法尔就一下子垮了。古拉姆·侯赛因·汗评论道："他从来就不是头脑清醒的明智之人，但如今他所剩不多的理智也烟消云散了。军队和政府事务被他完全抛在脑后，陷入了笔墨难以形容的混乱。"[57]

不过，米尔·贾法尔还有一个女婿，名叫米尔·卡西姆。米尔·卡西姆与他那位头脑混乱的大老粗岳父截然不同。米尔·卡西姆虽然出生在他父亲位于巴特那附近的庄园，但有波斯贵族血统。他身材矮小，缺乏军事经验，但年轻、能干、聪慧，并且意志坚定。[58]

沃伦·黑斯廷斯是第一个注意到米尔·卡西姆超凡品格的人。黑斯廷斯也是第一个向加尔各答明确表示，如果要妥善治理孟加拉，必须尽快更换穆尔希达巴德政权的人。他写道，米尔·卡西姆"受过与他的高贵出身相匹配的良好教育。地位崇高的人理应拥有的品质，他几乎都有。他已经多次证明自己的正直、才干以及信守诺言的品质。本省的军官和达官显贵普遍尊重他，我还读过比哈尔的柴明达尔写给他的信，其中满是

158

向他致以崇高敬意之词，并且表示渴望臣服于他"。[59]

于是，米尔·卡西姆被送到加尔各答，去会见新任总督亨利·范西塔特。在会晤期间，米尔·卡西姆提出了一个复杂的计划，既能解决东印度公司的财政问题，也能偿清穆尔希达巴德朝廷的债务：把巴尔达曼、梅迪尼普尔和吉大港割让给东印度公司，这些领土足够维持公司和纳瓦布的两支军队。范西塔特对他印象很好，决定支持米尔·卡西姆发动政变，或者说是二次革命，帮助米尔·卡西姆取代他的岳父登上纳瓦布的宝座。米尔·卡西姆向公司高官大肆行贿，包括给范西塔特本人送了 5 万英镑的现金，并给他的议事会成员一共 15 万英镑，[①]于是双方达成了协议。[60]

与此同时，1760 年 7 月 10 日，穆尔希达巴德发生了重大变故，给了东印度公司发动第二次政变的借口和完美的掩护。159 根据《帝王的乐园》的记载，"军队被欠饷多年，终于集体哗变。哗变士兵包围了宫殿，把军官从马背和轿子上拖下来，然后攀爬宫墙，向宫殿的奴仆投掷砖瓦。他们把纳瓦布堵在'四十柱宫'里，切断了宫殿的粮食和饮水供应"。

> 米尔·卡西姆与贾加特·赛特勾结，与英国高官密谋……把米尔·贾法尔带出要塞，把他送上一艘船，送到加尔各答［假装是营救他，说这是为了他的安全考虑］。与此同时，米尔·卡西姆进入要塞，登上宝座，以他自己的名义颁布关于保障和平与安全的诏书。[61]

---

① 当时的 5 万英镑超过了今天的 500 万英镑，当时的 15 万英镑接近今天的 1600 万英镑。——作者注

米尔·贾法尔得到了一支卫队，卫队由卡约（真是任何地方都有他的身影）指挥，负责"保护他免受人民的侮辱；他还被允许带走一些女眷、珠宝、财物和他想要带走的任何东西"。[62]米尔·贾法尔乘船驶向下游的时候才意识到自己与其说是得到营救，不如说是被废黜了。他大感困惑，恳求允许向他的恩公克莱武申诉。他说："是英国人把我扶上宝座，你们想废黜我，当然随你们的便。你们觉得可以随意背弃诺言，但我不会食言。我希望你们要么把我送到萨布特·忠格［克莱武］那里，因为他会为我主持公道；要么允许我去麦加。"[63]

这位年迈而失败的前任纳瓦布对东印度公司来说已经没有利用价值，所以公司不答应他的这两个要求。公司在加尔各答北部给他安排了一座朴素的宅邸，还给了他一笔不多的年金，并将他一连软禁好几个月，严加看管。东印度公司密谋并发动的第二次革命针对的是他们自己的**傀儡**，比第一次革命更顺利，并且完全没有发生流血冲突。

然而，他们扶植的孟加拉新任统治者可不像米尔·贾法尔那样好欺负。《穆扎法里历史》精辟地评论道："米尔·卡西姆很快就取得了一定程度的独立性，并不唯英国人马首是瞻。这在今天已经难以想象了。"[64]

就连对米尔·卡西姆的才干很钦佩的沃伦·黑斯廷斯也对他迅速扭转局面感到惊愕。　　　　　　　　　　160

新任纳瓦布首先自掏腰包，向穆尔希达巴德的哗变士兵支付欠饷，快速安抚了他们。然后他励精图治，整顿财政。他的行政管理能力也让所有人都大吃一惊。帕尼帕特的历史学家穆罕默德·阿里·汗·安萨里写道："米尔·卡西姆·汗非常擅长获取信息和分析书面报告与账目。他登基后立刻开始努力恢复孟加拉土地的秩序。"

他传召了政府的会计师和税吏，仔细审核他们的账目，寻找旧政权的官员贪赃枉法的蛛丝马迹。他传唤并审讯了拉姆·纳拉因王公［巴特那总督，曾帮助纳瓦布政权打败沙·阿拉姆］，并要求审阅比哈尔的税收账目。任何以军饷的名义支出的款项都受到米尔·卡西姆的税吏的审查。他派人去查清现役军人的准确数字，并根据调查结果修改记录。拉姆·纳拉因王公后来受到好几项罪名的指控，被投入监狱。他的大约 150 万卢比①私产和他的珠宝都被充公。[65]

尽管没收了这样的贪官污吏的财产，米尔·卡西姆起初还是感到很难偿清他欠英国人的债务。他把赋税增加到阿里瓦迪·汗时代的差不多两倍，每年能够收到 3000 万卢比②，也就是普拉西战役之前纳瓦布政权的岁入（1800 万卢比）的将近两倍。[66]与此同时，新任纳瓦布开始制定连贯的策略来对付英国人：他决定把下孟加拉基本放弃给东印度公司，但努力在别的地方尽可能地遏制公司的影响力。他还建立了一个高度中

---

① 接近今天的 2000 万英镑。——作者注
② 接近今天的 3.9 亿英镑。——作者注

央集权的军事政权，通过没收他怀疑有腐败罪行的官员的财产来维持军队："对被怀疑私藏财富或者对他有哪怕一丝一毫敌意的人，他毫不手软地镇压，立刻没收他们藏匿的财产。通过这种方式，大量黄金流向了米尔·卡西姆·汗的国库。"[67]

根据他重组国家的计划，米尔·卡西姆决定让自己的叔父治理穆尔希达巴德，因为他认为穆尔希达巴德太脆弱，很容易受到加尔各答的干扰。他自己则迁都到比哈尔，尽可能远离东印度公司的大本营。他先是搬到巴特那，占据了锒铛入狱的拉姆·纳拉因王公留下的要塞。米尔·卡西姆在这里短暂地主持宫廷，直到东印度公司在当地的主管、咄咄逼人的威廉·艾利斯的敌意和干预迫使他搬到下游不远处古老的莫卧儿要塞蒙格埃尔。在那里，他不必担心东印度公司的窥视。

在蒙格埃尔，米尔·卡西姆继续改革国家财政。他命令贾加特·赛特家族来见他，派兵把他们从穆尔希达巴德押解到蒙格埃尔，然后将他们囚禁在要塞中。在那里，他强迫他们偿付纳瓦布欠东印度公司的债务，并支付穆尔希达巴德军队的欠饷。

为了更好地践行自己的意志，同时也是为了保护自己免受东印度公司的侵害，他开始改革军队。米尔·卡西姆的军队在纸面上有 9 万兵力，但实际上不到这个数字的一半。他撤掉无能和腐败的将领，开始招募新的部队，组建了一支全新的由16000 名精锐莫卧儿骑兵组成的部队和 3 支欧洲风格的印度兵部队，共有约 25000 名步兵。

为了用欧洲的新式练兵法操练这些部队，他任命了两名基督徒雇佣军人为指挥官。首先是瓦尔特·赖因哈特，绰号"苏姆鲁"或"松布雷"。他是一个性情忧郁、冷漠而毫无感情的阿尔萨斯德意志雇佣军人。他的父亲是穷苦农民，在莱茵河下普法尔茨地区的摩泽尔河畔有一小块土地。赖因哈特后来加入法国军队，成为一名近卫军胸甲骑兵，在伊廷根战役中表现出色。后来他去了荷兰，心血来潮地从那里乘船到了印度。据他的同僚莫达沃伯爵说，在印度，赖因哈特很快"沾染上了印度的风俗习惯和偏见，几乎完全印度化了，就连莫卧儿人也相信他是在印度斯坦出生的。他会说几乎所有的土著语言，但大字不识一个。不过，他通过幕僚与别人大量通信"。[68]

米尔·卡西姆的第二位基督徒指挥官是霍贾·格列高利，他是来自伊斯法罕的亚美尼亚人，米尔·卡西姆赐给他的头衔是古尔金·汗，意思是"野狼"。古拉姆·侯赛因·汗见过霍贾·格列高利，觉得他是个了不起的好汉："中等身材，身强体健，面色白皙，鹰钩鼻，大大的黑眼睛，血气方刚。"[69]赖因哈特和霍贾·格列高利的任务是训练米尔·卡西姆的军队，使其能够与东印度公司的军队匹敌。他们还创办了兵工厂，为主公提供高质量的现代滑膛枪和大炮。不久之后，米尔·卡西姆就在"尽可能多地收集和生产大炮与滑膛枪，以及战争所需的一切物资"。[70]

新任纳瓦布还建立了一个相当厉害的情报网，有三名情报主管，每一位主管手下都有数百名线人。但没过多久，三位情报主管都因被怀疑搞阴谋而处死。事实证明米尔·卡西姆是一位有才干的君主，但他的统治也令人胆寒。很害怕新任纳瓦布的古拉姆·侯赛因·汗写道："满腹猜忌的君主很快就扰乱了所有的社会交往。对受怀疑的人，他随时可能没收他们的财产，将其投入监狱，或者杀掉他们……好交际、喜欢出门拜访朋友的人现在都不得不老老实实地待在家里。"[71]

不过，古拉姆·侯赛因·汗还是非常钦佩这位纳瓦布卓越的行政才华："他有一些值得赞扬的品质。"

这些好的品质能够与他坏的一面相平衡。他擅长抽丝剥茧地搞清政府事务的错综复杂之处，尤其是剪不断理还乱的财政事务；他为军队和内廷定期、稳定地发放薪饷；他尊重和奖赏有功之人和学识渊博的贤才；在开支方面，他在吝啬和奢靡这两个极端之间保持了很好的平衡；他本能地懂得应当在什么地方一掷千金，在什么地方保持克制。在所有这些方面，他都是无与伦比的伟人，也是他那个时代最不寻常的君主。[72]

不过，尽管新任纳瓦布办事高效，他的统治的黑暗面也逐渐显露出来。许多人开始失踪。富裕的地主和官僚被传唤到蒙格埃尔，被囚禁、刑讯、剥夺财产，不管他们是不是真的犯有贪腐的罪行。安萨里写道："很多人仅仅因为受到怀疑就被处决。这些杀戮让人们心生畏惧，敢怒不敢言，没有一个人可以在自家高枕无忧。"[73]

在 1761 年 1 月的赫尔萨战役之后，莫卧儿皇帝的处境令人意想不到：一个曾经卑微的贸易公司派遣雇佣军对他穷追不舍。　　163

红衣军无情地追踪他。1 月 24 日，约翰·卡纳克少校写信给在加尔各答的上级："自从上次战役以来，我们一直在追踪皇帝，距离他很近，有时发现他留下的营火还在燃烧……他的军队肯定已经土崩瓦解……他的处境非常悲惨，更多令人怜悯而不是畏惧。"[74]

但直到此时，直到东印度公司打败了沙·阿拉姆并且他的军队基本上已经作鸟兽散之后，英国人才开始理解，皇帝仍然拥有强大的道德力量。沙·阿拉姆已经一无所有，就连他的私人行李、写字台和文具盒也在他的大象逃离战场时从象轿掉落。现在他没有办法给自己的追随者提供任何有实用价值的东西，但他们仍然对他顶礼膜拜。卡纳克写道："仅仅皇帝这个称号，就能让所有人对他产生强烈的好感。这的确令人难以想象。即便如今他穷困潦倒，穆斯林和印度教徒也仍然对他抱有一种崇拜。"

卡纳克是优秀的军人，也是精明的政治家。他极具洞察力地写道："我们将来也许能够利用民众对皇帝的爱戴；与此同时，长期扰乱这个省份的麻烦的根源就要被铲除了。"[75]

在战败之后，沙·阿拉姆也重新思考了自己与东印度公司的关系，并认识到，双方都拥有对方想要的东西。毕竟他并不打算直接统治孟加拉。自阿克巴大帝任命他曾经的敌人拉杰普特王公贾伊·辛格为军队总司令以来，莫卧儿人就一直擅长化敌为友。沙·阿拉姆似乎在思考，也许现在他可以利用英国人来达到自己的目的，就像阿克巴利用拉杰普特人一样。在绝大多数印度人眼中，东印度公司并没有合法的统治权。沙·阿拉姆有权赋予东印度公司需要的合法性。也许他可以和英国人合作，借助英国军队杀回德里，消灭篡位者伊玛德·穆尔克，夺回理应属于他的皇位？

1月29日，皇帝的信使来到卡纳克的营地，提议双方合作。使者在两个阵营来回穿梭，消息被送到加尔各答。最终在2月3日，双方在加雅①附近的一座芒果树林会晤。古拉姆·侯赛因·汗在现场，因为他的父亲自告奋勇担当沙·阿拉姆与英国人谈判的中间人。古拉姆·侯赛因·汗写道："皇帝率军以作战阵形向英国人的营地进发。大约正午，少校带领他的军官们来了。"

> 他摘下帽子，用胳肢窝夹着，徒步上前，走到皇帝的大象附近。皇帝请他上马。于是卡纳克上了马，独自走到距离皇帝的大象一箭之遥的地方。我父亲骑着大象，跟在皇帝后面不远处。他俩都带着部队，士兵们全副武装，准备就绪。
>
> 在部队将要扎营的地方，皇帝应卡纳克少校的邀请，步入树林中央的花园内的帐篷，英国人在那里照例用槟榔、植物精油和玫瑰水欢迎皇帝，还有舞女和乐师助兴。[76]

次日，两支军队一起前往巴特那。东印度公司很少有人见过莫卧儿皇帝，随着沙·阿拉姆驾临的消息传开，比哈尔的全体英国人都来见他，挤在街道两边的人群里，只为一睹他的真面目。这景象很讽刺：胜利者兴高采烈，想方设法地礼遇失败者，这位失败者自己也感到意外，因为他在前一年的大部分时间里都在努力尝试将英国人逐出印度。并且这次会晤的译员是

---

① 加雅是今天印度比哈尔邦的一座城市。加雅即"菩提伽耶"这一地名中的"伽耶"，是印度历史名城，据说三大神之一的毗湿奴曾在此出现，所以它是印度教徒崇拜的旅游圣地之一。该地距佛陀悟道的菩提伽耶很近，所以也是佛教徒的朝圣地。

阿奇博尔德·斯温顿，恰恰就是他在赫尔萨战场上追逐沙·阿拉姆的大象，还把皇帝的私人行李据为己有。[77]

165   不过，双方都认识到，合作就能共赢，所以都各自演好自己的角色。古拉姆·侯赛因·汗写道："英国人忙着把他们的贸易站装饰成皇帝的御座厅，把他们的长餐桌摆成印度斯坦的宝座。"

> ［不久之后，］地上铺着豪华地毯、墙上挂着富丽堂皇的壁毯的大厅，就显得金碧辉煌了……大群英国人聚集于此。他们听说皇帝来了，就在少校的带领下，徒步去迎接皇帝。见到他之后，他们继续步行，带着他的便携宝座。皇帝在贸易站的大门前下轿，步入大厅，端坐在宝座上。英国人站在宝座的左右。少校深深地向皇帝鞠躬，然后落座。[78]

唯一对这种新局面不悦的人就是新任纳瓦布米尔·卡西姆。他很有理由担心，现在既然东印度公司已经控制了皇帝，那么一个驯顺的纳瓦布的利用价值就大大降低了，所以东印度公司也许会请皇帝任命公司的人为纳瓦布。米尔·卡西姆为了这事而焦虑是正确的：加尔各答的议事会的确考虑过这一点，但决定暂时不这么做。[79]

米尔·卡西姆终于见到了他的皇帝。"世界的救主"坐在东印度公司的一座鸦片贸易站的临时宝座上。经过一番幕后的讨价还价，双方做了一笔交易。米尔·卡西姆按照规矩三次向皇帝鞠躬并宣誓效忠，然后正式奉上1001枚金币，"以及一些珍稀而贵重的织物，用来做衣服，还送了一些珠宝和其他的贵重礼品。皇帝接受了他的效忠，赐给他一个珍珠项圈和一件饰有黑鹰羽毛的头饰"。

根据莫卧儿宫廷的规矩，这就相当于正式的册封，确认米尔·卡西姆为孟加拉、比哈尔和奥里萨的总督，算是对东印度公司发动的连续两次政变加以追认和合法化。作为回报，米尔·卡西姆宣布孟加拉将会重新向莫卧儿皇帝输送每年的赋税，并承诺每年交出 250 万卢比的巨款，相当于当时的 32.5 万英镑。与此同时，英国人给皇帝提供每天 1800 卢比的生活费。①[80]

东印度公司与皇帝的冲突就这样以意想不到的方式解决了，双方都有理由高兴。尤其是沙·阿拉姆一下子拥有了比过去任何时候都更多的财富，有了几周前想都不敢想的稳定收入。只有一件事情让他失望了：沙·阿拉姆希望他这个有价值的新盟友东印度公司立刻派遣一个团的印度兵，帮助他到德里复位。公司军队中的很多人，甚至加尔各答的一些人，都对远征德里很有兴趣，但考虑到都城局势动荡（嗜血的阿富汗君主艾哈迈德·沙·杜兰尼又一次不请自来），范西塔特最终决定"等到雨季结束之后"再考虑是否帮助沙·阿拉姆返回都城。[81]

三个月后，沙·阿拉姆看到自己重返红堡的计划毫无进展，于是焦躁地宣布自己要启程。他说自己的下一站是奥德。他希望那里富裕而强大的纳瓦布舒贾·道拉会更听话。

米尔·卡西姆很高兴能够摆脱皇帝，为了让皇帝赶紧走，

① 当时的 32.5 万英镑相当于今天的 3400 万英镑，当时的 1800 卢比相当于今天的 23400 英镑。——作者注

还一口气拿出了承诺的年度赋税的一半。东印度公司已经从皇帝那里得到了他们想要的东西，所以也没有理由留他。沙·阿拉姆收到了整个北印度所有主要军阀表示正式臣服的书信之后，于 1761 年 6 月 5 日启程西进，前往孟加拉与奥德的边境。[82]

卡纳克少校以全套军礼护送他到了卡玛纳萨河岸边。皇帝于 6 月 21 日渡河进入奥德，在那里受到纳瓦布舒贾·道拉的欢迎。皇帝正式任命他为莫卧儿帝国的维齐尔。但是，舒贾和英国人一样，也告诫皇帝暂时不要返回德里，因为阿富汗人正在占领那座城市。据当时正为舒贾效力的法国雇佣军人让-巴蒂斯特·让蒂说："维齐尔向皇帝警示了杜兰尼的真实意图。"

> 杜兰尼的目标是，等到控制了所有的帖木儿皇族①的公子王孙之后，就彻底消灭帖木儿皇族。目前唯一拥有自由的帖木儿皇族成员就是沙·阿拉姆。杜兰尼的计划是征服印度斯坦，而一位莫卧儿王公的存在对他的野心来说只能是令人恼火的麻烦。所以，对皇帝本人和印度斯坦来说，最重要的事情就是皇帝绝不能自投罗网。沙·阿拉姆感谢舒贾·道拉的良好建议，谢绝了杜兰尼让他回到德里的邀请。[83]

167

与此同时，孟加拉处于米尔·卡西姆和东印度公司的联合统治之下，而双方的关系越来越紧张。

---

① 莫卧儿皇族是帖木儿的后裔。

在随后两年（1761~1762）里，孟加拉的两个对立的政府公然处于敌对状态。双方关系持续恶化的原因是，公司的私营商人凶暴地、贪得无厌地滥用自己的特权，渗透孟加拉经济，破坏米尔·卡西姆的统治根基。

这些私营商人经常扣押和虐待纳瓦布的官员，让他几乎无法治理国家。纳瓦布的被害妄想症也越来越严重，总以为巴特那的英国贸易站总管威廉·艾利斯在煽动叛乱。艾利斯在1756年的加尔各答围城战中失去了一条腿，后来变得对印度的一切都充满恨意，所以他产生了一种变态心理（几乎可以说是虐待狂心态），特别喜欢无视米尔·卡西姆的主权，想方设法地破坏米尔·卡西姆的独立性。

亨利·范西塔特相信米尔·卡西姆主要是个受害者而不是施害者，范西塔特在议事会的亲密盟友沃伦·黑斯廷斯也是这么想的。黑斯廷斯在穆尔希达巴德担任常驻代表期间政绩斐然，所以被火速提升为范西塔特的副手。现在很多人说，黑斯廷斯将来可能成为总督。他热切希望能够在孟加拉成功地实现莫卧儿帝国和公司的联合统治，也是他第一个慧眼识珠，发现米尔·卡西姆的才干。所以，黑斯廷斯现在非常积极地为米尔·卡西姆辩护。"我从未见过比纳瓦布更坦诚、更懂得克制的人，"黑斯廷斯写道，"他致力于和平。如果我们这边维护和平的决心能有他的一半，就根本不会产生纠纷……他每天都受到种种冒犯，任何一种比虫子优越的生灵都无法容忍他受到

168

的冒犯……全世界都看到纳瓦布的权威遭到公开的侮辱，他的官员被囚禁，他的要塞遭到攻击。"[84]黑斯廷斯补充道："如果我们英国人不是在这个国家称王称霸、恃强凌弱，而是满足于公平诚实的贸易，那么我们就会在所有地方都得到尊重和礼遇。"[85]

1762 年 2 月初，艾利斯自作主张地把米尔·卡西姆手下的亚美尼亚裔高官霍贾·安东逮捕并关押在英国贸易站。米尔·卡西姆写信给艾利斯，抱怨道："我的仆人遭到这样的侮辱，我写信也是徒劳。我的权威遭到了怎样的削弱，我简直无法描述。"此后，米尔·卡西姆发誓再也不与艾利斯通信。[86]

在这之后，连续许多个星期，米尔·卡西姆写了一封又一封语调越来越绝望的长篇波斯文书信，向身在加尔各答的范西塔特倾诉。但这位年轻的总督可不是克莱武，似乎没有能力节制自己的同僚，尤其是巴特那贸易站那些由艾利斯领导的人。米尔·卡西姆在 1762 年 5 月写道，艾利斯及其部下"已经下定决心要扰乱我的统治。他们冒犯和侮辱我的部下。从印度斯坦的边境到加尔各答，他们都在诋毁我、侮辱我"。

> 你们的绅士们的行为举止就是这样的：他们在各地惹是生非，敲诈民脂民膏，伤害和侮辱我的仆人，下定决心要让我的政府成为笑柄，无所不用其极地让我遭到鄙夷。他们打着公司的旗号，拿着公司的通行证，想方设法地压迫我国的农民①、商人和其他人。他们以市价的四分之一强行买走我国商人的货物与商品，借助暴力和压迫来强迫

---

① 原文是 Ryot。我将其全部换为"农民"。——作者注

农民用 5 卢比买下只值 1 卢比的东西。

您曾经将搜查船只的许可证①恩赐于我，我将其发放到各个检查站（chokey），但是英国人丝毫不尊重这些许可证。他们对我的臣民，尤其是对穷人的百般折磨，真是罄竹难书……公司的代表个个拥有极大的权力，敢于囚禁当地的税务官［纳瓦布的主要官员］，并恣意剥夺他们的全部权威。

我的领地内建起了差不多四五百个新的［英国人私营的］贸易站。我在每个地区的官员都无法执行公务，所以，由于这些压迫，由于我被剥夺了［关税］，我每年的损失高达近 250 万卢比②。既然如此，我该如何清偿债务？我该如何维持自己的军队和宫廷？既然如此，我该如何履行自己的职责，如何从孟加拉给皇帝送去他应得的税金？[87]

4 月，范西塔特派遣黑斯廷斯到上游的蒙格埃尔和巴特那，试图解决越来越严重的危机，并恢复和谐的秩序。途中，黑斯廷斯写了一系列书信，一边歌颂孟加拉的美丽，一边表达他对东印度公司恣意掳掠和压迫孟加拉的惊恐。抵达蒙格埃尔之后，他看到"风光旖旎"的沼泽中有鸭子在嬉戏，然后以雄辩的笔法、真挚的感情描写了他在旅途中目睹的"以英国人的名义犯下的累累罪行"。"我确信不疑，这种罪恶不仅限于我们的部下，而是在全国各地都有人假扮我们的印度兵或者

① 原文是 dastak。我将其全部换为"许可证"。——作者注
② 相当于今天的 3250 万英镑。——作者注

自称是我们的经理，为非作歹……"

> 在我们前方行军的一队印度兵，如果无人管束他们的话，就会淋漓尽致地展现他们的凶暴和放肆。我在途中收到了很多人对这些印度兵的控诉。不管我们走近哪一座小镇或客栈，那里的人们都逃之夭夭，商店也赶紧关门，因为人们害怕遭到我们的虐待……任何一个戴帽子的人[指英国人]只要离开了加尔各答，就摇身一变，成为君王……如果我是纳瓦布，我也不知道如何保护我的臣民和仆人免受侮辱。[88]

黑斯廷斯尤其严厉地批评了艾利斯。黑斯廷斯认为，艾利斯的行为"极不慎重，他对纳瓦布的仇恨又如此根深蒂固，所以纳瓦布知道了一定会非常怨恨东印度公司"。[89]

10 月，黑斯廷斯又一次去蒙格埃尔拜访米尔·卡西姆，这一次把总督范西塔特也带去了，让他亲眼看看真相。黑斯廷斯和范西塔特都被自己的见闻震惊了，返回加尔各答之后就决心矫正种种弊端。但是，这两个年轻人没能说服议事会的其他成员。大多数成员决定派遣最咄咄逼人的詹姆斯·艾姆亚特（他是艾利斯的朋友）去做一次调查，去训斥米尔·卡西姆，并要求公司的所有雇员和经理都完全不受纳瓦布政府的控制。

黑斯廷斯坚决反对。"现在有人提议，让为我们服务的所有人都不受纳瓦布政府的司法管辖，"他写道，"这就给了他们压迫民众的全权……这样的体制必然会让饱受欺凌的居民对英国人产生憎恨。纳瓦布听到自己民众的哭喊哀号，又没有办法替他们申冤，那么必然会希望摆脱对他来说极其屈辱的联盟。"[90]

温文尔雅的让蒂做出了正确的判断："英国人如果遵循了黑斯廷斯先生的睿智建议，一定能在与纳瓦布分道扬镳时避免大的灾祸。但一群道德败坏的英国高官，因为负债累累，所以决心通过侵害公众来发财，于是他们的野心导致了一场战争。"[91]

1762 年 12 月，艾姆亚特正要离开加尔各答的时候，米尔·卡西姆走了一招妙棋。在忍受艾利斯的暴力压迫与侵犯两年之后，纳瓦布决定发动反击，抵制东印度公司的侵犯。他决心明确表达自己的立场。

他深知，他的官员极少能够成功地让有武装的公司据点依法缴纳各种赋税和关税，于是他干脆在全国废除了这些关税。他"宣布，既然他没有办法从富人那里征税，那么他也不会向穷人征税"。[92]通过这种方式，他剥夺了英国人相对于本地商人的不公平的优势，尽管这会让他个人和他的政府损失惨重。

不久之后，1763 年 3 月 11 日，米尔·卡西姆的部下和东印度公司雇员之间开始发生武装冲突，在达卡和贾法尔甘吉发生了斗殴。米尔·卡西姆的部下有新军队做后盾，开始抵抗东印度公司经理们的胡作非为，经常与他们的印度兵卫队对峙；米尔·卡西姆的一名官员甚至下令处决所有自称得到东印度公司保护的人。两名臭名昭著的公司经理的住宅遭到突袭，他俩都从后门翻墙逃走。与此同时，米尔·卡西姆的部下开始阻拦在孟加拉航行的英国船只，封堵公司私营商人的路线，扣押他们的硝石、鸦片和槟榔果。有一次，公司的印度兵企图夺回被扣押的船只，结果引发了斗殴，又升级成动刀动枪的武装冲突，导致多人死亡。开始有人谈论战争。[93]

5月23日，艾姆亚特抵达蒙格埃尔，企图强迫米尔·卡西姆撤销自由贸易的命令，这时与艾姆亚特一同前来的一艘船在河坛靠岸时被米尔·卡西姆的警察扣押。古拉姆·侯赛因·汗记载道："那艘船上载满货物，货物底下藏着500支燧发枪，是要送给巴特那贸易站的。古尔金·汗〔野狼，就是米尔·卡西姆的亚美尼亚指挥官〕打算扣押这批军火，而艾姆亚特先生坚持要求放行，甚至不准搜查它。"[94]

双方僵持不下，米尔·卡西姆考虑逮捕艾姆亚特。他告诉艾姆亚特，他认为自己与东印度公司已经处于战争状态，并且他认为艾姆亚特的行动仅仅是掩护别的敌对行动的幌子。但"经过长时间的谈判"，米尔·卡西姆"允许使者离开……艾姆亚特先生发现再留下去也徒劳无益，于是决心返回〔加尔各答〕，就告辞了"。[95]

172　　　　恰恰在这个时候，艾利斯决定用武力夺取巴特那。他早就觉得黑斯廷斯和范西塔特在米尔·卡西姆所谓的"矫揉造作"面前过于软弱和驯顺。现在艾利斯决定自己采取行动。但米尔·卡西姆的情报机构已经在巴特那贸易站安插了间谍，所以纳瓦布很快就知道了艾利斯的计划细节。米尔·卡西姆给他曾经的庇护者黑斯廷斯和范西塔特写了最后一封信："艾利斯先生已经在准备云梯和攻城塔，企图占领巴特那要塞。现在你们可以采取在你们看来最符合东印度公司利益、最符合你们自己利益的措施。"[96]然后，他命令"野狼"动员军队。

此时艾利斯手下有300名欧洲人和2500名印度兵。6月23日，也就是普拉西战役的周年纪念日，巴特那贸易站的安德森医生在日记中写道："贸易站的绅士们得知，［野狼的］大群骑兵和步兵正在向巴特那开进，所以战争似乎不可避免。绅士们觉得最好是先发制人，先抢占巴特那城。"他们筹划反叛莫卧儿权威的地点，恰好就是十八个月前他们向沙·阿拉姆宣誓效忠的地方。

24 日全天，艾利斯的部下在忙碌地准备：把竹子做的云梯捆扎起来，堆放并清洁军械，准备火药和炮弹。大炮被装上炮车，马匹也备好了。午夜刚过，东印度公司的印度兵和商人拿起滑膛枪，全副武装地在贸易站主楼之外整装待发。[97]

25 日凌晨 1 点，贸易站大门敞开。艾利斯率领他的印度兵部队离开了贸易站，开始向沉睡中的巴特那城进军。东印度公司和莫卧儿人又一次兵戎相见。

第五章　血腥的混战

　　东印度公司的印度兵分成两队，在全城分散开。其中一队冲向城墙，在那里，他们竖起云梯，静悄悄地爬到城墙的步道上。他们不动声色地快速占领了所有堡垒，在每一座有穹顶的塔楼内用刺刀戳死正在睡觉的小群哨兵。

　　第二队人马由艾利斯率领，拖着大炮沿巴特那集市的主街前进。走了大约1英里，他们开始遭遇来自屋顶和宅邸门楼的滑膛枪火力攻击，起初很零星，后来火力逐渐增强。但他们快速推进，在黎明前炸毁了要塞大门，冲进了这座古老的莫卧儿要塞。历史学家穆罕默德·阿里·汗·安萨里写道："他们冲进要塞后，扑向那里的士兵。其中一半还在睡觉，另一半已经醒了，躲在临时搭建的狙击阵地上。英国人杀死了很多守军，不过也有些人逃到角落里的安全地带。"

随后公司的印度兵打开了要塞的西门，把在门外等候的友军放进去。然后他们又兵分两路，沿着通往觐见厅和市场的道路推进。市长在要塞内，他意识到发生了什么样的祸事之后，立刻率军去对抗英国人，并在集市附近与他们相遇。在激战中，双方都伤亡惨重。

174

战斗刚打响，总督手下的一名指挥官勇敢地前进，被一阵猛烈的葡萄弹齐射打伤。其他官兵看到这景象，不禁乱哄哄地逃跑。总督别无选择，只能从东门逃跑，希望能赶到蒙格埃尔去见米尔·卡西姆，给他通风报信。与此同时，那名负伤的指挥官来到了［莫卧儿人的］四十柱宫［在要塞内］，紧闭大门，在宫殿内躲避，等候来日再战。

现在英国人占领了城市。他们的兵痞——来自特伦甘纳①的皮肤黝黑、低种姓的印度兵，开始掳掠商店里的货物，还分散到全城各处进入无辜百姓的家宅抢劫。[1]

艾利斯看到城内除了要塞之外已经无人抵抗，而要塞也被包围得水泄不通，于是允许部下彻底洗劫城市，"于是他们丢下了勇气，变得贪得无厌，每个人满脑子都只想着大肆抢劫一番然后溜走"。[2]与此同时，东印度公司的商人返回贸易站去用早餐。安德森医生评论道："人家经历了血腥的厮杀之后都累坏了。"[3]

但东印度公司的商人不知道的是，就在巴特那城外 3 英里的地方，逃跑的总督遇见了强大的增援部队，包括米尔·卡西

---

① 特伦甘纳地区是今天印度南部的一个邦，称为特伦甘纳邦。这个词的意思是"泰卢固人的土地"。

姆新军的四个排。纳瓦布从他的间谍那里得知英国人准备进攻巴特那城之后，立刻命令他麾下的亚美尼亚裔高级将领马卡尔将军率领这些部队从蒙格埃尔强行军赶来支援。古拉姆·侯赛因·汗写道："他们以最快的速度行军，选择河边的路线，来到城市东门，准备立刻进攻。"

175　　　英国人并不慌张，打开了城门。他们将两门大炮部署在护城河的桥梁上，士兵们一线排开，准备迎战。但马卡尔的一名部下走到了指挥官的前头，率领他的部下向英国人施放了一轮火箭，并用滑膛枪齐射，一瞬间就突破了对方的战线。英国人败退回自己的贸易站，为了此次蒙受的损失而灰心丧气。总督在此次胜利的鼓舞下敦促指挥官们追击英国人。此时还在塔楼和城墙上的公司其他部队听说东门的灾祸之后，不知如何是好，失去了他们一贯的勇气，向四面八方逃跑。米尔·卡西姆的部队取得胜利，肃清了城墙和塔楼上的敌人，收复了那些地方。[4]

东印度公司的部队很快就寡不敌众，纪律涣散，贸易站也遭到包围和攻打。因为从城墙可以俯瞰贸易站，所以英国人很快就判断贸易站是守不住的。没过多久，艾利斯放弃了贸易站，带领部下穿过水门，"带着大约三个排的士兵登上一批驳船，向西航行到奥德边境"，企图逃进中立地区。

但他们逃了不多远，在抵达恰普拉后，他们的船只遭到萨兰地区的驻军指挥官的攻击。不久之后，［米尔·卡西姆手下的德意志裔将领］苏姆鲁［瓦尔特·赖因哈特］

也追击上来。他是从位于布克萨尔的军营强行军过来的，带来了他的数千名印度兵。公司军队被团团围住，寡不敌众，别无选择，只能放下武器，全部当了俘虏。苏姆鲁把披枷带锁的英国俘虏押送到蒙格埃尔要塞内的监狱。米尔·卡西姆随后写信给他的全体官员和军事人员，命令他们逮捕能找得到的所有英国人。[5]

到这周末，比哈尔境内的 5000 名东印度公司官兵当中已经有 3000 人阵亡、被俘或者投奔了米尔·卡西姆的军队。死者当中包括加尔各答议事会派遣的使者詹姆斯·艾姆亚特。他本来已经逃到了穆尔希达巴德，但他乘坐的船只遭袭击，他因为拒捕而被杀死。"他苦苦哀求，希望被送到米尔·卡西姆那里接受裁决，但对方还是一声令下，将他和他的伙伴全都砍成肉酱。"[6]

米尔·卡西姆愤怒地写信给加尔各答方面，指控艾利斯 176 "像夜间行凶的强盗一样袭击巴特那要塞，抢劫集市和所有商人与居民，从早晨一直烧杀抢掠到下午……先生们，你们必须为东印度公司造成的损害负责，因为你们残酷地、不公地蹂躏了这座城市，摧残它的人民，抢劫了价值数十万卢比的财物。东印度公司必须向贫民支付赔偿金，就像之前加尔各答的居民 [在西拉杰·道拉洗劫加尔各答之后] 得到赔偿一样"。[7]

但此时再谈赔偿已经晚了。离弦之箭不可能回头。在比哈尔和孟加拉各地，莫卧儿精英们紧密团结在纳瓦布米尔·卡西姆周围，最后一次视死如归地努力保卫他们正在崩塌的世界，去抵抗一家外国贸易公司剥削成性的统治。我们不知道米尔·卡西姆在此时有没有认识到，但全面战争已经不可避免。

一周后，1763 年 7 月 4 日，加尔各答议事会正式向米尔·卡西姆宣战。非常讽刺的是，他们还投票决定让他年迈的岳父、前任纳瓦布米尔·贾法尔复位。米尔·贾法尔在退隐期间染上了严重的鸦片毒瘾，头脑比以前更糊涂了。老纳瓦布像以往一样对国家财政漫不经心，居然承诺向东印度公司支付 500 万卢比①，充当与他那位野心勃勃的女婿作战的军费。

三周后，大规模的公司远征军从加尔各答出征，要把米尔·贾法尔送回他曾经的都城。远征军于 7 月 28 日开拔，此时正是孟加拉雨季最酷热难当的时候。军中有大约 850 名欧洲人和 1500 名印度兵。让-巴蒂斯特·让蒂写道："英国人多少有点准备不充分，所以强迫法国战俘在亚当斯少校的部队中服役。这位军官丝毫不耽搁，立刻率军开往穆尔希达巴德，［于 7 月 29 日］在普拉西附近的卡特瓦与当地指挥官打了一仗之后占领了都城。亚当斯少校顶着瓢泼大雨来到拉杰马哈尔城外，他的士兵们吃了不少苦头。但他缴获了纳瓦布的火炮和弹药，以及他的营地内的粮草，然后迅速攻克了拉杰马哈尔。"[8]

这位纳瓦布是东印度公司在五年前扶植的，现在公司却要向他开战，这对公司来说不仅是政治上的尴尬，而且是经济上的灾难。卢克·斯克拉夫顿写道："东印度公司难以承受战争的重负，不得不从其雇员那里以 8% 的利息大量借贷。即便如此，公司派往欧洲的商船还是半空载的［因为公司没有足够

177

---

① 相当于今天的 6500 万英镑。——作者注

的金银来采购印度商品送往伦敦〕。"⁹不过，在军事上，针对米尔·卡西姆的作战虽然进展缓慢，但取得了节节胜利。

很快大家就看清楚了，米尔·卡西姆的新军队的武器装备和训练还是不足以与东印度公司那些久经沙场的印度兵匹敌。此次公司军队的伤亡比之前面对旧式莫卧儿骑兵时要多得多，但每一次双方的步兵对阵的时候，最后总是米尔·卡西姆的部队败退。公司军队在卡特瓦打了一场胜仗，亚当斯少校在那里伏击并杀死了米尔·卡西姆手下最勇敢的将军之一穆罕默德·塔基。三周后，公司军队又在盖里亚得胜。穆罕默德·阿里·汗·安萨里写道："经过激烈而英勇的斗争，米尔·卡西姆·汗的军队再一次被打败和溃散，东印度公司的旗帜胜利地迎风招展。"

　　战败的军队全力撤退到比哈尔，来到山顶要塞乌杜阿努拉。米尔·卡西姆·汗早就预料到会有这一天，所以在这里预先准备了坚固的防御阵地。在这座偏僻的要塞里，湍急的水流从山上冲刷而下，注入恒河；河水很深，河两岸都是荒野和茂密的森林；除了通过唯一的桥梁之外，没有别的道路。这座桥是米尔·卡西姆建的，他还挖掘了深深的壕沟，并在壕沟之上建造了坚固的城墙与山崖相连，足以与亚历山大城的城墙媲美；城墙对面是一个细长的湖泊，从山岭一直延伸到恒河附近。米尔·卡西姆命人在壕沟上建造了一座土桥。城墙上有步道，蜿蜒曲折，就像新娘的鬂发。这是出入要塞的唯一道路。所以米尔·卡西姆非常依赖固若金汤的乌杜阿努拉要塞，坚信英国人永远不可能攻克它；即便能攻得下，也要经过长期作战。但是命

178

运背弃了他。[10]

米尔·卡西姆新军队剩余的 2 万人就在这里进行最后的抵抗。在围城战的第一个月，亚当斯少校的重炮对坚固的防御工事几乎无计可施。但米尔·卡西姆的将领们对自己巩固的防御得意扬扬，放松了警惕。古拉姆·侯赛因·汗记载道："他们过于信赖要塞的天然防御，坚信敌人不可能强行闯进来，所以对自己的职责疏忽大意了。绝大多数有钱的军官都习惯于在晚上狂饮，然后观赏舞女的表演，或者与舞女同床享乐。"[11]

米尔·卡西姆的将领当中只有一人努力去骚扰山脚下的敌军。这是一位年轻的波斯裔骑兵指挥官，精力充沛、头脑聪慧，前不久从伊斯法罕来到印度。他的名字是米尔扎·纳杰夫·汗，后来的莫卧儿史诗将会长期传颂他的英明。纳杰夫·汗找到了一些本地人当向导，让他们带领他的一群士兵通过山脚下的沼泽。"他们静悄悄地动身，涉水而过。然后在黎明时分，他突然冲向英国人的营地，年迈的纳瓦布米尔·贾法尔就在营帐中。他们猛烈进攻，米尔·贾法尔的部队大受震撼，仿佛遭遇了地震。"[12]

但对米尔·卡西姆领导下的守军来说不幸的是，其中一名向导被俘虏了。一周后的 9 月 4 日，他带领亚当斯少校的部队通过了同一条路，经过沼泽地，来到莫卧儿要塞的背后。安萨里写道："英国人查明了米尔扎·纳杰夫·汗发动黎明奇袭时走的路线，现在也利用这条路线。他们派了一个由高个子青年组成的排来执行此次任务。"

在伸手不见五指的午夜，他们涉水而过，水淹到了他们的下巴。他们把滑膛枪和火药袋子高高举起。就这样，他们接近了要塞，竖起云梯，攀爬城墙。守军依赖于水渠和湖泊的天险，完全没有防备，正在呼呼大睡。英国人开了枪，然后扑向他们，打死打伤很多人。

在黑暗中，公司的大部队已经聚集到要塞大门前。大门被从里面强行打开之后，大部队就猛冲进去，恣意屠戮，仿佛这一天就是审判日。四面八方响起惨叫声。那些没有死在睡梦中而是及时醒来的人在慌乱之中企图逃过因为雨季降水而暴涨的河流，结果淹死在湍急而冰冷的河水中。这一夜有差不多 15000 人丧命。英国人缴获了 100 门大炮。

纳杰夫·汗设法逃过了英国人的追杀，奔向山区。但很多人淹死，或者在渡河时中弹毙命。苏姆鲁率领的一群士兵跌跌撞撞地杀出重围，到蒙格埃尔与米尔·卡西姆军队的另一支残部会合。英国人敲响胜利的鼓点，在占领的敌营升起战旗。天亮一个半钟头之后，战斗宣告结束。[13]

这一夜米尔·卡西姆不在要塞中。他去了蒙格埃尔，所以能够继续战斗。但他始终没能从乌杜阿努拉的大败中恢复元气。"他看上去十分颓唐，流露出悲哀与伤痛的种种迹象，整天陷在极端的绝望当中……他躺倒在床，饱受痛苦的折磨，辗转反侧，不再听古尔金·汗的建议。"[14]他的选项不多了，只得带着一些俘虏撤回巴特那。

现在米尔·卡西姆固执地认为自己被手下的将领出卖了，他们胆敢阴谋反对他。安萨里写道："他原本就经常显露出恶毒和残忍的本性，而如今，当他的好运气散去的时候，当他的国家四分五裂的时候，他就变得愈发残暴。"

180

> 屡战屡败让他忧心忡忡、心情抑郁，于是他决定把自己的金银珠宝以及他最宠爱的一位妻子由几名亲信仆人护送到罗赫达斯的大要塞。他驱逐了后宫的其他姬妾，简单粗暴地把她们赶到大街上。近期的两次惨败以及驱逐女眷的行为令人震惊，让他的一些仆人也不再忠诚。但米尔·卡西姆极其残忍，他身边的人都不敢有独立的思考，更不敢用言语或行动表达自己的想法，所以他的权威仍然像过去一样稳固。每天他的猜忌都更重。最终他命令处死所有俘虏。[15]

患有被害妄想症的米尔·卡西姆首先命令暗杀他最忠诚的亚美尼亚裔将领——"野狼"古尔金·汗。让-巴蒂斯特·让蒂见证了这种极端愚蠢的自残行为。他写道："在前往巴特那途中，米尔·卡西姆的敌人让他相信自己受到了大臣古尔金·汗的背叛，据说古尔金·汗受到了自己兄弟的影响，因为这个兄弟被英国人俘虏了。纳瓦布发誓要杀掉这位被污蔑为叛徒的忠臣。古尔金·汗很清楚纳瓦布的丑恶计划。我的帐篷经常搭在古尔金·汗的旁边，我和他经常一起吃饭。"

> 有一天，他很晚才来吃饭。我坐在纳瓦布的膳房送来

的各种菜肴前，开始吃喝。这时大臣［古尔金·汗］走了进来，让我不要吃，并说："你在干什么？你难道不知道，这些饭菜可能有毒？你真是太马虎了，你明明知道关于我和我兄弟的种种谣言。我有很多敌人。你要小心！"他立刻命令把这些饭菜都撤走，然后让比较可靠的人准备新的饭菜。

有人企图在从蒙格埃尔到巴特那的半路上暗杀他。因为天热，我恰好把自己的床搬到了他的帐篷前方，所以刺客以为他们的计划被识破了，于是推迟行动到第二天。那是个行军的日子。因为路况糟糕，大臣来得比通常情况要晚，并立即命令端来饭菜。他经过他的骑兵部队的营地时，在战马群中有一名莫卧儿骑兵拦住他，向他抱怨缺钱，并且粮食太贵，他买不起，尽管他刚刚领到军饷。

古尔金·汗见这人索要更多金钱，十分恼火，于是呼喊他的一名侍从。那名骑兵退下了。我热坏了，而且大臣开始谈其他的事情，于是我离开他身边，去找个凉快点的地方。我刚走了不到三十步，突然听到留在大臣身旁的侍从呼喊救命。我转过身，看见那名骑兵挥剑劈砍古尔金·汗。

他的侍从没有武器，并且和大臣一样，只穿着轻质的平纹细布袍子。要救他已经晚了，因为他被快如闪电地砍了三剑。第一剑砍断了他的脖子，第二剑劈断了他的肩胛骨，第三剑刺穿了他的肾脏。他想逃往五十步外的帐篷，却被长长的拴马绳绊倒在地，结果刺客又砍了他的面部。因为他只穿着轻质的平纹细布衣服，所以刺客的剑很容易穿透他的身体。刺客行凶之后迅速溜走了。

我赶紧跑过去，把大臣扶到轿子上，命令轿夫把他抬进帐篷。进了帐篷之后，他打手势要喝水。我们给他喂了水，但水从他脖子上的伤口里流了出来。古尔金·汗看到我在他身旁，死死盯着我，拍了自己的大腿三下，仿佛要说他被谗言害死了，我也应当注意自己的人身安全。[16]

下一个遇害的是巴特那的前任总督拉姆·纳拉因王公，他曾勇敢地与沙·阿拉姆作战。拉姆·纳拉因王公属于卡雅斯塔①种姓，出身于一个为莫卧儿人担任行政管理者的印度教徒社群，这个社群的人经常把儿女送去波斯化的学院读书。拉姆·纳拉因从小热爱波斯诗歌，曾是伊斯法罕的谢赫②穆罕默德·阿里·哈津的弟子。这位谢赫可以说是 18 世纪最伟大的波斯诗人，流亡到了瓦拉纳西。拉姆·纳拉因猜到自己被处决只是时间问题，于是写了最后一批韵文对句，用的是他的诗歌导师的风格。这些表达忧伤、听天由命的诗歌在该地区曾经非常有名：

182

够了！我的生命如同一支孤零零的蜡烛，忽闪着就要熄灭，

火光还在亮，蜡如泪珠般流下。

你的风情万种的美丽，我的黑暗日子，终将逝去，

---

① 卡雅斯塔（Kayastha）指印度的一些族群或种姓，传统角色是世俗文书的记录员、文件管理员。自中世纪以来，卡雅斯塔人经常担任政府高官和君主的谋臣。

② 谢赫（Sheikh）是阿拉伯语中常见的尊称，指"部落长老""伊斯兰教教长""智慧的男子"等，通常是超过 40 岁且博学的人。在阿拉伯半岛，谢赫是部落首领的头衔之一。南亚的伊斯兰世界也用谢赫这个尊称。

帝王的黎明，贫民的夜晚，终将逝去，

花园的访客，欢笑的玫瑰花蕾，都是转瞬即逝的，

悲哀与欢悦，终将逝去。[17]

在写下最后一首诗之后不久，身陷囹圄、披枷带锁的拉姆·纳拉因王公被苏姆鲁奉米尔·卡西姆之命枪杀。

下面就轮到贾加特·赛特家族了。艾利斯及其伙伴被逮捕的时候，米尔·卡西姆曾仔细研究了在贸易站缴获的英国人的私人文件。其中有一封马赫塔卜·拉伊·贾加特·赛特和他的亲戚斯瓦鲁普·昌德大君写给艾利斯的信，怂恿他攻击纳瓦布，并表示愿意承担军费。纳瓦布命令将这两人从他们位于穆尔希达巴德的家宅带走，安顿在蒙格埃尔的一座大型宅邸，隔壁就是一座美丽的花园，他们可以在那里尽情享乐。让蒂写道："他俩都是大富翁，富裕程度超出贪婪之辈的想象，是整个印度斯坦最富裕的银行家。"

他们通过向德里输送金钱，可以随意任命或者罢免孟加拉行省总督。他们早就习惯了让万事万物和每一个人都屈从于他们的金钱；所以他们与艾利斯、艾姆亚特和其他人勾结，就像他们之前搞过的许多次阴谋一样。但这一次，他们的阴谋败露了。

纳瓦布看过那封信之后，命令逮捕他们，给他们戴上手铐脚镣。但直到除掉古尔金·汗和拉姆·纳拉因之后，米尔·卡西姆才下定决心要惩罚贾加特·赛特。我在夜幕降临之后来到宫廷，看到纳瓦布和他的负责请愿事务的官员单独待在一起，这位官员正在呈送为那两个倒霉蛋说情

的请愿书。他们恳求得到宽恕，并说如果纳瓦布愿意保障他们的生命和自由，他们愿意拿出 4000 万卢比①。

米尔·卡西姆听了这话，转向我，呼喊道："你听到这个人说什么了吗？他是替那两人说情的。4000 万！如果我的部下听到了这话，会立刻跑去释放他们，然后毫不犹豫地把我出卖给他们！"

"你别动！"他向那位官员补充道，然后立刻传唤苏姆鲁。那个德意志杀手来了，纳瓦布向他重复了贾加特·赛特家族的提议，命令他立刻去杀死他们。与此同时，他命令在场的所有人待在原地，等待苏姆鲁回来报告已经处死贾加特·赛特家族成员。苏姆鲁说，他开枪把那两个仍然戴着手铐脚镣的人打死了。[18]

米尔·卡西姆在癫狂和绝望之中，于 8 月 29 日最后一次写信给沃伦·黑斯廷斯，请求允许他"返回自己的家园，然后去圣地朝圣［即退隐并去麦加朝觐］"。[19]

黑斯廷斯很同情这位在局势逼迫之下大开杀戒的老朋友，但他也认识到，现在要挽救米尔·卡西姆已经太晚了，因为他的双手沾了太多鲜血。黑斯廷斯写道："他因为受过许多伤害，所以满腹怨恨，再加上他天性的怯懦，以及几乎不可避免的悲惨前景，所以从这时起，他满脑子都是仇恨，丧失了一切

---

① 相当于今天的 5.2 亿英镑。——作者注

原则。于是他大肆报复和杀戮他能抓得到的每一个曾经对他不利的人，或者是与他的敌人有关联的人。"[20]

米尔·卡西姆意识到就连自己曾经的朋友也没有办法救他的时候，就打出了他手中的最后一张王牌。他写信给亚当斯少校，质疑东印度公司种种行为的合法性，并发出最后的威胁："在过去三个月里，你用军队蹂躏和破坏皇帝的国土。你有什么权力这么做？如果你决心要继续这么做，那么我一定会砍掉艾利斯先生和你们其他官员的脑袋，把它们送给你。"[21]

亚当斯在 10 月 6 日占领蒙格埃尔。在那之前不久，他给米尔·卡西姆的最后通牒做了简短的答复："如果俘虏少了一根头发，你就得不到英国人的怜悯，你一定会感受到我们最大的怨恨，我们一定会追你到天涯海角。如果你冒天下之大不韪，竟敢谋杀被你俘虏的绅士们，那么即便我们运气不够，抓不到你，你也必然遭天谴。"[22]

亚当斯的答复被送到米尔·卡西姆手中的当晚，让蒂被传唤到巴特那要塞内的纳瓦布营帐。让蒂后来写道："我看到纳瓦布孤身一人，他让我坐在宝座旁的小垫枕上。"

> 他说："我写信给亚当斯少校，警告他，如果他越过拉杰马哈尔，我就杀死我手中的所有英国俘虏，并且我手按《古兰经》发誓要这么做。他不理睬我的威胁，因为他已经占领了蒙格埃尔，并且继续前进。那么我必须要兑现誓言了吗？如果我落入他们手中，他们肯定也会这样对待我。那么我就先发制人吧！你有什么建议？你的想法是不是和我一样？"
>
> 我被他的说法惊呆了，一言不发，相信我的沉默一定

184

会比有理有据的辩驳更能表达我的惊恐。但米尔·卡西姆坚持要我开诚布公，于是我答道："我必须告诉您，如果您按照自己的誓言那么做，那么所有国家都会认为您在犯罪。而且那将是毫无意义的犯罪，必将让您永远得不到和平。如果您在军事行动的过程中杀死了那些英国人，没有人会抗议，因为任何一位战士都可能在战斗中丧命。但俘虏不是您的敌人，因为他们不可能对您造成伤害，他们已经放下武器，得到了您的军官以您的名义做出的保护他们人身安全的承诺。杀害俘虏是恐怖的暴行，在印度的历史上没有可以与其相提并论的例子。您不仅不应当以任何形式伤害俘虏，还应当保护他们，满足他们的一切需求。并且，他们对您也许还有用，所以您不应当把对他们的国家的仇恨发泄到他们身上！"

"但是，"纳瓦布答道，"如果我落入了英国人手中，他们不会饶恕我，他们一定会杀了我。"

185   "绝不会！"我答道，"不要相信这种说法。他们不会杀害您，反而会像对待您的岳父一样对待您，当初就是他们帮助您取代了您的岳父。如果他们免去您的孟加拉总督职务，一定会给您一定的经济条件，让您过上符合您身份的生活。"

"那我应当如何利用那些俘虏？"纳瓦布问。

"您可以挑选他们当中最值得尊敬的两个人，"我答道，"并请他们帮助开展和谈。我保证，他们一定会竭尽全力促成此事。您向他们做了庄严承诺之后，他们一定会回来向您报告谈判的进展。"

与此同时，苏姆鲁来了，在一段距离之外向纳瓦布行

礼，然后走到自己的位置上。米尔·卡西姆让他坐到自己
身边，让我退下，并恼火地说，他的御前会议不再需要我
参加。

我刚要走出纳瓦布的营帐，这时苏姆鲁也站起身，向
纳瓦布敬礼，走出去准备屠杀英国俘虏。一位名叫沙托的
法国士官拒绝执行苏姆鲁的命令，说道："身为法国人，
我或许是英国人的敌人，但我不会当刽子手。我绝不参加
这样的暴行！"苏姆鲁命令把沙托监禁起来，然后亲自去
执行主公的野蛮命令。[23]

晚上 7 点，苏姆鲁带着一个排的武装印度兵来到关押英国
俘虏的宅邸。他先把艾利斯及其副手勒欣顿叫出去。"他们得
知他有私密的话要和他们说，于是走到他面前，结果被当场砍
倒。"[24]随后苏姆鲁把士兵部署到露台上，露台俯瞰俘虏住房的
天井。俘虏正在天井里的一张长桌前吃饭。据莫达沃伯爵
（他后来亲自询问过苏姆鲁当时发生了什么事）的说法，苏姆
鲁自称想要挽救尽可能多的人，于是"多次呼喊，如果俘虏
当中有法国人、意大利人、德意志人或葡萄牙人，他们可以离
开。但俘虏们没有意识到这个问题的重要性，并且他们正在吃
晚饭，于是乐呵呵地回答，他们都是英国人"。[25]

用毕晚饭，餐具被收走，仆人也退下了。苏姆鲁命令士兵
们瞄准，然后命令开火。他派枪法好的射手用滑膛枪射倒俘
虏，然后让士兵下到庭院里，用刺刀结果那些企图逃跑的人。
一个俘虏躲在厕所的粪坑里，三天后被发现并处决："据说那
些英国俘虏还活着的时候并没有绝望，而是用酒瓶和石块打退
刽子手"，因为他们的刀叉在饭后已经被拿走了。[26]英国俘虏

186

"遍体鳞伤的"尸体随后被丢进庭院中的一口井。被囚禁在其他地方的公司雇员也都被杀死；只有极少数人，比如讨人喜欢的苏格兰外科医生兼审美家威廉·富乐顿因为得到他的老朋友、历史学家古拉姆·侯赛因·汗的搭救，才活着出来。富乐顿曾和古拉姆·侯赛因·汗讨论他们俩都很喜爱的莫卧儿细密画。

这起事件后来被英国人称为巴特那大屠杀，共有45名公司雇员死亡。除了他们之外，还有200名公司印度兵被杀，不过英国的史书很少提及这一点。这些印度兵拒绝加入米尔·卡西姆的军队，之前被当地的军事长官囚禁在不同地方。[27]

次日上午，米尔·卡西姆拔营前往卡玛纳萨河，也就是孟加拉与奥德的边境。他带走了能够拿到手的所有金银财宝（约1亿卢比①）和他剩余的军队（约3万名疲惫的士兵）。他用了300头大象搬运财物，还有更多财物藏在女眷的马车里，"有许多遮着帘子的马车和轿子，表面上载着他的宠妃，实际上装着许多白布袋子，里面装满金币，以及贵重的珠宝"。[28]如让蒂所说，米尔·卡西姆带走了"孟加拉积攒多年的全部财富，是他从地主们手中压榨得来的，而地主们自从上古时代起就始终在盘剥这个富庶的省份"。[29]

米尔·卡西姆此前已经写信给奥德的纳瓦布舒贾·道拉和沙·阿拉姆（此时还待在奥德做客），提议与他们组成莫卧儿人的大联盟，共同对抗东印度公司。当米尔·卡西姆的军队接近两国边界时，舒贾·道拉的使者对提议做出了积极的回应，带来一部《古兰经》，"在这本光荣之书的空白书页上，奥德

---

① 超过了今天的13亿英镑。——作者注

纳瓦布亲笔郑重承诺保证他的安全通行，还盖了印章"。[30]

米尔·卡西姆大喜过望。在行军途中，他把让蒂拉到一边 187
说，他再也不信任自己的部下，所以急需新的盟友。"在行军
途中，在阴凉地休息的时候，纳瓦布告诉我：'你看到这些人
了吗？全都是我的部队。将领们辱骂我，因为我在撤退，而不
是率领他们去对抗英国人。但这些将领全都是叛徒！如果我率
领他们去打仗，他们不会战斗，而是会把我出卖给敌人！我知
道他们都是什么货色：他们是毫无原则的懦夫，我绝不能信任
他们！现在他们手里的钱太多了。我在离开巴特那之后给他们
发放了所有的欠饷，一共发了2500万卢比[①]。'"[31]

只有一个人直言不讳地反对与奥德结盟。年轻的波斯骑兵
军官米尔扎·纳杰夫·汗是米尔·卡西姆麾下将领当中唯一在
作战中表现出色的。他指出，舒贾·道拉以阴险狡诈著称，多
年来他几乎出卖了每一个盟友。米尔扎·纳杰夫·汗说："永
远不要受制于那位君主。请带着家眷和财宝撤退到罗赫达斯要
塞，把作战指挥交给我吧。"[32]

但米尔·卡西姆不理睬他的警示，回答说罗赫达斯的水土
素来不适合他。他于11月19日渡过卡玛纳萨河，进入奥德
境内。

舒贾·道拉是莫卧儿帝国伟大的维齐尔萨夫达尔·忠格的
儿子，继承了父亲的奥德纳瓦布的宝座。舒贾是个巨人，身高

---

①　超过了今天的3.25亿英镑。——作者注

将近 7 英尺，涂油的小胡子像雄鹰展翅一样在脸上翘着，膂力
惊人。到 1763 年，他的青春年华已经过去了，但他仍然非常
强壮，能够一剑斩下水牛的头，或者两只手同时各举起一名军
官。敌视他的马拉塔史料这样描述他："非同常人。他天生是
个恶魔……如果他一脚踩住大象的后腿，然后抓住它的尾巴，
188 那么大象都没办法逃走。"[33]① 让·劳说他是"我在印度见过的
第一美男子。他的魁梧身材比伊玛德·穆尔克伟岸得多，我相
信他的品德和性格也比伊玛德·穆尔克优越。他忙于享乐、狩
猎和最剧烈的体育运动"。[34]

舒贾是个典型的莽汉：冲动、直率，能够激起追随者的忠
诚，这在 18 世纪的印度是非常罕见的本领。他最明显的缺点
在于野心勃勃、极其傲慢自负，并且自视过高。温文尔雅的知
识分子古拉姆·侯赛因·汗立刻就注意到了他的这些缺点。他
认为舒贾是个累赘，既鲁莽又愚蠢。他写道：

> 舒贾既傲慢又无知……他对自己的能力估计过高，又
> 过于轻敌。他认为自己可以轻而易举地征服三个省份
> [孟加拉、比哈尔和奥里萨]。他的确拥有一支兵多将广
> 的军队，有许多大大小小的火炮和战争的各种必需品。但
> 他不懂得如何利用如此强大的力量……他仍然幻想自己无
> 所不能…… [并相信] 自己无须请教任何人，哪怕对方

---

① 史书 *Bhausahebanci Bhakar* 甚至说，舒贾的出生是个奇迹。他的母亲原本
不能生育，后来一名法基尔给了她一个水果。吃了水果之后，她立刻
"变得丰产。她的孩子就像库马拉·罗摩和波利卡·罗摩一样拥有惊人的
膂力"。摘引自 Velcheru Narayana Rao, David Shulman and Sanjay
Subrahmanyam, *Textures of Time: Writing History in South India 1600-1800*,
New York, 2003, pp. 232-3。——作者注

是亚里士多德，因为询问别人的意见会损害他的尊严……

他极其自负，并且因为曾经与艾哈迈德·沙·杜兰尼并肩作战而无比骄傲（他把杜兰尼视为榜样），所以如果有人对作战提出任何意见，他就不耐烦地打断对方，说："你不必想这么多，只要听我的命令去打仗就好了！"[35]

舒贾得知米尔·卡西姆的建议，即组建一个莫卧儿大联盟来对抗东印度公司，不禁喜出望外。他坚信不疑，如果他、流亡的孟加拉纳瓦布和沙·阿拉姆二世皇帝能够把三方的军队、资源与权威联合起来，就能不费吹灰之力地"收复孟加拉，驱逐英国人。当英国人毕恭毕敬地恳求的时候，皇帝陛下也许会选择一个合适的地方让他们从事贸易。否则，我会用利剑来回答你的提议"。这是不久之后他对东印度公司的使者说的话。[36]

但他的贵宾沙·阿拉姆二世皇帝就不是那么自信了。东印度公司已经正式向他称臣，所以在他眼里，东印度公司现在是帝国的盟友，就像米尔·卡西姆和舒贾一样。据海尔·丁·安拉阿巴迪记载，皇帝对舒贾的野心可能造成的后果忧心忡忡，直截了当地告诉他，"他〔皇帝〕在孟加拉曾亲眼见过英国人的打仗方式，所以他坚决反对纳瓦布兼维齐尔①的计划"。

"大火已经熄灭，何必重新把它点燃？孟加拉统治者与英国人交恶，现在吃尽苦头。敢于攻击英国人的人，都逃不过他们步兵部队的怒火。如果 5 万印度斯坦骑兵在战

---

① 即舒贾·道拉。前文讲过，沙·阿拉姆二世任命他为帝国的维齐尔。

场上与英国人的 1000 名现代化步兵对战，怕也不一定能逃出生天！所以与英国人打交道的时候，我们最好都谨慎些，应当写信给他们，威吓他们接受我们的和平提议。何况，英国人对我的尊敬和忠诚经受住了考验，他们一定会听从我的御旨。"

纳瓦布兼维齐尔的想法不同。他反驳道："英国人还没有体验过我们的充满英雄气概的将领的力量和本领。我们的骑兵只要一个耳光就能把英国人消灭！"皇帝陛下记起了英国人对他的忠诚服务，所以倾向于恩宠他们，但皇帝的主见不强，所以觉得别无选择，只能听从他的东道主纳瓦布兼维齐尔的想法。[37]

兵败的米尔·卡西姆从比哈尔渡过卡玛纳萨河进入奥德的消息传到沙·阿拉姆和舒贾耳边的时候，他们正在奥德另一端的本德尔肯德①附近的奥拉奇哈作战。所以直到 1764 年 2 月，米尔·卡西姆才与他的新东道主会合，三支莫卧儿军队才终于会师。

"得知纳瓦布兼维齐尔［舒贾］要来迎接他时，孟加拉的君主［米尔·卡西姆］命人搭建了高高的鲜红色帐篷，在里面摆上了两座纳瓦布宝座。"

190   骑兵和步兵在道路两侧恭候，队伍长达 6 英里。军官们穿上最豪华的鲜红色细平布上衣，带着熠熠生辉的新燧

---

① 本德尔肯德是印度中部的一个地理与文化地区，在今天印度的北方邦和中央邦。

发枪。纳瓦布兼维齐尔从大象上下来，在营地大门口得到孟加拉纳瓦布的热烈欢迎，场面很隆重。他们互相问候，拉着手，一起登上宝座。孟加拉纳瓦布给皇帝陛下赠送了21只托盘盛的贵重袍服和珠宝，以及一些雄伟如山的大象。纳瓦布兼维齐尔对米尔·卡西姆旅行时的奢靡肃然起敬，并雄心勃勃地梦想从英国人手中夺取海量的黄金和孟加拉的全部财富。他温和地与客人交谈，同情他的损失，承诺帮助他，支持他要求英国人归还他的领土。随后米尔·卡西姆和舒贾·道拉一起去觐见皇帝陛下。他俩同乘一头大象，如同两个吉祥的星座合二为一，步入皇帝的营地。[38]

在随后几周内，三位莫卧儿领导人制订了计划，同时继续从本德尔肯德的几个小政权那里征收贡金，并筹集军费，准备联合将东印度公司逐出孟加拉。3月初，他们再度东进。此时一个团的法国士兵在来自布列塔尼的雇佣军人勒内·马代克的领导下加入了他们。这些法国人原本是战俘，被英国人强行征募，现在抓住机会反叛他们的英国军官，投奔了莫卧儿人。联军"缓缓前进，如同蚂蚁或蝗虫一般漫山遍野"。直到3月17日，联军在瓦拉纳西城外（舒贾命令在恒河上搭建的浮桥附近）扎营的时候，联军的庞大规模才完整地显现出来。

据观察者估计，这支史无前例的大军一共有超过15万人，其兵员来自莫卧儿帝国全境。一边是米尔·卡西姆新军的残部，由苏姆鲁指挥，他的冷血和残酷无情因为巴特那大屠杀而广为人知。然后，河边是沙·阿拉姆的图兰莫卧儿骑兵壮观的鲜红色帐篷。舒贾的部队甚至更为多元化：有戴着红色毡帽的波斯奇兹尔巴什骑兵；有3000名脚踏长靴的阿富汗罗赫拉族

191 人，他们曾为艾哈迈德·沙·杜兰尼效力。这些骑兵有的骑马，有的骑骆驼，装备了能够射穿铠甲的大口径回旋炮。然后还有马代克的法国逃兵组成的团，很讽刺的是他们还穿着东印度公司的军服。不过，舒贾麾下最令人生畏的一支精锐部队是6000 名梳着脏辫的印度教苦行僧组成的队伍，他们主要是徒步作战，使用棍棒、剑和弓箭，脸上涂了灰，但全身赤裸，由令人胆寒的歌赛因①兄弟阿努普济里和乌姆劳济里指挥。[39]

联军的庞大规模让三位领导人信心大增，并且有消息说河对岸东印度公司军队发生了骚乱和哗变，这也让莫卧儿人更加自信。舒贾相信辉煌的胜利就在眼前，于是以帝国维齐尔的身份写信给加尔各答方面，向东印度公司发出最后通牒。在信中，他把东印度公司描述为忘恩负义的外国人，怒斥他们是不服管教、犯上作乱的叛贼，竟敢对抗合法的莫卧儿秩序，篡夺"皇帝领土的许多地区……你们必须立刻交出占领的全部土地"，他勒令对方，"并停止干涉我国政府。记得你们的本分［卑微的商人］，规规矩矩地重操旧业，老老实实地做生意，否则后果自负"。[40]

舒贾是以沙·阿拉姆的名义发出最后通牒的，但皇帝本人曾经亲身面对过东印度公司强大的战争机器，所以对于此次远征的结果还是存疑。缺乏信心的也不止皇帝一人。4 月初，舒贾把皇帝和米尔·卡西姆带去瓦拉纳西，会见当时最有名的诗人谢赫穆罕默德·阿里·哈津。这位诗人在定居于瓦拉纳西之前经历过那个时代最严重的两场浩劫：首先是 1722 年阿富汗

---

① 歌赛因（Gossain）字面意思是"主宰了激情的人"，是印度教的一个苦修者群体。他们也是非常强大的游牧和雇佣兵群体，经常在印度各地游历。

人洗劫伊斯法罕，然后是 1739 年纳迪尔沙血洗德里。现在诗人已经 72 岁高龄，德高望重。

这位诗人和圣人问舒贾有何指教，纳瓦布兼维齐尔兴高采烈地答道："我已经下定决心要向基督徒开战，在真主的佑助下把他们逐出印度斯坦！"

舒贾原以为会得到诗人的祝福。但胡须花白的谢赫只是微微一笑，然后说："你的绝大多数士兵还没有学会如何把剑收回鞘中，也不会正确地使用盾牌，他们从来没有在血肉横飞的现代战场上近距离观察战争。你打算用这样的乌合之众去对抗这个国家有史以来经验最丰富、纪律最严明的军队？你还问我有什么建议？我告诉你，你的想法是可耻的愚行，必败无疑。英国人是策略大师……除非他们突然间四分五裂、丧失纪律，否则你永远不可能胜利。"

纳瓦布兼维齐尔一点也不喜欢对方的意见，但他出于对这位年高德劭的学者和苏非派圣人的尊重，没有反驳他。他们起身告辞时，谢赫叹息道："愿真主佑助这支骆驼队，它的领导者根本不知道什么是好，什么是坏！"[41]

大约一周后的 3 月 26 日，莫卧儿全军通过浮桥跨过了恒河，向经过多次激烈争夺的巴特那城进军。古拉姆·侯赛因·汗记载道："大军兵力雄厚，漫山遍野，目力所及之处都是人，如同洪水一般，运动起来如同海浪。这不是一支军队，而是一整座城市在运动。当沙贾汗纳巴德还是整个印度斯坦的首都和明眸的时候，在那座美丽城市里能够找到的一切，如今在这支军队里都能找到。"[42]

莫卧儿大军东进的同时，东印度公司属下负责保卫孟加拉与奥德边境的约翰·卡纳克少校没有阻挡敌人渡过卡玛纳萨河，也没有做任何抵抗，就抛弃了他的大型辎重，尽快撤往巴特那。他手下只有19000人，这是东印度公司到目前为止出动的兵力最大的一支军队，但与正在快速逼近的15万大军相比就不值一提了。现在卡纳克只有不到两周时间来准备堤坝、防御工事和最先进的现代炮兵阵地来迎战敌军。[43]

卡纳克手下的印度兵因为疲惫厌战掀起了多次哗变。当莫卧儿军队逼近巴特那时，他们内部的分裂也很明显地暴露出来了。赤身露体的苦行僧和普什图人之间爆发了斗殴，整个排的士兵参与，几乎造成流血冲突。与此同时，将领们之间传言沙·阿拉姆在与东印度公司秘密联络。安萨里写道："皇帝陛下坚决反对与英国人打仗，所以在征战期间他没有参加商讨和筹划，只是站在一旁远远地观察他那些互相争斗的封臣。"[44]

古拉姆·侯赛因·汗写道："这些部队秩序混乱、纪律很差，士兵们不习惯于服从命令，即便在军营中央他们也斗殴、杀人，并且肆无忌惮地出营抢劫和掳掠，无人能控制他们。无人能调查这些事情；这些无法无天的人甚至胆大包天地抢劫和杀害自己部队的掉队或落单人员。他们就像一群拦路抢劫的土匪……抢走他们能找到的每一头牛。"[45]安萨里补充道："到处掳掠的部队为害极大。他们如同蝗虫过境，方圆十里之内看不到繁荣的景象，甚至看不到有人居住或者耕作的迹象。平民百姓陷入绝望。"[46]

莫卧儿联军终于在 1764 年 5 月 3 日兵临巴特那城下。在舒贾的坚持下，他们立刻投入作战。他经验最丰富的谋臣"恳求纳瓦布兼维齐尔在远处、在皇帝陛下身旁监督作战，骑在雄伟的大象背上，让所有人都看得见他，如同灿烂的、给人间带来温暖的太阳。士兵们看到他如此勇敢、如此镇静自若地指挥作战，一定会大受鼓舞，奋勇拼杀，绝不怯战"。

但舒贾不肯这么做。

"我是作战经验最丰富的人，"他说，"我不可能停留在一个地方一动不动。我必须骑上最快捷的战马，随时到我的忠诚士兵最需要我的地方去！"于是他亲自带领精锐部队驻守在前沿和中央，然后排兵布阵。他率领最勇敢的部队离开了城外房屋的掩蔽，缓缓向英军战线推进。士兵们发出呐喊，冲锋战马的马蹄掀起的烟尘遮天蔽日。从远处看，英军战线仿佛一团红黑相间的云朵。子弹如秋叶般落在纳瓦布兼维齐尔的部队中。大群士兵纷纷倒下，在尘土中、在血泊中痛苦挣扎。[47]

在英军猛烈火力面前损失最惨重的是"全身一丝不挂"的苦行僧。成百上千名苦行僧被枪弹扫倒在地，但他们因为吸食了大麻而癫狂，所以继续一波一波地冲向英军堑壕，完全不顾危险。与此同时，米尔·卡西姆和他的部队待在后面，"躲在舒贾部队的背后，仅仅从远处观战"。

纳瓦布兼维齐尔派人给米尔·卡西姆送去消息，说：

"我和你的同僚正在激战。在我的眼皮底下，每一秒钟都有我的仆人如飞蛾扑火般牺牲，而你光是观战，什么都不做！快来加入战斗，去攻击英国人；如果你自己做不到的话，那么至少派苏姆鲁带他的现代化炮兵来！"但孟加拉的君主如同在原地扎了根一般，自己不动，也不让苏姆鲁去支援友军。

红日西沉，苦行僧们继续进攻，然后是罗赫拉人在纳瓦布兼维齐尔的指挥下前来支援。战斗非常激烈，英军的炮火十分炫目，令人魂飞魄散。很多人的头骨被炸裂，脖子被炸断，战场浸透鲜血，遍地死尸，如同一片种植鲜红色罂粟和郁金香的田地。四面八方尽是震耳欲聋的炮声和闪闪发光的出鞘利刃，仿佛命运之手在扇时间之神的耳光。但卡纳克少校泰然自若，如同天堂的诅咒一般，攻击那些铁石心肠的士兵，让他们倒在战场上痛苦挣扎，或者把他们送去无尽空虚之谷。

纳瓦布兼维齐尔在这次战斗中身中两弹，但对自己的伤势不以为意。激战正酣时，他又送了一封信辱骂孟加拉纳瓦布，对方答道："天色已晚，我们要回帐篷了！明日再战！"

这个答复很奇怪，但这时刮起来的风更怪：一整天里刮的都是西风，从舒贾军队的背后吹来，把尘土和稻草吹向英军的眼睛；但这时风向突然逆转，开始刮东风，战场上的荆棘、垃圾、硝烟和火药蒙蔽了纳瓦布兼维齐尔的士兵的眼。舒贾终于命令击鼓收兵，自己去疗伤，不打算继续进攻。[48]

巴特那围城战随后又在 5 月的酷热当中持续了三周。双方都对自己见证的大规模伤亡和战斗的野蛮程度感到意外，所以起初都只是扼守自己的战线。之前的野战没有产生决定性的结果，如今的围城战也是这样。

　　不过，舒贾对公司军队施加了很大压力，自己也经常亲身涉险。有一次他只带了两名卫兵去侦察一个前方阵地时被公司的一支巡逻队认出，遭到追击，差点被俘："纳瓦布兼维齐尔险些落入敌人手中，但他保持冷静，小心地控制战马的缰绳，火速撤退，直到逃脱敌人的追击。"[49]但是，尽管舒贾很勇敢，卡纳克的部下还是有充足的时间构建复杂而戒备森严的堑壕体系，那"看上去就像是喷吐烈火的墙"。[50]舒贾越是努力，就越是对自己的盟友，尤其是米尔·卡西姆的怠惰感到恼火和鄙夷。舒贾知道，现在不是对这位客人采取行动的时候。但他下定决心，等时机成熟之后就要处置米尔·卡西姆。

　　在舒贾的所有盟友当中，只有法国冒险家勒内·马代克真正努力作战。这个布列塔尼人写道："现在我正在与英国人作战，为他们对我、对我的同胞犯下的罪行报仇雪恨。"

　　　　我们猛烈地攻击他们的堑壕，让他们大吃一惊。但他们的防御工事固若金汤，所以我们持续进攻了二十天，始终无法拿下那些堑壕。纳瓦布经常告诫我不要拿自己的生命冒险，但我一心要消灭英国人，因为他们毁掉了我的国

196 家。我竭尽全力去歼灭他们，但我得不到其他人的支持，所以此次战役并不十分顺利。最后，因为雨季即将开始，我们不得不暂停行动，等待下一个适合作战的季节，同时寻找冬季营地。[51]

1764 年 6 月 14 日，经过三周的持续损兵折将却没有取得任何可观的进展，舒贾突然厌倦了围城战，下令敲鼓撤兵。他不知道的是，当时城内的给养已经濒临耗尽，灰心丧气的卡纳克正在认真考虑投降。舒贾率军西撤，经历了雨季的第一场瓢泼大雨，然后在恒河之滨的布克萨尔要塞（距离孟加拉与奥德的边境不远）驻扎。他在这里掘壕据守，建造兵营，决心等秋季十胜节①之后再进攻。巴特那的公司守军知道自己能够免于凄惨地、饥肠辘辘地投降纯属侥幸，所以也没有追击舒贾的军队。

但是，舒贾没有操练军队，没有积极准备下一次作战，而是"沉溺于纵情享乐，从来不考虑所需炮弹的数量或质量，或者火药的数量和质量，也不向任何人征询关于战术的意见。一名炮兵军官请求提供部队所需的物资，他甚至拒绝理睬。在所有这些问题上，他都粗心大意，疏忽怠慢，把时间全部用来掷骰子、观看斗鸽和舞女表演，以及各式各样的消遣娱乐"。[52]

只有在一个方面，他采取了果断的行动，但不是针对他的敌人东印度公司，而是针对他的盟友米尔·卡西姆。现在舒贾

---

① 十胜节（Dusshera 或 Vijayadashami 等）是印度教的一个重要节日，一般在公历的 9 月或 10 月。

公开把巴特那攻势的失败归咎于米尔·卡西姆消极避战。舒贾
传唤了米尔·卡西姆的将领苏姆鲁，承诺给他荣华富贵和土
地，拉拢这个德意志杀手到自己那边。然后，舒贾命令苏姆鲁
剥夺米尔·卡西姆的资产："苏姆鲁和他的部队包围了米尔·
卡西姆的帐篷，强行搬走了他的宝箱。苏姆鲁的士兵随后与纳　197
瓦布兼维齐尔的部队一起扎营。"

　　由于这些事情，米尔·卡西姆在公开场合愚蠢地说了
纳瓦布兼维齐尔一些非常难听的坏话，间谍把这些话传到
了舒贾耳边。纳瓦布兼维齐尔立刻命令他的部队去米尔·
卡西姆的营地逮捕他，并把他押到自己面前。

　　这天上午，纳瓦布兼维齐尔的军队包围了孟加拉纳
瓦布殿下的帐篷，把在女眷住处或仓库内找到的财物全
部搬走。米尔·卡西姆绝望了，试图通过装疯卖傻来自
保。他穿上朱红色衬衫，戴上帽子，离开宝座，盘腿坐
在帐篷中央的垫子上，周围簇拥着一些朋友，他们也丧
失了理智，也穿戴着鲜艳的傻瓜服装，就像德尔维希。
营地内的士兵对他们指指点点，大声嘲笑。没过多久，
一名军官带着米尔·卡西姆登上为他准备的大象，而军
官自己坐在象轿的后部。人群一边高声奚落他，一边簇
拥着他们来到纳瓦布兼维齐尔的营地，孟加拉纳瓦布殿
下被囚禁起来。[53]

　　在短短几个月内，米尔·卡西姆就从印度最富裕、最强大
的统治者之一变成了舒贾的阶下囚，身披枷锁，一贫如洗。

四个多月后的 10 月 22 日，东印度公司的印度兵部队在军鼓伴奏下沿着恒河岸边行军，穿过一连串芒果林，逼近布克萨尔。公司印度兵组成的增援部队及一个团的英王正规军从加尔各答赶来，指挥官是在印度最能干的英国军官之一。他是个高地苏格兰人，现年 38 岁，英姿勃发，头脑冷静，冷酷无情。198　他就是赫克托耳·门罗少校。

　　此时负责指挥舒贾的步兵部队的让-巴蒂斯特·让蒂立刻骑马去见纳瓦布，敦促他立刻采取行动。让蒂说："我很熟悉英国人和他们的战法。您不可以低估他们！请您立刻振作起来，停止享乐，让您的部队做好准备！"

　　"现在英国人还没有完成排兵布阵，还没有用驳船从河上运来武器装备，还在忙着搭帐篷。现在就是进攻的最好时机！上天也许会允许我们现在就打败和驱散他们。如果等到他们站稳脚跟，我们就很难占上风了！"但纳瓦布兼维齐尔哈哈大笑并吹嘘道："说到战术和对付这帮人的策略，你就不用管了，我自有主张！"[54]

　　当夜，舒贾派人把他的女眷和财宝运回都城法伊扎巴德，他的士兵们则枕戈待旦，提高警惕，防止敌人发动夜袭，因为东印度公司军队的夜袭非常令人生畏。不过，敌人没有发动夜袭。舒贾的原计划似乎是借助堑壕的掩护打一场防御战，就像东印度公司不久前在巴特那城下做的那样。但在次日上午，他看到自己的兵力远远超过东印度公司军队，就改了主意，决定主动进攻。安萨里记载道："门罗在黎明布好了阵势，开始炮击，对敌人造成很大伤亡。于是纳瓦布兼维齐尔改变了作战计划，觉得最好还是离开土木工事，用骑兵在开阔地作战。"[55]

舒贾命令部队离开坚固的防御阵地，这让门罗颇感意外，所以他起初不肯相信探子的报告。他无法理解舒贾为什么主动放弃以逸待劳、据险防守的极大优势。不久之后，马代克的重炮开始轰击，东印度公司军队用较轻型、机动性更强、射速更快的火炮还击。安萨里写道："英国人和法国人就像狮子或豹子一样，激烈地开始了厮杀，刀剑飞舞，大炮轰鸣。"[56]

23 日上午 9 点，两军摆开阵势，虎视眈眈，中间隔着一片沼泽。宽阔而风平浪静的恒河在莫卧儿军队的左翼。舒贾的苦行僧和阿富汗骑兵在莫卧儿军队的右翼，首先发难，绕过沼泽，转到门罗的后方，从东印度公司军队的背后进攻，那里是英国的掷弹兵。

没过多久，东印度公司军队的侧翼便瓦解了。舒贾的骑兵穿过了英国掷弹兵队伍，冲到了英军的预备队当中，左右劈砍。加布里埃尔·哈珀中尉后来写道："我估计，如果敌军有一两千名骑兵表现得像攻击我军掷弹兵的那些人一样英勇，我们就输了……我们的胜算很小，我相信我们的印度兵没有办法再承受 5 分钟的炮击。"[57]但莫卧儿骑兵取得突破之后就闯进了东印度公司的营地，驱赶了负责看守辎重、财宝和弹药的公司非正规骑兵，然后立刻下马开始掳掠。舒贾再也没有办法控制这些骑兵，所以他们在随后的战斗中没有发挥作用。

最终，东印度公司军队凭借优良的纪律打赢了这场战役。

199

门罗喜欢提醒部下，"严明的纪律和对命令的严格服从，是欧洲人在印度的唯一优势"。这一天的战局证明他说得对。[58]门罗的印度兵虽然损失了营地中的辎重和弹药，但死守自己的方阵，尽管马代克和苏姆鲁的重炮对他们的集中射击造成了前所未有的严重伤亡。

第一批英国战俘被带到舒贾面前，他相信自己胜券在握，于是命令吹响喇叭宣布胜利，他的好几位将领离开了自己的岗位前来道贺。让蒂当时与舒贾一起待在莫卧儿战线的中央，他心情沉重地目睹了随后发生的情况："英国人似乎已经彻底战败，他们失去了弹药和粮草，丢掉了辎重和充当军费的财宝。"

门罗意识到自己失败后，命令运送给养的驳船尽快接近战场，因为英军除了河上没有别的退路。但这些命令被耽搁了很长时间才执行，与此同时，莫卧儿骑兵忙着抢劫英军营地，而不是骚扰敌人。所以英军得到了喘息之机。看到这种情况，已经丢失了全部物资的门罗向我军左翼发动了孤注一掷的冲锋。[59]

门罗意识到自己的机会来了，于是骑马巡视己方战线，毫不理睬莫卧儿军队的大炮对准他的齐射。他挥舞帽子，命令全军前进。让蒂写道："凭借这种置之死地而后生的勇气，门罗主宰了战场，尽管几分钟之前他还相信自己必须放弃这个战场。"[60]马代克写道，东印度公司的印度兵"原本已经开始撤退，以为他们已经输了。他们若是有退路的话，肯定全都会逃跑。但正是因为他们没有船只可以逃跑，所以他们鼓起勇气，看到我军面向恒河的左翼较弱而且没有得到支援，于是凭借无与伦比的勇气发动了冲锋"。[61]

舒贾拒绝相信战局的突然逆转，坚守阵地，决心重整旗鼓。"他幻想自己已经将胜利女神揽入怀中，这时，他仿佛突然在镜中看见自己被失败女妖扼杀。他站在原地一动不动，难以置信地盯着这恐怖而突然的变化。"莫卧儿战线在他周围土崩瓦解。这时，大腿负了重伤的苦行僧首领阿努普济里力劝舒贾·道拉逃跑："现在死了就太不值得了！我们将来可以轻而易举地打胜仗，为今天复仇。"[62]舒贾抱着强烈的求生欲，跑到他之前在河上构建的浮桥处，而赤身露体的苦行僧在他身后顽强地抵抗，掩护他撤退。舒贾、苏姆鲁和阿努普济里都过了桥之后，阿努普济里命令炸桥。

这阻挡住了东印度公司军队的推进，但让没来得及过桥的莫卧儿军队陷入绝境，尤其是勇敢的苦行僧后卫部队。他们试图在泥滩中蹚水过河，被已经在河岸上一字排开的公司印度兵逐个射倒。古拉姆·侯赛因·汗写道："不计其数的士兵试图渡过营地后方那条混浊多泥、深不见底的大河，但他们陷入泥沼，死于英国人的炮火和特伦甘纳人［公司的印度兵］的一轮轮齐射……"[63]

现在轮到东印度公司的士兵们大肆掳掠了。古拉姆·侯赛因·汗写道："属于维齐尔或其军官的一切东西，比如帐篷、家具和其他财产，都落入胜利者手中。满是金银币的银行店铺和装满贵重物品的商人帐篷一瞬间就被抢个精光。英国人缴获了200门大炮，所以英军获得的战利品极多……那支军队拥有多少财富，只有真主知道！营地里到处是金银珠宝，简直可以和印度斯坦的都城媲美。"[64]

201

布克萨尔战役短暂而混乱，但非常血腥：参战的公司军队有 7000 人，其中 850 人阵亡、负伤或失踪，超过全军人数的八分之一；莫卧儿人的损失是英国人的好几倍，阵亡人数可能多达 5000 人。在相当长的一段时间里，这一天战局的后果难以预料。但布克萨尔战役仍然是印度历史上最具有决定性的战役之一，甚至比七年前更著名的普拉西战役更深刻地影响了印度历史。

为了打败东印度公司并将其逐出印度，莫卧儿世界集结了三支大军。但是，最后惨败的是莫卧儿人，于是东印度公司一举成为主宰印度东北部的强大军事力量。布克萨尔战役确立了东印度公司对孟加拉和沿海地区的掌控，为公司继续向西部内陆扩张开辟了道路。东印度公司最初是一家由私掠船主和曾经的加勒比海盗领导的企业，后来发展成具有相当地位的国际贸易公司，它的股价极其可靠，以至于它的股票被视为一种国际通行的货币。而如今，东印度公司经历了第二次转变。它不仅是在印度沿海地区一系列飞地经营贸易的企业，还成为一个横亘南亚的富庶而广袤的陆地帝国的统治者。

因为就在此时（布克萨尔大捷），这家贸易公司成功地为自己在印度开疆拓土的事业奠定了基础。一个商业帝国已经破茧而出，变身为一支独立自主的帝国主义力量，得到一支庞大军队（已经比英国政府领导下的正规军更强大）的支撑，并且准备直接治理超过 2000 万印度人。一群商人已经事实上转变为北印度大部分地区的主权统治者。如当时的一位观察者所说，"借由许多出人意料的偶然事件，一个由私营商人组成的公司已经成为亚洲的君主"。[65] 结果就是亚当·斯密所谓的"怪异的荒谬之物"：一个由公司领导的国家。[66]

二十年后，茶叶商人和旅行家托马斯·川宁在恒河上乘船旅行时，特意去寻访当时已经荒弃的布克萨尔战场。他在日记中写道："我们可以说，就是在这里，那一系列让英国商人主宰亚洲最富饶地区的惊人的军事伟业落下了大幕。而英国商人刚来到印度沿海的时候，还只是潦倒的冒险家。历史上可能很少有比这更不寻常的事件。英国人投入的资源如此之少，取得的成就却如此辉煌，着实令人费解。"[67]

川宁说得对。东印度公司在一场豪赌中押上了自己的全部身家，并最终获胜。如今的莫卧儿帝国一败涂地，瘫倒在东印度公司的脚下。史上最不寻常的"公司收购"已准备就绪。[68]

在东印度公司打赢布克萨尔战役之后的日子里，三位曾经携手的莫卧儿盟友的命运各不相同。

舒贾在逃离布克萨尔的过程中释放了米尔·卡西姆。但米尔·卡西姆已经丧失了权力和财富，并且因为巴特那大屠杀而遭到东印度公司的无情追杀，所以这位最有才干的君主在万花筒一般的18世纪莫卧儿世界再也找不到容身之处。他在印度斯坦各地游荡，最终在阿格拉附近的一座小农场一贫如洗地死去。据说，在他的葬礼上，他的儿女连裹尸布都买不起。[69]

舒贾·道拉按照他一贯的秉性，选择武装抵抗。随着门罗的公司军队深入奥德，舒贾用骑兵打了一系列游击战去抵抗追兵，但最终被逐步逼迫到穷乡僻壤，追随者越来越少；而卡纳克（已经晋升为将军）占据了舒贾在法伊扎巴德的豪宅，将其当作自己的官邸。最终东印度公司军队把舒贾困在庞大的丘纳尔要塞，但他在英军攻城时逃走，于 1765 年 5 月 3 日在科拉打了反抗东印度公司的最后一役，并且再次战败。随后他花了好几个月时间在自己曾经的领地上奔逃，然后到恒河和亚穆纳河之间的阿富汗罗赫拉人那里避难。

最终，他手下那位温文尔雅的法国雇佣军人让-巴蒂斯特·让蒂在 7 月帮助他谈妥了投降条件。让蒂向东印度公司指出，可以安排战败的舒贾回到奥德纳瓦布的宝座上；在英国人的保护下，奥德可以成为富饶的孟加拉与动荡不安的德里周边地区之间的缓冲（此时德里仍然是激烈争夺的对象，有时被阿富汗人占领，有时被马拉塔军队控制）。

舒贾的生命和自由都得到保障之后，他终于举手投降。有一天，他乘坐他那顶特大号的轿子，在 200 名骑兵的护卫下，突然来到门罗的营地。[70]让蒂写道："此时大约下午 4 点，门罗将军还在用餐，并按照英国人的习俗，在甜点之后喝了波尔图葡萄酒。纳瓦布兼维齐尔的骑兵卫队扬起的尘土令英国人大惊，他们赶紧敲响战鼓，所有人都匆匆跑到自己的岗位上。但在这时，两名使者抵达，宣布纳瓦布兼维齐尔驾到。"[71]

舒贾惊讶地看到"英国绅士们都按照他们国家的习俗，向他脱帽致敬，非常客气和礼貌，十分殷勤和亲切。他们站在他面前，热烈鼓掌"。[72]他重新登上奥德纳瓦布的宝座（不过领土缩水了不少），受到一名英国常驻代表的严密监视，并得到一个团的公司印度兵的护卫。除了支付 500 万卢比[①]的战争赔款之外，他还要为那一个团的英国驻军提供军费。[73]

---

① 相当于今天的 6500 万英镑。——作者注

与此同时，沙·阿拉姆二世皇帝竭尽全力地与东印度公司重归于好。在整个布克萨尔战役期间，他都在与英国人秘密联络。从他的视角看，布克萨尔战役是他的三位仆人之间的争斗，三方都曾向莫卧儿皇帝宣誓效忠，所以他在这场冲突中必须保持中立。在战役期间，他一直待在自己的帐篷里，下定决心公开表示不赞成舒贾愚蠢的对抗性策略。[74]

布克萨尔战役结束后不久，在舒贾及其军队逃到奥德继续抵抗的同时，沙·阿拉姆和他的莫卧儿卫队留在战场附近，派使者去见门罗，寻求妥协。就像十八个月前他在赫尔萨战役中战败后那样，沙·阿拉姆这一招很巧妙，他知道东印度公司需要他这个盟友。

战役结束后不久，"纳瓦布兼维齐尔沿着河的另一岸逃跑之时，皇帝终于有机会自由行事，就联系了英国人，给门罗、米尔·贾法尔和范西塔特送去名贵袍服，开始与他们谈判。他们抓住这个机会来推进自己的利益，于是火速赶来，几个小时之后就与皇帝会面了"。[75]

皇帝希望东印度公司知道，舒贾并不是他的朋友，甚至威胁说，如果英国人和舒贾达成协议，"我就去德里，因为我再也不能回到如此虐待我的人手中"。[76]与此同时，门罗深知沙·阿拉姆可以给东印度公司野心勃勃的扩张赋予合法性，所以公司需要这样一位傀儡。于是门罗写信给加尔各答方面："为了避免皇帝或者帝国的贵族对我们的权势产生愤怒或嫉妒，我们做任何事情都应当借助皇帝的权威，始终打着他的旗号，让世人觉得我们是从他那里得到我们的战利品，我们是在他的指挥下作战的。"[77]

在东印度公司的保护下，由他曾经的对手卡纳克将军亲自护送，沙·阿拉姆首先前往瓦拉纳西，然后去了安拉阿巴德。在那里，东印度公司把他安顿在他的祖先阿克巴建造的宏伟的莫卧儿要塞，地点就在亚穆纳河与恒河的汇合之处，非常吉利。皇帝在那里等候公司董事们从伦敦派往加尔各答的人，此人的使命是去收拾桀骜不驯的公司雇员造成的烂摊子。董事们之所以派这个人来，是因为他们相信，曾经的偷猎者能够成为最好的猎场看守人。

这个人就是新近被册封为贵族、身体日渐发福的普拉西男爵罗伯特·克莱武。

205　　　1764 年 2 月，伦敦利德贺街的东印度公司总部得知了针对米尔·卡西姆的战争，以及孟加拉又一次成为"血腥混战的场所"。不久之后，巴特那大屠杀的消息也传到了伦敦。围绕战败、军费开支飙升和财政紊乱，人们议论纷纷，这些因素让投资者陷入恐慌，股市大跌。东印度公司的股价暴跌了14%。[78] 在一次股东会议上，一位心急如焚的投资者提议让克莱武立刻返回孟加拉，担任总督和军队总司令。[79] 股东们全票通过了这项决议。

克莱武返回英国后，很快实现了他的两项雄心壮志：获得议会席位和贵族身份。不过，他的贵族身份是爱尔兰的，在当时被认为含金量远远不如英格兰的贵族身份，因为英格兰贵族可以在威斯敏斯特宫的上议院拥有席位。他买了许多土地和庄园，与东印度公司的董事们吵架，很快就腻烦了。他在 1762

年 5 月写信给卡纳克："我们在英国不像你想象的那么顺心。我们当中的很多人羡慕你们在印度的生活方式。"[80] 所以，当公司请他担任孟加拉总督并给他史无前例的极大权限去改革政府和巩固公司对亚洲广袤领土的控制时，他一口答应。1764 年 6月 4 日日落时分，他乘坐"肯特"号从朴次茅斯启航，第三次前往印度。他把妻儿留在英国，在码头与他们道别，但是带了一名法国大厨、一支四人乐队和 144 箱香槟。[81]

和往常一样，克莱武对时机的把握极好，或者说他的运气极好。"肯特"号于 1765 年 4 月在马德拉斯靠岸时，立刻有人给他送来了门罗在布克萨尔大获全胜的捷报，以及公司军队占领奥德和刚复位不久的米尔·贾法尔去世的消息。克莱武深知这些好消息对东印度公司的股价会有多么大的正面影响，所以他的第一个举动就是用密码写信给自己在伦敦的代理人，把自己的全部财产都抵押出去，筹款买尽可能多的东印度公司股票。[82] 然后他写信给董事们。他像往常一样冷酷无情、见解深刻，所以完全明白上述消息从根本上改变了整个政治格局。在给东印度公司董事会主席的信中，他写道："我们终于走到了我早就预见的关键点。我指的是，在这个关键点，我们必须决定，我们能不能，或者应不应当将整个［莫卧儿帝国］据为己有。"

206

米尔·贾法尔已经死了，他只有一个私生子，年纪还小。舒贾·道拉被赶出了他的领地。我们占据了那些领地。要说整个帝国已经在我们手中，并不十分夸张……毫无疑问，如果我们在印度拥有一支强大的由欧洲人组成的军队，就能遏制任何一位土著君主的野心，并且让我们真正不可战胜，让法国人、荷兰人或其他敌人都不敢骚扰我们。那样的话，我们就能掌握帝国的主权。

我们自己必须变成纳瓦布，即便没有君主之名，也要有君主之实，也许可以完全不要伪装……我们必须前进，因为后退是不可能的……如果东印度公司的目标是获得财富与稳定，那么这就是我们的唯一办法。[83]

新总督终于在 1765 年 5 月 3 日抵达加尔各答。将近一年的旅途让他疲惫不堪。但他知道，自己还不能休息，必须先去解决布克萨尔战役之后印度斯坦出现且至今没有解决的权力真空问题，而时局极不稳定，很可能造成爆炸性后果。他写信给卡纳克："若有可能，必须在稳定和长久的基础上来缔造和平。为了达成这个目标，我觉得必须立刻去你的营地，不过不是为了长期待在那里，而是为了与皇帝缔结某种形式的条约。"[84]随后他快速行动，于 6 月 25 日离开加尔各答，前往安拉阿巴德。

他第一个要见的是舒贾·道拉。克莱武很欣赏让蒂最早提出的解决方案的内在逻辑：与其把整个奥德直接纳入公司的管辖，不如扶植舒贾复位，让他对公司感激涕零，成为公司的傀儡和附庸。这样的话，公司只要名义上保护他，就可以逐渐榨取他的资源。

8 月 2 日，克莱武在瓦拉纳西会见了愧疚的舒贾·道拉，把扶植他复位的计划告诉了他。舒贾在仅仅三个月之前还处于山穷水尽的状态，所以现在简直不敢相信自己的运气居然这么好，于是非常明确地向克莱武表达感激和忠诚。不久之后，得意扬扬的克莱武写信给他的议事会说："如果我们对穆斯林示好，他们就会对我们表现出信任和其他良好的态度。舒贾·道拉在这些方面的优秀品质超过了我们在该国其他地方观察到的情况。"[85]

随后，克莱武决定在政治上添加最后的神来之笔。他决定把舒贾在安拉阿巴德和科拉周边的一小块领土移交给沙·阿拉姆，作为皇帝的直接领地。克莱武含糊其词地承诺支持皇帝长久以来的梦想，即返回德里。与此同时，克莱武接受了皇帝的提议，即由东印度公司来管理帝国的三个富庶的东部省份，即孟加拉、比哈尔和奥里萨。借用莫卧儿帝国的法律术语，皇帝向东印度公司授予了孟加拉、比哈尔和奥里萨的"Diwani"，即在经济上管理帝国若干省份的权力。

这不仅给东印度公司的开疆拓土赋予了一定程度的莫卧儿合法性，还给了东印度公司向 2000 万人民征税的权力，那样的话每年的财政收入估计可以达到 200 万到 300 万英镑[①]，以 18 世纪的标准衡量，这是数额惊人的意外之财。孟加拉是富饶的鱼米之乡，拥有肥沃的水稻田，每年有大量的粮食盈余，还拥有勤奋的织工与丰富的矿藏。夺得孟加拉之后，东印度公司就获得了不可限量的机遇，拥有充足的财力去继续建设亚洲最强大的军队。克莱武明白，孟加拉的巨额财政收入在过去很长时间里充实了莫卧儿帝国的国库，如今能够让东印度公司变得像莫卧儿帝国曾经那样不可战胜，也许公司有朝一日还能征服印度的其余地区。

沙·阿拉姆的谋臣与克莱武的顾问之间的谈判于 8 月 1 日开始。9 日，总督的画舫来到安拉阿巴德要塞，克莱武抱怨说

---

① 相当于今天的 2.1 亿到 3.15 亿英镑。——作者注

自己在那里饱受"臭虫和苍蝇的折磨"。在安拉阿巴德，他第一次见了年轻的皇帝，看到皇帝的"肃穆表情近似悲伤"。[86]

虽然协议的大体框架事先已经敲定，但谈判还是持续了三天。沙·阿拉姆坚决要求东印度公司给他更多资金。这一次克莱武让步了："我觉得 200 万卢比［相当于今天的 2600 万英镑］已经足够［充当给皇帝的年金］。但是，因为我们打算用极不寻常的方式利用皇帝陛下，让他给我们一道正式的法律文书，授权我们获取该国的全部财政收入，所以如果他坚持再多要 60 万卢比的话，我们不能为了这么点钱就得罪他。"[87]双方于 8 月 11 日敲定了最终协议。

次日，即 12 日，英国人在克莱武的餐桌上摆了一张饰有丝绸的扶手椅，充当宝座，请皇帝坐上去。这场仪式在克莱武的帐篷内进行，持续时间不长。如古拉姆·侯赛因·汗所说："关系如此重大的事情，为了避免误会或奸计，无论如何都需要双方派遣睿智的大使和精明的谈判代表来磋商，都需要与东印度公司和英国国王之间进行长时间的谈判与会商，都需要经过大臣之间的谈判和争辩，而如今却匆匆敲定，花的时间还不如买卖一头驴或者其他什么役畜的时间多。"[88]

这是一个关系重大的时刻：皇帝大笔一挥，承认了东印度公司的所有征服成果，并将整个印度东北部的财政管辖权交给公司。皇帝得到的仅仅是相对来讲不算多的 260 万卢比①现金，以及克莱武虚与委蛇的承诺，即东印度公司将"遵照穆罕默德的规矩和帝国的法律来统治这些地区"。从此之后，250 名东印度公司职员在 2 万名于当地招募的印度兵的支援

①　相当于当时的 32.5 万英镑，折合今天的 3400 万英镑（作者注）。

下，将会管理印度最富庶的三个省份的财政。在随后两百年里，孟加拉不再有独立的政府。对东印度公司这样一家以逐利为目标的上市股份公司来说，这的确是脱胎换骨的革命性时刻。

东印度公司把这份协议称为《安拉阿巴德条约》。它将东印度公司的军事力量纳入了仪式化的莫卧儿框架，但它带来的激烈变化很快变得十分明显。《帝王的乐园》写道："英国人主宰了这三个省份，任命了他们自己的地方官吏。他们评估和征收赋税，主持司法，任免税吏，履行其他的政府职能。英国人的统治与权威无所不在……他们的士兵驻扎在纳瓦布领地的每个角落。英国人表面上是纳瓦布的仆人，实际上对所有事务都拥有影响力。这种局面最终的结果是什么，只有上天知道。"[89]

实际上，这种局面最终的结果是什么，很快就一清二楚了。孟加拉遭到了比过去更彻底、更残暴的劫掠，年轻的孟加拉纳瓦布①成了没有实权的傀儡。用克莱武的话说，"除了统治者的名号和影子之外，纳瓦布什么都没有了"。[90]孟加拉纳瓦布及其后代还可以在穆尔希达巴德的河畔宫殿继续担当一段时间名义上的总督，但东印度公司如今在公开地统治和剥削孟加拉。克莱武非常小心地让东印度公司与枯燥的日常行政工作保持距离：就连原先的征税手段都得到保留，由穆尔希达巴德的税务办公室负责执行，在那里工作的仍然全都是莫卧儿官吏。但在行政机构的金字塔顶端，随处可见身穿英式礼服、头戴假发的英国官员，是他们做出所有的决策，拿走所有的财政收

① 米尔·贾法尔的次子纳吉穆丁·阿里·汗（约1747~1766）继承他的头衔，成为孟加拉纳瓦布，不过他只是东印度公司的傀儡。

入。一家贸易公司已经成了殖民地统治者和"企业国家"，史上第一次拥有法律上的自由，像政府一样行事：掌管法律，主持司法，评估赋税，铸造钱币，为人民提供保护，施加惩罚，缔结和约，发动战争。

从此之后，东印度公司统治下地区的土地收入被简单地算作公司的毛利。如克莱武所说，这些毛利将被用来"支付所有的投资开支［即在印度购买出口到伦敦的商品］，提供与中国做生意的全部经费［即购买中国茶叶所需的资金］，以及满足你们在印度的其他定居点的全部需求，在这之后还剩下一笔相当大的盈余"。

在这之前，东印度公司输入孟加拉的物品当中 75% 是黄金，"该省份的历史悠久的惊人财富"的很大一部分就源自英国输入的黄金。但东印度公司如今再也不需要为了购买纺织品、香料和硝石而从英国运送任何东西到印度了。现在公司用来采购上述商品的资金，全部来自印度本地的税收收入。从此之后，印度被视为一座庞大的种植园，遭到压榨和盘剥，所有的利润都被运往伦敦。[91]

用当时的公司驻穆尔希达巴德常驻代表理查德·比彻的话说："公司的第一要务是从印度获取尽可能多的资金。"换句话说，就是通过征收土地税，获取尽可能多的财政收入，然后将其盈余输送到伦敦的银行账户。[92]

对克莱武和公司股东来说，这是又一场辉煌胜利。克莱武在给他的朋友罗伯特·奥姆（他后来写了克莱武的传记）的信中说："幸运女神似乎下定决心要陪我走到最后。我的每一个目标、每一个乐观的愿望都将实现，我抵达了我渴望的巅峰。尽管受到各种嫉妒、敌视、派系斗争的困扰以及怨恨，东印度公司仍然成了全世界最富有的企业。"[93]东印度公司的股价飙升，在八个月内几乎翻了一倍，克莱武本人从中获利极多。

但对孟加拉人民来说，皇帝向东印度公司授予孟加拉、比哈尔和奥里萨的财政管理权却是一场不折不扣的灾难。纳瓦布再也没有办法为其人民提供哪怕是一星半点儿的保护。税吏和包税人恣意压榨农民，横征暴敛，没有一个人觉得对普通农民的福祉负有责任。商人和织工被迫以远低于市价的薪资水平为东印度公司劳作；公司还强行夺走为其竞争者——法国人与荷兰人生产的纺织品。如果哪个商人拒绝签署文件，不同意东印度公司开出的苛刻条件，就会遭到棍棒殴打，或者被投入监狱，或者遭到公开羞辱，被逼当众在地上蹭鼻子。[94]几年后的1769年，比彻写道："自公司获得孟加拉、比哈尔和奥里萨的财政管理权以来，印度人民的生存状况比之前恶劣许多。英国人看到这一点一定会痛心。但我担心很多人会不相信这个事实。这个富饶的国度，曾经在最残暴、最专横跋扈的政府统治下也能欣欣向荣，如今却濒临毁灭。"[95]他写道，各项经济指标都很糟糕，每况愈下：自东印度公司获得孟加拉、比哈尔和奥里萨的财政管理权以来，土地收入一直在下降，钱币短缺，孟加拉的国内贸易也在萎缩。[96]

那个时代最敏锐的观察家古拉姆·侯赛因·汗也很快认识到公司的统治意味着什么。首先，他所在的社会阶层实际上灭绝了。莫卧儿贵族阶层的权力基础是他们身为骑兵的专长，而如今他们基本上都失业了，因为东印度公司从农村印度教徒拉杰普特人和婆罗门当中招募步兵，取代了传统的莫卧儿骑兵。在大家都还没有想清楚这种新的企业殖民主义及其步兵战术的全部后果的时候，古拉姆·侯赛因·汗就哀叹道："历史悠久的贵族的残余后嗣的命运多么悲惨……在印度斯坦的苍穹之下，他们在这些艰难时代里没有一样资源……所以很多贵族离开了自己的家园和国度，还有很多人不肯背井离乡，于是不得不忍饥挨饿，在他们的茅屋角落里贫病交加而死。"

他估计，这些变化会导致孟加拉和比哈尔 4 万到 5 万名骑兵失业，并且还会有"成千上万名""跟随这些骑兵"的商人被迫散去。这会对经济和社会造成重大影响："贵族原本会雇用大量手工匠人，有时将他们豢养在自己家中"，如今贵族们再也没有能力供养这些手工匠人，也无力维持家中的作坊。手工匠人很难找到别的工作，因为"如今英国人是这个国家的统治者和主人"，"而印度的手工匠人的艺术和职业对英国人来说没用"，所以他们只能沦为盗贼或乞丐。

> 这些统治者［英国人］所需的一切都是从他们自己的国家运来的，所以印度的手工匠人与能工巧匠会吃尽苦头，陷入贫苦，很难维持生计。因为如今英国人是这个国家的统治者和主人，并且也只有他们才有钱，所以穷苦的手工匠人能够向谁销售他们的产品并挣钱养家呢？只有某些类型的手工匠人能在英国人那里讨生活，比如木匠、银匠、铁匠等。[97]

古拉姆·侯赛因·汗还写道，东印度公司的征服在性质上与印度此前经历过的任何一种帝国主义剥削都截然不同。他比其他任何印度人都更早地明确阐释了，成为殖民地意味着什么，以及这种企业殖民主义与莫卧儿帝国的统治相比是多么怪异，差别是多么大。他写道，"很快就有人观察到，

金钱在孟加拉开始变得稀缺"，起初没有人知道，"金钱的稀
缺是因为统治者的剥削和压榨，还是因为公共开支的吝啬，　212
还是因为每年都有海量的钱币被运往英国"。但大家很快就
明确知道，财富的确在流出孟加拉。没过多久，"这种现象
就变得司空见惯，即每年都有五六个或者甚至更多英国人把
巨额财富带回家乡。所以数十万、数百万卢比就这样流出了
这个国家"。[98]

他认为这与莫卧儿人的体制截然不同。莫卧儿人虽然起初
也是外来的征服者，但他们决心"永久性［在印度］定居，
在这个国家扎下根来，决心把征服来的土地变成他们的家产，
世世代代地传给子孙"。

> 所以，莫卧儿人运用他们的全部聪明才智，去增进臣
> 民的福祉；他们也努力与土著通婚，成家立业，繁衍后
> 代，于是他们成功地归化了。他们的继承者学会了印度的
> 语言，对待印度居民就像是一母所生、说同一种语言的亲
> 兄弟……［印度教徒和穆斯林］逐渐融为一体，就像牛
> 奶和糖经小火炖煮后一般。[99]

英国人的情况恰恰相反。他们对这个国家没有感情，即便
对他们最亲密的盟友和仆人也冷若冰霜。这就是为什么那些起
初欢迎英国人的印度人很快就改了主意，因为"这些新统治
者不关心印度斯坦人的所思所想，纵容他们任命的官员去残酷
无情地掳掠、剥削、压迫和折磨民众"。

> 英国人的习俗是在印度待几年，然后回国探亲，没有

一个英国人愿意在这片土地永久性定居。并且每一个英国人都把这种习俗奉为神圣的职责：在印度的时候尽可能多地敛财，然后把大笔金钱运回英国。所以这两种习俗加在一起，必然会持续地削弱和毁坏这个国家，让它永远不能再次繁荣昌盛。[100]

213　　如麦考莱①后来所说，东印度公司看待孟加拉的方式"就像海盗看待一艘盖伦帆船"。[101]直到五年之后，世人才看清了这种肆无忌惮的劫掠式统治产生的全部后果。到那时，已经发生了骇人听闻的恐怖灾难。那就是 1770 年的孟加拉大饥荒。

---

① 托马斯·巴宾顿·麦考莱（1800~1859），第一代麦考莱男爵，英国历史学家和辉格党政治家，著作颇丰。他撰写的英国历史被认为是杰作。主要是他开始努力将英国与其他西方国家的思想引入印度的教育，以英语取代波斯语成为印度的官方语言和教学语言，并培训说英语的印度人为教师。

第六章　大饥荒

1768 年的雨季，印度东北部的降水不多。1769 年的夏季则滴雨未下。赤日炎炎，河流水量减少，储水池完全干涸，孟加拉每一个村庄中央的鱼塘先是成了黏糊糊的烂泥潭，然后变成干旱的土地，最后变成尘土。

孟加拉各地的东印度公司官员观察到旱情越来越重，不禁忧心忡忡，因为他们知道这会严重影响他们的财政收入：稻田"因为严重缺水而硬化，农民很难犁地并为下一轮作物做准备"；水稻"因为阳光暴晒，变成了干枯的稻草"。[1]

米价持续飙升，最后竟然涨到原来的五倍。10 月，旱情开始导致饥荒，穆尔希达巴德有人报告"严重的粮食紧缺"。[2] 11 月，据说农民"已经饿得有气无力，无法种植经济价值较高的棉花和桑树……一般来讲在稻米丰收之后会种植这些经济作物"。[3] 一个月后，穆尔希达巴德的负责人穆罕默德·礼萨·

216　汗向加尔各答报告称，局势很严重，以至于饥肠辘辘的劳工开始"卖儿鬻女，更不要说财产和耕牛了。所以农耕活动陷入停滞，许多人背井离乡"。[4]

第一批挨饿的是没有土地的"劳工、工匠、手工业者和船夫"，因为他们"不能像农民那样积攒粮食备荒"。[5]这些农村手工匠人和城市贫民没有安全网的保护，所以是第一批受到营养不良折磨的，然后他们一个个地饿死或者病死。到1770年2月，大约70%的水稻收成已经毁于干旱，米价升到正常水平的十倍，饥荒开始蔓延。

驻扎在孟加拉北部拉杰马哈尔附近的詹姆斯·格兰特报告了他所在区域越来越严重的饥馑："农村的道路和田野，以及城镇的大街小巷，随处可见奄奄一息的人和死尸。大群饥民逃往穆尔希达巴德，那里一连几个月每天都有7000人得到赈济；其他地方也在救济饥民。但因为饥荒太普遍，所以这些善行几乎没有什么效果……只要出门，必然能呼吸到令人作呕的空气，必然能听到癫狂的哀号，必然能看见各种年龄段的人，不分男女，都处于受苦受难或者死亡的状态……最终，一种阴森可怖的宁静降临了。"[6]

威廉·亨特爵士①写道："1770年整个闷热的夏季，饿殍满地，哀鸿遍野。为了活命，农夫卖掉自己的耕牛和农具，吃掉自己的粮食种子，卖掉儿女，直到最后找不到买家。他们吃树叶和野草。6月，宫廷的常驻代表证实有人在吃死人。不分昼夜大批饥肠辘辘、病痛缠身的可怜虫涌向大城市……［要

---

① 威廉·亨特爵士（1840~1900）是苏格兰历史学家、统计学家和印度殖民地官员。他最著名的著作是《印度帝国地名集》。

不了多久〕大街小巷就会挤满垂死挣扎的人和死尸。"[7]

　　到 1770 年 6 月，饥荒已经横扫整个省份的绝大部分地区。此时穆尔希达巴德街头每天有 500 人饿死。[8]就连加尔各答也缺大米，从 7 月到 9 月有 76000 人在加尔各答街头死亡。一名官员报告称："整个省份看上去如同一座存放骨骸的房子。"饥荒造成的死亡总人数有争议，但这一年可能有 120 万人饿死，也就是说每五个孟加拉人当中就有一人饿死。这是孟加拉历史上最大的悲剧之一。[9]

　　不过，并不是整个省份都陷入了饥荒，比哈尔东部的情况略好一些；但在受灾最重的地区，足足有三分之一的农民死亡，历史悠久的莫卧儿贵族有三分之二破产。农村的手工匠人有一半死亡。胡格利河上漂满了肿胀的死尸，它们缓缓地顺流而下，漂向大海，河岸两边随处可见尸体，"野狗、豺、秃鹫和各式各样的野兽与猛禽靠吃人肉变得肥头大耳"。[10]接替克莱武担任总督的亨利·威尔斯特报告称："年纪最大的居民说，他们的记忆中从未有过这样的事情。"[11]

　　到 1770 年 7 月，已经三年滴雨未降。穆罕默德·礼萨·汗写信给他在加尔各答的上级，不仅报告了大量饥民死亡和奄奄一息的惨状，还报告说空空如也的谷仓发生了火灾。还有很多人死于疾病，比如暴发了天花，导致年轻的纳瓦布赛义夫·道拉①死亡。穆罕默德·礼萨·汗写道："我如何才能描述严重干旱和粮价过高给人民造成的苦难？每天有数十万人死亡……当整个国家陷入饥荒时，唯一的指望就是真主的

217

————————

① 他是米尔·贾法尔的第三子，接替纳吉穆丁·阿里·汗担任孟加拉纳瓦布。

仁慈。"[12]

实际上，无须神的干预，也有补救的办法。饥荒在印度历史上并不新鲜，每当缺少雨水的时候很容易发生饥荒。但数百年来（尤其是在莫卧儿帝国时期），印度人发展出了非常复杂和先进的粮食储备、公共工程与饥荒救济体系，以缓解干旱造成的影响。即便在 1770 年，一些比较足智多谋、比较有想象力的莫卧儿行政官员也积极行动，进口粮食，建立赈灾的粥厂。[13]

古拉姆·侯赛因·汗对新任巴特那总督西塔布·拉伊做的工作特别肃然起敬。西塔布·拉伊曾是拉姆·纳拉因的副手，在他的上级被米尔·卡西姆处死之后侥幸逃脱。现在西塔布·拉伊证明自己是该地区最有才干的行政管理者。古拉姆·侯赛因·汗写道："西塔布·拉伊看到人民受苦受难，不禁泪流满面，慷慨大方地救济贫民和老弱病残。在那个恐怖的年头，饥荒与死亡相伴而行，无处不在，夺去成千上万人的生命。西塔布·拉伊听说瓦拉纳西的粮食较便宜也较多，于是拿出 3 万卢比①，命令他属下的船只和桨手每个月三次从瓦拉纳西运粮食到巴特那。"

> 粮食送到巴特那之后，按照瓦拉纳西的较低价格出售，而船只立刻返回瓦拉纳西去运下一批粮食。在西塔布·拉伊的管理下，不断有船只运送粮食到巴特那。就这样，在整个灾祸期间，他的船只分成三队，一刻不停地运送粮食；他的部下以原价出售粮食，完全不考虑酬劳、途中损耗和

---

① 相当于今天的 39 万英镑。——作者注

运费。饥民从四面八方纷纷来到他的粮仓购买粮食。

　　然而，还是有很多人连这样比较便宜的粮食也买不起，于是他命令将这些饥民分成四组，安顿在四座高墙环绕的园林内，让警卫监视他们，仿佛他们是囚犯；但同时把他们视为病人，每天由官吏管理他们，登记造册，然后派一些仆人每天定时送来供应穆斯林的饭菜，给印度教徒送来各种粮食和豆类以及数量充足的陶制餐具，同时还赶了几头驴子送来小额钱币，以及一些鸦片、大麻、烟草与五花八门的类似物品，将其按照每个人的习惯分发下去。每天如此，没有例外。

　　[在巴特那的] 英国人和荷兰人听说了这样的善行义举，效仿他，也在几个地方安顿灾民，定期为他们提供吃食和照料。就这样，不计其数的人逃脱了死神的血盆大口……但 [在孟加拉的其他地方] 没有人想到这样的赈灾办法。有些奉命赈灾的人却自私自利，不仅不努力赈灾救人，还用暴力手段霸占粮食。每当有运粮船来到市场，粮食就被人强行拖走。[14]

　　一些东印度公司官员竭尽全力地帮助饥民。他们成功阻止了好几个地方囤积和出口大米的行为。[15]在穆尔希达巴德，常驻代表理查德·比彻"设立了六个办公室来免费分发大米和其他物资"。他还向加尔各答议事会发出警报，说如果不给饥民提供救济，后果不堪设想，并说在过去很安宁的公路已经变得不安全，拦路抢劫的罪行在过去闻所未闻，如今却每天都发生，因为走投无路的灾民会铤而走险。[16]加尔各答总督约翰·卡蒂埃也努力缓解东印度公司首府所在地的灾情：他"安排一座粮仓每天向 15000 人提供吃食，维持了好几个月；但这仍然不足以阻止成千上万的人死于饥荒。大街上挤满凄惨无比的灾民，一天之内就有 150 具死尸被搬走并扔进河里"。[17]

但在灾情最重的地方，东印度公司并没有花力气去救济灾民。在朗布尔，尽管"有一半劳工"在 1770 年 6 月之前死亡，整个地区陷入了"坟墓般的死寂"，公司高官约翰·格罗斯每天却只向贫民施舍价值 5 卢比①的大米。[18]并且，东印度公司的管理层并没有开展任何救援工作，没有向灾民提供种子或贷款，也没有帮助农民准备下一季的物资，尽管政府有充足的现金储备可以做这些工作。恰恰相反，在这个生产停滞、军事开支却很高的时期，东印度公司为了获取足够多的财政收入，严格地征收赋税，在有些情况下甚至把征税额提高了 10%。这是历史上最恶劣的企业逃避社会责任案例之一。

公司派遣了大批印度兵去乡下强行征税，在显眼的地方搭建绞刑架，绞死抗税的人。[19]就连濒临饿死的家庭也被强迫缴税；公司不会考虑人道因素而暂缓征收或者免征。在穆尔希达巴德的理查德·比彻被自己的所见所闻惊呆了，写信给加尔各答方面请求指示："我难道真的要眼睁睁看着他们进行最邪恶的压迫，而不向惨遭盘剥的民众伸出援手吗？我们政府的雇员欺压民众，中饱私囊，把人逼上绝路。"[20]由于冷酷无情的强行征税，在最初，饥荒对公司的收入没有影响，因为（用沃伦·黑斯廷斯的话说）公司"用暴力手段把税收维持在先前的水平"。[21]1771 年 2 月，加尔各答议事会向伦敦的董事们汇报称："尽管近期的饥荒十分严重，因此人口骤减，但我们的财

①　相当于今天的 65 英镑。——作者注

政收入有所增加。"[22]

　　议事会认为，他们有责任维持孟加拉的防务，从而捍卫他们军事征服的成果。所以议事会授权将 2200 万英镑[①]年度预算的 44% 用于军队和建造防御工事。于是，公司的印度兵部队的兵力快速增加到 26000 人。[23]公司的储备粮全部用于维持他们自己的军队；即便看到孟加拉五分之一的人口活活饿死，公司也绝不削减自己的军事预算。[24]

　　并且，还一直有报告称，公司的某些商人在从事囤积粮食和投机倒把活动。在饥荒最严重的时候，穆罕默德·礼萨·汗向加尔各答报称，公司的一些私营商人"垄断了大米"。[25]根据一名异见分子（可能是约翰·德布里特）发回英国的匿名报告（全文发表于《绅士杂志》）："从旱情推断米价将会升高之后，我们为东印度公司效力的绅士们，尤其是那些工作岗位最有利可图的人士，就立即开始囤积他们能找得到的所有粮食。"

　　　粮食紧缺的问题暴露无遗之后，土著们向穆尔希达巴德的纳瓦布抱怨英国人买走了所有大米。居住在加尔各答的纳瓦布的大臣向议事会主席和议事会成员提出了这样的申诉；但涉案的绅士们的利益对议事会来说太重要了，所以上述申诉遭到嘲笑，然后被驳回。

　　　我们在许多地方的绅士以 1 卢比 120~140 锡厄[②]的价格收购大米，然后以 1 卢比 15 锡厄的价格卖给黑人［印

---

① 相当于今天的 23.1 亿英镑。——作者注
② 锡厄是印度、阿富汗、伊朗、尼泊尔等国的重量或容积单位。20 世纪 60 年代印度政府规定 1 锡厄相当于 1.25 千克，但在各地仍有差异。

221　度人〕商人，所以搞投机的英国人从中发了一笔大财。我们在宫廷的一名文员参与了投机生意，他在去年的资产还不超过 1000 卢比，但据说今年就往家里寄了 6 万英镑①。[26]

　　我们不知道这个投机商的名字，但做类似生意的人肯定不止他一个。在 1770～1771 年，也就是孟加拉饥荒最严重的时候，公司高管发往伦敦的资金多达 1086255 英镑，这个数字令人瞠目结舌，相当于今天的 1 亿英镑。[27]

　　到 1770 年夏末，东印度公司的政策造成的恶果已经极其骇人听闻，所以即便是深居加尔各答豪宅的最富裕、最迟钝的公司官员也不可能对其视而不见。德布里特告诉他的伦敦读者："纳瓦布和在穆尔希达巴德的好几位达官贵人向贫民免费发放大米，直到他们的存粮耗尽，不得不停止放粮。这就让成千上万人来到加尔各答，希望能在我们这里得到救济。"

　　此时，我们在加尔各答也深受饥荒的影响，每天都有数千人倒在大街上和田野里。在炎热的季节里，残缺不全的尸体腐烂，空气污浊不堪、臭不可闻，这令我们非常担心会暴发瘟疫。公司出钱雇了 100 人，配备了轿子、担架和爬犁，每天搬运死尸，将其扔进恒河。

　　一天上午，我从自己卧室的窗户向外观察，看到距院墙 20 码范围内有 40 具尸体，还有数百人在痛苦不堪地挣

---

①　当时的 1000 卢比相当于今天的 13000 英镑，当时的 6 万英镑超过了今天的 600 万英镑。——作者注

扎，身体扭曲，骨瘦如柴。我派仆人去让那些还有力气的
人走远一些。这些穷人伸出双手哭喊："老爷！老爷！我
的父亲！我的父亲！这场灾祸是您的同胞造成的，我来这
里就是为了死在这里，死在您面前。我动不了，随便您怎
么处置我吧。"

6月，我们这里的局势愈加恶化，集市上只有3锡厄
大米，而且质量极差。买到米的人也必须偷偷摸摸地送回
家，否则可能被路上成千上万的饥民抢走。只要走在大街
上，就能看到大量的饥民处于最后的痛苦挣扎之中，在你
经过时哭喊："我的真主！我的真主！发发善心吧，我要
饿死了。"而在另一边，野狗、豺、野猪、秃鹫等野兽与
猛禽在叼食尸体。

土著们说，从来没有见过如此之多的野兽和野鸟。在
这令人悲伤的时刻，这些动物倒是很有贡献：秃鹫和其他
野鸟啄食死人的眼睛和内脏，其他动物咬啮死人的手脚，
所以政府的搬尸人需要搬走扔进河里的东西并不多。不
过，他们还是很辛苦。我曾看见两名搬尸人用一副担架搬
运20颗人头和猛禽留下的残尸，将其丢进河里。

河里漂满了死人，所以这个时期我们不敢吃鱼。很多
吃了鱼的人没过多久就暴毙了。猪、鸭子和鹅大多也靠吃
死人为生，所以我们唯一敢吃的肉就是羊肉，但羊肉很贵
也很难买，因为干旱太严重，一条羊腿的重量不到
1.5磅。

我曾经用羊肉煮一点汤，我吃完之后可能有100个贫
民在门口乞求残羹剩饭，我经常把剩骨头切割成许多小块
送给他们，这是为了让尽可能多的人尝到。一个饥民把骨

222

头吮吸得非常干净之后将它扔掉，我看见另一人立即捡起来，尽管上面沾了沙子和其他东西；第二个人吸完之后，第三个人又吸，一块骨头要在好多人手中传递。[28]

孟加拉惨遭饥荒的蹂躏，"大部分土地已经完全荒废，无人耕种……这是因为人口骤减"。与此同时，在伦敦，东印度公司的股东们看到公司的税收维持在正常水平，不禁如释重负。并且他们知道，如今的股价达到了历史新高，是公司获得孟加拉、比哈尔和奥里萨财政管理权之前股价的两倍多。为了庆祝，股东们投票决定给自己发放史无前例的 12.5% 的红利。[29]

223　　他们不知道的是，这是东印度公司股价达到的最高点之一。无论在财政、政治还是军事上，公司都将步入一个前所未有的漫长的低潮期。无论在国内还是国外，公司都将损失惨重，濒临破产。

到 1771 年底，伦敦的气氛开始变化了。关于东印度公司在孟加拉犯下惨绝人寰暴行的传闻不胫而走。死亡人数和濒死人数实在太多，无法掩饰。霍勒斯·沃波尔的书信反映了当时的英国公众越来越清楚地认识到，在东印度公司的巨额利润背后存在极其严重的腐败。沃波尔写道："印度的呻吟直上云霄，天降的英雄［克莱武］一定进不了天堂。"

我们做的比西班牙人在秘鲁还要过分！西班牙人屠杀

土著，不管他们杀人的热情是多么邪恶，至少还是遵循了宗教原则。而我们杀人、废黜土著君主、掳掠、篡夺。导致 300 万人死亡的孟加拉大饥荒的原因是东印度公司的雇员垄断了粮食。这些丑闻即将大白于天下，除非金钱才能平息它们。[30]

在上议院，前首相查塔姆勋爵威廉·皮特也发表了类似的抗议。皮特家族就是在印度发迹的：他的祖父"钻石皮特"曾任马德拉斯总督，从印度带回了巨额财富，让孙子威廉得以在政坛平步青云。但威廉·皮特不喜欢别人提到这一点。他发出警示，说东印度公司把它的腐败恶行从印度带回国，带到了英国议会。他在上议院的演讲台上慷慨陈词："亚洲的财富潮水般涌入我们手中，不仅带来了亚洲的奢靡风气，我担心它还带来了亚洲的治国原则。那些把亚洲黄金带到英国的人没有人脉，在英国本土也没有合乎常理的利益，他们凭借腐败洪流，强行闯入了议会。任何世袭的私产都无法与这样的黑金匹敌。"[31]

1772 年初，《伦敦邮报》发表了一系列触目惊心的文章，揭露东印度公司在印度犯下的累累罪行。[32]4 月，《绅士杂志》（就是发表了德布里特关于孟加拉饥荒的文章的那份杂志）发出警示，说东印度公司"在印度犯下了非人的罪行，用无辜土著的血染红了印度平原，而如今可能在我们的岛国重复他们的残酷暴行……东印度公司是违宪的势力。打倒东印度公司，打倒专横跋扈的东印度商人！"[33]

这一年晚些时候，更多的文章、小册子和书籍刊发并揭露孟加拉灾难性饥荒的死亡人数。印度成了伦敦"每日各大报纸的必谈话题"。舆论越来越激烈地反对东印度公司，越来越敌视那些盆满钵满地返回英国的公司官员，尤其是其中最显赫也最突出的榜样：克莱武。[34]一本小册子写道："印度人遭酷刑折磨，被迫说出自己的藏宝地；城市、乡镇和村庄遭到洗劫；庄园和各行省遭到掳掠。这些就是东印度公司董事及其仆人的'乐事'和'宗教'。"[35]在这个时期，沃波尔向所有愿意聆听的人高声怒斥"我们的东印度公司的罪恶及其妖魔巢穴……以及他们那一大群大发不义之财的恶徒"。[36]

这年夏季，东印度公司成为伦敦丑闻的焦点。此时已经出版了一部攻击东印度公司董事的精彩的讽刺作品，题为《亚洲议会的辩论》。这本书中的人物包括雅努斯·油脂爵士、夏洛克·水牛、偏见·驴叫、犹大·毒汁爵士、唐纳德·麦克哈吉斯、卡利班·笨蛋、骷髅·稻草人，还有邪恶的秃鹫勋爵，显然是影射克莱武。公司的这群怪诞人物歌颂秃鹫勋爵的时候，只有一个人物——乔治·男子汉敢于谴责其他人是"铤而走险的土匪……强盗组成的丑恶联盟"。

乔治·男子汉要求"更深入地调查……［秃鹫勋爵］的贪得无厌、欺压民众和对我们事务的暴君式管理方式，他丧尽天良和破坏秩序的行为……我们难道要驯服地旁观他把自己的全部精力用于每天的发誓诅咒、威胁恫吓、腐败和出卖灵魂？"男子汉说，秃鹫勋爵"完全没有正义感，丧尽天良"，并要求将东印度公司从"这个欲壑难填的恶魔的恣意妄为当中解救出来。他野心勃勃，贪得无厌"。[37]

1772年6月，皮卡迪利广场附近的干草剧院上演了一出新戏《大富翁》，作者是干草剧院的业主塞缪尔·富特。在这出充满色情笑话的讽刺剧中，马修·螨虫爵士是一个令人憎恶的从印度归国的暴发户。他企图运用自己在孟加拉掳掠来的金

上：沙·阿拉姆，坐在俯瞰恒河的宝座上，时间是 1759 年他登基后不久。沙·阿拉姆没有土地，也没有金钱，但他竭尽全力用自己无穷的魅力、诗意的性情和高雅的言行举止来弥补。就这样，他招募到了大约 2 万名追随者和失业的雇佣军人，其中大多数和他一样一贫如洗。

下：米尔·贾法尔和他的儿子米朗在狩猎。在米尔·贾法尔手足无措、国库逐渐空虚的时候，他那个精力充沛但凶暴的儿子米朗变得越来越恶毒。对他很熟悉的古拉姆·侯赛因·汗写道："他［米朗］喜好压迫和折磨别人。他在杀人方面头脑灵活、动作神速；他在这些事情上特别有才能，并且把臭名昭著或者令人发指的暴行视为谨慎和高瞻远瞩的行为。"

米尔·贾法尔（左）和米尔·卡西姆（右），1765 年。米尔·卡西姆与他那位头脑混乱的大老粗岳父米尔·贾法尔截然不同。米尔·卡西姆是波斯贵族，不过出生于他父亲位于巴特那附近的庄园。他身材矮小，缺乏军事经验，但年轻、能干、聪慧，并且意志坚定。他与东印度公司密谋，在 1760 年发动政变，取代了米尔·贾法尔，然后成功建立了一个井井有条的国家，并且拥有自己的现代化步兵。但不到三年，他就与东印度公司发生了冲突。

上：霍贾·格列高利是来自伊斯法罕的亚美尼亚人，米尔·卡西姆赐给他的头衔是古尔金·汗，意思是"野狼"。古拉姆·侯赛因·汗觉得他是个了不起的人物："中等身材，身强体健，面色非常白皙，鹰钩鼻，大大的黑眼睛，血气方刚。"

下：《与一位纳瓦布交谈的英国官员》画作，描绘的可能是威廉·富拉顿和米尔·卡西姆，1760—1765 年在巴特那。富拉顿是个讨人喜欢的苏格兰外科医生和美学家，是巴特那大屠杀中为数不多的幸存者之一。富拉顿得到了他的老朋友、历史学家古拉姆·侯赛因·汗的搭救。

上：一座帕拉迪奥风格的房屋及园林图，作者是孟加拉艺术家卡拉亚的谢赫穆罕默德·埃米尔（Shaikh Muhammad Amir of Karraya），似乎创作于 1827 年前后。

下：谢赫穆罕默德·埃米尔创作的加尔各答政府大楼与滨海大道图，从迈丹的角度观看。这幅画似乎是 1827 年前后创作的。

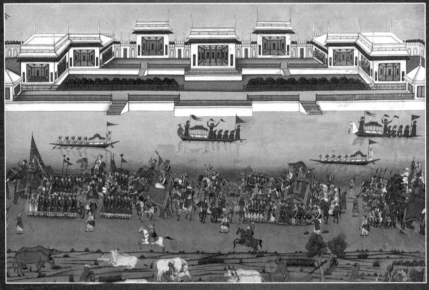

上：在莫卧儿帝都陷入无政府状态的同时，闻名遐迩的德里艺术家迪普·昌德和尼达·玛尔向东迁徙，在巴特那和勒克瑙的宫廷（那里更稳定，也更具有国际化色彩）寻找工作机会。在那里，他们形成了一种地方风格，画面中宽阔的恒河总是在白色的沙洲间缓缓流淌，河上有船只在航行。居住在巴特那的有教养的克什米尔巨商阿什拉夫·阿里·汗和他的情人穆图比体验了一些欧洲时尚。阿什拉夫盘腿坐在一张摄政风格的椅子上，两人都将水烟筒搁在小木桌上。

下：纳瓦布舒贾·道拉的仪仗队经过河边的一排宫殿。。

上左：布克萨尔战役之后，欧洲人带着他们的士兵在印度各地从事贸易，打仗，征税，管理财政和司法。詹姆斯·托德上尉（后来升为上校）骑着大象，Chokha 作，梅瓦尔，1817 年。

上右：赫克托耳·门罗，约 1785 年。门罗是布克萨尔战役的胜利者，但在波利鲁尔战役中失败。

下：马德拉斯的印度兵，约 1780 年。

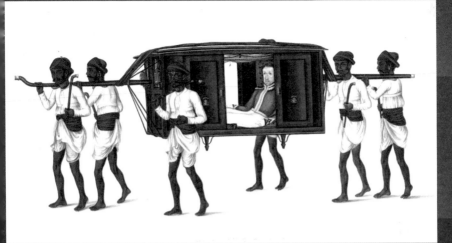

上：《乘轿子的英国军官》画作，韦洛尔的 Yellapah 作。

下：《一名东印度公司的军官》画作，穆尔希达巴德，1765 年。

罗伯特·克莱武，Nathaniel Dance 作，约 1770 年。画中，普拉西的克莱武男爵已经人到中年，有些发福，志得意满，因为他很清楚，是他让东印度公司在孟加拉、比哈尔和奥里萨建立了政治和军事霸权。克莱武在给他的朋友罗伯特·奥姆（后来写了克莱武的传记）的信中说："幸运女神似乎下定决心要陪我走到最后。我的每一个目标、每一个乐观的愿望都即将实现。"

年轻的沃伦·黑斯廷斯，Tilly Kettle 作，约 1772 年。我们看到的是一个瘦削、衣着朴素而谢顶的青年，穿着简朴的棕色棉亚麻混纺粗布衣服，面容开朗，神情显得有些忧伤，但他的嘴唇带着一丝幽默感。他在这个时期的书信让人觉得他是一个羞怯、严肃、敏感而独立自主的青年。他黎明就起床，洗个冷水澡，然后骑马一个钟头，偶尔胳膊上还站着一只猎鹰。他似乎喜欢独处，"只喝一点点葡萄酒"，晚上的时间都用来读书、弹吉他和学习波斯语。

《沙·阿拉姆向克莱武勋爵赠予财政管理权》画作，本杰明·韦斯特作。

在今天，我们会把这种情况称为强制私有化。这个卷轴上的内容是皇帝下令解散孟加拉、比哈尔和奥里萨的莫卧儿税务官员，以克莱武（新任孟加拉总督）和公司董事们任命的一群英国商人取而代之。圣旨将东印度公司的董事描述为"崇高的、强大的、最高贵的贵族，最显赫的武士，值得我恩宠的忠实仆人和真诚朋友，英国的公司"。从此之后，莫卧儿人的征税权就被转包给了一个强大的跨国公司，它用自己的私营军队来保护它的征税行动。

左：《莫卧儿皇帝沙·阿拉姆在安拉阿巴德与巴克将军一起检阅东印度公司军队》画作，Tilly Kettle 作。1771 年，巴克奉命前往安拉阿巴德，试图阻止沙·阿拉姆返回德里，却发现皇帝"不听劝告"。皇帝早就觉得在安拉阿巴德当东印度公司的傀儡的生活不堪忍受，现在他渴望回家，不管前途是多么危险。

右：《奥德的纳瓦布舒贾·道拉与他的四个儿子、巴克将军和一些军官》画作，Tilly Kettle 作。舒贾·道拉是个巨人，身高将近七英尺，涂油的小胡子引人注目。他体力惊人，即便快到老年的时候也能双手各举起一名军官。他的缺点在于野心勃勃、傲慢自负，并且自视过高。他于 1765 年在布克萨尔战役中被东印度公司打败。克莱武把他送回奥德的宝座，于是他成为公司的忠实盟友，一直统治到他去世。

1771 年莫卧儿皇帝沙·阿拉姆返回德里的队伍。长长的行军队伍沿着亚穆纳河的河岸蜿蜒前进，穿过富饶的乡村。队伍前方是乐队，手捧权杖的典礼官和捧着莫卧儿皇室宝器的侍从紧随其后。然后是皇帝本人，坐在高高的大象背上，周围簇拥着卫兵。随后是皇子们，再往后是后宫女眷，都乘着有帘子遮挡的轿子；接着是重型攻城大炮，每一门炮都用四头大象拖曳。殿后的是主力部队，一眼望不到头。

Ballajee Pundit-
Nanna Furnareese

纳纳·法德纳维斯，以浦那为大本营的政治家，佩什瓦的首相，被称为"马拉塔的马基雅维里"。他是最早认识到东印度公司对印度的生存构成威胁的人之一，并试图与海德拉巴人和迈索尔苏丹组建同盟来驱逐东印度公司，但没能实现这个计划。

银财宝与一个历史悠久的名门望族联姻，然后通过贿赂选民参加议会选举，成为议员。其中一个情节是螨虫的助理塔奇特解释了螨虫及其伙伴如何发财：

　　塔奇特：我们狡猾地蚕食土著的土地，一点一点地加固要塞工事，直到我们变得极其强大，让土著拿我们没办法。然后我们把他们赶出自己的家园，夺取他们的金钱和珠宝。

　　市长：塔奇特先生，你难道不觉得，我们那么做有点不文明？

　　塔奇特：哦，才不会呢！那些印度人比鞑靼人或者土耳其人也好不了多少。

　　市长：不，不，塔奇特先生；恰恰相反，与他们相比，我们才是鞑靼人。[38]

　　这年夏季，对东印度公司发起的谴责和攻击有不同形式。有的指控东印度公司在印度的行为几乎可以算是种族灭绝；有的指控东印度公司腐蚀了议会；还有的把注意力集中于归国暴发户的攀龙附凤，挖苦他们的印度钻石、新购的庄园和他们的腐败选区。很多人提出了合理的观点，即一家享受政府授予的贸易垄断权的私营公司不应当自行经营一个海外帝国。阿瑟·扬[①]在一份流传颇广的小册子中写道："贸易和军事不应当由同一群人掌管。商人的业务是商品交换和互通有无，不是打仗

---

　　① 阿瑟·扬（1741~1820）是英国的农业专家和游记作家，他对政治和社会的评论很有影响力。

和推翻外国君主。"[39]

　　归国的东印度公司官员亚历山大·道对东印度公司发出了特别强有力的抨击。他是苏格兰的哲学家、历史学家和重商主义者。他从波斯文翻译了费里希塔①的《印度斯坦史》，在该书的末尾对东印度公司在孟加拉的统治进行了极其严厉的批判。道是个有慈悲心肠、消息灵通并且能言善辩的人，他之所以发出这样的抨击，是因为他对东印度公司在孟加拉的统治之昏聩无能与野蛮残暴感到义愤填膺。他也是一位聪慧的公司内部人士，所以从他的视角做的观察和记录极有价值。"孟加拉气候温和，土壤肥沃，并且印度教徒天生勤奋，所以孟加拉一直以商贸繁荣而闻名，"他写道，"孟加拉在与各国进行的贸易当中都处于贸易顺差。大批金银流入孟加拉，再也不会流出……〔但在东印度公司接管孟加拉之后，〕这个国家因为各种各样的公共灾难而变得十室九空。"

> 　　在区区六年之内，这个曾经欣欣向荣的富庶国度的大城市当中有一半荒弃了；全世界最肥沃的农田成了荒原；五百万清白无辜、勤劳肯干的人民要么流离失所，要么被夺去生命。目光短浅比内在的野蛮更致命，〔东印度公司的雇员〕所到之处尽是鲜血与废墟，而他们的唯一目标就是敛财。
>
> 　　野蛮人也许会屠杀倒下的敌人，但文明的征服者无须动刀动枪就能毁掉整个国家。经营垄断、贸易垄断，再加

---

① 费里希塔（1560～1620）是波斯历史学家，后定居印度，成为德干高原的苏丹的宫廷史官。

上苛捐杂税……不幸的人们被剥夺谋生的手段，而公司对他们的索取却变本加厉，这是何等荒谬……我们可以确定从孟加拉落入外国人手中的那天起，它便开始衰落；那些外国人更关心的是抓住当前的机会给自己捞油水，而不是努力保障这个国家的长治久安。他们毫无远见，杀鸡取卵，竭泽而渔……

道最后总结说："孟加拉如今已经是风中的累累白骨，一点油水也不剩了。"[40]

不过，在 1772 年发表的诸多批评东印度公司的作品当中，最有影响力也最激烈的一部要数威廉·伯尔茨的《论印度事务》。[41]伯尔茨是英国和荷兰混血儿，曾是东印度公司旗下最肆无忌惮的雇员之一，是巴特那的威廉·艾利斯的同事，曾参与东印度公司在米尔·卡西姆统治时期的一些暴力活动。但后来伯尔茨得罪了克莱武，因为从事非法贸易而被强行逐出孟加拉，所以发誓赌咒要推翻这位前任总督。伯尔茨回到伦敦，在那里立刻开始"吹哨"。他写了《论印度事务》，希望通过揭露东印度公司在孟加拉的卑劣可耻行径来打击克莱武，尽管伯尔茨自己也直接参与了其中很多暴行。[42]

伯尔茨描述了公司官员如何"非法拘禁土著和黑人［印度人］商人，并通过暴力从他们手中敲诈勒索大笔金钱"。他还提到，一些织工为了防止自己被拉到东印度公司的监狱一般的贸易站去生产丝绸，甚至不惜自残，"砍掉自己的拇指"。[43]作恶者为所欲为，受害者求告无门："在大洋的这一侧，司法体系无能为力。没有一个在印度犯罪的人回到欧洲之后受到法律的制裁。"

227

伯尔茨提出的最发人深思的观点是，东印度公司自称通过《安拉阿巴德条约》获得了孟加拉、比哈尔和奥里萨的财政管理权，但这在法律上是无稽之谈，是克莱武捏造了这种说法来掩盖事实。事实就是克莱武借助武力征服了孟加拉。伯尔茨写道：东印度公司"业已成为几个广袤、富庶、人口稠密的国度的统治者，拥有大约 6 万人的常备军"。孟加拉纳瓦布和沙·阿拉姆只不过是"名义上的纳瓦布……和傀儡"，任凭东印度公司摆布；公司占据孟加拉的土地不是通过法律或条约，而是"通过暴力或篡夺来获取和掌控"。这是因为"[莫卧儿]法律或帝国已经不复存在"。东印度公司已经变成了"垄断者组成的专制政府"，敲骨吸髓般榨走了孟加拉的财富，公司的行为对英国的长远利益极其不利。伯尔茨写道，相比之下，之前的莫卧儿政府反倒是公平贸易的典范，坚持不懈地鼓励商人和手工业者。[44]

伯尔茨提出的解决方案是请英国政府接管孟加拉，使之成为政府所属的殖民地，从而结束疯狂逐利的公司对这个省份的残酷盘剥。伯尔茨的这本书自始至终是以英国国王为受众的，呼吁英王行使自己的合法权力，伸出他的仁慈之手去保护他"在亚洲的臣民"，不管他们是英国人还是印度人。

这本书里满是半真半假的指控；而且其中列举的许多最严重的罪行其实是伯尔茨和他的朋友艾利斯一起犯下的。但《论印度事务》的影响极其深远，它成为后来许多对大英帝国的批评的前奏，而且具有开拓性，提出了许多在当时很新鲜但后来会变得越来越司空见惯的问题。例如，《论印度事务》有史以来第一次探讨了"如何应对触角伸出国界的跨国公司"的问题。它还提出了一个重要的问题：如何约束极其强大、富可敌国的企业主。比如，伯尔茨问道：如果非常富有的巨头变得太富裕、太强大，国家控制不了他，那么会发生什么情况；如果某人为了自己的商业目的收买立法机构，并运用自己的财富去腐蚀议员，那么会怎么样？

228

《伦敦杂志》长篇摘引了《论印度事务》的内容。有人提醒沃伦·黑斯廷斯，尽管该书夸大其词并且显然有偏见，但"公众全都信以为真，并热切希望议会施加干预，去矫正那些弊端"。[45]在霍勒斯·沃波尔看来，《论印度事务》证实了他早就对东印度公司产生的怀疑。沃波尔写道："伯尔茨对克莱武勋爵的指控说到了痛处；将他……描绘为妖魔，暗杀、篡夺和敲诈勒索无所不用其极，严厉指控他公然违抗公司的命令，从事垄断活动……孟加拉近期的饥荒和三百万居民的死亡被认为是上述垄断活动的结果。这些罪行的十分之一就足以让人毛骨悚然。"[46]

伯尔茨在他那本夸夸其谈的书的末尾发出警告，说东印度公司在财政上缺乏稳定性："我们可以把东印度公司比作一座宏伟的建筑，它是在很短时间内，在没有经过仔细检查、没有加固的地基上匆忙建造起来的；居住在里面的人都是临时性的业主和管理者，这些人的利益互相抵触；这些人当中的一部分让上层建筑超载，另一部分人则在破坏地基。"[47]

这段话很有前瞻性。因为就在五个月后，东印度公司的财政"地基"发生了惊人的坍塌。

1772 年 6 月 8 日，一位名叫亚历山大·福代斯的苏格兰银行家从自己的办公室销声匿迹，留下 55 万英镑①的巨额债务。他的银行"尼尔、詹姆斯、福代斯与唐恩银行"不久之后宣布破产。随后一周里，另一家投资购买了大量东印度公司股票的机构"道格拉斯与赫仑公司"（也称艾尔银行）也关门大吉。就这样，一场金融危机爆发并迅速传播到英国各地，然后蔓延到欧洲大陆。

229　　　　在随后的一周里，在北海对岸，好几家对东印度公司股票做过投机买卖的荷兰银行破产。两周之内又有十家欧洲银行破产，一个月内破产银行数量又增加了二十家。也就是说，在不到三周时间里，三十几家银行像多米诺骨牌一样接连倒下。[48]

这起金融危机造成了全球影响。弗吉尼亚有人因此自杀，而在英国本土，东印度公司董事会主席乔治·科尔布鲁克爵士也破产了，这让人没法信任他的管理能力。英格兰银行不得不出手干预，但它自身难保。大卫·休谟在 6 月从爱丁堡写信给亚当·斯密："我们的处境非常不妙：不断发生破产，信用普遍受损，无休止的猜疑。这些事件会不会影响你的理论？你的〔《国富论》〕某些章节会不会需要修改？"[49]

一个月后，1772 年 7 月 10 日，金额高达 747195 英镑的汇款单被送到利德贺街的东印度公司总部大楼。这些都是归国的公司官员从印度向英国的汇款。现在大家对东印度公司的财务状况颇为焦虑，因为从 1771 年到 1772 年发到伦敦需要兑现的汇款金额现在直逼 150 万英镑大关。[50]有人质疑，东印度公司是否应当兑现这些汇款，但公司的会计委员会坚持要按规矩兑现，"因为如果我们拒绝兑现的话，公司的信誉可能遭到沉重

---

①　相当于今天的 5800 万英镑。——作者注

打击"。

与此同时，饥荒终于开始导致孟加拉的土地收入减少。而大量价格过高的东印度公司茶叶被堆放在公司的伦敦库房，无人问津。库存茶叶的价值从 1762 年的大约 100 万英镑增加到 1772 年的超过 300 万英镑。而从 1764 年到 1770 年，公司的军事开支翻了一倍，12.5% 的分红又让公司的年度开支增加了将近 100 万英镑。① 公司的收支平衡表很不好看。51 在这一年的下半年，东印度公司有史以来第一次没能按期缴纳关税，然后又没能按期向英格兰银行还款。对这场危机知情的人越来越多，东印度公司的股价在一个月内猛降了 60 个点。不久之后，公司不得不低眉顺眼地去找英格兰银行，申请一笔巨额贷款。52

230

1772 年 7 月 15 日，东印度公司的董事们向英格兰银行申请了 40 万英镑的贷款。两周后，董事们又要求追加 30 万英镑的贷款。但银行只筹措到 20 万英镑。公司此时拖欠的账单金额高达 160 万英镑，还有超过 900 万英镑的还款义务，而公司的总资产不到 500 万英镑。53 到 8 月，董事们私下告诉政府他们实际上还需要 100 万英镑，这是史无前例的惊人数字。②

东印度公司债台高筑：从 1769 年到 1772 年，东印度公司一共从英格兰银行贷款 550 万英镑③。公司主席写信给在加尔

---

① 当时的 747195 英镑相当于今天的 78455475 英镑，当时的 150 万英镑相当于今天的 1.57 亿英镑，当时的 100 万英镑相当于今天的 1 亿英镑，当时的 300 万英镑相当于今天的 3 亿英镑。——作者注

② 当时的 40 万英镑相当于今天的 4200 万英镑，30 万英镑相当于今天的 3150 万英镑，20 万英镑相当于今天的 2100 万英镑，160 万英镑相当于今天的 1.68 亿英镑，900 万英镑相当于今天的 9.45 亿英镑，500 万英镑相当于今天的 5.25 亿英镑，100 万英镑相当于今天的 1.05 亿英镑。——作者注

③ 相当于今天的 5.77 亿英镑。——作者注

各答的沃伦·黑斯廷斯："我们在国内的困难对我们造成了极大的压力，这场大规模破产带来的普遍悲观情绪使公共信贷几乎停滞，严重影响了我们的销售，让我们唯一的资金来源——英格兰银行变得极其谨慎。"[54]埃德蒙·伯克在不久之后起草的报告说，东印度公司的雇员"与派遣他们出去的国家和他们所在的国家都有很深的隔阂"，并预测，东印度公司的财政问题可能"像一块磨石，把［英国政府］拖向万劫不复的深渊……最终，这家可憎的公司将像毒蛇一样，毁掉将它抱在胸口抚育的国家"。[55]

与此同时，英国公众普遍认识到，如今英国经济的主要动力就是来自印度的财富，所以如果东印度公司破产，那么"首当其冲的、最直接的后果"就是"国家破产"，或者"停止支付国债利息"，这也相当于国家的破产。[56]

经济与政治理论家托马斯·波纳尔写道："人们现在终于开始把印度事务不仅仅视作与帝国有关的财政附属物，而是明白了，来自印度的财政收入被纳入了我们国家的财政框架……人们想到我们的体制的印度部分可能崩坏，不禁魂飞魄散；人们知道，如果印度完了，那么大英帝国的整个建筑将会轰然坍塌。"[57]英王乔治三世的观点就是这样。他写道，他相信"这个国家的真正荣耀"依赖于印度的财富，它是"把这个国家从负债累累的悲惨局面中拯救出来的唯一安全的途径"。[58]

11月26日，议会开会讨论东印度公司的财政危机，以及公司的一些员工受到的贪腐和滥用职权的广泛指控。东印度公司濒临破产，但它的员工富得流油，这种反差太明显，议会必须开展调查。而且此事关系到很多议员，因为40%的议员拥有东印度公司的股票，他们的私人财务状况都因股价暴跌而损失惨重。

现在，大家越来越清楚地认识到，如果议会真的投票决定拿出 140 万英镑①来挽救东印度公司，那么必须有交换条件：公司必须接受一定程度的议会监管，议会才愿意授权为其提供如此巨额的贷款。现在英国人普遍认识到，东印度公司没有能力改革自身，除非议会施加干预，否则孟加拉和它的巨额财政收入都将付诸东流。

如议员威廉·伯勒尔所说："先生，任何一位绅士都不应当认为这是关于政府或反对党的小问题。不，先生，这是关系到大英帝国的事情；大不列颠是成为世界第一强国，还是破产、崩溃，很可能就取决于这个问题。"⁵⁹

1772 年 12 月 18 日，东印度公司的董事们被传唤到议会。在那里，他们受到约翰·伯戈因将军②领导的专责委员会的严厉质询。该委员会的使命就是调查东印度公司在印度的弊端，尤其是关于贪腐和受贿的指控。东印度公司的多名雇员受到了贪腐指控，其中就有克莱武。伯戈因说克莱武"即便不是最主要的罪犯，也是年纪最大的一位"。专责委员会在其结案报告中的统计表明，从 1757 年到 1765 年，孟加拉有价值超过200 万英镑③的"礼物"转手，并说克莱武及其亲信"侵吞了

232

---

① 相当于今天的 1.47 亿英镑。——作者注
② 约翰·伯戈因（1722~1792）是英国陆军将领、政治家和戏剧家。他最有名的事迹可能要算在美国独立战争期间在萨拉托加战役中战败被俘。
③ 相当于今天的 2.1 亿英镑。——作者注

巨额款项"，"损害了国家的荣誉和利益"，他们应当向政府退还赃款。[60]

克莱武于 1773 年 5 月 21 日发表了他最著名的演讲之一，算作回应。他说，他坚决反对别人把他当作"一名低贱的偷羊贼"来对待。他咆哮道，在普拉西战役之后，"一位伟大的君主完全听命于我；一座富庶的城市任凭我处置；它最富有的银行家为了得到我的微笑而互相争斗；我可以走进许多只对我一个人开放的地下仓库，那里堆满了黄金和珠宝！主席先生，此时此刻，我对自己的克制感到震惊"。

克莱武慷慨陈词了两个钟头，为自己辩护。他最后说："拿走我的财产吧，但留下我的荣誉。"然后眼睛里噙着泪水走出大厅，议员们在他身后不断地高声为他欢呼。他上了自己的马车，驾车回家，不知道自己"到明天早晨的时候名下还有没有六个便士"。[61]议会的辩论持续到深夜，越来越多的发言者站起来攻击伯戈因的提案。最终，一系列修正案把伯戈因的提案完全冲淡了，还有一项决议赞扬了克莱武"为国家所做的卓越贡献"。最终，经过彻夜的辩论，投票结果是 95 票主张谴责克莱武，155 票主张他无罪，于是他被宣布无罪。[62]

首相诺斯勋爵①输掉了这一仗，但他仍决心要制服东印度公司。伯戈因谴责克莱武的提案被否决后不久，诺斯勋爵宣布："我认为，先生，议会应当有权管制东印度公司……如此持续不断的暴行，对内欺诈，对外压迫，让全世界都大声疾呼：让国家监管它吧。"[63]他的目标是把东印度公司在印度的全

---

① 弗雷德里克·诺斯（1732~1792），第二代吉尔福德伯爵，于 1770~1782 年出任英国首相，是美国独立战争时期的英方重要人物。

部领土和那里的 2000 万印度人民都置于英国政府的权威之下。一位议员指出，议会必须"努力将如此之多不幸的、勤奋的土著从如今压迫他们的政府的桎梏中解救出来"。[64]

但诺斯勋爵最终未能达成这个目标。东印度公司享有王室授予的特许状和相关特权，股东们也坚决地捍卫这些特权。有太多的议员持有东印度公司的股票，并且公司缴纳的税金对英国经济的贡献很大（单是关税，公司每年就缴纳 886922 英镑①），所以任何一个政府都不可能让东印度公司自生自灭。最终，东印度公司的庞大规模救了它的命。此时英国贸易总额的将近一半都是东印度公司产生的。它毕竟"大到不能倒"，政府不能眼睁睁看着它破产。

在这种情况下，东印度公司与议会之间交易的大致框架很快就确定了，政府开始成为东印度公司的合作伙伴。议会同意向东印度公司提供 140 万英镑②的巨额贷款，帮助它免于破产。但作为回报，东印度公司必须同意接受一项"监管法案"，即诺斯勋爵于 1773 年 6 月颁布的《印度法案》，它将东印度公司置于议会的更严格的监管之下。议会还将有权任命一位总督，不仅去管理孟加拉管辖区，还有权管理马德拉斯管辖区和孟买管辖区。

1773 年 6 月 19 日，诺斯勋爵的法案以 47 票赞成、15 票反对通过了议会的三读。世界上第一家侵略性极强的跨国公司，被历史上最早的超大规模的政府救市行动拯救了。不过，英国政府拯救东印度公司的条件是，政府将获得对其的监管

---

① 超过了今天的超过 9300 万英镑。——作者注
② 相当于今天的 1.47 亿英镑。——作者注

233

权，并对其严加控制。这是政府以获得监管权为条件采取救市措施的一个早期案例。然而，不管议会如何慷慨陈词，东印度公司仍然是一支独立的半自治的帝国主义势力，虽然如今它被部分融入了汉诺威王朝的国家机器。"监管法案"本身并没有遏制东印度公司的那些最严重的恶行，但它设立了一个可供后人参考的先例，并且标志着国家开始持续地干预东印度公司，一直到八十年后的 1858 年公司被最终国有化。

议会任命的新任印度总督不是对印度两眼一抹黑的新人，而是一位 41 岁的东印度公司老员工。沃伦·黑斯廷斯是公司官员当中最聪慧、经验最丰富的人之一，他生活简朴，学识渊博，勤奋，严肃，嗜工作如命。《印度法案》还让政府任命了三位议事会成员来代表议会监督黑斯廷斯的工作。这三人当中有一位年轻的议会秘书叫菲利普·弗朗西斯，他才华横溢，写了很多传播极广的作品，但性格乖张，满腹恶意，睚眦必报，并且野心勃勃。他是一位爱尔兰新教牧师的儿子，生于都柏林，长于伦敦，按照他自己的说法，他"开始漫漫人生路的时候完全没有出身或财富的优势"。他深知自己在英国社会不过是个向上攀升的局外人，所以"始终提高警惕，保持自制"。他是一位手腕娴熟的政客，喜好做戏、骗人和搞阴谋诡234 计。1768~1772 年发表并在北美殖民地和欧洲大陆大量重印的所谓"尤尼乌斯来信"，即一系列攻击乔治三世及其大臣的煽动性文章，很可能就是他写的。[65] 黑斯廷斯和弗朗西斯没办法合作，再加上弗朗西斯野心勃勃地要把黑斯廷斯推翻，自己取而代之成为孟加拉统治者（他说"我奉命来到这里，就是为了拯救和治理这个光荣的帝国"），这就给东印度公司制造了许多问题，并在后来的一些年里导致公司在印度的政府实际上陷入瘫痪。[66]

"监管法案"以及议会围绕它进行的辩论的另一个牺牲品竟然是克莱武。尽管他最终被议会宣布无罪，但他始终没能从伯戈因及其专责委员会的粗暴待遇之下恢复元气。他虽然逃脱了议会的谴责，但已然臭名昭著、极其不受欢迎，在全国被视为秃鹫勋爵的原型，是东印度公司所有腐败与罪恶的化身。

"监管法案"通过之后不久，克莱武出国旅行，途经法国的时候与他曾经的对手——法国东印度公司的一些人一起吃饭。在一年的时间里，他游览了意大利的名胜古迹，收藏艺术品，拜会了欧洲一些最有权势、最时髦的人物，但他始终未能恢复内心的宁静。他一直受到抑郁的折磨，年轻时曾两次自杀未遂。后来他一直维持着镇静自若、无比自信的外表，但内心至少经受过一次严重的崩溃。除了心理负担之外，他又患上了痛苦不堪的胃痛病和痛风。罗伯特·克莱武于 1774 年 11 月22 日返回英国之后不久，在他位于伯克利广场的豪宅自杀，年仅 49 岁。

他的宿敌霍勒斯·沃波尔记述了当时伦敦的第一批传闻。"他肯定患有疾病，"沃波尔写道，"但世人认为他自杀的原因不只是疾病。他的健康状况很差，生理功能严重紊乱，受到剧痛和抽搐的折磨。上周一他进城的时候已经病得很重。星期二，他的医生开了一剂鸦片酊，但没能止痛。关于随后的情况，有两种说法。第一种说法是，医生又给他服用了一剂鸦片酊；第二种说法是，他不听医生的劝告，自己把鸦片酊的剂量翻了一倍。简而言之，他在 50 岁就去世了。他这一生，挣得多少荣耀，受了多少指责，拥有多少艺术品、财富与虚荣！"[67]

真相其实很恐怖：克莱武用一把钝的裁纸刀割断了自己的

颈静脉。当时他在家中，身边除了妻子玛格丽特之外还有秘书理查德·斯特雷奇与斯特雷奇的妻子简。简·斯特雷奇后来记载道，他们当时在打惠斯特牌，但因为克莱武的剧烈腹痛而不得不停止；克莱武走出客厅，去"上厕所"。过了一段时间，他还没有回来，于是斯特雷奇对玛格丽特·克莱武说："您最好去看看勋爵在哪里。"玛格丽特"去找他，最后打开一扇门，看见克莱武勋爵的喉咙被割断了。她晕倒在地，仆人来了。帕蒂·杜卡莱尔的手上沾了一点血，她自己舔掉了"。[68]

夜深人静之时，克莱武的遗体被从伯克利广场搬走，运到他出生的村庄默顿赛的教堂，半个世纪之前他在那里接受洗礼。那里举行了一次夜间的秘密葬礼，这个自杀的人被埋葬在一处没有标记的墓穴中，也没有铭牌记录他的身份。

克莱武没有留下遗书，但关于他的自杀动机，塞缪尔·约翰逊表达了当时普遍的观点：克莱武"通过滔天罪行获得了他的财富，不堪忍受罪孽感，于是自刎"。[69]

1774 年 10 月 19 日，三名由"监管法案"任命的议事会成员——菲利普·弗朗西斯、克拉弗林将军和蒙森上校——终于乘船抵达加尔各答。他们一到就大发脾气，因为在"卑贱而不体面"的欢迎典礼上，他们只得到了十七响礼炮，而不是二十一响礼炮的欢迎："而且没有警卫，没有人迎接我们或给我们引路，没有排场。"[70]

随后，沃伦·黑斯廷斯进一步冒犯了这三位大员：他在自

己宅邸内穿着非正式服装招待他们用午餐。菲利普·弗朗西斯
的内弟和秘书写道："黑斯廷斯先生肯定可以穿上有褶饰边的
衬衫吧。"克拉弗林将军立刻写信给伦敦方面抱怨。这次气氛
紧张的午餐快结束时，沃伦·黑斯廷斯已经在考虑辞职了。新
的政治格局可以说从一开始就不顺利。

　　更糟糕的还在后面。次日，即 10 月 20 日，在新议事会成 236
员的第一次正式工作会议上，他们的第一项举措就是调查近期
的罗赫拉战争，质问黑斯廷斯为什么借兵给公司的盟友奥德统
治者舒贾·道拉。黑斯廷斯的目的是帮助舒贾稳定其西部边
境，阻止桀骜不驯的阿富汗罗赫拉人的侵扰。但弗朗西斯正确
地指出，按照黑斯廷斯的做法，公司的军队实际上被当作雇佣
兵租借给了舒贾，并在舒贾指挥下参与了针对阿富汗败兵的残
酷暴行。

　　黑斯廷斯一贯对批评很敏感。他写道，在这种咄咄逼人的
气氛中，他简直无法呼吸。不久之后他写道："指桑骂槐、鬼
鬼祟祟的影射、恶语相向和嘲讽挖苦，都已经是我见怪不怪的
攻击方式。"[71] 弗朗西斯则喜滋滋地描述"黑斯廷斯脸上汗如雨
下，泪水夺眶而出，用手捶打自己的头，心烦意乱地在屋里跑
来跑去"。[72] 不久之后，弗朗西斯写信给首相诺斯勋爵，轻蔑地
评价黑斯廷斯："我不否认他有一些三四流的才能，但他的所
谓能耐和判断力，以及其他品质，纯属子虚乌有。我一度对他
有好感，现在我知道当时我处于被迷惑的状态，是他自己把我
从那种状态中解救出来……"[73]

　　克莱武过去一直对黑斯廷斯有猜忌，因为黑斯廷斯是亲印
度分子。受克莱武的恶劣影响，弗朗西斯抵达印度时就坚信黑
斯廷斯就是孟加拉一切罪恶与腐败的源头。弗朗西斯写信给自

己的恩公克莱武（当时刚刚结束欧洲大旅行的最后一站）说："黑斯廷斯先生是恶人当中最腐败的一个。"至于黑斯廷斯在议事会当中的唯一盟友理查德·巴维尔，弗朗西斯评价"他是个无知、虚伪、放肆的傻瓜"。[74]

菲利普·弗朗西斯一直到死都坚守这些观点。从他抵达加尔各答的那一天起，他就致力于推翻黑斯廷斯，阻挠他的所有计划，并给他已经开展的工作开倒车。弗朗西斯在上任几周后写道："孟加拉已经被毁了，这全是黑斯廷斯先生一个人的错。下一班船会送去我关于印度国内状况的详细报告，那足以让每一个英国人战栗。"[75]他的两位同僚都是脾气暴躁的军人，都不是很聪明，对弗朗西斯的言论随声附和，因为他们在前往孟加拉的长达一年的旅途中已经被他说服了。

237　　　黑斯廷斯有充分的理由感到愤愤不平。在弗朗西斯抵达印度的时候，黑斯廷斯不仅没有被大家视为东印度公司腐败的化身，反而被赞誉为品行无可指摘的好人。他身材瘦削高挑，生活朴素，说话温和，颇有学究气，是整个公司里始终反对公司暴政的少数员工之一。他卓越的行政才干和无比勤奋也赢得了广泛的敬慕。曾与沃伦·黑斯廷斯一起在恒河上旅行的艺术家威廉·霍奇斯谈到过黑斯廷斯的朴素衣着与同僚的气派排场形成鲜明对比，并注意到他坚决制止自己的仆从粗暴地对待印度的平民百姓。黑斯廷斯经常借钱给有困难的朋友，对待下人也慷慨大方、十分体贴照顾。他发放年金的对象当中有他在卡西姆巴扎尔的第一个仆人的遗孀，甚至还有一个曾在加尔各答街头为他唱歌的盲人。[76]古拉姆·侯赛因·汗一般对英国官员都没什么好的评价，却在自己的史书中写了很长的一段来赞颂黑斯廷斯"为公司统治下的普通百姓伸张正义，以及他个人的慷慨大方"："愿全能的真主奖赏这位总督，因为他不遗余力地救助如此之多受苦受难的家庭……并聆听成千上万受压迫者的呻吟与抽泣，那些可怜人知道如何忍受苦难，却有苦难言。"[77]

黑斯廷斯比他同时代的许多人更清楚地明白东印度公司统治的诸多缺陷，并撰文阐述这些问题："拥有广袤的土地，却仅仅以商人的思维来行事，把短期收益视为我们的首要原则；接受了巨额收入，却没有力量去保护纳税人……这些矛盾无法弥合，对我们的国家极其有害……并且近似于惨无人道。"[78]他下定决心要实施改革，让公司的统治变得更公正、更有效和更负责任。他写道，公司的雇员往往不懂当地语言和风俗，鸣冤的印度人仍然没有能力抵抗公司雇员的虐待和压迫。他相信这就是"我们政府的每一个渠道都在蔓延的一切邪恶的根源"。[79]他在赴任时写道："但愿这个富饶国度的政府不再仅仅是一连串任期三年一届的贫穷冒险家敛财的工具。"[80]

从 1772 年 2 月被任命为总督①到两年半之后弗朗西斯和另外两名议事会成员上任，黑斯廷斯在这段时间已经做了很多工作去整顿和改革公司在孟加拉的治理上的糟糕方面。抵达加尔各答之后，他对前任留下的烂摊子感到震惊："公司的新治理方法由一大堆尚未消化的材料组成，乱七八糟。政府的权力没有明确界定；征税、投资、司法（如果司法工作真的存在的话）、警务，所有这些领域都堆砌在一起，由同一群人处理，不过最后两项工作往往完全荒废了，因为没有人知道谁负责。"[81]

238

① 原文如此。黑斯廷斯成为印度总督的时间应当是 1773 年 10 月 20 日。此前他就任孟加拉总督的时间是 1772 年 4 月 28 日。

他迅速开展工作，着力将东印度公司转变为行政服务机构。黑斯廷斯的第一项重大改革是将所有的政府职能从穆尔希达巴德转移到加尔各答。纳瓦布仍然统治着孟加拉的幌子被彻底抛弃，东印度公司现在成为完全公开的统治者。他写道："如今加尔各答就是孟加拉的首府。一切政令出自加尔各答……现在必须要建立东印度公司的权力基础，让人民和纳瓦布都习惯于公司的主权。"[82]但黑斯廷斯希望保留并复苏现有的莫卧儿体制，并通过印度官僚来运作这个体制，仅仅是让总督及其议事会取代了纳瓦布及其御前会议。他甚至提议禁止欧洲人在加尔各答之外居住，与东印度公司贸易有关联的少数贸易站除外。

整个 1773 年，黑斯廷斯精力充沛，日理万机。他统一了货币，命令将印度教法律编纂成文，整理穆斯林法律的摘要，改革税收与关税制度，固定地税征收标准，阻止公司在地方上的代表串通私营商人压迫民众。他创办了高效的邮局；支持詹姆斯·伦内尔①对印度进行科学的勘测和地图绘制；建造了一系列公共粮仓，包括巴特那的大圆形粮仓，以确保 1770~1771 年的饥荒再也不会重演。[83]

曾在西藏冒险的英国外交官乔治·博格尔在这个时期见过黑斯廷斯，赞誉他是"方方面面都非常适合这个职位的人。他十分稳重，同时又温和而克制；他办事高效勤勉，文笔斐然，熟悉土著的风俗习惯和秉性，他懂土著的语言，并且他虽然不算和蔼可亲，却平易近人。在他任职期间，许多弊端得到

---

① 詹姆斯·伦内尔少校（1742~1830）是英国地理学家、历史学家和海洋学先驱。他绘制了印度最早的一批精确地图。

矫正，政府各部确立了许多有价值的规章制度"。[84]

在黑斯廷斯所有工作的背后，是他从内心深处对这片土地（他从青年时代就生活在印度）的尊重。与克莱武不同，黑斯廷斯真心实意地喜欢印度。他当上总督的时候不仅精通孟加拉语和乌尔都语，还能流利地说宫廷和文学使用的波斯语。他甚至喜欢唱"印度斯坦的歌谣"。他的书信（其中有些是写给他的朋友塞缪尔·约翰逊的）揭示了他对印度和印度人的深切好感，而克莱武的书信清楚地表明他是个种族主义者。黑斯廷斯写道："我们的印度臣民的品德和地球上的任何民族（包括我们英国人）一样优秀。他们温和、善良、知恩图报而不是睚眦必报；他们憎恨流血，服务时忠诚而有爱心，对合法权威恭顺而尊重。"[85]黑斯廷斯特别不喜欢东印度公司雇员对待印度人的傲慢方式和他们经常采用的居高临下的语气："欧洲人的性情当中有一种凶悍的品质，下层欧洲人尤其如此，这与孟加拉人的温和天性互相抵触，所以欧洲人显得傲慢无礼。若没有权威支撑的话，这种傲慢简直令人无法忍受。"[86]

这么多年来，黑斯廷斯对印度文化的研究越深，他就越是尊重印度。在他的庇护下，在波斯语学者和东方学先驱威廉·琼斯爵士①（他来到印度的使命是监督新的法律制度）的指导下，"亚洲学会"于1784年成立。该学会的贡献之一是赞助

---

① 威廉·琼斯爵士（1746~1794）是英国语言学家、孟加拉最高法庭的法官和研究古印度文化的学者。他最早提出，印度语言（梵文等）与欧洲语言（拉丁文、希腊文等）之间存在关联，可能同源。琼斯是语言天才，是孟加拉亚洲学会的创始人之一。

了对《薄伽梵歌》①的首次翻译，黑斯廷斯亲自为这个英译本撰写了一篇著名的序言。"不久前，很多人还认为印度人比野蛮人强不了多少，"他写道，"这种偏见虽然消退了很多，但我担心它还没有完全消失。每一个体现印度人真性情的实例，都会让我们对他们的自然权利更加尊重，并教导我们用自己的标准去衡量他们。但这样的例子只能从他们的作品中觅得。当英国人对印度的统治不复存在，当财富与权力的源泉被世人遗忘之时……那些伟大的作品仍将存世。实际上，我爱印度比爱自己的祖国更多一些。"[87]

在琼斯和黑斯廷斯的领导下，亚洲学会促成了大量研究印度文明（琼斯称印度为"这个美妙的国家"）的学术著作的出版。亚洲学会与孟加拉知识分子建立了长久的联系，并引领一代代学者去探寻印度历史与文明最深层次的根源。琼斯写道，他在印度找到了世外桃源。这在帝国主义的历史上是一个罕见的真正欣赏异国文化的例子。[88]

此外，黑斯廷斯对《薄伽梵歌》的兴趣不仅仅是因为他热爱历史。《薄伽梵歌》的哲学方面，成为他私人生活的指导原则。他自己的座右铭就是《薄伽梵歌》中的一段诗："您的责任就在于履行职责，任何时候都不要追求它的结果，切勿使

---

① 《薄伽梵歌》是印度教的经典之一，字面意思为"神之歌"，共有 700 节诗句，收录于印度两大史诗之一《摩诃婆罗多》中。成书时间约为公元前 5 世纪至前 2 世纪。此书对于印度思想界有莫大的影响，而且是近世印度思想家的精神支柱。《薄伽梵歌》采取对话形式，借阿周那王子与大神黑天的问答，论述在既存的社会制度之中，必须毫无私心地各尽本分，以及应当完全地皈依唯一的神。由于所含的思想极为复杂，因此在哲理与实践、信仰与现世的关联上，常有矛盾与不统一之处，但仍然是全印度教徒的福音书、信徒的座右铭，至今仍是印度人诵读的经典。

追求业果成为动因，也不需要将那无为执着……有智慧的那些智者，将业的结果全部舍弃，他们解脱了生的束缚，达到了无灾无难的境地。"①[89]

　　菲利普·弗朗西斯看待印度的方式与黑斯廷斯截然不同，倒是与克莱武很像。弗朗西斯鄙夷地提到"孟加拉的蒙昧无知的土著"，并像后来的麦考莱一样，坚持规定英语为印度政府的工作语言。[90]弗朗西斯抱怨道："孟加拉人的低贱人尽皆知。"他还说，无法想象有比孟加拉人更"堕落颓废"的人。双方的观点如此天差地别，所以几乎没有妥协的空间。黑斯廷斯十分憎恶弗朗西斯："这个轻浮的人，最丑恶的搬弄是非之徒……没有一点慷慨或者男子气概。"弗朗西斯同样憎恨黑斯廷斯。黑斯廷斯虽然很愤怒和烦恼，却没有办法推翻加尔各答议事会里敌视他的多数派。弗朗西斯得意扬扬地说："我们三人就是国王。"渐渐的，马德拉斯和孟买也开始对黑斯廷斯的命令置之不理。[91]

　　就这样，孟加拉开始了一段激烈政治冲突和政府瘫痪的时期。古拉姆·侯赛因·汗对东印度公司的决策方式大惑不解，说上述局面造成了"无穷无尽的骚动和混乱，无时无刻不在妨碍政府的运转"。公司没有"一个拥有全权和最高权威的领导者"，权威属于议事会，"就是英国人的委员会，有四五个人……他们总是在互相争吵，他们的去留总是悬而未决，因为他们随时都可能被其他人接替"。结果就是东印度公司的"每一项工作"都遭遇"持续不断的失败"……古拉姆·侯赛因·

241

---

　　① 摘自《薄伽梵歌》，张保胜译，中国社会科学出版社，1989，第 2 章第 47、51 节。

汗总结道："这个国家似乎没有主人。"[92]黑斯廷斯应当会同意他的判断。黑斯廷斯写道："所有公务都陷入停滞，因为董事会忙着搜集证据来证明我的过失、我的政敌的美德。"[93]

东印度公司在印度的诸多敌人很快就看清了孟加拉的政治瘫痪局面。没过多久，两股势力决定试探一下已经分裂和被削弱的对手的力量。这两股势力的大本营都在南方。公司对南亚次大陆北部和东部的控制或许已经稳固了，但在西部和南部远非如此。

第一股势力是马拉塔人，他们在奥朗则布驾崩之后的将近七十年里一直是印度最强大的军事力量，莫卧儿帝国的缓慢解体主要就是因为他们的攻击。1761 年，马拉塔人输掉了帕尼帕特战役，这是他们遇到的一个重大挫折。在帕尼帕特城①外的平原，马拉塔军队与艾哈迈德·沙·杜兰尼统率的阿富汗入侵者交锋。马拉塔军队中了敌人的计谋，被包围得水泄不通，并且补给匮乏，士兵先是饥肠辘辘，后来发展到营养不良，再加上疫病流行，结果遭遇惨败。在遭到全歼之前的几周里，马拉塔军队的将领（先是巴拉万特·拉奥·莫罕代尔，然后是葛文德·潘特·邦德拉）接二连三地死于阿富汗人的猛烈炮火："大地颤抖，人们口出不祥之词，说雷霆降到了大地

---

① 帕尼帕特城位于今天印度西北部的哈里亚纳邦。历史上有三次改变印度历史的帕尼帕特战役。1526 年的第一次帕尼帕特战役中，巴布尔大败德里苏丹国洛迪王朝，结束了德里苏丹国在印度的统治，建立了莫卧儿帝国。1556 年的第二次帕尼帕特战役中，阿克巴皇帝的莫卧儿帝国军队决定性地打败了苏尔王朝的阿富汗军队，随后莫卧儿军队重新占领了德里和阿格拉，阿克巴巩固了莫卧儿人对印度的统治。1761 年的第三次帕尼帕特战役中，艾哈迈德·沙·杜兰尼的阿富汗军队大败马拉塔军队，马拉塔帝国元气大伤。

上。"[94]随后，在 1761 年 1 月 14 日这个命运攸关的日子，饿得发疯的马拉塔人企图突围。他们在鲜黄色的大旗下遭到骆驼携带的回旋炮和给养充足的阿富汗骑兵集群的屠戮。这一天结束时 28000 名马拉塔人横尸战场，包括大部分较年轻的马拉塔领导人和佩什瓦的唯一继承人，他胸部中了一发炮弹。次日，杜兰尼下令将 4 万名向阿富汗人弃械投降的马拉塔战俘全部处死。佩什瓦巴吉·拉奥①在不久之后死于哀恸："他的头脑糊涂了，他开始辱骂和诅咒自己的人民。"[95]但在十年之后，杜兰尼死了，马拉塔人开始恢复元气。现在他们重新控制了印度中部和西部的大部分地区，并且雄心勃勃地要将自己的影响力从高韦里河②拓展到印度河。

242

　　第二股势力是新近登上历史舞台的。在 18 世纪 70 年代，它刚刚崭露头角，开始对外的军事扩张。那就是海德尔·阿里和他的儿子、令人生畏的武士蒂普苏丹统治下的迈索尔苏丹国。海德尔是旁遮普人，在迈索尔军队中一步步高升。他把自己在卡纳蒂克战争期间从法国军队那里学到的许多革新应用到迈索尔军队当中。18 世纪 60 年代初，他废黜了在位的迈索尔瓦迪亚尔王公，夺取政权。这在今天会被称为军事政变。随后他快速增强迈索尔军队的实力，占领了许多周边小国的土地。他聘请法国军官来训练他的军队，运用法国工程师来重建他的岛屿要塞塞林伽巴丹。海德尔和蒂普苏丹甚至尝试组建海军，到 1766 年的时候他们的海军拥有 2 艘战舰、7 艘较小的船和 40 艘桨帆

---

①　他是前文提到的马拉塔人的伟大军事领袖巴吉·拉奥一世佩什瓦的儿子。

②　高韦里河是印度南部的一条河流，发源自卡纳塔克邦西部的西高止山脉，流向东南，穿越德干高原，在泰米尔纳德邦中部海岸注入孟加拉湾，在印度教中被认为是一条圣河。

船，全都由一个名叫斯坦奈特的欧洲水手指挥。[96]

马拉塔人和蒂普苏丹的迈索尔苏丹国后来会成为东印度公司历史上遇到过的最强悍、最有挑战性的两个劲敌，他们也是东印度公司夺取整个南印度的最后障碍。

一段时间以来，东印度公司的董事们对印度军事科技的快速进步越来越感到担忧。在十年前的普拉西战役的时代，公司军队能够易如反掌地打败印度军队，但如今越来越难了。印度各邦国花了大约三十年时间追赶欧洲人在军事科技、战术和纪律等方面的革新，而正是这些领域的优势让东印度公司在过去能够轻松获胜。但到了18世纪60年代中叶，越来越多的证据表明，印度人和欧洲人在这些方面的差距在快速缩小。董事们注意到："孟加拉和科罗曼德尔海岸的土著在军事知识方面取得了长足进步，这是非常令人担忧的现象。"他们敦促孟加拉议事会阻止"欧洲军官或士兵为土著政府服务"，并"尽可能地阻挠土著在军事领域取得进步"。[97]

1767年8月，事实证明董事们的焦虑是非常有道理的。海德尔·阿里向东印度公司宣战，率领5万多人的大军沿班加罗尔①以东的高止山脉俯冲而下。这5万多人当中有23000人是骑兵，有28000人（大约20个营）是训练有素、纪律严明的新式步兵。东印度公司不知道海德尔拥有规模如此庞大、纪

① 班加罗尔是今天印度南部德干高原上卡纳塔克邦的首府，为全国第三大城市。

律如此严明的现代化步兵，但这还不是唯一让公司震惊的事情。英国人发现，迈索尔步兵的来复枪和加农炮是根据法国的最新设计制造的，并且迈索尔的大炮的口径和射程超过了东印度公司军队拥有的任何一种武器。

在其他许多方面，迈索尔军队也比东印度公司军队更有创新精神，战术上也更先进。例如，在英国陆军采用威廉·康格里夫研制的火箭炮以前，迈索尔军队就已经掌握了用骆驼骑兵射出火箭来打乱敌军骑兵队形的战术。[98]海德尔和蒂普苏丹还建立了大型的养牛场，豢养了大批德干品种的白牛，所以他们能够在自己王国境内快速地部署步兵和输送给养。后来东印度公司也借用了这种后勤方面的创新。

1767年9月，海德尔在蒂鲁瓦纳马莱附近与公司的马德拉斯军团主力交战的同时，17岁的蒂普苏丹率军穿透公司的战线，杀入公司的大后方，闯进了马德拉斯的郊区园林地带。他纵马狂奔，率领精锐骑兵穿过卡纳蒂克的平原，如入无人之境，然后开始焚烧和掳掠圣托马斯山山坡上宏伟的乔治时代风格别墅，这些别墅是马德拉斯议事会的高官们度周末的场所。如果蒂普苏丹的骑兵没有因为掳掠财物而分神的话，他也许还能俘获公司的马德拉斯总督。公司军队的一名上尉在目睹迈索尔军队作战后写道："我从未见过像海德尔的军队那样勇敢的黑人军队。"[99]

最终，东印度公司被迫求和，海德尔被收买了。双方签订条约，迈索尔军队撤回本国。但是，如今印度军队可以轻松地把东印度公司打得落花流水，印度的许多王公都注意到了这一点并且幸灾乐祸，尤其是迈索尔的海德尔和浦那的马拉塔人察觉到了公司的颓势。

244　　十二年后，1779 年，在浦那附近，东印度公司军队遭受了普拉西大捷之后的第一次大败。1778 年 2 月，孟买议事会没有与身在加尔各答的黑斯廷斯沟通，就擅自干预马拉塔内政，与被驱逐的马拉塔领袖之一拉古纳特·拉奥签订协议，承诺帮助他在浦那复位，担任年轻的马拉塔佩什瓦的摄政王。11 月 24 日，孟买的公司军队未经加尔各答授权就离开了孟买港，开往浦那。他们仅有 2000 名印度兵、数百名欧洲骑兵和炮兵，以及拉古纳特·拉奥的 7000 名马拉塔骑兵。指挥此次远征的是上了年纪的埃杰顿上校。二把手是沙·阿拉姆二世的老对手约翰·卡纳克，他前不久在孟买管辖区获得了一个高级职位。

埃杰顿的军队需要爬坡行军，所以进展缓慢。他们用了 19000 头公牛来拖曳大炮和物资，在陡峭的之字形山路上前进，每天只能前进 1 英里。12 月 30 日，这支军队终于抵达高止山脉的顶峰。然后他们花了十一天时间才来到卡勒（那里有一些著名的佛教石窟），尽管路程只有 8 英里。这时他们的给养已经所剩无几，而且他们的龟速前进让马拉塔人有充足的时间准备防御。抵达卡勒之后，埃杰顿惊恐地发现 5 万马拉塔军队在年轻的领袖马哈吉·辛迪亚的领导下以逸待劳，严阵以待。[1]

---

①　詹姆斯·斯图尔特上尉是 1779 年 1 月 4 日在卡勒附近阵亡的人之一。他爬到树上寻找马拉塔军队的位置，当场被一名马拉塔神射手击毙。两百年后，他成了当地的但特罗密教的神祇，在卡勒周边地区被称为伊什图尔·法克达（Ishtur Phakda）。当地的警察（当然还有其他人）每周为他献上血祭。他的脑袋不知在何时与身体分离了，他的脑袋的神龛就在当地警察局内，在牢房附近。据一位执勤警官说，如果警察局长对伊什图尔·法克达不理不睬，伊什图尔·法克达就会"狠狠扇他一记耳光"。研究马拉塔人的伟大历史学家乌代·S. 库尔卡尼（Uday S. Kulkarni）把这个故事告诉了我，还带我花了很多时间去寻找标记斯图尔特死亡地点的方尖碑、他的第二座神龛（涂着山羊血，他的躯体被埋在那里），以及他的第三座神龛，就在瓦德加奥恩的拘留所内。——作者注

卡纳克是第一个认识到局势无望的人，于是心急如焚地写信给孟买方面，报告说：“埃杰顿上校的军事思想似乎完全出自他在德意志短暂居住期间的观察；他谨小慎微地前进，仿佛他面对的是一支欧洲军队，而在这个国家唯一能够确保胜利的办法就是快速前进、勇往直前。”

245

> 如果我们像目前这样缓慢地从一个地点移动到另一个，那么就很难说本次战役何时能结束，因为优势全在敌人那边。地面尽是沟壑，到处是灌木丛，有很多地方可供敌人藏匿……马拉塔人在我们上方巡弋，从上午11点到下午3点，用大炮和火箭弹轰击我们……我不认为埃杰顿上校还能坚持很长时间。[100]

1779年1月9日，公司军队前进到距离浦那只有18英里的塔莱加奥恩。他们发现敌人坚壁清野，没有留下任何物资。次日黎明，公司军队发现自己被包围了，他们的补给线也被切断。马拉塔骑兵逐个消灭公司的掉队士兵，抢走公司的牛群，并通过威吓阻止班加拉人的流动商贩为公司军队提供补给物资。[101]雪上加霜的是，埃杰顿在这时病倒了。拉古纳特·拉奥恳求他们继续前进，并说他们只要再走几英里就能抵达浦那郊区，他的支持者就会发动起义来支援他们。但公司的指挥官们丧失了勇气。两天后，他们的给养耗尽，于是将重炮推进一座神庙的储水池，焚毁了剩余的物资，然后在午夜开始饥肠辘辘、鸡飞狗跳地撤退。马拉塔人很快就发现了他们的行踪，将他们团团围住，并在破晓时袭击他们的行军纵队。到正午之前，公司军队有350人阵亡。埃杰顿别无选择，只能投降，在六天后签署了屈辱的《瓦德加奥恩条约》。根据该条约，他交出了拉古纳特·拉奥，还把公司的几名高官留下当人质，并同意割让公司的一大片领土给马拉塔人。[102]

东印度公司军队的声望因此一落千丈。远征浦那的惨败不仅暴露了东印度公司军事力量的局限，而且揭示了公司想要重塑和干预整个南亚地区政治的野心。多谋善断的马拉塔首相纳纳·法德纳维斯（被称为"马拉塔人的马基雅维利"）在这个时刻认识到，印度的各种势力急需搁置争议、联合起来，共同对抗这些外国侵略者，并趁着他们的领导层软弱而分裂的大好机会，构建统一战线来向其发动进攻。[103]

1780 年 2 月 7 日，也就是《瓦德加奥恩条约》签署一年之后，纳纳·法德纳维斯提笔写信给他的宿敌海德尔·阿里，希望与迈索尔苏丹捐弃前嫌，联手向东印度公司开战："英国人变得极其好斗，令人不堪忍受。在过去五年里，他们盲目地对外侵略，违反了多项庄严的条约。"

英国人先是甜言蜜语地发誓许愿，让人相信这个世界上只有他们才是讲信誉的诚实人。但过不了多久他们就露出了真面目。我们很快就能发现他们的邪恶企图。

他们拉拢心怀不满分子，然后利用他们毁掉整个国家。分而治之、各个击破就是他们的主要原则。他们被私利蒙蔽了双眼，从来不尊重书面协议。只有神能看透他们卑劣的阴谋诡计。他们一心要一个一个地吃掉浦那、那格浦尔、迈索尔和海德拉巴，他们的手段就是挑拨离间，唆使它们互相攻击。他们最懂得如何摧毁印度的凝聚力。他们擅长制造分歧，毁坏别国的和谐。[104]

海德尔和蒂普苏丹给出了积极的回应，说："英国人的称王称霸，对真主的所有造物来说都是万恶之源。"[105]一个月后，海德拉巴的尼查姆也加入进来。到5月暑热开始的时候，他们已经制订了具体的计划来组建三国联盟，目标是"将英国人逐出印度"。6月，消息传到马德拉斯，海德尔·阿里从法国接收了一大批武器和军用物资。韦洛尔也传来报告说海德尔·阿里正在班加罗尔周边的平原集结大军。

7月17日，海德尔·阿里又一次率军进入卡纳蒂克周边的平原。这一次他的兵力是十三年前的两倍：将近10万人，包括6万骑兵、3.5万欧式步兵和100门火炮。他惊讶地发现，这一次东印度公司仍然没有做好防御准备：在卡纳蒂克的公司军队分散成若干小股，驻扎在多个地点，甚至没有集结牛群来运输或收集粮草。雪上加霜的是，马德拉斯管辖区名义上有3万军队，但实际上一个月内顶多能集结8000人。海德尔进兵神速，公司军队能够集结的兵力就更少了：很多印度兵的家属居住在阿尔果德。这座城市被海德尔军队占领后，大批印度兵为了保护自己的妻儿，开了小差。公司在卡纳蒂克组织防御的努力完全无效。很多地方的驻军主动向海德尔军队投降，或者受贿之后开门献城。[106]

马德拉斯管辖区立刻派了一艘船去加尔各答，请求孟加拉方面出兵援助，但孟加拉的局势甚至比马德拉斯的情况更混乱。因为就在蒂普苏丹又一次率军洗劫圣托马斯山和圣多马的富人别墅，海德尔袭扰马德拉斯、韦洛尔和阿尔果德周边土地，纵火焚烧村庄和摧毁东印度公司所剩无几的存粮的同时，黑斯廷斯与弗朗西斯之间的争斗（之前已经让东印度公司的行政机关瘫痪了六年之久）达到了高潮。

247

8月14日，黑斯廷斯写了一份公开信，谴责弗朗西斯是满口谎话、爱吹牛皮的小人："他表示要开诚布公，我不相信。我坚信他没有说实话的能力，他的唯一目的和愿望就是攻击和阻挠我采取的每一项措施。"

> 从一开始，他的目的和他所有举动背后的企图就是这样……我根据对他的私德的观察来评判他在公事上的行为。我认为他没有一句实话，也没有荣誉感。我知道这是很严重的指控，但我是以克制、果断的语气发出指控的，因为我坚信不疑，为了公众利益，也是为了给我个人申冤，我必须这么做，方能阻止他对公众和我个人的侵害。我是他的阴谋诡计的受害者，他的阴谋诡计的目标就是羞辱我、毁掉我。对于这样的欺诈行为，法律没有惩罚的手段，那么对付对它的唯一办法就是在大庭广众之下揭露它。[107]

248　　　次日，即1780年8月15日，菲利普·弗朗西斯向沃伦·黑斯廷斯发出了决斗的挑战。

两位决斗者在各自助手的陪同下，于8月17日清晨5点半在美景宫西缘的树林会合。美景宫曾是米尔·贾法尔的夏季别墅，后来被沃伦·黑斯廷斯买下。①

---

① 这座建筑至今仍然屹立在阿里普尔，距离泰姬陵孟加拉酒店只有几分钟的步行距离，今天是印度国家图书馆。——作者注

黑斯廷斯前一夜几乎彻夜没有合眼。夜晚的大部分时间里，他都在给爱妻马利安写道别信。如果他死了，会有人将信寄给她。这封信是这样开头的："我一想到如果这封信被送到你手中，你会多么痛苦，我的心就要流血……除了你，我可以毫无悔恨地抛下一切。我多么爱你，只有上帝知道。我对你的爱超过了生命所能给予的份额。我的马利安，不要忘了我。再会了，最亲爱的女人。我最后的思绪会全部集中到你的身上。记住我，爱着我。再会了。"[108] 随后，黑斯廷斯在沙发上辗转反侧地躺到凌晨 4 点，这时他的决斗助手托马斯·迪恩·皮尔斯上校乘马车来接他了。

黑斯廷斯后来写道："我们恰好在约定的时间即 5 点半抵达美景宫，看见弗［朗西斯］先生和沃森上校在路上行走。花了点时间才找到一个私密的地方。双方的助手提议让我们站在事先确定的位置上，两名助手（按照英国近期的一个先例）量了十四步的距离，沃森上校踱步测量，在七步处做了标记。我面向南方。我记得当时没有风。双方的助手（我想可能是沃森上校）建议双方自行选择开枪的时间。"

皮尔斯记述道，此时大家才发现"两位绅士都不了解决斗的通常规则"；实际上，在孟加拉的最有权势的两位英国知识分子都完全不会用手枪。弗朗西斯说他从来没有开过枪，黑斯廷斯说只记得自己开过一次枪，所以双方都不得不请助手帮助装填子弹。两位助手都是军人，所以懂得枪械的操作。

始终具有绅士风度的黑斯廷斯决定让弗朗西斯先开枪。弗朗西斯当仁不让，瞄准，然后扣动扳机。击锤动了，但手枪没有射出子弹。弗朗西斯的助手不得不再次干预，重新装填火药并准备燧石。黑斯廷斯记述道："我们再次各就各位，我仍然打算请对方先开枪，但弗先生两次瞄准，又两次撤回了手枪。"皮尔斯写道，最后，弗朗西斯再度"扣动扳机"，"但他的火药是湿的，所以手枪仍然没有响。黑斯廷斯先生暂时退下，给弗朗西斯先生时间来重新准备弹药。我发现他们没有多余的火药，就给他提供了一发弹壳，从中取出火药。两位绅士再次各就各位，同时举枪"。[109]

黑斯廷斯写道："我现在判断自己可以认真瞄准了，于是就这么做了。我觉得自己已经瞄准正确方向之后，就开了枪。"

> 他的手枪也同时响了。双方几乎在同一瞬间开枪，我说不准是谁先开的枪，但我相信是我，他紧随其后。他的身体立刻摇晃起来，脸上一幅惊恐的表情，他的双腿渐渐地软了。他倒了下去，用不响的声音说："我死了。"

> 我听了这话大吃一惊，赶紧跑过去。我可以保证，我对自己的胜利没有一秒钟的喜悦。两名助手也跑过去救援。我看到他的上衣右侧被子弹击穿，担心子弹也许穿透了他的身体。但他坐起来好几次，不是很困难，有一次还试图在无人搀扶的情况下站起来。但他的双腿没有力气，于是他又躺倒在地。

> 沃[森]上校随后说，我们是为了荣誉而不是私仇而决斗的，所以现在我们应当握手言和，或者弗先生应当主动向我伸手。于是我们握了手。弗先生很高兴，我对自己对他造成的伤害表示了遗憾。他觉得躺着最舒适，于是我们从托利少校那里搬了一张简易床来，因为少校没有轿子。我们用床把弗先生抬进美景宫，让他在那里休息。皮

尔斯上校和我回到城里。然后我们去找坎贝尔医生，我希
望弗朗西斯医生［黑斯廷斯的私人医生］也去。两位医
生都立刻赶去。他们发现伤者的伤势并不重，子弹在肩膀
下方一点的马甲接缝处穿过两块肌肉和覆盖脊柱的皮肤，
距离另一侧的皮肤不远。

我回家后立刻派马卡姆先生去找 E 爵士［伊莱贾·
英庇，大法官］，告知他发生的事情；并说我会静观事
态，如果弗先生死亡的话，我会立刻向大法官自首，听候
法律的裁决。[110]

不过，没有必要逮捕黑斯廷斯。医生后来报告称，黑斯廷
斯的子弹"击穿了弗朗西斯先生的身侧，但被一根肋骨阻拦
住，于是子弹的轨迹改变，没有进入胸腔，而是倾斜地向上运
动，经过脊柱但没有损害它，最终在脊柱左侧大约 1 英寸的地
方被取出。伤势不重，他没有生命危险"。[111]

八天后，1780 年 8 月 25 日，东印度公司在南印度集结的
规模最大的一支军队终于从马德拉斯出征，沿着通往甘吉布勒
姆①的海岸道路南下，去迎战海德尔。指挥这支军队的总司令
是赫克托耳·门罗爵士，这位苏格兰高地人在十五年前曾在布
克萨尔转败为胜，突破了舒贾·道拉的战线。但这一次，门罗

① 甘吉布勒姆是今天印度东南部泰米尔纳德邦的一座城镇，有重要的神庙，
是梵文学术的重要中心之一。

只集结了 5000 名印度兵，并且这支部队欠饷已久，几乎处于哗变状态，而他们要面对十万之众的力量。

在门罗所率部队以南 25 英里处，另一个苏格兰人威廉·贝利中校刚刚接到指示，要率领第二支部队在甘吉布勒姆与门罗会合。贝利手下有 2800 人，绝大多数是在当地招募的印度兵，还有数百名新近抵达的苏格兰高地士兵。如果这两支小部队能够会师，那么他们的总兵力就能达到迈索尔军队的十分之一，也许还有一点胜算。但如果这两支小部队不能会师，各自很难抵挡海德尔手下训练有素、纪律严明的军队。据古拉姆·侯赛因·汗说，海德尔的人马"如同波涛汹涌的海浪般覆盖了整个平原，大炮一眼望不到头"。[112]门罗原本应当等待贝利前来会师，但门罗一向脾气急躁，并且听说甘吉布勒姆有充足的给养和军用物资，随时可能被海德尔夺走，于是率领自己的小部队出发了，尽管他再等一天就能与贝利会合。

8 月 25 日晚上，贝利在马德拉斯西北的科塔莱亚尔河沿岸扎营。当夜，季风来临，大雨瓢泼，一口气下了 12 小时。天亮之时，科塔莱亚尔河已经水流汹涌，部队无法渡河。贝利又花了十一天才率军渡过了科塔莱亚尔河，到那时蒂普苏丹已经率领 1.1 万精锐骑兵挡在了贝利和门罗之间。[113]现在蒂普苏丹可以随心所欲地吃掉脆弱的贝利部队。

两军的第一次交锋发生在 9 月 6 日，双方先是用长射程的大炮对轰。贝利的小部队"顶着蒙蒙细雨，在水深齐膝的稻田中辗转"，位置暴露，伤亡惨重。但双方都没有投入近距离作战，并且都呼叫增援。[114]海德尔派遣了一支大部队去支援儿子，但门罗拒绝离开甘吉布勒姆的主神庙。他已经在那里建造了足以抵抗攻击的防御工事。

　　他的唯一让步是同意派遣一支 1000 名印度兵组成的纵队以及 9 头载着弹药的骆驼去找贝利部队，并将其带回甘吉布勒姆的神庙。这支救援纵队在夜间快速行进，在黑暗中甩掉了追击的迈索尔骑兵，为了避免遭遇蒂普苏丹的主力部队还绕了一个大弯，最后成功与贝利会合，于是贝利部队的兵力增加到 3800 人和 10 门野战炮。指挥救援纵队的军官恳求贝利立即行动，利用夜色掩护，前往仅仅 9 英里之外的甘吉布勒姆神庙，与门罗部队会合。但贝利不听这个建议，直到天亮才开始行动。这是一个致命的错误。

　　贝利在黎明时拔营。半个小时之后，大约 5 点半，他率军行进到一处山坡（通向下方平原上的一条河）时发现自己的去路被一座名叫波利鲁尔的设防村庄阻挡住了。那里挤满了蒂普苏丹的士兵和大炮，左侧还有更多大炮。原来，蒂普苏丹的间谍在前一夜已经查明了贝利的出动时间和准确路线，所以蒂普苏丹的军队已经以逸待劳多时了。迈索尔军队开始猛烈炮击正在行进中的贝利纵队。贝利的部队沿一条大路一字排开，大路位于堤岸之上，地势较高，十分暴露，两侧都是泥泞的稻田，右侧远方有一条河。贝利进退两难，于是命令部队构建一个中空的方阵，"队形密集，纵深相当大"，把辎重和弹药堆放在方阵的中央。半个小时之后，蒂普苏丹的部队开始从堑壕里出来，切断了通往甘吉布勒姆的所有道路。

　　炮击仍在继续，越来越猛烈，贝利方阵的前几排士兵遭到了蒂普苏丹的大约 30 门大炮的轰击。贝利本人也受了伤，腿上被一发炮弹击中。但他坐在轿子里继续发号施令。然后炮火暂停了半个钟头，战场上一片诡异的宁静。

　　30 分钟后，前方的士兵报告称，听到远方有鼓声和"纳格希瓦拉姆"（泰米尔人的一种类似于长双簧管的乐器）的乐声。东印度公司的士兵们观察到，远方尘土飞扬。没过多久就出现了好几支长长的身穿鲜红色军服的纵队，向他们稳步走来。苏格兰人以为这是门罗来救援他们了，于是欢呼雀跃。但对方走近之后，他们才发现那其实是海德尔的主力部队，有大约25000名骑兵和30个营的步兵，是来一鼓作气消灭他们的。一名高地苏格兰军官后来记述道："我们很快就被海德尔的骑兵包围了。他们后面是大炮，至少有50门，构成一个半圆形，面向我们，接二连三地向我们开炮。"[115]

在随后一个钟头内，在贝利的指挥下，苏格兰人的方阵打退了迈索尔骑兵的十三次连续冲锋。海德尔没能突破英军战线，于是命令暂停进攻，把他最大的大炮送上前沿。大约早晨8点，海德尔军队开始在近距离猛攻，葡萄弹将队形密集的红衣军成排地扫倒。贝利的弟弟约翰后来写道："我们的命运就是暴露在印度有史以来最猛烈的炮火下一个多小时。我们的士兵纷纷倒地。"[116]然后两辆弹药车被击中，立刻爆炸，"在我们的战线上打开了很大的缺口，敌军骑兵立刻冲上来。他们的大象紧随其后，于是我们溃不成军"。[117]

弹药耗尽后，贝利试图投降，将手绢捆在剑上，高高举起。他和副手戴维·贝尔德都命令部下停止射击；但他的一些印度兵没有听见命令，仍然继续零星射击，所以迈索尔骑兵不理睬他们的投降。骑兵冲进方阵，劈砍放下武器、毫无防御的人，"发生了一场惊人的大屠杀……我们要投降的时候，他们立刻表示接受；但我们放下武器的那一瞬间，他们就挥刀把我们砍倒"。[118]

第73高地团的一名中尉记述道："在最后的、最残酷的战斗中，兵器和盾牌激烈碰撞，战马嘶鸣踢打，长矛折断，血淋淋的刀剑闪闪发光，人们呼喊咒骂；最后，遍体鳞伤的人呻吟惨叫，受伤的战马跌跌撞撞地倒在垂死挣扎的人群中，大象四处践踏、不分敌友地甩动可怕的铁链时发出刺耳的呼啸。"

> 没有被当场杀死的人聚拢到一起，挤得水泄不通，几乎无法站直身子；好几个人处于窒息状态，其他人则被压在身上的死尸紧紧固定住，只能听凭敌人发落……有些人被大象、骆驼和马匹活活踩死，有些人被剥光衣服，躺在毒日头下，没有水喝，就这样缓缓地、凄惨地死去，任凭贪婪的野兽撕咬。[119]

全部 86 名军官当中有 36 人死亡，34 人负伤后被俘，只有 16 人被俘时没有带伤。贝利除了失去一条腿之外，背部和头部也负了伤。贝尔德的头部被军刀砍了两下，大腿中了一弹，胳膊被长矛刺伤。他的年轻副官和亲戚詹姆斯·达尔林普尔的后背负了重伤，"头部被砍了两刀"。[①] 一共大约有 200 人 254
被俘。原先一共 3800 人的部队的绝大多数人被杀死了。[120]

迈索尔军队随后剥去死者和垂死之人的衣服，抢劫死人身上的财物。负伤的约翰·贝利后来写道："他们先把我上衣的

---

① 戴维·贝尔德爵士的母亲（苏格兰人）听说她的儿子被蒂普苏丹俘虏了，而且战俘两人一组戴着手铐，她说："我怜悯那个和我们的戴维铐在一起的人。"引自 Denys Forrest in *Tiger of Mysore：The Life and Death of Tipu Sultan*, London, 1970, p. 48。詹姆斯·达尔林普尔写给父亲威廉·达尔林普尔爵士的信被偷偷带出塞林伽巴丹的监狱，现存于印度事务部。根据詹姆斯的孙子（英印混血儿）G. 威姆斯·达尔林普尔写的一封短信："那封信被卷起来，塞进一支羽毛笔，然后塞进一名土著体内，就这样带出监狱。他用同一支笔写信，用的是非常耐用的印度墨水，然后由那名土著用上述方法带出监狱。"BL, OIOC, Eur Mss, E 330。——作者注

纽扣拉扯掉，因为他们误以为纽扣是银的。然后他们把我的马裤的带扣扯掉，把我的外衣脱下。其中一人用燧发枪的枪托抵着我的后脖颈，把我压在地上，另一人企图脱掉我的靴子。"

他费了一番周折才脱掉了一只靴子，我估计他因为脱不下另一只而大怒，砍了我的右大腿一刀，砍得露出了骨头。不久之后，另一个经过的人残忍地将剑刺入我的另一条大腿……他们走了之后，海德尔的一名士兵发现我还活着，于是扶我起来，让我倚靠着一棵树，给了我一点水喝。

我趴在一名炮兵的尸体旁，他的脑袋都被炸飞了。此时我的伤口开始发僵，所以我没办法挪动身子，也没办法驱赶成群的苍蝇。它们钻进我的伤口，似乎决心要把我体内所剩不多的血都吸干。我从头到脚都是苍蝇。这不仅折磨我的身体，还折磨我的头脑，让我始终清楚地认识到自己的无助。

正当我开始绝望的时候，两个法国人出现在大路上，他们在寻找幸存者。其中一人搀扶着我，在晚上8点把我带到营地，进了法国军医的帐篷。他的医疗器械只有一把刀、一把剪刀和一块铁制压舌板，唯一的药品就是一大罐药膏，上面沾满泥土，颜色和形态都像护发油。但他们每天给我们半瓶亚力酒①来清洗伤口。伤员很多，酒却很少，但这一点点酒对我们的帮助极大。我们的伤口变得非常吓人：有一名军官的耳朵上被砍了很深的一刀，他往伤口上倒了一点亚力酒之后，取出来26条蛆。[121]

① 亚力酒是南亚和东南亚产的一种蒸馏烈酒，用椰子汁、糖蜜、米或枣子等制成。

最终，贝利被捆在一辆炮车上送去见海德尔。他被强迫和其他幸存者一起，在海德尔脚边坐成一个半圆形。苏丹根据军官们拿出的欧洲士兵首级或尸体的数量论功行赏。"有些人被拖进他的营地的时候遍体鳞伤，浑身是血和尘土，几乎让人辨认不出；有些人在途中一声不吭地倒下，警卫不肯给他们水喝。"

> 警卫用枪托殴打俘虏。有些俘虏遭到残酷的折磨，连续多次昏迷，最后完全失去知觉，才能躲过警卫的殴打。我周围的人的悲惨命运、成堆的死尸和奄奄一息的人的扭曲面孔，都让我觉得自己很快也要死了。随着夜幕降临，我更是感到恐惧：垂死挣扎的人在痛苦呻吟，豺狼在肆虐和嚎叫，再加上远方雷鸣滚滚，大雨倾盆。[122]

局势发生了逆转。如今是公司士兵领教到了战败、被俘和被虐待是什么滋味。此次失败的一个主要原因就是门罗没有救援贝利，所以门罗率领惊恐万状的残部回到马德拉斯的时候，在大街上遭到嘲笑和斥责。他说波利鲁尔战役是"英国人在印度遭受的最沉重打击"。[123]

更糟糕的还在后头。太多的公司士兵被截肢，以至于没有足够的印度医务兵将他们从前线抬走。军医托马斯·戴维斯写道，"我尽可能地保留伤员的肢体"，但因为缺乏医疗物资，他不得不给很多伤员截肢。[124]蒂普苏丹在随后几个月针对东印度公司的战争中共俘获 7000 人，其中大约 300 人被迫接受割礼、皈依伊斯兰教，并得到了穆斯林名字和衣服。到这年年底，在印度的英国士兵中有五分之一被囚禁在蒂普苏丹固若金

256

汤的塞林伽巴丹要塞。对英国人来说更加屈辱的是，英国军队的好几个少年鼓手被迫穿上女裙（ghagra cholis），像舞女一样为迈索尔宫廷提供娱乐。[125]

英国战俘詹姆斯·斯卡利经过十年的牢狱之灾后，已经不知道如何坐在西式的椅子上，也不会使用刀叉；他的英语"结结巴巴，前言不搭后语，讲得已经很不地道了"，他的皮肤也晒黑了，就像"黑人的黝黑面容"，他还发现自己非常讨厌穿欧式服装。[126]

这是殖民者的终极噩梦，并且以最令人不快的方式表现出来：俘虏的行为举止被敌人同化，殖民者自己被殖民了。

波利鲁尔战役的两天之后，马德拉斯方面专门派了一艘船去加尔各答，向威廉堡的长官们报告此次灾难。噩耗于 9 月 20 日送抵。沃伦·黑斯廷斯听到坏消息之后，立刻认识到此次失败意味着什么。在给伦敦方面的信中，他写道："我们的军队长久以来习惯了战无不胜、攻无不克，现在要从如此可怕的惨败中恢复过来怕是不容易，在失败的指挥官领导下也不可能表现出曾经的自信。"[127]马戛尔尼勋爵①从马德拉斯发出的家

---

① 乔治·马戛尔尼（1737~1806），第一代马戛尔尼伯爵，英国政治家、殖民地官员和外交官。在英国打赢七年战争之后，他有一句名言：英国现在控制着"一个广袤的日不落帝国"。他曾代表英国出使叶卡捷琳娜大帝统治下的俄国；担任过英属西印度总督、马德拉斯总督；于 1792 年率领使团访问乾隆皇帝统治下的中国，要求中国允许英国派驻公使。但乾隆帝以"不合体制"为由，所请事项一律不准。马戛尔尼晚年担任过开普殖民地总督。

信的说法也类似：“印度人不像以前那样畏惧我们的武力了；我们对他们的抵抗也不像过去那样不屑一顾。因此不能从我们过去的战绩来推断我们将来能够取得什么样的优势。”[128]

此时的东印度公司负债高达 1000 万英镑，连工资都发不出来。雪上加霜的是，印度几股最强的力量联合起来对抗公司，并且还得到了法国的支持。[129]黑斯廷斯私下里觉得自己在“乘坐一艘漏水的大船，快速驶向下风岸，除非发生奇迹，否则必然会触礁沉没”。[130]

不同意这种看法的人应当不多。东印度公司在印度的地位从来没有如此岌岌可危过。对波利鲁尔战败的一次早期分析表明，英国人对于东印度公司的几个不同的对手没有抓住波利鲁尔战役提供的关键机遇来乘胜追击感到惊愕：“如果法国人及时给我们的敌人提供援助（我们有充分的理由相信法国人会这么做），如果马拉塔各邦不是静静地观战……而是与迈索尔人联手，并一致对外，那么毫无疑问，英国人肯定会丢掉在南印度的几乎所有定居点。我们军队的残部已经崩溃、士气全无，如果海德尔在打败贝利之后乘胜追击，那么我军几乎必然一败涂地，然后圣乔治堡这样一个几乎毫无防御的战利品就会落入敌人手中。”[131]对东印度公司来说幸运的是，海德尔决心保存实力。他避免决定性的正面对垒，主要用骑兵发动打了就跑的袭击，骚扰公司的补给线。仅仅因为公司的对手缺乏自信和主动精神，以及加尔各答快速派出增援部队，东印度公司才在南印度保住了立足点。在随后几个月里，黑斯廷斯双管齐下，一边发动了一些巧妙的远距离作战，一边运用娴熟的外交手腕，成功地拆散了三国联盟，也打破了马拉塔邦联的团结。1782 年 5 月 17 日，他与马拉塔领袖马哈吉·辛迪亚单独媾和，签署了《萨尔拜条约》，于是马哈吉·辛迪亚成了英国人的盟友。对东印度公司的对手来说，一个重大机遇就这样白白丧失了。1780 年，他们只要再努一把力，就能把东印度公司彻底逐出印度。这样的机会再也不会有了，浦那和迈索尔的朝廷都会因为没有抓住机会乘胜追击而万般悔恨。

在世界的其他地方，英国人在 1780 年还蒙受了其他一些重大挫折，这些挫折造成了影响深远的后果。在北美，"爱国者"开始反对英国国王，部分原因就是英国政府企图将东印度公司卖不出去的茶叶卖到北美，并征收相应的赋税。在引发了美国独立战争的波士顿倾茶事件当中，重 9 万磅、价值9659 英镑（超过了今天的 100 万英镑）的东印度公司茶叶被倒进了波士顿港的大海。北美"爱国者"之所以这么做，部分原因就是他们害怕英国政府会让东印度公司去盘剥北美十三个殖民地，就像公司之前榨干孟加拉那样。

"爱国者"作家约翰·迪金森担心东印度公司在劫掠了印度之后，会"将目光投向北美，打算在这个新地区施展他们劫掠、压迫与残酷镇压的能耐……"[132]迪金森描述东印度公司的茶叶是"可憎的垃圾"，并说如果让东印度公司统治了北美，北美就如同"被耗子吞噬"了。他说，这家"几乎破产的公司"之前忙着"腐蚀他们自己的国家"，在孟加拉"无恶不作，敲诈勒索，从事垄断经营"，如今企图在北美如法炮制。"但感谢上帝，我们不是印度人，也不是马拉塔人。"他建议，北美的巡夜人应当"每夜 12 点之后呼喊：'警惕东印度公司！'"[133]

经过一场残酷的战争，北美"爱国者"打退了英国政府派去强征茶叶税的军队。就在海德尔把心惊胆战的门罗赶回马德拉斯的同时，在北美的英国军队已经距离约克镇战役的最终失败不远了。次年 10 月，驻北美的英军向华盛顿投降。越来越多的人感到，大英帝国的每个部分都在分崩离析。一年后，在议会上，一名议员指出："在欧洲我们失去了梅诺卡岛，在美洲丢失了十三个省和两个彭萨科拉；在西印度我们丢失了多巴哥岛；在非洲我们也失去了一些殖民地。"[134] 埃德蒙·伯克写道："大英帝国的地基摇摇欲坠。"[135]

不久之后，议会就发表了长达六卷的报告来研究这些失败。公司的一名高级军官告诉议会："英国在印度取得的进展，更多是想象的而不是真实的；用如此之少的兵力去掌控如此广袤的土地是办不到的。我担心印度人很快就会发现，我们和他们一样，只不过是凡人而已。"[136]

霍勒斯·沃波尔的表达一贯很精辟："印度和美洲都在逃离我们。"[137]

第七章　荒城德里

1771 年 4 月 12 日早晨，长颈小号和骆驼驮载的"纳加拉"鼓齐鸣，鼓乐喧天，震耳欲聋。沙·阿拉姆二世骑着装饰华美的大象，穿过安拉阿巴德要塞的砂岩拱门。

经过十二年多的流亡，皇帝终于要回家了。这趟旅程不会轻松。沙·阿拉姆计划的路线会经过一些早就不服从莫卧儿权威的省份，他有充分的理由担心他的各路敌人会试图抓捕、胁迫甚至暗杀他。并且，他最终的目的地——一片废墟的莫卧儿都城德里，在阿富汗与马拉塔军队的争斗中满目疮痍。

但皇帝并非没有准备。他身后是 16000 名新招募的士兵和追随者。一幅留存至今的莫卧儿画作展现的就是这趟行军：长长的行军队伍沿着亚穆纳河的河岸蜿蜒前进，穿过富饶的乡村。队伍前方是乐队，然后是手捧权杖的典礼官和捧着莫卧儿皇室宝器的侍从。他们举着御用华盖、黄金的鱼旗、光芒四射

的太阳旗帜和"法蒂玛之手"①，这些全都被用镀金的木杖高　260
高举起，木杖上还拖着红色的绸带。然后是皇帝本人，他坐在
高高的大象背上，周围簇拥着手握枪矛的卫兵。

再往后是皇子们，他们乘坐一排戴着橘黄色头饰的大象，
每个都有皇帝的徽记。后宫女眷跟在后面，都乘着有帘子遮挡
的轿子；然后是重型攻城大炮，每一门炮都用四头大象拖曳。
主力部队紧随其后，队伍延伸到目力所及范围之外。有步兵、
骑兵、炮兵和配备回旋炮的骆驼骑兵，每个兵种都由一名乘大
象的军官率领。队伍沿着河岸前进，河上还有随行的皇室画
舫。队伍穿过树林与草地，经过坐落着寺庙与小镇的岛屿，小
镇的天际线上点缀着清真寺的宣礼塔。[1]

有人记载了这个时刻，因为在当时人们就认识到，这是
18世纪印度政治的一个关键转折点。之前东印度公司多次承
诺要为沙·阿拉姆提供一支军队，或者仅仅是一支武装卫队，
去帮助他收复都城，而如今沙·阿拉姆终于不再指望公司的帮
助。如果东印度公司不肯帮他，那么他就必须寻找新的盟友，
而新的盟友只能是他的祖先的宿敌马拉塔人。不管这么做是多
么危险，皇帝都下定决心要孤注一掷，去夺回他的合法位置，
即他的祖先的孔雀宝座。[2]

加尔各答的公司官员得知皇帝的计划后，心急如焚地写信
给沙·阿拉姆，表示他们"无论如何也不赞同皇帝陛下的不
明智举动"，他们"认为当下绝非发动如此宏伟而风险巨大的
事业的合适时机，因为帝国全境都处于动荡之中"。[3]"皇帝陛

---

① 法蒂玛之手（hamsa）是北非和中东地区流行的一种手掌形的辟邪护身
　符，象征先知穆罕默德之女法蒂玛的手。

下应当知道，他为自己设定了一项艰巨的任务。如果他认为马拉塔人是自己的朋友，那就大错特错了。马拉塔人因为反复无常和不值得信赖而臭名昭著。""他们会对皇帝陛下的危难幸灾乐祸。他们对陛下表忠心，仅仅是为了把陛下控制在他们的手掌心，从而借用陛下的威名去达到他们自己的目的。"[4]

261　东印度公司官员表面上是在为皇帝着想，但实际上是在为自己的利益而深深地焦虑。沙·阿拉姆突然宣布自己即将启程，这是公司官员完全没有预料的。公司不仅希望把皇帝控制在自己手心里，从而给公司的一切决定赋予合法性和正当性，而且害怕别的势力控制了皇帝之后产生对公司不利的后果。马拉塔人是东印度公司在印度最强大的竞争对手。他们主宰着次大陆的整个西海岸和中部内陆地区的很大一部分。东印度公司现在考虑到，"如果马拉塔人控制了皇帝，他们的影响力将会得到额外的增强，将来他们可以打着皇帝的旗号为非作歹"。[5]但现在才想到这一点，已经太晚了。

为了让皇帝回心转意，公司的最高级军官之一巴克将军奉命前往安拉阿巴德，试图对皇帝晓之以理。就连沙·阿拉姆自己的高级谋臣也认为，他脱离公司的保护而去找马拉塔人是"抛弃了实实在在的东西，伸手去抓影子……为了生活在皇宫的虚荣，牺牲自己的真切利益"。他们还警示道，信任马拉塔人是非常危险的事情，因为正是马拉塔人的"奸诈行为和欲壑难填的野心，对您的高贵家族的许多成员造成了致命的灾难"。[6]

然而，沙·阿拉姆心意已决。巴克发现他"不听任何劝告"。[7]皇帝甚至威胁说，如果东印度公司试图阻挠他，他就自杀。他早就不堪忍受在安拉阿巴德当东印度公司的傀儡的生活。现在他渴望回家，不管前途是多么危险。很熟悉皇帝的公司官员威廉·富兰克林（后来还写了皇帝的第一部传记）写道："他因为渴望返回都城而唉声叹气。"[8]

加尔各答的议事会最终认识到，他们别无选择，只能接受皇帝的决定，大家好聚好散。他们在 1771 年 1 月写信给伦敦的董事们："我们没有办法阻止皇帝的这个举动，除非限制他的人身自由，但我们认为这是我们光荣的主公们不会赞成的，也是我们的人道观念不会许可的。"[9]巴克写信给皇帝："既然陛下已经秘密地与马拉塔人谈妥了，那么我接到的命令是既不阻挠陛下的决定，也不支持。"[10]

实际上，皇帝做出这样戏剧性的决定，东印度公司要怪只能怪自己。皇帝自六年前来到安拉阿巴德以来一再受到当地公司官员的怠慢，这是他决定孤注一掷远征德里的主要原因。曾到安拉阿巴德要塞拜访皇帝的让-巴蒂斯特·让蒂写道："沙·阿拉姆二世本身就很不幸，英国人更是火上浇油，对他缺乏尊重，这对他是极大的侮辱。他们经常羞辱他，并且是在他的祖先阿克巴的宫殿里，这个环境会让他经常想起帖木儿皇朝曾经的强盛和光荣。"

262

　　这些羞辱最终迫使他放弃了手头所剩无几的财富，决心返回德里，居住到为了迎接他而匆匆搭建的肮脏茅舍。

　　雪上加霜的是，［东印度公司］拒绝向他支付 1765 年的《安拉阿巴德条约》规定的全额 260 万卢比①，这就给他增加了更多苦难。

　　一个小小的营级军官自作主张地逮捕并囚禁了沙·阿

---

　　①　相当于今天的 3380 万英镑。——作者注

拉姆手下级别最高的穿制服的仆人之一。皇帝要求那名军官放人，承诺将来让仆人更加小心谨慎，尽管此人并无过错。你能相信吗？那名军官居然立刻把那个仆人带出来，当着皇帝信使的面用马鞭子抽打，并说："谁不尊重我，就会受到这样的惩罚！"

不久之后，住在皇宫内的史密斯准将不准皇帝的乐师演奏宫门上方传统的"瑙巴特"小号，说这会在清晨把他吵醒。乐师们不顾准将的命令照常演奏，于是史密斯派人把他们和他们的乐器都从楼上扔下去。幸运的是，乐师们及时逃走了，所以只有乐器被扔下去。

这名军官粗暴而爱吵架的性格，让不幸的皇帝在安拉阿巴德没法安心度日。他每天遭受的羞辱迫使他放弃了安拉阿巴德的宫殿，去亚穆纳河畔的德里生活，也就是说放弃了一个富饶的省份，选择了一座破败不堪的城市。[11]

沙·阿拉姆原本就对自己遭到公司高官的怠慢而愤恨不平，英国下级军官轻率的侮辱更是让他无法忍受。他有充分的理由感到自己遭到了背叛。他多次努力让东印度公司兑现承诺，其间他与克莱武的一次对话让他长时间耿耿于怀。

1766 年，沙·阿拉姆甚至派了一名使者去见乔治三世，希望以两位君主直接对话的方式向他求助，"因为我的英国兄弟对我的友谊是真挚的，他的心是高贵的"。在这封信里，沙·阿拉姆表示愿意承认英王的宗主地位，换取公司出兵帮助他回到德里。但皇帝给英王的信，以及价值 10 万卢比①的厚

---

① 超过了今天的 100 万英镑。——作者注

礼（一些珍稀的珠宝）被克莱武拦截了。信始终没有被送到英王手中，克莱武在返回伦敦之后将沙·阿拉姆的礼物借花献佛地送给了国王，但只字不提沙·阿拉姆，仿佛礼物是克莱武自己送的。沙·阿拉姆的使者最终到了英国，后来写了一部很有意思的书《英国的奇观》，记述自己的旅行。这是印度人第一次了解英国的冬天是多么寒冷和阴郁，喝多了威士忌之后的苏格兰人又是多么爱吵架。但东印度公司千方百计地阻挠，所以沙·阿拉姆的使者始终没能觐见英王，也接触不到任何一位政府大员。[12]

1769 年 12 月，加尔各答方面又一次拒绝护送皇帝去德里，这次的借口是"时局不稳"，于是沙·阿拉姆终于得出结论，东印度公司是指望不上的；如果他想去德里，就必须在自己的军队护送之下，所以他需要寻找新盟友来保护他。[13]

印度斯坦政治发生的戏剧性变化让皇帝迅速开始了行动。在 1761 年帕尼帕特战役（马拉塔人被阿富汗人打败，马拉塔人有 35000 人死亡，包括整整一代马拉塔武士与领导人）之后，阿富汗人从大约 1761 年到 1770 年在印度斯坦占据上风。[14] 1762 年，艾哈迈德·沙·杜兰尼将沙·阿拉姆的死对头、年轻的伊玛德·穆尔克逐出红堡，然后任命阿富汗罗赫拉人纳吉布·道拉为总督。纳吉布刚到印度的时候是一个卑微的优素福宰部落①的马贩子，但很快就凭借他的高超武艺和政治谋略平步青云。

纳吉布"主宰德里九年之久，战无不胜，但也受到许多

① 优素福宰部落是普什图人的一个分支，生活在今天的印度、巴基斯坦和阿富汗部分地区，16 世纪曾为莫卧儿帝国开国皇帝巴布尔效力。

264

挑战"。他在许多明争暗斗的势力之间，在如毒蛇窝一般凶险的政治环境里，"精彩地保持了平衡，维持了自己的地位"。[15]但在 1770 年 10 月，纳吉布去世了，消息传到安拉阿巴德，说他那个桀骜不驯的儿子和继承人扎伯塔·汗"胆大包天地进入后宫，与深居于后宫的一些贵妇发生了关系。皇帝的妹妹就是其中之一"。[16]莫卧儿皇族的荣誉如今受到了挑战，于是皇太后齐娜特·玛哈尔写信给儿子，请他立刻到德里来执掌大权。

阿富汗人入侵北印度的主要策划者艾哈迈德·沙·杜兰尼此时已经返回他群山之中的家乡并在那里去世。他长期受到某种疾病的折磨，面部被阿富汗史料所说的"坏疽性溃疡"侵蚀了。他可能患有麻风病或者某种形式的肿瘤。在帕尼帕特赢得他的最辉煌胜利之后不久，艾哈迈德·沙的疾病就开始侵蚀他的鼻子，于是他戴上一个镶嵌钻石的假鼻子。到 1772 年，他的鼻子上部已经完全溃烂，他吃饭的时候蛆虫会从伤口落入口腔。他到处求医问药也是无济于事，于是在托巴山区卧床不起。他曾经为了躲避坎大哈的暑热而来到这里。[17]他显然没有办法再次率军闯入印度，去帮助他的罗赫拉亲戚。定居在印度的阿富汗人只能靠自己了。[18]

1766 年 5 月，马拉塔人发动了自五年前的帕尼帕特战役以来首次越过昌巴尔河①的北伐，这一次作战的规模不算很大。1770 年，他们卷土重来，这一次带着 75000 人的"如海洋"般的大军，打败了德埃格的贾特人王公，然后深入阿格拉以东的罗赫拉人领土。[19]大家越来越清楚地看到，未来又一

---

① 昌巴尔河位于今天印度的中部，是亚穆纳河的支流，流经中央邦、拉贾斯坦邦，全长 960 公里。

次属于马拉塔人，阿富汗人统治的时代已经结束了。

杜兰尼王朝逐渐衰败和退却，而马拉塔人蒸蒸日上，出现了两位互相竞争的年轻领袖，他们都展现出了收复马拉塔人在北方的土地并继续扩张的决心与军事才干。第一位是年轻的马哈吉·辛迪亚。他出身卑微①，在帕尼帕特战场上曾被一名阿富汗骑兵撞倒在地。那个阿富汗人用战斧砍伤了他的膝盖以下部位，以为他死了，就把他丢在战场上。辛迪亚得以幸存，爬到安全处，将来还可以再战，但在余生里始终一瘸一拐。因为没有办法锻炼，他变得非常肥胖。他是一位精明的政治家，非常能干、狡黠、足智多谋。[20]

他的主要竞争对手图科吉·哈尔卡尔也险些在帕尼帕特战场丧命，但他的个性与辛迪亚迥然不同。哈尔卡尔风流倜傥，喜好享乐，贪杯好色，没有辛迪亚的精明和才智。他和辛迪亚在绝大多数问题上都有分歧，而他们名义上的宗主，即马拉塔人的佩什瓦，不得不经常干预，警告这两位争斗不休的军阀停止争吵、一致对外。不过他俩都同意，现在是恢复马拉塔势力的大好时机，而达成这个目标的最好办法就是双方联合保护沙·阿拉姆，帮助他重返德里，并掌控他的朝政。[21]他们知道，谁控制了德里，谁就控制了整个印度斯坦。

1770年末，辛迪亚的一封密信被送到安拉阿巴德，表示马拉塔人愿意保护沙·阿拉姆回到德里。皇帝秘密派遣使者去见两位马拉塔领袖，探讨结盟的可能性。两个阵营都表示愿意与皇帝结盟，并达成了共识。1771年2月15日，马拉塔人和

① 原文如此。马哈吉·辛迪亚的父亲拉诺吉是辛迪亚王朝的开国君主，拉诺吉原本是一个村庄的世袭领主，也很难说是出身卑微。

265

沙·阿拉姆的儿子，即皇储（他当时在德里，担任摄政者）签订了协议，规定马拉塔人将把扎伯塔·汗和他的阿富汗人逐出德里，然后辛迪亚将护送沙·阿拉姆到德里，将皇宫移交给他。作为回报，沙·阿拉姆要给对方支付 400 万卢比[①]。皇帝在 1771 年 3 月 22 日秘密批准了协议。

这年仲夏，马拉塔人大举渡过亚穆纳河，成功地占领了德里，驱逐了扎伯塔·汗的驻军。然后马拉塔人渡过恒河上游，深入罗希尔坎德地区[②]，一路烧杀抢掠。扎伯塔·汗在他们的追击之下撤往帕塔加尔，这是一座固若金汤的要塞，位于密拉特东北的荒芜之地。对皇帝来说，万事俱备，只欠东风。[22]

现在需要决定的最后一件事情就是，谁来担任沙·阿拉姆的新军队的总司令。在这个问题上皇帝交了好运。他选择了米尔扎·纳杰夫·汗，他将成为皇帝手中最宝贵的资产，也是皇帝最忠诚的仆人。米尔扎·纳杰夫·汗不久前才开始为沙·阿拉姆效力。他就是在米尔·卡西姆麾下打败过东印度公司军队的那位年轻的波斯骑兵军官。

纳杰夫·汗此时只有三十四五岁，相貌英俊，温文尔雅，魅力十足，有波斯萨非王族的血统，还是奥德的纳瓦布舒贾·道拉的姻亲。纳杰夫·汗是精明的外交官、有才干的税务管理者，但他最突出的还是军事才干。他在米尔·卡西姆旗下作战时就在仔细观察公司军队的战术和战略，并学习了列队射击、欧洲现代步兵机动战术和火炮弹道学的精妙之处。见过纳杰夫·汗的东印度公司军官都对他肃然起敬。威廉·富兰克林在

---

① 相当于今天的 5200 万英镑。——作者注
② 罗赫尔坎德是今天印度北方邦的一个地区，得名自阿富汗的普什图族罗赫拉人。

见过他之后写道，他"斗志昂扬，是一位活跃而勇敢的指挥官，并且彬彬有礼、和蔼可亲。他坚持不懈地投身于自己的工作，所以能够将其管理得井井有条，恢复各方面事务的良好秩序"。对那个时代来说更加不寻常的是，他是个"仁慈而善良的人"。[23]

很少有人相信沙·阿拉姆有机会安全返回德里。更少有人相信他有希望在那里重建莫卧儿帝国的统治或者获取相对于马拉塔人的独立性，因为马拉塔人就像东印度公司一样，显然只是想利用他为他们的利益服务。但如果有人能帮助沙·阿拉姆在这些方面取得成功的话，那么非纳杰夫·汗莫属。

如历史学家沙基尔·汗所说："一个勇敢、果断、懂得策略的人，胜过一千个踌躇不前的人。"[24]

在距离安拉阿巴德20英里的地方，皇帝进入奥德境内，于当夜抵达阿拉姆昌德驿站。4月30日，纳瓦布舒贾·道拉来到这里与皇帝会合。

自从七年前逃离布克萨尔战场以来，他们就没有见过面。舒贾带来了另一位参加过布克萨尔战役的老将，令人生畏的苦行僧指挥官阿努普济里·歌赛因，现在他已经被册封为贵族，获得了一个波斯语的莫卧儿头衔"西马特·巴哈杜尔"，意思是"勇者"。舒贾和其他所有人一样，力劝沙·阿拉姆不要继续前往德里，但"发现陛下心意已决"，就同意让阿努普济里和他的1万歌赛因骑兵与步兵为皇帝效力，还为皇帝提供了5

267

门大炮、大量满载给养的牛车、帐篷和 120 万卢比[①]现金，因为他"相信，如果皇帝陛下不带着足够的军队就去与马拉塔人会合，那么就会被他们玩弄于股掌之间"。[25]但他自己谢绝了与皇帝一起去德里的邀请，并说自己预感此次远征不会有好结果。[26]

巴克将军也发出了和舒贾一样的警示。巴克写信给皇帝："雨季已经开始，皇帝如果继续前进的话，必然会大祸临头。只要皇帝停在科拉［在奥德西部边境上］，英国军队就会为他服务。如果皇帝越过科拉的边境继续西进并遭受失败，我们概不负责。"[27]

然而，皇帝坚定不移。他在阿拉姆昌德停留了将近三周，和米尔扎·纳杰夫·汗一起待在营帐内，"闭门谢客"，筹划行军的每一个细节，并一起研究如何克服各种困难。他们秘密派遣一名亲信宦官带着 25 万卢比[②]的黄金先行出发，去马拉塔贵族当中收买人心。这名宦官的任务是查明两位互相争斗的马拉塔领袖当中谁更愿意接受沙·阿拉姆的统治，并与其展开谈判，将红堡归还莫卧儿皇族。[28]

5 月 2 日，皇帝收拾行装，开始缓缓西进。他的军队抵达坎普尔城外的比托奥尔，这里有东印度公司的最后一个兵站。巴克将军在这里亲自向皇帝道别。他把沙·阿拉姆军中的所有英国军官都带走了，但为了表达善意，给皇帝留了两个营的公司印度兵和四门野战炮。[29]

随后一个星期，沙·阿拉姆的军队在暑热中艰难前行，途

---

① 相当于今天的 1600 万英镑。——作者注
② 相当于今天的 300 万英镑。——作者注

经卡瑙杰，越过边境，进入罗赫拉人的领土。7 月 17 日，皇帝
的军队遭遇季风，"暴雨拖慢了他的行程"，因为炮车的车轴在
烂泥里失灵，大象也只能缓慢地在如同运河的道路上蹚水前
进。[30]到 8 月底，皇帝的浑身湿漉漉、十分颓唐的军队终于抵达
法鲁卡巴德。在这里，皇帝要面对他的第一个真正的挑战。

268

罗赫拉人在法鲁卡巴德的纳瓦布艾哈迈德·汗·班加什刚
刚去世。为了彰显自己的决心，沙·阿拉姆决定按照传统的莫
卧儿习俗，将这位纳瓦布的全部财产收归国库。纳瓦布的孙子
和继承人抵制皇帝的要求，集结了一支罗赫拉军队包围和切断
了皇帝的行军队伍，准备进攻皇帝的营地。沙·阿拉姆赶紧派
人给马哈吉·辛迪亚送信，要求他立刻出兵援助。关键的时刻
到了：马拉塔人会信守承诺出兵保护皇帝，还是作壁上观，眼
睁睁看着他们的阿富汗敌人攻击他们的新门客？

两天后，就在罗赫拉人准备作战的时候，辛迪亚的数千名
马拉塔士兵出现在地平线上。年轻的班加什纳瓦布看到自己寡
不敌众，于是求和，很快同意向沙·阿拉姆纳贡 70 万卢比[①]，
换取皇帝认可他继位。皇帝确认了这个年轻人的纳瓦布地位，
然后带着贡金前往距离法鲁卡巴德 20 英里的纳比甘杰，在那
里度过雨季的剩余时间。[31]

11 月 18 日，马哈吉·辛迪亚终于亲自来到皇帝的营地。
阿克巴皇子[②]引领他一瘸一拐地来到御前，所有人都在密切观
察，等着看这位马拉塔酋长是否会遵从莫卧儿宫廷的礼节，向
皇帝俯首称臣。让莫卧儿人如释重负的是，辛迪亚犹豫片刻后

---

① 相当于今天的 900 万英镑。——作者注
② 他是沙·阿拉姆二世的儿子，后来成为莫卧儿帝国的倒数第二位皇帝，
称阿克巴二世。

就拜倒在地，"将头贴近皇帝的双脚。皇帝扶他起来，与他紧紧拥抱，对他赞许有加。因为他跛脚，所以皇帝恩准他坐在皇帝的金椅前方"。[32] 随后辛迪亚向皇帝献上仪式性的礼物，表示服从，随后皇帝"和蔼地拍拍他的后背，表示恩宠。两个钟头之后，他获准离开御前，返回自己的营地"。[33]

两天后，辛迪亚第二次觐见皇帝。莫卧儿皇帝和马拉塔领袖商讨了他们的计划和战略。11 月 29 日，联军拔营，一同开往德里。[34]

1772 年的新年，沙·阿拉姆从位于锡坎德拉附近的营地出发，于当晚来到亚穆纳河东岸的沙赫达拉，在那里终于看见了河对岸他的都城的穹顶与高墙。沙赫达拉的马拉塔驻军前来迎接他，并带来了皇太后齐娜特·玛哈尔、皇储贾万·巴赫特和"〔皇帝的另外〕至少二十七名儿女"。[35] 沙·阿拉姆正式接见了他们所有人。

五天后，早晨 8 点 15 分，旌旗招展，鼓乐喧天，沙·阿拉姆骑马穿过德里门，进入沙贾汗纳巴德的废墟。这一天恰好是大吉大利的开斋节，正逢神圣斋月的最后一天。这一天就成了他回家（Bazgasht）的纪念日。

这一天，他结束了长达十二年的流亡，回到了祖先的宫殿。莫卧儿人重新登上了孔雀宝座。[36]

沙·阿拉姆在 1772 年 1 月面临的任务是：从德里周边地区开始，收复自己失去的帝国领地。

他和米尔扎·纳杰夫·汗确定了两个需要立刻对付的目标：德埃格的贾特人王公篡夺了都城以南、德里和阿格拉之间的大片土地；但更紧急的任务是制服罗赫拉人的领袖扎伯塔·汗，他如今受到的指控是不服从皇帝的传召和玷污了御妹。必须先解决扎伯塔·汗才行。沙·阿拉姆将自己的军队留在河对岸扎营，在都城只待了一周多一点，在伊德加清真寺率领信众祈祷，在胡马雍陵园瞻仰父亲的陵墓，寻访失散多年的亲戚和参观他过去经常去的一些地方。1月16日，他返回位于沙赫达拉的军营。次日，即17日上午，他和米尔扎·纳杰夫·汗与马哈吉·辛迪亚一同出发，去攻击扎伯塔·汗的要塞。

军队先是北上，朝着喜马拉雅山麓进发，然后在萨哈兰普尔转向东方。他们试图在昌迪加特找到一个合适的地点渡过恒河。昌迪加特就在赫尔德瓦尔下游大约一天路程的地方。扎伯塔·汗的炮兵守卫着所有渡口，并在对岸掘壕据守，向皇帝这一岸发射霰弹。但此时是冬季，雨季的洪水早就消退了，而喜马拉雅山麓的积雪还没有开始消融。据与沙·阿拉姆同行的马拉塔新闻撰写者说，在2月23日破晓前1小时，"皇帝抵达恒河河岸，语气急迫地说：'如果我的命运是执掌天下，那么就给我让路。'话音刚落，大家就发现河水只到膝盖和小腿那么高，完全可以蹚水过河"。皇帝的军队就这样过了河，在天亮之后手执利剑，与敌人展开白刃战。"在右侧3英里处，马哈吉·辛迪亚和他的军官们也过了河，然后骑马逆流而上，出其不意地扑向阿富汗人的后方。"[37]

此役的转折点是米尔扎·纳杰夫·汗率领骆驼骑兵冲到河中央的一个小岛上，从那里用重型回旋炮近距离轰击对岸队形密集的阿富汗人。日出1小时后，扎伯塔·汗放弃战斗，逃往

270

喜马拉雅山。几名躲藏在芦苇丛中的高级军官被生擒。[38]

随后，莫卧儿军队和马拉塔军队包围了扎伯塔·汗位于帕塔加尔的庞大的石头要塞，他把家眷和财宝都留在那里。这座要塞很新，给养充足，完全有能力抵抗一段时间的围攻。但纳杰夫·汗懂得如何攻克它。据马拉塔新闻撰写者报道："纳杰夫·汗切断了这座要塞的水源。一连四天，双方用大炮对轰，炮弹如雨。最终堡垒被突破，守军投降。"[39]要塞司令派遣一名使者去见纳杰夫·汗，表示如果能保证守军的生命和荣誉，他愿意投降。纳杰夫·汗同意了。

3月16日，帕塔加尔的大门敞开了。海尔·丁记载道："马拉塔人守在要塞门口。一开始是穷人从要塞中走出来，他们被剥去衣服和搜身，然后几乎赤裸地离开。看到这种情况，富人将装满珠宝和金钱的匣子从城墙上扔到护城河里以便隐藏。也有人吞下了金币。"[40]

这之后，马拉塔人冲进城去，把魂飞魄散的罗赫拉妇孺（包括扎伯塔·汗的家眷）抢到他们的帐篷里。所有罗赫拉人都遭到抢劫，许多妇女遭到强暴和凌辱。在混乱与流血冲突当中，扎伯塔·汗的父亲纳吉布·道拉的墓地被打开，陪葬财物被洗劫一空，他的骨骸被挖出来丢弃。皇帝和纳杰夫·汗尽其所能地干预，挽救了对手的亲眷，派兵护送他们去德里。想要返回山区的阿富汗人的家属被押送到贾拉拉巴德。[41]重获自由的人当中有一些马拉塔妇女，她们是在十多年前的帕尼帕特战役中被阿富汗人俘虏的。[42]

围城军队洗劫帕塔加尔两周之久，挖出了埋藏在地下的金银珠宝，排空了护城河里的水来寻找珠宝。纳吉布担任德里总督的近十年间搜刮和积攒的财富如今全都被掳走，估计总价值高达 1500 万卢比[①]，包括马匹、大象、火炮、黄金和珠宝。

扎伯塔·汗的幼子古拉姆·卡迪尔也在被押回沙贾汗纳巴德的俘虏和人质之列。皇帝视他为义子，将他安置在沙贾汗纳巴德以北库德西娅花园的皇家园林和宫殿里抚养。沙·阿拉姆后来会为自己的善行追悔莫及。扎伯塔·汗继续抵抗皇帝，筹划了一系列反对沙·阿拉姆统治的反叛活动，而与此同时古拉姆·卡迪尔像皇子一样过着奢侈的生活，并且（用一位莫卧儿皇子的话说）变得"傲慢如埃及法老"。[43]一位莫卧儿贵族的兄弟被扎伯塔·汗杀死，于是请求皇帝处死古拉姆·卡迪尔为他的兄弟复仇。但沙·阿拉姆保护这个孩子，坚持说不应当父债子还。皇帝问："犯罪的是他的父亲，为什么要让这个无辜的孩子丧命？如果你一心要复仇的话，那么去抓住扎伯塔·汗并杀掉他吧。"[44]

也许就是这件事情滋生了一些流言蜚语，说皇帝和那个男孩之间有某种怪异的关系。没过多久，宫里就传得沸沸扬扬，说皇帝对这个年轻罗赫拉门客的好感已经跨越了某种界限。据当时一部非常八卦的莫卧儿王公回忆录《阿兹法里实录》[②] 记载："当皇帝陛下凝神端详这个忘恩负义的可怜人时，表现出了不寻常的怜悯。"

皇帝将他平安地带到沙贾汗纳巴德之后，把他安顿在

---

①　相当于今天的 1.95 亿英镑。——作者注
②　穆罕默德·扎希尔·丁·米尔扎·阿里·巴赫特·巴哈杜尔·古尔加尼·阿兹法里（1758~1818）是莫卧儿帝国的一位王公和作家，是奥朗则布的后代，懂阿拉伯语、波斯语、乌尔都语、土耳其语和一些英语。他的著作《阿兹法里实录》（*Waqi'at-i Azfari*）包含对古拉姆·卡迪尔·罗赫拉于 1788 年占领德里、戳瞎沙·阿拉姆二世皇帝的重要记载。

272　　　库德西娅花园，给他安排了卫兵，每天三餐给他送去山珍
海味。皇帝经常传召他到御前，对他表示怜悯，用手仁慈
地抚摸这男孩的后背，并坚持要求他学习读书写字。皇帝
赐给他"劳善·道拉"的头衔。当这男孩思念父母、泪
流满面的时候，皇帝承诺很快就可以送他回家。但鉴于当
时的政治形势，宫廷有些高级贵族不希望释放古拉姆·卡
迪尔，将他送回父亲身边。他们阻止皇帝陛下释放这个可
怜人。

　　当时皇帝陛下对古拉姆·卡迪尔百般迁就，允许他随
时到御前，因为皇帝已经将这个人质视为"我的爱子"。
作家记得皇帝陛下在一次为古拉姆·卡迪尔举办的盛大花
园宴会上朗诵的几行［乌尔都语］诗歌。其中一首诗
［暗指沙·阿拉姆的笔名阿夫塔卜，即"太阳"］是这
样的：

> 他是我特别的儿子，其他人只不过是奴仆，
> 哦，真主！让我的追随者的家宅永远兴旺，
> 愿他的欲望之花园继续花团锦簇，
> 愿秋天永远不会侵犯他的花园的边界。
> 愿他在真主的影子里成长，
> 只要阿夫塔卜（太阳）仍然灿烂，
> 只要天上的星辰还在闪耀。[45]

　　这个故事或许没有真凭实据，阿兹法里的笑话（说古拉
姆·卡迪尔的屁股痒）可能也没有根据。在当时，地位悬殊
的人之间的同性恋关系可以让人接受，不会被视为不寻常的怪

事，也不会成为荤笑话的话题。阿兹法里的笑话的笑点在于，古拉姆·卡迪尔是"受"而不是"攻"的一方，这就确定了他的从属地位，因为在当时"攻""受"的区别是很重要的。但一些稍晚的史料说得更过分。根据一百年后的1865年编纂的《纳吉布·塔瓦里赫》，古拉姆·卡迪尔相貌英俊，沙·阿拉姆二世皇帝察觉到或者怀疑后宫女眷对他产生了兴趣，于是某天皇帝给这个年轻的宠臣下药，把他麻醉，然后命人将他阉割。很多流传甚广的故事支持这种说法，但当时的很多叙述都没有提及此事，而且后来有人说这位罗赫拉王子有胡须，这大概与他被阉割的说法矛盾。①

不过，如果年轻的俘虏古拉姆·卡迪尔在镀金的莫卧儿鸟笼里当真受过皇帝的性骚扰（这是很有可能的事情），那么这就能够解释几年后时局逆转时他对皇帝施加的极端残酷和疯狂变态的残害。[46]

沙·阿拉姆在结束讨伐扎伯塔·汗的军事行动之后返回的那个德里，和他长大成人的那个光辉璀璨的都城已经是天壤之别。1739年之后三十年来持续不断的战争、征服和劫掠已经让这座城市半壁倾颓、十室九空。

一位旅行者描述了在这个时期抵达德里是什么样的体验：

①　见 Syed Mustafa Bareilwi, *Ghulam Qadir Ruhela*, Lahore, n. d. , p. 55。阿兹法里和《警世书》都说古拉姆·卡迪尔曾威胁要强奸莫卧儿后宫女眷，"把她们纳为姬妾，随意与她们发生关系"，这也表明当时的人们不认为古拉姆·卡迪尔是阉人。——作者注

"目力所及之处，尽是残破的房屋、长墙、巨大拱门和残破的穹顶……目睹这座恢宏而伟大的城市沦落到如今的田地，怎么可能不感受到最深切的忧伤……荒城沿着河岸绵延 14 英里……红色岩石建成的雄伟的清真寺已经大部朽坏。它隔壁是〔月光〕集市，也已经化为瓦砾；就连要塞本身，因为在过去七十年里经常易主，也迅速荒废了……"[47]

瑞士冒险家安托万·波利耶的描述同样惨淡。他写道，德里如今是"瓦砾与垃圾堆。豪门大宅已经破败不堪，雕工美轮美奂的木制阳台也被罗赫拉人当作柴火烧掉了；流经法伊兹集市和月光集市的运河已经淤塞干涸"。莫达沃伯爵写道："所剩不多修缮良好的房屋都属于商人或银行家。"[48]城市有三分之一完全荒废了。波利耶责怪扎伯塔·汗的父亲纳吉布·道拉"在城内犯下了累累罪行，罄竹难书……纳迪尔沙和艾哈迈德·沙·杜兰尼的蹂躏与劫掠如同暴风，席卷一切，但是很快就平息了；而罗赫拉人在十多年里造成的破坏就像引发瘟疫的狂风，不停地骚扰和摧残这个国家"。[49]

伟大的乌尔都语诗人米尔①大约在这个时期结束流亡，返回德里，满心憧憬，希望德里在走了这么多年的下坡路之后能够有所振兴。抵达之后，他简直不敢相信眼前的破败惨景。他在被遗弃和洗劫一空的街道上绝望地徘徊，寻找他过去常去的地方，想找到一些熟悉的东西，却徒劳无功。他写道："集市已经不复存在，当年集市上的那些无赖青年又去了哪里？翩翩少年已经不在人世，虔诚的老人也离开了人间。宫殿倾颓，街

---

① 米尔·塔齐·米尔（1725～1810）是莫卧儿帝国时期的乌尔都语诗人，对乌尔都语的发展有很大贡献，常被认为是最伟大的乌尔都语诗人。

道化为瓦砾……"

　　突然间，我发现自己来到了曾经居住的街区，我曾在
这里呼朋唤友，朗诵诗歌；我曾在这里享受爱情，在许多
个夜晚流下眼泪；我曾在这里爱上高挑苗条的姑娘，歌颂
她们的美。但如今找不到一个熟悉的面孔，没有人能让我
与他们共度愉快的时光。也找不到可以聊天的人。集市一
片荒凉。走得越远，我就越迷茫。我认不出自己的街区，
认不出自己的房屋……我惊恐地站在那里。[50]

　　如今这里遍地荆棘，盖满了成堆的尘土与废墟，
　　我的眼睛曾在这里看到春天的花园欣欣向荣。

　　这座城市，空荡荡的小巷尘土飞扬，
　　但在往昔，却是让商人盆满钵满的富饶之地。

　　仅仅在昨天，我还看见房屋鳞次栉比，
　　如今却只剩残垣断壁和空荡荡的门廊。

　　锡克人、马拉塔人、盗贼、扒手、乞丐、帝王，全都
掠夺我们
　　一贫如洗的人最幸福，因为如今贫穷才是财富。

　　当下不比从前，米尔，
　　时代已经变了，已经翻天覆地。

275

我泪如泉涌。

我的心，如同德里城，一片荒凉。[51]

并且，如今也很难说德里终于迎来了太平。在占领帕塔加尔之后，莫卧儿人和马拉塔人之间脆弱的新联盟就已经濒临破裂，双方为了争夺战利品而撕破脸皮。宫廷的一位新闻撰写人报告称："背信弃义的马拉塔人夺取了扎伯塔·汗的所有大炮和财宝，还夺走了他的大象、马匹与其他财产，只把一些不值钱的零碎东西献给皇帝。"[52]

马拉塔人则反驳说，皇帝承诺给他们的 400 万卢比（换取他们帮助他重登皇位）还没有支付。皇帝束手无策，只能训斥他的盟友不讲信誉。"皇帝与马拉塔人的使者大吵特吵，使者怒气冲冲地拂袖而去。"据说辛迪亚从扎伯塔的要塞掳掠到 1500 万卢比，但仅仅将其中的 20 万交给皇帝。① 沙·阿拉姆大为震怒："我的士兵已经六个月没有领到一个铜板的军饷。我的部下忍饥挨饿三四天之后才得到口粮。"[53]

两支军队返回德里之后，上述问题仍然没有得到解决。到 1772 年 12 月，双方已经剑拔弩张。17 日，星期五，马拉塔人大举攻击沙·阿拉姆的小规模军队。皇帝的士兵在历史悠久的老要塞的废墟中抵抗。在这次战斗中，前不久才在朋友米尔扎·纳杰夫·汗劝诱下投奔皇帝的布列塔尼冒险家勒内·马代克的大腿中了一弹。马代克在他的《回忆录》中写道："皇帝提议谈判，但马拉塔人想要从近期的胜利中最大限度地榨取利

---

① 当时的 400 万卢比相当于今天的 5200 万英镑，当时的 20 万卢比相当于今天的 260 万英镑。——作者注

益，于是强迫这位倒霉的君主听从他们的摆布。"

> 他们决心阻止皇帝增强自己的军力，因为皇帝的军力
> 要不了多久就能与马拉塔军队抗衡了。他们的目的就是让
> 沙·阿拉姆始终依附于他们。他们开出的条件是，皇帝只 276
> 能保留一支小规模的私人卫队，除此之外不能拥有军
> 队……此事之后，皇帝沦落到可怜兮兮的状态。他在战前
> 没有给自己的军队发放军饷，战后就更没有办法发饷了。
> 我看到我的部队已经处于叛乱的边缘。[54]

沙·阿拉姆眼看就要彻底垮台，但在最后关头，他得救
了。1773 年 9 月初，一名信使快马加鞭地从浦那赶来，送来
了意想不到的消息：年轻的马拉塔佩什瓦纳拉扬·拉奥①因结
核病而英年早逝。随即，马拉塔邦联内部发生了严重的继承危
机，不同派系互相争斗厮杀。消息传到德里之后，辛迪亚和他
的竞争对手哈尔卡尔都意识到他们必须尽快南下返回浦那，去
保障自己的利益。他们都在一周内匆匆离开了德里，于是沙·
阿拉姆和米尔扎·纳杰夫·汗完全掌控了德里。

就这样，沙·阿拉姆的德里远征以所有人都没有预料到的
方式结束了。马拉塔人帮助沙·阿拉姆夺取德里的权力之后，
好几年里忙于内斗。到 1773 年的雨季，沙·阿拉姆再也不是
无权无势的傀儡，而是牢牢掌控了自己的领地，并且拥有 18
世纪最卓越的将领之一。意想不到的好运气让皇帝自己也很

---

① 他是前文提到的佩什瓦巴拉吉·拉奥（在帕尼帕特战役之后哀恸而死）
的儿子。

惊讶。

此时沙·阿拉姆已经 45 岁，按照莫卧儿人的标准已经快进入老年了。虽然他在战争中有胜有败，但回顾自己的人生时还是有理由心存感激：他躲过了伊玛德·穆尔克的暗杀，与东印度公司军队四次正面交锋都得以幸存，然后还让胜利者对他宣誓效忠。他成功返回德里，登上了孔雀宝座，拥有一个独立王国，不需要对任何人俯首帖耳。对沙·阿拉姆来说，这样的结局简直是奇迹，所以他毫不犹豫地将其归功于神佑。

《皇帝的瑰宝：阿夫塔卜诗集》是沙·阿拉姆的诗歌与歌谣的精选集，包括七百多首作品，体裁从"加扎勒"① 到"纳依卡贝达"②。他在 1797 年命人编纂了这部诗集。它的开篇是一首向真主祈祷的加扎勒抒情诗，大约是在这个时期写的，体现了他认真履行君主的职责，以及相信自己是受命于天、得到真主佑助的帝王：

> 真主！您仁慈地将帝国赐予我，
> 让心灵与头脑的国度都服从我的辞令，
>
> 在这个世界［阿拉姆］，您任命我为世界之王［沙·阿拉姆］，
> 为了今世与来世的福祉，您以我的名义铸造钱币，

---

① 加扎勒是起源于阿拉伯的一种诗歌形式，12 世纪传入南亚，形式固定，常讲述离别、爱情等主题。鲁米和哈菲兹等著名诗人都用过这种体裁。由于歌德的影响，加扎勒在 19 世纪的德意志也一度流行。

② 印度的一种以女性角色为核心的文学体裁。

您让我成为帝王苍穹中的太阳［阿夫塔卜］
以我的正义之光照亮世界

我虽然是帝王，但在您的神圣宫廷我就只是个乞丐，
请让不幸的我来到您面前，

因为您是真正的最高裁判者，哦，真主，我向您
祈祷！
让我的统治的正义为岩石与沙漠注入生命，

在您的佑助下，穆撒①战胜了暴君法老，
在您的神圣佑护下，亚历山大成为大流士王国的
君主，

您让我的名字在这个世界［阿拉姆］如太阳［阿夫
塔卜］般闪亮，
用我的仁慈的太阳照亮朋友和敌人的心吧。

在接下来的作战季节，还有新的敌人要征服，但首先皇帝
要享受雨季和感恩真主。在两位马拉塔领袖离开德里之前，皇
帝告诉他们，他不能与他们一起出征，因为他需要待在"德
里，主持我的精神导师的儿子们的婚礼，还有我的皮尔②的忌
日活动"。他的皮尔指的是伟大的苏非派圣人梅赫劳利的库图

---

① 穆撒是伊斯兰教的说法，即基督教的摩西。
② 皮尔（Pir）是波斯语，字面意思是"长老"，是对苏非派精神导师的敬
　称，在阿拉伯语中被称为哈兹拉特或谢赫。

卜丁·巴赫蒂亚尔·卡奇。[55]沙·阿拉姆上一次去参观他的皮尔的圣所，还是十二年前逃离德里之时去那里寻求祝福与保护。现在他要感谢这位圣人保佑他安全回家。

他首先正式召见米尔扎·纳杰夫·汗，奖赏这位劳苦功高的将领，任命他为财政总管，并将都城以西的哈恩西和希萨尔的几处庄园赏赐给他。[56]随后皇帝前往雨季的休假圣地梅赫劳利（那里有大理石亭台楼阁、秋千、芒果园和瀑布），在那里按照传统的莫卧儿方式庆祝自己归国：朝拜苏非派圣地，奏乐，歌唱，朗诵诗歌，观赏喷泉，在梅赫劳利高墙环绕的莫卧儿园林内的帐篷里缮宴和做爱。

大约就在这个时期，沙·阿拉姆写下了他的一些最有名的抒情诗。这一系列抒情诗遵循的是现已失传的"雨季拉格"音乐模式，是略带雨意的诗歌，"赞颂雨云与大地结合的喜悦，以及爱人之间的鱼水之欢"。[57]这些诗歌是用来吟唱的，为的是赞颂雨季的美丽，感谢梅赫劳利的圣人对他的保护，并恳求圣人继续保佑他：

> 孔雀在山顶呢喃，青蛙聚集起来，呱呱鸣叫，
> 将您的目光转向美丽的瀑布，并铺好盖布！
>
> 我恳求您，库图卜丁，满足我的所有心愿，
> 我崇拜您，请听我诉说，拜倒在您脚下的我，
>
> 请在这个美丽的日子前来；享受园林中的清新空气与愉悦，
> 满足您干渴的喉咙，思量雨季拉格之美，

> 赐给沙·阿拉姆财富和一个国家，让他的宝库充实，
> 当他在芒果树下徜徉，凝视着瀑布。[58]

沙·阿拉姆在梅赫劳利休闲和庆祝的同时，纳杰夫·汗则在日理万机。他首先用皇帝赏赐给他的位于哈恩西的庄园做担保，然后用那里的收入给军队发饷。他开始招募和训练更多士兵，包括一个由破落罗赫拉人组成的营。这些人在帕塔加尔陷落后一贫如洗，不得不加入曾经的敌人的军队。沙·阿拉姆意图收复祖先的帝国的消息传开后，印度各地的老兵蜂拥来到德里，希望在米尔扎的新军队里找到工作。

米尔扎·纳杰夫很清楚，欧洲的新式战术虽然在印度东部和南部已经广为人知，但在印度斯坦①还鲜有人知，而印度斯坦最流行的战术仍然是旧式的非正规骑兵的对决；只有贾特人拥有几个营的训练欠佳的现代化步兵。所以，他一边操练军队，一边尽可能多地招募欧洲雇佣兵。在18世纪70年代初，他吸引了大量法国雇佣兵。东印度公司在孟加拉屡战屡胜，并且不允许法国雇佣兵待在公司的新盟邦奥德境内，所以大量法国雇佣兵失业，被驱赶到西方。[59]

他把这些法国人一个一个地吸引到自己帐下。首先是布列塔尼冒险家勒内·马代克，然后是米尔·卡西姆的那个阿

---

① "印度斯坦"这个词可指整个印度次大陆，也可指北印度的印度河-恒河平原。这里显然是第二种意思。

尔萨斯杀手瓦尔特·赖因哈特，现在他更广为人知的名字是"苏姆鲁"，他还娶了一位名叫法尔扎娜的了不起的坚强的克什米尔舞女。她后来被称为苏姆鲁夫人，给苏姆鲁生了个儿子，并陪着雇佣兵丈夫游遍北印度。很快她就会证明自己与丈夫一样坚忍不拔和冷酷无情。苏姆鲁与纳杰夫·汗一起行军打仗时，苏姆鲁夫人平定了沙·阿拉姆赐给他们夫妇的大片土地（位于密拉特附近的萨尔达纳），并在那里安顿下来。

没过多久，这对鸳鸯就在河间地区建立了自己的小王国：莫达沃伯爵登门拜访的时候，看到苏姆鲁的领地极其富庶，不禁大吃一惊。不过，他写道，苏姆鲁并不开心，似乎受到了被他谋杀的那些人的鬼魂的纠缠：他变得"虔诚、迷信、容易上当受骗。德意志人都是这样的。他在所有的［天主教瞻礼日］斋戒。他施舍穷人，花钱举行尽可能多的弥撒。他像怕英国人一样怕魔鬼……有时他似乎对自己的生活方式感到憎恶，不过他的后宫仍姬妾成群，远远超出了他的需求"。[60]并且他除了与鬼魂对抗之外，还武装到牙齿，准备与人类敌人作战。莫达沃伯爵说，在所有的雇佣兵统领当中，苏姆鲁是"战备做得最好的一个……他的军营始终井井有条……他的大炮的状态极佳，他的园林里拥有大约 1200 头古吉拉特公牛［用于拖曳大炮］"。[61]

然后还有瑞士冒险家安托万·波利耶，他是一位技艺娴熟的军事工程师，曾在西拉杰·道拉摧毁威廉堡之后帮助东印度公司在加尔各答重建这座要塞。但他渴望去更狂野的边疆，辗转来到了德里，向纳杰夫·汗献上他的军事工程技术和攻城的专长。最后还有文质彬彬、才华横溢的莫达沃伯爵，他曾是格

280

勒诺布尔的贵族，是伏尔泰的邻居和友人，是法国外交大臣舒瓦瑟尔公爵的盟友，后来因为破产而流落到东方。莫达沃伯爵用最优雅的法文写作并翻译了几本书，他这个时期的回忆录非常诙谐，并且极具洞察力，是随后发生的多次战役的最精彩的目击者描述。

不久之后，另一群与欧洲雇佣兵截然不同的士兵加入了米尔扎的军队：阿努普济里·歌赛因的扎着长辫的苦行僧。阿努普济里刚刚脱离舒贾·道拉，带着6000名赤身露体的武士和40门大炮前来投奔皇帝。苦行僧始终是非常优秀的突击队，并且对付印度教徒特别有效。莫达沃伯爵记载道，有一次东印度公司派了一个营的印度兵去阻止苦行僧"打家劫舍、滥杀无辜和为非作歹……但这些印度教徒士兵不仅不向苦行僧冲锋，还立刻放下武器，跪倒在这些神圣的苦行者脚下。苦行僧立刻捡起公司印度兵的枪械，然后继续烧杀抢掠"。[62]

到8月，纳杰夫集结了6个营的装备火箭与大炮的现代化步兵和一支强大的莫卧儿骑兵部队，总计约3万人，由上述几位久经沙场的老将指挥。莫卧儿人准备用这支军队来收复他们的帝国。

纳杰夫·汗的收复失地行动是从都城附近开始的。1773年8月27日，他奇袭并占领了德埃格的贾特人王公纳瓦勒·辛格名下最北的一个前哨据点。这是一座名叫迈丹加里的大型土木要塞。贾特人统治者苏拉杰玛尔①藐视皇帝的权威，在梅赫劳利以南不远、看得见顾特卜塔的地方建造了这座要塞。"主要由农民组成的守军战斗了很长时间，但最终无力抵抗。纳杰夫·汗占领了要塞，杀死了里面的所有男子。"随后纳杰夫·汗攻克了贾特人王公在德里以南地区建造的另外几座小型土木要塞。[63]

281

纳瓦勒·辛格一边求和，一边积极备战，并寻求与罗赫拉人领袖扎伯塔·汗结盟。扎伯塔·汗前不久返回了这片饱受蹂躏的土地，渴望复仇。但纳杰夫·汗的动作极快，让纳瓦勒·辛格来不及与扎伯塔·汗达成协议。纳杰夫·汗进军神速，打垮了纳瓦勒·辛格的军队。9 月 24 日，他率军深入贾特人领土，于 10 月 30 日傍晚在德埃格以北不远处的巴尔萨纳打败了贾特人军队，当夕阳迅速沉入高高的谷地时，他将其主将斩首，在战场上留下了 3000 具死尸。贾特人士兵试图用火枪齐射，但不懂得如何列队齐射。纳杰夫·汗的部队已经摸清了敌人装弹和射击的节奏，于是在敌人齐射的时候卧倒躲避，然后起身，趁着敌人装填子弹的时候"挥舞明晃晃的刀剑"冲向敌军战线。纳杰夫本人在此役中负伤，但他从贾特人营地缴获了大量战利品，足以为随后的战事提供军费。[64]

纳杰夫·汗的赫赫武威传扬出去之后，他的敌人望风而逃，于是纳杰夫得以快速占领巴拉布加尔要塞（在通往阿格

---

① 苏拉杰玛尔大君（1707~1763）是印度教贾特人的巴拉特普尔王国（在今天印度的拉贾斯坦邦）的统治者。他因为睿智而被誉为贾特人的柏拉图、贾特人的奥德修斯，曾两次占领德里。最后他被莫卧儿军队伏击并杀死。纳瓦勒·辛格是他的第四子。

拉的半途），以及考特万与法尔鲁克纳加尔的一系列较小的贾特人要塞。[65]到12月中旬，纳杰夫·汗已经在攻打阿克巴大帝留下的阿格拉要塞。他让波利耶负责攻城，自己率领一半军队继续南下，去攻打巨大坚固的要塞拉姆格尔。通过奇袭拿下拉姆格尔之后，他将其更名为阿里格尔。

波利耶向阿格拉要塞的城墙发射了超过5000发炮弹之后，终于在1774年2月8日打开了一个突破口。不久之后，要塞投降，被交给苏姆鲁和他指挥的一个旅来驻防。[66]固若金汤的贾特人要塞德埃格被围攻了五个月之久，最终王公逃跑，驻军因为饥饿而衰弱，最后在1776年4月29日，纳杰夫·汗占领了德埃格。马代克记载道，城破之后，纳瓦勒·辛格的三位妻妾恳求宫廷的宦官杀死她们："她们躺在地毯上，他砍掉了她们三人的脑袋，然后在她们的尸体旁自杀。"[67]德埃格要塞遭到洗劫，守军惨遭屠杀。莫达沃伯爵记载道："杀人极多，就连妇孺也被割断喉咙。许多女人遭到强奸，前任王公的三位寡妇为了避免受辱而自尽。然后，四处抢劫的士兵在全城纵火。大火蔓延到弹药库，连续三天发生可怕的爆炸。纳杰夫试图阻止劫掠，但他花了三天时间才控制住自己的部队。"[68]

沙·阿拉姆后来因为德埃格屠城事件批评了纳杰夫·汗："我派你去管理这个国家，而不是掳掠它。不要再犯。释放全部俘虏。"[69]

不过，在不到四年时间里，纳杰夫·汗收复了莫卧儿心脏地带的绝大多数重要的要塞，并制服了皇帝的那些最桀骜不驯的臣属。罗赫拉人于1772年被击溃，1774年再次大败；贾特人的要塞在1777年被全部占领。到1778年，锡克人被赶回旁

282

遮普，斋浦尔向皇帝称臣。奥德和拉杰普塔纳①也在名义上臣服于皇帝。

经历了四十年的屡战屡败和惨重损失，莫卧儿帝国开始恢复元气。时隔四十年，德里又一次成为一个小型帝国的都城。

米尔扎·纳杰夫·汗忙着领兵打仗的同时，沙·阿拉姆留在德里，重建他的宫廷，并努力给僵死的都城注入生机。随着皇室再度开始赞助文艺，艺术家和作家开始返回都城：除了诗人米尔和绍达之外，当时最伟大的三位画家——尼达·玛尔、海鲁拉和米希尔·昌德都结束了在勒克瑙的流亡，返回德里。[70]

随着宫廷恢复常态，各种宫廷阴谋开始滋长。大多数阴谋都是针对纳杰夫·汗的，他不仅是外国移民，而且是波斯的什叶派信徒。沙·阿拉姆的新首相阿卜杜勒·阿哈德·汗是逊尼派信徒，并且对纳杰夫·汗日渐增长的权力与威望妒火中烧，所以试图让皇帝相信这位主帅正在谋反。阿卜杜勒·阿哈德·汗在沙·阿拉姆的耳边窃窃私语，说纳杰夫·汗企图与他的亲戚舒贾·道拉联手，建立一个新的什叶派王朝，取代莫卧儿帝国。莫达沃伯爵记载道："阿卜杜勒·阿哈德是克什米尔人，

---

① 拉杰普塔纳地区相当于今天印度的拉贾斯坦邦、中央邦和古吉拉特邦的部分地区等。"拉杰普塔纳"的意思是"拉杰普特人的土地"，而拉杰普特人是一个"种姓"，包括很多尚武的战士部族。

年过花甲，但头脑敏捷、精力充沛，仿佛正当壮年。他自幼熟 283
悉错综复杂的宫廷生活，因为他的父亲曾是穆罕默德·沙·兰
吉拉皇帝的大臣。"

　　表面上看去，没有人比这个阿卜杜勒·阿哈德·汗更
彬彬有礼、更体面正派。但他的全部政治野心只不过是用
虚伪奸诈的手段敛财，并排挤任何他看不顺眼的人。他尤
其憎恨皇帝的大将纳杰夫·汗，军队只听从纳杰夫·汗一
个人的命令，所以他掌控着局势。这意味着皇帝本人也畏
惧和讨厌纳杰夫·汗。[71]

　　纳杰夫·汗对各种流言蜚语不以为意，继续镇定自若地开
疆拓土。波利耶写道："他的毅力无与伦比。他无比耐心而坚
毅地忍受宫廷暴民的诽谤和冒犯。"[72]莫达沃伯爵也说："纳杰
夫·汗知道自己是各种阴谋诡计的目标，但他若无其事，不动
声色，我简直没有言辞可以描述他的镇静。他对那些阴谋诡计
的所有细节洞若观火，并带着讥讽的语气与自己的朋友讨论那
些事情。他经常说，只有软弱无能的人才会使出如此卑劣的
手段。"

　　他从来没有表现出担忧或不安，而是若无其事地继续
讨伐贾特人……他知道自己在德里能够行使什么样的权
力。他经常对朋友吐露心迹，说如果他愿意的话，他可以
在一瞬间就扭转局势，把皇帝送回皇宫囚笼，然后扶植另
一个人登上皇位。但他不肯使用如此暴烈的手段，因为他
不愿意成为千夫所指的罪人。他宁愿耐心地忍受各种小肚

鸡肠的阻挠和羞辱，因为他深信不疑，只要他拥有一支强大的军队，他就不必害怕那些软弱无力的竞争对手。[73]

在这种情况下，皇帝和他最优秀的将领之间的关系难免变得礼貌却冷淡，这以微妙的形式体现出来。莫达沃伯爵很喜欢 284 记载这些事情："德里一项历史悠久的习俗是，臣子给皇帝送去做好的饭菜，而皇帝也会向他想要礼遇的人送去饭菜。"

> 要送给皇帝的饭菜被盛放在大碟子上，然后装入布袋，上有送礼人的印章。这些饭菜被送到皇宫内廷。皇帝命人将纳杰夫·汗的厨房送来的饭菜都秘密地丢进亚穆纳河；而皇帝回礼时，纳杰夫·汗会毕恭毕敬地鞠躬接受，但等送饭菜的皇室奴仆离开后，那些饭菜就被送给厕所清洁工，他们兴高采烈地大吃大喝。这些妙人儿负责打扫厕所，所以你可以想象他们是什么样地位和身份的人。[74]

即便如此，莫达沃伯爵和波利耶对沙·阿拉姆还是颇为敬仰。1773 年 3 月 18 日，也就是波利耶为皇帝效力不久后，皇帝在觐见厅正式接见了他。波利耶得到了克什米尔门附近萨夫达尔·忠格的宅邸，还从皇帝那里得到一头大象、一把宝剑和一匹骏马。皇帝亲自为他系好装饰珠宝的头巾，并把自己桌上的部分饭菜赐给他。不久之后波利耶在日记中写道："沙·阿拉姆大约 50 岁年纪，身强体健，身高超过中等，面色虽然一般都带着愁容，但相当温和可亲、宅心仁厚，所以见到他的人都肯定会对他产生好感。"

他在公共场合显得庄重严峻、极有城府，但私下平易近人、和蔼可亲。他对仆人很宽容，对他们的服务很容易满足，很少挑剔，对他们可能的疏忽也不在意。他是一位慈父，对儿女十分疼爱，但对他们的管束也很严。

他始终非常虔诚，一丝不苟地遵守他的宗教的各种规矩，不过也很迷信。他精通波斯语和阿拉伯语，尤其是波斯语，对一些印度语言也有了解，经常用这些语言创作诗歌来消遣。

他既不缺勇气也不缺斗志，这已经得到了充分的证明。他的毅力和坚定也经受住了多次考验，这让人对他肃然起敬。但他从一开始就过于信赖自己的大臣，经常会放弃自己更好的判断，却听从仆人的意见，经常受到大臣们千差万别的动机的影响。 285

这始终是沙·阿拉姆的弱点，部分是因为懒惰，部分是因为他过于轻信别人，这就让他看不透阿谀奉承之徒的企图，容易听信谗言、信任奸佞小人。皇帝最大的两个缺点就是非常喜爱别人的恭维，以及轻信大臣。虽然我们不能说他是一位伟大的帝王，但我们必须承认他有许多优秀品质，承认他是个善良温和的人……[75]

通常说话很尖刻的莫达沃伯爵对皇帝的看法也是类似的。莫达沃伯爵认为皇帝本性善良、温和有礼，既风趣又睿智。他写道："皇帝善良到了软弱的程度，他的外表和仪态都显示出他的聪慧和善良。我经常有幸陪伴在他左右，我能够在他脸上观察到不安的神情，说明这位帝王沉浸在深思熟虑之中。"

皇帝似乎是一位疼爱儿女的慈父，在公共场合也会和年幼的子女拥抱。我听说，在德里，他有二十七个儿子，全都身强体壮。他出席公共场合的时候，常有三四个儿子陪伴。我曾看见他骑马从皇宫要塞出来，去周边的乡村，有好几位年轻皇子骑马陪同，向他们的父亲展示他们在各种体育运动中的技能和本领。我也曾见他在皇宫要塞内，从一个套房走到另一个，带着最年幼的几个儿子，他们大概 3~6 岁。这些孩子由宦官抱着，跟在皇帝身后。

旅行和冒险开阔了这位帝王的眼界，他与法国人和英国人打交道的经历让他对世界事务有很多了解，这也许有助于他去追寻自己的雄心壮志。但回到德里之后，他的事务却是一团糟。慵懒享乐的诱惑太大，让这位帝王的所有优秀品质都施展不出，至少到目前为止是这样……

尽管这位帝王有好几样优秀的品质——聪明、温和、洞察力极强，但他偶尔表现出的心胸狭隘可能毁掉一切。他生活在女人当中，过着柔弱、充满脂粉气的生活。他每天的消遣之一就是与宠妃玩一种桌面游戏，掷一种有中指那么长的长方形骰子［这种游戏即印度十字戏］……皇帝和妃子玩的每一局都要花去三四派沙①，他遵照规则，输了就掏钱出来，赢了也坚持要求对方出钱。

他具有所有软弱的统治者的通病，就是憎恨他不得不提拔的人。对他来讲，那个人就是他的将军纳杰夫·汗。他俩互相不信任，经常争吵……沙·阿拉姆参加过战争，但他从来不喜欢军旅生活，尽管他所处的地位要求他必须

---

① 派沙为印度的货币单位，1 派沙为 0.01 卢比。

把战争当作自己的主要政务。如果想要劝他亲自出征，那就是浪费时间；自他返回德里以来，他就回避或者拒绝所有请他御驾亲征的提议。

他的首相［阿卜杜勒·阿哈德·汗］对权力和财富贪得无厌，运用自己对沙·阿拉姆的影响力，把皇帝与真正忠诚的仆人隔绝，然后用自己的党羽取而代之。这种行为在宫廷所有人，尤其是最重要的人物纳杰夫·汗心中造成了极大的烦恼，引发了许多阴谋诡计……沙·阿拉姆嫉妒他的将军［纳杰夫］，又不信任他的大臣们（因为他们没有才干），所以始终害怕宫廷会发生政变，把他送回他出生的监狱中。[76]

但宫廷最严重的问题不是内部纷争和阴谋，而是沙·阿拉姆长期囊中羞涩。1773 年 9 月 9 日，沙·阿拉姆写信给沃伦·黑斯廷斯，索要孟加拉的贡金。他说，他在"过去两年都不曾收到东印度公司的钱，所以我现在处境非常艰难"。他提醒东印度公司，他们的条约义务就是将孟加拉的税金转交给他，并将之前许诺要给他的位于科拉和安拉阿巴德的土地实际交割。[77]

皇帝的这次努力失败了。黑斯廷斯对大饥荒期间孟加拉人民蒙受的苦难感到震惊，于是下定决心，停止向"这个可怜兮兮的乞丐皇帝"输送资金。[78]黑斯廷斯写道："我的使命是照料和保护这些省份的人民。他们如今的状况极其糟糕，如果把这个国家所剩无几的财富再拿走的话，他们将会万劫不复。"[79]但讽刺的是，与此同时他却允许公司的同事把巨额积蓄送回英国。

"我想，我可以担保，只要他还在马拉塔人手中，我就不会给他任何资金，"黑斯廷斯在一年后写信给董事们道，"如果我有办法做到的话，就永远不给他一分钱。他只不过是个傀儡皇帝，是我们自己制造的傀儡。如果要把这个省份的生命之血都拿去维持他的表演，岂不怪哉！更令人震惊的是，他如今是我们在印度的唯一敌人的工具，而我们却继续尊他为宗主。我们的敌人缺的就是这样一个傀儡，来达到自己的目的，甚至消灭我们。"[80]黑斯廷斯在公司的同事指出，东印度公司之所以能够控制手中的土地，是因为皇帝的授权。黑斯廷斯答道，他相信东印度公司掌控孟加拉是凭借刀剑的"天然授权"。1774年，黑斯廷斯最终决定，停止向沙·阿拉姆支付任何款项。[81]

所以沙·阿拉姆的国库损失惨重，他很少给军队支付足额的军饷。根据公司的一份报告，"他的军队的开销远远超过他的财政收入，其中相当一部分军队一连几个月得不到任何经费，除非是借债或者掳掠。所以，经常有成群结队的士兵离开他的军队，也经常有许多人加入他的军队，因为他不加区分地接纳各路冒险家"。[82]

只要纳杰夫·汗还在打胜仗，还能收复德里周边的皇室领地并把从贾特人那里掳掠来的战利品和印度斯坦的税金运回皇宫，皇帝就还能勉强支撑。但等到纳杰夫·汗的健康状况开始恶化，带着一身病痛心力交瘁地返回德里的时候，真正的麻烦就开始了。

288　　纳杰夫·汗于 1775 年冬季开始患病，卧床几个月之久。

他身体不适期间，贾特人掀起反叛。直到次年 4 月他的身体恢复，他才得以发动第二次作战，在哈里亚纳重建皇帝的权威。

1779 年 11 月，阴险奸诈的克什米尔裔首相阿卜杜勒·阿哈德·汗率军讨伐伯蒂亚拉①的锡克人，遭遇惨败，失去了皇帝的信任。此次溃败之后，沙·阿拉姆终于任命米尔扎·纳杰夫·汗为首相（Vakil-i-Mutlaq），取代他的竞争对手。此时米尔扎 42 岁。皇帝应当在许多年前就这样提拔他才对。所有观察者都认为，米尔扎是莫卧儿官员当中最精明练达的。但米尔扎·纳杰夫·汗刚刚接过领导政府的大权，就受到长时间高烧和疾病的困扰。一位观察者写道："这个时期，幸福的大门似乎对人们敞开了。国民感到他们终于看到了国泰民安的希望。但是［纳杰夫·汗卧病之后］兵临城下的敌军的号角与战鼓声如同毒药，让人们的憧憬灰飞烟灭。"[83]

仍然有很多人嫉妒这个什叶派移民的平步青云。为了解释米尔扎·纳杰夫·汗为什么不公开露面，有人造谣说他沉溺于享乐，成天和德里的舞女们在床上厮混。海尔·丁·安拉阿巴迪在《警世书》中说，这位伟大的将军被一个心怀歹意的宦官引入歧途了。安拉阿巴迪写道："一个叫拉塔法特·阿里·汗的宦官骗取了米尔扎·纳杰夫的信任，将他玩弄于股掌之间。"

> 拉塔法特·阿里·汗佯装对米尔扎抱有善意，无耻地诱导一辈子忙于领兵打仗和为国杀敌的米尔扎纵情享受女色。拉塔法特·阿里·汗把一名经验丰富、与一千个男人

---

① 伯蒂亚拉在今天印度西北部的旁遮普邦。

睡过的娼妓带进了米尔扎的内室。拉塔法特让这名妓女厚颜无耻地出现在每一个亲密的场合，直到米尔扎被她迷得神魂颠倒，渐渐地拜倒在她的石榴裙下。通过这种办法，拉塔法特·阿里·汗收到了不计其数的金钱和礼物；但酒色很快就淘空了米尔扎的身子。

米尔扎不分昼夜地与这个女人厮混，膜拜她的美艳，纵情狂饮，双眼红肿、视力衰退，经常发烧，身体机能不调，直到他病倒在床。但他不顾自己的健康，仍然沉溺于享乐，不理睬医生的建议，不肯对自己的行为有所克制。最终，他病入膏肓，无可救药。绝望的苦水淹没了他的头顶，上天的旨意是他要在盛年暴死。[84]

不管纳杰夫·汗的爱情生活的具体情况是什么，他患病的真相比这残酷得多。实际上他闭门不出不是因为荒淫，而是因为病势沉重，痛苦不堪，经常咯血。将军患上了肺结核。到1781 年 8 月他已经卧床不起。在 1782 年的最初三个月，他勉强支撑，骨瘦如柴，形容枯槁，奄奄一息。海尔·丁写道："从皇帝到德里最卑贱的居民，无论是印度教徒还是穆斯林，大家都为他们挚爱的英雄的生命而焦急。医生束手无策时，他们转向上苍，为他的痊愈祈祷。在赖比尔·敖外鲁月①七日的夜间，在［奥克拉赫附近的］卡尔卡德维女神圣所，人们为米尔扎举行盛大的献祭仪式，请求女神保佑他恢复健康。纳瓦布［指纳杰夫·汗］向婆罗门和男童分发糖果，并出钱赎买原定要被屠宰的牛，严令任何人不得骚扰这些牲口。但这些努

---

① 赖比尔·敖外鲁月是伊斯兰历法的第三个月。

力都无济于事。"[85]4 月初，满心懊悔的皇帝前来与纳杰夫·汗道别时，纳杰夫·汗已经"极度衰弱，无力鞠躬行礼"。

> 看到米尔扎病势如此沉重，皇帝陛下不禁洒泪，温和地将手按在他肩膀上安慰他……纳瓦布时日无多的消息传遍全城。他的女眷离开内室，号啕大哭，簇拥在他床边。这让他最后一次回光返照。他唤来自己的妹妹，唉声叹气地说："在我枕边坐一会儿，把你仁慈的影子投在我身上，让我暂且成为你的客人。"他低声说这些话的时候闭上了眼睛。他们说他灵魂出窍的时候，距天亮还有一更时间。[86]

290

米尔扎·纳杰夫·汗于 1782 年 4 月 6 日去世，年仅 46 岁。在十年时间里，他不顾千难万险，迎难而上，努力去恢复沙·阿拉姆祖先的江山，并且通常情况下得不到皇帝的感谢。如一位历史学家所说，"一度很有希望恢复莫卧儿帝国的荣光"，但在米尔扎·纳杰夫·汗死后，"这希望就消逝在天下大乱的乌云之中"。[87]纳杰夫·汗被誉为莫卧儿帝国最后一位真正强有力的贵族，受封的荣誉称号为"帝国的最高裁定者"（Zul-Fiqaru'd-Daula）。[88]他被安葬在距离萨夫达尔·忠格园林不远的一处园林内的朴素墓地。① 就像他一生的诸多未竟之业那样，他的墓地也始终没有竣工。

纳杰夫·汗死后，他的副将们争权夺利，于是宫廷立刻分

---

① 德里西南方的城镇纳杰夫加尔就是得名自他。他的墓旁、乔尔花园（Jor Bagh）以南的道路也是以他的名字命名的。——作者注

裂成多个互相争斗的派系。纳杰夫·汗手下最能干的将领和他选定的继任者阿弗拉西亚布·汗是一名印度教商贩的儿子，后皈依伊斯兰教，得到阿努普济里·歌赛因和他的苦行僧武士的支持；但因为他出身卑微，朝中很少有人拥护他。

纳杰夫·汗的侄孙，温文尔雅、出身高贵的米尔扎·穆罕默德·莎菲强有力地反对阿弗拉西亚布·汗。米尔扎·穆罕默德·莎菲在 1782 年 9 月 10 日发动了一场政变，在贾玛清真寺门前台阶上指挥军事行动。两派在德里街头厮杀，与此同时城外的锡克人、贾特人和罗赫拉人都抓住这个机会，同时掀起反叛。沙·阿拉姆试图通过婚姻让两派和解，但失败了。[89]两年之后，两派的首领都被刺杀，米尔扎·纳杰夫·汗之前征服的土地几乎全部付诸东流。这个时期开始流传一个笑话，说沙·阿拉姆帝国的疆域从德里延伸到帕拉姆（Sultanat-i Shah Alam az Dilli ta Palam），距离不足 10 英里。

马拉塔人的新闻撰写人向浦那报告称："德里城又一次陷入混乱。不论白天黑夜，都有古贾尔人①行凶抢劫，洗劫旅行者。夜间常有强盗入室，绑架商店店主和其他富人，勒索赎金。无人试图阻止这些犯罪。"[90]锡克人的武装队伍又一次开始袭掠城北郊区。如波利耶所写，锡克人"如今在雨季结束后出发，纠集 1 万人以上规模的骑兵队伍袭击他们的邻居。他们见东西就抢，并焚毁大小城镇"。[91]

连续三个雨季滴雨未下，再加上印度斯坦全境发生严重饥荒，导致农村人口锐减了大约五分之一，加剧了混乱与崩

291

---

① 古贾尔人（Gurjar 或 Gujar 等）是印度、巴基斯坦和阿富汗的一些从事农业或游牧的族群，在语言和宗教方面非常多元。

溃。[92]与此同时，在勒克瑙，为了赈灾，纳瓦布阿萨夫·道拉①建造了那座恢宏的什叶派会堂②，从而为 4 万人提供就业。但沙·阿拉姆没有资源开展这样的大工程。[93]诗人绍达在书信中表达了他越来越深的绝望："国库空虚。皇家领地拿不出任何贡赋；负责发放薪水的官衙的状况惨不忍睹。"

士兵、文员全都失业。授权向某人发放薪水的文书如同废纸；药剂师将这些文书撕碎，用来包裹药品。曾经拥有地产或者吃皇粮的人，如今在寻找农村守夜人的工作。他们的宝剑和盾牌早就进了当铺，他们出门的时候拿着乞丐的手杖和讨饭碗。语言无法描述那些曾经的达官贵人如今是怎么生活的。他们的衣服都流落到了破布商贩手中……

与此同时，我该如何描述德里的荒凉破败？没有一座房子不传出豺狼的嚎叫。清真寺在晚上不点灯，空无一人。一百座房屋只有一座透出灯光。那些曾经能让饥肠辘辘之人忘记饥饿的华美建筑如今都成了废墟。在曾经美丽的花园内，曾经有夜莺向玫瑰吟唱情歌，如今野草齐腰，梁柱倾颓。

在德里城周边的村庄，再也没有年轻女子到井边汲

---

① 他是舒贾·道拉的儿子和继承者。

② 什叶派会堂（imambara 或 hussainia, ashurkhana, imambargah）是伊斯兰教什叶派举行纪念活动的场所。Hussainia 这个词得名自什叶派的第三位伊玛目侯赛因。什叶派会堂是纪念侯赛因的场所，不过会堂也有其他功用。什叶派会堂与清真寺不同，不一定是举行星期五祈祷的地方，非穆斯林也可以进入什叶派会堂。勒克瑙的什叶派会堂是全世界最大的奉献给伊玛目侯赛因的建筑群。

水、到树荫里乘凉闲聊。城市周围的农村十室九空，连树都被砍伐得一干二净，水井里塞满死尸。沙贾汗纳巴德，你永远不应当沦落到如此田地！你曾经是多么生机勃勃，多么充满爱与希望，如同年轻情人的心房：在世间漂泊的人们曾把你当作充满希望的彼岸，人们曾在你的尘土中收集珍珠。曾经灯火辉煌的地方，如今连陶土制成的油灯也不见踪影。

曾经生活在豪门大宅中的人们，如今在废墟里谋生计。成千上万颗曾经充满憧憬的心，如今深陷于绝望。只有一句话可说：我们生活在最黑暗的时代。[94]

沙·阿拉姆没有办法在他的朝廷重建秩序，又受到四面八方敌人的威胁，别无选择，只能再次向马哈吉·辛迪亚求助。辛迪亚时隔十一年，从德干高原重返印度斯坦。沙·阿拉姆告诉他："你必须承担起我的皇朝的摄政工作，并管理我的帝国。"[95]在求助信中，他还给辛迪亚送去一句乌尔都语的对句：

失去了我的国家与财富，我如今在您手中，
马哈吉，按照您的心愿行事吧。[96]

从很多角度讲，沙·阿拉姆第二次寻求马哈吉·辛迪亚的保护，是一个精明的决定。自辛迪亚于1772年离开德里、南下去处置德干事务以来，他的权力已经有了极大的增长。现在他和蒂普苏丹是整个次大陆最强大的两位印度领导人。并且，他的军队刚刚开始接受18世纪印度最卓越的军事家之一伯努瓦·德·布瓦涅伯爵的训练，学习了最新式的法国军事技术。

布瓦涅会让辛迪亚的军队脱胎换骨。过不了多久，他们的"火与铁的壁垒"就会闻名遐迩，足以击溃最为训练有素的印度军队。[97]

布瓦涅向辛迪亚的马拉塔军队传授了最新式的欧洲军事技术，还给他们带来了配备最新瞄准系统的大炮（有升降螺旋装置，俯仰角可调），并给他们的滑膛枪引进了铁制通条，让训练最熟练的士兵能够每分钟发射三发子弹。他的马拉塔印度兵排成三列时，可以向敌人持续不断地倾泻火力，拥有前所未有的强大杀伤力。根据一项计算，一个骑兵连在距离布瓦涅的一个步兵营 300 米时开始冲锋，在抵达对方的刺刀之前需要面对大约 3000 发子弹。

十年后，辛迪亚的步兵部队得到了充分训练，达到满编的时候，很多人会认为他们是印度最强悍的军队，肯定能与东印度公司军队媲美。[98]辛迪亚的拉杰普特对手已经明白，面对布瓦涅的新式步兵，他们最好是投降而不是抵抗。阿杰梅尔、帕坦和梅尔特都在遭受短暂炮击之后就举手投降，而不是去面对布瓦涅的步兵毁天灭地的凶悍火力。一位将领甚至在临终前告诉妻子："抵抗［辛迪亚］直到德·布瓦涅前来。如果他来了，就投降。"[99]

1784 年 11 月，辛迪亚在法泰赫普尔西克里①附近的卡努阿觐见沙·阿拉姆。辛迪亚又一次匍匐在地，将头贴近皇帝脚边，并献上 101 个印章金币②，然后从皇帝那里接受了米尔

①　法泰赫普尔西克里在今天印度的北方邦。莫卧儿皇帝阿克巴建造了这座城市，它于 1571~1585 年是帝国首都，但后来被废弃。
②　印章金币（Mohur）是英属印度、印度若干土著邦国、莫卧儿帝国、尼泊尔、阿富汗等国家发行过的金币，一般相当于 15 个银卢比。

293

扎·纳杰夫空出来的首相职位。但如一位英国观察者所说："[如今]辛迪亚只是名义上的奴仆，[实际上]对沙·阿拉姆来说，他是严厉的主子。"[100]

毕竟这位马拉塔将军有自己要优先考虑的事情，保护皇帝对他来说从来就不是头等大事。据访客们说，辛迪亚没有为皇室安排口粮，所以皇室成员有时会挨饿。[101]辛迪亚觐见的时候给皇帝呈上的礼物非常廉价，例如"通常给奴隶和马吃的芝麻糖"，这对皇帝来说是一种侮辱。辛迪亚没有征询皇帝的意见，就命令德里的屠夫停止宰牛。[102]最后，在 1786 年 1 月，他率军前往斋浦尔，企图筹款并将马拉塔人的统治扩张到拉贾斯坦，只留了阿努普济里·歌赛因指挥的区区一个营来守卫红堡。

辛迪亚在拉贾斯坦期间，20 岁的古拉姆·卡迪尔发现，红堡及其金银珠宝几乎无人守护。扎伯塔·汗不久前去世了，古拉姆·卡迪尔不仅继承了父亲的产业，还继承了母亲和舅舅们的财产，因为他立刻囚禁了舅舅们，侵吞了他们的全部资产。阿兹法里写道："这个数典忘祖的可悲之人肆无忌惮，仿佛他是法老本人。他说了许多蠢话，高声吐出污言秽语，开始吹嘘：'要不了多久，我就会去沙贾汗纳巴德报仇雪恨。我会想方设法地复仇，让红堡沉入亚穆纳河。'这样的传闻不胫而走，无论是平头百姓还是贵族都说古拉姆·卡迪尔将要来到德里，把这座城市彻底掀翻。"[103]

1788 年 7 月中旬，古拉姆·卡迪尔终于把他的话付诸行动。他率领一支罗赫拉军队杀向德里，决心为他的父亲复仇，向皇帝报复，让莫卧儿人为他们对他和他的族民做的事情付出代价。

7 月 17 日，罗赫拉人来了，在与红堡相隔一条亚穆纳河的沙达拉安营扎寨。宫内气氛十分紧张，但皇帝仍然镇静自若，坚持说没有必要恐慌："我不明白你们为什么如此敌视这个年轻的孤儿。古拉姆·卡迪尔是皇帝宫廷的孩子①，吃过皇帝的盐。他怎么可能做出莽撞或者凶暴的事情呢？这都是刁民在搬弄是非。孩子们，冷静点。"104

　　但在随后几天内发生了两件事情，让人觉得罗赫拉人来者不善。第一件事情是，古拉姆·卡迪尔收到了穆罕默德·沙皇帝的年迈遗孀马莉卡·扎曼尼太后的信。她曾是古拉姆·卡迪尔的祖父纳吉布·道拉的盟友。她在信中表示，如果罗赫拉人推翻沙·阿拉姆并以她的孙子②、皇帝的年轻堂弟比达尔·巴赫特取而代之，她就给罗赫拉人 120 万卢比③。第二件事情是，率领一个营驻扎在库德西娅花园的阿努普济里·歌赛因看到河对岸罗赫拉军队越来越人多势众，十分害怕，在 28 日夜间趁夜色率部撤离，去寻找增援部队。或者说，这是他的一面之词。④

---

① 原文为 Namak parvardah，意思是沙·阿拉姆出钱抚育和培养的孩子。——作者注

② 马莉卡·扎曼尼是穆罕默德·沙皇帝的正妻，但下一任皇帝艾哈迈德·沙·巴哈杜尔是穆罕默德·沙与另一个妻子所生，而比达尔·巴赫特是艾哈迈德的儿子。所以马莉卡·扎曼尼是以正牌皇太后的身份，将比达尔·巴赫特视为自己的孙子。

③ 相当于今天的 1560 万英镑。——作者注

④ William Pinch 在 *Warrior Ascetics and Indian Empires*，Cambridge，2006，p. 2 中认为阿努普济里与古拉姆·卡迪尔勾结，早就与他互通消息。——作者注

295   29 日拂晓，罗赫拉人看到无人把守亚穆纳河渡口，连城门也没有守备，于是古拉姆·卡迪尔"以闪电和风的速度"快速带着一船士兵和军事装备过河。[105]他在自己的旧宅库德西娅花园登陆，趁莫卧儿人还没来得及反应，就夺取了克什米尔门。他把自己的部下部署在城头，同时等待渡船运来他的攻城大炮和其余部队。

2000 名罗赫拉士兵过河后，他率领他们穿过城市，直奔红堡，发现那里大门紧闭，于是在德里门前方的金色清真寺摆开阵势，派人送信到红堡内："在下是皇室的家养奴才，曾受命运的折磨，现今恳求在皇帝陛下的羽翼下避难，希望得到仁慈的接见！"[106]

马拉塔新闻记事人记载道："罗赫拉人［手按《古兰经》］起誓，说他们绝无坏心。他们说只希望皇帝仁慈地用手触摸他们的头顶。在古拉姆·卡迪尔正式宣誓说自己以盟友的身份来见皇帝后，皇帝派宦官告诉他，皇帝会接见他，但他只能带十到二十名随从。"[107]但宦官总管曼苏尔·阿里·汗（也担任要塞总管）曾在帕塔加尔陷落时救过古拉姆·卡迪尔的命，现在还想讨好他。于是他违抗皇帝的旨意，打开了要塞的双重大门，允许古拉姆·卡迪尔率领他的全部 2000 名士兵进去。海尔·丁写道："曼苏尔·阿里·汗把要塞大门交给了古拉姆·卡迪尔·汗的部下。古拉姆·卡迪尔·汗进了要塞，命令他的罗赫拉军官去看守要塞内外以及皇室套房的各道路、走廊和大门。"[108]

纳杰夫·汗的"红色排"的士兵一心求战。在觐见厅，沙·阿拉姆最宠爱的儿子阿克巴皇子集合了其他年轻的莫卧儿皇子，请求允许与敌人交锋。阿克巴皇子说："还有一个选择。如果您允许的话，我们兄弟们会冲向这些叛徒，愿意勇敢地献出自己的生命。"但皇帝摇摇头："没有人能逃脱真主的旨意。与噩运搏斗是不可能的。权力如今已经在他人手中。"[109]

古拉姆·卡迪尔快速行动。皇室卫兵和皇子们被迅速缴 **296** 械。卫兵们被逐出要塞，皇子们被关进奥朗则布用白色大理石建成的珍珠清真寺。随后，古拉姆·卡迪尔放肆地坐在皇帝旁边有软垫的宝座上，"用一只胳膊搂着皇帝的脖子，一边抽烟，一边把烟吐到皇帝脸上"，这放在任何时候都被认为是不可原谅的失礼行为。[110]马拉塔新闻记事人所说的"恶魔之舞"就这样开始了，这是古拉姆·卡迪尔长达九个星期的恐怖统治。[111]

当晚，古拉姆·卡迪尔回到自己在御花园之一的"哈亚特巴赫什花园"（the Hayat Baksh Bagh）建立的营地。次日，即 30 日上午，罗赫拉人回到御座厅。"当皇帝看见他放肆地坐到御用座位（sarir-e khas）上时，开始温和地责备他：'我相信我们之间的口头约定和你手按神圣《古兰经》发出的誓言。看来我是上当了。'"

皇帝还在讲话的时候，古拉姆·卡迪尔传唤了比达尔·巴赫特皇子。古拉姆·卡迪尔走上前去，把皇帝腰间悬挂的匕首取走，然后一言不发，把皇帝投入了萨利姆要塞的皇家监狱，然后让比达尔·巴赫特坐上宝座。鼓声齐鸣，人们以新皇帝比达尔·沙的名义铸造了新钱币。[112]"沙·阿拉姆皇帝震惊之下咬了自己的手。"[113]

根据马拉塔新闻撰写人的报告："随后古拉姆·卡迪尔向［孩童皇帝的祖母］马莉卡·扎曼尼太后索要她承诺的酬金。"

　　她从城内的豪宅来到要塞，说："等我从皇宫的人们和妃嫔那里搜索钱财之后，我会给你钱。只要你听我的建议，你的所有事业都会一帆风顺。"古拉姆·卡迪尔答道："要塞内的金钱和财产现在都属于我了，你必须兑现承诺，把欠我的钱给我。"

　　随后，古拉姆·卡迪尔没收了沙·阿拉姆的所有金钱、家具和服装，以及皇室宝库内的珠宝首饰与金银器。然后他搜查了妃嫔和公主们的住处，抢走了找到的所有饰物和衣服，就连她们身上穿的衣服也被剥掉，只有鼻环和耳坠没被抢走。然后，他把要塞内的所有男性居民以及躲避到要塞内的德里市民的衣服都剥光，把他们驱赶出去，扣押他们的全部财产。他还开始挖掘房屋的地板。他说："沙·阿拉姆企图毁掉我的家族，他和马拉塔人与米尔扎·纳杰夫·汗一起去帕塔加尔，侮辱了我的女眷。即便如今，他也希望召唤辛迪亚来毁掉我的家族。我别无选择，只能报复。"[114]

　　金色清真寺圆顶上的金叶子被剥去。[115]"在要塞总管曼苏尔·阿里·汗的共谋之下，他们恣意压迫城中百姓。"[116]没过多久，他就从城内的珠宝匠和银行家手中敲诈到价值 2.5 亿卢比①的珠宝首饰。据阿兹法里记载，古拉姆·卡迪尔在掳掠全城和皇宫的同时，"不分昼夜地享用大量形形色色的麻醉品，尤其是大麻食品、鲍扎［一种类似于啤酒的酒精饮料］和大麻烟"。[117]

　　古拉姆·卡迪尔渐渐变得越来越野蛮。他开始把皇宫的仆

---

　　①　相当于今天的 32.5 亿英镑。——作者注

人倒挂起来，用火烤他们的脚，用酷刑折磨他们，逼迫他们说出皇帝的财宝藏在什么地方。[118]"沙·阿拉姆的一些女仆、舞女和姬妾被带出来，没有戴头巾，也没有任何遮挡；她们被带到军营，在那里供酒鬼淫乐。"[119]宦官总管曼苏尔·阿里·汗被拖过一间茅厕，几乎溺死在阴沟里："古拉姆·卡迪尔对他的侍从说：'如果这个叛徒（namak-haram）在下一更之前拿不出 70 万卢比①，就在他的嘴里塞满大粪！'"[120]宦官抗议说，他在古拉姆·卡迪尔还是个婴儿的时候救过他的命。古拉姆·卡迪尔答道："你难道不知道，古人云：'杀死毒蛇却饶恕幼蛇，非智者所为。'"

根据沃伦·黑斯廷斯收到的一份报告："新皇帝比达尔·沙连换洗的衣物都没有，不得不向古拉姆·卡迪尔讨要一个卢比来买顿饭吃；但皇帝徒步去讨饭的时候，罗赫拉人拒绝见他。穆罕默德·沙［·兰吉拉］的后妃们曾见过纳迪尔沙入侵之前的德里是多么辉煌壮丽，如今她们被逐出自己的住房，她们的财产被洗劫一空。沙·阿拉姆一连七天只能吃粗面包、喝白水。"[121]

古拉姆·卡迪尔坚信不疑，沙·阿拉姆还隐藏着许多财宝，所以他在 8 月 10 日把沙·阿拉姆和皇子们从萨利姆要塞监狱传来见他。根据海尔·丁记载，罗赫拉人首先"命令把阿克巴皇子和苏来曼·希科皇子捆起来，让负责铺地毯的仆役鞭笞他们……他们的口鼻血如泉涌。沙·阿拉姆呼喊道：'不管你要做什么，都冲我来吧！这些孩子还年轻，他们是无辜的！'然后古拉姆·卡迪尔对一些凶狠的阿富汗人说：'把这个口齿不清的家伙掀翻，把他的眼睛挖掉！'"[122]

---

① 相当于今天的 900 万英镑。——作者注

沙·阿拉姆死死盯着古拉姆·卡迪尔，问："什么？六十年来，我的眼睛一直在勤奋地研读神圣的《古兰经》，你要挖掉我的眼睛？"[123]但宗教对这个阿富汗人没有震慑力。

> 那些人把皇帝推倒在地，将针刺入他的双目。他们用棍棒殴打他，打得他站不起来。古拉姆·卡迪尔嘲讽地问他能不能看见什么东西。他答道："只能看见你我之间的神圣《古兰经》。"一整夜，皇帝和他的儿女以及宫内的女眷都在号啕大哭、呼天抢地。古拉姆·卡迪尔这一夜待在珍珠宫，他听到凄惨的哭喊声，如坐针毡，就派仆人去殴打和杀死哭喊的人。但仆人害怕末日审判，没有去加害皇帝等人。
>
> 次日，古拉姆·卡迪尔对比达尔·沙说："你来，我给你看样东西。"随后古拉姆·卡迪尔去见沙·阿拉姆，说："给我找点黄金，否则我就要了你的小命。"沙·阿拉姆责骂和训斥他，说："我已经落在了你的手里，你还是砍掉我的脑袋吧，因为死了也比这样活着好。"
>
> 古拉姆·卡迪尔·汗跳了起来，骑在皇帝的胸口，命令坎大哈里·汗和普尔迪尔·汗将皇帝的双手压在他的脖子后，并压住他的双肘。坎大哈里·汗［不是像通常的做法那样用针，而是］用他的阿富汗小刀，先把沙·阿拉姆的一只眼球从眼眶里挖出来，然后这个狗胆包天的恶棍又挖掉了皇帝的另一只眼睛。沙·阿拉姆像被割断脖子的鸡一样在地上痛苦挣扎。
>
> 古拉姆·卡迪尔随后命令用针刺瞎皇子阿克巴、苏莱曼·希科和阿赫桑·巴赫特的眼睛。这时，皇帝的女眷从

屏风后走出来，拜倒在古拉姆·卡迪尔脚下；但他猛踢她们的胸口，把她们赶走，并说："把三个皇子都捆起来，我下次再考虑如何处置他们。"然后，他命令一些随从殴打三位皇子，把他们打得不省人事，然后把他们扔回监狱。然后他唤来一名画家，说："立刻给我画像，画我手里拿着刀坐在沙·阿拉姆胸口，挖他的眼睛。"他还禁止仆人给沙·阿拉姆及其儿子们送饭送水。[124]

当夜，三名男仆和两名送水工试图给皇帝送去一点水，缓解他的干渴。古拉姆·卡迪尔命令将这五人全部处死，将尸体丢在他们倒下的地方，也就是抽泣着的皇帝身旁，任其腐烂。

25 日，古拉姆·卡迪尔将注意力转向皇子们。他自己可能曾经被当作娈童，所以现在轮到他来羞辱皇室的男人们。二十名皇子，包括后来的皇帝阿克巴·沙[①]和他的儿子巴哈杜尔·沙·扎法尔[②]，被迫为罗赫拉军官表演歌舞，供其取乐。"不管他们怎么拒绝他的要求，他都不肯听，只是说：'我对你们的歌舞才艺可是闻名已久！'"

然后，古拉姆·卡迪尔转向卫兵们，吼道："如果他们再找借口，就把他们的胡须割掉；或者干脆把他们全身的毛都刮干

---

① 即阿克巴二世（1760~1837），莫卧儿帝国的倒数第二位皇帝。

② 即巴哈杜尔·沙二世（扎法尔，1775~1862），莫卧儿帝国的末代皇帝，1837~1857 年在位。他只是名义上的皇帝，因为此时莫卧儿帝国已经仅仅是德里一座城市。他还是优秀的乌尔都语诗人。东印度公司给他一笔年金，他则允许公司在德里收税和驻军。他对治国没有丝毫兴趣。1857年印度民族大起义爆发后，一些印度君主和叛军推举他为印度皇帝。起义被镇压后，巴哈杜尔·沙二世的多个儿子和男性亲属被杀。他本人在红堡受到英国人审判，次年被英国殖民当局流放至缅甸仰光，1862 年在仰光大金寺去世。

净！"皇子皇孙们别无选择，只得服从，开始唱歌跳舞，扭腰送臀。他被撩起了性欲，对他们的表演很高兴，就问："你们想要什么赏赐？"他们答道："我们的父亲和我们的孩子急需口粮和饮水，如果您允许为他们提供的话，我们感激不尽。"

他签署了相应的命令，命令狗腿子们退下，然后枕着皇储米尔扎·阿克巴·沙的膝盖，准备睡觉。他首先将自己的剑和匕首取下，摆在皇储能看得见、摸得着的地方。他闭眼睡了一个钟头，然后站起身来，给每位皇子扇了一个响亮的耳光，嘲讽道："你们居然愿意忍气吞声地接受这一切，你们难道还幻想自己成为皇帝吗？呸！我在测试你们。如果你们心里还有一星半点儿的男子汉荣誉感的话，你们就会拿起我的剑和匕首，把我杀掉！"他不停辱骂他们，让他们退下，命令士兵将他们押回监狱。[125]

有几位皇子在绝望之下从宫墙上跳下，坠入亚穆纳河溺死。还有几位皇子活活饿死："宦官'咸味'（Namakin Khwaja-sara）进来报告，说沙·阿拉姆的一个 10 岁儿子刚刚死于饥渴。但古拉姆·卡迪尔喊道：'在他死的地方挖个坑，把他扔进去好了！不必麻烦给他换衣服！'"[126]

在随后的日子里，古拉姆·卡迪尔打破了最后的禁忌，将魔爪伸向神圣不可侵犯的后宫女眷。8 月 29 日，皇太后马莉卡·扎曼尼被剥去衣服，留在赤日之下暴晒，得不到食物和饮水。同一天，一些较年轻的公主被剥光衣服，"身体的每个孔口"都受到仔细搜查，被抚摸玩弄，遭到鞭笞，然后被强奸。维多利亚时代对这些史料的英文翻译删去了这些段落，但海尔·丁的波斯文原本记载了全部暴行。一天晚上，古拉姆·卡迪尔得知"米尔扎·西卡和米尔扎·杰哈卡的几个女儿很美丽，于是在当晚命令把那些可怜的姑娘送到珍珠宫，带到他面前，摘去面纱，然后痴痴地欣赏她们的美貌"。

　　然后他邀请几个与他同样好色的亲信来到这间密室，向他们展示那些倾国倾城的美人，然后赐给他们每人一个姑娘，去慢慢享用。比达尔·沙听说此事之后不禁捶胸顿足，派了一名司礼官去要求那个满嘴谎言的骗子手下留情。司礼官回来的时候为自己辩护，说："我这样的奴仆，能对他那样的军阀说什么呢？"

　　于是比达尔·沙亲自去找古拉姆·卡迪尔，喊道："你不可以这个样子，这太过分了，哪怕对敌人的女儿也不能这样！父亲的罪过不能由孩子来承担！沙·阿拉姆对你父亲的女儿或姐妹从来没有一丝一毫的怠慢！不要这样！"但古拉姆·卡迪尔只是向他投掷了一块石头："我要把这些姑娘送进我的后宫，当我的姬妾，我要随意玩弄她们！我要把所有皇子的女儿都分给我的阿富汗人：从他们的精液里将会生出新一代的青年，雄赳赳气昂昂、英勇无畏的新一代！帕塔加尔被洗劫的时候，皇帝的官员对待我父亲的女仆的方式可比这恶劣多了！当我的部下把公主们拖走享用、连名义上的婚礼都不举行的时候，你就当是帕塔加尔陷落的时代回来了就好了。"[127]

　　如阿兹法里所写："如果把这个时期发生的各种灾祸与不幸当中的一小部分记载并讲述出来，那么听者也会耳聋。如果你还有听力，如果你还有同情心，那么你肯定会因为悲痛而肝胆俱裂。"[128]

301

直到 9 月中旬，马哈吉·辛迪亚才集结到足够的军队和军用物资，前来援救皇帝。此时又到了雨季，军队行进的速度很慢。因为道路被淹没，所以军队举步维艰。直到 21 日，马拉塔军队才抵达沙达拉。在那里，他们与阿努普济里的歌赛因武士和苏姆鲁夫人及其情夫从萨尔达纳派来的一个营会合。苏姆鲁于 1778 年 4 月去世后，他的妻子与一个名叫乔治·托马斯的爱尔兰雇佣兵双宿双飞。他自称"来自蒂珀雷里①的王公"，曾是船上的服务员，在马德拉斯跳船上岸，后来成为有才干的炮兵和铸炮工匠，颇有名气。

辛迪亚派了他最信任的两位将领去指挥攻击古拉姆·卡迪尔的行动。其中之一是拉纳·汗，他在二十七年前的帕尼帕特战役之后发现身负重伤的辛迪亚躺在一条壕沟里奄奄一息，于是把他背到了安全地带。为了感谢拉纳·汗救他性命并照料他恢复健康，辛迪亚悉心培养这个穆斯林和曾经的运水工。拉纳·汗的才干和勇敢让他飞黄腾达，成为辛迪亚麾下最高级的将领之一。指挥救援皇帝行动的另一位将领是风度翩翩的萨伏依雇佣军人伯努瓦·德·布瓦涅，他刚刚开始为辛迪亚训练一支现代化步兵部队。

9 月 28 日，救援部队渡过大河，惊讶地发现城门洞开。他们穿过空荡荡的、颇显诡异的城市，然后包围了红堡，对其严密封锁，同时等待己方的炮兵在满地淤泥的雨季道路上缓慢

---

① 蒂珀雷里为爱尔兰南部城镇。

赶来。

　　三天后，即 10 月 2 日正午，辛迪亚的攻城大炮接近城市的时候，德里的天空突然被一场大爆炸撕裂了。阿兹法里写道："爆炸的巨响令人想起末日审判时死亡天使的喇叭声。火药库的爆炸使天色都昏暗了，因为火药、大炮、门窗和砖瓦四处飞散，尘土和浓烟遮天蔽日，让人想起《古兰经》中的诗句：'当太阳黯黜的时候。'① 要塞城堞被震塌，该地区的所有门、墙壁和坚固的屋顶都破裂了，可以用这样的诗句来描绘：'山岳将似疏松的采绒。'② "

　　　　我在要塞中居住的区域距离火药库很近，居民死伤枕藉；但我的几个兄弟和我的一个姑姑在真主保佑下幸免于难，不过也都身负重伤。大炮、碎石、砖块和灰泥如大雨般落下。呻吟和哭喊声升上天空：我们听得见悲痛的呼喊，但因为烟尘太厚，所以看不清别人的脸。这场恐怖大爆炸的巨响一直传到了距离德里二十里路的巴哈杜尔花园。每个人都魂不守舍地问："天塌下来了吗？"129

　　随着浓烟开始散去，幸存者从要塞露台往下看，只见一连串划桨船正在逆流而上，同时有一头满载财宝的大象在河岸上笨重地前行。古拉姆·卡迪尔在德里肆虐了将近三个月之后终于离开了，带走了他搜刮来的全部财物，还掳走了十九名地位最高的皇子，包括阿克巴皇子，作为人质。他把负了重伤的

---

　　① 《古兰经》第 81 章（黯黜）第 1 节。
　　② 《古兰经》第 101 章（大难）第 5 节。

沙·阿拉姆留在红堡，显然希望皇帝会死于大爆炸。这场爆炸是古拉姆·卡迪尔临走前给莫卧儿人留的"礼物"。[130]

303　　阿努普济里在第一批冲进要塞的人之列。他也许在为自己九个星期之前临阵脱逃而愧疚。他率领一小群士兵攀爬一位皇子丢下的绳索，打开要塞大门，放其余的士兵进入，然后开始灭火。他们忙碌的时候，皇室的幸存者开始从藏身之地出来。这景象让救援部队中最久经沙场的人也十分惊骇。蓬头垢面、被烟熏黑、面黄肌瘦、浑身污秽的皇子和公主们聚集到援兵周围，如释重负地抽泣起来。

皇帝的模样更是令人心酸。他躲藏在自己的牢房内，堵住了牢门。拉纳·汗好说歹说，他才终于离开了牢房。[131]他起初拒绝接受任何治疗。一位外科医生奉命来为他处理伤口时，他"把医生赶出去，并把为他的眼睛准备的药膏扔到地上，说'我的许多儿女和孙辈已经饥渴而死，我现在也要等死'"。[132]

拉纳·汗负责照料皇帝和他的要塞，送来饭菜和饮水，并找来一些理发师为皇帝修剪胡须。与此同时，苏姆鲁夫人和德·布瓦涅出发去搜寻古拉姆·卡迪尔和他的财宝。罗赫拉人原打算前往帕塔加尔，但只走到了密拉特要塞，就在12月12日被追兵赶上并包围。古拉姆·卡迪尔没有资源抵挡围攻，于是决定丢弃人质，在当夜尝试突围，"带着仍然忠于他的500名骑兵。他率领这支部队冲出要塞，猛烈冲击敌军，所以尽管对方想方设法要抓捕他，他还是杀出一条血路，逃之夭夭"。[133]

不过他逃不远。和西拉杰·道拉一样，他过于臭名远扬，所以不可能悄无声息地逃走。海尔·丁写道："在黑暗中，他和身边的伙伴走散了。他走了一条路，其他人走了另一条路。"

　　他努力寻找伙伴，但没有成功。路上满是泥水，马蹄陷入一个泥坑，把古拉姆·卡迪尔摔进了一条沟。伸手不见五指，路上长满金合欢，所以他不知道应当转向哪个方向。天亮之后，他看到有人居住的地方，就策马过去。走到那里之后，他走进一个婆罗门的家门。但这位婆罗门在过去曾经受过他的欺凌，婆罗门的村庄也被阿富汗人蹂躏过。现在罪魁祸首落入婆罗门手中，他邀请对方进屋，然后把门锁上。[134]

　　婆罗门送信给当地的柴明达尔，后者则通知了马拉塔人。午间，辛迪亚的部下骑马进村，包围了那座屋子。他们抓住古拉姆·卡迪尔，把他五花大绑，锁在笼子里。他们用一辆卑微的牛车运送他，他的腿上束着铁链，脖子上戴着项圈。"两个团的步兵和1000名骑兵"把他押解到辛迪亚的大本营。古拉姆·卡迪尔被关在笼子里，在全军面前示众了一段时间，遭受嘲笑和讥讽。[135]然后，"遵照辛迪亚的命令，古拉姆·卡迪尔的耳朵被割掉，挂在他脖子上，脸被涂黑，被运到全城各地示众"。

　　次日，他的鼻子、舌头和上唇被割掉，又一次被游街。第三天，他被掀翻在地，眼睛被挖掉，又一次示众。随后他的双手被砍掉，然后是双脚，然后是阳具，最后才被斩首。尸体被倒挂在一棵树上。一个信息可靠的人说，一条眼睛周围长着白毛的黑狗坐在树下舔滴下来的血。围

304

观群众向尸体投掷石子和土块，但尸体仍然悬挂在树上。第三天，尸体不见了，狗也销声匿迹。[136]

马哈吉·辛迪亚把古拉姆·卡迪尔的耳朵和眼球装在盒子里，送给沙·阿拉姆二世皇帝，当作道贺的礼物。然后，马哈吉·辛迪亚将引领阿富汗人进入要塞的宦官总管曼苏尔·阿里·汗"用大象踩成肉泥"。[137]不过到了这个阶段，沙·阿拉姆已经不再为尘世的事情烦恼了。苏姆鲁夫人前来拜见时，发现他宁静地坐在"皇帝塔"烧焦的废墟当中，安宁地背诵《古兰经》。他已经创作了一首诗，于是背诵给她听：

灾祸的暴风席卷了我，我的肉体受到摧残，
我的国度遭到残酷的踩蹦。

305　　王权之太阳（阿夫塔卜）曾经照耀苍穹，
如今黑暗笼罩我，我为自己的衰败之黑暗而哀叹。

那个可憎的阿富汗人的儿子亵渎了我的帝王尊严，
如今除了真主，谁能当我的朋友？

我抚育毒蛇的幼虫，我滋养他，
但最终，他成了我们的刽子手。

凡间的财富和荣誉都蕴含着危险，
如今命运让我永远受苦受难，

如今这个年轻的阿富汗人摧毁了我的国家的尊严，
除了至高至善的真主，我谁都看不见！

真主，怜悯我吧，
怜悯我这个罪人。

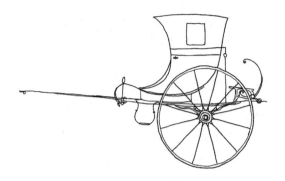

第八章　弹劾沃伦·黑斯廷斯

　　1788年2月13日正午，在古拉姆·卡迪尔准备进攻德里的同时，在伦敦，议会大厦外人头攒动，大家都来见证上议院议员步入威斯敏斯特厅，去弹劾沃伦·黑斯廷斯。

　　为旁听者保留的少数座位的票价高达50英镑①，但人们还是趋之若鹜，以至于议会大厦的一位管理者说，观众"拥堵在门口，直到上午9点开门，然后争先恐后地蜂拥而入，仿佛这是剧院，仿佛加里克②在上演《李尔王》……贵妇小姐们打扮得花枝招展，[早晨] 6点就到了宫殿的院子，然后从9点坐到12点，等待好戏开始……我相信有些人，包括一些贵

---

① 相当于今天的 5250 英镑。——作者注

② 戴维·加里克（1717~1779）是英国演员、剧作家、剧院经理和制片人，对 18 世纪英国戏剧的方方面面都有极大的影响。他对莎剧的诠释非常重要。他的朋友塞缪尔·约翰逊博士这样评价他："他的职业让他发财致富，他则让他的职业得到尊重。"

妇小姐，前一夜睡在威斯敏斯特厅隔壁的咖啡屋里，以确保能够及时进门"。[1]

除了 170 名上议院议员之外，还有头戴假发、身穿貂皮大衣的法官，身穿黑袍的控辩双方律师，以及 200 名下议院议员。王后"身穿浅黄褐色的缎子服装，头戴朴素的饰物，只点缀少量钻石"，在王家包厢落座，身边有她的儿子和两个女儿、格洛斯特公爵夫人，还有其他侍从，其中有坎伯兰公爵、格洛斯特公爵和约克公爵。威尔士亲王也在现场，和查尔斯·詹姆斯·福克斯①在一起。排队等候入场的人群当中有名伶和交际花萨拉·西登斯、画家约书亚·雷诺兹、日记作者范妮·伯尼和历史学家爱德华·吉本。

这个事件极富戏剧性，控诉人之一是戏剧家理查德·布林斯利·谢里登。但这不仅仅是乔治三世时代最重要的政治景观，也是英国人对东印度公司的印度帝国发出的最激烈的攻击，东印度公司几乎成了审判的对象。在这场"审判"中扮演主角的是当时最伟大的演说家之一，盎格鲁-爱尔兰辉格党政治家和政治理论家埃德蒙·伯克，他的副手是与他一样雄辩但更为激进的竞争对手查尔斯·詹姆斯·福克斯。

沃伦·黑斯廷斯受到的指控极其严重，相当于说他掳掠和蹂躏了印度。如伯克在开场白中所说，黑斯廷斯"用不公的、背信弃义的手段侵犯了各国的信誉"：

---

①　查尔斯·詹姆斯·福克斯（1749~1806），英国辉格党政治家，是小威廉·皮特的主要对手。查尔斯的父亲亨利曾是老威廉·皮特的主要对手。福克斯坚决反对乔治三世，认为他是暴君；他支持美国爱国者，甚至赞扬乔治·华盛顿。他反对奴隶制，支持法国大革命，主张宗教宽容和个人自由。他曾担任外交大臣。

308

他犯下的罪行数不胜数，敲诈勒索、管理不善……他把整个国家盘剥得一贫如洗、荒无人烟……他恣意妄为、不公、恶毒地滥用权力……推翻了这个国家的历史悠久的机构……他的残酷闻所未闻，他的恶行罄竹难书……他的累累罪行的根源是人性的奸恶：贪得无厌、欲壑难填、傲慢、残酷、恶毒、自负、放肆、凶残、奸诈、残忍、凶暴。简而言之，他的所作所为无不表明他已经丧尽天良，无不表明他心黑无比。他的心一片漆黑，腐烂到了内核……我们把罪魁祸首、大奸大恶的总司令带到诸位面前，他代表了印度的所有诈骗、贪腐、暴力和暴政。[2]

伯克解释道，很简单，黑斯廷斯是个罪犯："他是个强盗。他偷，他窃，他抢劫，他压迫，他敲诈勒索。"他是犯罪方面的"教授和博士"。[3]更难听的还在后面。伯克说黑斯廷斯是"耗子""黄鼠狼""在污秽之中打滚的猪倌"。"他就像野兽，在角落里对着死尸和垂死之人嚎叫。"[4]

伯克认为，黑斯廷斯和他代表的那个机构一样邪恶。伯克相信，因为治理孟加拉的是东印度公司，是一家企业，所以没有政府通常拥有的分权制衡，而正是分权制衡为政府赋予了合法性和正当性。伯克慷慨陈词："在印度的东印度公司不能代表英国。当鞑靼人闯入中国和印度斯坦，当所有的哥特人和汪达尔人闯入欧洲，当诺曼人入侵英格兰，他们都是以一个民族的身份前来的。"

东印度公司在印度并不是以一个民族的身份存在的。不为东印度公司效力的人就去不了印度……东印度公司是一群结党营私之徒。他们是一个没有人民的共和国，没有人民的邦联……结果就是没有人去控制、监督和平衡公司的权力……

因此出现了一种特殊类型的弊端，黑斯廷斯先生就代表了这种弊端，他违抗东印度公司在国内的权威，违抗国内的每一种权威……他腐化了自己的双手，用贿赂玷污了英国政府。他用压迫和暴政取代合法的政府；他没有为公职人员寻求诚实、体面和适当的报酬，而是放纵他们欺凌和压榨民众，对那些人不做任何监管。[5]

伯克为了制造戏剧性效果而停顿片刻，然后把他的演讲推上雷鸣般的高潮：

因此，我弹劾沃伦·黑斯廷斯先生，指控他犯有严重罪行和多项不轨行为。我以大不列颠下议院的名义，在议会中弹劾他，他辜负了议会对他的信任。我以大不列颠下议院的名义弹劾他，他玷污了英国的荣誉。我以印度人民的名义弹劾他，他颠覆了印度人民的法律、权益和自由，摧毁了他们的财产，蹂躏了他们的国家。我以永恒的正义法律的名义，并遵照正义的法律弹劾他，他违反了这些法律。我以人性本身的名义弹劾他，他残酷地侵犯、伤害和压迫了各种年龄段、阶级和身份的男女老少。[6]

伯克的开场白花了四天才发表完毕。在开场白当中，他谈　310
到东印度公司普遍使用酷刑来搜刮财物，并指控黑斯廷斯的
"道德具有地理的疆界……仿佛越过赤道之后，他的全部美德

就烟消云散了"。伯克说，自然的法则意味着正义和人权具有普遍性："道德律令在所有地方都是一模一样的。在英国被视为敲诈勒索、贪污腐败、行贿受贿和压迫民众的行为，无论在欧洲、亚洲、非洲还是世界的其他任何一个地方，都同样会被视为敲诈勒索、贪污腐败、行贿受贿和压迫民众。"[7]

他继续说，东印度公司的统治只是把印度洗劫一空，而没有给印度带来任何益处："英国人赚的每一个卢比的利润，对印度来说都是永久性的丧失。其他的每一位征服者……都会留下某些纪念碑。如果我们在今天被逐出印度，那么我们不会留下任何东西能证明我们对印度的可耻的主宰比红毛猩猩或老虎的统治要优越……［东印度公司］更像是一支军队，打着商贸的旗号去打劫民众……［公司的业务］更像是抢劫而不是贸易。"[8]他提出，如今聚集在议会的人们的职责就是确保企业和个人一样，要对议会负责。

伯克开始描述东印度公司的税吏如何侵犯孟加拉妇女和姑娘："她们被拖出家门，赤身露体地暴露在公众眼前，当着所有人的面遭受鞭笞……他们用锋利的竹片夹住女人的乳头，将其从她们的身体上撕下。"听到这里，观众中的好几位女性晕倒了。据麦考莱说，"观众中的女士们不习惯听这样的慷慨陈词，无法控制自己的情感。她们取出手绢擦眼泪，或者互相传递嗅盐瓶，发出歇斯底里的抽泣和喊叫。谢里登太太一阵抽搐，被抬了出去"。[9]

随后谢里登接替伯克，继续发表控方陈词，又讲了四天。他花了很长时间来谴责黑斯廷斯所谓的道德败坏，将其比作"毒蛇的奸诈阴险……不动声色，暧昧，黑暗，狠毒"。至于黑斯廷斯的下属，即东印度公司的雇员，他们"既有游街小贩的卑鄙，也有海盗的放荡……一手拿着打人的棍棒，另一手去摸别人的口袋"。[10]

他的陈词被普遍视为那个时代最精彩的演讲之一。就连议长也哑口无言。在他激情洋溢的表演的末尾，谢里登低声说："诸位大人，我要说的就是这么多了。"然后他突然晕厥，向后倒在伯克怀中。"整个大厅，无论是议员、贵族还是观众，都不由自主地发出山呼海啸般的掌声……在场的人很少有不流泪的。"[11]吉本对自己朋友的身体状况感到担忧，在次日去看谢里登是否安康。后来吉本在日记中写道："他的身体好得很。极好的演员。"[12]

控方的一些指控和洞见，比如人权或"自然"权利的普遍性，非常重要，甚至可以说入木三分。[13]控方陈词的剩余部分大多非常有意思，也十分骇人听闻。唯一的问题在于，由于睚眦必报的菲利普·弗朗西斯的阴谋诡计，议会选错了弹劾对象。

伯克曾在罗伯特·克莱武受到议会调查时为他辩护，帮助这个真正冷酷无情、毫无原则的劫掠者开脱。如今，伯克运用他的雄辩术去谴责沃伦·黑斯廷斯。黑斯廷斯的官位很高，所以肯定是东印度公司唯利是图地压迫印度的整个体制的代表，但他本人做了很多事情去启动对东印度公司的管制与改革，并且在整个公司里，很可能要数他对遏制公司统治的残暴过分行为做了最大贡献。

这次弹劾是菲利普·弗朗西斯对曾经在决斗中击伤他的黑斯廷斯的终极报复。这么多年来，弗朗西斯仍然对黑斯廷斯恨之入骨。1780年10月，弗朗西斯在决斗中负的伤痊愈之后，他就递交辞呈，搭船返回伦敦。在首都，他用自己从印度获得

311

的财富买了一个议会席位，开始游说，企图推翻黑斯廷斯。

1782 年 2 月，他找到了一个愿意聆听他的人，那就是当时冉冉升起的辉格党明星埃德蒙·伯克。伯克从未到过印度，但他的一些亲人因为不明智地参与东印度公司股票投机而破产。伯克和弗朗西斯一起撰写了一系列专责委员会报告，揭露东印度公司在印度的胡作非为。在结识弗朗西斯之前，伯克自称"十分仰慕"黑斯廷斯的才华。[14] 弗朗西斯很快开始进献谗言，改变伯克对黑斯廷斯的看法。到 1782 年 4 月，弗朗西斯已经起草了针对黑斯廷斯的二十二项指控，伯克将其呈送给议会。[15] 伯克和弗朗西斯花了五年时间不依不饶地攻击黑斯廷斯的声誉，然后在 1787 年 5 月说服议会，说有充足证据可以弹劾他了。21 日，刚刚回国不久的黑斯廷斯被议会警卫官逮捕，然后被送交黑杖传令官①手中。黑斯廷斯被迫跪在上议院，低头听取针对他的指控。

黑斯廷斯肯定不是白璧无瑕。他领导下的东印度公司和以往一样贪得无厌、压迫成性。在弗朗西斯离开印度之后，黑斯廷斯行使权力的方式变得更加老派，近似帝王，甚至像个暴君。这是伯克特别不喜欢的一点。[16] 并且，在 18 世纪 80 年代初的军事危机期间，也就是在蒂普苏丹和马拉塔人的军队取得胜利之后、在东印度公司似乎随时可能被逐出印度的时候，黑斯廷斯为了继续作战和挽救马德拉斯与加尔各答，不得不想方设法快速筹措军费。他的办法是向东印度公司的盟邦君主施压，让他们掏钱出来；并且，为了筹集他需要的资金，他运用

312

---

① 黑杖传令官（Black Rod）是英国上议院的一个官职，主要负责掌控上议院及其辖区的出入安全并维持秩序，以及管理区域内的仪式活动。其他英联邦国家也设有这个职位。

了一些值得商榷的手段。比如，他欺凌勒克瑙的纳瓦布阿萨夫·道拉，强行剥夺他那些受到封建礼教约束因而不能抛头露面的姑母，即奥德夫人们的财产。他还亲自强迫瓦拉纳西王公柴·辛格掏钱，这次干预引发了当地的一次起义，黑斯廷斯本人差点丧命。他还做了其他一些在道义上值得商榷的决定。尤其值得一提的是，孟加拉纳瓦布的前首相南达库马尔伪造黑斯廷斯贪腐的证据，将其交给菲利普·弗朗西斯。黑斯廷斯在威斯敏斯特公学的老朋友、加尔各答大法官伊莱贾·英庇爵士以伪造文书罪判处南达库马尔死刑，黑斯廷斯没有干预此事，没有去挽救南达库马尔的生命。伯克和弗朗西斯认为南达库马尔是吹哨人，而黑斯廷斯没有阻止针对他的"司法谋杀"。

上述行为都可能构成严重的罪行，但黑斯廷斯仍然是到当时为止东印度公司派往印度的最负责任、最体恤民众的官员。从他二十出头开始，他的书信里就满是对公司官员丧心病狂地剥削和虐待印度人的义愤。他有很多印度挚友，他自认为是孟加拉人民正义的光荣捍卫者。他曾严厉地抨击和反对那些掳掠孟加拉、破坏当地经济的人，他还竭尽全力地帮助孟加拉走上更繁荣、更可持续的道路。他采取具体措施来确保 1770 年的恐怖饥荒不会重演，比如他修建了巴特那的大圆形粮仓，它至今仍然完好。他的继任者说，在孟加拉，黑斯廷斯仍然是最得民心的英国官员，"受到民众的爱戴"。[17]

此外，他看上去也不像贪官污吏。他绝不是爱招摇、大嗓门的暴发户，而是一位庄重、有气质而略显严峻的人。站在被告席上的黑斯廷斯身材瘦削，头发花白，穿着朴素的黑色长礼服和白色长裤，看上去更像是准备布道的清教牧师，而不是大腹便便的贪官污吏。他身高将近 6 英尺，体重却不到 8 英石①，"衣着简朴，秃顶，面容温和宁静，带着深思熟虑的神情，但活跃起来就显得聪慧过人"。

由于弗朗西斯的影响，弹劾条文中尽是很容易证伪的胡编乱造和歪曲事实之处，利用的就是听众对所涉及事务与人物的无知，并且条文的措辞漏洞百出，缺乏必需的法律细节。许多比较吸引人的演说其实只不过是"对人不对事"的人身攻击，掺杂了捏造的虚假事实和没有证据的指桑骂槐。例如，黑斯廷斯在其生涯的早期并非"招摇撞骗的牛群承包商"。瓦拉纳西的柴·辛格并非"拥有主权的独立君主"。黑斯廷斯并不是向马拉塔人宣战的人。他从未下令"消灭罗赫拉人"。奥德夫人的宦官从未受到鞭笞。[18]黑斯廷斯的辩护律师花了许多个星期，去纠正控方陈词中不计其数的基本事实错误。

实际上，弹劾条文最能体现的是英国人对他们敲骨吸髓般残酷剥削的南亚次大陆是多么无知，尽管他们剥削这片次大陆已经三十多年并且获利甚巨。有些指控可以说是前言不搭后语，自相矛盾，十分可笑：例如，伯克居然把阿富汗罗赫拉族的军阀哈菲兹·拉赫马特·汗，一个大字不识的强盗，与 14 世纪的波斯神秘主义爱情诗歌作者哈菲兹②混为一谈，而这位

---

① 1 英石 ≈ 6.35 千克。

② 哈菲兹（1315~1390），本名沙姆斯丁·穆罕默德，是最有名的波斯抒情诗人，被誉为"诗人的诗人"。哈菲兹为其笔名，意为"能背诵《古兰经》者"。他还有许多其他称号，如"神舌""天意表达者""设拉子夜莺"等。他歌颂爱情与美酒，也讽刺宗教伪善。据统计，他的诗集在伊朗的发行量仅次于《古兰经》。他的很多诗句是波斯语世界家喻户晓的名言。在伊朗，10 月 12 日为哈菲兹日。他的代表作有《诗颂集》。哈菲兹的作品不仅在波斯文学史上有重要地位，对欧洲文学也有很大影响。18 世纪德意志最伟大的诗人歌德受哈菲兹的诗集启发，创作了《西东合集》。

诗人已经在坟墓里躺了四百年了。[19]

　　经过七年的审判，黑斯廷斯于 1795 年 4 月 23 日被最终宣布无罪，这时很少有人感到惊讶。但漫长的弹劾严重扰乱了他的晚年生活，他说这是他"抑郁和受迫害的岁月……除了受到最无耻的诽谤中伤，在整个审判期间，许多人对我恶语相向，用粗鄙和庸俗的语言辱骂我。在英国或其他国家的司法史上，这样的例子还不曾有过"。[20]

　　对黑斯廷斯的审判固然是错误和荒谬的，却产生了一个有价值的结果：它向世人证明，东印度公司应当向议会负责；并且宣传了东印度公司的腐败、残暴和唯利是图，于是为政府对公司的进一步监督、管理和控制铺平了道路。这个过程始于 1773 年的"监管法案"，1784 年皮特①的《印度法案》将之推进了一步。根据该法案，东印度公司的政治与军事活动受到英国政府的监管。最终，七十多年后的 1858 年，东印度公司被彻底国有化。但在 1784 年，有识之士已经能预见到这样的结局。这一年，退休的东印度公司水文工作者亚历山大·达尔林普尔自信而清晰地写道："必须从两个角度看待东印度公司，即商业的和政治的角度；但这两方面是不可分割的。如果不让政治服从于商业，那么东印度公司必将灭亡。"[21]

　　在黑斯廷斯受审期间，议会专门挑选了一个以清正廉洁、不可腐蚀而闻名的人去接替他。陆军将领查尔斯·康沃利斯勋

────────────

　　①　即小威廉·皮特（1759~1806），英国托利党政治家，于 1783 年年仅二十四岁时成为英国史上最年轻的首相。他的父亲老威廉·皮特（即上文提到的查塔姆勋爵威廉·皮特）也曾担任首相。小皮特担任首相期间，正赶上法国大革命与拿破仑战争，他是反法战争的重要领导人。在英国最困难的时期，他领导国家渡过了难关，个人品质也很优秀，被认为是英国最伟大的首相之一。

爵前不久向乔治·华盛顿投降，将大英帝国在北美的十三块殖民地交给了后者。华盛顿当即宣布成立一个自由的独立国家，即美国。

康沃利斯的新使命是确保同样的事情永远不会在印度发生。

康沃利斯于 1786 年 9 月抵达加尔各答，他接管的孟加拉比十四年前黑斯廷斯接手的那个饱受饥荒摧残的干旱之地要繁华得多。

这至少部分要感谢黑斯廷斯的改革。加尔各答已经发展成一座拥有大约 40 万人口的繁华都市，人口与普拉西战役时期相比翻了一倍还不止。如今，这里的英国居民将它称为"宫殿之城"，或者"东方的圣彼得堡"；老莫卧儿贵族将它称为"各民族的天堂"（Zannat-al-Bilad）。加尔各答是东印度公司在孟加拉的桥头堡，毋庸置疑也是东方最富庶、最庞大也最雅致的殖民地城市。新近抵达的威廉·亨特写道："想象一下，把自然界所有最光辉的东西和建筑界所有最美丽的东西融合起来，大概就能理解加尔各答是什么样子的。"[22]

这座城市欣欣向荣，日新月异。它只缺恰当的城市规划。莫达沃伯爵写道："陌生人看到加尔各答城，难免会感到惊愕和稍许的恼火，因为只要遵循规则的布局，就很容易把它变成全世界最美丽的城市。我们无法理解为什么英国人没有好好利用这么好的地势，却允许所有人都按照最古怪的品位来随意建造房屋。整个城市规划极其怪诞。除了两三条工工整整的街道之外，剩余部分都是蜿蜒曲折的狭窄街巷构成的迷宫。据说这是英式自由造成的结果，仿佛这样的自由与良好的秩序和对称是互相抵触的。"[23]

并非只有英国人从新一轮的繁荣当中获益良多，也不是只有英国人在这里过着纸醉金迷的生活：孟加拉商人和放债人家族同样春风得意。例如，穆利克家族在全城各地拥有多座庞大的巴洛克风格豪宅，并习惯于乘坐一辆用两匹斑马拉的豪华马车在城内兜风。不过经济繁荣让更卑微的孟加拉劳工也得到了实利：到18世纪80年代末，劳工的工资在十年内涨了大约50%。[24]

此时孟加拉的财政比18世纪40年代和50年代的阿里瓦迪·汗时代以来的任何时候都更稳健。到80年代末，康沃利斯向伦敦报告称，孟加拉的财政收入比开支多出200万英镑。弥补了其他地方的财政赤字之后，还剩下130万英镑，可以用于"投资"出口的商品，康沃利斯估计这些商品在伦敦可以卖出240万英镑的高价。①[25]熬过一段时间的经济困难之后，东印度公司重新获得很好的利润。这些利润的部分来源是引进的新作物，比如甘蔗、靛青，以及臭名昭著的鸦片，但更多是因为孟加拉天然的肥沃多产，那里每年产出的大米都会有大量富余。孟加拉农业曾经维持着莫卧儿帝国，如今成为东印度公司的生命之血。[26]

形势一片大好的不只是农业与土地收入，贸易也欣欣向荣。自1772年东印度公司濒临破产的低潮以来，孟加拉的商品出口增长了五倍，如今超过了1500万卢比，折合500万英

---

① 当时的200万英镑相当于今天的2.1亿英镑，当时的130万英镑相当于今天的1.36亿英镑，当时的240万英镑相当于今天的2.52亿英镑。——作者注

镑。所有迹象都表明，这样的大好局面还会继续下去。[27]孟加拉的精细纺织品，尤其是棉布、平纹细布和精细丝绸，销售状况很好，每年收入可达 2800 万卢比[①]，摩腊婆的鸦片和古吉拉特的棉花也卖得很好。但生意最兴隆的要数中国茶叶。[28]到 1795 年，茶叶销售额在不到十年里翻了一倍，达到 2000 万英镑（9000 吨）。东印度公司的一位前董事写道，茶仿佛成了"大不列颠全国人民的口粮"。[29]唯一制约公司营收增长的因素就是供给问题。康沃利斯向伦敦方面报告称："对孟加拉商品的需求超过了供给的两倍。"

所以，在 18 世纪 70 年代曾经导致孟加拉经济陷入瘫痪的金银匮乏的问题早就被遗忘了：加尔各答铸币厂如今每年铸造面额 250 万卢比[②]的钱币。[30]从每一个角度看，东印度公司在印度东部的领地（孟加拉、比哈尔和奥里萨三省）如今都是后莫卧儿时代整个南亚星罗棋布的诸多区域性国家当中最富裕的，公司的资源是任何一个竞争对手的许多倍。

所以，东印度公司能够继续扩充它的军队，每年的军费拨款超过 300 万英镑，南亚的其他任何一个国家都没有办法与之媲美。[31]1757 年普拉西战役之后，公司军队只有 2900 名印度兵，而康沃利斯上任时公司的孟加拉军团拥兵约 5 万人。[32]东印度公司还能够在军事劳动力市场上挑选最优秀的兵员，因为公司开出的军饷比南亚的任何国家都高，发放也更稳定可靠：孟加拉军团当中被分类为"绅士军人"的印度兵的军饷达到每年约 300 卢比，而同级别的迈索尔士兵只能

317

---

① 当时的 500 万英镑相当于今天的 5.25 亿英镑，当时的 2800 万卢比相当于今天的 3.64 亿英镑。——作者注

② 当时的 250 万卢比相当于今天的 3250 万英镑。——作者注

拿到 192 卢比（蒂普苏丹发放给普通士兵的军饷仅有 48 卢比）；奥德的同级别士兵只能拿到 80 卢比①。³³伯顿·斯坦②说得很妙："英国对印度的殖民征服一半是靠战争，一半是靠收买。"³⁴

公司的印度兵得到先进的战争机器的支援，威廉堡的军械库和杜姆杜姆的军工厂都是这台战争机器的组成部分。1787 年，海德拉巴大臣米尔·阿拉姆在加尔各答待了几个月，他看到东印度公司在加尔各答的军事设施的庞大规模，不禁目瞪口呆。他在威廉堡看到的军械库最让他震撼："30 万支滑膛枪在这里井井有条地存放着，很容易发放和分配；弹药厂在忙碌地工作；2000～3000 门火炮已经准备就绪，还有 5000～6000 门备用，随时可取。"³⁵四十年前，在 1750 年，东印度公司还是一家贸易公司，拥有一支小规模的安全部队和几座半壁倾颓的要塞；到 1790 年，它已经将自己在印度的领地转变成一个运转良好的军事化国家，并且拥有亚洲最强大的军队。

所以，在 1791 年，当公司与迈索尔的蒂普苏丹之间很可能再次爆发战争的时候，康沃利斯的军队能够调用前所未有的强大兵力、先进武器和充足的军用物资。东印度公司的将军们有充分的理由相信：如果无法避免与蒂普苏丹的战争，那么他们有很大的胜算，能够为十二年前波利鲁尔的惨败报仇雪恨。

---

① 当时的 300 万英镑相当于今天的 3.15 亿英镑，当时的 300 卢比相当于今天的 3900 英镑，当时的 192 卢比相当于今天的 2496 英镑，当时的 80 卢比相当于今天的 1040 英镑。——作者注

② 伯顿·斯坦（1926～1996）是专攻印度历史的美国历史学家。

1782 年，迈索尔统治者海德尔·阿里死于后背"大如餐盘"的脓瘤破裂。他的儿子蒂普苏丹迅速登上了父亲的宝座。

马德拉斯总督说蒂普苏丹是"海德尔的血气方刚、斗志昂扬的继承人，没有他父亲的恶习，也不像他那样残暴"。[36]根据一位英国观察者的说法，此时 33 岁的蒂普苏丹"身高约 5 英尺 7 英寸，除了脖子短之外身材非常好，他的腿、脚腕和双脚都非常匀称，胳膊强健，肌肉发达，看上去力大无穷，不过他的双手对军人来说过于纤细和娇弱了……身为印度的穆斯林，他的皮肤显得非常白皙，瘦削，苗条，面容温和，引人注目，最显著的特点就是炯炯有神的黑眼睛"。[37]

海德尔临终前写信给蒂普苏丹，提供妥善治理国家的良策。他警示儿子，东印度公司可能会尝试利用迈索尔王位传承期间存在的弱点。他写道："你在征服道路上的最大障碍就是欧洲人的嫉妒。英国人如今在印度如日中天。必须通过战争削弱他们。"

他指出，要达成这个目标，最好的办法是分而治之："印度斯坦的资源不足以将英国人从他们侵占的土地驱逐出去。你应当怂恿欧洲各国之间互相厮杀。英国军队比印度军队素质高，而通过法国的帮助，你可以打败英国军队。欧洲人的战术更可靠，你应当始终以其人之道还治其人之身。"

然后，他向儿子道别并祝他好运："如果真主让我活得久一些，你就只需要享受我的成功果实。"

但征服那些富饶省份的使命就交给你了。那些省份有1200万人口，有军队、财宝和丰富的资源。我无须鼓励你勇敢。我经常看到你与我并肩作战，你将会成为我的荣耀的继承者。尤其要牢记的是，勇气可以把我们扶上宝座，但光靠勇气不足以维持我们的地位。我们可以利用人民的怯懦来夺取王冠，但如果我们不尽快赢得民心的话，就会很容易丢掉王冠。[38]

此时的蒂普苏丹已经是印度最令人生畏、最受人景仰的军事家之一。他精明强干，英勇无畏，做事有条理，勤奋，并且特别有创新精神，决心获取欧洲人的全部技艺与知识，并找到办法用欧洲人的武器去对抗敌人。蒂普苏丹已经多次在战场上证明自己有能力打败敌人。他不仅在波利鲁尔打败过东印度公司军队，在那之后还两次击败他们：1782年，在坦贾武尔城外，他歼灭了约翰·布雷思韦特上校指挥的一支英军；一年后，在他即位前不久，他在科利达姆河沿岸伏击并消灭了第三支公司部队。令人惊讶的是，在几年之内，蒂普苏丹证明自己在和平时期和在战时一样富有想象力。

蒂普苏丹通过法国工程师引进工业技术，并试验用水力驱动机器。他派人从中国南部带回蚕卵，在迈索尔建立了养蚕业。时至今日，该地区仍然以养蚕业闻名。他引进了灌溉体系，兴建堤坝，所以即便他的英国敌人也不得不承认他的王国"农业发达，人口众多，民众勤劳，新建了许多城市［包括班加罗尔］，商业有了很大发展"。

更厉害的是，他还兴办了自己的国营贸易公司，公司有自己的船只和贸易站。一些发布给蒂普苏丹的"商务部"

的规章制度保存至今，能让我们详细了解他开展的国营贸易。涉及的商品包括檀香木、丝绸、香料、椰子、大米、硫黄和大象。他以塞林伽巴丹为基地，从事这些商品的进出口。他在迈索尔、西海岸的其他地方（北至卡奇）以及本地治里和海德拉巴的三十个地方建立了贸易中心。他鼓励官员招募受过恰当训练的助手来经营这些市场，每一名管理人员都按照其宗教的要求起誓。贸易的资本来自国家官员征收的赋税，还制定了一些规定，接受私人资本，作为对国营贸易的投资，有固定的回报率。他还在马斯喀特①以及波斯湾的许多地方建立了贸易站。蒂普苏丹甚至让他的驻奥斯曼帝国首都伊斯坦布尔的大使为他搞到在巴士拉建立租界的权利，那样的话他就可以像欧洲人一样建立自己的海外定居点，作为他的船只的基地。[39]

蒂普苏丹牢记父亲关于聚拢民心的建议，所以想方设法地拉拢和保护他领地内的印度教徒。从他登基伊始，他就向印度教神庙馈赠大批礼物，授予其许多荣誉和土地。他的文书衙门的档案很少存世，但我们从当地神庙的档案里知道，在1784年，他向一个叫文卡塔查拉·萨斯特里的人和一群婆罗门封授了土地，恳求他们"为他的长寿和繁荣昌盛祈祷"。一年后，他赠给梅尔科特的神庙群十二头大象和一只鼓，同时还送来一首梵文诗，记载他"向栋格珀德拉河沿岸的神庙和婆罗门"封授土地，诸如此类。在他统治的余下时间里，平均每年他要进行三到四次大规模的封授或馈赠，赐给对方金钱、大钟、年

---

① 马斯喀特是今天阿曼的首都。

金、村庄、珠宝或"帝王林伽"①，大多数情况下是为了换取
印度教徒的祈祷，"为国王军队的胜利"而供奉，或者举行神
庙游行。[40]

但得到他慷慨赏赐最多的，要数斯林格埃里②的大神庙。
20 世纪 50 年代在神庙内发现的一些书信足以证明这一点。蒂
普苏丹记载了自己对马拉塔人某次入侵迈索尔期间一队马拉塔
平达里马贼③破坏这座神庙感到的震怒："对这样的圣地犯罪
的人，必然会自食其果。那些笑嘻嘻地作恶的人，必将哭泣着
遭到惩罚。对上师的犯罪无疑会导致犯罪者绝后。"[41]

蒂普苏丹送了一大笔现金和一批粮食，"献给女神辩才天
女"并"供养一千名婆罗门"，然后请大师"为增进我们的福
祉和消灭我们的敌人而祈祷"。不久之后，他写了一封信，并
送去一头大象，说："对上师和我们的国家犯罪的人，必将在
神罚之下消亡！那些从你们的庙宇抢走大象、马匹、轿子和其
他东西的人，肯定会受到神的惩罚。我给女神送去了衣物。请
向女神献礼，并为我们的福祉和消灭我们的敌人而祈祷"。[42]

蒂普苏丹这么做，不仅仅是在实践他的治国方略。尽管他
是虔诚的穆斯林，并视自己为伊斯兰教的捍卫者，但他完全接
受当时的多元文化融合，并信仰印度教神祇的力量。他每天早

---

① 林伽是印度教某些派别崇拜的男性生殖器像。"林伽"在梵语里是"标
志"的意思。印度全国各地湿婆庙宇和家宅湿婆神龛主要供奉林伽，拜
人形湿婆像的很少。林伽以"约尼"为底座，约尼是女性生殖器像，象
征湿婆的妻子夏克提。信徒用鲜花、清水、青草、水果、树叶和干米供
奉林伽。
② 斯林格埃里在今天印度西南部的卡纳塔克邦。
③ 平达里马贼是 18 世纪在印度中部兴起的穆斯林土匪与雇佣兵武装，一度
得到辛迪亚王朝、哈尔卡尔王朝等马拉塔政权的庇护和默许。1817～
1818 年的第三次英国-马拉塔战争中，英军击溃了平达里马贼的势力。

晨都认真地把前一夜的梦记录下来。在他的梦中，他不仅会邂逅早就去世的苏非派圣人，还会遇见印度教的男女神祇。他说自己在一个梦中看见自己站在一处破庙里，那里的神像的眼睛在动：有一尊神像向他讲话，于是他命令重修此庙。[43]根据记载，蒂普苏丹命令他的所有士兵，无论是印度教徒还是穆斯林，都"遵照他的［婆罗门的］预言"在圣河中沐浴，从而洗去怯懦，让他们战胜马拉塔人。蒂普苏丹还笃信圣人（无论是印度教徒还是穆斯林）的超自然力量。他在 1793 年写信给斯林格埃里的大师："您是宇宙上师，是世人的教师……您这样的圣人不管居住在哪里，那里都会风调雨顺、国泰民安。"[44]

321

英国人一直把蒂普苏丹描绘成粗鲁和狂热的野蛮人，但他实际上是个知识分子和文艺鉴赏家，收藏了大约 2000 册多种语言的书籍，主要涉及法律、神学和世俗科学；他还收集了大量现代科学仪器，包括温度计和气压计。[45]一次袭击马德拉斯郊区时，蒂普苏丹的部队缴获了一些关于印度植物学的学术著作，他命令将这些书重新装订并收入他的图书馆。蒂普苏丹在迈索尔培育了致力于创新的文化，所以真实的蒂普苏丹与加尔各答的英国人想象的那个人大不相同。真实的蒂普苏丹是一位大力推进现代化的"技术官僚"。克里斯托弗·贝利说得很好，蒂普苏丹试图"用欧洲人自己的武器去抗衡欧洲的重商主义强国，这些武器就是国家垄断和积极进取的对外扩张的意识形态"。蒂普苏丹从法国引进的军事科技可能比东印度公司的更先进。他之所以失败，仅仅是因为东印度公司拥有更多资源，扩张的速度也比迈索尔快得多。

不过，蒂普苏丹确实有一些严重的缺陷，这让他在敌人面前显得很脆弱。即便按照那个年代的标准，蒂普苏丹也倾向于向对手和落败的敌人使用不必要的暴力，这就让许多原本完全可能与他和解的人成为他的不共戴天之敌。反叛他的人往往被砍掉胳膊、双腿、耳朵和鼻子，然后被绞死。他经常对战俘或者国内反叛者（无论是印度教徒还是基督徒，印度人还是英国人）强行实施割礼，强迫他们皈依伊斯兰教。他经常摧毁占领的神庙和教堂。在马拉巴尔、门格洛尔和果达古①作战期间尤其如此。成千上万人被迫背井离乡：仅一年就有 6 万名基督徒被迫从卡纳蒂克南部迁往迈索尔。[46]葡萄牙传教士写道："他将赤身露体的基督徒和印度教徒捆在大象的腿上，然后让大象走来走去，直到那些无助的受害者的身体裂成碎片。"

蒂普苏丹一方面过于咄咄逼人和傲慢自负，另一方面又严重缺乏外交才华。当康沃利斯于 1786 年 9 月抵达加尔各答时，蒂普苏丹同时在与马拉塔人的佩什瓦和海德拉巴的尼查姆交战，这两位都曾是他父亲的盟友。海德尔曾参加反对英国人的三国同盟，蒂普苏丹却凶悍地攻击邻国，所以马拉塔人和海德拉巴人都很害怕他。于是康沃利斯见缝插针，马拉塔人和海德拉巴人同意组建一个新的三国同盟，不过这一次是和东印度公司联手对付蒂普苏丹的迈索尔。

蒂普苏丹似乎觉得自己树敌还不够多，于是决定中断与沙·阿拉姆的关系。他是印度第一个正式否认莫卧儿皇帝主权的统治者，哪怕这种主权仅仅是名义上的。他命令星期五的祈祷（呼图白）应当以他自己的名义做出，而不是以皇帝的名义，并说："那些在呼图白中使用沙·阿拉姆名字的人，是因

322

---

① 果达古在今天印度西南部的卡纳塔克邦。

为愚昧无知才这么做的，因为这位所谓的皇帝的真实状况是这样的：他实际上是个奴隶，是个无足轻重的人，是辛迪亚的仆人，月薪 15000 卢比①。因此，在背诵神圣的呼图白时宣读依赖于异教徒的人的名字，是一种严重的罪孽。"[47]

1789 年 12 月，蒂普苏丹又开辟了一条新战线。他已经征服了马拉巴尔北部，远至科钦；现在他又决定降服科钦南面的特拉凡哥尔的王公。这位王公用一系列称为"特拉凡哥尔防线"的牢固工事来保护自己。这是一座长 40 英里的壁垒，配有 16 英尺宽的壕沟，壁垒顶端是难以穿透的竹子障碍。他还与东印度公司签订了共同防御条约。

所以，1789 年 12 月 29 日黎明，蒂普苏丹用重炮在特拉凡哥尔防线上轰出一个大缺口并派遣他的精锐"老虎兵"去屠杀毫无防备的特拉凡哥尔军队时，突然发现自己不仅仅与马拉塔人、海德拉巴人和特拉凡哥尔人交战，还又一次与他的宿敌东印度公司处于战争状态了。

323　　　第三次英国-迈索尔战争的开端与前两次战争相同，蒂普苏丹率军以惊人的速度气势汹汹地杀进卡纳蒂克。他于 1790 年 12 月初抵达蒂鲁吉拉帕利，在那里轻松地打败了一支动作笨拙的公司军队。然后，他袭击马德拉斯与本地治里之间的沿海地带，他的骑兵在那里毫无防御的城镇村庄烧杀抢掠。拥有神庙的大城镇蒂鲁瓦纳马莱在 1791 年 1 月中旬惨遭洗劫。

---

①　相当于今天的 195500 英镑。——作者注

东印度公司在行军速度上没有办法与蒂普苏丹相提并论。公司军官詹姆斯·伦内尔少校记载道，迈索尔军队的"速度是我们的三倍……蒂普苏丹的行进速度极快，所以像我们这样的军队不可能在开阔地抓住他们、强迫他们交战"。[48]部分原因是每一名公司军官出征的时候都要带至少六名仆人；一整套野营家具；"他的全套服装（至少二十四套）；几十瓶葡萄酒、白兰地和杜松子酒；茶叶、糖和饼干；还有一篮子活禽和奶山羊"。[49]蒂普苏丹的军队不会带这么多累赘。

不过，康沃利斯不打算让蒂普苏丹在自己周围绕圈子。他决心要恢复自己五年前在约克镇向乔治·华盛顿投降而损失的军事声誉，于是他决定亲自率军反击。康沃利斯写道："我们损失了很多时间，我们的敌人声望大振，而时间和声望是战争当中最宝贵的东西。我别无选择，必须亲自出征……看看我是不是能打得更好。"[50]

1791 年 2 月初，身材肥胖的康沃利斯侯爵骑着战马，率领 19000 名印度兵从马德拉斯出征。到 3 月 21 日，他已经翻越东高止山脉，抵达它西面的高原，一路没有遇到抵抗。随后，他通过猛攻拿下了蒂普苏丹的第二大城市班加罗尔。在那里，他与海德拉巴盟友米尔·阿拉姆会合。米尔·阿拉姆带来了 18000 名莫卧儿骑兵。

5 月，联军准备就绪，开始深入蒂普苏丹的领土。在这里，他们开始遇到麻烦。蒂普苏丹已经在康沃利斯的进军路线上坚壁清野，烧毁了田野和村庄，所以英军的粮草补给很困难。他们抵达蒂普苏丹的岛屿要塞塞林伽巴丹的时候，公司已经损失了 1 万头用于运输的公牛。幸存的公牛也饿得奄奄一息，几乎拉不动物资。因为缺少拉车的牛，普通欧洲士兵、印

324　度兵和随军人员不得不肩挑背扛沉重的炮兵装备和物资。对康沃利斯来说雪上加霜的是，军中开始流行疫病，而且雨季来得太早，他的很大一部分军粮被毁，患病的士兵被淋成落汤鸡。低种姓的随军人员不得不靠吃死牛的腐肉勉强存活。没过多久，公司军队当中又暴发了天花。[51]5 月 24 日，与蒂普苏丹短暂交锋之后，康沃利斯命令摧毁己方的攻城器械和重炮，然后在烂泥地里步履蹒跚地撤往班加罗尔。

撤退的军队刚走了半天，就在梅尔科特神庙附近突然遭遇了 2000 名骑兵。警报响起，公司士兵开了枪，然后才发现这些骑兵不是蒂普苏丹的部队，而是东印度公司的马拉塔盟军。不久之后又来了一支更大的盟军，并且运来了充足的给养，让康沃利斯的公牛和士兵能缓过劲来。

忍饥挨饿好几周之后，公司士兵们简直不敢相信马拉塔人的集市里各色货物是多么充裕："有英国细平布、伯明翰折叠刀、最富丽堂皇的克什米尔披肩、珍稀而贵重的珠宝首饰，以及牛羊、家禽和最富庶的城镇能够提供的所有货物。"[52]饥肠辘辘的印度兵和随军人员匆匆跑进马拉塔人的营地，用高价购买食物。英国军官买下了他们能找得到的所有拉车公牛，将其纳入自己的部队。[53]三支军队一同撤回班加罗尔，在那里等待雨停，并准备在雨季结束、河水水位降低之后发动新的攻势。

随后两个月里，公司军队休整、飨宴，并与他们的马拉塔和海德拉巴盟军一同操练。休整结束之后，康沃利斯派遣他的部下开始攻打属于蒂普苏丹的几座山区要塞，这些要塞守卫着穿过高止山脉的剩余几条通道。他们首先攻击南迪山脉的要塞（它俯瞰班加罗尔），还攻打了令人生畏的萨万杜尔迦要塞，它坐落在一座几乎垂直的山峰顶端，被认为是德干高原最坚不可摧的要塞之一。到新年时，康沃利斯已经保障了己方补给线的安全，并确保 1791 年 5 月的后勤事故不会重演。

1792 年 1 月 26 日，三支军队终于从班加罗尔开拔，第二次尝试将迈索尔之虎围困在它自己的巢穴内。康沃利斯此时拥有 22000 名印度兵，还有 12000 名马拉塔人以及数量略多一些的海德拉巴人。[54]

蒂普苏丹的兵力更强，有超过 5 万步兵和骑兵，但他是一位谨小慎微的军事家，面对强敌不会冒险出战。他留在雄伟的塞林伽巴丹要塞之内。这座要塞是他聘请法国工程师设计的，根据最新的科学原则，吸收了塞巴斯蒂安·德·沃邦对抗炮击的要塞设计的研究，以及蒙塔朗贝尔侯爵①在《垂直要塞》中阐述的改良。这是 18 世纪最先进的防御工事，并且考虑到了近期大炮、炸弹和地雷威力的增强，以及强攻和围攻要塞的最新战术革新。[55]如今康沃利斯的军队面临的挑战就是如何突破如此固若金汤的防御。

1792 年 2 月 5 日晚些时候，三支联军第二次兵临塞林伽巴丹岛屿要塞的城下。康沃利斯不等蒂普苏丹行动，也没有和盟友分享作战计划，就立即趁着没有月光的黑夜发动了进攻。他首先集中火力去攻击岛屿对岸高地上的蒂普苏丹设防营地，这座营地俯瞰并守卫着高韦里河上的桥梁与渡口。蒂普苏丹以为康沃利斯会等待全军到齐才会进攻，所以有些措手不及。他率军顽强抵抗了两个钟头，但到午夜撤到了岛上，进入要塞。

蒂普苏丹放弃了设防营地，于是渡口无人把守。康沃利斯

①　马克·勒内，蒙塔朗贝尔侯爵（1714～1800）是法国的军事工程师，以关于筑城术的著作闻名。

325

就派遣第二支纵队冲向位于岛屿东端的要塞。天亮时，美丽的红园（Lal Bagh）落入康沃利斯手中。第二支纵队中的军官詹姆斯·柯克帕特里克在前一天曾眺望河对面，看见了蒂普苏丹壮丽的莫卧儿风格花园，即"光彩夺目的红园"。柯克帕特里克在给父亲的信中写道："呜呼！它也成了战争的牺牲品。"宫殿被当作战地医院，美丽的花园"被拆掉，以获取攻城所需的材料。成排的雄壮威严的柏树一瞬间就被砍倒；橘树、苹果树、檀香木，甚至香气扑鼻的玫瑰和茉莉也逃不过毁灭。在我们的炮兵阵地上可以看见玫瑰枝做成的柴捆，用茉莉枝捆扎，警戒线是檀香木组成的。工兵们浑身香气……"56

他写道，尽管欧洲官兵"伤亡惨重"，并且"成千上万的腐尸覆盖了都城周边方圆 20 英里的每一寸地面，臭不可闻"，但他还是体会到了他正在参加攻打的这座城市的惊人美丽："此处岛上和城外的宫殿和花园，无论是规模、品位还是观感，都远远超过班加罗尔，而且据说它们与城内的主要宫殿和花园还相差甚远。"57

次日，蒂普苏丹发动了一系列反击，但都没有什么效果。大家越来越清楚地认识到他的处境无望，越来越多的士兵开了小差，于是他不得不让一些被俘的公司军官送信给康沃利斯，建议谈判。康沃利斯接受谈判，但他开出的条件很严苛：蒂普苏丹必须割让他的一半领土，赔款 3000 万卢比①，释放全部战俘，并在缴清赔款之前将他的两个年纪最大的儿子交出来当人质。迈索尔与马拉塔人国度毗邻的部分将被割让给佩什瓦；与海德拉巴毗邻的部分被割让给尼查姆；东印度公司将获得他

---

① 相当于今天的 3.9 亿英镑。——作者注

在东高止山脉以及果达古和盛产香料的马拉巴尔的土地。

最后双方签订了条约。两名年幼的王子——8 岁的阿卜杜勒·哈利克和 5 岁的穆伊兹丁，于 1792 年 3 月 18 日被交给康沃利斯。两个男孩被用大象送到马德拉斯，他们似乎很喜欢这座城市，不过显然不喜欢被强迫从头到尾地欣赏亨德尔的《弥赛亚》和《犹大·马加比》。[58]两位小王子的尊贵风度、聪慧和彬彬有礼在马德拉斯上流社会引起了轰动。两年后，蒂普苏丹缴清了最后一笔赔款，于是两位小王子被送回父亲身边。

这次战争对蒂普苏丹来说是非常沉重的打击。在战争期间，他损失了 70 座要塞和 800 门大炮，伤亡达到 49340 人。和约又让他损失了从父亲手中继承的国土的一半。但是，即便双方还在为和约的条款讨价还价的时候，人们也清楚地看到，蒂普苏丹并没有灰心丧气。

大约在这个时期，他去找海德拉巴的尼查姆阿里·汗："你难道不知道英国人的习惯吗？无论他们从哪里下手，他们都会一点一点地设法让自己最终掌控全局。"根据马拉塔史料，在条约签订不久前的一天夜间，蒂普苏丹秘密来到马拉塔营地，求见"尊贵的老婆罗门"将军哈里潘特·法德克。蒂普苏丹说："你必须明白，我根本不是你的敌人。你的真正敌人是英国人，你要对他们提高警惕。"[59]

从很多方面看，1792 年都是东印度公司在印度的帝国霸业的重要转折点。在 1792 年之前，东印度公司经常处于守势，总是感到不安全。在1792年之后，东印度公司越来越处于霸主地位。在1792年之前，从领土面积来看，东印度公司在印度是个小国，仅仅控制了全印度417万平方公里中的388500平方公里，也就是印度总面积的大约9.3%，并且公司领土几乎全都在北部和东部。[60]从蒂普苏丹手中夺取了南方的一大片土地之后，东印度公司就成了印度一方领土广袤、军力强大、经济繁荣的势力。

康沃利斯返回加尔各答之后开展的改革进一步巩固了公司的地位。在北美，从英国人手中夺走他们殖民地的不是美洲土著，而是欧洲殖民者的后代。康沃利斯决心确保印度永远不会出现一个定居的殖民者阶层来挑战英国的统治，就像美洲殖民者曾经让他蒙羞那样。到这个时期，在印度的英国人当中有三分之一与印度女性同居，据说在三个管辖区的首府城市有超过11000名英印混血儿。[61]现在康沃利斯颁布了一整套种族主义的立法，禁止英国人与印度妻子所生的孩子成为东印度公司的雇员。

1786年已经有一道命令，禁止英国军人的混血孤儿进入东印度公司的军队。1791年又颁布了一道新命令，禁止父母双方有一方有印度血统的人到东印度公司的民政、军事或海事部门工作。一年后，这道禁令的范围扩大到"东印度公司船只的官员"。1795年颁布了更多立法，又一次明确规定，只有父母双方均为欧洲人的人才有资格在东印度公司军队中服役，混血儿顶多可以成为军队的"笛手、鼓手、乐师和马蹄铁匠人"。英国人与印度女子生的孩子还被禁止拥有土地。所以，英印混血儿被排除在所有最明显的发财致富道路之外，他们很快就发现自己在社会上只有下坡路可走。这种现象持续到一个世纪之后，那时的英印混血儿的职业主要是小职员、邮递员和火车司机。[62]

同样在康沃利斯的治理下，很多印度人（旧穆尔希达巴德的莫卧儿行政机关的最后幸存者）被从政府的高级职位上排挤出去。英国人给出的理由很可笑：几个世纪的暴政让这些人当中滋生了"腐败"。[63]在位于威廉堡的东印度公司大本营，所有官员都是白人，他们越来越多地对所有非欧洲人报以鄙夷。大约在这个时期，沃伦·黑斯廷斯的军事秘书威廉·帕尔默少校（他娶了一位莫卧儿公主）对康沃利斯在加尔各答设立的关于印度达官显贵的新礼节规矩表示大失所望。帕尔默写道："印度的权贵们受到最冷淡、最令人作呕的接待。我可以向你保证，他们能观察和体会到这一点，毫无疑问，他们一定会满腹怨恨。"[64]

康沃利斯随后开展了一系列土地与税务改革，从而确保稳定的财政收入，尤其是在战争时期，并巩固东印度公司对征服的新土地的控制。1793年的《永久协议》向柴明达尔地主赋予了绝对权利，条件是他们向公司支付一笔税率由公司官员永久固定的土地税。柴明达尔们只要按时纳税，就可以控制产生这些税金的土地。如果他们不按时纳税，土地就会被卖给别人。[65]

这些改革在东印度公司统治下的孟加拉很快引发了一场大变革。许多历史悠久的大型庄园被分割，曾经的仆人蜂拥购买他们前主人的土地。在随后几十年里，极高的税率导致将近50%的庄园易手。很多古老的莫卧儿地主家族破产，被迫卖掉土地。就这样，出现了一个贫富差异极大的农业社会，许多农民的日子比以前更加艰难。但从东印度公司的角度看，康沃利斯的改革取得了极大的成功。土地收入变得稳定，金额大幅提升；现在税金可以准时全额地送到英国人手中。而且，那些从老柴明达尔手中买下土地的人，成为东印度公司建立的新秩序的支持者和捍卫者。就这样，出现了一个新的阶层，即大多信奉印度教的亲英的孟加拉银行家和商人，他们成为财力雄厚的地主，东印度公司可以把地方权力委托给这些人。

所以，就在莫卧儿旧贵族失去高位的同时，一个新的、信奉印度教的、为英国人服务的士绅阶层出现了，他们在公司治下的孟加拉的社会阶梯的顶端取代了莫卧儿旧贵族。这些冉冉升起的孟加拉"绅士"（bhadralok，中产阶级上层）加强了对加尔各答中层公职的掌控，也加强了对农业生产和集市贸易的控制。泰戈尔家族、德布家族和穆利克家族就属于这个新兴阶层。他们参与向加尔各答输送新经济作物的贸易活动（例如德瓦尔卡纳特·泰戈尔①在这个时期靠靛青生意发了大财），同时继续向东印度公司提供贷款，利息往往高达 10% ~ 12%。就是这个阶层提供的贷款帮助公司维持殖民军队，购买滑膛枪、大炮、马匹、大象、牛群，以及支付军饷，从而让公司军队向其他印度邦国开战并打败它们。若没有地方豪强和社群在政治和经济上的支持，东印度公司不断扩张的印度帝国是不可能建成的。东印度公司的大厦之所以能够维持，靠的是对公司友好的商人与雇佣兵、与公司结盟的穆斯林纳瓦布和印度教王公，尤其依靠的是印度那些恭顺的银行家。[66]

说到底，东印度公司在这个时期能够最终战胜所有的印度竞争对手，就是因为公司能够拿到取之不尽、用之不竭的资

---

① 他是大诗人和诺贝尔文学奖得主罗宾德拉纳特·泰戈尔的祖父。

金。这些资金部分来自稳定的土地收入，部分来自印度放债人与金融家的合作。公司的强盛靠的再也不是优越的欧洲军事技术，也不是行政管理的能力。东印度公司能够拥有东方世界最庞大、最训练有素的军队，靠的是动员和转移超大规模金融资源的能力。当时的一些最大的企业，比如拉拉·克什米里·玛尔家族、拉姆昌德–戈帕尔昌德·夏胡家族和戈帕尔达斯–马诺哈尔达斯家族的公司（其中很多的办公地点在巴特那和瓦拉纳西），处理了极大规模的军事汇款，在孟买或苏拉特或迈索尔兑现公司的汇票，并提供巨额贷款给公司。这些金融活动让东印度公司的军队能够定期地发饷、维持，并获取武器装备和给养。为了报答上述这些价值无量的服务，东印度公司在1782年投桃报李，宣布戈帕尔达斯家族从此之后取代贾加特·赛特家族，成为政府专属的银行家。在东印度公司的支持下，戈帕尔达斯家族的公司得以扩张到之前从未涉足的印度西部。[67]

如拉贾特·康塔·拉伊①所说："说到本土的商业信贷体制，东印度公司比印度的任何势力都更有能力妥善地利用它，因为东印度公司是一家享有盛誉的国际资本主义企业，非常懂得有债必还的重要性。而且大家都知道，它拥有全国最多的收入盈余，能够以此为担保，从放债人（sahukaras）那里获取大宗贷款。"[68]东印度公司被视为印度商人与金融家的天然盟友。哈利·查朗·达斯写道，英国人不"仇富，不会干预富人、银行家和商人以及其他居住在他们城市的人的财富。恰恰

①　拉贾特·康塔·拉伊是当代印度历史学家，在剑桥大学获得博士学位，专攻印度近现代史。

相反，英国人善待富人"。[69]

如同贾加特·赛特家族在四十年前发现的那样，东印度公司很容易与印度金融家交流，并且比它的竞争对手都更有能力保障印度资本的安全。[70]说到底，一切都是为了钱。到18世纪末，孟加拉每年的财政收入盈余高达2500万卢比，而与此同时辛迪亚从他位于摩腊婆的领地只能勉强获得120万卢比。[①][71]难怪辛迪亚会焦虑地说："没有钱，就不可能组建军队，也不可能打仗。"[72]

印度全境的金融家最终决定支持东印度公司，而不是马拉塔人或迈索尔苏丹。[73]并且，尽管东印度公司贪得无厌，但金融家们要做决定其实越来越容易，因为他们的选项不多。到1792年，已经没有什么像样的能够与东印度公司抗衡的势力。蒂普苏丹刚刚大败，失去了国土的一半。不管他是多么勇敢、多么坚定，他要想集结到足够的资源像在波利卢尔时那样打败公司军队，怕是发生奇迹才有可能。

与此同时，一度领土面积最大、拥有最强大也最令人生畏的军队的马拉塔邦联也开始逐步瓦解。图科吉·哈尔卡尔和马

331　哈吉·辛迪亚多年来公开地互相竞争，关系越来越紧张。在1793年6月1日的拉凯里战役中，图科吉·哈尔卡尔被辛迪亚打得落花流水。这场战役的结果传到德里的盲眼皇帝沙·阿拉姆耳边时，他窃笑道："马拉塔人的势力很快就要完蛋了。"[74]他说的一点不错。在马拉塔邦联的下一轮血腥内战当中，"马拉塔王公们不像是一个邦联，而更像是一群互相撕咬

---

① 当时的2500万卢比相当于今天的3.25亿英镑，当时的120万卢比相当于今天的1560万英镑。——作者注

的白鼬"。[75]

　　预测未来已经不再是件难事。到 18 世纪 90 年代，莫达沃伯爵已经对印度的未来没有任何疑问。他写道："我坚信不疑，英国人将会在莫卧儿帝国扎下根来，他们的统治不会一帆风顺，会有很多不确定性。他们有朝一日也必然会失去印度。"

　　　　但他们肯定会控制印度足够久的时间，能够从印度赚取数额惊人的金钱，这让他们能够维持他们为自己争得的地位，即他们是欧洲主要的，或者说是唯一的贸易强国。

　　　谁能阻挡他们？印度斯坦陷入了无政府状态，前景灰暗。人民生活在困苦与匮乏之中，尽管他们原本有很多可能生活得很好。孟加拉的英国人正在密切关注当前的怪异形势，希望从中渔利，因为他们对利益和对征服一样欲壑难填。

　　　我毫不怀疑，不断发生的动乱困住了这个帝国［印度］所有军队的手脚，英国人欢迎这种局面，因为这有助于他们逐步蚕食帝国。我认为，英国人的行为举止恰恰说明他们在奉行这种长期战略。他们小心地煽动内乱的战火，然后自告奋勇帮助平乱，只要时机成熟就炫耀武力来支撑自己的意图。

　　　近几年来，英国人始终在坚持这种行为模式，因此得以控制孟加拉之外的许多地区，所以他们要不了多久就会成为从安拉阿巴德到印度洋的恒河流域的主人。他们不动声色地前进，让别人注意不到他们在节节推进……简而言之，他们勤勉地奉行古罗马人在其政治当中遵循的那句格

332 言，用塔西佗的话说，他们在各地压制［地方上的世袭］统治者，从而把他们当作工具，利用他们去奴役人民。

如今，在印度这个庞大的舞台上，英国东印度公司正在秘密地、一声不吭地准备大幅扩张自己的势力范围。他们的所有谋略、计划和行动，都是为了这个宏伟目标。印度的所有势力，一个一个地屈服于恐怖、阴谋、奉承、承诺或威胁。英国东印度公司每天都向它的目标前进一步。我毫不怀疑，若干年来，入侵印度斯坦和控制整个东印度贸易，始终是他们谋划和算计的目标，这在弥补了他们在美洲的损失之后还有盈余。如果你观察英国海军的实力、他们在印度沿海地区的军事设施的力量，你就会认识到，他们已经准备好了充足的手段和资源，只需要再努力一把，就能实现他们的宏图大业。

等到行动的时机成熟时，他们的计划，不管多么宏大和复杂，都会准备就绪，每一个细节都会准备得万无一失，所有需要的信息都已经事先搜集完毕。那时他们的行动就会快速展开，并取得令全欧洲震惊的成功。[76]

他相信，东印度公司现在看上去无懈可击，但他忽略了其他一些方面。实际上，还有一支势力能够阻挡东印度公司的前进步伐。莫达沃伯爵自己的祖国此时正处于革命中。在一个说法语时有浓重科西嘉口音的名叫拿破仑·波拿巴的军官领导下，法国刚刚于 1793 年 2 月 1 日向英国宣战。四年后，1797 年 12 月，蒂普苏丹派遣了一支使团去向拿破仑求助，寻求共同对付东印度公司。迈索尔苏丹不知道的是，他需要的援军已经在土伦集结了。蒂普苏丹的使团于 1798 年 4 月抵达巴黎的时候，拿破仑正在等待时机，率领 194 艘舰船和 19000 名精锐士兵从土伦启航，横渡地中海，远征埃及。拿破仑的计划很明确。

1788 年之前，在一本关于土耳其战争的书的页边，他潦草地写道："我们将取道埃及攻入印度，我们将重建途经苏伊士的旧路线，抛弃取道好望角的航线。"他相信自己不会遇到很多困难："只需要法国人的利剑轻轻一碰，英国人的商业辉煌的根基就会崩溃。"[77]1798 年，他从开罗写信给蒂普苏丹，答复了他的求援信，并概述了自己的宏伟战略：

> 您已经知道我抵达了红海之滨。我带来了一支兵多将广、战无不胜的军队，渴望将您从英国人的桎梏之中释放和解救出来。我热切希望利用这个机会向您表达，我多么希望通过马斯喀特和摩卡①了解您的政治状况。我希望您派遣某个聪明可靠的人到苏伊士或开罗，与我商谈。愿上天增强您的力量，消灭您的敌人！
>
> 您的……
>
> 波拿巴[78]

①　摩卡是位于也门红海岸边的一座港口城市，近代曾是国际最大的咖啡贸易中心。

333

第九章　印度的死尸

　　1798 年 5 月 17 日，也就是拿破仑的舰队驶出土伦、快速穿越地中海前往亚历山大港的前两天，一艘桅杆高耸，线条顺滑的东印度公司船只经历了七个月的航行，驶入胡格利河。船上有一个人将会改变印度历史，正如拿破仑将会改变法国历史。这个人的名字在今天已经大体上被遗忘，但在 1798 年之后的七年里，他在印度征服土地的面积超过了拿破仑在欧洲的战果，而且速度比拿破仑的开疆拓土快得多。

　　罗伯特·克莱武在 1756 年 12 月乘船驶入这条河的时候，在信中写到了孟加拉湾的海水在何处开始染上恒河泥沙的独特颜色。当时东印度公司在孟加拉的人员只剩下从加尔各答败退的身患疟疾的难民，他们在伏尔塔的苏达班红树林沼泽中苟延残喘，而加尔各答成了一片废墟。仅仅四十二年后，加尔各答已成为亚洲最大的城市之一，而东印度公司完全主宰了印度东部和南部，并成功地包围了南印度。我们所说的这位乘客从后甲板舱室的床位向外眺望的时候，知道自己之所以来到东方，就是为了将公司征服与巩固新疆土的事业推向高潮。

这是他第一次看到孟加拉，眼前的景致令他激动不已。他在抵达之后给妻子的信中写道："我快靠岸时看到的景观极其雄壮，无与伦比。这条河像伦敦的泰晤士河一样宽广，近 3 英里的河岸上布满了美观而坚固的乡间别墅，配有柱廊。城市里密密麻麻地坐落着许多风格相同的绝美宫殿，有全世界最好的要塞。葱翠欲滴的草坪比你见过的一切都更美……在如此炎热的国家，这真是不寻常的效果。这里的树木比任何欧洲国家的树木都更美，叶子也更繁茂……阿瑟在距离城市几英里的地方迎接我们。我抵达要塞时得到了礼炮齐鸣的欢迎。"[1]

这位乘客是新任印度总督韦尔斯利侯爵理查德；[2]"阿瑟"是他的弟弟，前不久来到印度任职，后来名望会远远超过兄长，被册封为威灵顿公爵。兄弟俩将会改变印度和欧洲。

然而，这样的历史不是必然的。兄弟俩既不是顶尖的大贵族，也不是卓越的政治家，更没有什么财富可言。他们出身于爱尔兰外省的英格兰裔新教徒小地主家庭；他们的主要资产是他们钢铁般的自信、足智多谋和超凡的胆识。和前辈克莱武一样，他们也都是积极进取、说一不二的实用主义者，相信进攻是最好的防守。和克莱武一样，他们不会自我怀疑；对于那些让更容易焦虑、敏感的人感到害怕的危险，他们毫无畏惧。

在他们人生的这个阶段，家族的明星是理查德，而不是阿瑟。理查德 24 岁就进入下议院，不久之后成为财政大臣，并与首相威廉·皮特结为莫逆之交。理查德·韦尔斯利来到加尔各答接替康沃利斯勋爵成为东印度公司驻印度总督时年仅 37

336

岁。他镇定自若，天庭饱满，眉毛粗而黑，罗马式鼻子很引人注目。他双眼碧蓝，目光炯炯，下巴显得很坚毅，四分之三长度的鬓角让下巴更显得凸出。他的嘴巴较小，显得果敢；脸上一幅猫头鹰般的神情，让人觉得他聪明绝顶，也许还是个冷酷无情的人。但他的所有肖像上都有一丝狐疑的表情，甚至看起来像被害妄想狂。他越来越多地用极端傲慢的面具来掩饰自己的这个缺陷。

韦尔斯利对自己服务的东印度公司的立场与之前的几任总督截然不同。此时的加尔各答与克莱武熟悉的那个破败小城不同，如今的东印度公司与克莱武为其效力的那家公司也完全不是一回事。在印度，东印度公司比当年强大了不知多少倍，拥有的军队规模也是克莱武指挥的军队的大约二十倍。但在伦敦，议会一直在蚕食东印度公司的权力和独立性，首先是1773年诺斯勋爵的"监管法案"，然后是1784年皮特的《印度法案》。在很大程度上，这两份法案将英治印度的军政大权从利德贺街的东印度公司董事手中夺走，交给了"控制理事会"，这是1784年为了监管东印度公司而设立的政府机关，办公地点在伦敦城另一端的白厅。

韦尔斯利是不折不扣的政府忠仆。和几位前任不一样，他毫不掩饰自己对"最可憎的贼窝东印度公司"的"无尽鄙视"。[3] 尽管他为公司董事们赢得了一个庞大的帝国，但他在这个过程中也差一点就把公司搞破产了。从一开始，他的目标就远远不止是维持东印度公司的利润率，他的雄心壮志比这远大得多。理论上，他是东印度公司的雇员，但他实际上非常憎恶公司唯利是图的精神。

东印度公司的董事们不知道的是，韦尔斯利来到东方的时候带来了两个明确目标。他决心让英国人牢牢地控制印度，并将法国人从他们在南亚次大陆的最后立足点彻底驱逐出去。在这方面，他遵从控制理事会主席亨利·邓达斯①的指示。韦尔斯利在赴印度上任之前接受过邓达斯长时间的耳提面命，从他那里接受了仇法思想。

邓达斯给韦尔斯利的指示当中很重要的一点是，"清洗"受到法国影响力"污染"的几个印度土著政权，即迈索尔的蒂普苏丹、海德拉巴的尼查姆阿里·汗，以及统治马拉塔邦联的几个互相竞争的王公，他们都在法国雇佣兵和欧洲叛教者的帮助下训练了现代化军队，这些军队都完全可能为法国所用，与英国人为敌。此时英国处于危机之中，不仅与法国交战，还与荷兰和西班牙交战；而英国的最后一个盟友奥地利刚刚放下武器；雪上加霜的是，英国的海峡舰队刚刚发生兵变②；而拿破仑正在制订计划，企图从海上入侵爱尔兰（正处于反英起

338

---

① 亨利·邓达斯（1742~1811），第一代梅尔维尔子爵，苏格兰托利党政治家，1794年担任英国历史上第一任陆军大臣。他也是英国历史上最后一个遭弹劾的政治家（不过后来被判定无罪）。邓达斯大力推动苏格兰启蒙运动和对法作战，反对废奴，主张扩大英国在印度的势力范围，一时间对东印度公司产生了很大影响。他长期主宰苏格兰政治，被讥讽为"亨利九世""苏格兰大经理人""苏格兰大暴君""苏格兰无冕之王"等。

② 即斯比特海德与诺尔兵变，是英国皇家海军水兵的两次兵变，发生在1797年，当时英国正与革命的法国交战。斯比特海德为英国朴次茅斯附近的海军锚地，诺尔是泰晤士河入海口附近的锚地。斯比特海德兵变主要是经济性质的，类似罢工，水兵要求提高军饷和改善生活条件，最后政府妥协并赦免了哗变水兵。诺尔兵变更为激进，带有政治色彩，叛兵甚至提出要求英王解散议会、与法国议和，并以武力封锁伦敦。政府最多愿意给诺尔叛兵与斯比特海德叛兵同样的条件，拒绝做更多让步。最后诺尔兵变失败，主谋被处死。英国政府担心诺尔兵变受到了法国大革命左倾思想的影响。斯比特海德与诺尔兵变之后，英国和其他国家的海军与商船队的哗变和反叛事件大幅增多。

义的边缘），然后入侵英格兰南海岸。此时，英国政府不能容忍法国人在印度培植亲法势力。[4]

韦尔斯利在前往印度的半途于好望角停船休息的时候，对如何处置法国在印度对东印度公司的威胁有了更清晰的想法。1798 年 1 月底，在好望角，他遇见了一位正在好望角的矿泉浴场治疗痛风病、努力恢复健康的公司高级外交官。这位威廉·柯克帕特里克少校和韦尔斯利一样仇法，但与新任总督不同的是，他对印度的情况了如指掌，因为他在印度已经度过几十年，前不久担任过公司驻德里和海德拉巴的常驻代表。在那些地方，他与韦尔斯利决心要打败并驱逐的法国雇佣兵有过直接接触。

韦尔斯利起初请求柯克帕特里克少校以书面形式回答他关于海德拉巴的尼查姆雇用的法国军队的一系列问题，尤其是"一个叫雷蒙的法国人指挥"的一个营，该营的军官都是"最笃信雅各宾主义之恶毒与臭名昭著原则的法国人……一群斗志昂扬、勤奋而活跃的法国人……是法国在印度的永久性势力的根基"。[5]柯克帕特里克提供的答复让韦尔斯利印象深刻，所以他不仅不做任何改动就直接发给邓达斯，还恳求柯克帕特里克放弃回国的计划，跟他一起去加尔各答，担任他的军事秘书。

韦尔斯利在好望角逗留期间，一直在和柯克帕特里克密谈。柯克帕特里克向新上司报告了自己对法国之威胁以及新总督应当采取何种措施来遏制法国之威胁的看法。柯克帕特里克告诉他，才华横溢的萨伏依将军伯努瓦·德·布瓦涅为辛迪亚训练了一支马拉塔部队，装备精良，由法国人指挥。此时德·布瓦涅已经退休并返回欧洲，将这支部队交给一位名叫皮埃尔·佩龙将军的指挥官，此人的水平远不如德·布瓦涅。但柯克帕特里克见证过德·布瓦涅建立的这支军队的娴熟技艺，尤其是它的炮兵的高效。三年前的 1795 年 3 月，海德拉巴尼查姆的军队在哈尔达战役中惨败于辛迪亚军队时，柯克帕特里克就在现场。柯克帕特里克对辛迪亚新军队的强大战斗力没有任何疑问。如今辛迪亚军队在制服、训练、武器，甚至印度兵的种族和种姓背景等方面与东印度公司军队几乎没有分别。

令韦尔斯利尤其惊恐的是，东印度公司的死敌蒂普苏丹的军队如今在很大程度上受到 500 名法国雇佣兵、顾问、技术人员和军官的掌控，而且这些法国人都是革命党人。柯克帕特里克告诉韦尔斯利，在 1797 年 5 月，蒂普苏丹的法国军官甚至在塞林伽巴丹组建了一个革命性的雅各宾派俱乐部："在军营的礼炮和排枪声中，法国三色旗被升到旗杆顶端"，而革命前的波旁王朝的象征被烧毁。随后，这群法国革命者种植了"自由树"（可以算是雅各宾党的五朔节花柱），并高唱共和主义赞歌。为"自由树"戴上"平等帽"的时候，这群法国人"宣誓要仇恨所有帝王，除了法兰西共和国的盟友、常胜的蒂普苏丹；向所有暴君开战，热爱祖国和'公民'蒂普苏丹的土地"。最后，他们庄严宣誓要拥护共和国宪法，"战死沙场……不自由毋宁死！"[6]

仪式结束后，法国军官们步入塞林伽巴丹的操练场，"公民苏丹"在那里等候。他们走近时，蒂普苏丹命令 2300 门大炮、500 门火箭炮和他的部队拥有的所有滑膛枪同时鸣放，作为敬礼。"公民"蒂普苏丹宣布："看呐，我向你们国家的旗帜致敬，我珍视它，我是你们国家的盟友。法国的三色旗将永远在我的国家高高飘扬，就像它在我们的姊妹法国一样！去吧，继续你们的庆典！"[7]

韦尔斯利最担心的是，如果东印度公司与蒂普苏丹之间再次爆发战争，几支法国雇佣兵部队会联合起来挑战公司。在给伦敦的信中，他写道：

340

> 因为海德拉巴尼查姆的政府目前处于虚弱的状态，所以他麾下的法国官兵可能公开地投奔蒂普苏丹，然后通过突然袭击夺取尼查姆的领土，将其纳入法国的统治之下。目前法国与蒂普苏丹是盟友。辛迪亚麾下也有一支由法国军人指挥的强大军队，他的利益和倾向会导致他与蒂普苏丹和法国交好。所以，尼查姆、辛迪亚和蒂普苏丹麾下的法国军官及其部队可能会联合起来，在浦那和德干各邦的废墟之上建立法国人的势力。[8]

韦尔斯利抵达加尔各答之后就开始制订计划，调兵遣将南下去应对上述威胁。6月8日，他在一份加尔各答报纸上读到法国驻毛里求斯总督马拉尔蒂克先生的宣言后，大受震动，于是加快落实他的计划。马拉尔蒂克宣布，蒂普苏丹与法国缔结了攻守同盟，"他〔蒂普苏丹〕只等法国人前来援助他，就会向英国人宣战，因为他热切希望将英国人逐出印度"。[9]

从这一刻起，蒂普苏丹的命运就确定无疑了。韦尔斯利最优先关注的事情就是抢在法国远征军抵达印度之前，消灭法国人在印度的所有势力。6月，他写信给在马德拉斯的公司军队总司令哈里斯将军（曾参加康沃利斯针对蒂普苏丹的作战），宣布自己的决定，"立即召唤我们的盟友，并火速在海岸集结军队"，目的是"抢在蒂普苏丹得到外援之前，先发制人"。[10]

8月初，韦尔斯利的作战计划拟好了。他将计划发给身在伦敦的邓达斯，概述"为了挫败蒂普苏丹和法国人的联合，最恰当的措施"。[11]在韦尔斯利看来，如今的蒂普苏丹是英国人的死敌，所以除恶务尽："铁证如山，他对我们抱有深切的敌意。他一边甜言蜜语地向我们示好，侈谈和平与友谊，一边却在我们未曾冒犯他的情况下谋划要彻底毁灭我们。"[12]

不过，韦尔斯利决定，首先处置海德拉巴境内雷蒙指挥下的法国革命者队伍。

尽管韦尔斯利在这个时期写的许多书信和文章有仇法的偏执狂的味道，但这位新任总督有一项判断是正确的：雷蒙对东印度公司确实构成了潜在的威胁。前不久发现的一批文件表明，雷蒙当时确实在和德·布瓦涅部队中的法国军官（为辛迪亚效力）以及在塞林伽巴丹为蒂普苏丹服务的法国军官秘密通信，而雷蒙本人在投奔尼查姆之前也曾为蒂普苏丹效力。

雷蒙在18世纪90年代初给本地治里的法国大本营写了一系列洋溢着爱国主义激情的信，说自己对法国和革命事业忠心耿耿。他在给本地治里总督的信中写道："如果我幸运地得到机会来证明自己对祖国的热爱，我愿意牺牲一切。"在给毛里求斯总督的信中，他对自己的意图表达得更清晰："我将始终服从您给我的任何命令，因为这是我的第一职责……如果我对法国有用，我愿意再次为法国流血。我的一切辛劳都是为了履行自己的爱国义务并赢得您的好评。"[13]

新任英国驻海德拉巴常驻代表詹姆斯·阿基利斯·柯克帕

特里克是韦尔斯利的新任军事秘书的弟弟。驱逐海德拉巴的法国军人的任务被交给了詹姆斯，但这个任务绝不轻松。雷蒙的收入极高，他的庄园的岁入高达 50 万卢比①。1798 年初，他说服尼查姆再次扩充他的部队，人数达到 14000 人，还有专门为其服务的铸炮工厂，以及用 5000 头牛拖曳的一整套火炮。除了质量上乘的火炮之外，这支部队还自己生产刀剑、滑膛枪和手枪，甚至还有一支 600 人的小规模骑兵部队。对英国人来说更糟糕的是，雷蒙深得海德拉巴朝廷的宠信。王储西坎达尔·贾赫非常喜欢这个法国人，发誓的时候喜欢说"以雷蒙的头起誓"。[14]

342   但在 1798 年 3 月 25 日，雷蒙突然死了，年仅 43 岁。有人说他可能是被毒死的，也许是被朝廷里的亲英分子谋杀的。不管真相究竟如何，雷蒙的暴毙给了詹姆斯·柯克帕特里克一个机会。对英国人来说更为有利的是，尼查姆的大臣之一米尔·阿拉姆刚刚访问了加尔各答，对东印度公司兵营和军工厂的规模感到震惊，而且海德拉巴的其他几位高官同样确信东印度公司是印度正在崛起的力量。他们提出，要保障海德拉巴的安全，务必与英国人结盟，因为海德拉巴被两个更强大的邻国包围，即南面蒂普苏丹的迈索尔和西面浦那的马拉塔人。

六个月后，经过好几周的艰难谈判，海德拉巴和东印度公司签订了秘密条约，结成了紧密的军事联盟：公司将在海德拉巴驻军 6000 人，用来保护尼查姆。作为回报，尼查姆将给东印度公司支付每年 41710 英镑②的军费，并遣散海德拉巴境内

---

① 相当于今天的 650 万英镑。——作者注
② 相当于今天的 4379550 英镑。——作者注

的法国军人。但条约里没有明确规定如何以及何时落实这一点。

条约签订之后的一个月里气氛紧张，公司军队的四个营和一队炮兵从贡土尔附近的海岸缓慢地北上，行军 150 英里到海德拉巴。贡土尔是距离海德拉巴最近的由公司控制的城镇，韦尔斯利在两个月前就命令这些部队集结于此，随时开往海德拉巴。[15]

10 月 22 日破晓之前，东印度公司军队静悄悄地包围了海德拉巴境内的法军兵站，将大炮部署在俯瞰法军防线的山背上。距离那里不远的地方有前不久为了纪念雷蒙而建造的古典希腊风格神庙和方尖碑。英军取得了出其不意的奇袭效果。天亮之后，法军一觉醒来发现自己被包围得水泄不通。上午 9 点，柯克帕特里克表示，如果法军投降的话，他可以给他们发放之前拖欠的全部军饷。他们"只有一刻钟时间堆放自己的武器，然后走到营地右侧半英里处的一面旗帜下。如果他们不服从，将立刻遭到攻击"。[16]

法军犹豫了半个钟头。2000 名公司骑兵集结在法军营地的右翼，另有 500 名公司士兵在右翼待命，中路是公司的 4000 名步兵。现场一片寂静。9 点半刚过，法军当中的印度兵终于送出消息说他们接受条件。柯克帕特里克如释重负。

东印度公司骑兵迅速冲进营地，夺取了法国人的弹药库、仓库、火药工厂、铸炮工厂和大炮，而法军当中的印度兵逃到表示投降的旗帜下。柯克帕特里克觉得这是"既光荣又凄凉的景象"。[17]几个钟头之内，印度境内最强大的一支法国部队，超过 14000 人，就这样被不到其兵力三分之一的英军解除了武装。整个过程中未发一弹，没有伤亡。

柯克帕特里克从英国常驻代表官邸屋顶观看公司士兵们在

整个下午忙着缴械。当晚，他既精疲力竭又兴奋不已地写信给兄长威廉，说："解散雷蒙的成千上万军队，是我一辈子见过的最精彩的景象。今晚我从屋顶用望远镜观看了全过程，清楚得仿佛我就在现场。"

在2小时后写的附言中，他又报告了更好的消息：威廉听到刚刚从孟买十万火急送来的喜讯了吗，即"纳尔逊将军赢得了一场辉煌的海战胜利"？在8月1日的尼罗河河口战役中，纳尔逊在阿布基尔湾几乎全歼法国舰队，让拿破仑将埃及当作稳固的基地、从那里攻击印度的希望化为泡影。这个新事态真是惊人。自拿破仑远征埃及的消息传来之后，大家就觉得，印度很可能遭到攻击，甚至成为法国殖民地。现在这种威胁几乎已经完全消除。[18]

在海德拉巴解除法军武装的行动很顺利，韦尔斯利因此十分喜悦。他在这个月晚些时候写信给邓达斯："你会很高兴地听到，我征服了法国军官指挥下的一支为尼查姆效力的14000人的军队。我的正式报告里没有提到一件奇怪的事情，就是这支军队的旗帜居然是法国三色旗。这是在印度大陆升起的第一面三色旗。这面旗帜如今在我手中，我会把它送回国，作为粉碎法国在印度影响力的政策的最佳注解。"[19]

搞定海德拉巴之后，韦尔斯利准备动手对付他的主要敌人蒂普苏丹。

　　　1798年11月4日，韦尔斯利给蒂普苏丹写了一封挖苦讽刺的信，把他的法国盟友在尼罗河河口战役中惨败的消息告诉他："我相信，因为你我之间的友谊牢不可破，所以这个消息一定会让你真诚地感到喜悦。因此我不敢耽搁，赶紧向你报告这个喜讯。"[20]蒂普苏丹以牙还牙，回了一封貌似亲切友好实则同样不真诚的信，告诉韦尔斯利勋爵："我目前安居家中，有时享受新鲜空气，有时在一个休闲场所狩猎作乐。"[21]

韦尔斯利下一次写信的时候，东印度公司与海德拉巴的盟约已经敲定，海德拉巴的法军已经被解散，所以总督比以往更加自信。这一次，他的信的口吻大不相同了："你不要以为我不知道你和法国人眉来眼去。你也知道，他们是东印度公司的死敌。我无须再掩饰自己的惊讶和担忧，因为我看到你与法国人暗中勾结，企图毁坏你和东印度公司之间友谊的根基，并在你的王国引入无政府原则和混乱……从而消灭你尊崇的宗教。"[22]但蒂普苏丹不为所动："我经常外出远足和狩猎，目前正打算参加一次狩猎……请你继续给我写来亲切友好的书信，与我分享你的近况。"[23]

韦尔斯利正忙着敲定入侵计划的最后细节。他已经赢得孟加拉的马尔瓦尔银行家的支持，所以军费没有问题。他给孟买和马德拉斯送去 1000 万卢比（相当于当时的 100 万英镑、今天的 1.3 亿英镑）巨款，都是他在加尔各答的金融市场筹集的，[24]并且他还从欧洲及时获得了一笔资金。[25]

他写信给公司驻浦那常驻代表威廉·帕尔默，指示他不惜一切代价让马拉塔人遵守康沃利斯签署的三国盟约，切断与迈索尔的联系，并与公司联手向蒂普苏丹开战。佩什瓦不情愿地向帕尔默承诺，马拉塔人将会遵守三国盟约，出兵 25000 人支

345

持东印度公司。不过，浦那方面拖延了很久，这支部队没有赶得上作战。[26]韦尔斯利还写信给尼查姆，让他出兵支持新盟友英国人。五个月前尼查姆与柯克帕特里克签订的条约里有相关的规定。

然后，韦尔斯利加强了针对蒂普苏丹的宣传攻势，描述他是"残酷无情的敌人"、"丛林里的野兽"、"根深蒂固地仇恨欧洲人"的"不宽容的偏执狂"，并说他"口中无时无刻不在谈论圣战"。韦尔斯利还指责这位暴君是"压迫成性的、不义的统治者……嗜血的暴君，谈判时背信弃义的奸贼"，并且，最严重的是，他还是"狂暴的宗教狂人"。[27]读者诸君从近期西方国家与一些坚定自信的伊斯兰领导人的对抗当中肯定熟悉了这种诽谤中伤。

与此同时，韦尔斯利写信给董事会，向其保证，他绝不是花着他们的钱去追寻虚荣的冒险："虽然我认为，我的职责要求我将你们的军队派遣到印度的每一个部分，但我的期望和意图是维护和平。在当前的危机当中，除了准备战争，别无争取和平的办法。"[28]

这封信就像他给蒂普苏丹的书信一样言不由衷。因为韦尔斯利实际上对和平毫无兴趣。恰恰相反，他非常期待运用公司的私营军队来打一场完全可以避免的战争，去对付印度境内由法国人指挥的军队。

1798 年 12 月 25 日，即圣诞节，韦尔斯利勋爵从加尔各答乘船前往马德拉斯，为了在南方基地更好地掌控局势。他于1798 年的最后一天抵达，在那里受到新任马德拉斯总督的欢迎。此人是克莱武勋爵爱德华，即罗伯特·克莱武的儿子，头脑略显迟钝。正是他的父亲三十五年前在普拉西的胜利开始了东印度公司的转变：从一家贸易公司逐渐演化成一支私营的帝国主义势力，拥有一支常备军和比英国本土大得多的领土。两人第一次见面之后，韦尔斯利评价年轻的克莱武是"一位可敬、热忱、恭顺、脾气极好的绅士；但完全缺乏与他当前的地位匹配的才华、知识、办事习惯或坚定性格。他是怎么爬到这样的位置的？"²⁹此后韦尔斯利基本上不理睬他，自己忙着准备攻击蒂普苏丹，从不让爱德华·克莱武参与。

到此时，哈里斯将军的重型攻城部队，包括撞城槌和坑道爆破装备都已经到了韦洛尔，这是最接近迈索尔边境的由英国人控制的要塞。在那里，2 万名公司印度兵、1400 名精锐的英国掷弹兵（由阿瑟·韦尔斯利，即后来的威灵顿公爵指挥）、一个营的穿短裙的苏格兰高地士兵一起参加战前训练，而哈里斯在等待前进的命令。³⁰

蒂普苏丹拥有极其高效的间谍网络，所以对自己境外的情况了如指掌。他写道："我最近得知，经过相关人士的讨论之占，英国人在做军事准备。"³¹在韦尔斯利勋爵完善他的军事计划的同时，蒂普苏丹同样精神百倍地争取最后一批有能力与东印度公司抗衡的土著军队的支持，并警示他们，不管他们曾经有过什么样的分歧，现在是他们联合起来打败英国人的时候了。

1799 年 1 月 8 日，詹姆斯·柯克帕特里克从海德拉巴报告称，蒂普苏丹写信给尼查姆，请求原谅他过去破坏条约的行

346

为，并请求结盟，说英国人"企图消灭所有穆斯林，并以'戴帽子的人'取而代之"。[32]两天后，即 1 月 10 日，韦尔斯利收到了从浦那发来的报告，其中说蒂普苏丹派了一个代表团去马拉塔宫廷，请求他们的军事援助。[33]

韦尔斯利的间谍报告称，蒂普苏丹甚至写信给艾哈迈德·沙·杜兰尼的孙子、阿富汗统治者扎曼·沙。蒂普苏丹写道："虔诚的君主们的职责是联合起来，共同消灭异教徒。""可悲的皇帝［沙·阿拉姆］把伊斯兰信仰弄到今天的虚弱无力的状态，等废黜他之后"，他提议他（蒂普苏丹）和扎曼·沙可以瓜分印度。[34]但这些外交努力为时已晚。

347 韦尔斯利已经万事俱备，蒂普苏丹没有时间去缔结他为了自卫而急需的联盟了。[35]蒂普苏丹的父亲海德尔·阿里临终时曾建议儿子，如果与东印度公司对抗，务必与其他印度统治者联手；只有这样，才能确保胜利。野心勃勃而且极度自信的蒂普苏丹忽略了父亲的建议。如今，他最需要帮助的时候，却势单力孤。

蒂普苏丹肯定知道自己的胜算是多么小：他在记载自己梦境的书里写道，他曾梦见在千钧一发之际有一支"1 万名法兰克人［法国人］"的援军抵达。12 月 20 日，苏丹被一个噩梦惊醒：他梦见一支庞大的英国基督徒军队，向他的都城进军。[36]然而，他决不打算举手投降。据说，他得知韦尔斯利开始入侵他的王国时曾表示："我宁愿当一头狮子，只活一天，也不愿意当一只羊，安安稳稳地活一辈子……以军人的身份战死沙场，胜过寄人篱下，可怜兮兮地依附于异教徒，从他们那里领退休金。"[37]

1799 年 2 月 3 日，哈里斯将军奉命动员军队，"尽快攻入迈索尔领土，前去攻打塞林伽巴丹"。总督按照自己的方式发来了如何行动的详尽指示，并命令，不管发生什么，在大军抵达塞林伽巴丹城下之前绝不与敌人谈判。[38]

　　2 月 19 日，公司驻海德拉巴的四个营在詹姆斯·达尔林普尔上校指挥下，与另外四个营的海德拉巴步兵和超过 1 万名海德拉巴骑兵一道，与哈里斯将军的部队会师。3 月 5 日，这两支部队带着大约 3 万头羊、大量粮草和 10 万头拉车的公牛，跨过边境，进入迈索尔。[39]至少 10 万名随军人员跟随大军，人数是战斗人员的至少四倍。韦尔斯利相信他的军队是"在印度出动过的最优秀的军队"，但这实际上是一支庞大而笨重的队伍，向塞林伽巴丹行军的速度每天仅有 5 英里，一路如蝗虫过境一般，吃光了"这个国家能够提供的所有食物"。[40]

　　蒂普苏丹在 1792 年割让了一半国土，所以此时他的资源比康沃利斯战役时期少得多。他也认识到，自己最大的希望就是集中兵力到他的都城，即岛屿要塞塞林伽巴丹。他从要塞仅仅短暂地出击了两次，一次是针对一支从孟买赶来、从果达古翻山越岭的规模较小的英军，另一次是在班加罗尔附近袭击哈里斯的主力部队，在这过程中蒂普苏丹亲自率领骑兵向敌人发动了一次勇猛的冲锋。然后，他撤到塞林伽巴丹的雄伟高墙之后，开始加强工事，准备应对围城。

　　他的兵力只有 37000 人，比联军略少一些，但他仍然是一个难对付的对手。没有人忘记，在之前的三次英国-迈索尔战争中蒂普苏丹的军队经常打败东印度公司军队。本次作战期间公司军队最优秀的两名指挥官——戴维·贝尔德爵士和他的亲戚詹姆斯·达尔林普尔都曾在 1780 年的波利鲁尔惨败（"英国军队在印度遭遇的最严重灾难"）之后被俘，成为蒂普苏丹的阶下囚，在狱中煎熬了四十四个月。[41]

3 月 14 日，哈里斯的部队通过了班加罗尔，攻克了附近山区的好几座关键的要塞。三周后的 4 月 5 日，英军终于看到了塞林伽巴丹。4 月 6 日，阿瑟·韦尔斯利率军向城市的外围防御工事发动了一次夜袭，不幸失败；13 名公司印度兵被蒂普苏丹的军队俘虏，后来被折磨至死。7 日，围城战正式开始。[42]

蒂普苏丹顽强抵抗，表现出他一贯的足智多谋和不屈不挠。一名英国士兵写道，蒂普苏丹"毫不示弱地反击我们……［夜间的战斗］打得极其凶悍……不久之后战况就变得非常激烈；超重的炮弹和火箭弹从西南面一刻不停地向我们倾泻，要塞北面的敌人用 14 磅炮和葡萄弹轰击我们的堑壕；我军的炮兵阵地经常着火，那里的火光……就是老虎兵［蒂普苏丹的精锐部队，穿着带虎纹的制服］前进的讯号，他们用滑膛枪向我们猛烈射击"。共有约 120 名法国人被俘，其中有 20 名军官。[43]

349　　这里的小规模法国部队大约有 450 人，都戴着法兰西共和国的帽徽和月桂枝条，"打得非常勇敢顽强"。他们在 4 月 22 日主动出击，攻击了岛屿北岸的英军阵地："有些［法国人］落入堑壕，被我们的刺刀捅死；其他人在堑壕附近中弹倒毙。"[44]

蒂普苏丹打得很勇敢，防御也很巧妙，所以在一段时间里，东印度公司军队进展甚微。一名军官写道："敌人在夜间继续修理他们破损的护墙，早晨在西北角突出部周围的一处新工事里部署了好几门炮，让我们大吃一惊……我们的士兵开始产生一种类似于绝望的情绪。这个真正令人生畏的地方，得到如此顽强的防御，根据我们的计算，如果局面不迅速有所改观的话，我们就不可能拿下这座要塞，除非付出沉重的代价。"[45]

但韦尔斯利拥有数量空前的重炮。他部署了 40 门 18 磅炮用于在城墙上打开缺口，用 7 门 8 英寸或 5.5 英寸口径的榴弹炮向要塞内部倾泻火力。除此之外还有 57 门 6 磅炮用于提供火力支援，去对付蒂普苏丹的步兵。[46]到 4 月底，蒂普苏丹在岛屿北端和西端的绝大多数火炮都哑火了。到 5 月 3 日，海德拉巴军队的炮兵感到足够安全，推进到了距离城墙最薄弱角落仅有 350 码的地方。当晚，攻城军队在城墙上打开了相当大的缺口。哈里斯决定在次日发动总攻。[47]

4 日早晨，蒂普苏丹查看了城墙上的缺口，然后沐浴更衣，请教他的婆罗门占星家。他们给出了非常严重的凶兆。蒂普苏丹赐给他们"三头大象、两头水牛、一头阉牛和一只母山羊"，以及一铁罐用于占卜的油，请他们"为了国家的兴旺而祈祷"。现在他估计自己大祸临头了。[48]

下午 1 点，也就是全天最热的时候，蒂普苏丹的大多数士兵都在午休。在东印度公司军队的堑壕里，戴维·贝尔德振作起来，给部队发放了"烈酒和饼干，然后抽出剑，说：'士兵们，你们准备好了吗？'士兵们回答：'好了！''那么，小伙子们，前进！'"[49]然后他跳出堑壕，率领 4000 名士兵跳进高韦里河，然后涉水通过浅滩，冲向突破口。他的两个纵队爬过城墙前的斜堤，冲进了城，沿着城墙左右散开，展开激烈的白刃战。

350 　　蒂普苏丹得知英军发动总攻后，立刻抛下宫殿里的午餐，率领他的精锐"真主之狮"近卫营骑马冲向突破口。但他抵达的时候，东印度公司军队已经闯进城里。他只能攀上城堞，为了自己的生命而奋战。虽然寡不敌众，但他还是勇敢地与蜂拥而上的公司印度兵厮杀，没过多久就被刺刀戳了两刀，左肩被一发子弹擦伤。他的部下建议投降，他答道："你们疯了吗？闭嘴！"

　　在水门与要塞内层城墙之间的地方，蒂普苏丹做了"英勇的最后抵抗"。即便最敌视他的英国人也承认他很英勇。[50] 一群红衣军冲进了两扇大门之间的地域，一名英国掷弹兵看到负伤的苏丹腰间闪闪发光的黄金带扣，伸手去抓，但被苏丹一剑砍死。几秒钟后，另一名英军士兵在近距离向蒂普苏丹开枪，射穿了他的太阳穴。在三十二年里与东印度公司打了四场战争的迈索尔之虎终于倒地，手握利剑，倒在成堆的死尸和垂死的人中间。[51]

　　几个钟头之后，整座城市被公司军队占领。当天日落之后，贝尔德被蒂普苏丹的廷臣拉贾·汗带去查看苏丹的尸体。一位目击者写道："那景象十分惊人。死尸堆积如山，那个地方光线昏暗，所以没有办法辨认死者。"他们只能从尸堆上把尸体一具一具地滚下去，然后借助一盏油灯的闪烁灯光查看每一位死者的面庞。贝尔德最终找到了蒂普苏丹。他的尸体躺的地方距离贝尔德当初被囚禁的监狱的大门只有 300 码远。[52]

　　苏丹的尸体躺在一堆尸体下面，身上的珠宝首饰已经被洗劫一空。蒂普苏丹双目圆睁，尸体还很温暖，所以贝尔德在灯下不禁怀疑他是不是还活着；但摸了脉搏之后，贝尔德宣布他确实死了。贝尔德后来写道："他的面容绝没有扭曲，而是显得严峻而镇静。"[53]另一名目击者回忆道，"他穿着精细白亚麻布的上衣"，下身穿着"绣花丝绸的宽松长裤，腰缠鲜红色丝绸与棉布腰带；肩挂一只美观的口袋，它的肩带是红色和绿色丝绸的；他的头巾在跌倒的混乱中遗失了；胳膊上戴着一只护身符，但没有任何装饰"。[①] 尸体被用轿子抬到宫内。在那里，蒂普苏丹已经被俘的亲人确认了死者的身份。[54]

到破城时为止，此役中迈索尔人的伤亡数字远远超过联军：蒂普苏丹的军队有约 1 万人死亡，东印度公司和海德拉巴军队仅有约 350 人死亡。一位英国观察者写道："堆积如山的死尸呈现的那种令人毛骨悚然的景象，简直不可能用笔墨形容。死者什么奇形怪状的姿态都有，到处都是。游廊上有死人，大街上也有。"[55]但恐怖的残杀才刚刚开始。

当夜，拥有 10 万人口的塞林伽巴丹惨遭肆无忌惮的烧杀抢掠。阿瑟·韦尔斯利告诉他的母亲："城里几乎没有一座房屋没有被洗劫一空。我知道，在军营里，我们的士兵、印度兵和随军人员在兜售大量价值连城的珠宝首饰、金条等。我在 5 日上午前来接管部队，费了很大力气，绞死一些人，鞭笞了另外一些人，才在那天恢复了秩序……"[56]

---

① 有些二手资料错误地说是阿瑟·韦尔斯利发现了蒂普苏丹的尸体。贝尔德给哈里斯将军的信清楚地表明是贝尔德发现了蒂普苏丹的尸体。这封信见 Montgomery Martin（ed.），*The Despatches, Minutes and Correspondence of Marquis Wellesley*, vol. I, 1836, pp. 687–9. 有些历史学家夸大了阿瑟·韦尔斯利在塞林伽巴丹攻城战中发挥的作用，因为他们考虑到他后来在欧洲取得的诸多胜利，就夸大了他在这场战役中的重要性。当时的人们认为，贝尔德和哈里斯是打败蒂普苏丹的两位最高级军官。——作者注

351

这天下午 4 点 30 分，苏丹的送葬队伍缓慢地、静悄悄地穿过城市，路两边是泪流满面的幸存者。人们沿街观看，"许多人在苏丹的遗体前跪拜，高声哭喊，表达悲恸"。[57]最终，送葬队伍抵达了红园内白色的、洋葱形穹顶的海德尔·阿里陵墓。

在这里，蒂普苏丹被安葬在父亲身旁，"他的穆斯林追随者确立他为'沙希德'，即殉道者……由于他地位崇高，他也获得了所有军事荣誉"。[58]英国人在作战期间听惯了韦尔斯利的宣传，即蒂普苏丹是一位残忍的暴君，所以他们如今惊讶地发现他的民众，无论是印度教徒还是穆斯林，显然很爱戴他；他们也惊讶地发现，他的王国竟然如此富饶（"精耕细作，人口稠密，人民勤劳，新建的城市欣欣向荣，商贸发达"），他竟如此深得部下的爱戴（"在战争期间，他的许多印度教徒仆人被我们俘虏，他们承认他是一位宽厚仁慈的主人"）。[59]

与此同时，英军的"战利品分配委员会"开始搜集蒂普苏丹剩下的财产与他宝库内的金银财宝。他们被眼前的景象惊呆了："见惯了堆积如山的财宝的人，若是看见了这座宫殿内的财富，也一定会眼花缭乱。这里的钱币、珠宝、金银以及成捆的贵重物品，超过了我们的预想。"[60]

英军最后一共搜集到价值约 200 万英镑的黄金餐具、珠宝首饰、华丽轿子、兵器甲胄、丝绸与披肩："权力能够获取的，金钱能够购买的，这里应有尽有。"[61]最精美的东西是蒂普苏丹的黄金宝座，它上面镶嵌了宝石和珠宝做成的虎头装饰，"巧夺天工……〔宝座的形状是〕老虎背上承载的轿子，坚固的部分用黑木制成，表面覆盖一层纯金，有一个几尼①金币那

---

① 几尼是 1663~1814 年英国发行的一种金币，1 几尼相当于 21 先令。

352

么厚，用白银钉子固定，上有虎纹图案，凹凸有致，抛光精美"。[62]

"战利品分配委员会"不知道应当把宝座送给谁，于是将其切割成许多小块。18世纪印度最伟大的艺术品之一就这样被毁掉了。阿瑟·韦尔斯利是第一个为这座宝座哀叹的人。他在给董事们的信中写道："若能将宝座完整地送回英国，我会很高兴，但我还不知道有如此精美的战利品存在的时候，军中的战利品分配委员就出于热忱，轻率地将苏丹之傲慢的象征物切割成了许多碎片。"[63]

血腥洗劫塞林伽巴丹的事件臭名昭著，威尔基·柯林斯具有开拓性的侦探小说《月亮宝石》就受此启发。小说的开端就是一座城市的陷落，叙述者的亲戚约翰·赫恩卡斯尔夺得了"黄色钻石……它是印度土著历史上的一枚著名宝石，曾经镶嵌在代表月亮的四只手的印度神祇的前额"。为了夺取这块宝石，赫恩卡斯尔"一手拿着火把，另一手拿着滴血的匕首"，谋杀了月亮宝石的三位守护者，其中最后一位临死前告诉他，月亮宝石的诅咒会一直纠缠赫恩卡斯尔到死："月亮宝石会向你和你的亲人复仇！"在小说中，这枚钻石给接触过它的几乎所有人都带去死亡与噩运，最后被神秘的印度教徒守护者夺回。不过，现实中塞林伽巴丹的战利品没有物归原主。[64]

蒂普苏丹的财宝中最精华的部分后来被罗伯特·克莱武的儿媳波伊斯伯爵夫人亨丽埃塔收藏。她在塞林伽巴丹陷落的次年游历了南印度。她对蠢笨的丈夫、新任马德拉斯总督爱德华·克莱武感到厌烦，于是把他留在总督官邸，自己去游览曾属于蒂普苏丹的迈索尔土地。每当她来到一处公司兵站，就会被士兵们团团围住，他们都想把从塞林伽巴丹抢来的珠宝首饰换成现金。她很愿意与他们交换。就这样，她没花多少钱就收藏到印度伊斯兰艺术最珍贵的一套藏品。后来，这些藏品被送到克莱武的波伊斯城堡，和四十年前从穆尔希达巴德的西拉杰·道拉宫殿抢来的战利品摆在一起展出，一直到今天。

根据战争结束后的政治安排，蒂普苏丹的儿子们被流放到韦洛尔要塞，迈索尔的绝大部分最好的土地被东印度公司和海德拉巴的尼查姆瓜分。剩余一小部分被归还印度教徒的瓦迪亚尔王朝，海德尔和蒂普苏丹篡夺了他们的王位。公司发现瓦迪亚尔王朝还有一个 5 岁男孩生活在"赤贫之中……居住在有棚子的马厩里"。[65]这个男孩得知自己成了迈索尔王公，经历简短仪式之后成为大幅缩水的迈索尔国家的名义统治者，受到一名英国常驻代表的严密监视。瓦迪亚尔王朝后来迁都回到迈索尔城，塞林伽巴丹就彻底废弃了，再也没有恢复曾经的盛况。

今天，蒂普苏丹曾经的宫殿的废墟旁有一座小村庄，他一度辉煌壮丽的园林里如今有山羊在吃草。除了法国人设计的恢宏要塞之外，蒂普苏丹的旧都留存至今、保存最好的建筑居然是印度教古老的斯里兰加纳塔寺（蒂普苏丹的都城就是以它得名），这颇有些讽刺。蒂普苏丹不仅保护这座寺庙，还给它馈赠了厚礼，至今仍可看到这些礼物。我们还能看见所有那些美丽的毗奢耶那伽罗时代的图像。尽管英国人谴责他是狂热的"不宽容的偏执狂"，但他的都城中央的这座印度教寺庙从来没有遭到穆斯林的破坏。

蒂普苏丹的都城在今天基本上成了放牧的草地，这位对抵抗东印度公司出力最大的印度统治者，这位"迈索尔之虎"的王国往昔的辉煌几乎没有留下什么证物。

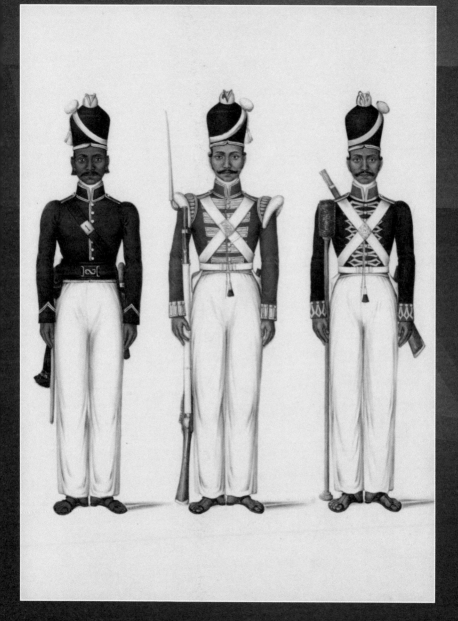

《马德拉斯步兵中的印度兵》画作，韦洛尔的 Yellapah 作。

《波利鲁尔战役》画作。蒂普苏丹命人在他的园林式宫殿达利亚道拉特宫（Darya Daulat Bagh）的墙壁上绘制的壁画（纪念他在 1780 年的辉煌胜利）的复制品。在图的正中央，威廉·贝利中校坐在轿子上，手指触碰嘴巴，一幅惊愕的表情，因为蒂普苏丹炸毁了他的弹药车，并且迈索尔骑兵从四面八方攻击公司的步兵方阵。

左：埃德蒙·伯克肖像，出自约书亚·雷诺兹的画室。伯克是盎格鲁－爱尔兰辉格党政治家和政治理论家。他从未到过印度，但他的一些亲人因为不明智地参与东印度公司股票投机而破产。伯克和弗朗西斯一起撰写了一系列专责委员会报告，揭露东印度公司在印度的胡作非为。在结识菲利普·弗朗西斯之前，伯克自称"十分仰慕"黑斯廷斯的才华。弗朗西斯很快就改变了伯克对黑斯廷斯的看法。到 1782 年 4 月，弗朗西斯已经起草了针对黑斯廷斯的二十二项指控，伯克将其呈送给议会。伯克和弗朗西斯经过五年的不懈努力，说服议会有足够的证据可以弹劾黑斯廷斯。

右：菲利普·弗朗西斯，James Lonsdale 作，约 1806 年。他错误地相信黑斯廷斯是孟加拉的腐败之源，并且野心勃勃地想取代黑斯廷斯成为印度总督，于是从 1774 年到去世一直打压黑斯廷斯。在一次决斗中，弗朗西斯未能杀死黑斯廷斯，自己的肋骨反倒中了一发手枪子弹，他随后回到伦敦。他的指控导致黑斯廷斯和大法官伊莱贾·英庇遭到弹劾，但他俩最终都被无罪开释。

老年沃伦·黑斯廷斯的肖像，Lemuel Francis Abbott 作，1796 年。他绝不是浮夸、高谈阔论的暴发户，而是一位庄重、有气质而略显严肃的人。站在被告席上的黑斯廷斯身材瘦削，穿着朴素的黑色长礼服和白色长袜，看上去更像是准备布道的清教牧师而不是大腹便便的贪官污吏。他身高将近六英尺，体重却不到八英石："衣着简朴，秃顶，面容温和宁静，带着深思熟虑的神情，但活跃起来就显得聪慧过人。"

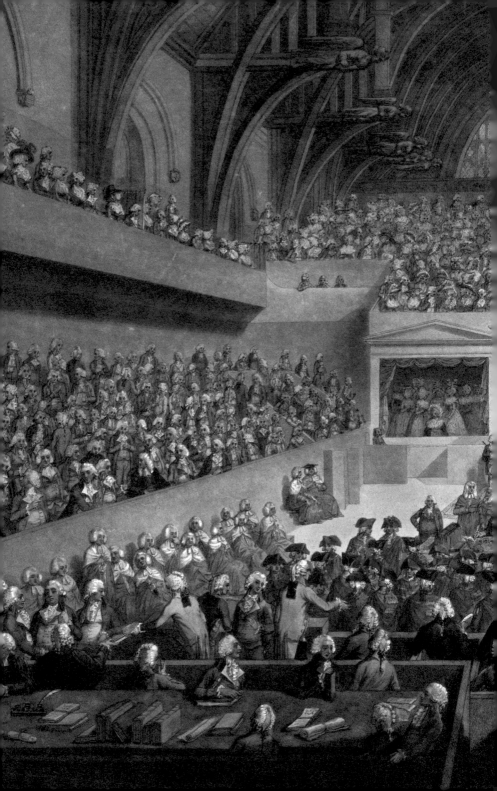

《在威斯敏斯特大厅弹劾沃伦·黑斯廷斯》画作，1788 年。这不仅仅是乔治三世时代最重要的政治场景，也是英国人最接近审判东印度公司的状态。为旁听者保留的少数座位的票价高达 50 英镑，但人们还是趋之若鹜，以至于此次弹劾案的管理者之一说，观众"拥堵在门口，直到上午 9 点开门，然后蜂拥而入，仿佛这是剧院，而加里克在上演《李尔王》"。

上：《马哈吉·辛迪亚在德里请一名英国海军军官和一名年轻的英国陆军军官欣赏歌舞》画作，约 1790 年。

下：库德西娅花园的宫殿，古拉姆·卡迪尔在沙·阿拉姆宫廷的时期就在这里被抚养长大。

被刺瞎的沙·阿拉姆二世坐在孔雀宝座的木制复制品上，海鲁拉作，约 1790 年。老皇帝已经到了古稀之年，坐在破败的宫殿内。这位盲人统治的帝国已经基本上只剩下幻影。

上：波利鲁尔战役期间，蒂普苏丹骑在大象上指挥军队。

下：1792 年，康沃利斯勋爵入侵迈索尔之后接收蒂普苏丹的儿子为人质，Mather Brown 作。

蒂普苏丹于 1782 年继承父位，在和平时期励精图治，政绩斐然，但在战争中极其残暴。1792 年，他被迫将自己的王国的一半割让给康沃利斯勋爵、马拉塔人和海德拉巴人组成的联盟，并最终于 1799 年被韦尔斯利勋爵打败和杀死。

《东印度码头景观》，William Daniell 作，约 1908 年，从今天伦敦的东印度码头的角度观看。在 18 世纪 50 年代之后不到五十年的时间里，东印度公司掌控了莫卧儿印度的几乎全部领土，势力范围扩张到全球。公司还建立了复杂的行政机关和公务员系统，建造了伦敦码头区的很大一部分，贸易额接近英国总贸易额的一半。仅公司在英国本土的年度开支就达到大约 850 万英镑，相当于英国政府年度总开支的四分之一。难怪此时东印度公司自称为"宇宙中最恢宏的商人团体"。

辛迪亚家族

左：马哈吉·辛迪亚是一位精明的马拉塔政治家，从 1771 年开始庇护沙·阿拉姆，把莫卧儿皇族变成了马拉塔人的傀儡。他建立了一支强大的现代化军队，由萨伏依将军伯努瓦·德·布瓦涅指挥。但在他的晚年，他与图科吉·霍尔卡的竞争，以及他与东印度公司的单边和约（《萨尔拜条约》）都严重损害了马拉塔人的团结。

右：马哈吉·辛迪亚于 1794 年去世后，他的继承人道拉特·拉奥年仅 15 岁。这个少年继承了伯努瓦·德·布瓦涅为马哈吉·辛迪亚训练的精锐军队，但对于如何部署和运用这支军队却缺乏想象力，也没有军事才干。他与霍尔卡王朝竞争，且未能与其团结起来共同对抗东印度公司，引发了 1803 年的第二次英国－马拉塔战争，使得东印度公司成为印度的主宰，为英国统治印度铺平了道路。

韦尔斯利家族

左：理查德·韦尔斯利在印度征服的土地超过了拿破仑在欧洲的战果。他鄙视东印度公司的商人心态，运用东印度公司的军队和资源打赢了第四次英国－迈索尔战争，于1799年杀死蒂普苏丹并摧毁他的都城；随后他又打赢了第二次英国－马拉塔战争，于1803年打败了辛迪亚王朝和霍尔卡王朝的军队。到那时，他已经将最后一批法军从印度驱逐出去，并让东印度公司掌控了南亚次大陆在旁遮普以南的绝大部分地区。

右：阿瑟·韦尔斯利被兄长快速提拔为迈索尔总督和"德干高原与南马拉塔地区政治与军事主官"。他在1799年参加了打败蒂普苏丹军队的战役，1803年参加了打败马拉塔军队的战役，最重要的一场战役就是阿萨耶战役。他后来成为闻名世界的威灵顿公爵。

上：《威灵顿公爵在德干高原作战》，1803 年。阿萨耶战役之后，韦尔斯利的一名高级军官写道："我希望您再也不会需要用如此昂贵的代价去换取胜利。"

下：两军对垒，炮兵在前方，骑兵在两翼，大象压阵。

韦尔斯利勋爵得知蒂普苏丹死讯之后举杯庆贺："女士们，先生们，为印度的死尸干杯。"[66]

　　在不到两年时间里，韦尔斯利成功解除了印度最大规模的法式军队的武装，还打败并歼灭了第二大规模的法式军队。现在，只有马拉塔人的由法国军官指挥的军队还能阻挠他主宰整个南印度的野心。进一步的冲突不可避免，开战只是时间问题。

　　马拉塔人仍然控制着印度西部、中部和南部的广袤土地，领土面积比东印度公司大得多。如果马拉塔人能精诚团结、一致对外，就仍然有可能重新崛起为印度的最强势力。但如今他们比以往更加四分五裂，韦尔斯利很高兴去利用这种局面。

　　伟大的马拉塔邦联的最后一幕是从 1800 年 3 月 13 日首相纳纳·法德纳维斯去世开始的。他才华横溢，掌管马拉塔外交与行政二十五年之久。[67]他被誉为"马拉塔人的马基雅维利"，是最早认识到东印度公司对印度所有独立统治者构成威胁的人之一，曾在 18 世纪 80 年代与海德拉巴人和迈索尔苏丹组建三国同盟来驱逐东印度公司。

　　他同样呕心沥血地争取把邦联的不同部分团结起来。马拉塔人于 1761 年的帕尼帕特战役中遭遇灾难性失败之后，涌现了许多英雄豪杰。对马拉塔人来说很不幸的是，纳纳是其中的最后一位。他的死亡发生在 1795~1800 这个五年期的末尾，在这个时期，佩什瓦去世了，辛迪亚王朝和哈尔卡尔王朝的一

355

些高级成员也与世长辞。英国在浦那的常驻代表帕尔默将军写道："伟大的大臣纳纳·法德纳维斯去世后，马拉塔政府就失去了全部智慧与节制。"[68] 韦尔斯利需要做的事情并不多：他只需要稳坐加尔各答，坐山观虎斗，看着伟大的马拉塔邦联分崩离析。

纳纳·法德纳维斯死后，接管邦联领导权的是三个野心勃勃但爱争吵、缺乏经验的年轻人：新任佩什瓦巴吉·拉奥二世、辛迪亚王朝的新首领道拉特·拉奥、哈尔卡尔王朝的新首领亚什万特·拉奥。他们三人现在可以自由地、肆无忌惮地内斗了。韦尔斯利开始调动装备精良、财力雄厚、军事化程度越来越高的公司军队，巧妙地在次大陆的棋盘上纵横捭阖。而与此同时，马拉塔人却深陷内斗，不能自拔。他们只有团结起来才有可能打败东印度公司。但日子一天天过去，团结越来越不可能。[69]

北印度的政治早就被辛迪亚王朝和哈尔卡尔王朝之间历史悠久、世代相传的仇怨主宰。现在仇恨传到了下一代，也变得更加激烈和凶暴。马哈吉·辛迪亚于 1794 年去世的时候，他的继承人道拉特·拉奥只有 15 岁。这个少年继承了伯努瓦·德·布瓦涅为马哈吉·辛迪亚训练的强大军队，但对于如何部署和运用这支军队缺乏想象力，也没有军事才干。帕尔默将军是东印度公司旗下对马拉塔政治最有经验的观察者，他很仰慕马哈吉·辛迪亚，但对他的继承人印象不佳。帕尔默说道拉特·拉奥是个"放荡的青年……软弱，不识大体，毫无原则"。

　　　　他的收入急剧减少，却毫无必要地扩充军队，现在他拖欠部队的军饷已经超过 1000 万卢比〔相当于今天的

1.3 亿英镑]，不过他自登基以来通过最厚颜无耻的压迫 　356
和掠夺获得了 5000 万卢比。他的欧洲军官及其部队的忠
诚使得他目前为止还没有被推翻，但这样的局面维持不了
多久……他对自己的事务一无所知，也没有能力去理解自
己的真正利益，对荣誉或品格没有一丝一毫的尊重，心里
也没有一丁点儿的善意。他的仆人想方设法地利用他的这
些缺点。他的政府乱七八糟，只知道欺骗和掠夺。[70]

新任佩什瓦巴吉·拉奥二世同样乳臭未干。帕尔默认为他
的品格"不比辛迪亚［指道拉特·拉奥］更好，但他没有那
么大权力，所以不会作太多的恶。不过在私德方面，他还算体
面，而辛迪亚肆无忌惮。我在这里［浦那］的角色很困难，
也很让人烦恼，因为我要和这两个年轻人打交道，他们既不懂
得什么对自己好，也不理解别人的权利"。[71]

巴吉·拉奥二世是个瘦弱、怯懦、缺乏自信的 21 岁青年，
下巴后缩，上唇刚刚生出细细的胡须。事实很快就证明他完全
不能胜任将组成马拉塔权力基础的不同派系团结起来的挑战。
更糟糕的是，他和辛迪亚一样，都与马拉塔邦联的第三大主要
势力亚什万特·拉奥·哈尔卡尔（绰号"印多尔的私生子"）
关系很差，互相敌视。

佩什瓦的传统角色是马拉塔军阀之间的调停者，努力把他
们团结起来。但在 1802 年 4 月，巴吉·拉奥二世却毫无必要
地与哈尔卡尔王朝交恶。亚什万特·拉奥的兄长维托吉出乎意
料地被佩什瓦的军队俘虏后，巴吉·拉奥二世兴高采烈地把他
用铁链吊起来，判处他 200 下鞭笞，然后把他捆在一头大象脚
上，让他缓慢而痛苦地死去。维托吉被大象在宫殿里拖来拖

去，惨叫不止，而巴吉·拉奥二世在宫殿露台上咯咯笑着观看。[72]不久之后，巴吉·拉奥二世邀请纳纳·法德纳维斯曾经的盟友和支持者进宫，然后指控他们搞阴谋诡计，把他们全部逮捕。[73]

亚什万特·拉奥的绰号之所以叫"印多尔的私生子"，是因为他是图科吉·哈尔卡尔与一名姬妾的私生子。他合法的同父异母兄弟登基之后，亚什万特·拉奥被迫逃亡，率领一群同样走投无路的武装匪徒遁入丛林，过着艰苦的生活，在印多尔周围的荒芜之地流窜。他很快就赢得了勇敢而足智多谋的领袖的声誉。维托吉被谋杀后，亚什万特在杰久里①请求家族守护神的佑助，然后在 200 名忠心耿耿的比尔族②武士的帮助下，率军攻打他兄弟的要塞马赫斯赫瓦尔，并自立为继任者。

在那里，5 月 31 日，亚什万特·拉奥·哈尔卡尔宣誓为他兄弟复仇。他首先将注意力转向辛迪亚，迅速出兵袭击敌人的领土，并掳掠和焚毁他的宫殿。1802 年的大部分时间里，两位竞争对手都在厮杀，在印度中部山区的多处战场打得难解难分。两军在邬阇衍那③和布尔汉普尔之间的地带反复交锋，在许多场没有决定性的战斗中持续损兵折将。据编年史家蒙纳·拉尔记载："德干高原的其他统帅们把局势看得很清楚，所以努力与亚什万特·拉奥议和，认为马拉塔人内部的仇恨是可耻的事情。只有团结才能带来繁荣，不和只能导致我们全都毁灭。但这些逆耳忠言没有产生任何效果。每一天，分歧的烈

---

① 杰久里位于今天印度西南部马哈拉施特拉邦的浦那县。
② 比尔人（Bhils 或 Bheels）是印度西部一个说印度-雅利安语言的民族。
③ 邬阇衍那位于今天印度的中央邦。在释迦牟尼时代，它是阿槃提国的首都。在玄奘时代，它是一个独立小国。

火都烧得越来越猛烈。"⁷⁴

最后，亚什万特·拉奥渡过哥达瓦里河，率军南下，向浦那推进。佩什瓦急需盟友，于是向蒂普苏丹死后唯一可能帮助他的势力求助。他传唤了英国常驻代表，请求与东印度公司结盟。

对韦尔斯利来说，这又是一个分裂马拉塔邦联、破坏其战争机器的良机。他给巴吉·拉奥二世开出了前不久给尼查姆的相同条件：双方缔结防御性盟约，公司在浦那永久驻军来保护他，佩什瓦每年提供一大笔军费给公司。佩什瓦接受了这些条件。但公司军队还没来得及出动去保护他的时候，他和辛迪亚就不得不面对哈尔卡尔王朝的军队。这支大军正在快速逼近浦那。

1802 年 10 月 25 日，星期日，是排灯节①。这一天，两支军队在距离马拉塔都城几英里的哈达斯普尔遭遇，隔着一条林木葱翠的山谷排兵布阵。战斗在早晨 9 点半打响，双方用大炮对轰了很长时间，但一直没有结果，直到下午 1 点，亚什万特·拉奥亲自率领大队骑兵向辛迪亚的炮兵阵地猛冲，"如同老虎扑向群鹿"。亚什万特·拉奥在冲锋过程中身负重伤，但取得了决定性胜利。⁷⁵巴吉·拉奥二世最终战败，5000 人阵亡，但在分出胜负很久以前他就魂飞魄散、张皇失措地逃跑了。

年轻的佩什瓦带着卫兵从一座山顶要塞跑到另一座，就这样逃窜了一个月，躲避亚什万特·拉奥的巡逻队。他在浦那以南的辛哈加尔要塞躲藏了一段时间，然后逃往雄伟壮观、易守

358

①　排灯节是每年秋季的印度教节日，为期五天，庆祝光明驱走黑暗、善良战胜邪恶。届时人们在屋顶、室外和窗口点灯。耆那教、锡克教和某些佛教派别也庆祝排灯节。

难攻的山顶要塞赖加德。第一位伟大的马拉塔统治者希瓦吉曾在那里加冕，并以那里为基地与奥朗则布的莫卧儿军队抗衡。巴吉·拉奥二世在逃亡期间一直与他的新盟友东印度公司保持联络，公司军队则迅速开展了救援行动。

公司让佩什瓦从赖加德逃往海岸。在那里，他躲藏在古老的海盗基地——素万那德要塞。不久之后，英国皇家海军的战舰"赫拉克勒斯"号（指挥官是韦尔斯利的使者肯尼迪上校）把他接走。巴吉·拉奥二世和他的部下得到了饮食和接待，英国人给他们提供价值 20 万卢比的黄金当零花钱。两周后的 12 月 16 日，这艘单桅帆船在礼炮声中停靠在巴塞因（今天的瓦赛），这是孟买以北不远的一个地方，曾是葡萄牙人的贸易站。这座不寻常的、半壁倾颓的城市里满是凋敝的耶稣会教堂和草木蔓生的多明我会修道院，这些建筑缓慢地恢复成丛林，枝繁叶茂的榕树从破败的巴洛克风格山墙和倒塌的回廊当中蜿蜒曲折地探出身形。

在这里，巴吉·拉奥二世与东印度公司签订了盟约，承认东印度公司是马拉塔人的宗主。英国军队将帮助他重新登上浦那的宝座，一支庞大的英国军队将驻扎到浦那俯瞰佩什瓦宫殿的新兵营中。

这份所谓的《巴塞因条约》于 1802 年 12 月 31 日（这一年的最后一天）正式得到批准。哈尔卡尔得知该条约的条款后简单地宣布："巴吉·拉奥二世摧毁了马拉塔国家。现在英国人会向它发出致命一击，就像他们已经消灭了蒂普苏丹一样。"[76]

签订《巴塞因条约》之后，韦尔斯利相信自己不费一枪一弹就把马拉塔人变成了东印度公司的附庸，就像之前把尼查姆变成公司的附庸一样。更有经验的观察者不像韦尔斯利那样确定。海德拉巴常驻代表詹姆斯·柯克帕特里克得知《巴塞因条约》的细节之后立刻从海德拉巴写了一份正式报告，警示说，佩什瓦领地内真正掌握权力的人是马拉塔军阀们，他们当中没有一个人会坐视英国人控制巴吉·拉奥二世，把他当作傀儡。柯克帕特里克预言，韦尔斯利的行动非但不会带来和平，反而会让马拉塔人团结起来（巴吉·拉奥二世自己都做不到这一点），马拉塔各邦的军队现在会"组成敌对我们的联盟"，对抗东印度公司。

韦尔斯利收到柯克帕特里克的报告后，觉得他很放肆，不禁大发雷霆。韦尔斯利写了一封语气激烈的回信送往海德拉巴，说马拉塔人现在"绝对不可能"联合起来反抗，并说柯克帕特里克敢于唱反调就是"无知、愚蠢和奸诈"。但柯克帕特里克坚持自己的看法，答复说，他的情报显示，"这样的反英联盟是极有可能出现的"，哈尔卡尔正在去占领浦那的路上，而另一位主要的马拉塔酋长、贝拉尔王公拉格霍吉·蓬斯尔计划在那里与他会合。

柯克帕特里克的判断是正确的。几个月后，东印度公司就再一次处于战争状态，这一次面对的是他们在历史上遇到过的规模最大、装备最精良、训练最出色的敌人。

老一辈统治者当中的最后一位是沙·阿拉姆二世皇帝。他已经 75 岁高龄且盲眼，但仍然坐在他那残破的宫殿内孔雀宝座的镀金复制品之上。这个盲人统治着一个虚幻的帝国。

皇帝活得比他的所有敌人（纳迪尔沙、伊玛德·穆尔克、克莱武、卡纳克、舒贾·道拉①和古拉姆·卡迪尔）都更久，但这是他唯一的胜利。年迈的皇帝至少对自己的失败持务实的态度。他告诉皇储阿克巴·沙，从他返回德里的那一天，他就只是名义上的统治者。皇帝说，自己只不过是一个高级囚犯，他的儿子们也不应当对自己有更高的估计。[77]

马哈吉·辛迪亚至少时断时续地对皇帝的福祉有过关注，但他于1794年去世，他的继承者道拉特·拉奥接替他成为名义上的莫卧儿帝国首相。但道拉特·拉奥对自己的这个身份完全不上心。他对维持位于自己领地最北端的莫卧儿宫廷就更没有兴趣了，他掌权后从来没有拜访过莫卧儿宫廷。皇帝虽名义上处于马拉塔人的保护之下，红堡内有一支马拉塔驻军，但皇室完全被忽视，生活在贫困之中。

皇室的守护者是一群法国军官，领头的是一位名叫路易·纪尧姆·弗朗索瓦·德吕容的萨伏依贵族，他奉命保护皇帝的人身安全，并指挥皇帝的卫队；另一位指挥官是出身卑微的法国雇佣军人路易·布尔吉安，一位研究马拉塔人的历史学家说他是"糕点师、烟花技师和懦夫"。最高指挥官是辛迪亚王朝的军队总司令皮埃尔·佩龙将军，他是一位普罗旺斯织工的儿子，带领他的部队居住在德里东南100英里处的庞大要塞阿里格尔。[78]

《沙·阿拉姆二世宫廷日志》涉及这个时期的好几卷今天保存在大英图书馆，这些日志清楚地表明，莫卧儿宫廷纯粹因为资源匮乏已经沦落到了何种田地。根据日志记载，有一位皇

---

① 原文如此。舒贾·道拉对皇帝其实是相当友好的。

子从阿萨德塔偷窃大理石和地板上镶嵌的半宝石，"企图卖掉换钱，被当场抓住。皇帝陛下传召他，警告他不要从事这种犯罪活动"。一位公主不得不将一批珠宝首饰抵押出去借贷，为了贷款利息而与皇帝争吵起来。一名姬妾被指控偷了纳瓦布穆巴拉克宫的装饰品。皇室的孩子们抱怨领不到薪水；血缘较远的皇亲国戚试图逃离宫廷囚笼，说他们得不到充足的口粮，濒临饿死。皇帝答道："因为国势衰弱，皇子们要对浦那的主人[马拉塔人]提供的经费知足。"

有一件事特别能说明问题。一位到访的马拉塔酋长在觐见厅扔了一些钱币到地板上，在场的所有皇室侍从立刻忘了宫廷礼节，争先恐后地扑上去捡，有的甚至在觐见厅之内为了抢钱而斗殴起来。盲眼的皇帝不得不训斥侍从们。与此同时，城内的请愿者抱怨古扎尔人①在城墙之内恣意袭掠，而锡克人在郊区烧杀抢掠。[79]

沙·阿拉姆听说马拉塔内战引发了血腥暴力活动和局势动荡，也感到惊恐，并怪罪道拉特·拉奥。皇帝的传记作者蒙纳·拉尔写道："皇帝陛下对事态的发展深感遗憾，说：'这是不祥之兆，他在同伴当中制造纷争。他的行为如此丑陋，如此不恰当，简直就是在锯断自己坐着的树枝。最后的结局必然是丑闻和灾祸。'"[80]

皇帝对世间的重重灾难感到沮丧，于是越来越多地专注于精神世界。一位著名的德尔维希从拉合尔来到德里，皇帝派皇子们去城门口恭迎。有一次，一名姬妾"在梦中看到，

361

---

①　古扎尔人（Gurjar 或 Gujjar）是印度、巴基斯坦、阿富汗等地的一个农业和游牧族群，其语言和宗教很多元化。英国殖民政府常视其为犯罪群体。

如果皇帝陛下去参拜'先知的脚印'并命令释放一头红色
母牛，国家的局势就会好转"。于是皇帝命令做这两件
事情。[81]

沙·阿拉姆现在唯一的乐趣就是文学创作。他在古稀之年
用了很大一部分时间来修改和编辑他一辈子的诗歌作品，编纂
了一卷他自己最喜欢的作品，以及《皇帝的瑰宝：阿夫塔卜
诗集》。他还口授了一部题为《故事的奇观》的长达 4000 页
的鸿篇巨制，学者们认为这是第一部用德里的乌尔都语写成的
长篇小说。这部著作是对王权的思考，讲述了一对王子和公主
被各种势力操控而颠沛流离的故事，他们从印度途经各种各样
的魔岛、险境和魔境，去了君士坦丁堡。主人公在命运面前的
无助，反映了沙·阿拉姆的亲身经历，而故事中穷奢极欲的宫
廷则与他在年轻的辛迪亚无视之下贫困的日常生活形成鲜明
对照。

道拉特·拉奥或许没有明白控制年迈的莫卧儿皇帝的价
值，但韦尔斯利勋爵明白。他深刻地理解，尽管沙·阿拉姆没
有任何军事力量，但他仍然拥有重要的象征层面的权威，他的
决定能够给任何事情赋予合法性。韦尔斯利写道："尽管皇帝
陛下没有任何实权、领地和权威，但印度的几乎每一个邦国和
所有阶层的人民都仍然奉他为名义上的君主。当前每一方势力
的钱币都是以沙·阿拉姆的名义铸造的……"[82]

362　　到 1803 年 6 月底，局势越来越明朗，辛迪亚王朝不会接
受《巴塞因条约》，战争不可避免，于是韦尔斯利开始制订入
侵印度斯坦、控制莫卧儿古都和皇帝本人的详细计划。韦尔斯
利写道，在"消灭佩龙先生的军队之后"，他将"入侵辛迪亚
王朝的领地，并与拉杰普特人结盟"。[83]他告诉弟弟阿瑟："我

将占领阿格拉和德里"，从而"在条件允许的前提下尽快……控制莫卧儿皇帝，让他接受英国的保护"。[84]如果那样的话，东印度公司最终将在象征与实质两个层面取代莫卧儿人和马拉塔人，成为印度的至高无上的统治者。

英国人早就利用沙·阿拉姆的亲信赛义德·礼萨·汗与皇帝秘密沟通。现在韦尔斯利决定给沙·阿拉姆发一封密信，表示愿意庇护他，并开启谈判，让莫卧儿人在三十年前（1772年）皇帝离开安拉阿巴德之后第一次回到东印度公司的羽翼之下。"陛下完全明白，英国政府对您本人和您的亲人一贯持尊重和关心的态度，"韦尔斯利用他一贯的风格（融合了恭维、讥讽和半真半假的话术）写道，"自陛下不幸地接受马拉塔国家的保护以来，我公司一直密切关注陛下本人和您的高贵家族遭受的伤害与侮辱。"

> 我深感遗憾，到目前为止的局势一直没有允许英国的力量将陛下从不义、掠夺与虐待当中解救出来。在当前的危机中，陛下或许有机会再次将自己置于英国政府的保护之下，我会抓住一切机会来向陛下的家族表达真挚的敬意与爱戴。[85]

韦尔斯利手下的军队总司令莱克勋爵奉命"不遗余力地向皇帝陛下表达尊崇、敬重和关切，对陛下与皇室的福祉嘘寒问暖"，并向皇帝保证，"我们会提供充足的资源，供养陛下和您的家人与侍从"。这听起来很慷慨，但随后的一段就暗示了韦尔斯利的真实意图：他建议皇帝离开红堡，到靠近加尔各答的地方居住，比如巴特那附近的简朴的蒙格埃尔要塞。[86]但风度翩翩的莱克勋爵误会了韦尔斯利的意思，做的比韦尔斯利想要的更多，在给皇帝的信中使用的是臣民而不是友好的保护者的语气。莱克勋爵写道："我真诚地希望向陛下展示我的忠诚与爱戴。在我看来，执行陛下的旨意是莫大的荣誉和特权。"

皇帝察觉到了这种语气上的微妙差别。

现在，东印度公司的两支军队，一南一北，都在积极备战。在北方，莱克勋爵在他的前哨"古城卡瑙杰的庞大废墟"操练部队。此地距离东印度公司与马拉塔人的西部边境很近，"辉煌建筑的废墟和帝王陵墓都长满了高高的野草，那里隐藏着形形色色的野兽，比如豺狼和老虎"。[87]

莱克勋爵年仅17岁时便在弗里德里希大王身边服役，从他那里学到了轻便快捷的马拉火炮（也称为"奔炮"①）的厉害之处。现在莱克勋爵把这种军事革新引进到了印度。威廉·索恩少校写道，"每个骑兵团配备了两门这种6磅的火炮。大群骑兵加上奔炮一起行动时的速度和准确性都很高，并且秩序井然"，这将很快"在马拉塔骑兵当中引发恐慌"。[88]莱克勋爵操练部队时很严苛，但他在晚上会设宴款待官兵，所以深得将士的爱戴。战争爆发之后，将士们凭借对他的信任与爱

---

① 奔炮是18世纪英国殖民地使用的一种轻型火炮，使用1.5磅、2磅等轻型弹药。炮和炮车总重约600磅，由一匹马拖曳，与快速运动的部队（包括骑兵）一同行动。奔炮是最早的具有一定机动性的火炮种类之一。

戴，才敢于面对素质极高的马拉塔炮兵。

在南方，韦尔斯利勋爵的弟弟，刚刚晋升为陆军少将的阿瑟·韦尔斯利也在忙着为即将爆发的战争做准备。他忙碌地在蒂普苏丹的旧都塞林伽巴丹集结部队，收集大米和其他给养。在这里，他已经接收了蒂普苏丹的一些旧部和火炮，最重要的是还将蒂普苏丹的 32000 头公牛和 25 万头强壮的迈索尔白牛为己所用。[89]和莱克勋爵一样，他也严格地操练士兵，让他们练习用小圆舟渡过湍急的河流，在周边的山区，"他指挥着未来的军队，教导我们行动的协调性。后来他将会凭借这些技艺，打败兵力二十倍于己的敌人"。[90]

1803 年 3 月初，阿瑟·韦尔斯利启程把佩什瓦巴吉·拉奥二世送回浦那，帮助他重登宝座。巴吉·拉奥二世处于英国人的保护之下，受到韦尔斯利本人的严密控制。到 4 月初，韦尔斯利办完此事，未发一枪一弹，哈尔卡尔谨慎地将军队撤过德干高原，前往东北方的奥朗加巴德。巴吉·拉奥二世继续过他的宫廷生活，不过现在他不是马拉塔领导人，而是英国的傀儡。他"满足于自己的日常生活，洗浴、祈祷、吃喝玩乐，万事不愁……每天举办奢华的盛宴，餐具精美绝伦。对菜肴的选择进行有声有色的讨论……"[91]

阿瑟·韦尔斯利轻而易举地取得了此次胜利，这让他低估了马拉塔人的勇敢和本领。前任常驻代表约翰·乌尔里希·科林斯中校警示他"马拉塔人的步兵和大炮会让你大吃一惊"，韦尔斯利却嘲笑他。这是个严重的错误。没过多久，马拉塔军队就证明自己是东印度公司遇到过的最难对付的敌人。韦尔斯利少将手下的军官之一后来记起了科林斯的警示，在回忆录中写道："我们骑马回营的时候开玩笑挖苦'小国王科林斯'，

364

将军也开他的玩笑。我们当时都没想到，科林斯的话很快就被证明是正确的。"[92]

365　　将军们忙于操练部队的同时，总督在加尔各答忙着为即将拉开大幕的战争争取财政与外交方面的支持。

在韦尔斯利治理下，东印度公司军队快速扩张，几年之内就从 115000 人增长到 155000 人。在随后的十年里，公司军队的总兵力将会增长到 195000 人，成为世界上规模最大的欧式常备军之一，相当于英国陆军的两倍。此外，公司近期还招募了一支高素质的骑兵部队，用的是强健有力的欧洲和南非骏马。骑兵的任务是保护行军速度迟缓而笨重的步兵与炮兵纵队，使其免受印度非正规轻骑兵的侧翼包抄（塔莱加奥恩和波利鲁尔战役期间就发生了这样的事情，造成严重后果）。马拉塔人特别擅长轻骑兵战术。[93]

与财政紧张的沃伦·黑斯廷斯不同，韦尔斯利财力充足，可以轻松地为大幅扩张的军队支付各项费用。康沃利斯的土地改革在农村造成的动荡平息之后，东印度公司在孟加拉的财政收入盈余达到每年 2500 万卢比之多。与之对比，辛迪亚王朝从其大本营——灌溉条件很差的摩腊婆每年只能获取 120 万卢比。可靠的财政盈余让东印度公司能够轻而易举地从孟加拉金融市场获得贷款，所以在韦尔斯利领导下，从 1798 年到 1806 年，东印度公司在印度的债务增加到原先的三倍以上。

东印度公司有能力高效地将这些财政资源分配到印度各

地。瓦拉纳西的银行家和西海岸的戈帕尔达斯－马诺哈尔达斯家族都得到东印度公司军队的保护，现在公司军队都有银行代表同行，随时为官兵或军队的出纳主管提供现金。印度各地的银行家争先恐后地为东印度公司军队提供资金。瓦拉纳西的两个银行家族曼努拉尔和贝尼帕沙德甚至请求东印度公司保证"需要军费的时候优先考虑他们，让他们为军队出资"。[94]

东印度公司能够打赢战争，说到底是因为它有办法为它强大的雇佣兵军队提供稳定的军费，并且比任何一个竞争对手都能够更轻松地说服印度的银行家、放债人和货币兑换商快速筹措现金来支付军饷和购买粮草。阿瑟·韦尔斯利写道，与东印度公司对比，"全国没有一个马拉塔人，从佩什瓦到级别最低的骑兵，手里有一个先令"。这不足为奇，因为到1801年，阿瑟注意到马拉塔内战造成了严重的破坏，"浦那方圆150英里范围内没有一棵树，没有一穗粮食"。[95]

莫卧儿宫廷也很贫困，一位马拉塔使者报告称，"此地找不到一分钱"。[96]而辛迪亚和哈尔卡尔都拖欠了很长时间的军饷，他们的放债人经常拒绝提供贷款，所以这两个政权就像之前的一位马拉塔佩什瓦一样，"被债主纠缠骚扰，如堕地狱……我跪在他们脚边磕头，直到我的额头上的皮肤都磨破了"。[97]

但理查德·韦尔斯利极其精明且冷酷无情，他不会仅仅依赖于军事暴力或者东印度公司的金钱。他最喜欢做的事情就是在棋盘上巧妙地运筹帷幄，挫败他的敌人，或者将敌人诱骗进陷阱。

他写信引诱、腐蚀和收买经常领不到军饷的马拉塔雇佣兵。辛迪亚王朝北路部队的总司令皮埃尔·佩龙将军已经把自

366

己 28 万英镑①的毕生积蓄全部投资于东印度公司股票，他是最早对达成互利互惠的经济协定表示兴趣的人之一。[98]莱克勋爵得到授权，"与佩龙先生达成协议，保障他的个人利益与财产安全，并给他合理的报酬，促使他将他的全部军事资源和部队交到你手中"。[99]

饱经风霜的武士苦行者阿努普济里·歌赛因如今的名字是西马特·巴哈杜尔，他也被说服与曾经的对手合作，率领他以本德尔坎德为基地的苦行僧武士与东印度公司结盟。尽管韦尔斯利的一名情报人员说"西马特·巴哈杜尔不值得信赖……一个土著说他是脚踏两只船的人，随时会抛弃要沉的那一只船"，[100]但韦尔斯利还是与他达成了协议。

韦尔斯利还努力阻止互相争斗的几支马拉塔军队搁置争议、一致对外。尤其是，韦尔斯利遵照古罗马的"分而治之"（divide et impera）的格言，想方设法地防止辛迪亚与哈尔卡尔和解。在这方面他非常成功。到 1803 年 6 月底，哈尔卡尔已经将全军集结在奥朗加巴德附近，但对于是否与谋杀他兄弟的凶手联合起来对抗东印度公司仍然犹豫不决。韦尔斯利的神来之笔是给哈尔卡尔送去一封辛迪亚写的信。在这封信里，辛迪亚与佩什瓦巴吉·拉奥二世秘密约定在战后推翻哈尔卡尔。道拉特·拉奥写道："让我们佯装满足他的要求。等战争结束之后，我们双方都向他复仇。"[101]

哈尔卡尔收到这封信的时候，已经向辛迪亚所在位置走了两天的路程。现在他原路折回，坚决拒绝加入反英联盟。不久之后，他重新渡过讷尔默达河，返回自己位于印度中部马赫斯

① 相当于今天的 2900 万英镑。——作者注

赫瓦尔的基地。[102]于是，韦尔斯利得以首先打败辛迪亚和他的盟友贝拉尔王公拉格霍吉·蓬斯尔，然后再从容不迫地去对付哈尔卡尔。这也许比其他任何因素都更能使东印度公司在对抗军事上仍然强盛但政治上四分五裂的马拉塔人时获得压倒性优势。

在所有这些计谋的背后，韦尔斯利正在发展一种新的、积极进取的理念，即在印度的大英帝国不是一家公司的事业，而是国家大业。这种理念比他的前任们的任何梦想都更有民族主义色彩，也更赤裸裸地致力于对外扩张。7月8日，乔治·巴洛爵士①在一份正式备忘录中首次表达了这种理念。他写道："我们不能允许任何一个土著邦国在印度继续存在，除非它是由英国的力量支撑起来的，或者它的政治处于英国人的绝对掌控之下。"[103]后来的英属印度正是产生于这种由英国人完全掌控整个印度次大陆的理念，最终莫卧儿人、马拉塔人和东印度公司自己都被英国政府取代。

和往常一样，韦尔斯利没有把自己的计划告诉他名义上的雇主，即东印度公司的董事们。利德贺街的董事们对韦尔斯利飞扬跋扈的治理风格已经越来越感到紧张。旅行家瓦伦西亚勋爵抵达加尔各答之后赞扬了韦尔斯利的帝王风格，说"在一座宫殿里统治印度，胜过在公司办公室里统治"。但韦尔斯利对公司资金越来越挥霍无度，这就招致了董事们的不满，让他

368

① 乔治·巴洛爵士（1763～1846），第一代从男爵，从1805年康沃利斯勋爵去世到1807年明托勋爵上任，担任代理印度总督。他在任期间奉行节约和紧缩政策，所以他是唯一缩小了英国势力范围的印度总督。明托勋爵正式就任印度总督之后，巴洛担任他属下的马德拉斯管辖区总督，在1809年因为处置不当引起了马德拉斯军团的英国军官的哗变。

们第一次开始探讨将他召回。[104]董事们已经向韦尔斯利发出警告，明确表示："我们绝不会认为，我们在印度的政府有必要像土著政府那样大搞奢侈的排场和张扬炫耀。这种体制的靡费，必然会严重损害我们的商业利益。"[105]

韦尔斯利勋爵一贯对自己的雇主虚与委蛇，到了1803年还向董事们承诺"尽快与佩什瓦殿下达成协议，通过英国的调停和影响力，促成马拉塔酋长之间的友好协商"。[106]也许，在这年春季，韦尔斯利真的希望通过威吓让辛迪亚接受《巴塞因条约》，然后像他之前的尼查姆和佩什瓦巴吉·拉奥二世一样接受东印度公司的保护。但春去夏来，这样的梦想迅速破灭，韦尔斯利的使者约翰·科林斯中校发来的语气阴郁的报告表明，辛迪亚并无与公司合作的打算。7月，韦尔斯利向辛迪亚发送了最后通牒，要求他撤往讷尔默达河以北，否则后果自负。

道拉特·拉奥·辛迪亚最终没有屈服。他像蒂普苏丹一样开始备战。1803年8月1日，他向科林斯递交了正式的宣战书，并勒令科林斯离开他的军营。

信使快马加鞭，花了一周才把这消息送到加尔各答，但韦尔斯利勋爵只需要几个钟头就能下达命令，在多达四条战线上同时执行他精心设计的作战计划。他要沿着奥里萨和古吉拉特海岸发动辅助攻击，同时发动两方面的主攻，旨在控制整个德干高原和整个印度斯坦。[107]

总督给辛迪亚和蓬斯尔写了一封简短的信："尽管我们并无向你们开战的意愿，但你们两位酋长已经明确表达了要攻击我们的企图，因为你们在尼查姆的边境集结重兵，并拒绝离开你们的阵地。你们拒绝了我向你们伸出的友谊之手，所以我现在不再尝试与你们谈判，将会开始作战。责任完全在于你们。"[108]

阿瑟·韦尔斯利少将于 8 月 4 日得知辛迪亚宣战的消息。　369
6 日，他率领 4 万军队开拔，北上前往强大的要塞艾哈迈德讷
格尔。经过短暂的炮击，并重金贿赂为辛迪亚守卫要塞的法国
和阿拉伯雇佣兵，他于 11 日占领这座要塞。他在要塞内找到
了大量火药、辛迪亚的部分财宝和充足的粮草。阿瑟·韦尔斯
利在这里驻军，将其当作自己的基地，同时派遣侦察兵去寻找
马拉塔主力部队。

　　与此同时，辛迪亚和蓬斯尔成功会师，然后一同南下，去
掳掠奥朗加巴德周边的尼查姆领土，希望把韦尔斯利从他的坚
固要塞吸引出来。他们的这个目的顺利达成。韦尔斯利留了一
支规模较大的部队驻防艾哈迈德讷格尔，然后率军东进，保卫
他的盟友尼查姆的领土，阻止马拉塔人前进。9 月 23 日清晨，
在阿旃陀山口以北尘土漫天的冲积平原，两军终于相遇。前一
夜，韦尔斯利的部队在夜间行军了 18 英里，所以此时相当
疲惫。

　　韦尔斯利少将在前一天兵分两路，因为如果全军一起通过
狭窄的阿旃陀峡谷的话，会耽搁很多时间。他让自己的副将史
蒂文森上校指挥一半部队去了西面。所以与马拉塔人遭遇的时
候，韦尔斯利只有不到 5000 人，其中一半是马德拉斯的印度
兵，另一半是苏格兰高地士兵。这时他接到侦察兵的报告，说
辛迪亚的军营就在 5 英里之外，而且马拉塔人正在准备开拔。
他手下的小部队因为前一夜的行军而精疲力竭。但他担心如果

自己等待史蒂文森来支援的话，敌人会趁机逃跑，于是他立刻决定直接进攻，不给部队休息的时间，也不等史蒂文森的部队。

韦尔斯利少将来到一座低矮山丘的顶端，看到两支马拉塔军队在他眼前排兵布阵，位置在设防村庄阿萨耶旁边。敌人的帐篷和营地沿着水很浅的克尔纳河分布了6英里，一直延伸到克尔纳河与另一条小河朱阿赫河交汇的地方。他估计敌人有大约1万步兵和5万非正规骑兵。敌人显然没有想到英国人会进攻，他们拉大炮的牛群还在河岸上吃草。

韦尔斯利把辎重和物资留下，派人守卫，然后率军径直向前推进，仿佛要过河发动正面进攻。然后，在最后关头，他突然向东转，在一个无人把守的渡口跨过了蜿蜒曲折的克尔纳河。他之前观察到两座小村庄，因此猜到这里有一个渡口。他的运气很好，渡口的水深仅到膝盖和腰那么高。韦尔斯利的部队顺利过河，没有把火药弄湿。不过，他的大炮过河比较困难，好几门大炮陷入烂泥，于是他的步兵不得不排兵布阵，承受马拉塔大炮的轰击，自己却没有炮火掩护。

阿瑟·韦尔斯利原指望自己的快速突进和出其不意会让马拉塔人惊慌失措，让他能够攻击敌人缺乏保护的右翼。但让他吃惊的是，辛迪亚的军队不仅快速反应，布好了阵势，而且巧妙地向左转，面对他从新的方向发动的攻击，而且在整个转移和布阵的过程中秩序井然。他原以为敌人没有能力执行这样困难的机动，但敌人的动作又快又准，仿佛是在操练场上。

这只是阿瑟·韦尔斯利在此役中经历的一系列惊讶当中的第一个。他后来说阿萨耶战役是他打过的最艰难的战役之一，比他后来与拿破仑对抗的滑铁卢战役难得多。他后来在给朋友约翰·马尔科姆的信中写道："他们的步兵是我在印度见过的最强的，当然除了我们自己的步兵……我向你保证，他们的火力极其猛烈，我有一次不禁严重怀疑自己有没有办法让我们的部队前进。大家都同意，这是在印度打过的最激烈的战斗。我们的部队表现极佳，那些印度兵的出色让我非常吃惊。"[109]

特别令英国人震惊的是，科林斯的警示所言不虚，辛迪亚军队的重炮果然厉害。约翰·布莱基斯顿少校后来回忆道："敌人的炮火变得非常恐怖。在不到 1 英里的正面有 100 门大炮在快速射击，向我们脆弱的战线喷吐死亡。我们的印度兵想方设法地利用地形地势来躲避这致命的枪林弹雨。在有些情况下，我们的军官不管如何努力，都没办法说服士兵们前进。"[110]索恩少校表示同意："在场的所有军官都曾在欧洲战场上见识过法军炮兵的威力，他们全都承认，阿萨耶战役中敌军的炮兵同样厉害。"[111]

韦尔斯利少将本人先后骑乘的两匹战马在他身下中弹，他身边的好几名幕僚被马拉塔炮手向他的方向发射的葡萄弹炸死。韦尔斯利在跨过克尔纳河的时候，一发重型实心弹从他身旁掠过，打死了在河流中央暂停脚步的勤务兵。许多人对此役的记述中写到了无头骑兵的恐怖景象："骑兵的头被炸飞了，但身体被装在马鞍上的手提箱、枪套和其他东西束缚着，所以仍然坐在马鞍上。魂飞魄散的战马要过好长时间才能摆脱这恐怖的负担。"[112]

韦尔斯利战线中路的马德拉斯印度兵和右翼的苏格兰高地士兵遭到特别猛烈的轰击。马拉塔炮手试图摧毁韦尔斯利阵型的核心，于是在近距离发射大型链弹和葡萄弹。炮弹从空中呼啸而过，令人心惊胆寒，"弹无虚发，打倒了许多人

371

员、马和牛"。[113]

但韦尔斯利的步兵仍然穿过硝烟，稳步前进。他们发出一轮齐射，然后端着刺刀向马拉塔炮兵阵地冲锋，将敌军炮兵杀死在炮口前，这些炮兵"没有一个人离开自己的岗位，直到刺刀抵住他们的胸膛……他们的炮兵展现出的技艺和勇气真是无与伦比"。[114]

英国人上前，试图将辛迪亚的士兵从他们的预备阵地驱逐出去的时候，最后一件让他们大吃一惊的事情发生了。英国步兵安全通过之后，许多在大炮周围"倒毙"的马拉塔人"突然一跃而起，夺取我军丢在原地的大炮，重新向我军部队的后背猛烈射击。我军士兵不知道背后有敌人，正忙着追赶面前的敌人"。英军战线遭到更多霰弹的扫荡，直到韦尔斯利少将亲率一支骑兵向"死而复生的敌人"发动一次猛烈冲锋。在冲锋过程中，他损失了自己的第二匹坐骑。[115]

两个钟头之后，经过在村庄要塞的最后抵抗，辛迪亚的马拉塔人被从战场驱逐出去，撤过了朱阿赫河，他们的 98 门大炮落入英军手中，但双方都伤亡惨重。马拉塔人损失了大约 6000 人。韦尔斯利的损失较少，但硝烟散去之后他发现自己的士兵有整整三分之一死亡。他的 4500 名士兵中有 1584 人后来被埋葬在阿萨耶的平原，或者在那里被火葬。[116]韦尔斯利的部队损失太重，所以他宣布不去追击辛迪亚及其败兵，并写信给兄长："辛迪亚的法式步兵比蒂普苏丹的军队强很多，他的炮兵极佳，他的兵器也很好，装备精良，我军完全可以拿来使用。而蒂普苏丹的兵器我们都没法用。我军损失很重，我相信这是我在印度打过的最激烈的一场战斗。"[117]韦尔斯利的一名高级军官不久之后写信给少将："我希望您再也不会需要用如

372

此高昂的代价去换取胜利。"[118]

因为阿瑟·韦尔斯利在滑铁卢战役之后赢得盛誉，所以人们长期以来把阿萨耶战役视为马拉塔战争的关键胜利。但在当时，绝大多数人关注的是北线作战。在那里，在阿萨耶战役很久之前，总司令莱克勋爵快速向莫卧儿都城进军。当时人们认为这是东印度公司征服莫卧儿帝国残部的最后进军。

理查德·韦尔斯利在给莱克勋爵的信中明确表示："打败佩龙肯定是此次作战的首要目标。"韦尔斯利强调，莱克勋爵必须理解"挫败法国人的企图、控制莫卧儿皇帝的人身与名义上的权威的重要性；如果我们给那位饱受伤害的不幸君主本人及其家人提供体面的庇护，英国人的威望将会大大增加"。[119]

莱克勋爵喜欢说自己是亚瑟王传说中的英雄"湖上骑士"　373
兰斯洛特的后代。他不是一个欣赏外交手段的人，也不喜欢听别人发号施令。据说他曾向军中的一位簿记员咆哮："不要光顾着写，多花点心思在打仗上！"这句话成了他的座右铭。尽管年过六旬，参加过七年战争和更近期的美国独立战争（他曾在约克镇与华盛顿对战），但他以朝气蓬勃和精力充沛闻名。他经常在凌晨 2 点起床，然后精神抖擞地亲自率领部队行军。[120]

莱克勋爵决心主动进攻，于是在 8 月 7 日（也就是他得知马拉塔人宣战的一天之后）离开坎普尔，尽管此时正逢雨季的盛期，道路十分泥泞。他向正西方行军，前往佩龙位于阿里

格尔的要塞。兵贵神速，所以莱克勋爵带的部队不多，只有 1
万人，但训练有素，其中有一支装备了轻型奔炮的骑兵部队。
但他刻意没有带很多重炮，完全没有带攻城器械。

　　他打算率领一支机动性强的小部队轻装急进，但这种想法
与印度的实际情况不符。到 19 世纪初，东印度公司军队已经
拥有大量仆役、辅助人员和支援人员。所以在他领导下西进的
总人数超过 10 万人，包括象夫和苦力、割草工和马夫、搭帐
篷的工人和赶牛人、征粮人和货币兑换商、"女性江湖医生、
杂技演员、成群结队的舞女和娼妓"。这还不包括成千上万的
大象、骆驼、马匹、家禽、山羊和绵羊。索恩少校回忆道：
"我们的军队行进起来，像是一座移动的城镇或要塞，形状是
长方形的，保护长方形四边的壁垒就是闪闪发光的剑和
刺刀。"[121]

　　艰难的行军持续了三周，人们顶着狂风暴雨，在烂泥地和
被水淹没的道路上蹚水挪步，把经过仔细密封的弹药箱扛在头
顶上。8 月 29 日，莱克勋爵的部队进入马拉塔领土，向强大
的多边形要塞阿里格尔快速推进。这座要塞拥有法国人设计的
雄伟高墙、经过加固的角楼和深深的护城河。

374　　　阿里格尔被视为印度斯坦最固若金汤、给养最充足的要塞
之一。如果要围城的话，可能需要几个月。但在行军过程中，
莱克勋爵已经在与佩龙谈判，讨论佩龙将要塞交给英国人的价
码。[122]两位指挥官通过中间人的调停，最终达成了协议。莱克
勋爵的军队逼近阿里格尔的时候，双方发生了极其短暂的交
火，莱克勋爵的奔炮几轮齐射后，佩龙就恭顺地带着自己的卫
队撤退了。

　　佩龙告诉部下，他要去阿格拉和德里召集增援部队。他给

自己的副手佩德龙上校（"一个肥胖的老头，穿着绿色上衣，饰有金色蕾丝和肩章"）写了一封虚伪的信："记住，你是法国人，绝不要玷污你的祖国的荣誉。我希望在几天之后让英国将军屁滚尿流地逃走，比他来的时候跑得还要快。你大可以放心。要么是皇帝的军队，要么是莱克将军，必将在阿里格尔城下找到自己的坟墓。请履行职责，坚守要塞，只要它还巍然屹立。不要忘记你的祖国。千百万人的眼睛注视着你！"[123]

写下这些豪言壮语之后，佩龙在逃往德里之前的最后一番对话暴露了他的真实打算。他的一名年轻骑兵军官、苏格兰和拉杰普特混血的詹姆斯·斯金纳①试图与他一起骑马出发，但被拦住了。佩龙"慌里慌张，没戴帽子"，一边催马跑路一边扭头喊道："啊，不，不！全完了！这些家伙［骑兵］的表现太差了。你们不要毁了自己，快投奔英国人！我们全完了！"[124]

马拉塔军中的所有英印混血儿，包括斯金纳在内，因为不受法国人的信任，所以在这个时候改换了阵营。斯金纳后来写道："我们去投奔莱克将军，得到了客气的接纳。"[125]佩德龙和佩龙的许多法国同袍也乐意投降，只要英国人保证他们可以带着毕生积蓄安全回国。但莱克勋爵没考虑到辛迪亚的拉杰普特和马拉塔军官的荣誉感，他们坚决抵制各种威逼利诱，拒绝放

---

① 詹姆斯·斯金纳上校（1778～1841）是一位英国-印度混血的军事冒险家，他最有名的事迹是为英国组建了两个骑兵团，它们至今仍然是印度军队的一部分。他的父亲是东印度公司的英国军官，母亲是一位拉杰普特公主。因为是混血儿，他不能为东印度公司服务，于是加入马拉塔军队，得到伯努瓦·德·布瓦涅、皮埃尔·屈耶-佩龙等欧洲军官的提携。第二次英国-马拉塔战争（1803～1805）爆发之后，斯金纳离开了马拉塔军队，加入东印度公司的孟加拉军团。斯金纳熟悉印度土著邦国，历任英印总督都高度重视他的意见。他还精通波斯语，用波斯语写过几本书，包括若干土著统治家族的历史。

下武器，很快就撤到了要塞之内，开始守城。他们推翻并囚禁了佩德龙，选举了他们自己的一名马拉塔指挥官，准备死战到底。

莱克勋爵继续花了三天时间谈判，给守军许下了各种各样的慷慨诺言，但守军不为所动。莱克勋爵写道："我尝试了所有办法，让这些人交出要塞，并承诺给他们一大笔钱，但他们下定决心要死守，非常固执。我也承认他们非常勇敢。"[126]

莱克勋爵对自己面临的挑战感到畏惧。他写信给韦尔斯利："这座要塞的防御极其坚固，笔墨难以形容。护城河极宽、极深，74门炮的炮舰可以在里面行驶。"[127]莱克勋爵虽然年过六旬，但高度活跃、脾气火暴，不可能耐心地围城，何况他的攻城器械都留在坎普尔。于是，在9月4日，他选择了剩下的唯一办法：向这座长期被认为坚不可摧的要塞的主门发动正面进攻。辛迪亚驻军的爱尔兰逃兵卢肯中尉自告奋勇，要在莱克勋爵的副手蒙森上校监督下，带领部队强攻。

黎明前两个钟头，攻城的突击部队出发了，不久之后就交了好运。如果马拉塔人撤到护城河之后并摧毁吊桥，莱克勋爵就几乎无计可施。但守军在要塞前方的一处胸墙后部署了50人的警戒队伍和一门6磅炮，没有破坏吊桥，而且有一扇小门是敞开的。卢肯和他的部队在黑暗中逼近要塞，发现胸墙处的敌军在岗位上抽烟。根据斯金纳的记载，卢肯等人"如雄狮般扑向敌人"，割断了许多敌人的喉咙。幸存的敌人"跑向小门，逃了进去。英军的突击部队试图跟着冲进去，但被拦在门外"。

不过，这些勇敢的战士没有撤退，而是站在吊桥上，顶着我见过的最猛烈的滑膛枪和大炮火力……［尝试攀爬城墙］。天亮后，他们才后撤了大约 100 码……撤退的时候还带走了［被抛弃的］那门马拉塔火炮。[128]

他们用这门炮开了两炮，然后开了第三炮，但没能轰破加固过的城门。在等待战友将一门新的更大的炮推上前沿的同时，突击部队继续尝试用云梯爬城。他们和之前一样，被城头的马拉塔人打退，后者用长矛对付爬城的英军。一门 12 磅重炮终于被推到了大门口，但还没来得及发射，就因为太重而陷入守军在小门前巧妙地挖掘的地道。大炮有一半露出来，另一半陷进了地道。

蒙森和卢肯试图把大炮拉出来。与此同时，突击部队遭到城墙顶端守军的猛烈射击。守军还专门为这个时刻准备和部署了两门重型臼炮，现在就用它们向英军发射葡萄弹。令战局更加混乱的是，守军还从英军士兵抛下的靠着城墙的云梯爬下来。一名守军用长矛刺伤了蒙森的大腿。蒙森手下有四名军官阵亡。[129]"这场灾祸让我们止步不前相当长时间。就在这个时候，我们损失了许多军官和士兵。我从未见过这样的景象。城门前的区域变成了屠宰场，我们费了九牛二虎之力才把大炮从我方的死尸和伤员上方拖回去。"[130]

在公司军队的营地，莱克勋爵已经打算命令吹号收兵了。但在最后关头，大炮就位，紧贴着木制城门开火。这是没有弹头的空包弹，但火药的压力在近距离开火时足以把大门炸开。[131]斯金纳写道："我在莱克勋爵身边，看见和听见了发生的所有事情。"

376

上帝肯定在佑助这些高尚的军人……他们炸开半扇门，发出三声呐喊，然后冲了进去。拉杰普特人死守不退，非常勇敢。双方在第一层和第二层大门之间的地域鏖战，死伤枕藉……然后［莱克勋爵］催马冲到门前。他看到许多英雄好汉躺在地上，不禁泪流满面。他说："这就是优秀军人的宿命。"然后，他掉转马头，跑回营地，允许士兵们到要塞内劫掠战利品。[132]

在随后几个小时之内，2000 名守军惨遭屠杀。他们不肯投降，英国人也不肯抓俘虏。莱克勋爵的军需官约翰·佩斯特写道："我们进城之后，很多敌人在企图游过护城河逃命的时候被杀死。我提醒一名炮兵去看一个跳入河中企图逃跑的敌人。那名士兵冷静地等待敌人从河里冒出头来，然后一枪击穿了他的脑袋。"

完事之后，我责备他毫无必要地杀死了那个人，但这名士兵说他在今天上午失去了一些老战友，所以他希望复仇，并提醒我，我们接到的命令就是不饶恕任何敌人……上峰派了一些卫兵去守卫多处弹药库以及我们占领的每一座城门。敌人全都被消灭了。几乎没有一个敌人能逃脱，因为游过护城河的人都在平原上被我军骑兵杀死，要塞内的所有敌人都被用刺刀戳死。[133]

9 月 1 日午夜，顾特卜塔（建于 12 世纪，象征伊斯兰对印度的统治建立起来）受到一场强烈地震的撼动，顶层坍塌，坠落到地面。沙·阿拉姆的传记作者蒙纳·拉尔写道："德里及其周边地区的许多建筑从地基上倒塌。在好几个地方，地面出现了很宽的裂缝。如果地震持续的时间再长一点点，那么一定是世界末日降临了。智者认为这场地震是凶兆，预示着大祸临头。"[134]

始终对征兆非常敏感的沙·阿拉姆大惊失色。毕竟他的处境非常尴尬。在他人生的很大一部分时间里，他别无选择，只能在马拉塔人和东印度公司的庇护之间选择。双方都利用他去达到自己的目的，双方都在他人生的关键时刻让他很失望。但佩龙终于向莱克勋爵投降并获准带着家眷、钻石和财宝前往加尔各答的消息传来之后，皇帝认为东印度公司显然占据上风，所以他需要重启谈判。

沙·阿拉姆认为，他的最好选择是秘密地与韦尔斯利取得联系，与此同时继续假装服从他的法国和马拉塔主子，毕竟他们仍然驻扎在他的要塞内，充当他的卫队。所以，他一边给宣布他将敌对东印度公司的宣言书（在其中斥责公司"篡夺了整个国家，背弃了对皇帝的效忠誓言"）盖上御玺，一边授权赛义德·礼萨·汗与莱克勋爵再度通信，解释道："皇帝起草的公开信以及表示将讨伐东印度公司的宣言不是他自愿发出的，而是因为受到强迫，与他本人的意愿截然相反……他说：'我会坚决抵制［马拉塔人］，但因为我被他们控制了，所以我无能为力。'"[135]

然而，沙·阿拉姆不能忘记，根据《安拉阿巴德条约》，他应当获得孟加拉的税金，而黑斯廷斯单方面切断了税金的供应。于是他要求英国人给出书面保证，承诺会付钱给他，然后

378

他才肯站到东印度公司那边。"考虑到英国人占领了整个国家之后可能会忘记我，所以我需要将军［莱克勋爵］与总督确定此事，这样以后就不会有人不服从我，也不会有人对我不满了。"[136]与此同时，皇帝坚决不准辛迪亚的部下带皇储阿克巴·沙去打仗。

佩龙变节之后，红堡的最高军事指挥官是路易·布尔吉安中校。他曾靠在加尔各答制作烟花爆竹和果子馅饼谋生，"他的厨艺比他的军事才干厉害得多"。[137]但不管他的真正才华在哪个领域，辛迪亚王朝的军队仍然对他忠心耿耿，并决心为他们在阿里格尔惨遭屠杀的同袍复仇。

消息传来，莱克勋爵正从阿里格尔快速推进，并决定绕过阿格拉，尽快占领德里和"解放"皇帝。于是布尔吉安命令他的19000名士兵从红堡下方的河坛出发，渡过亚穆纳河到对岸的沙达拉。这个地域很平坦，有些地方是沼泽，但他找到了一座可以俯瞰全城的低矮小山。他还埋伏人手在欣顿河附近，那里道路两侧分别有一片沼泽地。也就是说，从阿里格尔来的英军必须通过两片沼泽地之间的狭窄堤道。然后他把自己的100门重炮部署成一个半圆形，阵地就在小山脚下，藏在高高的象草之中。他在那里守株待兔，等待莱克勋爵上钩。

9月10日下午，莱克勋爵在位于锡坎德拉的阿克巴陵以北扎营。傍晚，他的间谍送回消息，说辛迪亚王朝的军队已经渡过亚穆纳河，准备阻挡英军过河。但间谍摸不清敌军的准确位置。英军当中很快就一传十十传百，说争夺莫卧儿帝都德里的最后战役将于次日打响。军需官佩斯特写道："得知这个消息之后，我们多喝了一瓶波尔多葡萄酒，没有多想明天的战事，而是纵酒享乐到晚上 9 点之后。"[138]

莱克勋爵按照他的习惯在凌晨 2 点唤醒将士们。1 小时之后，也就是凌晨 3 点，朝向莫卧儿都城的最后进军开始了。到上午 10 点，英军已经行进了 18 英里，阳光开始炙烤他们的纵队。莱克勋爵命令暂停，在欣顿河岸边一处沼泽地旁用早餐。帐篷搭了起来，大家脱掉靴子，点燃篝火，印度兵开始烧煮他们的葱油饼。将军给军官们分发了一些烈酒。

突然间，一连串的亮光闪动，然后是重炮的雷鸣般咆哮，"不仅打破了这一天的平静，而且震碎了最靠近大炮的人的耳膜……炮弹爆炸造成的冲击波把野草都压平了，随即又响起了其他的、不自然的、更为诡异的声音，对被震聋的耳朵产生了很大影响。葡萄弹和链弹横扫野草，发出尖利的嘶鸣，然后是金属撞击声（炮弹击中了武器装备）或闷响（炮弹击中了人或马的肉体）"。[139]

这是一场大屠杀。英军伤亡惨重，佩斯特也被第一轮齐射击中。"一发葡萄弹击穿了我的手枪，打碎了其中一支手枪的枪托，我感到身下的战马摇晃起来；另一发葡萄弹擦伤了我的战马的身侧，射入皮肤之下；第三发炮弹击穿了它的身躯，从它的一侧射入，从另一侧射出。它跌倒在地，压在我身上。"[140]

英军阵脚大乱，但是马拉塔人仍然留在小山之上的防御阵地，没有乘机前进并驱散魂飞魄散的公司印度兵。这就给了莱克勋爵重整旗鼓的时间。他决定把布尔吉安从有利的防御阵地诱骗出来，于是命令步兵佯装撤退，同时两支骑兵隐藏在步兵撤退路线两侧高高的野草丛中。马拉塔人上了当，冲上前来，结果遭到公司骑兵的两面夹击。公司的步兵随即转身，端着刺

380

刀稳步前进，并且得到奔炮的支援。负了重伤的佩斯特后来写道："我们把敌人赶进了亚穆纳河，成百上千的敌人在企图渡河时被消灭。"

> 我们的快速炮兵赶来了，向渡河逃跑的敌人猛烈轰击。无数葡萄弹在河面爆炸，整条河仿佛被煮沸了。在一段时间里，这真的是一条血河。这样的景象若是在别的时候能把人吓得呆若木鸡。炮击结束后，我们转身回到战场，去搜救我们的伤员……

> 战场上的景象令人目瞪口呆……大约三十名外科医生已经浑身是血，在给那些腿或胳膊被炸碎的倒霉士兵做手术。死者的姿态千奇百怪，令人毛骨悚然。垂死者的呼喊足以让最冷酷的心瓦解。许多伤员昏厥了，甚至死在手术台上。还有一些伤员尽可能坚毅地忍受痛苦……帐篷的一角是一大堆腿和胳膊，上面还有靴子和衣服碎片。[141]

当夜，五名法国指挥官举手投降。莱克勋爵写信给韦尔斯利，做了汇报。[142]他还写道："您会看到，我们的损失很重……这是我见证过的最猛烈的火力……"[143]随后他赞扬了他的马拉塔对手表现出的英勇和娴熟技艺："他们的部队部署得极好，火炮很多，炮兵的素质也很高。"

> 敌军所有士兵的表现都非常出色，炮手坚守在大炮旁，直到他们被刺刀捅死……我一辈子从来没有经历过如此激烈的战斗，我向上帝祈祷，希望我永远不会再次

遇到这样的血战。敌人的部署比我们好；他们不惜代价 381
地死战，并且他们的火炮与士兵的比例是我们的三倍。
那些敌人打得像魔鬼一样凶悍，或者说充满了英雄气概。
如果我们不是施展出了面对最强敌人时的进攻方式，那
么我坚信不疑，我们很可能输掉，因为他们的阵地实在
太好了。[144]

　　这场德里战役虽然恐怖，却是英军在南亚最后一次面对法
国军官。英、法两国在南亚超过一个世纪的竞争就这样落幕
了。在这场漫长的争斗当中，太多人在南亚次大陆各地流血牺
牲，其中绝大多数不是欧洲人。德里战役也标志着印度斯坦被
不同国家的军队争夺和劫掠的悲惨百年历史结束了。如海尔·
丁不久之后所写的那样，"国家如今安享太平，繁荣昌盛。鹿
与豹子相安无事，小鱼和鲨鱼和平共处，鸽子与鹰睦邻友好，
麻雀和雕握手言和"。[145]海尔·丁这么写当然是在拍他的英国
金主的马屁，但他的话有一定程度的真实性：与18世纪的种
种恐怖暴行，即"无政府时期"相比，随后五十年将被誉为
"黄金的太平年代"。

　　更重要的是，德里战役还决定了印度的未来命运。马拉塔
人是印度本土最后一支能够在军事上打败东印度公司并将其逐
出南亚的势力。英国人此后还要打败辛迪亚王朝和哈尔卡尔王
朝，马拉塔人才会投降，但在阿萨耶战役和德里战役之后，战
争的结局就很清楚了。最后一支有能力驱逐东印度公司的力量
被打败，即将被彻底征服。

　　东印度公司治下的孟加拉、马德拉斯和孟买现在被连成一
片，并与德干高原和印度斯坦的大部分联合起来，于是出现了

一个领土超过 50 万平方英里的广袤的陆地帝国，五十年后它会被称为英属印度。[146]没过多久，东印度公司就会与所有曾臣服于辛迪亚王朝的拉杰普特政权缔约，这些政权包括焦特布尔、斋浦尔、马切里、本迪和珀勒德布尔的贾特人王公。通过征服、合作与吸纳，南印度的所有主要政权如今要么被东印度公司吞并，要么成了东印度公司的盟友。阿瑟·韦尔斯利告诉

382　他那位大喜过望的兄长："你的政策和我们的力量已经让印度的所有势力变得无足轻重。"[147]

　　大约 600 名训练有素的公务员将会在 155000 名印度兵的保护下治理南印度的绝大部分地区。[148]在这里，东印度公司的军队已经成为无可争议的主宰力量，而控制这支军队的英国总督是这里真正的皇帝。韦尔斯利勋爵在印度获得的新臣民数量（大约 5000 万）远远超过十年前英国在北美失去的臣民数量，而且他还培养了一批投身于他的帝国主义事业的青年才俊，这些人将会继承他的衣钵，继续推进他的事业。[149]韦尔斯利的那些野心勃勃的弟子将会努力建立并扩张一个英国化的殖民地国家，为这个新帝国提供高效的行政机构。不过，这个行政机构会与印度民众越来越隔阂，越来越遥远。如韦尔斯利的弟子之一、年轻的公司外交官查尔斯·梅特卡夫所写："你们是君主，所以必须统治。"[150]

　　出人意料的是，伦敦的人们还很少能够理解他们在印度取得了怎样的成就。英国本土仍然全副心思都在对付拿破仑。尽管韦尔斯利勋爵征服了广袤的新领土，但除了与此事直接有联系的组织和个人之外，英国本土的人们对印度发生的事情几乎毫无兴趣。空了一半的上议院短暂讨论韦尔斯利勋爵在印度的扩张政策时，就连韦尔斯利的最高上司——外交大

臣格伦维尔勋爵①也说自己"对此事的各个方面一无所知"。[151]

但在印度，所有人都明白，刚刚发生了一场重大的变革。许多穆斯林（以德里那位激进的伊玛目沙·阿卜杜勒·阿齐兹为首）认为，这是自 12 世纪以来印度第一次脱离穆斯林掌控的时刻。沙·阿卜杜勒·阿齐兹在 1803 年的一份号召圣战的伊斯兰教令中写道："从此地到加尔各答，基督徒全面掌控局势。印度再也不是伊斯兰的天下了。"[152]公司官员们同样清楚地认识到这一点。托马斯·门罗②写道："我们现在完全主宰了印度。如果我们采取恰当措施来巩固我们的政权，那么任何东西都不可能撼动我们的权力。"[153]

英国人主宰印度的根基就这样确立了。除了 1857 年印度民族大起义的几个月之外，印度将在随后 144 年里处于英国的统治之下，直到 1947 年 8 月才重获自由。

---

① 威廉·格伦维尔（1759~1834），第一代格伦维尔男爵，英国辉格党政治家。1806~1807 年，也就是在小威廉·皮特逝世后，他继任英国首相。当时正值拿破仑战争，格伦维尔为组织一个强有力的政府，邀请了几乎所有党派的领导人入阁，即所谓"贤能内阁"。在众多阁臣之中，以查尔斯·詹姆斯·福克斯获邀入阁最受外界关注，因为福克斯曾与英王乔治三世有不少过节。不过，国难当头，乔治三世不计前嫌，除不反对福克斯入阁外，还鼓励不少人士加入或支持政府。但是，"贤能内阁"最后因为内部出现意见分歧而倒台，所以格伦维尔男爵担任首相不足一年半。他执政期间，未能成功结束对法战争，也未能成功为天主教徒争取权利，不过，他在这段时间里废除了奴隶贸易。

② 托马斯·门罗爵士（1761~1827），第一代从男爵，陆军少将，苏格兰军人和殖民地官员。在与迈索尔统治者海德尔·阿里的激烈战争中，托马斯·门罗在自己的亲戚赫克托耳·门罗爵士指挥下作战。他后来负责管理海德拉巴的尼查姆割让的"北方地区"。1819 年起他担任马德拉斯管辖区总督。据说直接向农民征税，而不通过贪得无厌且腐败的中间人的制度就是他发明的。

沙·阿拉姆和皇室成员在红堡屋顶上心急如焚地观战。下午晚些时候，他们清楚地观察到，在大理石亭子的对面，东印度公司的轻骑兵在追击败退的马拉塔士兵，"在德里要塞城下流淌的河流岸边，败兵被砍倒。皇帝立刻派人去恭喜总司令获胜，并宣布'他恭候总司令驾到，并拥抱这位救星'"[154]。

　　《沙·阿拉姆本纪》记载道：

> [次日，即9月15日]莱克将军在亚穆纳河另一岸扎营，派遣赛义德·礼萨·汗（长期以来担任东印度公司在皇帝宫廷的代表）谦卑地请求觐见皇帝陛下。莱克还请求提供船只，帮助部队渡河。皇帝命令他的守河司令立刻送船只给莱克。莱克将军渡过亚穆纳河，下榻在老要塞附近。次日，赛义德·礼萨·汗将韦尔斯利总督的信呈送给皇帝陛下，信中表达了美好的祝愿和忠诚的友谊。皇帝向信使赏赐了贵重的袍服。[155]

　　9月16日，皇储阿克巴·沙计划在正午去老要塞访问莱克勋爵的营地，但按照莫卧儿人慢吞吞的习惯，直到下午3点才到。那时公司的印度兵已经在操练场上等了整整3小时。威廉·索恩少校是在现场等待的人之一，他穿着粗斜纹棉布的红上衣，在雨季的湿热中十分难受，浑身黏糊糊的。他写道："等通常的仪式结束之后，皇储殿下重新登上大象，护送队伍列队完毕，已经过了 4 点。"

> 路程虽然只有 4 英里，但［莱克勋爵］阁下直到黄昏才抵达皇宫。因为路两边人山人海，所以他的队伍费了很大力气才能保持队形。德里全城人民集中于此，摩肩接踵；就连宫殿里也挤满了围观群众，他们都热切希望见证长久以来被乌云笼罩的帖木儿皇朝的复兴。[156]

之前马拉塔人的几次围城和烧杀抢掠并没有被遗忘，辛迪亚王朝的军队在德里一贯不得人心。看到他们撤走了，似乎没人伤心。至于皇帝的新保护者会做什么，莫卧儿都城的市民暂时还在好奇地观望：

> 熙熙攘攘的人群聚集于此，全都渴望看一眼拯救了他们的君主的人。终于，经过缓慢的骑行，总司令抵达皇宫，被引领到一处套房。在过去，许多人曾在那里对眼前东方式的辉煌灿烂感到眼花缭乱……
>
> 但是，俗世间的光辉是那样空虚，凡人的权力是那样转瞬即逝，以至于阿克巴大帝和战无不胜的奥朗则布的后代如今只是一个可怜兮兮的盲眼老人。他的权威被剥夺，他不得不忍受疲困，坐在小小的破烂华盖之下，全无帝王的威仪，沦为笑柄。这样的景观肯定会给观看者留下深刻的印象。[157]

根据《沙·阿拉姆本纪》的记载，莱克勋爵仍然"在皇座脚下低头鞠躬"，然后借助他的副手、陆军上校戴维·奥克特洛尼爵士的翻译，与盲眼皇帝对话。奥克特洛尼的父亲是苏格兰高地人，定居于马萨诸塞。美国独立战争爆发后，忠于英王的奥克特洛尼一家逃往加拿大，戴维于 1777 年加入东印度公司军队。他再也没有回过新大陆，以印度为家，发誓永远不离开印度。他娶了许多位印度妻子，给她们每人送了一头大象，并从她们那里学了一口流利的乌尔都语和波斯语。就连编年史家蒙纳·拉尔也对此感到惊讶，并对戴维肃然起敬。蒙纳·拉尔写道，达乌德·阿赫塔尔-卢尼·巴哈杜尔（这是他对戴维的称呼）"精通波斯语，擅长文墨，理解力和洞察力无与伦比。根据皇帝的请求，他被留在宫廷，帮助皇帝陛下进行政治和财政方面的谈判"。[158]

385

奥克特洛尼向沙·阿拉姆宣读了韦尔斯利为了这个场合精心起草的书信。总督在信中自称"陛下的幸福臣子，有幸帮助陛下在英国政府的保护下恢复尊严与宁静"。[159]根据蒙纳·拉尔的记载，"皇帝陛下为了表示对尊贵的公司的感谢，向这两人恩赐了富丽堂皇的袍服，并向杰拉德·莱克将军授予'纳瓦布·萨姆萨姆·道拉，汗·道朗·汗'的头衔。［奥克特洛尼］上校也得到了精美袍服和'纳西尔·道拉，穆扎法尔·忠格'的头衔"。[①][160]奥克特洛尼则宣布，韦尔斯利将会立刻向沙·阿拉姆赠送 60 万卢比，作为他近期的生活费用，并承诺每个月给皇帝 64000 卢比[②]，"以维持皇室内廷的仆役、诸皇子和主要廷臣的生计，因为他们是国家栋梁"。[161]

---

① 拉贾斯坦的城镇纳西拉巴德（Nasirabad）就是以这个苏格兰裔波士顿人的头衔命名的。这或许会让人惊讶。——作者注

② 60 万卢比相当于今天的 800 万英镑，6.4 万卢比相当于今天的 832000 英镑。——作者注

　　在随后的日子里，莱克勋爵在德里正式接见了莫卧儿宫廷的全体贵族和其他一些"宣布支持英国人的"人士。[162] 其中有苏姆鲁夫人，她曾派遣自己的一个营去支援马拉塔人。所以她现在担心，这件事情，再加上她丈夫在巴特那大屠杀中扮演的角色，会让英国人没收她的土地。不过在接见会之后的宴会上，她设法赢得了奥克特洛尼的好感，他后来成为她的挚友。

　　她还向莱克勋爵做了自我介绍，不过与他打交道时出了麻烦。莱克勋爵当时已经喝醉了，看到这个曾被誉为德里最美交际花之一的女人与自己套近乎，显然吃了一惊。斯金纳写道："［莱克勋爵］惊讶地看到这不是一位蓄着大胡子的酋长，而是一位美女，并且他喝醉了，所以大胆地前进，将她揽入怀中，亲吻了她，令她的侍从们大为惊恐。"这种行为违反了莫卧儿人的礼节规矩，整个宴席陷入沉默。"这个错误令人尴尬，但这位女士的冷静从容挽救了局面。她礼貌地接受对方的热情亲吻，然后镇静自若地转向目瞪口呆的侍从，说：'这是神父对女儿［表示原谅与和解］的致敬。'苏姆鲁夫人信仰基督教，所以这种解释说得过去，尽管更有经验的旁观者看到莱克勋爵表现得像个快活的红衣骑兵，一定会微微一笑。"[163]

386

　　不久之后，莱克勋爵动身前往阿格拉，去占领那座要塞，扫荡残余的马拉塔抵抗力量，并在拉斯瓦利大败辛迪亚军队，这是他的最后一场辉煌胜利。奥克特洛尼刚刚被任命为公司驻德里的新任常驻代表，下榻于一座残破的莫卧儿古建筑中。这座建筑曾是苏非派皇子达拉·希科（沙贾汗皇帝的长子）的图书馆；将近五十年前，年轻的皇子沙·阿拉姆曾从这里逃走，躲避伊玛德·穆尔克的魔爪。[164] 与此同时，公司在克什米尔门附近建了一座医院和骑兵炮兵的宿舍。阿杰梅里门附近的卡玛尔丁汗的宅邸成了新的海关大楼。还有几座古建筑被公司的新政府接管，当作办公场所。英国与莫卧儿并行的宫廷体制建立起来了。[165]英国与莫卧儿联合政府很快就位。

无论参照什么样的标准，东印度公司征服德里都是一个意义重大的时刻。对毫无实权的盲眼皇帝沙·阿拉姆（诗人阿扎德①说他"只不过是棋盘上的国王"）来说，这代表着困扰了他一生的难题终于得到最终解决。这些难题包括：如何统治他的祖先帖木儿家族留下的帝国，以何处为基地，在什么人的保护之下统治。[166]此时他已经77岁高龄。他少年时代曾目睹纳迪尔沙闯入德里并抢走镶嵌着璀璨夺目的光之山钻石的孔雀宝座。他躲过了伊玛德·穆尔克的暗杀，与克莱武多次交战都得以幸存。他曾在巴特那和布克萨尔与东印度公司交战，在安拉阿巴德向克莱武授予孟加拉、比哈尔和奥里萨的财政管理权，并不顾东印度公司的阻挠，长途跋涉返回德里。尽管面对千难万险，他还是和米尔扎·纳杰夫·汗一起披荆斩棘，差一点就重建了他祖先的帝国。然而，在最后一位伟大的莫卧儿将军出师未捷身先死之后，光复帝国的梦想如海市蜃楼般消散。最后，在皇帝的人生最低点，他遭到自己曾经的宠臣、疯狂的古拉姆·卡迪尔的攻击，被刺瞎双目。如今得到了韦尔斯利的保护和公司发放的年金，他至少可以在祖先的宝座上，在他心爱的红堡，舒适而安全地度过风烛残年，并且过得相对来说比较有尊严。

387

三年后，1806年4月1日，奥克特洛尼的副手、新近抵

---

① 穆罕默德·侯赛因·阿扎德（1830~1910）是出生于德里的波斯裔什叶派诗人和学者，也是乌尔都语作家。

达德里的威廉·弗雷泽（韦尔斯利勋爵的威廉堡学院的第一批毕业生之一）写信到老家因弗内斯①，告诉父亲他对老皇帝及其宫廷的印象："在近期的一次穆斯林节庆期间，我陪同皇帝去清真寺。看到整个宫廷庄重而谦卑地向神祈祷，我不禁肃然起敬。"

> 这个时期我经常陪在皇帝身边，忍不住要仰慕他高贵的步态、神情和仪表。虽然失去了双目，但这丝毫没有影响他的面容；那段悲惨历史和他的不幸遭遇反而增强了我们对他的同情和尊重。他去世之后，我们才可以说，帖木儿的血脉断绝了。这道血脉从一个瘸子开始②，到一个盲人结束。[167]

他的统治当然算不上光荣，但他仍然是一位和善、体面、正派和学识渊博的君主，这些品质在这个时代都是稀缺品。最重要的是，沙·阿拉姆在一连串恐怖的考验当中表现出了超乎寻常的坚定决心。他一辈子经历了许多坎坷与挫折，但他从不灰心丧气，只在一个短暂的时期，也就是他的家人遭到罗赫拉人强暴、他自己被戳瞎双目的时期，他才有过绝望。在我们能够想象的最险恶的环境里，也就是印度无政府时期的乱局当中，他统治着一个拥有高雅文化的宫廷。他本人是优秀的诗人，也慷慨地赞助诗人、学者和艺术家。

并且，他引导莫卧儿皇朝熬过了它的最低潮，并在最残酷

---

① 因弗内斯是苏格兰北部的一座城市。
② 帖木儿是瘸子。

的无政府时期保住了莫卧儿皇朝的火种。他还成功建立了一种
新的莫卧儿统治模式，神圣的皇权光环和高雅文化与宫廷礼节
的镀金屏风巧妙地掩饰了实权的缺位。这种皇权和这种文化，
都源自他的祖先帖木儿家族。大约半个世纪之后，这种观念仍
然拥有足够的感召力，让他孙子的宫廷成为历史上最大规模反
殖民起义的中心。这场大起义差一点就终结了英国在印度的统
治，原本很有可能开启莫卧儿帝国的新阶段。[168]

388 对东印度公司来说，征服德里也是一个历史性时刻，是它
打败马拉塔人、夺取曾经的莫卧儿帝国的控制权的漫长斗争的
最终结局。与此同时，这也标志着东印度公司对莫卧儿体制的
逐渐渗透的最后一幕。在这场大戏里，伦敦金融城的一家股份
公司缓慢地篡夺了强大的莫卧儿帝国的权力，并在一定程度
上，在韦尔斯利领导下，还将莫卧儿帝国的部分光辉攫为
己有。

  最终，东印度公司获得主宰权的渠道，是强占莫卧儿皇帝
的摄政者的地位，于是公司为自己获得了一定程度的合法性，
因为公司是在莫卧儿皇帝的旗号之下统治印度的。迟至1831
年，孟加拉的改革家王公拉姆·莫汉·罗伊①还谈道："英国
政府通过获得一位君主的感恩戴德和友谊，建立了非常稳定的
统治。这位君主虽然没有领土，却仍然被印度斯坦的各民族视
为荣誉或统治的唯一合法基础。"[169]东印度公司懂得，渗透莫

---

① 拉姆·莫汉·罗伊（1772~1833）是印度改革家，对政治、公共管理、
教育和宗教等领域都有很大影响。他主张众生平等、男女平等，反对多
神崇拜和偶像崇拜，主张给予女性财产继承权，革除印度社会一夫多妻、
童婚、寡妇自焚殉夫等习俗。很多历史学家认为他是"孟加拉文艺复兴
之父"。

卧儿体制胜过简单地将其摧毁或废除。

韦尔斯利向董事们抗议说，他"一想到英国有人怀疑"他企图"将东印度公司扶上莫卧儿人的宝座，让公司成为实质上的或者代理的皇帝，他就退缩了"。[170]当然了，这恰恰就是他做的事情。在不到五十年的时间里，这家跨国公司掌控了莫卧儿印度的几乎全部领土。到这个阶段，公司还建立了复杂的行政机关和公务员系统，建造了伦敦码头区的很大一部分，贸易额接近英国总贸易额的一半。仅公司在英国本土的年度开支就达到约 850 万英镑①，相当于英国政府年度总开支的约四分之一。[171]难怪此时东印度公司自称为"宇宙中最恢宏的商人团体"。它的军队规模比几乎所有民族国家的军队都更大，它的力量威震全球。此时它的股票已经可以算是一种全球通行的储备货币。如伯克所写："东印度公司从商业发端，以帝国霸业为结局。"或者，如一位公司董事承认的那样，东印度公司是"帝国之内的帝国"。[172]

不过，尽管东印度公司拥有海量资源，但韦尔斯利持续六年的战争还是让公司濒临破产，年度赤字猛增到大约 200 万英镑②。韦尔斯利到印度上任时，公司的总债务为 1700 万英镑，而如今猛增到 3150 万英镑③。从 1800 年到 1806 年，为了偿还韦尔斯利欠下的巨额债务，公司不得不从伦敦向孟加拉输送了价值 390 万英镑④的白银。[173]韦尔斯利勋爵在加尔各答开始兴建规模宏大如莫卧儿皇家建筑的新政府大楼，它的开支对董事

389

---

①　相当于今天的 8.9 亿英镑。——作者注
②　相当于今天的 2.1 亿英镑。——作者注
③　相当于今天的 33 亿英镑。——作者注
④　超过今天的 4 亿英镑。——作者注

们来说是最后一根稻草。他们抱怨道，在韦尔斯利领导下，印度政府的统治"完全变成了暴政"。

1803 年 11 月 6 日，公司董事会写信给政府的控制理事会，列举了他们对韦尔斯利的不满。

> 他们指控他严重损害了为了治理英治印度而建立的政体。当他们［董事们］表达自己的意见，希望他信守承诺、削减公共开支的时候……他不仅不回复他们，反而毫无必要地执行了那些大规模的外交政策计划，这些计划不可避免地导致战争……董事会认为，这些战争造成了许多严重的弊端，让减少债务、削减开支的希望愈加渺茫，把原本稳定而受人尊重的英国势力变成了一种充满不确定性的霸权，并且让英国人受到印度所有邦国的憎恨。[174]

1803 年底，英国政府做出了最后决定：鸠占鹊巢的韦尔斯利（他是鸠，东印度公司是巢）将被召回。

390　　在 1803 年，董事们达成了自己的心愿，罢免了韦尔斯利，但最终英国政府还是战胜了东印度公司。就在东印度公司在印度一天天变得更加强大和不可战胜的同时，在 19 世纪上半叶，公司受到英国政府越来越密切的监管和越来越严格的约束。印度如今已经成为英国最重要的殖民地，让一家公司管理印度的理念显得越来越不正常。

《爱丁堡评论》的一位匿名作者（也许就是詹姆斯·密尔①）在韦尔斯利被召回国的几个月后精辟地写道："人们已经提出了许多白日做梦、荒诞不经的政策体系，但没有一个人荒唐到相信治理一个帝国的最好办法是将它托付给一群居住在数千英里之外的商人。"[175]1813 年，英国议会撤销了东印度公司与东方的贸易垄断权，允许其他商人和商业机构在孟买和加尔各答经营。[176]

到 1825 年，议会里反对东印度公司继续存在的呼声越来越高。一位议员评论道，东印度公司的权力和影响力太大，所以"若不是它的财富来源距离英国本土如此遥远的话，这样一家公司的存在本身就是非常危险的，不仅会危及臣民的自由，还会危及国家的稳定"。五年后，另一位议员愤怒地谴责政客们允许这样"一支无比强大的力量存在，它对我国的福祉有害，而议会对它的控制极弱，并且是间接的"。[177]在议会内，詹姆斯·西尔克·白金汉②说得更直接："把一个拥有 1 亿人口的大帝国的政治治理托付给一家股份公司，这是极其荒谬的想法。如果是现在有人第一次提出这种想法，那么它不仅会被视为荒谬绝伦，而且是对我国人民智力的侮辱。"[178]

1833 年，议会终于采取行动，通过了《东印度公司特许

---

① 詹姆斯·密尔（1773～1836，也作詹姆斯·穆勒）为英国历史学家、经济学家、政治理论家和哲学家。他与大卫·李嘉图同为古典经济学的创始人。他的儿子约翰·斯图尔特·密尔（也作约翰·斯图尔特·穆勒）也是著名哲学家。詹姆斯·密尔的《英属印度史》记载英国如何征服印度，对印度文化和文明大加抨击和贬低。

② 詹姆斯·西尔克·白金汉（1786～1855）是英国作家、记者和旅行家，是最早在印度为了新闻自由而斗争的欧洲人之一。他曾担任下议院议员，主张社会改革。

状法案》，取消了东印度公司的贸易权，将它转变成某种形式的治理机构。曾经拥有一个庞大商业帝国的东印度公司（即便到了这个阶段，公司每年仅通过茶叶贸易就可获利 100 万英镑①）从此进入它的最后阶段，专门负责治理印度。[179]

391

最后，在 1857 年 5 月 10 日，东印度公司自己的私营军队发起反叛，反抗它的雇主。经过九个月的动荡不安，东印度公司终于把反叛镇压下去。在这期间，东印度公司在恒河沿线的许多集市城镇绞死和谋杀了数万名被怀疑参与叛乱的印度人。这可能是整个英国殖民史上最血腥的一个篇章。在这场大起义（英国人称之为"印度兵变"，印度人称之为"第一次独立战争"）之后，英国议会终于剥夺了东印度公司的权力。

也该适可而止了。维多利亚时代的英国政府察觉到企业的贪婪与无能所带来的危险，成功地驯服了历史上最贪婪的公司。东印度公司的海军被解散，陆军被纳入英国政府的管理之下。1859 年，在安拉阿巴德要塞的高墙之内，也就是克莱武最初通过获取孟加拉、比哈尔和奥里萨的财政管理权而将东印度公司转变成一支帝国主义势力的同一个地方，当时的总督坎宁勋爵正式宣布将东印度公司的印度领地国有化，交给英国政府控制。从此之后，印度的统治者是维多利亚女王，而不是东印度公司的董事们。

东印度公司被剥夺权力之后又存续了十五年，直到它的特许状到期，最终于 1874 年静悄悄地关门。一位评论家说，东印度公司停业时没有受到太多关注，"造成的响动还不如一家

---

① 超过今天的 1 亿英镑。——作者注

地区性铁路公司破产”。[180]

东印度公司的品牌如今被一对来自印度喀拉拉邦的兄弟持有，他们在伦敦西区的一家展销店用这个品牌销售“调味品和美食”。

尾　声

　　东印度公司从沙·阿拉姆手中获得孟加拉、比哈尔和奥里萨的财政管理权的那座红色砂岩的莫卧儿要塞，也就是东印度公司最终被剥夺权力的地点。安拉阿巴德的这座要塞比今天的游客在拉合尔、阿格拉或德里能参观的要塞庞大得多，至今仍然是一个封闭的军事管理区。我在 2018 年底去参观的时候，门口的警卫和他们的军官都对那里曾经发生的事情一无所知。那里的哨兵没有一个人听说过东印度公司，尽管克莱武当年与沙·阿拉姆签约的帐篷所在的操练场上仍然陈列着公司的大炮。

　　在我参观安拉阿巴德的那天晚上，我在要塞高墙之下雇了一叶小舟，请船夫划船送我去上游。此时距离日落还有一个钟头，正是北印度人称为"归家牛群扬起尘土"（godhulibela）的美妙时刻。亚穆纳河在暮光中波光粼粼，仿佛撒满了莫卧儿珠宝。白鹭在河边择路前行，朝圣者在亚穆纳河与恒河交汇的吉祥之地游泳。圣徒和朝圣者当中有一排排的小男孩拿着鱼线，忙着捕捉鲶鱼。长尾小鹦鹉从城墙的孔洞中飞出，八哥在呼唤归巢。

我们乘小舟缓缓漂流了 40 分钟，河水拍击船侧，途经延绵 1 英里的巍峨塔楼和突出的要塞堡垒，每一座建筑都装饰着精美绝伦的莫卧儿凉亭、花格雕栏和尖顶。我们难以置信，一家伦敦公司，不管它是多么冷酷无情和侵略成性，竟然能征服曾经如此强大，对自己的力量、辉煌与美丽如此自信的莫卧儿帝国。

在印度和英国，人们仍然会说是英国人征服了印度，但如本书尝试阐释的那样，这种说法掩盖了更为阴森可怖的事实。在 18 世纪中叶攫取印度的并非英国政府，而是一家私营公司。印度被殖民化的过程，发生在这样一家以营利为目的的企业的领导之下，而这家企业之所以存在，纯粹是为了给它的投资者带来收益。

我们几乎可以肯定，东印度公司对印度的征服是世界历史上最极端的企业暴力的例子。今天世界上最大的公司，无论是埃克森美孚、沃尔玛还是谷歌，不管它们有多大的权力，与对土地欲壑难填、高度军事化的东印度公司相比都只是被驯服的野兽。但历史的教训就是，在国家权力与企业权力的互动当中，虽然企业权力可能受到监管，但企业会运用自己的全部资源去抵抗。

英国派往印度的第一位使者托马斯·罗爵士一定会觉得我们今天的世界很眼熟：西方的财富再一次开始流向东方。从古罗马到东印度公司诞生，情况就是这样。今天西方国家的总理

394

访问印度的时候，再也不能像克莱武那样发号施令。实际上，他根本没有机会进行任何形式的谈判。和罗一样，他是以恳求者的身份前来的，恳求得到合同和商业机会，并且会把他国家的最大企业的 CEO 们一起带来。

跨国公司，即跨越国境的单一综合商业组织，是欧洲的一项革命性发明，与欧洲殖民主义（它把亚洲与欧洲的贸易世界掀了个底朝天）同时出现。也正是跨国公司为欧洲赋予了竞争优势。在欧洲帝国主义垮台很久之后，跨国公司的理念仍然继续兴盛。当历史学家讨论英国殖民主义在印度的遗产时，他们通常会提到民主制、法治、铁路、茶和板球。但我们可以说，股份公司的理念是英国出口到印度的最重要的东西之一，并且这种理念对南亚的影响（无论是正面的还是负面的）不亚于其他任何一种欧洲思想。它的影响力肯定超过基督新教，或许甚至比民主制的影响更深远。

如今，对印度人来说，除了家庭之外，公司和企业占用的时间和精力最多。这并不奇怪。如哈佛大学商业与政府管理中心的前主任艾拉·杰克逊在近期所说，在今天，企业及其领导者已经"取代政治和政治家……成为我们的体制当中新的大祭司和寡头"。公司仍然以隐秘的方式主宰着很大一部分人的生活。

如何应对大型跨国公司的权力及其带来的危险？这个问题在三百年前就有人提出了，但至今仍然没有清晰的答案。我们不是很清楚，国家如何能保护自己、保护公民，抵抗企业的极端行为。今天的企业不可能复制东印度公司的暴力活动和强大的军事力量而不受惩罚，但有很多企业试图效仿东印度公司，操控国家力量为己所用。

2007~2009 年的国际次贷危机和一系列银行破产案表明，企业虽然能给国家带来财富，能从正面改变和塑造国家命运，但也能拖垮国家经济。从 2007 年 1 月到 2009 年 9 月，美国和欧洲的多家银行因为不良资产一共损失了超过 1 万亿英镑。伯克在 1772 年担心东印度公司会把英国政府"拖向万劫不复的深渊"，这种情况在 2008~2011 年的冰岛真实发生了，该国全部三家大型私营商业银行发生了系统性崩溃，让冰岛政府濒临破产。在 21 世纪，强大的企业仍然能够像 18 世纪东印度公司在孟加拉做的那样，拖垮或者颠覆国家。

权力、金钱、缺乏问责机制，这三方面加起来，会造成致命后果。在对企业缺乏监管或者监管无效的脆弱国家，大企业的购买力可能（远远）超过缺乏资金的政府，所以企业在这样的国家的影响力尤其显得强大和危险。例如，在 2009~2014 年国民大会党执政的印度就是这样，当时的国大党政府卷入了一连串的腐败丑闻，涉及土地与矿产的非法交易，以及廉价销售 2G 手机运营牌照的贪腐交易。

2015 年 9 月，当时的印度央行总裁拉古拉姆·拉詹在孟买发表演讲，表达了他对黑金腐蚀议会的担忧："就在我们的民主制度和我们的经济变得更加兴旺的同时，近期选举提出了一个重要问题，即我们是否将过去的裙带社会主义换成了今天的裙带资本主义。据说，在今天，有权有势的人通过贿赂贪腐的政客，廉价获得了土地、自然资源和手机运营牌照。裙带资本主义严重损害了透明度和竞争，所以对自由企业和经济增长有害。并且它用特殊集团的利益取代了公众的利益，所以对民主的表达有害。"他的担忧和三百多年前霍勒斯·沃波尔以及其他许多英国人对东印度公司的担忧（当时东印度公司成了巨富和政治腐败的代名词）非常相似。

好在今天的世界没有和东印度公司完全一样的公司。从营收来看，沃尔玛是全世界最大的企业，但它的资产不包括核潜艇舰队，脸书和壳牌公司也没有步兵部队。但东印度公司（第一家巨型跨国企业，也是第一家胡作非为的巨型跨国企业）是今天许多股份公司的终极模板和原型。其中最强大的一些公司根本不需要自己经营军队，因为它们可以依赖政府来保护它们的利益，并从经济危机中解救它们。

今天，东印度公司位于利德贺街的总部就坐落在理查德·罗杰斯设计的玻璃与金属结构的劳埃德大厦下面。麦考莱说东印度公司是"世界上最伟大的企业"，并且它是唯一能够与莫卧儿帝国等量齐观的政治势力，在南亚的广袤土地攫取了政治权力。如今没有一个蓝色铭牌标示公司总部的所在地。但如果你想在伦敦金融城寻找东印度公司的遗产的纪念碑，那么只需要看看四周就行。

本书的宗旨是研究商业力量与帝国主义力量之间的关系；观察了企业如何对政治施加影响，以及政治如何对企业施加影响；研究了权力和金钱如何腐蚀人，商业和殖民如何互相配合。西方帝国主义和企业资本主义是同时诞生的，在一定程度上这二者都是现代世界诞生的催化剂。

东印度公司严重地扰乱了 18 世纪印度的秩序，以至于出现了一种新的文学体裁来探讨这个问题。这就是被称为"警世书"（Ibrat-Nāma）的充满道德训诫意味的史书。其中最有名的一部著作的作者海尔·丁·安拉阿巴迪精练地表达了这种史书的劝世宗旨："吸取前人的教训，引以为戒。"[1]

今天，东印度公司仍然是历史上关于企业权力滥用（以及企业如何用奸诈的手段让人相信它的股东的利益等同于国家利益）的最严正警告。美国近期在伊拉克的冒险足以表明，我们的世界远远谈不上已经摆脱了帝国主义，或许永远也不会摆脱这道魔咒。帝国主义正在变形，变成了某种形式的全球力量。今天的帝国主义利用政治献金和商业游说、跨国金融体系和全球市场、企业影响力和新型监控资本主义的预测数据，而不是赤裸裸的军事征服、占领或直接的经济主宰来达到自己的目的。当然，有的时候，帝国主义会同时运用新旧两套办法。

东印度公司的创立是四百二十多年前的事情，但在今天，它的故事仍然具有极强的现实意义。

术语表

Aftab   阿夫塔卜。太阳。

Akhbars   印度宫廷的新闻通讯。

Alam   世界。也指什叶派在穆哈兰姆月礼拜活动中使用的旗帜，通常是泪珠形或手掌形的，象征公元 680 年卡尔巴拉战役中伊玛目侯赛因的军旗。

Amir   埃米尔。贵族。

Arrack   印度的亚力酒。

Arzee   波斯文的请愿书。

Atashak   淋病。

Bagh   一种形式规则的莫卧儿园林，通常是"四园林"（char bagh）的形式，因为它用溪流和喷泉组成的十字将园林分成四个（char）部分。

Banjara   班加拉人。一个游牧的贸易社群。

Bazgasht   返回或回家。

Begum   印度穆斯林贵族女子。表示身份高贵的头衔或敬称，类似"夫人"。

Betel   蒌叶。印度人把它当作一种温和的麻醉品，做成"盘安"（Paan）食用。

Bhadralok   孟加拉绅士。孟加拉富裕且受过良好教育的中产阶级上层。

Bhang	一种大麻制剂。
Bhet	祭品。
Bhisti	运水工。
Bibi	印度裔的妻子或情人。
Bibi ghar	"女眷的住所"或后宫。
Brahmin	婆罗门，印度教的祭司种姓，是最高的种姓。
Charpoy	绳索床（字面意思是"四条腿"）。
Chattri	一种由柱子支撑的圆顶亭，通常被用作塔楼和清真寺宣礼塔顶端的装饰。
Chaupar	一种棋盘为十字形的桌面游戏，非常像印度十字戏（pachisi）。
Chhatrapati	查特拉帕蒂。王室头衔，字面意思是"伞王"。相当于皇帝。
Choli	印度的女式短款紧身胸衣（在这个时期往往是透明的）。
Chowkidar	卫兵，守门人。
Coss	莫卧儿人使用的长度和距离单位，相当于 2 英里。
Crore	克若。1 克若等于 1000 万。
Cuirassier	胸甲骑兵。身披铠甲的骑兵，配备一支火枪。
Dacoit	不法之徒；强盗，土匪。
Daftar	办公室，或者是尼查姆宫殿里的文书官衙。
Dak	驿站，邮政系统（在 18 世纪和 19 世纪初有时拼写为 dawke）。
Dargah	苏非派圣所，通常建在一位圣徒的坟墓之上。

Dar ul-Islam	伊斯兰教的土地或伊斯兰世界。
Dastak	通行证。
Dastan	达斯坦。故事、史诗或口述历史。
Deorhi	有庭院的房子或宅邸。
Derzi	裁缝。
Dharamasala	旅社。
Dharma	达摩。责任。
Dhobi	洗衣工。
Dhoolie	有帘子遮盖的轿子。
Dhoti	缠腰布。
Divan	诗集。
Diwan	首相，或负责财政管理的维齐尔。
Dubash	译员。
Dupatta	披肩或围巾，通常和纱丽卡米兹（salvar kemise）一起穿。也叫 chunni。
Durbar	宫廷。
Fakir	法基尔。字面意思是"贫穷"。苏非派圣人、德尔维希或游方的穆斯林苦修者。
Faujdar	要塞长官或驻军总司令。
Firangi	外国人。
Firman	皇帝的书面御旨。
Gagra Choli	印度女性的紧身胸衣和裙子。
Ghat	河坛。通向洗浴地或者河边的台阶。
Ghazal	加扎勒。乌尔都语或波斯语的情诗。
Godhulibela	"归家牛群扬起尘土的时刻"，日落前的黄金时刻。

Golumdauze	炮手。
Gomasta	代理人或经理。
Goonjus	桥。
Hakim	医生。
Hamam	土耳其风格的蒸汽浴。
Haveli	印度有庭院的房屋或传统豪宅。
Harkarra	字面意思是"百事通"。他们是传令兵、信使、新闻撰写人或间谍。在 18 世纪，这个词有时拼写为 hircarrah。
Havildar	印度兵的士官，相当于中士。
Holi	侯丽节。印度教的春节，人们互相抛撒红色和黄色粉末。
Hookah	水烟筒。
Id	穆斯林最重要的两大节日。开斋节（Id ul-Fitr）标志斋月的结束，而宰牲节（Id ul-Zuha）纪念易司马仪获救。庆祝宰牲节时要宰杀一头公绵羊或公山羊，因为根据《旧约》和《古兰经》，易司马仪获救后宰杀了公羊。[①]
Iftar	开斋饭。结束斋月斋戒的晚餐。

---

① 按照《古兰经》的说法，安拉为了考验阿拉伯人和以色列人的祖先易卜拉欣（《圣经》称为亚伯拉罕），命令他把儿子易司马仪（《圣经》称为以实玛利）杀死、献祭。他完全服从，将儿子带到耶路撒冷现在阿克萨清真寺内的一块目前作为圣物的石头上，准备将儿子杀死烧化，献祭给安拉。安拉其实没有要杀他的孩子，只是想考验他，随即命令天使及时地送来一只黑色的替罪羊。《圣经·旧约》的记载略有不同，认为以实玛利（易司马仪）是亚伯拉罕（易卜拉欣）的庶子，和他母亲一起回到埃及，亚伯拉罕要献祭的是自己 100 岁时生的嫡子以撒（伊斯兰教的说法是易司哈格）。

Ijara	租借契约。
Jagatguru	宇宙上师。
Jagir	庄园，被分封给对国家有功的人，庄园的收入被视为庄园主的私人收入。
Jali	有格子的石制或木制屏风。
Jazair	回旋炮，通常由骆驼承载。
Jharoka	凸出的阳台。
Jizya	吉兹亚税。伊斯兰统治者向非穆斯林征收的税。
Kalawant	歌手或吟唱者。
Kar-khana	作坊或工厂。
Khanazad	出生于皇宫的皇子。
Khansaman	在 18 世纪，这个词指管家。今天它通常指厨师。
Kharita	莫卧儿人用于寄信的锦囊，代替信封。
Khilat	具有象征意义的宫廷服装。
Khutba	呼图白。在星期五的伊斯兰宣教仪式中为统治者祈祷的布道。
Kotla	要塞或堡垒。
Kotwal	莫卧儿城镇的警察局长、主要行政长官或城市管理者。
Lakh	10 万。
Langar	在宗教节日期间免费发放的食品。
Lathi	棍棒或棍子。
Lota	水罐。
Lingam	林伽。与大神湿婆的创世者身份有关联的阴茎形符号。

Lungi	笼吉。印度风格的莎笼；缠腰布（dhoti）的较长版本。
Mahal	玛哈尔。字面意思是"宫殿"，但往往指卧室，或宫殿或住宅的女眷居住区。
Mahi maratib	鱼旗。莫卧儿帝国的一种旗帜。
Majlis	集会（尤其是穆哈兰姆月期间的集会）。
Mandapa	神庙的大门。
Mansabadar	曼萨卜达尔。莫卧儿贵族和官员，他的衔级由他（理论上）可以提供的骑兵数量决定，例如当皇帝作战时，2500骑级的曼萨卜达尔应当为皇帝提供2500名骑兵。
Masnavi	玛斯纳维。波斯语或乌尔都语的情诗。
Mehfil	莫卧儿宫廷在晚间的娱乐活动，通常包括舞蹈、诗歌朗诵和吟唱加扎勒。
Mihrab	米哈拉布。清真寺中指向麦加方向的壁龛。
Mir	米尔。名字前面如果有米尔头衔，通常意味着此人是赛义德。
Mirza	米尔扎。王子或绅士。
Mohalla	莫卧儿城市的特殊区域，即若干民居街巷的集合体，通常从单独一扇门进入。
Muharram	穆哈兰姆月。什叶派穆斯林的重大节日，纪念伊玛目侯赛因（先知的外孙）战败身亡。海德拉巴人和勒克瑙人热烈地庆祝这个节日。
Munshi	孟希。印度的私人秘书或语言教师。
Mushairas	诗歌朗诵会。
Marqanas	清真寺或宫门口的钟乳石形的饰物。

Musnud	这个时期印度统治者的宝座的一部分，为软垫和垫枕。
Nabob	印度斯坦语 Nawab（纳瓦布）传入英语之后的讹误形式。Nawab 的字面意思是"副手"，是莫卧儿皇帝赐给属下的地方总督与副王的头衔。在英语当中，这个词被用来辱骂那些返回英国的"老印度通"，尤其是在 1768 年塞缪尔·富特的戏剧《大富翁》（*The Nabob*）让这个词为英国公众所知之后。在英语中，这个词很快被简化为 nob。
Nagara	印度仪式中使用的定音鼓。
Nageshwaram	泰米尔人的一种类似双簧管的长管乐器。
Namak-haram	叛徒，字面意思是"对你的盐不利"。
Naqqar Khana	仪式性的鼓楼。
Naubat	瑙巴特。用于欢迎权贵和节庆时使用的鼓。
Naubat Khana	要塞城门上方的鼓楼。
Nautch	印度的一种舞蹈表演。
Nazr/Nazar	印度各邦国向封建宗主赠送的象征性礼物。
Nizam	尼查姆。海德拉巴世袭统治者的头衔。
Omrah	贵族。
Padshahnama	本纪。皇帝的历史。本书中指《沙贾汗皇帝本纪》。
Palanquin	印度的轿子。
Peshkash	下级向上级呈送的供奉或礼物。在更具体的层面，马拉塔人用这个词指"臣属"政权（如尼查姆）向他们缴纳的贡金。

Peshwaz	一种高腰长袍。
Pir	皮尔。苏非派的圣徒。
Pikdan	痰盂。
Prasad	寺庙发给信徒以换取供奉的糖果；本是印度教的传统，也传入了德干高原的苏非派圣地。
Puja	礼拜。祈祷。
Pukhur	池塘。
Pukka	恰当的，正确的。
Purdah	字面意思是"幕帘"；指女眷深居于闺房或后宫。
Qanat	便携的帆布棚子或帐篷。
Qawal	卡瓦力歌手。
Qawalis	卡瓦力。指苏非派的宗教音乐。
Qiladar	要塞司令。
Qizilbash	奇兹尔巴什。字面意思是"红头"。指萨非王朝的士兵（后来还指商人），因为他们在头巾之下戴着高高的红帽子。
Raja	（印度教的）王公，国王。
Ryott	农民或佃农。
Sahukara	放债人。
Salatin	在宫殿出生的皇子。
Sanad	特许状或令状。
Sanyasi	弃绝者、遁世者。印度教的苦行者。
Sarir-e khas	御座。
Sarpeche	头巾上的珠宝或饰物。
Sati	娑提。寡妇自焚殉夫。

Sawaree	象厩（以及与饲养大象相关的全套设施和器材）。
Sayyed	赛义德（阴性为赛义达）。先知穆罕默德的直系后裔。赛义德往往有"米尔"的头衔。
Sepoy	印度兵。
Seth	商贩、商人、银行家或放债人。
Shadi	婚宴或婚礼派对。
Shamiana	印度的一种帐篷，或帐篷营地周围的屏障。
Shia	什叶派。伊斯兰教的两个主要分支之一，可追溯到先知去世不久之后的一次分裂。当时穆斯林分成两派，一派是认可麦地那的哈里发的权威的人，另一派是追随先知的女婿阿里的人（Shiat Ali 在阿拉伯文中的意思是"阿里派"）。虽然绝大多数什叶派教徒都生活在伊朗，但印度的德干高原也有许多什叶派教徒，海德拉巴在历史上一直都是什叶派文化的中心。
Shikar	狩猎。
Shroff	商贩、商人、银行家或放债人。
Sirdar	贵族。
Sloka	梵文对句。
Strappado	吊刑。葡萄牙人的一种酷刑，将人用绳子捆起来从高处扔下。
Subadhar	总督。
Takhta	挂披肩用的木制架子。
Tawaif	有素养和文化的舞女和交际花，是莫卧儿晚期

社会与文化的特色之一。

Thali	托盘。
Ubnah	男同性恋。
Ulama	乌理玛。穆斯林神职人员。
Unani	尤那尼医学。爱奥尼亚（或拜占庭希腊）医学，最初由流亡波斯的拜占庭人传入伊斯兰世界，今天在印度仍在应用。
'Urs	节庆的日子。
Ustad	乌斯塔德。主人、教师或专家。
Vakil	瓦吉尔。大使或代表（不过在现代仅指律师）。
Vilayat	省，家乡。
Zenana	后宫，或女眷的居住区。
Zamindar	柴明达尔。地主或地方统治者。

大事年表 [*]

1599 年 9 月 24 日　伦敦城的审计官托马斯·史密斯爵士在铸工行会大厅首次召开筹建东印度公司的会议。

1600 年 12 月 31 日　东印度公司获得王室特许状。

1601 年　詹姆斯·兰开斯特爵士率领"红龙"号等船只，代表东印度公司首次航向东方，后安全返航，获利颇丰。

1602 年 3 月　荷兰东印度公司成立。

1608 年 8 月 28 日　威廉·霍金斯船长将他的船"赫克托耳"号停泊在苏拉特外海。于是他成为第一位踏上印度土地的英格兰东印度公司船长。

1615 年　詹姆斯一世派往莫卧儿朝廷的大使托马斯·罗爵士拜见贾汉吉尔皇帝。莫卧儿帝国与东印度公司的关系的开端。第一个贸易站在苏拉特，第二个在默苏利珀德姆。

1617 年　东印度公司发行第二批股票筹集了 160 万英镑的巨资，于是公司首次成为商业巨头。

1623 年　摩鹿加群岛安汶岛的英格兰贸易站遭到荷兰东印度公司军队的攻击。

1626 年　东印度公司在印度建立了自己的第一个设防基地，地点在科罗曼德尔海岸中部的阿尔马冈，六年后放弃。

1632 年　沙贾汗皇帝武力驱逐胡格利的葡萄牙人。

---

　　* 资料来源：译者整理。

1639 年　弗朗西斯·戴从毗奢耶那伽罗帝国获得建造要塞的许可，即后来的圣乔治堡和马德拉斯城。

1661 年　根据英王查理二世迎娶葡萄牙公主布拉干萨的卡塔利娜的婚姻契约，英国王室获得孟买，1665 年实际控制，后将其赠给东印度公司。

1663 年　希瓦吉·蓬斯尔夜袭浦那的莫卧儿大本营。随后三次袭击苏拉特。

1664 年　法国东印度公司成立。

1674 年 6 月 6 日　希瓦吉被加冕为"查特拉帕蒂"。

1686 年　乔赛亚·蔡尔德爵士派遣舰队攻击孟加拉，被奥朗则布打败。英国人被彻底逐出孟加拉。奥朗则布后来同意宽恕英国人。

1690 年　约伯·查诺克建立加尔各答城的前身。

1693 年　东印度公司的企业游说丑闻曝光。

1700 年　奥朗则布的军队攻克马拉塔首都萨塔拉。

1707 年 2 月 20 日　奥朗则布驾崩。莫卧儿帝国开始衰败和分裂。

1710 年　东印度公司蹂躏科罗曼德尔海岸。

1724 年　第一代尼查姆在海德拉巴立国。

1737 年　巴吉·拉奥一世率领马拉塔军队袭击帝都德里。

1738 年 1 月 7 日　博帕尔战役。巴吉·拉奥一世大败海德拉巴尼查姆领导的莫卧儿军队。

1739 年 2 月 13 日　卡尔纳尔战役，波斯统治者纳迪尔沙大败萨阿达特·汗（奥德的纳瓦布）指挥的莫卧儿军队。随后纳迪尔沙占领并洗劫德里。

1740 年　阿里瓦迪·汗在孟加拉发动政变，成为孟加拉纳瓦布。

1742 年 约瑟夫-弗朗索瓦·杜布雷成为法国东印度公司的本地治里总督。

1746~1748 年 第一次卡纳蒂克战争。

1746 年 9 月 杜布雷率法军攻击马德拉斯。英国守军投降。法国人后来根据《亚琛条约》归还马德拉斯。

　　　10 月 24 日 阿德亚尔河战役。杜布雷在马德拉斯附近大败马赫福兹·汗领导的莫卧儿军队。

1749~1754 年 第二次卡纳蒂克战争。

1750 年 马拉塔人入侵孟加拉，大肆烧杀抢掠。

1751 年 8 月 26 日 罗伯特·克莱武援救阿尔果德城，崭露头角。

1752 年 6 月 13 日 克莱武大败法军，接受雅克·劳的投降。

1753 年 在德里，萨夫达尔·忠格与伊玛德·穆尔克的内战。伊玛德·穆尔克成为维齐尔，后废黜皇帝艾哈迈德·沙，扶植阿拉姆吉尔二世为傀儡皇帝。伊玛德·穆尔克企图暗杀阿拉姆吉尔二世的儿子沙·阿拉姆。沙·阿拉姆逃离德里，企图夺取孟加拉和比哈尔。

1756~1763 年 第三次卡纳蒂克战争。

1756 年 加尔各答总督罗杰·德雷克为防备法国人而整修城防，没有征得孟加拉纳瓦布的许可，因此英国人与孟加拉纳瓦布的关系骤然紧张。

　　　4 月 9 日 孟加拉的纳瓦布阿里瓦迪·汗驾崩。他的外孙西拉杰·道拉继位。

　　　6 月 西拉杰·道拉占领英国人的贸易站卡西姆巴扎尔。年轻的沃伦·黑斯廷斯被俘。西拉杰·道拉麾下将

领米尔·贾法尔攻占加尔各答。"加尔各答的黑洞"的
传说诞生。

1757 年1 月　罗伯特·克莱武与海军将领沃森收复加尔各答，
随后攻克西拉杰·道拉的胡格利港。

　　2 月5 日　克莱武夜袭西拉杰·道拉的营地。西拉杰恐
慌地撤退。

　　2 月9 日　西拉杰·道拉签署《阿里纳加尔条约》，向
东印度公司让步。

　　3 月　克莱武攻占法国贸易站金德讷格尔。

　　4~6 月　米尔·贾法尔和贾加特·赛特家族向东印度
公司求助，谋求联手推翻西拉杰·道拉。

　　6 月23 日　普拉西战役。克莱武打败西拉杰·道拉。
随后克莱武扶植米尔·贾法尔成为孟加拉纳瓦布。西拉
杰·道拉被杀。他的亲人遭屠杀。

1759 年11 月29 日　阿拉姆吉尔二世皇帝被伊玛德·穆尔克
谋杀。

1760 年2 月　克莱武第二次回国，带回巨额财富。米尔·贾法
尔的统治不得民心。贾加特·赛特家族和巨商米尔·阿什拉夫
阴谋反对米尔·贾法尔，向流亡的沙·阿拉姆二世求援。

　　2 月9 日　马苏普尔战役。沙·阿拉姆打败为米尔·贾
法尔效力的巴特那总督拉姆·纳拉因王公。不久之后
沙·阿拉姆被公司的卡约少校打败。

　　4 月　沙·阿拉姆长途奔袭穆尔希达巴德，失败。

　　10 月　米尔·贾法尔的女婿米尔·卡西姆与贾加特·
赛特家族和东印度公司合谋，推翻米尔·贾法尔。米
尔·卡西姆成为纳瓦布。

1761 年 1 月 14 日　第三次帕尼帕特战役。艾哈迈德·沙·杜兰尼的阿富汗军队大败马拉塔军队，马拉塔帝国元气大伤。

1 月 16 日　赫尔萨战役。沙·阿拉姆被公司军队击溃。让·劳·德·劳里斯顿向英军投降。

1 月 29 日　沙·阿拉姆与东印度公司谈判，建立合作关系。米尔·卡西姆的纳瓦布地位得到皇帝认可。但米尔·卡西姆与公司的关系越来越紧张。

1762 年　艾哈迈德·沙·杜兰尼将伊玛德·穆尔克逐出德里，然后任命罗赫拉人纳吉布·道拉为德里总督。

1763 年 6 月　公司的威廉·艾利斯攻击米尔·卡西姆控制下的巴特那城，失败。公司与米尔·卡西姆的战争爆发。公司扶植米尔·贾法尔复位。米尔·卡西姆被包围在乌杜阿努拉要塞。他手下的将领米尔扎·纳杰夫·汗崭露头角。米尔·卡西姆屡战屡败，滥杀无辜。

10 月 6 日　巴特那大屠杀。米尔·卡西姆屠杀了 45 名英国俘虏和 200 名公司印度兵。

11 月　米尔·卡西姆逃入奥德境内，与奥德纳瓦布舒贾·道拉和沙·阿拉姆皇帝结盟。

1764 年 5 月　舒贾·道拉、米尔·卡西姆和沙·阿拉姆的联军攻打巴特那，失败。

10 月 22~23 日　布克萨尔战役。赫克托耳·门罗打败舒贾·道拉。这是印度历史上最具有决定性的战役之一，确立了东印度公司对孟加拉和沿海地区的掌控。

1765 年 8 月　沙·阿拉姆皇帝签署《安拉阿巴德条约》，向东印度公司（以克莱武为代表）赐予孟加拉、比哈尔和奥里萨三省的财政管理权。这是东印度公司的转折点。

1767～1769 年 第一次迈索尔战争，海德尔·阿里获胜，公司被迫求和赔款。

1769～1773 年 孟加拉大饥荒。

1771 年4 月 沙·阿拉姆皇帝脱离公司的庇护，与马拉塔人结盟，准备远征德里。

　　11 月 18 日 马哈吉·辛迪亚向沙·阿拉姆称臣。

1772 年1 月 沙·阿拉姆返回德里，重登宝座。

　　3 月 沙·阿拉姆与马哈吉·辛迪亚的联军攻克罗赫拉军阀扎比塔·汗的要塞帕塔加尔。扎比塔·汗的幼子古拉姆·卡迪尔被皇帝俘获。

　　6～7 月 金融危机。东印度公司负债累累，请求英国政府救市。

　　12 月 在德里，沙·阿拉姆与马哈吉·辛迪亚发生武装冲突。

1773 年5 月 21 日 受到贪腐指控的克莱武在议会发表演讲，为自己辩护，随后被宣布无罪。

　　6 月 诺斯勋爵的《印度法案》（也称"监管法案"）颁布，政府出资挽救东印度公司，但政府加强了对公司的监管。

　　9 月 马拉塔邦联发生继承危机。马哈吉·辛迪亚离开德里，于是沙·阿拉姆控制了德里。

　　10 月 沃伦·黑斯廷斯被任命为印度总督，他大力改革孟加拉事务。

1774 年2 月 纳杰夫·汗指挥的莫卧儿军队打败贾特人，占领阿格拉要塞。

1775～1782 年 第一次英国 马拉塔战争。

1776 年 4 月 纳杰夫·汗占领贾特人的德埃格要塞。

1779 年 1 月 塔莱加奥恩战役。埃杰顿上校指挥的公司军队干预马拉塔人的继承危机，在卡勒附近被马哈吉·辛迪亚领导的马拉塔军队打败，被迫签署《瓦德加奥恩条约》并割地。

1780~1784 年 第二次迈索尔战争。

1780 年 8 月 17 日 黑斯廷斯与弗朗西斯决斗。

9 月 10 日 波利鲁尔战役。迈索尔军队大败公司军队，威廉·贝利中校被俘。

1782 年 4 月 6 日 米尔扎·纳杰夫·汗在德里病逝。德里随即陷入混乱。

5 月 17 日 公司与马拉塔领袖马哈吉·辛迪亚单独媾和，签署了《萨尔拜条约》。

12 月 海德尔·阿里驾崩。蒂普苏丹继位。

1784 年 皮特的《印度法案》颁布，英国政府对东印度公司加强监管。

11 月 沙·阿拉姆第二次寻求马哈吉·辛迪亚的保护。辛迪亚被任命为帝国首相。

1786 年 9 月 康沃利斯就任印度总督。

1788 年 2 月 埃德蒙·伯克和查尔斯·詹姆斯·福克斯等人弹劾沃伦·黑斯廷斯。

7~8 月 古拉姆·卡迪尔占领德里，大肆劫掠，戳瞎沙·阿拉姆。

9~10 月 马哈吉·辛迪亚攻击古拉姆·卡迪尔，解救沙·阿拉姆。

12 月 古拉姆·卡迪尔被马哈吉·辛迪亚的部下虐杀。

1789 年 12 月 蒂普苏丹攻击东印度公司的盟友特拉凡哥尔。

1790~1792 年 第三次迈索尔战争。康沃利斯指挥的公司军队与海德拉巴和马拉塔人结盟，共同反对迈索尔。

1792 年 2~3 月 康沃利斯攻打蒂普苏丹的塞林伽巴丹要塞。双方议和。蒂普苏丹割地赔款。

1793 年 康沃利斯颁布《永久协议》，开展了一系列土地与税务改革。

　　　　6 月 1 日 拉凯里战役。马哈吉·辛迪亚打败图科吉·哈尔卡尔。

1794 年 马哈吉·辛迪亚去世。道拉特·拉奥成为辛迪亚王朝的新首领。

1795 年 3 月 哈尔达战役。海德拉巴尼查姆的军队惨败于辛迪亚军队。

　　　　4 月 23 日 沃伦·黑斯廷斯被宣布无罪。

1797 年 12 月 蒂普苏丹派人向拿破仑求助。

1798~1799 年 第四次迈索尔战争。

1798 年 5 月 韦尔斯利侯爵理查德抵达印度，就任印度总督。

　　　　10 月 22 日 公司军队解散海德拉巴的法国部队。

1799 年 4 月 公司军队攻打塞林伽巴丹。

　　　　5 月 4 日 公司军队占领塞林伽巴丹。蒂普苏丹死亡。

1800 年 3 月 13 日 纳纳·法德纳维斯去世。

1802 年 4 月 巴吉·拉奥二世处死哈尔卡尔土朝的维托吉。

　　　　10 月 25 日 浦那战役。亚什万特·拉奥的哈尔卡尔军队击溃巴吉·拉奥二世的佩什瓦军队。

　　　　12 月 31 日 巴吉·拉奥二世与东印度公司签署《巴塞因条约》，成为公司的傀儡。

1803~1805 年 第二次英国-马拉塔战争。莱克勋爵在北路作战，阿瑟·韦尔斯利在南路。

1803 年 8 月 1 日　道拉特·拉奥·辛迪亚向东印度公司宣战。

　　8 月 11 日　阿瑟·韦尔斯利占领辛迪亚的要塞艾哈迈德讷格尔。

　　9 月 4 日　莱克勋爵占领阿里格尔要塞。

　　9 月 11 日　德里战役。莱克勋爵打败路易·布尔吉安指挥的马拉塔军队。

　　9 月 23 日　阿萨耶战役。阿瑟·韦尔斯利大败辛迪亚军队。

　　12 月　韦尔斯利勋爵被召回国。

1817~1818 年　第三次英国-马拉塔战争。佩什瓦被废黜。

1833 年　议会通过了《东印度公司特许状法案》，取消了东印度公司的贸易权，将它转变成某种形式的治理机构。

1857 年　印度大起义。

1858 年　东印度公司被彻底国有化。

1874 年　东印度公司被解散。

1947 年 8 月　印度独立。

注　释

缩略语

BL　　大英图书馆（British Library）

CPC　《波斯通信一览表》（*Calendar of Persian Correspondence*）

IOR　　印度事务部档案（India Office Records）

NAI　　印度国家档案馆（National Archives of India）

OIOC　东方与印度事务部藏品（Oriental and India Office Collections）

引　言

1. 菲利普·斯特恩精彩地阐述了东印度公司比史学界所理解的更早地获得了实际的、可见的政治权力。见 Philip J. Stern., *The Company State：Corporate Sovereignty & the Early Modern Foundations of the British Empire in India*, Cambridge, 2011。

2. 'The Muzaffarnama of Karam Ali', in *Bengal Nawabs*, translated into English by Jadunath Sarkar, Calcutta, 1952, p. 63.

3. Ghulam Hussain Khan, *Seir Mutaqherin*, Calcutta, 1790–94, vol. 3, pp. 9–10.

4. Quoted by Emma Rothschild in her unpublished essay, 'The East India Company and the American Revolution'.

5. 较新的研究如 Richard Barnett 的开创性著作 *North India Between Empires：Awadh, the Mughals and the British, 1720–1801*, Berkeley, 1980 和 Christopher Bayly 的 *Rulers, Townsmen and Bazaars*, 以及 Alam 的 *The Crisis of Empire in Mughal North India* 中介绍了 18 世纪上半叶北印度的经济增长。对于这种新观点，已经有相当多的文献。支持这种"修正主义"观点的研究成果见 Seema Alavi（ed.）, *The Eighteenth Century in*

India, New Delhi, 2002; P. J. Marshall (ed.) , *The Eighteenth Century in Indian History. Evolution or Revolution*, New Delhi, 2003. See also; Stewart Gordon, *Marathas, Marauders and State Formation in Eighteenth-Century India*, Delhi, 1998; Rajat Datta, *The Making of the Eighteenth Century in India: Some Reflections on Its Political and Economic Processes*, Jadunath Sarkar Memorial Lecture, Bangiya Itihas Samiti, Kolkatta, April 2019; Karen Leonard, ' The Hyderabad Political System and Its Participants', *Journal of Asian Studies*, 30 (3) (1971); Tilottama Mukherjee, *Political Culture and Economy in Eighteenth-Century Bengal. Networks of Exchange, Consumption and Communication*, New Delhi, 2013; John F. Richards, *The Seventeenth-Century Crisis in South Asia* in *Modern Asian Studies*, 24, 4 (1990), pp. 625 – 638; M. Athar Ali, *The Passing of an Empire: The Mughal Case*, Modern Asian Studies, vol 9. no. 13 (1975), pp. 385 – 396; Stewart Gordon, *Legitimacy and Loyalty in some Successor States of the Eighteenth Century*, In John F Richards, *Kingship and Authority in South Asia*, New Delhi, 1998, pp. 327 – 347; Madhu Trivedi, *The Making of the Awadh Culture*, New Delhi, 2010; Stephano Pelò, ' Drowned in the Sea of Mercy. The Textual Identification of Hindu Persian Poets from Shi'i Lucknow in the Tazkira of Bhagwan Das "Hindi", in Vasudha Dalmia and Munis D. Faruqui (eds), *Religious Interactions in Mughal India*, New Delhi, 2014; Sanjay Subrahmanyam, ' Connected Histories: Notes Towards a Reconfiguration of Early Modern Eurasia', *Modern Asian Studies*, 31 (3) (1997); J. F. Richards, ' Early Modern India and World History', *Journal of World History*, 8 (2) (1997), C. A. Bayly, ' Indian Merchants in a "Traditional" Setting. Banaras, 1780 – 1830 ', in Clive Dewey and A. J. Hopkins (eds), *The Imperial Impact. Studies in the Economic History of India and Africa*, London, 1978; Philip Calkins, ' The Formation of Regionally Oriented Ruling Group in Bengal, 1700 – 1740 ', *Journal of Asian Studies*, 29 (4) (1970)。

6. Fakir Khair-al Din Illahabadi, *Ibrat Nama*, BL, OIOC, Or. 1932. f1v.

第一章　1599 年

1. James Shapiro, *1599: A Year in the Life of William Shakespeare*, London, 2005, pp. 303-8.

2. Henry Stevens, *The Dawn of British Trade to the East Indies，as Recorded in the Court Minutes of the East India Company 1599-1603，Containing an Account of the Formation of the Company*, London, 1866, pp. 1-10.

3. Marguerite Eyer Wilbur, *The East India Company and the British Empire in the Far East*, New York, 1945, pp. 18-24.

4. Robert Brenner, *Merchants and Revolution：Commercial Change，Political Conflict，and London's Overseas Traders，1550-1653*, Princeton, 2003, pp. 19-23, 61-4; James Mather, *Pashas：Traders and Travellers in the Islamic World*, London, 2009, pp. 4, 40-2.

5. Stevens, *The Dawn of British Trade*, pp. 1-10.

6. Sir William Foster, 'The First Home of the East India Company', in *The Home Counties Magazine*, ed. W. Paley Baildon, FSA, vol. XIV, 1912, pp. 25-7; Beckles Willson, *Ledger and Sword：The Honourable Company of Merchants of England Trading to the East Indies 1599-1874*, 2 vols, London, 1903, vol. 1, pp. 19-23.

7. Stevens, *The Dawn of British Trade*, pp. 5-6; P. J. Marshall, 'The English in Asia to 1700', in Nicholas Canny, *The Oxford History of the British Empire*, vol. 1, *The Origins of Empire*, Oxford, 1998, pp. 267-9.

8. 与繁荣昌盛的莫卧儿帝国相比，英格兰很穷，但在北欧不算穷，并且拥有体量很大、欣欣向荣的纺织品贸易（主要是与尼德兰做生意）。

9. Kenneth R. Andrews, *Trade，Plunder and Settlement：Maritime Enterprise and the Genesis of the British Empire，1430-1630*, Cambridge, 1984, pp. 12, 33, 256.

10. Niall Ferguson, *Empire：How Britain Made the Modern World*, London, 2003, pp. 6, 7, 9; G. L. Beer, *The Origins of the British Colonial System，1578-1660*, London, 1908, pp. 8-9.

11. Giles Milton, *Nathaniel's Nutmeg or，The True and Incredible Adventures of the Spice Trader Who Changed the Course of History*, London, 1999,

pp. 15-20.

12. Andrews, *Trade , Plunder and Settlement*, pp. 176, 200-22, 309, 314; Ferguson, *Empire*, p. 58.

13. *National Archives of India Calendar of Persian Correspondence , intro. Muzaffar Alam & Sanjay Subrahmanyam*, vol. 1, New Delhi, 2014 (henceforth *CPC*), p. xxxi.

14. William Foster (ed.), *Early Travels in India 1583-1619*, London, 1921, pp. 1 - 47; G. V. Scammell, *The World Encompassed : The First European Maritime Empires*, London, 1981, p. 474.

15. Brenner, *Merchants and Revolution*, pp. 20 - 1; Milton, *Nathaniel's Nutmeg*, pp. 7, 42-52; Holden Furber, 'Rival Empires of Trade in the Orient, 1600-1800', in *Maritime India*, intro. Sanjay Subrahmanyam, New Delhi, 2004, p. 31, 343n.

16. Furber, 'Rival Empires of Trade in the Orient', pp. 31 - 2; Shapiro, *1599*, p. 303; Andrews, *Trade , Plunder and Settlement*, p. 260.

17. K. N. Chaudhuri, *The English East India Company : The Study of an Early Joint-Stock Company 1600-1640*, London, 1965, p. 11; Mather, *Pashas*, p. 40.

18. Willson, *Ledger and Sword*, pp. 19-21.

19. Stevens, *The Dawn of British Trade*, pp. 5-6.

20. Sir William Foster, *England's Quest of Eastern Trade*, London, 1933, pp. 144-50.

21. Mather, *Pashas*, p. 41.

22. Philip J. Stern, *The Company State : Corporate Sovereignty & the Early Modern Foundations of the British Empire in India*, Cambridge, 2011, pp. 6-9.

23. John Micklethwait and Adrian Wooldridge, *The Company : A Short History of a Revolutionary Idea*, London, 2003, p. 26.

24. Brenner, *Merchants and Revolution*, pp. 12-13.

25. Willson, *Ledger and Sword*, p. 31.

26. John Keay, *The Honourable Company : A History of the English East India Company*, London, 1991, p. 13; Milton, *Nathaniel's Nutmeg*, p. 77.

27. Keay, *The Honourable Company*, p. 9.

28. Stern, *The Company State*, pp. 12, 56-8.

29. 菲利普·斯特恩精彩地阐述了东印度公司比史学界所理解的更早地获得了实际的、可见的政治权力。见 Philip J. Stern, *The Company State*。

30. Stevens, *The Dawn of British Trade*, p. 13.

31. Ibid., pp. 14-20, 42-3.

32. Ibid., pp. 30-46, 52.

33. Sir William Foster, *John Company*, London, 1926, p. 5.

34. Milton, *Nathaniel's Nutmeg*, pp. 77-80.

35. Keay, *The Honourable Company*, p. 15; Milton, *Nathaniel's Nutmeg*, pp. 80-2.

36. Keay, *The Honourable Company*, p. 23.

37. Furber, 'Rival Empires of Trade in the Orient', pp. 38-9.

38. Marshall, *The English in Asia to 1700*, p. 268; Scammell, *The World Encompassed*, pp. 480-1.

39. Cited in H. Love, *Vestiges of Old Madras*, 2 vols, London, 1913, vol. I, p. 533, vol. II, p. 299.

40. Scammell, *The World Encompassed*, p. 479.

41. Furber, 'Rival Empires of Trade in the Orient', p. 42.

42. Ferguson, *Empire*, p. 21.

43. *CPC*, p. xxxi; Brenner, *Merchants and Revolution*, p. 49; Furber, 'Rival Empires of Trade in the Orient', p. 39; Marshall, *The English in Asia to 1700*, pp. 270-1; Andrews, *Trade, Plunder and Settlement*, p. 270.

44. Richard M. Eaton, *India in the Persianate Age, 1000-1765*, London, 2019, p. 373.

　　剑桥大学的历史学家安格斯·麦迪森（Angus Maddison）告诉我们，在 1700 年前后，印度短暂地超越中国，成为世界第一大经济体。原因有很多：舍尔沙（Sher Shah Suri）和莫卧儿人通过发展公路、内河运输、海路、港口和废除许多内陆通行费和赋税来鼓励贸易。他们对审美的执着也促使印度纺织业发展到美丽与辉煌的新高度。如法国旅行家弗朗索瓦·贝尼耶在大约 1700 年所写："金银从地球的每一个角落流向印度斯坦。"托马斯·罗爵士也说："欧洲失血，让亚洲变得富裕。"麦迪森的精确数字表明，在 1600 年，英国的国内生产总值占到全世界的 1.8%，而印度占到全世界的 22.5%。1700 年的数字分别是 2.88% 和 22.44%。

但另一方面，麦迪森也告诉我们，从 1600 年起，英格兰的人均国内生产总值就超过了印度的，这意味着，在这个时期的印度（和今天一样），财富集中在统治阶层和商业阶层手中，贫富差距极大。欧洲旅行者经常谈到印度统治者与银行家的富裕和农民的贫困。不过，麦迪森的著作表明，17 世纪印度的人均国内生产总值比之前的任何一个时期都高。

伊尔凡·哈比卜（Irfan Habib）的博士生席琳·穆思维（Shireen Moosvi）在 20 世纪 80 年代详细研究了《阿克巴的治理》（Ain-i-Akbari）。她得出的结论是，莫卧儿国家盘剥成性，将生产总值的 56.7% 据为己有。她的研究聚焦于北印度的五个省：阿格拉、德里、拉合尔、安拉阿巴德和奥德。这些省份的总人口估计为 3600 万。根据她的估算，农民平均每户的年收入是 380 达姆，相当于每天 1 达姆（达姆是莫卧儿印度的标准铜币。大约 40 达姆相当于 1 卢比）。

根据 W. W. 亨特在 1882 年的研究，1695 年奥朗则布的总财政收入估计为 8000 万英镑。1869~1879 年英属印度的总税收为 3530 万英镑。所以奥朗则布时期（约 1700 年）莫卧儿帝国的土地税收是英属印度时期（约 1880 年）的两倍，尽管这两个时期的经济总量大致相当。见 W. W. Hunter, *The Indian Empire*, London, 1882。感谢 Śrīkānta Kṣṇamācārya 提醒我注意这一点。

45. D. A. Washbrook, 'Progress and Problems: South Asian Economic and Social History c. 1720 – 1860', *Modern Asian Studies*, vol. 22, no. 1 (1988), pp. 57–96.

46. Angus Maddison, *Contours of the World Economy, 1 – 2030 ad: Essays in Macro-Economic History*, Oxford, 2007, pp. 116–20, 309–11, 379; Shashi Tharoor, *Inglorious Empire: What the British Did in India*, New Delhi, 2016, pp. 2–3.

47. Shireen Moosvi, *Economy of the Mughal Empire, c1595: A Statistical Study*, New Delhi, 1987, p. 376; Foster (ed.), *Early Travels*, p. 112;

Eaton, *India in the Persianate Age*, p. 371.

48. Furber, 'Rival Empires of Trade in the Orient', p. 45.

49. Geoffrey Parker, *The Military Revolution*, Oxford, 1988, p. 135. 这个数字可能不正确。帕克的资料来源可能是欧文（Irvine），而后者的资料来源是阿布·法兹尔（Abu'l Fazl）的《阿克巴的治理》。Dirk Kolff, *Naukar, Rajput, and Sepoy*, London, 1992 有理有据地指出，阿布·法兹尔给出的数字实际上是对 16 世纪 90 年代帝国十二个行省（大体上就是北印度）的"军事劳动力市场"的估算，而不是莫卧儿军队的实际规模。见 pp. 3ff（基本上整章都是关于"武装农民"）。

50. Milo Cleveland Beach and Ebba Koch（eds）, *King of the World-the Padshahnama : An Imperial Mughal Manuscript from the Royal Library , Windsor Castle*, London, 1997, pp. 56 – 7, 58 – 60, 179 – 80; Sanjay Subrahmanyam, *The Portuguese Empire in Asia : A Political and Economic History 1500–1700*, New York, 1993, pp. 165–6, 201; Tirthankar Roy, *The East India Company : The World's Most Powerful Corporation*, New Delhi, 2012, p. 83.

51. Furber, 'Rival Empires of Trade in the Orient', p. 40.

52. 最佳参考文献为 Michael Strachan, *Sir Thomas Roe 1581 – 1644*, Salisbury, 1989。

53. Bernard Cohn, *Colonialism and Its Forms of Knowledge*, Princeton, 1996, p. 17.

54. Sir Thomas Roe and Dr John Fryer, *Travels in India in the 17th Century*, London, 1873, pp. 26–9, 38–9.

55. Ibid. , pp. 103–4. See also Sir William Foster, *The Embassy of Sir Thomas Roe to India 1615-9, as Narrated in his Journal and correspondence*, New Delhi, 1990.

56. 罗在 1616 年 10 月 30 日从 "Indya"（印度）给伊丽莎白·亨廷登女士写了一封美妙的情书。我感谢 Charlotte Merton 与我分享这条史料。Pasadena Library, Hastings Collection, 5 Box 7（1612 to 1618, Thomas Roe to Elizabeth, Countess of Huntingdon, HA10561）.

57. Roe and Fryer, *Travels in India*, p. 74. See William Pinch's brilliant

essay, ‘Same Difference in India and Europe’, *History and Theory*, vol. 38, no. 3（October 1999）, pp. 389-407.

58. Strachan, *Sir Thomas Roe*, pp. 86-7.

59. Samuel Purchas, *Hakluytus Posthumus or Purchas His Pilgrimes*, *Contayning a History of the World*, 20 vols, Glasgow, 1905, part 1, IV, pp. 334-9.

60. 这当然是 Beni Prasad 在他的 *History of Jahangir*, Allahabad, 1962 中论述的观点。

61. Roe and Fryer, *Travels in India*, pp. 83-4.

62. 《贾汉吉尔更愿意与一位谢赫而不是帝王相伴》，比奇特尔作，约 1615~1618 年。用不透明的水彩和金粉画在纸上。Freer Gallery of Art, Smithsonian Institution. Purchase F1942. 15. 此处我要感谢西蒙·沙玛（Simon Schama）在 BBC 和 PBS 拍摄的纪录片《文明》（*Civilisations*）第五集对这幅画的精彩而风趣的分析。描绘贾汉吉尔梦境的图画都神秘莫测，很难解读。这幅画反映了贾汉吉尔自己的一个梦，它揭示了这位虔诚的皇帝实际上是伊斯兰思想中的“千年君王”：他是时间与空间的主人，开启新的千年，其他所有帝王都在他之下，不值一提；皇帝将目光转向苏非派智慧的内在奥秘。见 A. Azfar Moin 出色的作品 *The Millennial Sovereign：Sacred Kingship & Sainthood in Islam*, Columbia, 2014，以及 Kavita Singh 富有洞察力的著作 *Real Birds in Imagined Gardens：Mughal Painting between Persia and Europe*, Los Angeles, 2017。

63. C. A. Bayly, *Indian Society and the Making of the British Empire*, Cambridge, 1988, p. 16.

64. *CPC*, p. xxxiii.

65. Quoted in G. J. Bryant, *The Emergence of British Power in India 1600-1784：A Grand Strategic Interpretation*, Woodbridge, 2013, p. 4.

66. Marshall, ‘The English in Asia to 1700’, pp. 272-3.

67. Eaton, *India in the Persianate Age*, p. 373.

68. Rupali Mishra, *A Business of State ：Commerce ，Politics and the Birth of the East India Company*, Harvard, 2018, p. 6.

69. Keay, *The Honourable Company*, pp. 112-13.

70. Mather, *Pashas*, p. 53.

71. Thomas Mun, *A Discourse of Trade*, *from England unto the East Indes By T. M.*, London, 1621, quoted in Mishra, *A Business of State*, p. 3.

72. *CPC* 1, p. xi; Stern, *The Company State*, p. 19.

73. Stern, The *Company State*, p. 19; Keay, *Honourable Company*, p. 68; *CPC* 1, p. xi; Furber, 'Rival Empires of Trade in the Orient', p. 71.

74. Furber, 'Rival Empires of Trade in the Orient', pp. 71-2.

75. Stern, The *Company State*, pp. 35-6.

76. Ibid., pp. 22-3; Keay, *Honourable Company*, pp. 130-1; Bruce P. Lenman, *Britain's Colonial Wars 1688-1783*, New York, 2001, p. 85; Roy, *East India Company*, p. 77.

77. Lenman, *Britain's Colonial Wars*, pp. 86-8.

78. Sir William Foster (ed.), *The English Factories in India 1618-1669*, 13 vols, London, 1906-27, vol. 3, p. 345.

79. 关于孟买的巫术审判，见 Stern, The *Company State*, p. 109。

80. Keay, *The Honourable Company*, pp. 136-7.

81. William Letwin, *The Origin of Scientific Economics*, London, 1963, p. 37.

82. Richard Carnac Temple, *The Diaries of Streynsham Master*, *1675-1680*, 2 vols, London, 1911, vol. 2, p. 28; Foster, *English Factories*, vol. 4, p. 308; John R. McLane, *Land and Local Kingship in Eighteenth-Century Bengal*, Cambridge, 1993, p. 112; Jon Wilson, *India Conquered : Britain's Raj and the Chaos of Empire*, London, 2016, p. 39.

83. Bryant, *Emergence of British Power*, p. 3.

84. Wilson, *India Conquered*, p. 49.

85. Ibid., p. 47.

86. Ibid., p. 53.

87. Alexander Hamilton, *A New Account of the East Indies*, 2 vols, London, 1930, vol. 1, pp. 8-9, 312-15.

88. Wilson, *India Conquered*, p. 53; Maya Jasanoff, *Edge of Empire : Conquest and Collecting in the East*, *1750-1850*, London, 2005, p. 25.

89. François Bernier, *Travels in the Mogul Empire*, *1656-68*, ed. Archibald Constable, trans. Irving Brock, Oxford, 1934, pp. 437, 442; McLane,

Land and Local Kingship, pp. 29-30; Om Prakash, The Dutch East India Company and the Economy of Bengal, 1630-1720, Princeton, 1985, pp. 75, 162-3.

90. Audrey Truschke, Aurangzeb : The Man and the Myth, New Delhi, 2017, pp. 66, 105.

91. C. A. Bayly, Rulers, Townsmen and Bazaars : North Indian Society in the Age of British Expansion, Cambridge, 1983, pp. 20 - 1; Satish Chandra, 'Social Background to the Rise of the Maratha Movement During the 17th Century', Indian Economic and Social History Review, x (1973), pp. 209-18.

92. Dr John Fryer, A New Account of East India & Persia 1672-81, ed. W. Crooke, Hakluyt Society, 3 vols, London, 1909-15, vol. I, p. 341; Irfan Habib, 'The Agrarian Causes of the Fall of the Mughal Empire', in Enquiry, 2, September 1958, pp. 81-98 and Enquiry, 3, 3 April 1960, pp. 68-80. See also Meena Bhargava, The Decline of the Mughal Empire, New Delhi, 2014, p. 43.

93. Fryer, A New Account of East India & Persia, vol. II, pp. 67-8.

94. Truschke, Aurangzeb, p. 66.

95. Kaushik Roy, 'Military Synthesis in South Asia: Armies, Warfare, and Indian Society, c. 1740-1849', in Journal of Military History, vol. 69, no. 3 (July 2005), pp. 651-90; V. G. Dighe and S. N. Qanungo, 'Administrative and Military System of the Marathas', in R. C. Majumdar and V. G. Dighe (eds), The Maratha Supremacy, Mumbai, 1977, pp. 567-8. 关于希瓦吉两次加冕礼的最好文献是 Sivarajyabhiṣ ekakalpataru (The Venerable Wish-Fulfilling Tree of Śiva's Royal Consecration) dated 30 September 1596 Saka era (= 1674 ad)。See Bihani Sarkar, Traveling Tantrics and Belligerent Brahmins : the Sivarajyabhi ṣ ekakalpataru and Sivaji's Tantric consecration, for the conference on 'Professions in motion: culture, power and the politics of mobility in 18th-century India', St Anne's, Oxford, 2 June 2017; available at www. academica. edu; James W. Laine, Shivaji : Hindu King in Islamic India, Oxford, 2003.

96. Quoted in Velcheru Narayana Rao, David Shulman and Sanjay Subrahmanyam, *Textures of Time*: *Writing History in South India 1600-1800*, New York, 2003, p. 232. 希瓦吉作为反对伊斯兰的英雄的声誉在今天的马哈拉施特拉邦仍然很有生命力，甚至还在增长。孟买的机场、火车站，甚至威尔士亲王博物馆都在近期被命名为"希瓦吉"。在孟买，极右翼的印度教民族主义政党"希瓦吉军"（Shiv Sena，中文世界常错译为"湿婆军"或"湿婆神军党"——译者注）是城市街头最有势力的政治力量之一，在 1992 年巴布里清真寺（Babri Masjid）被摧毁后，希瓦吉军在孟买大肆纵火。

97. Truschke, *Aurangzeb*, p. 69.

98. Syed Ghulam Hussain Khan Tabatabai, *Seir Mutaqherin*, Calcutta, 1790-94, vol. 1, pp. 310-11. 关于古拉姆·侯赛因·汗，见 Iqbal Ghani Khan, 'A Book With Two Views: Ghulam Husain's "An Overview of Modern Times"', in Jamal Malik, ed., *Perspectives of Mutual Encounters in South Asian History*, *1760-1860*, Leiden, 2000, pp. 278-97, and Kumkum Chatterjee, 'History as Self-Representation: The Recasting of a Political Tradition in Late Eighteenth Century Eastern India', *Modern Asian Studies*, vol. 32, no. 4 (1998), pp. 913-48。

99. Truschke, *Aurangzeb*, p. 120.

100. Ibid., p. 65, quoting Giovanni Gemelli Careri, *Indian Travels of Thevenot and Careri*, ed. S. N. Sen, New Delhi, 1949, p. 216. Originally published as *Giro del Mondo*, Rome, 1699.

101. *Ahkam-i Alamgiri*, f 61b quoted in Bhargava, *The Decline of the Mughal Empire*, p. 43.

102. Quoted in Waldemar Hansen, *The Peacock Throne*, New Delhi, 1986, p. 28.

103. Uday Kulkarni, *The Era of Baji Rao*: *An Account of the Empire of the Deccan*, Pune, 2017 非常受欢迎，也有深厚的研究功底，是关于这个时期的马拉塔帝国的绝佳入门书。

104. Fakir Khair ud-Din Illahabadi, '*Ibrat Nama*, BL Or. 1932. 2v.

105. Jean-Baptiste Gentil, *Mémoires sur l'Indoustan*, Paris, 1822, p. 76.

106. See Stewart Gordon, 'The Slow Conquest: Administrative Integration of

Malwa into the Maratha Empire, 1720-1760', in *Modern Asian Studies*, vol. 11, no. 1 (1977), pp. 1-40. Also Andre Wink, 'Maratha Revenue Farming', in *Modern Asian Studies*, vol. 17, no. 4 (1983), pp. 591-628; Stewart Gordon, *Marathas, Marauders and State Formation in Eighteenth Century India*, Delhi, 1994.

107. *Voyage en Inde du Comte de Modave, 1773-1776*, ed. Jean Deloche, Pondicherry, 1971, pp. 400-1.

108. Roy, 'Military Synthesis in South Asia'; R. C. Majumdar et al., *An Advanced History of India*, 1978, reprint, Madras, 1991, pp. 536-46; Eaton, *India in the Persianate Age 1000-1765*, p. 354; Stewart Gordon, *The Marathas, 1600-1818*, Cambridge, 1993, pp. 127-9, 140-3.

109. Munis D. Faruqui, 'At Empire's End: The Nizam, Hyderabad and Eighteenth Century India', in *Modern Asian Studies*, 43, 1 (2009), pp. 5-43; Sanjay Subrahmanyam, 'Un Grand Derangement: Dreaming An Indo-Persian Empire in South Asia, 1740-1800', *Journal of Early Modern History*, 4, 3-4 (2000), pp. 337-78; Muzaffar Alam, *The Crisis of Empire in Mughal North India: Awadh and the Punjab 1707-1748*, New Delhi, 1986.

110. Salim Allah, *A Narrative of the Transactions in Bengal*, trans. Francis Gladwin, Calcutta, 1788; McLane, *Land and Local Kingship*, p. 72. See also Tilottama Mukherjee, 'The Co-ordinating State and Economy: The Nizamat in Eighteenth-Century Bengal', *Modern Asian Studies*, vol. 43, no. 2 (2009), pp. 389-436.

111. Ghulam Hussain Khan, *Seir Mutaqherin*, vol. 2, p. 450; J. H. Little, *The House of Jagat Seth*, Calcutta, 1956, p. 3.

112. BL, IOR, Orme Mss India, VI, f. 1455.

113. Ibid., f. 1525.

114. 关于贾加特·赛特家族最好的资料来源仍然是 Little, *The House of Jagat Seth*。See also Sushil Chaudhury, 'The banking and mercantile house of Jagat Seths of Bengal', in *Studies in People's History*, 2, 1 (2015), pp. 85-95; Lakshmi Subramanian, 'Banias and the British: the role of indigenous credit in the Process of Imperial Expansion in

Western India in the second half of the Eighteenth century', *Modern Asian Studies*, 21, 3 (1987); Kumkum Chatterjee, 'Collaboration and Conflict: Bankers and Early Colonial Rule in India: 1757-1813', *Indian Economic and Social History Review*, vol. 30, 3 (1993); Thomas A. Timberg, *The Marwaris: From Jagat Seth to the Birlas*, New Delhi, 2014, p. 22; Lokanatha Gosha, *The Modern History of the Indian Chiefs, Rajas, Zamindars, & C.*, Calcutta, 1881. 关于这一时期更广范围内的印度经济，见 Rajat Datt, 'Commercialisation, Tribute and the Transition from late Mughal to Early Colonial in India', *Medieval History Journal*, vol. 6, no. 2 (2003), pp. 259-91; D. A. Washbrook, 'Progress and Problems: South Asian Economic History *c.* 1720-1860', in *Modern Asian Studies*, vol. 22, no. 1 (1988), pp. 57-96; K. N. Chaudhuri, 'India's International Economy in the Nineteenth Century: A Historical Survey', in *Modern Asian Studies*, vol. 2, no. 1 (1968), pp. 31-50。

115. Sanjay Subrahmanyam, *Penumbral Visions: Making Politics in Early Modern South India*, Michigan, 2001, p. 106; Muzaffar Alam and Sanjay Subrahmanyam, *Writing the Mughal World*, New York, 2012, pp. 353-5; Niccolao Manucci, *Storia do Mogor, or Mogul India, 1653-1708*, trans. William Irvine, London, 1907, vol. 3, pp. 369-70.

116. *CPC* 1, p. xxi; Stern, *The Company State*, p. 176; Alam and Subrahmanyam, *Writing the Mughal World*, pp. 358-9, 394.

117. Brijen K. Gupta, *Sirajuddaullah and the East India Company, 1756-7*, Leiden, 1966, p. 44.

118. Stephen P. Blake, *Shahjahanabad: The Sovereign City in Mughal India, 1639-1739*, Cambridge, 1991, p. 162.

119. Ishrat Haque, *Glimpses of Mughal Society and Culture*, New Delhi, 1992, p. 21.

120. William Dalrymple and Yuthika Sharma, *Princes and Poets in Mughal Delhi 1707-1857*, Princeton, 2012, pp. 4-5; Zahir Uddin Malik, *The Reign of Muhammad Shah 1719-1748*, Aligarh, 1977.

121. Gentil, *Mémoires sur l'Indoustan*, pp. 123-4.

122. Subrahmanyam, *Penumbral Visions*, pp. 15-16.

123. Sayid Athar Abbas Rizvi, *Shah Walli-Allah and His Times*, Canberra, 1980, p. 141; Gordon, *The Marathas 1600 - 1818*, pp. 124 - 5; Zahir Uddin Malik, *The Reign of Muhammad Shah*, p. 133; Michael Axworthy, *The Sword of Persia : Nader Shah from Tribal Warrior to Conquering Tyrant*, London, 2006, p. 189; Govind Sakharam Sardesai, *A New History of the Marathas*, 3 vols, Poona, 1946, vol. 2, p. 154; Bhargava, *The Decline of the Mughal Empire*, p. xv; Jadunath Sarkar, *Fall of the Mughal Empire , 1739 - 54*, 4 vols, New Delhi, 1991, vol. 1, pp. 2, 135.

124. Ghulam Hussain Khan, *Seir Mutaqherin*, vol. 1, p. 302; Subrahmanyam, *Un Grand Derangement*, pp. 356 - 7; Malik, *The Reign of Muhammad Shah*, p. 135; Blake, *Shahjahanabad*, p. 150.

125. Malik, *The Reign of Muhammad Shah*, p. 111.

126. C. A. Bayly, *Indian Society and the Making of the British Empire*, pp. 8- 9.

127. Malik, *The Reign of Muhammad Shah*, p. 265; Rizvi, *Shah Walli-Allah and His Times*, p. 141; Gordon, *Marathas*, pp. 125, 128, 129, 135; Sardesai, *New History of the Marathas*, vol. 2, p. 159.

128. Père Louis Bazin, ' Memoires sur dernieres annees du regne de Thamas Kouli-Kan et sa mort tragique, contenus dans un letter du Frere Bazin ', 1751, in *Lettres Edifiantes et Curieuses Ecrites des Mission Etrangeres*, Paris, 1780, vol. IV, pp. 277-321. 这一段文字出自第 314~318 页。

129. Willem Floor, ' New Facts on Nadir Shah's Indian Campaign ', in *Iran and Iranian Studies : Essays in Honour of Iraj Afshar*, ed. Kambiz Eslami, Princeton, 1998, pp. 198-220.

130. Anand Ram Mukhlis, ' Tazkira ', in Sir H. M. Elliot and John Dowson, *The History of India as Told by its Own Historians*, London, 1867, vol. VIII, pp. 82-3.

131. Subrahmanyam, *Un Grand Derangement*, pp. 357-8.

132. Axworthy, *The Sword of Persia*, p. 207.

133. Mukhlis, ' Tazkira ', in Elliot and Dowson, *The History of India*,

vol. VIII, p. 85.

134. Michael Edwards, *King of the World ： The Life and Times of Shah Alam ，Emperor of Hindustan*, London, 1970, p. 15.

135. Floor, ' New Facts on Nadir Shah's Indian Campaign ', p. 217.

136. Ghulam Hussain Khan, *Seir Mutaqherin*, vol. 1, pp. 315–17.

137. Mukhlis, ' Tazkira ', in Elliot and Dowson, *The History of India*, vol. VIII, p. 86.

138. Floor, ' New Facts on Nadir Shah's Indian Campaign ', p. 217.

139. Mukhlis, ' Tazkira ', in Elliot and Dowson, *The History of India*, vol. VIII, p. 87.

140. Mahdi Astarabadi, *Tarikh-e Jahangosha-ye Naderi ： The official history of Nader's reign*, Bombay lithograph 1849/1265, p. 207.

141. Sarkar, *Fall of the Mughal Empire ， 1739-54*, vol. 1, pp. 2–3, 4, 13.

142. BL, Add 6585, Shakir Khan, *Tarikh-i Shakir Khani*, ff. 34–6.

143. Dirk H. A. Kolff, *Naukar ， Rajput & Sepoy*, Cambridge, 1990.

144. Washbrook, ' Progress and Problems: South Asian Economic and Social History *c.* 1720–1860 ', p. 67.

145. Ghulam Hussain Khan, *Seir Mutaqherin*, vol. 3, pp. 160–1.

146. Subrahmanyam, *Un Grand Derangement*, p. 344.

147. S. P. Sen, *The French in India ， 1763-1816*, Calcutta, 1958；Arvind Sinha, *The Politics of Trade ： Anglo-French Commerce on the Coromandel Coast, 1763-1793*, New Delhi, 2002；Ferguson, *Empire*, pp. 30–2.

148. Jean Marie Lafont and Rehana Lafont, *The French & Delhi ， Agra ，Aligarh and Sardhana*, New Delhi, 2010, pp. 41–4.

149. 在杜布雷之前，就有人向印度输入欧式步兵操练术，不过规模很小。See David Harding, *Small Arms of the East India Company 1600-1856*, London, 1997, vol. 4, pp. 150–65；Randolf Cooper 的重要论文 ' Culture, Combat and Colonialism in Eighteenth and Nineteenth Century India ', *International History Review*, vol. 27, no. 3（September 2005）, pp. 534–49 esp. pp. 537–8。

150. Henry Dodwell, *Dupleix and Clive ： The Beginning of Empire*, London,

1920, pp. 1-9.

151. Ferguson, *Empire*, p. 31.

152. *The Private Diary of Ananda Ranga Pillai*, *Dubash to Joseph François Dupleix*, ed. J. F. Price and K. Rangachari, 12 vols, Madras, 1922, vol. 3, p. 90.

153. Ibid., p. 9; Subrahmanyam, *Penumbral Visions*, p. 14; Geoffrey Parker, *The Military Revolution*, Oxford, 1988, p. 133.

154. *The Private Diary of Ananda Ranga Pillai*, p. 96; Subrahmanyam, *Penumbral Visions*, p. 14; Parker, *The Military Revolution*, p. 133; Bert S. Hall and Kelly De Vries, 'Essay Review-The "Military Revolution" Revisited', *Technology and Culture*, 31 (1990), p. 502; Knud J. V. Jespersen, 'Social Change and Military Revolution in Early Modern Europe: Some Danish Evidence', *Historical Journal*, 26 (1983), pp. 1-2; Michael Howard, *War in European History* (1976, reprint), Oxford, 1977, pp. 61, 78; Hew Strachan, *European Armies and the Conduct of War* (1983, reprint), London, 1993, p. 33; Roy, 'Military Synthesis in South Asia'.

155. Sir Penderel Moon, *The British Conquest and Dominion of India*, London, 1989, p. 19.

156. Partha Chatterjee, *The Black Hole of Empire : History of a Global Practice of Power*, New Delhi, 2012, p. 11.

157. Subrahmanyam, *Penumbral Visions*, p. 19.

158. Gupta, *Sirajuddaullah and the East India Company*, p. 36.

159. Bryant, *Emergence of British Power*, p. 9.

160. *Voyage en Inde*, pp. 67-8. 莫达沃伯爵的想法与他的老朋友伏尔泰相似："在世界的这个角落，法国人最终只剩下遗憾和懊恼，因为他们在四十多年的时间里花费了巨资去维持这家公司，而它从未得到过哪怕是最微薄的利润，它的贸易活动从来没有为公司股东和债权人带来过任何回报；它在印度的行政机关仅仅依靠秘密的抢劫才能生存，靠国王授予的烟草种植权才能维持。法国人在与印度的贸易中损失惨重，这是一个令人难忘但或许毫无益处的例子，表明了法兰西民族是多么愚蠢。" Voltaire, *Précis du siècle de Louis XV*,

p. 1507, in *Oeuvres historiques*, ed. R. Pomeau, Paris, 1962, pp. 1297–572.

161. Daniel Baugh, *The Global Seven Years War*, *1754 – 63*, New York, 2014, pp. 52–4.

162. Ibid., pp. 59–60.

第二章　一个让他无法拒绝的提议

1. NAI, Bengal Select Committee, *Letters from Court*, 25 May 1756, vol. 23 (1756–71), 13 February 1756.

2. Ibid.

3. Daniel Baugh, *The Global Seven Years War*, *1754–63*, New York, 2014, p. 462.

4. John Keay, *The Honourable Company : A History of the English East India Company*, London, 1991, pp. 111–12.

5. K. N. Chaudhuri, *The English East India Company in the 17th and 18th Centuries : A Pre-Modern Multinational Organisation*, The Hague, 1981, p. 29.

6. Sir William Foster, *The East India House : Its History and Associations*, London, 1924, pp. 132–3.

7. Holden Furber, 'Rival Empires of Trade in the Orient, 1600 – 1800', in *Maritime India*, intro. Sanjay Subrahmanyam, New Delhi, 2004, pp. 128–9; Tirthankar Roy, *East India Company : The World's Most Powerful Corporation*, New Delhi, 2012, pp. 116–17.

8. Tillman W. Nechtman, *Nabobs : Empire and Identity in Eighteenth Century Britain*, Cambridge, 2010.

9. P. J. Marshall, 'The British in Asia: Trade to Dominion, 1700–1765', in P. J. Marshall (ed.), *The Oxford History of the British Empire*, vol. 2, *The Eighteenth Century*, Oxford, 1998, pp. 267–9; Keith Feiling, *Warren Hastings*, London, 1954, p. 13; Burton Stein, 'Eighteenth Century India: Another View', *Studies in History*, vol. 5, 1 n. s. (1989), p. 20.

10. George Forrest, *The Life of Lord Clive*, 2 vols, London, 1918, vol. 1, pp. 232 – 3; Percival Spear, *Master of Bengal : Clive and his India*,

London, 1975, pp. 62-3.

11. Mark Bence-Jones, *Clive of India*, London, 1974, p. 3; A. M. Davies, *Clive of Plassey*, London, 1939, p. 7.

12. Forrest, *The Life of Lord Clive*, vol. 1, pp. 4-5.

13. Feiling, *Warren Hastings*, p. 31.

14. Sir Penderel Moon, *The British Conquest and Dominion of India*, London, 1989, p. 29.

15. Spear, *Master of Bengal*, p. 61.

16. Bruce Lenman, *Britain's Colonial Wars , 1688 - 1783*, Harlow, 2001, pp. 99-100.

17. Moon, *The British Conquest and Dominion of India*, pp. 30-1; Baugh, *The Global Seven Years War*, p. 67; G. J. Bryant, *Emergence of British Power Power in India 1600 - 1784: A Grand Strategic Interpretation*, Woodbridge, 2013, p. 59; Forrest, *The Life of Lord Clive*, vol. 1, pp. 194-201; Bence-Jones, *Clive of India*, pp. 65-7.

18. Forrest, *The Life of Lord Clive*, vol. 1, p. 218.

19. Ibid. , p. 233.

20. P. J. Marshall, *The Making and Unmaking of Empires : Britain , India and America c. 1750-1783*, Oxford, 2005, pp. 84-5.

21. Quoted in John Keay, *India Discovered*, London, 1981, p. 21.

22. Feiling, *Warren Hastings*, p. 10.

23. Marshall, *The Making and Unmaking of Empires*, p. 148.

24. Brijen K. Gupta, *Sirajuddaullah and the East India Company : 1756-7*, Leiden, 1966, p. 14. 但在这个阶段，即 18 世纪初，向孟加拉输入金银的仍然主要是亚洲人，而不是欧洲人。在 18 世纪 50~60 年代生活在孟加拉的一位东印度公司高官写道，向孟加拉输入金银的主要是亚洲商人而不是欧洲人，亚洲人输入的贵金属数量远远超过欧洲人。另一位公司官员卢克·斯克拉夫顿（Luke Scrafton）的判断也是这样。See Sushil Chaudhury, *Companies Commerce and Merchants : Bengal in the Pre-Colonial Era*, Oxford, 2017, pp. 389-95. 按照理查德·伊顿（Richard Eaton）的说法，"即便迟至 18 世纪中叶，亚洲商人，尤其是古吉拉特人、亚美尼亚人和旁遮普人，仍然在孟加拉的商业经济中发挥比欧洲人更重要的作用"。伊顿指出，为了换取孟加拉的纺织品，亚洲和欧洲商人都向孟加拉三角洲大量输入白银，这些白银被铸造成钱币之后，促进了当地经济的高度货币化和农业的繁荣发展。伊顿运用莫卧儿文献做了极好的研究，涉及孟加拉三角洲、农业边疆的长期扩张和 18 世纪河流改道，这些情况使得莫卧儿统治者能够扩大富饶而肥沃的水稻种植基地，而这个过程被 18 世纪末东印度公司对孟加拉的干预扰乱了。See Richard M. Eaton, *Essays on Islam and Indian History*, Oxford, 2000, p. 263.

25. Mrs Jemima Kindersley, *Letters from the East Indies*, London, 1777, p. 17. 关于此时加尔各答的上佳文献是 Farhat Hasan, ' Calcutta in the Early Eighteenth Century ', in J. S. Grewal, *Calcutta : Foundation and Development of a Colonial Metropolis*, New Delhi, 1991; Rajat Datta, ' From Medieval to Colonial: Markets, Territoriality and the Transition in Eighteenth-Century Bengal ', in *Medieval History Journal*, vol. 2, no. 1 (1999)。

26. K. N. Chaudhuri, *The Trading World of Asia and the English East India Company 1660-1760*, Cambridge, 1978, p. 253.

27. Kaushik Roy, ' Military Synthesis in South Asia: Armies, Warfare, and Indian Society, c. 1740 - 1849 ', in *Journal of Military History*, vol. 69, no. 3 (July 2005), pp. 651 - 90; V. G. Dighe and S. N. Qanungo, ' Administrative and Military System of the Marathas ', in R. C. Majumdar and V. G. Dighe (eds), *The Maratha Supremacy*, Mumbai, 1977, pp. 567-8; Jadunath Sarkar, *Fall of the Mughal Empire , 1789- 1803*, 4 vols, 1950; reprint, New Delhi, 1992, p. 85. 英格兰贸易站的工作人员生动记述了当时的无政府状态："马拉塔人在洗劫比尔宾 [1742 年]，于是所有的生意都停滞了，商人和织工抱头鼠窜。"其中一些报告的引文见 Sarkar, *Fall of the Mughal Empire*, vol. 1, p. 43。

28. Quoted in Sarkar, *Fall of the Mughal Empire*, vol. 1, p. 44.

29. Velcheru Narayana Rao, David Shulman and Sanjay Subrahmanyam, *Textures of Time : Writing History in South India 1600-1800*, New York, 2003, pp. 236-7.

30. John R. McLane, *Land and Local Kingship in Eighteenth-Century Bengal*,

Cambridge, 1993, pp. 163-5; *The Maharahtra Purana : An Eighteenth Century Bengali Historical Text*, trans. and ed. Edward C. Dimock Jr and Pratul Chandra Gupta, Honolulu, 1965, pp. 28-32. 甘加·拉姆的叙述得到了其他许多史料的印证。例如，历史学家萨利姆拉（Salimullah）和古拉姆·侯赛因·萨利姆也支持这些说法。他们写道："马拉塔人割掉许多人的耳朵、鼻子和手，或者用各种酷刑与折磨杀死他们，比如用装满尘土的袋子塞住他们的嘴，并毁掉他们［也就是说强暴他们的妇女］。"见 Sarkar, *Fall of the Mughal Empire*, vol. 1, p. 44。萨卡尔提供了维迪亚兰卡尔的很长一段叙述。金德讷格尔的法国贸易站和加尔各答的英国定居点发出的书信也讲述了相同的压迫与毁灭的故事。

31. Sarkar, *Fall of the Mughal Empire*, vol. 1, p. 8.

32. Francis Gladwin, trans. , *The Memoirs of Khojeh Abdulkurreem*, Calcutta, 1788, pp. 147-8.

33. Roy, *East India Company*, p. 165.

34. Ibid. , pp. 25, 141-2, 165-7.

35. C. A. Bayly, *Indian Society and the Making of the British Empire*, Cambridge, 1988, p. 49.

36. Roy, *East India Company*, p. 23. 我们不能将加尔各答视为印度商人的避税天堂，因为这些商人不仅仅在加尔各答做生意，而是依赖于遍布印度东部和北部的商人与供应商网络。加尔各答作为一个繁荣港口的地位，再加上东印度公司的雄厚财力，让加尔各答成为一块磁石，但这座城市只有在与莫卧儿帝国晚期经济的很多领域形成共生关系之后才有可能繁荣。加尔各答不是唯一拥有"法律制度"的城市，罗伊可能高估了东印度公司在这方面的独特性。

37. Abdul Latif Shushtari, *Kitab Tuhfat al-'Alam*, written Hyderabad 1802 and lithographed Bombay 1847, p. 427.

38. Ibid. , p. 434.

39. P. J. Marshall, *East India Fortunes : The British in Bengal in the Eighteenth Century*, Oxford, 1976, pp. 218-19.

40. See Andrew Ward, *Our Bones Are Scattered*, London, 1996, p. 8.

41. Marshall, *East India Fortunes*, p. 159.

42. Scottish Records Office, Hamilton-Dalrymple Mss, bundle 56, GD 110, folios 1021, 1021. Stair Dalrymple to Sir Hew Dalrymple, 3 Jan 1754; Marshall, *East India Fortunes*, pp. 159, 215.

43. *Causes of the Loss of Calcutta 1756*, David Renny, August 1756, OIOC, BL, O. V. 19, pp. 147−61; OIOC, HM vol. 66, pp. 821−4.

44. Jean Law de Lauriston, *A Memoir of the Mughal Empire 1757−61*, trans. G. S. Cheema, New Delhi, 2014, p. 59.

45. OIOC, Bengal Correspondence, Court of Directors to the Fort William Council, 16 January 1752; Gupta, *Sirajuddaullah and the East India Company*, *1756−7*, p. 37.

46. Watts to Drake and the Fort William Council, BL, OIOC, Bengal Public Consultations, 15 August 1755; Gupta, *Sirajuddaullah and the East India Company*, *1756−7*, p. 38.

47. Philip B. Calkins, 'The Role of Murshidabad as a Regional and Subregional Centre in Bengal', in Richard L. Park, *Urban Bengal*, East Lansing, 1969, pp. 25−6.

48. J. P. Losty, 'Murshidabad Painting 1750−1820', in Neeta Das and Rosie Llewellyn Jones, *Murshidabad: Forgotten Capital of Bengal*, Mumbai, 2013, pp. 82−105; J. P. Losty, 'Towards a New Naturalism: Portraiture in Murshidabad and Avadh, 1750−80', in Barbara Schmitz (ed.), *After the Great Mughals: Painting in Delhi and the Regional Courts in the 18th and 19th Centuries*, Mumbai, 2002; J. P. Losty, 'Eighteenth-century Mughal Paintings from the Swinton Collection', in *The Burlington Magazine*, CLIX, October 2017, pp. 789−99; Tilottama Mukherjee, 'The Coordinating State and the Economy: the Nizamat in Eighteenth Century Bengal', in *Modern Asian Studies*, 43, 2 (2009), p. 421.

49. 这幅细密画显示的是德里流亡者纳图·汗（Natthu Khan）弹奏大热瓦甫琴（rabab），领导乐队；年轻英俊、蓝眼睛炯炯有神的穆罕默德·汗（Muhammad Khan）在唱歌，而他的前辈查究·汗（Chajju Khan）和丁达尔·汗（Dindar Khan）在他左右两侧用坦普拉琴（tambura）伴奏，塔基·汗（Taj Khan）在吹奏"喷吉"（been），西塔·拉姆（Sita Ram）在敲帕哈瓦伊鼓（pakhawaj）。1775 年是沙哈马特·忠格去世的年份。See also 'Eighteenth-century Mughal Paintings from the Swinton Collection', in *The Burlington Magazine*, CLIX, October 2017, pp. 789–99, fig. 29. 感谢 Katherine Butler Schofield 向我解释这幅画。

50. Syed Ghulam Hussain Khan Tabatabai, *Seir Mutaqherin*, Calcutta, 1790–4, vol. 2, pp. 156–62; Mukherjee, 'The Coordinating State and the Economy: The Nizamat in Eighteenth Century Bengal', p. 412.

51. Sir Jadunath Sarkar (ed.), *The History of Bengal*, vol. II, *The Muslim Period 1200 A. D. -1757 A. D.*, New Delhi, 1948, p. 448.

52. NAI, Home Dept, Public Branch, vol. 1, 9 January 1749, p. 73; Mukherjee, 'The Coordinating State and the Economy: The Nizamat in Eighteenth Century Bengal', pp. 389–436.

53. Gupta, *Sirajuddaullah and the East India Company*, 1756–7, p. 45.

54. Ghulam Hussain Khan, *Seir Mutaqherin*, vol. 2, p. 164. 关于这一时期的另一上佳记录是 *Waqa-i-Mahabat Jang* [*The Full History of Aliverdi Khan*] *or Ahwal-i-Mahabat Jang of Yusuf Ali*, English translation by Sir Jadunath Sarkar, published by Asiatic Society of Bengal as *Nawabs of Bengal*, Calcutta, 1952。

55. Robert Travers, *Ideology and Empire in Eighteenth Century India : The British in Bengal*, Cambridge, 2007, p. 3; McLane, *Land and Local Kingship*, p. 6; Marshall, *East India Fortunes*, p. 34.

56. BL, OIOC, IOR, Bengal Public Consultations, 10 June 1753, Range 1, vol. 26, f. 169. 尽管当时的史料有极多的证据表明西拉杰的行为举止就像"9·11"事件之前巴格达的乌代·侯赛因，但在后殖民时代有人试图为他翻案，比如 Sushil Chaudhury 认为西拉杰·道拉的邪恶性格是一种错误的阐释。See Sushil Chaudhury, *The Prelude to Empire : Plassey Revolution of 1757*, New Delhi, 2000, pp. 29–36.

57. Law, *A Memoir of the Mughal Empire 1757–61*, pp. 65–6.

58. Ghulam Hussain Khan, *Seir Mutaqherin*, vol. 2, pp. 122, 183–4, 188.

59. J. H. Little, *The House of Jagat Seth*, Calcutta, 1956, p. 165.

60. Ghulam Hussain Khan, *Seir Mutaqherin*, vol. 2, p. 225. 另可见 Lakshmi Subramanian and Rajat K. Ray, 'Merchants and Politics: From the Great

Mughals to the East India Company', in Dwijendra Tripathi, *Business and Politics in India : A Historical Perspective*, New Delhi, 1991, pp. 19–45 中的出色讨论。

61. Ghulam Hussain Khan, *Seir Mutaqherin*, vol. 2, p. 95.

62. Law, *A Memoir of the Mughal Empire 1757–61*, p. 52.

63. Ghulam Hussain Khan, *Seir Mutaqherin*, vol. 2, p. 163.

64. Gupta, *Sirajuddaullah and the East India Company , 1756–7*, pp. 39, 51; S. C. Hill, Indian Records Series, *Bengal in 1756–7*, 3 vols, London, 1905, vol. 1, p. 147.

65. 'The Muzaffarnama of Karam Ali', in *Bengal Nawabs*, trans. Jadunath Sarkar, Calcutta, 1952, p. 58.

66. Ibid. , p. 63.

67. Gupta, *Sirajuddaullah and the East India Company , 1756–7*, p. 54.

68. *Narrative of the Capture of Calcutta from April 10 1756 to November 10 1756*, William Tooke, BL, OIOC, O. V. 19, Bengal 1756, pp. 5–46; Rajat Kanta Ray, *The Felt Community : Commonality and Mentality before the Emergence of Indian Nationalism*, New Delhi, 2003, p. 233.

69. *Narrative of the Capture of Calcutta from April 10 1756 to November 10 1756*, pp. 5–46.

70. Feiling, *Warren Hastings*, p. 21.

71. Gupta, *Sirajuddaullah and the East India Company , 1756–7*, pp. 14, 53; Hill, *Bengal in 1756–7*, vol. 1, p. 3.

72. *Voyage en Inde du Comte de Modave , 1773–1776*, ed. Jean Deloche, Pondicherry, 1971, pp. 67–8.

73. Law, *A Memoir of the Mughal Empire 1757–61*, pp. 218–19.

74. *CPC* ii, no. 1101; Sarkar, *Fall of the Mughal Empire*, vol. 2, pp. 315, 328.

75. Ghulam Ali Khan alias Bhikhari Khan, *Shah Alam Nama*, BL, Add 24080, f. 21.

76. Khurshidul Islam and Ralph Russell, *Three Mughal Poets : Mir , Sauda , Mir Hasan*, New Delhi, 1991, pp. 30, 59.

77. Sarkar, *Fall of the Mughal Empire*, vol. 1, p. 222.

78. Law, *A Memoir of the Mughal Empire 1757-61*, p. 126.

79. Ghulam Hussain Khan, *Seir Mutaqherin*, vol. 3, p. 334.

80. Law, *A Memoir of the Mughal Empire 1757 - 61*, p. 126; Manna Kai, 'Imad ul-Mulk', in *The Encyclopedia of Islam-Three*, ed. Kate Fleet and Gudrun Krämer, Brill, 2018, pp. 110-13.

81. Law, *A Memoir of the Mughal Empire 1757-61*, p. 125.

82. Muzaffar Alam and Sanjay Subrahmanyam, *Writing the Mughal World : Studies on Culture and Politics*, New York, 2012, pp. 434-4.

83. 这一段出自一篇了不起的论文，Katherine Schofield and David Lunn, 'Delight, Devotion and the Music of the Monsoon at the Court of Emperor Shah Alam II', in Margit Pernau, Imke Rajamani and Katherine Schofield, *Monsoon Feelings*, New Delhi, 2018, pp. 185-218。

84. Ibid. 如果说沙·阿拉姆是"苏非派"，而他父亲是"原教旨主义者"，就未免过于简单化了，因为他父亲和苏非派也有很多联系。的确有区别，但尼莱·格林的著作令人信服地提出，莫卧儿帝国的苏非派不是"神秘主义伊斯兰教"的一个独特分支，而是多元化、多层次的诸多学术与宗教传统的综合体，在近代早期演变成了穆斯林的"建制"。Nile Green, *Sufism : A Global History*, London, 2012.

85. Ghulam Ali Khan alias Bhikhari Khan, *Shah Alam Nama*, BL, Add 24080, f. 18.

86. Fakir Khair ud-Din Illahabadi, '*Ibrat Nama*, BL Or. 1932, 17v-18r.

87. *Tarikh-i-Alamgir Sani*, BL Mss Or. 1749, f. 166 verso.

88. Ibid. , f. 167 recto.

89. Fakir Khair ud-Din Illahabadi, '*Ibrat Nama*, BL Or. 1932, 17v-18r. 我补充了 *Tarikh-i-Alamgir Sani*, BL Mss Or. 1749, f. 166 verso 当中对同一件事的叙述，略有出入。

90. Ghulam Hussain Khan, *Seir Mutaqherin*, vol. 3, pp. 365-8.

91. Law, *A Memoir of the Mughal Empire 1757-61*, p. 254.

92. Fakir Khair ud-Din Illahabadi, '*Ibrat Nama*, BL Or. 1932, 17v-18r. 在这里，我增补了一段对话，引自古拉姆·侯赛因·汗对于同一事件的有密切关联的记录。

93. Ghulam Ali Khan alias Bhikhari Khan, *Shah Alam Nama*, BL, Add

24080, f. 30.

94. K. K. Dutta, *Shah Alam II & The East India Company*, Calcutta, 1965, pp. 1-2.

95. Ghulam Hussain Khan, *Seir Mutaqherin*, vol. 2, pp. 286 – 9, vol. 3, pp. 189-90; Ray, *The Felt Community*, p. 333.

第三章　扫荡式的大劫掠

1. William Tooke, *Narrative of the Capture of Calcutta from April 10, 1756 to November 10, 1756*, BL, OIOC, O. V. 19, Bengal 1756, pp. 5-46.

2. John Zephaniah Holwell, quoted in John Keay, *The Honourable Company : A History of the English East India Company*, London, 1991, p. 301.

3. William Watts and John Campbell, *Memoirs of the Revolution in Bengal*, *Anno. Dom. 1757*, p. 14.

4. John Zephaniah Holwell, quoted in Bruce P. Lenman, *Britain's Colonial Wars 1688-1783*, New York, 2001, p. 106.

5. *An Account Of The Capture Of Calcutta By Captain Grant*, BM Add Mss 29200, f. 38.

6. Ibid.

7. *Concerning the Loss of Calcutta*, BL, OIOC, HM vol. 66, pp. 821-4.

8. *An Account of the Capture of Calcutta by Captain Grant*, BM Add Mss 29200, f. 39.

9. Ibid.

10. *Account of the loss of Calcutta by David Renny*, BL, OIOC, HM vol. 66, pp. 821-4.

11. *Cooke's Evidence before the Select Committee of the House of Commons*, in W. K. Firminger (ed.), *Great Britain , House of Commons , Report on East India Affairs , Fifth report from the Select Committee*, vol. III, p. 299.

12. Quoted in Sir Penderel Moon, *The British Conquest and Dominion of India*, London, 1989, p. 42.

13. Syed Ghulam Hussain Khan Tabatabai, *Seir Mutaqherin*, Calcutta, 1790-4, vol. 2, p. 190.

14. *Concerning the Loss of Calcutta*, BL, OIOC, HM vol. 66, pp. 821-4.

15. *Narrative of the loss of Calcutta, with the Black Hole by Captain Mills*, *who was in it*, *and sundry other particulars*, *being Captain Mills pocket book*, *which he gave me*, BL, OIOC, O. V. 19, pp. 77-92.

16. Ibid.

17. *Account of the loss of Calcutta by John Cooke Esq. who was in the Black Hole*, *June 1756*, in *Cooke's Evidence before the Select Committee of the House of Commons*, in W. K. Firminger (ed.), *Great Britain*, *House of Commons*, *Report on East India Affairs*, *Fifth report from the Select Committee*, vol III, p. 299.

18. Ghulam Husain Salim, *Riyazu-s-salatin : A History of Bengal*, *Translated from the original Persian by Maulvi Abdus Salam*, Calcutta, 1902, p. 366.

19. S. C. Hill, Indian Records Series, *Bengal in 1756-7*, 3 vols, Calcutta, 1905, vol. 1, p. 51, French letter from Chandernagar.

20. *Account of the loss of Calcutta by John Cooke Esq. who was in the Black Hole*, *June 1756*, in *Cooke's Evidence before the Select Committee of the House of Commons*, in W. K. Firminger (ed.), *Great Britain*, *House of Commons*, *Report on East India Affairs*, *Fifth report from the Select Committee*, vol. III, p. 299.

21. Yusuf Ali Khan, *Tarikh-i-Bangala-i-Mahabatjangi*, trans. Abdus Subhan, Calcutta, 1982, pp. 120-2.

22. John Zephaniah Holwell, *A Genuine Narrative of the Deplorable Deaths of the English Gentlemen*, *and others*, *who were suffocated in the Black Hole in Fort William*, *in Calcutta*, *in the Kingdom of Bengal ; in the Night Succeeding the 20th June 1756*, London, 1758.

23. 关于"加尔各答的黑洞"的文献很多。对原始证据的最佳分析，见 Brijen K. Gupta, *Sirajuddaullah and the East India Company*, *1756-7*, Leiden, 1966, pp. 70-81。还有一些很好的讨论，见 Partha Chatterjee, *The Black Hole of Empire : History of a Global Practice of Power*, Ranikhet, 2012, p. 255; Jan Dalley, *The Black Hole : Money, Myth and Empire*, London, 2006; Rajat Kanta Ray, *The Felt Community : Commonality and Mentality before the Emergence of Indian Nationalism*, New Delhi, 2003, pp. 235-7; Linda Colley, *Captives : Britain*, *Empire*

and the World 1600 - 1850, London, 2002; Ian Barrow, 'The many meanings of the Black Hole of Calcutta', in *Tall Tales and True : India , Historiography and British Imperial Imaginings*, ed. Kate Brittlebank, Clayton, Vic. , 2008, pp. 7-18。贝蒂·约瑟夫认为，"加尔各答的黑洞"的故事帮助东印度公司避开了英国公众和政界对公司在印度的角色的关键性转变的审视，所以公司能够不受批评地从商业势力转变为拥有领土的政治势力，然后开始征服印度。Betty Joseph, *Reading the East India Company*, New Delhi, 2006, pp. 70-1.

24. *Concerning the Loss of Calcutta*, BL, OIOC, HM vol. 66, pp. 821-4.

25. *Causes of the Loss of Calcutta 1756*, David Renny, August 1756, BL, OIOC, O. V. 19, pp. 147-61.

26. G. J. Bryant, *Emergence of British Power in India 1600-1784: A Grand Strategic Interpretation*, Woodbridge, 2013, pp. 118-21.

27. Hill, Indian Records Series, *Bengal in 1756-7*, vol. 1, p. 233, Extract of a letter from Colonel Clive to the Secret Committee, London, dated Fort St George, 11 October, 1756.

28. George Forrest, *The Life of Lord Clive*, 2 vols, London, 1918, vol. 1, p. 278.

29. Mark Bence-Jones, *Clive of India*, London, 1974, p. 94.

30. Daniel Baugh, *The Global Seven Years War , 1754-63*, New York, 2014, p. 286.

31. Ghulam Hussain Khan, *Seir Mutaqherin*, vol. 2, p. 220.

32. Bence-Jones, *Clive of India*, p. 98; Keith Feiling, *Warren Hastings*, London, 1954, p. 23.

33. Captain Edward Maskelyne, *Journal of the Proceedings of the Troops Commanded by Lieutenant Colonel Robert Clive on the Expedition to Bengal*, BL, OIOC, Mss Eur Orme, vol. 20, p. 19.

34. Edward Ives, *A Voyage From England to India in the Year 1754*, London, 1733, quoted in Keay, *The Honourable Company*, p. 307.

35. Ghulam Hussain Khan, *Seir Mutaqherin*, vol. 2, p. 221.

36. Ives, *A Voyage From England to India in the Year 1754*, p. 102.

37. Feiling, *Warren Hastings*, p. 23.

38. Ghulam Husain Salim, *Riyazu-s-salatin*, pp. 369–70.

39. Captain Edward Maskelyne, *Journal of the Proceedings of the Troops commanded by Lieutenant Colonel Robert Clive on the expedition to Bengal*, BL, OIOC, Mss Eur Orme, vol. 20, pp. 23–4; Watts and Campbell, *Memoirs of the Revolution in Bengal, Anno. Dom. 1757*, p. 18.

40. Watts and Campbell, *Memoirs of the Revolution in Bengal, Anno. Dom. 1757*, p. 20.

41. Clive's Evidence-First Report of the Committee of the House of Commons; Forrest, *The Life of Lord Clive*, vol. 1, pp. 354–5.

42. Captain Edward Maskelyne, *Journal of the Proceedings of the Troops commanded by Lieutenant Colonel Robert Clive on the expedition to Bengal*, BL, OIOC, Mss Eur Orme, vol. 20, pp. 28–30.

43. Forrest, *The Life of Lord Clive*, vol. 1, pp. 359–60.

44. Ghulam Hussain Khan, *Seir Mutaqherin*, vol. 2, p. 222.

45. P. J. Marshall (ed.), *The Eighteenth Century in Indian History. Evolution or Revolution*, New Delhi, 2003, p. 362.

46. Ray, *The Felt Community*, p. 244.

47. 这个故事里的三个英国主角——政府、公司和议会很少团结一致。对这三者之间紧张关系的分析，见卢西·萨瑟兰（Lucy Sutherland）的经典之作 *The East India Company in Eighteenth-Century Politics*, Oxford, 1952。

48. Baugh, *The Global Seven Years War*, p. 291. 古巴当时是西班牙殖民地，只在战争末期西班牙参战的时候才卷入。

49. Hill, Indian Records Series, *Bengal in 1756-7*, vol. 1, pp. 180–1, Letter to M Demontorcin, Chandernagar, August 1, 1756.

50. Jean Law de Lauriston, *A Memoir of the Mughal Empire 1757–61*, trans. G. S. Cheema, New Delhi, 2014, p. 87.

51. Keay, *The Honourable Company*, p. 314.

52. Quoted by Sir Jadunath Sarkar (ed.), *The History of Bengal*, vol. II, *The Muslim Period 1200 A. D. –1757 A. D.*, New Delhi, 1948, pp. 484–5.

53. Law, *A Memoir of the Mughal Empire 1757–61*, p. 98.

54. Ghulam Husain Salim, *Riyazu-s-salatin*, pp. 373–4; BL, OIOC, HM 193,

p. 88.

55. Ghulam Hussain Khan, *Seir Mutaqherin*, vol. 2, p. 193.

56. Law, *A Memoir of the Mughal Empire 1757-61*, p. 66.

57. Ghulam Hussain Khan, *Seir Mutaqherin*, vol. 2, pp. 211, 213.

58. Law, *A Memoir of the Mughal Empire 1757-61*, pp. 82-3.

59. Hill, Indian Records Series, *Bengal in 1756-7*, vol. 2, pp. 368-9, Letter from Colonel Clive to Mr Pigot, dated 30 April 1757.

60. 这就是为什么卓越的印度学者 K. M. 潘尼迦（K. M. Pannikar）说普拉西战役"不是一场战役，而是一笔交易。通过这笔交易，孟加拉的买办们在贾加特·赛特的领导下，把纳瓦布出卖给了东印度公司"。K. M. Pannikar, *Asia and Western Dominance*, New York, 1954, p. 100. See also Sushil Chaudhury, *Companies, Commerce and Merchants : Bengal in the Pre-Colonial Era*, New Delhi, 2015, pp. 336-52.

61. Fort William Select Committee Proceedings of May 1, 1757, in Hill, Indian Records Series, *Bengal in 1756-7*, vol. 2, p. 370.

62. 为了把原本就已经错综复杂的故事叙述得比较清楚明晰，我省略了另一位银行家在密谋中发挥的重要作用。他是旁遮普人，名叫阿米尔·昌德（Amir Chand），公司称他为奥米昌德（Omichand）。他在普拉西阴谋中扮演了重要角色。克莱武让奥米昌德去谈判，在 2 月的条约签订之后奥米昌德还陪同沃茨去了穆尔希达巴德。奥米昌德索要普拉西的战利品当中属于他的那一份，开出的价码是纳瓦布全部财产的 5%，并威胁要向西拉杰告发阴谋。但是，5 月 17 日专责委员会开会的时候，克莱武狡猾地说服委员会准备了两份条约让米尔·贾法尔和英国人签字，其中一份有分钱给奥米昌德的条款，另一份没有。See Sushil Chaudhury, *The Prelude to Empire : Plassey Revolution of 1757*, p. 127 and passim.

63. Letter from Petrus Arratoon to the Court of Directors, dated 25 January 1759, quoted in Forrest, *The Life of Lord Clive*, vol. 1, p. 432.

64. Watts and Campbell, *Memoirs of the Revolution in Bengal, Anno. Dom. 1757*, pp. 98-9.

65. BL, OIOC, Mss Eur Orme India XI, no. 153.

66. BL, OIOC, IOR, HM 193, no. 158.

67. Ibid. , no. 159.

68. Spear, *Master of Bengal*, p. 87.

69. Forrest, *The Life of Lord Clive*, vol. 1, p. 440.

70. BL, OIOC, IOR, HM 193, no. 161.

71. Ibid. , no. 162.

72. Ibid. , no. 167.

73. Ibid. , no. 169.

74. Ibid.

75. BL, OIOC, Orme Papers, O. V. , CLXIV-A, f. 115.

76. NAI, Home Misc of Ancient Records, 1757, vol. 19, pp. 120-8, 26 July 1757.

77. Ghulam Hussain Khan, *Seir Mutaqherin*, vol. 2, pp. 230-1.

78. *The Muzaffarnama of Karam Ali*, in *Bengal Nawabs*, trans. Jadunath Sarkar, Calcutta, 1952, p. 76.

79. Ghulam Husain Salim, *Riyazu-s-salatin*, pp. 375-6.

80. Captain Edward Maskelyne, *Journal of the Proceedings of the Troops commanded by Lieutenant Colonel Robert Clive on the expedition to Bengal*, BL, OIOC, Mss Eur Orme, vol. 20, p. 30.

81. NAI, Home Misc of Ancient Records, 1757, vol. 19, pp. 120-8, 26 July 1757.

82. BL, OIOC, IOR, HM 193, no. 172.

83. Moon, *The British Conquest and Dominion of India*, p. 55.

84. Hill, Indian Records Series, *Bengal in 1756-7*, vol. 2, p. 437, Clive to Select Committee, Fort William June 30th 1757.

85. BL, OIOC, IOR, HM 193, no. 194.

86. Ghulam Hussain Khan, *Seir Mutaqherin*, vol. 2, pp. 235-42.

87. *The Muzaffarnama of Karam Ali*, p. 78.

88. P. J. Marshall, *The Making and Unmaking of Empires : Britain , India and America c. 1750-1783*, p. 150; John R. McLane, *Land and Local Kingship in Eighteenth-Century Bengal*, Cambridge, 1993, p. 150.

89. Forrest, *The Life of Lord Clive*, vol. 2, p. 35.

90. 菲利普·斯特恩精彩地阐述了东印度公司比史学界所理解的更早地

获得了政治权力，但毫无疑问，普拉西战役极大地增强了公司的政治权力。See Philip J. Stern., *The Company State : Corporate Sovereignty & the Early Modern Foundations of the British Empire in India.* Cambridge, 2011.

91. Ray, *The Felt Community*, pp. 245-6.

92. Keay, *The Honourable Company*, pp. 317-18.

93. Alexander Dow, *History of Hindostan*, 3 vols, Dublin, 1792, vol. 3, p. xxiv.

94. P. J. Marshall, *East India Fortunes : The British in Bengal in the Eighteenth Century*, Oxford, 1976, p. 8.

第四章　资质有限的君主

1. Percival Spear, *Master of Bengal : Clive and his India*, London, 1975, p. 97.

2. Ibid.

3. Clive to Mir Jafar, 15 July 1757, OIOC, HM 193, 180; Mark Bence-Jones, *Clive of India*, London, 1974, p. 157.

4. Clive to John Payne, 11 November 1758, National Library of Wales, Clive Mss 200 (2), pp. 102-4.

5. George Forrest, *The Life of Lord Clive*, New Delhi, 1986, vol. 2, pp. 119-22.

6. Abdul Majed Khan, *The Transition in Bengal 1756 - 1775*, Cambridge, 1969, pp. 10-11.

7. J. Price, *Five Letters from a Free Merchant in Bengal , to Warren Hastings Esq*, London, 1778, p. 136; Peter Marshall, *Problems of Empire : Britain and India 1757-1813*, London, 1968, p. 26.

8. Forrest, *The Life of Lord Clive*, vol. 2, p. 179; Tillman W. Nechtman, ' A Jewel in the Crown? Indian Wealth in Domestic Britain in the Late Eighteenth Century ', *Eighteenth Century Studies*, 41: 1 (2007), pp. 71-86, p. 74; Spear, *Master of Bengal*, p. 119.

9. Sir Penderel Moon, *Warren Hastings and British India*, London, 1947, p. 35; Abdul Majed Khan, *The Transition in Bengal 1756-1775*, pp. 28-9.

10. Syed Ghulam Hussain Khan Tabatabai, *Seir Mutaqherin*, Calcutta, 1790–94, vol. 2, pp. 262, 270.

11. Sir Penderel Moon, *The British Conquest and Dominion of India*, London, 1989, p. 62.

12. Ghulam Hussain Khan, *Seir Mutaqherin*, vol. 2, p. 241.

13. Ibid. , vol. 2, p. 351.

14. Ibid. , vol. 2, pp. 262, 250–1, 373; Henry Vansittart, *A Narrative of the Transactions in Bengal from the Year 1760, to the year 1764, during the Government of Mr Henry Vansittart*, London, 1766, vol. 1, pp. 151–3.

15. Moon, *The British Conquest and Dominion of India*, p. 86.

16. OIOC, Bengal Secret Consultations, 30 April, 25, 26, 30 July, 27 Aug 1764, Range A, vol. 5, pp. 156–61, 408–21, 444–58; P. J. Marshall, *East India Fortunes : The British in Bengal in the Eighteenth Century*, Oxford, 1976, pp. 118, 128; Bence-Jones, *Clive of India*, p. 156.

17. Vansittart, *A Narrative of the Transactions in Bengal*, vol. 1, p. 25.

18. Marshall, *East India Fortunes*, p. 120.

19. Quoted in Bence-Jones, *Clive of India*, p. 156.

20. *Voyage en Inde du Comte de Modave, 1773–1776*, ed. Jean Deloche, Pondicherry, 1971, p. 48.

21. Ibid. , pp. 282–7.

22. Quoted by Vansittart, *A Narrative of the Transactions in Bengal*, vol. 2, pp. 79–84.

23. Hastings to Vansittart, 25 April 1762, OIOC, BL Add Mss 29, 098, f. 7–8. See also Walter K. Firminger and William Anderson, *The Diaries of Three Surgeons of Patna*, Calcutta, 1909, p. 16.

24. Keith Feiling, *Warren Hastings*, London, 1954, pp. 1 – 11; Jeremy Bernstein, *Dawning of the Raj : The Life & Trials of Warren Hastings*, Chicago, 2000, pp. 32–5.

25. Feiling, *Warren Hastings*, pp. 39, 66. 他的肖像现存于 National Portrait Gallery, London, NPG 81。

26. Ibid. , pp. 28, 41.

27. Kumkum Chatterjee, *Merchants , Politics & Society in Early Modern India*

Bihar : 1733-1820，Leiden，1996，pp. 118-23. 关于皮尔克斯的另一抱怨可见 Vansittart，*A Narrative of the Transactions in Bengal*，vol. 1，p. 28。

28. 关于贾加特·赛特写信给沙·阿拉姆，见 Forrest，*The Life of Lord Clive*，vol. 2，p. 126。关于米尔·阿什拉夫对沙·阿拉姆的支持，见 BL，Or. 466，*Tarikh-i Muzaffari* of Muhammad 'Ali Khan Ansari of Panipat，pp. 635-6。

29. Ghulam Ali Khan alias Bhikhari Khan，*Shah Alam Nama*，BL，Add 24080.

30. 关于这个时期的史学著作通常将旧观点（莫卧儿帝国的衰落）与修正主义的新观点（各省的自治与发展）对照。沙·阿拉姆的故事揭示了比去中心化更复杂的真相，显示了局势的瞬息万变、结盟关系和利益的千变万化，这都是上述两种线性观点没有考虑到的。

31. Sayid Athar Abbas Rizvi，*Shah Walli-Allah And His Times*，Canberra，1980，p. 170.

32. Fakir Khair ud-Din Illahabadi，'*Ibrat Nama*，BL Or. 1932，20r-21v.

33. Ghulam Ali Khan alias Bhikhari Khan，*Shah Alam Nama*，BL，Add 24080.

34. Krishna Dayal Bhargava，*Browne Correspondence*，Delhi，1960，p. 1.

35. Jean Law de Lauriston，*A Memoir of the Mughal Empire 1757-61*，trans. G. S. Cheema，New Delhi，2014，p. 297.

36. Jadunath Sarkar，*Fall of the Mughal Empire*，4 vols，New Delhi，1991，vol. 2，p. 315.

37. *Tarikh-i Shakir Khani*，British Library Oriental manuscripts，Add. 6568，f. 14r.

38. Law，*A Memoir of the Mughal Empire 1757-61*，pp. 265，280，290-1.

39. Ghulam Ali Khan alias Bhikhari Khan，*Shah Alam Nama*，BL，Add 24080. Also John R. McLane，*Land and Local Kingship in Eighteenth-Century Bengal*，Cambridge，1993，p. 181.

40. Ghulam Hussain Khan，*Seir Mutaqherin*，vol. 2，pp. 338-41.

41. Ibid. ，vol. 2，p. 342.

42. Hastings to Vansittart，BL，OIOC，Add Mss 29132，f. 103-11；also Moon，*Warren Hastings and British India*，p. 37.

43. John Caillaud，*A Narrative of What Happened in Bengal in the Year 1760*，

London, 1764, p. 15.

44. Ghulam Hussain Khan, *Seir Mutaqherin*, vol. 2, pp. 344-5.

45. *Tarikh-i Muzaffari* of Muhammad 'Ali Khan Ansari of Panipat, pp. 634-6. Also McLane, *Land and Local Kingship*, p. 181.

46. Caillaud, *A Narrative of What Happened in Bengal in the Year 1760*, p. 25.

47. *Tarikh-i Muzaffari* of Muhammad 'Ali Khan Ansari of Panipat, pp. 634-5.

48. Ghulam Hussain Khan, *Seir Mutaqherin*, vol. 3, p. 180.

49. Law, *A Memoir of the Mughal Empire 1757-61*, p. 297.

50. K. K. Dutta, *Shah Alam II & The East India Company*, Calcutta, 1965, p. 15. 沙·阿拉姆也丢失了一些行李和一张写字台，它们被阿奇博尔德·斯温顿缴获，现藏于爱丁堡的苏格兰皇家博物馆。

51. Jean-Baptiste Gentil, *Mémoires sur l'Indoustan*, Paris, 1822, pp. 203-4.

52. Ghulam Hussain Khan, *Seir Mutaqherin*, vol. 2, p. 404.

53. Ibid. , vol. 2, p. 403.

54. Ibid. , vol. 2, pp. 401-3.

55. Caillaud, *A Narrative of What Happened in Bengal in the Year 1760*, p. 35.

56. Ghulam Hussain Khan, *Seir Mutaqherin*, vol. 2, pp. 371-2.

57. Ibid. , vol. 2, p. 374.

58. Hastings to Vansittart, BL, OIOC, Add Mss 29132, f. 103-11.

59. Hastings to Vansittart, 10 July 1760, BL, OIOC, Add Mss 29132, f. 103-11.

60. Moon, *The British Conquest and Dominion of India*, p. 88; Moon, *Warren Hastings and British India*, p. 39; Nicholas B. Dirks, *The Scandal of Empire : India and the Creation of Imperial Britain*, Harvard, 2006, p. 50.

61. Ghulam Husain Salim, *Riyazu-s-salatin : A History of Bengal. Translated from the original Persian by Maulvi Abdus Salam*, Calcutta, 1902, pp. 385-6.

62. Caillaud, *A Narrative of What Happened in Bengal in the Year 1760*, p. 50.

63. Lushington to Clive, 3 December 1760, cited in John Malcolm, *Life of Robert , Lord Clive*, London, 1836, vol. II, p. 268.

64. *Tarikh-i Muzaffari* of Muhammad 'Ali Khan Ansari of Panipat, p. 681.

65. Ibid. , pp. 681−9.

66. P. J. Marshall, *Bengal : The British Bridgehead-Eastern India 1740 - 1828*, Cambridge, 1987, p. 86.

67. *Tarikh-i Muzaffari* of Muhammad 'Ali Khan Ansari of Panipat, pp. 683, 685.

68. 所有关于苏姆鲁的细节都来自 *Voyage en Inde*, pp. 420−2。

69. Ghulam Hussain Khan, *Seir Mutaqherin*, vol. 2, pp. 500−3.

70. Ibid. , vol. 2, pp. 421, 434.

71. Ibid. , vol 2, pp. 427, 433.

72. Ibid. , vol. 2, p. 427.

73. *Tarikh-i Muzaffari* of Muhammad 'Ali Khan Ansari of Panipat, pp. 683, 688.

74. Carnac's Letter to the Select Committee, 5 March 1761, Vansittart, *A Narrative of the Transactions in Bengal*, vol. 1, p. 185.

75. Dutta, *Shah Alam II & The East India Company*, p. 18.

76. Ghulam Hussain Khan, *Seir Mutaqherin*, vol. 2, pp. 406−7.

77. 斯温顿家族前不久将这些文物交给爱丁堡的苏格兰皇家博物馆。

78. Ghulam Hussain Khan, *Seir Mutaqherin*, vol. 2, p. 407.

79. Moon, *The British Conquest and Dominion of India*, pp. 92−3.

80. Dutta, *Shah Alam II & The East India Company*, p. 21.

81. G. J. Bryant, *The Emergence of British Power in India , 1600-1784: A Grand Strategic Interpretation*, Woodbridge, 2013, p. 161 n; Dutta, *Shah Alam II & The East India Company*, p. 47.

82. Nandalal Chatterji, *Mir Qasim , Nawab of Bengal , 1760 - 1763*, Allahabad, 1935.

83. Gentil, *Mémoires sur l'Indoustan*, p. 205.

84. Feiling, *Warren Hastings*, p. 42.

85. Moon, *Warren Hastings and British India*, p. 39.

86. Vansittart, *A Narrative of the Transactions in Bengal*, vol. 1, pp. 300−7, 322−3.

87. Ibid. , vol. 2, pp. 97 - 102; Forrest, *The Life of Lord Clive*, vol. 2, pp. 227−8.

88. Vansittart, *A Narrative of the Transactions in Bengal*, vol. 2, pp. 97–102; Feiling, *Warren Hastings*, pp. 46–7; G. S. Cheema, *The Ascent of John Company : From Traders to Rulers (1756 – 1787)*, New Delhi, 2017, p. 66.

89. Moon, *The British Conquest and Dominion of India*, pp. 98–9.

90. Moon, *Warren Hastings and British India*, pp. 50–1.

91. Gentil, *Mémoires sur l'Indoustan*, p. 210.

92. Ghulam Husain Salim, *Riyazu-s-salatin*, pp. 387–8.

93. Vansittart, *A Narrative of the Transactions in Bengal*, vol. 2, pp. 164–8; also Rajat Kanta Ray, *The Felt Community : Commonality and Mentality before the Emergence of Indian Nationalism*, New Delhi, 2003, pp. 282–7.

94. Ghulam Hussain Khan, *Seir Mutaqherin*, vol. 2, pp. 465–6.

95. Ibid.

96. Moon, *The British Conquest and Dominion of India*, p. 100.

97. Firminger and Anderson, *The Diaries of Three Surgeons of Patna*, p. 38.

第五章　血腥的混战

1. BL, Or. 466, *Tarikh-i Muzaffari* of Muhammad 'Ali Khan Ansari of Panipat, pp. 700–2.

2. Walter K. Firminger and William Anderson, *The Diaries of Three Surgeons of Patna*, Calcutta, 1909, p. 40.

3. Ibid. , p. 24.

4. Syed Ghulam Hussain Khan Tabatabai, *Seir Mutaqherin*, Calcutta, 1790– 94, vol. 2, pp. 473–4.

5. *Tarikh-i Muzaffari* of Muhammad 'Ali Khan Ansari of Panipat, p. 703.

6. Ibid. , p. 704.

7. Rajat Kanta Ray, *The Felt Community : Commonality and Mentality before the Emergence of Indian Nationalism*, New Delhi, 2003, p. 277; Nicholas Shreeve, *Dark Legacy*, Crossbush, 1996, pp. 11–12.

8. Jean-Baptiste Gentil, *Mémoires sur l'Indoustan*, Paris, 1822, pp. 216–18.

9. Luke Scrafton, *Observations on Vansittart's Narrative*, London, 1770, pp. 48–9.

10. *Tarikh-i Muzaffari* of Muhammad 'Ali Khan Ansari of Panipat, pp. 710 – 13.

11. Ghulam Hussain Khan, *Seir Mutaqherin*, vol. 2, p. 496.

12. *Tarikh-i Muzaffari* of Muhammad 'Ali Khan Ansari of Panipat, p. 710.

13. Ibid. , p. 711.

14. Ibid.

15. Ibid. , p. 715.

16. Gentil, *Mémoires sur l'Indoustan*, pp. 218–21.

17. *Tarikh-i Muzaffari* of Muhammad 'Ali Khan Ansari of Panipat, p. 708.

18. Gentil, *Mémoires sur l'Indoustan*, pp. 226–7. 我遵循了让蒂的说法，因为他似乎是目击者。不过关于贾加特·赛特家族成员的死亡，有一些互相矛盾的说法，例如，古沙他们被纳瓦布本人残酷地处死了："他们身边还有忠诚的仆人丘尼，他怎么都不肯离开主人。当卡西姆·阿里［米尔·卡西姆］用箭射他们的时候，丘尼挡在主人面前，先中箭倒地，然后贾加特·赛特堂兄弟两人也死了。" See Lokanatha Ghosha, *The Modern History of the Indian Chiefs, Rajas, Zamindars, &c*, Calcutta, 1881, p. 346.

19. Firminger and Anderson, *The Diaries of Three Surgeons of Patna*, p. 1.

20. Sir Penderel Moon, *Warren Hastings and British India*, London, 1947, p. 54.

21. Shreeve, *Dark Legacy*, p. 16.

22. Ibid.

23. Gentil, *Mémoires sur l'Indoustan*, pp. 227–34.

24. Shreeve, *Dark Legacy*, p. 18.

25. Julia Keay, *Farzana : The Woman Who Saved an Empire*, London, 2014, p. 48.

26. *Tarikh-i Muzaffari* of Muhammad 'Ali Khan Ansari of Panipat, p. 713.

27. 与"加尔各答的黑洞"不同，巴特那大屠杀在今天几乎已经被完全遗忘。英国的历史书很少提起此事，印度的历史书则完全不提。

28. Ghulam Hussain Khan, *Seir Mutaqherin*, vol. 2, p. 518.

29. Gentil, *Mémoires sur l'Indoustan*, p. 35.

30. Ghulam Hussain Khan, *Seir Mutaqherin*, vol. 2, p. 514.

31. Gentil, *Mémoires sur l'Indoustan*, p. 35.

32. Ghulam Hussain Khan, *Seir Mutaqherin*, vol. 2, p. 512.

33. *Bhausahebanci Bhakar*, quoted in Velcheru Narayana Rao, David Shulman and Sanjay Subrahmanyam, *Textures of Time*, Delhi, 2003, pp. 232-3.

34. Quoted by Jadunath Sarkar, *Fall of the Mughal Empire*, 4 vols, New Delhi, 1991, vol. 2, p. 316.

35. Ghulam Hussain Khan, *Seir Mutaqherin*, vol. 2, pp. 528, 558.

36. Fakir Khair ud-Din Illahabadi, ' *Ibrat Nama*, BL Or. 1932, 38v-39r.

37. Ibid. , 39r.

38. Ibid. , 40v-41r.

39. 这些苦行僧士兵并非不熟悉火枪，有些甚至骑马作战，古拉姆·侯赛因·汗在记述 1751 年拉珍德拉吉里（Rajendragiri）防守安拉阿巴德时提到这一点。不过苦行僧士兵确实主要是擅长近战。威廉·平奇（William Pinch）在 *Warrior Ascetics and Indian Empires*, Cambridge, 2006 的第二章详细描述了他们军事风格的演变。我们很难准确地了解苦行僧士兵当中武器分配的情况，但可见这篇论文里对孟加拉苦行僧起义/法基尔起义的描述：David N. Lorenzen, ' Warrior Ascetics in Indian History ', in *Journal of the American Oriental Society*, vol. 98, no. 1 (January-March 1978), pp. 61-75。

40. *CPC* 1, items 2130-1, 2136; Ashirbadi Lal Srivastava, *Shuja ud-Daula*, vol. 1, 1754-1765, Calcutta, 1939, p. 182; Rajat Kanta Ray, ' Indian Society and the Establishment of British Supremacy, 1765-1818 ', in Peter Marshall, *The Eighteenth Century*, Oxford, 1998, pp. 518-19.

41. Fakir Khair ud-Din Illahabadi, ' *Ibrat Nama*, BL Or. 1932, 41v.

42. Ghulam Hussain Khan, *Seir Mutaqherin*, vol. 2, p. 530.

43. Ibid. , vol. 2, p. 531.

44. Fakir Khair ud-Din Illahabadi, ' *Ibrat Nama*, BL Or. 1932. 42v.

45. Ghulam Hussain Khan, *Seir Mutaqherin*, vol. 2, p. 530.

46. Fakir Khair ud-Din Illahabadi, ' *Ibrat Nama*, BL Or. 1932. 42v.

47. Ibid. , 43v.

48. Ibid. , 43v-44r.

49. Ibid. , 44r.

50. Ibid.

51. René-Marie Madec, *Mémoire*, ed. Jean Deloche, Pondicherry 1983, p. 71.

52. Ghulam Hussain Khan, *Seir Mutaqherin*, vol. 2, p. 565.

53. Fakir Khair ud-Din Illahabadi, ' *Ibrat Nama*, BL Or. 1932, 44r.

54. Ibid. , 45v.

55. Ibid.

56. Ibid. , 45r.

57. Ashirbadi Lal Srivastava, *Shuja ud-Daula*, vol. 1, p. 232.

58. Sir Penderel Moon, *The British Conquest and Dominion of India*, London, 1989, p. 111.

59. Gentil, *Mémoires sur l'Indoustan*, p. 258-9.

60. Ibid.

61. Madec, *Mémoire*, p. 74.

62. Fakir Khairud-Din Illahabadi, ' *Ibrat Nama*, BL Or. 1932, 45v.

63. Ghulam Hussain Khan, *Seir Mutaqherin*, vol. 2, p. 530.

64. Ibid.

65. The Late Reverend John Entick et al. , *The Present State of the British Empire*, 4 vols, London, 1774, vol. IV, p. 533.

66. Philip J. Stern, *The Company State : Corporate Sovereignty & the Early Modern Foundations of the British Empire in India*, Cambridge, 2011, p. 3.

67. Thomas Twining, *Travels in India One Hundred Years Ago*, London, 1983, pp. 144-5.

68. 关于此时英国的国内政治背景，见 James Vaughn, *The Politics of Empire at the Accession of George* III, Princeton, 2009。

69. Keay, *Farzana*, pp. 53, 89.

70. Ghulam Hussain Khan, *Seir Mutaqherin*, vol. 2, pp. 583-4.

71. Gentil, *Mémoires sur l'Indoustan*, p. 259.

72. Sadasukh Dihlavi, *Munkatab ut-Tawarikh*, trans. Sir H. M. Elliot and John Dowson, *The History of India Told By Its Own Historians*, London, 1867, vol. VIII, p. 408.

73. Richard B. Barnett, *North India Between Empires : Awadh , the Mughals ,*

and the British 1720–1801, Berkeley, 1980, p. 73.

74. Amar Farooqui, *Zafar, and the Raj: Anglo-Mughal Delhi, c. 1800–1850*, New Delhi, 2013, pp. 8–9.

75. Ghulam Hussain Khan, *Seir Mutaqherin*, vol. 2, p. 571.

76. Shah Alam II to the Council, n. d., received in Calcutta 6 Dec 1764, NAI, Foreign Department Secret Consultations, 1764, 2A, 738; *CPC* 1, lv, p. 353.

77. K. K. Dutta, *Shah Alam II & The East India Company*, Calcutta, 1965, pp. 28–9.

78. Bengal Despatches, February 1764, quoted in Mark Bence-Jones, *Clive of India*, London, 1974, p. 205.

79. Percival Spear, *Master of Bengal : Clive and his India*, London, 1975, pp. 130–1.

80. Clive to Carnac, 7 May 1762, quoted in Bence-Jones, *Clive of India*, p. 208.

81. Bence-Jones, *Clive of India*, p. 208.

82. H. V. Bowen, 'Lord Clive and speculation in East India Company stock, 1766', *Historical Journal*, 30 (1987), pp. 905–20. 关于克莱武大赚一笔及其对英国国内的影响，可见另外两篇精彩的论文：Bruce Lenman and Philip Lawson, 'Robert Clive, the "Black Jagir" and British Politics', in *Historical Journal*, vol. 26, no. 4 (December 1983), pp. 801–29, and C. H. Philips, 'Clive in the English Political World, 1761–64', in *Bulletin of the School of Oriental and African Studies*, University of London, vol. 12, no. 3/44, *Oriental and African Studies Presented to Lionel David Barnett by His Colleagues*, Past and Present (1948), pp. 695–702。

83. BL, OIOC, BL G37/4/1, f. 42; Barnett, *North India Between Empires*, p. 74.

84. Dutta, *Shah Alam II & The East India Company*, p. 38.

85. Clive and Carnac to Council, 14 July, quoted in Ashirbadi Lal Srivastava, *Shuja ud-Daula*, vol. 2, *1765–1775*, Calcutta, 1939, p. 10; Barnett, *North India Between Empires*, p. 75.

86. Quoted in Bence-Jones, *Clive of India*, p. 219.

87. Clive to Sykes, 3 August 1765, quoted in Barnett, *North India Between Empires*, p. 74.

88. Ghulam Hussain Khan, *Seir Mutaqherin*, vol. 3, pp. 9–10. 与另一位孟希一起参加起草《安拉阿巴德条约》的谢赫伊特萨姆丁（Sheikh Itesamuddin）记载道，沙·阿拉姆眼睛里噙着泪水告诉签完字准备离开的克莱武和卡纳克，他们这是把他丢在他的敌人当中，丝毫不考虑他的安全（*Shigurf Namah* 1825：5）。见 Mirza Itesamuddin, *Shigurf Namah-i-Velaet*, translated from Persian to English by James Edward Alexander（London, 1827）。伊特萨姆丁于 1767 年从南亚次大陆去了英国，将沙·阿拉姆的请求呈送给英王乔治三世。引自 Jeena Sarah Jacob, 'The travellers' tales: The travel writings of Itesamuddin and Abu Taleb Khan', in William A. Pettigrew and Mahesh Gopalan, *The East India Company, 1600–1857: Essays on Anglo-Indian Connection*, London and New York, 2017, p. 141。

89. Ghulam Husain Salim, *Riyazu-s-salatin*, pp. 398, 413–14.

90. George Forrest, *The Life of Lord Clive*, New Delhi, 1986, vol. 2, p. 335.

91. 东印度公司输入金银对孟加拉经济的影响有多大，是个有争议的问题，见 Rajat Datta, *Society, Economy and the Market: Commercialisation in Rural Bengal, c1760–1800*, New Delhi, 2000。东印度公司在多大程度上残酷无情地剥夺了孟加拉的资产，也是个有争议的问题。彼得·马歇尔在一封信里告诉我："你肯定可以说，'从此，印度被当作一座庞大的种植园，纯粹是剥削和压榨的对象，所有利润都被运往海外'。但我认为不可以忽略这样的事实：早在 17 世纪，东印度公司就标榜自己的治理是公平公正的，而且董事们在 1757 年之后确实努力去妥善地治理孟加拉，他们的努力是否有效是另一个问题。他们的失败是英国政府施加干预的表面原因。持续不断的劫掠会毁掉孟加拉，等于是杀死下金蛋的鹅。[董事们试图确保] 小心翼翼地照料下金蛋的鹅。在印度的很多公司雇员肯定认同这种理念，黑斯廷斯是最明显的例子。你可以说，公司多次搁置了妥善治理的想法，尤其是在出现紧急状况的时期，公司必须最大限度地从孟加拉榨取资源，但我认为你不可以否认公司有过善意。"我非常感谢彼得审阅了我的手稿，并感谢他多年来对我的鼓励和帮助。

92. Bowen, *Revenue and Reform*, pp. 111-12; Moon, *The British Conquest and Dominion of India*, p. 125.

93. Bence-Jones, *Clive of India*, p. 221.

94. Om Prakash, ' From Market-Determined to Coercion-based: Textile Manufacturing in Eighteenth-Century Bengal', in Giorgio Riello and Tirthankar Roy (eds), *How India Clothed the World : The World of South Asian Textiles*, *1500-1800*, Leiden, 2013, pp. 224-41.

95. Dutta, *Shah Alam II & The East India Company*, p. 45; Moon, *The British Conquest and Dominion of India*, p. 125; Jon Wilson, *India Conquered : Britain's Raj and the Chaos of Empire*, London, 2016, p. 115.

96. Quoted in John R. McLane, *Land and Local Kingship in Eighteenth-Century Bengal*, Cambridge, 1993, p. 195.

97. Ghulam Hussain Khan, *Seir Mutaqherin*, vol. 3, pp. 3, 46, 192-3, 202-4. 关于对古拉姆·侯赛因·汗的观察的精彩分析还可见 Rajat Kanta Ray, ' Indian Society and the Establishment of British Supremacy, 1765-1818', in Marshall, *The Eighteenth Century*, pp. 514-15。另有 P. J. Marshall, *The Making and Unmaking of Empires : Britain , India and America c. 1750-1783*, Oxford, 2007, p. 260。

98. Ghulam Hussain Khan, *Seir Mutaqherin*, vol. 3, pp. 158-213. 公司的吹哨人亚历山大·道（Alexander Dow）谈及每年巨额财富流出孟加拉时写道：“公司开始竭泽而渔，不考虑如何防止资源枯竭。”引自 Ranajit Guha, *A Rule of Property for Bengal : An Essay on the Idea of Permanent Settlement*, Durham, NC, 1983, p. 33。

99. Ghulam Hussain Khan, *Seir Mutaqherin*, vol. 3, pp. 158-213.

100. Ibid. , vol. 3, pp. 32, 181, 194-5.

101. Moon, *The British Conquest and Dominion of India*, p. 224.

第六章　大饥荒

1. OIOC, SCC, P/A/9, 29 November 1769. 关于 1769~1779 年恐怖的孟加拉大饥荒，有大量学术著作。关于孟加拉大饥荒及其对孟加拉农村的影响，最好的著作是 Rajat Datta, *Society , Economy and the Market :*

Commercialisation in Rural Bengal, *c1760 - 1800*, New Delhi, 2000, chapter five, pp. 238-84。拉雅·达塔认为，一方面，军事征服、政治动荡和公司的剥削肯定使农民更加脆弱；另一方面，公司治下农业与经济的大规模转变加剧了大饥荒。孟加拉的繁荣是很脆弱的，并且孟加拉在生态上正在经历大幅度的变化。河流向东流，农业种植也向东发展。孟加拉西部干旱严重，所以如果缺少降雨，就会很脆弱，容易发生饥荒，而东部还很繁荣。孟加拉东部逃过了 1769～1770 年饥荒，不过如达塔所示，后来孟加拉东部受到了洪水的摧残。

在纳瓦布们的统治下，孟加拉长期致力于加强水稻种植。这是一个长期的生态转变过程，孟加拉东部的三角洲构成了一个农业地区，从 16 世纪末到 18 世纪中叶，当地的莫卧儿官员鼓励民众砍伐森林、开垦新农田、管理水源和栽培水稻。见 J. F. Richards, *The Unending Frontier : An Environmental History of the Early Modern World*, Berkeley, 2003, p. 33。

这个研究领域的开拓者是理查德·伊顿，他在研究孟加拉边疆的著作中提出，当地的莫卧儿官员通过鼓励大规模种植水稻，加强了他们在农村的权威，而此时莫卧儿帝国在德里的权力逐步衰退。纳瓦布们引入的这种荫庇体制在粮食生产的增长过程中发挥了关键作用，但 1760 年东印度公司主宰孟加拉地区之后，这种体制就终结了。见 Richard M. Eaton, *The Rise of Islam and the Bengal Frontier 1204-1760*, Berkeley, 1993, p. 5。

达塔的著作强调了区域性粮食市场的扩张，这也许导致农民更容易受到粮价波动的影响。他还提出了很重要的一点，那就是饥荒在地理上的不均衡，他相信孟加拉西部和比哈尔的饥荒更严重，而孟加拉东部几乎没有饥荒。所以不可以简单地把整个孟加拉的死亡人数定在 1000 万。研究东印度公司的资深历史学家彼得·马歇尔大体同意达塔的说法。在给我的一封信中，马歇尔写道："从当时的论战著作到我们所在的时代，根深蒂固的观点是英国对孟加拉的征服毁掉了孟加拉。我想我的观点属于少数派，这一派的最权威论述者是拉雅·达塔。我不太相信英国人对孟加拉的命运造成了决定性影响，更不相信具体的个人产生了决定性影响。毫无疑问，孟加拉具有很好的潜力，完全可以成为一个肥沃多产的省份。它已经发展出了先进的商业化的经济……英国人通过提高出口贸易额和发展加尔各答来刺激商业化。他们拥有的政治权力是否产生了负面影响？也许。英国人征税可能更严酷，尽管他们没有能力直接从广大农民手中征税。英国人管理了某些贸易，比如高质量纺织品或食盐的贸易，这样的管理对英国人有好处，对土著商人和手工匠人不利。但粮食贸易的体量太大了，英国人肯定没有能力对其施加显著的影响。总的来讲，我不太相信是英国人'造成'了饥荒，也不相信是英国人'造就'了第八章写的黑斯廷斯和康沃利斯领导下孟加拉的恢复……我认为孟加拉的历史大部分是由孟加拉人自己缔造的……我不认为孟加拉的恢复要归功于黑斯廷斯，因为我不相信他或者任何一个英国人有能力做到这一点。"

这些问题显然非常复杂，涉及生态史和经济史，很难得出明确的结论。但我努力论证这一点：无论东印度公司是否应当对饥荒负直接责任，无论生态因素是否发挥了更重要的作用，公司对饥荒的应对失当都使西孟加拉的饥荒更加严重，而公司的横征暴敛加剧了它统治下的孟加拉人民的苦难。描写大饥荒的许多观察者，有印度人也有英国人，都是这么认为的。

2. OIOC, Bengal Public Consultations, 23 October 1769.

3. Datta, *Society, Economy and the Market*, p. 244.

4. Abdul Majed Khan, *The Transition in Bengal 1756–1775*, Cambridge, 1969, p. 218.

5. Datta, *Society, Economy and the Market*, p. 244.

6. Quoted in John R. McLane, *Land and Local Kingship in Eighteenth-Century Bengal*, Cambridge, 1993, p. 196.

7. 关于理查德·比彻对食人行为的报告，见 OIOC, SCC, P/A/10。

8. Datta, *Society, Economy and the Market*, p. 252; Robert Travers, *Ideology and Empire in Eighteenth-Century India*, Cambridge, 2007, p. 72.

9. 此处我用的数字出自 Datta, *Society, Economy and the Market*, p. 264，他对孟加拉大饥荒进行了深度而详尽的研究。他不同意沃伦·黑斯廷斯给出的受到广泛引用的数字（当时黑斯廷斯在伦敦），即根据对饥荒之前和之后年份的每个村庄缴纳赋税的详细研究，有 1000 万人死于饥荒。数据显示，饥荒最严重的地方是孟加拉西部，而东部的很大一部分区域未受影响。也见 Jon Wilson, *India Conquered: Britain's Raj*

and the Chaos of Empire, London, 2016, p. 114; Abdul Majed Khan, *The Transition in Bengal 1756-1775*, Cambridge, 1969, p. 219。

10. Joseph Price, *The Saddle Put on the Right Horse*, London, 1783, vol. 1, p. 33. See also Wilson, *India Conquered*, p. 114.

11. OIOC, HM, vol. 102, p. 94. Also Wilson, *India Conquered*, p. 113.

12. Khan, *The Transition in Bengal*, p. 219.

13. Datta, *Society, Economy and the Market*, p. 259.

14. Syed Ghulam Hussain Khan Tabatabai, *Seir Mutaqherin*, Calcutta, 1790-94, vol. 3, p. 56.

15. W. W. Hunter, *The Annals of Rural Bengal*, London, 1868, pp. 43-5.

16. Khan, *The Transition in Bengal*, p. 219; S. C. Mukhopadhyay, *British Residents at the Darbar of Bengal Nawabs at Murshidabad 1757 - 1772*, Delhi [n. d.], p. 388.

17. Jeremy Bernstein, *Dawning of the Raj : The Life & Trials of Warren Hastings*, Chicago, 2000, p. 11.

18. Datta, *Society, Economy and the Market*, p. 259.

19. Dean Mahomet, *The Travels of Dean Mahomet*, Berkeley, 1997, pp. 35-6.

20. Mukhopadhyay, *British Residents at the Darbar of Bengal Nawabs at Murshidabad*, p. 388.

21. Datta, *Society, Economy and the Market*, pp. 256-60; Nick Robins, *The Corporation That Changed the World : How the East India Company Shaped the Modern Multinational*, London, 2006, p. 90.

22. Romesh Chunder Dutt, *The Economic History of India under Early British Rule, 1757-1837*, London, 1908, p. 52.

23. P. J. Marshall, *Bengal : The British Bridgehead-Eastern India 1740 - 1828*, Cambridge, 1987, p. 134.

24. Mukhopadhyay, *British Residents at the Darbar of Bengal Nawabs at Murshidabad*, p. 378; Khan, *The Transition in Bengal*, p. 217.

25. Khan, *The Transition in Bengal*, p. 222.

26. *Gentleman's Magazine*, September 1771. 作者的签名是 JC，但有些段落显然参考了约翰·德布里特的回忆录。

27. Robins, *The Corporation That Changed the World*, p. 94.

28. *Gentleman's Magazine*, September 1771.

29. Mukhopadhyay, *British Residents at the Darbar of Bengal Nawabs at Murshidabad*, p. 399.

30. Quoted in George Forrest, *The Life of Lord Clive*, New Delhi, 1986, vol. 2, p. 383.

31. Quoted in H. V. Bowen, *The Business of Empire : The East India Company and Imperial Britain , 1756–1833*, Cambridge, 2006, p. 16.

32. H. V. Bowen, *Revenue and Reform : The Indian Problem in British Politics , 1757–1773*, Cambridge, 1991, p. 95.

33. *Gentleman's Magazine*, April 1767, p. 152; Robins, *The Corporation That Changed the World*, p. 17.

34. P. J. Marshall, *The Making and Unmaking of Empires : Britain , India and America c. 1750–1783*, Oxford, 2007, p. 199.

35. John Micklethwait and Adrian Wooldridge, *The Company : A Short History of a Revolutionary Idea*, London, 2003, p. 42.

36. Quoted in Tillman W. Nechtman, *Nabobs : Empire and Identity in Eighteenth-Century Britain*, Cambridge, 2010, p. 87.

37. Jack Green, *Arenas of Asiatic Plunder*, London, 1767, Robins, *The Corporation That Changed the World*, p. 103.

38. Extract from Act II of *The Nabob*, a play by Samuel Foote, quoted in P. J. Marshall, *Problems of Empire : Britain and India, 1757–1813*, London, 1968.

39. Arthur Young, *Political Essays concerning the present state of the British Empire*, London, 1772, p. 518.

40. Alexander Dow, *History of Hindostan*, 3 vols, Dublin, 1792, vol. 3, p. v; 拉纳吉特·古哈指出，在 R. C. 达特（R. C. Dutt）和迪格比（Digby）以及后来的民族主义者之前很久，"财富外流"就已经通过亚历山大·道这样的公司官员，成为大家耳熟能详的短语。Ranajit Guha, *A Rule of Property for Bengal : An Essay on the Idea of Permanent Settlement*, Durham, NC, 1983, pp. 33–4.

41. William Bolts, *Considerations on Indian Affairs ; Particularly Respecting the Present State of Bengal and its Dependencies*, 3 vols, London, 1772–5.

42. N. L. Hallward, *William Bolts : A Dutch Adventurer Under John Company*, Cambridge, 1920; Willem G. J. Kuiters, *The British in Bengal 1756 - 1773: A Society in Transition seen through the Biography of a Rebel : William Bolts (1739-1808)*, Paris, 2002. 露西·萨瑟兰 (Lucy Sutherland) 将伯尔茨视为扭转公众对克莱武态度的人。Lucy S. Sutherland, *The East India Company in Eighteenth-Century Politics*, Oxford, 1952, p. 221.

43. 这个故事是后来的一个民族主义神话的源头。在这个神话里, 英国人砍掉织工的拇指, 从而破坏印度的纺织品生产, 帮助兰开夏郡棉花输入印度。

44. 对于伯尔茨所写文本的上佳分析可见 Nicholas B. Dirks, *The Scandal of Empire : India and the Creation of Imperial Britain*, Harvard, 2006, pp. 250 - 4; Travers, *Ideology and Empire in Eighteenth-Century India*, pp. 61-2。

45. Ralph Leycester to Warren Hastings, March 1772, BL, Add Mss 29133, f. 72.

46. Quoted in Dirks, *The Scandal of Empire*, p. 15.

47. *The Monthly Review* (1772); see also Robins, *The Corporation That Changed the World*, pp. 78, 96.

48. Bowen, *Revenue and Reform*, p. 127; H. Hamilton, 'The Failure of the Ayr Bank, 1772', *Economic History Review*, 2nd series, VIII (1955-6), pp. 405-17.

49. *The Correspondence of Adam Smith*, ed. E. C. Mossner and I. S. Ross, 2nd edn, Oxford, 1987, p. 162, quoted by Emma Rothschild in her brilliant unpublished essay, 'The East India Company and the American Revolution'.

50. Marshall, *The Making and Unmaking of Empires*, p. 212.

51. Bowen, *Revenue and Reform*, p. 117.

52. BL, Add Mss, 29133, f. 534, quoted in Bowen, *Revenue and Reform*, pp. 119-21.

53. Bernstein, *Dawning of the Raj*, p. 81. Robins, *The Corporation That Changed the World*, pp. 90-5.

54. Bowen, *Revenue and Reform*, p. 127.

55. Quoted in Wilson, *India Conquered*, p. 129.

56. Anon, *The Present State of the British Interest in India*, quoted in *Monthly Review*, vol. XLVIII (1773), p. 99.

57. Thomas Pownall, *The Right, Interest and Duty of Government, as concerned in the affairs of the East India Company*, revised edn, 1781, p. 4. Quoted in Bowen, *The Business of Empires*, p. 17.

58. George III to Grafton, 9 Dec 1766, in J. Fortescue, *Correspondence of George III, 1760-1783*, 6 vols (1927-8), vol. I, pp. 423-4. Quoted in Marshall, *The Making and Unmaking of Empires*, p. 209.

59. Bowen, *Revenue and Reform*, p. 85.

60. Forrest, *The Life of Lord Clive*, vol. 2, pp. 404-5.

61. Ibid. , vol. 2, pp. 408-9.

62. Nechtman, *Nabobs*, p. 84.

63. 28 May 1773, BL, Egerton Mss, 249, ff. 84-6.

64. BL, Egerton Mss, 240, pp. 221, 225-6.

65. 支持弗朗西斯就是"尤尼乌斯"这一观点的著作有 *The Letters of Junius*, ed. John Cannon, Oxford, 1978。

66. See Linda Colley's brilliant article：'Gendering the Globe：The Political and Imperial Thought of Philip Francis', *Past & Present*, no. 209 (November 2010), pp. 117 - 48. See also Sophia Weitzman, *Warren Hastings and Philip Francis*, Manchester, 1929; Keith Feiling, *Warren Hastings*, London, 1954, p. 138.

67. W. S. Lewis et al. , *The Yale Edition of Horace Walpole's Correspondence*, 48 vols, New Haven, CT, 1937-83, vol. 32, pp. 61-2.

68. Quoted in Mark Bence-Jones, *Clive of India*, London, 1974, pp. 300, 356. 帕蒂·杜卡莱尔是古斯塔夫斯·杜卡莱尔（1745~1800）将军的姐妹。

69. Nechtman, *Nabobs*, p. 87; Bence-Jones, *Clive of India*, p. 299.

70. Travers, *Ideology and Empire in Eighteenth-Century India*, pp. 150-1.

71. Feiling, *Warren Hastings*, p. 133.

72. Ibid.

73. Sophia Weitzman, *Warren Hastings and Philip Francis*, Manchester, 1929, p. 227.

74. Ibid. , pp. 221-2.

75. Ibid. , p. 224.

76. Feiling, *Warren Hastings*, pp. 232-3.

77. Ghulam Hussain Khan, *Seir Mutaqherin*, vol. 3, p. 168.

78. Sir Penderel Moon, *The British Conquest and Dominion of India*, London, 1989, p. 148.

79. Travers, *Ideology and Empire in Eighteenth-Century India*, p. 139.

80. Sir Penderel Moon, *Warren Hastings and British India*, London, 1947, p. 113.

81. G. R. Gleig, *Memoirs of the Life of the Rt Hon Warren Hastings*, *First Governor General of Bengal*, 3 vols, London, 1841, vol. 1, p. 317.

82. Hastings to J. Dupre, 11 November 1772, BL, Add Mss 29, 127, f. 63v. Hastings to L. Sullivan, Kasimbazar, 7 September 1772, ibid. , f. 38v.

83. Bernstein, *Dawning of the Raj*, pp. 89-90.

84. Quoted in ibid. , p. 57.

85. Moon, *The British Conquest and Dominion of India*, p. 149.

86. Moon, *Warren Hastings and British India*, p. 87.

87. Quoted in Bernstein, *Dawning of the Raj*, p. 147. 关于琼斯可见 S. N. Mukherjee, *Sir William Jones : A Study of Eighteeth-Century Attitudes to India*, Cambridge, 1968。

88. Feiling, *Warren Hastings*, p. 138.

89. *Bhagavad Gita*, 2, 47-51, translated for me by Sir James Mallinson. 关于黑斯廷斯对这些诗节的喜爱，可见 Feiling, *Warren Hastings*, p. 238。

90. Colley, *Gendering the Globe*, p. 121; Moon, *Warren Hastings and British India*, p. 348.

91. 有些后殖民历史学家对弗朗西斯的态度更为友好，特别是拉纳吉特·古哈，他是底层研究（Subaltern Studies）的创始人之一。古哈对弗朗西斯熟读法国激进思想家的著作，以及他以严谨的学术态度在孟加拉开展农业、行政和货币改革表示过钦佩。见 Guha, *A Rule of Property for Bengal*, especially chapters 3-4。

92. Ghulam Hussain Khan, *Seir Mutaqherin*, vol. 3, pp. 184–6.

93. Feiling, *Warren Hastings*, p. 160.

94. Velcheru Narayana Rao, David Shulman and Sanjay Subrahmanyam, *Textures of Time : Writing History in South India 1600–1800*, New York, 2003, p. 230, quoting the *Bhausahebanci Bhakar*.

95. Ibid., p. 231. 另可见 Uday S. Kulkarni 一贯出色的论述 'Solstice at Panipat: An Authentic Account of the Panipat Campaign', Pune, 2012; Jadunath Sarkar, 'Events Leading up to Panipat and Panipat, 1761', in *India Historical Quarterly* (June 1934), pp. 258–73, 547–58。

96. Irfan Habib (ed.), *Resistance and Modernisation under Haidar Ali & Tipu Sultan*, New Delhi, 1999, Introduction, p. xxii.

97. Letter from the Court of Directors to the Council in Bengal, 27 April 1765, in *Fort William-India House Correspondence*, London, 1949–58, vol. 4, p. 96.

98. 关于迈索尔的大炮口径，见 Jean-Marie Lafont, *Indika: Essays in Indo-French Relations 1630–1976*, Delhi, 2000, p. 157. 关于火箭，见 Linda Colley, 'Going Native, Telling Tales: Captivity, Collaborations and Empire', in *Past & Present*, no. 168 (August 2000), p. 190。

99. Captain Mathews, cited in Partha Chatterjee, *The Black Hole of Empire : History of a Global Practice of Power*, Princeton, 2012, p. 85.

100. John Carnac to the Bombay Council, 1 January 1779, BL, OIOC, P/D/63, f. 132.

101. Replies to Resolutions, 24/01/1782, BL, IOR, bscc P/D/68, ff. 617–18, 24, quoted in Mesrob Vartavarian, 'An Open Military Economy: The British Conquest of South India Reconsidered, 1780–1799', *Journal of the Economic and Social History of the Orient*, vol. 57, no. 4 (2014), pp. 486–510, 494.

102. Stewart Gordon, *The Marathas : 1600–1818*, Cambridge, 1993, p. 164.

103. 关于纳纳·法德纳维斯及其著名的情报网络，见 C. A. Bayly, *Empire & Information : Intelligence Gathering and Social Communication in India 1780–1870*, Cambridge, 1996, pp. 31–2。

104. Govind Sakharam Sardesai, *A New History of the Marathas*, 3 vols,

Baroda, 1948, vol. 3, pp. 97–8.

105. Rajat Kanta Ray, 'Indian Society and the Establishment of British Supremacy, 1765–1818', in Peter Marshall, *The Eighteenth Century*, Oxford, 1998, p. 519.

106. Mark Wilks, *Historical sketches of the south of India*, vol. 2, 1820, pp. 261–2; Vartavarian, 'An Open Military Economy', pp. 486–510, 491.

107. Bernstein, *Dawning of the Raj*, p. 134.

108. Ibid.

109. Ibid. , pp. 113–14.

110. BL, Add Mss 39, 878, f. 36; Moon, *Warren Hastings and British India*, p. 249.

111. Bernstein, *Dawning of the Raj*, p. 82.

112. Ghulam Hussain Khan, *Seir Mutaqherin*, vol. 3, p. 125.

113. Captain Muat's *Account of the Defeat at Pollilur*, BL, IOR, HM 223, p. 117.

114. Ibid.

115. John Baillie's *Account of Pollilur*, BL, IOR, HM 223, pp. 160–6.

116. Ibid.

117. Captain Wood's *Account of Pollilur*, BL, IOR, HM 211, f. 246.

118. Captain Muat's *Account of the Defeat at Pollilur*, BL, IOR, HM 223, pp. 83–5.

119. 第 73 高地团一名中尉的论述, 见 Alan Tritton, *When the Tiger Fought the Thistle*, London, 2013, pp. 271–2。

120. Tritton, *When the Tiger Fought the Thistle*, pp. 243, 248–53, 262–3.

121. John Baillie's *Account of Pollilur*, BL, IOR, HM 223, pp. 160–6.

122. Tritton, *When the Tiger Fought the Thistle*, pp. 272–4.

123. Quoted by Mohibbul Hasan, *History of Tipu Sultan*, Calcutta, 1951, p. 15.

124. Ross to Macartney, 07/06/1781, IOR, HM 330, ff. 259–61; Davis to Coote, 02/07/1781, Add. Mss 22439, f. 9, quoted in Vartavarian, 'An Open Military Economy', p. 507.

125. 实际上, 有些世袭鼓手种姓的男孩和青年男子的工作就是男扮女装跳舞。从迈索尔人的视角看，这或许不算稀罕，也不是很耸人听闻，但英国人会觉得这是奇耻大辱。Linda Colley, *Captives : Britain , Empire and the World , 1600-1850*, London, 2002, pp. 276-91; Colley, 'Going Native, Telling Tales: Captivity, Collaborations and Empire', in *Past & Present*, no. 168 (August 2000).

126. James Scurry, *The Captivity , Sufferings and Escape of James Scurry , who was detained a prisoner during ten years , in the dominions of Haidar Ali and Tippoo Saib*, London, 1824, pp. 252-3.

127. G. J. Bryant, *The Emergence of British Power in India , 1600-1784: A Grand Strategic Interpretation*, Woodbridge, 2013, p. 291.

128. BL, OIOC, HM 246, f. 335.

129. Feiling, *Warren Hastings*, p. 246.

130. Moon, *Warren Hastings and British India*, p. 5.

131. *Incomplete Draft (1785) of an account of the Mysore War (1780-84)*, BL, OIOC, Mss Eur K 116, f. 84. Quoted in Maya Jasanoff, *Edge of Empire : Conquest and Collecting in the East , 1750-1850*, London, 2005, p. 158.

132. Marshall, *The Making and Unmaking of Empires*, pp. 330-2.

133. Quoted by Emma Rothschild in her unpublished essay, 'The East India Company and the American Revolution'.

134. *Narrative of all the Proceedings and Debates ⋯ on East India Affairs* (1784), p. 89, quoted in Colley, *Captives*, p. 272.

135. Feiling, *Warren Hastings*, p. 230.

136. *Parliamentary History*, 21 (1780-81), pp. 1201-2, quoted in Colley, *Captives*, p. 275.

137. Lewis et al. , *The Yale Edition of Horace Walpole's Correspondence*, 48 vols, vol. 29, p. 123.

第七章 荒城德里

1. Victoria & Albert Museum (V&A), IS. 38-1957.

2. 即便沙贾汗的镶嵌珠宝的孔雀宝座没被偷走和拆毁，剩下的也只是木制的复制品，摆在半壁倾颓的宫殿里。

3. NAI, Select Committee Proceedings, 2 Jan to 6 Dec, 1771, No. 18; Headquarters, Allahabad, 20 April 1771, pp. 177-81.

4. *CPC* 3, pp. 134-5, no. 504, 14 Dec 1770; *CPC* 3, p. 98, no. 329, 11 Aug, to the King; *CPC* 3, p. 194, no. 719, 22 April, to the King; K. K. Dutta, *Shah Alam II & The East India Company*, Calcutta, 1965, p. 57.

5. NAI, Select Committee Progs, 2 Jan to 6 Dec, 1771, No. 18; Fort William, 20 April 1771, pp. 177-81.

6. William Francklin, *The History of Shah Alam*, London, 1798, p. 36.

7. NAI, Select Committee Progs, 2 Jan to 6 Dec, 1771, No. 18; Fort William, 17 May, pp. 184-7.

8. Francklin, *The History of Shah Alam*, pp. 27-8.

9. NAI, Select Committee Progs, 2 Jan to 6 Dec, 1771, No. 18; Fort William, 17 May, pp. 184-7.

10. *CPC* 3, pp. 190-1, no. 702, 14 Dec 1770, General Barker to Nawab Shuja ud-Daula; *CPC* 3, p. 189, no. 698, General Barker to the King.

11. Jean-Baptiste Gentil, *Mémoires sur l'Indoustan*, pp. 257-9.

12. Michael H. Fisher, 'Diplomacy in India 1526-1858', in H. V. Bowen, Elizabeth Mancke and John G. Reid, *Britain's Oceanic Empire : Atlantic and Indian Ocean Worlds , c. 1550-1850*, Cambridge, 2012, pp. 276-7. I'tisam al-Din's book, *Shigrif-namah-i Vilayet* is at BL, Or. 200. 译自孟加拉语的完整文本可见 *The Wonders of Vilayet , being a memoir , originally in Persian , of a visit to France and Britain*, trans. Kaiser Haq, Leeds, 2001。

13. Nandalal Chatterji, *Verelst's Rule in India*, 1939, p. 129.

14. 有一首有趣的民间歌谣是讲帕尼帕特战役的，让人能够体会到此役造成了多么大的动荡。K. R. Qanungo, 'Fragment of a Bhao Ballad in Hindi', *Historical Essays*, Calcutta, 1968, pp. 81-113.

15. Percival Spear, *The Twilight of the Moghuls*, Cambridge, 1951, p. 16.

16. Jadunath Sarkar, *The Fall of the Mughal Empire*, 4 vols, New Delhi, 1991, vol. 2, p. 329.

17. Ganga Singh, *Ahmed Shah Durrani*, p. 326. See also Gulfishan Khan, *Indian Muslim Perceptions of the West during the Eighteenth Century*,

Karachi, 1998, pp. 72-8; K. K. Dutta, *Shah Alam II & The East India Company*, pp. 49-50.

18. Ganga Singh, *Ahmad Shah Durrani*, Patiala, 1959, p. 326.

19. Jadunath Sarkar (ed.), *Persian Records of Maratha History*, 1: *Delhi Affairs* (*1761-1788*), Bombay, 1953, p. 21.

20. Michael Edwardes, *King of the World : The Life of the Last Great Moghul Emperor*, London, 1970, p. 172.

21. Govind Sakharam Sardesai, *A New History of the Marathas*, 3 vols, Baroda, 1948, vol. 3, p. 138.

22. Iqbal Husain, *The Rise and Decline of the Ruhela Chieftaincies in 18th Century India*, Aligarh, 1994, p. 138.

23. Francklin, *The History of Shah Alam*, pp. 50, 70.

24. BL, Add 6585, Shakir Khan, *Tarikh-i Shakir Khani*, f. 91.

25. *CPC* 3, p. 216, no. 798, from Nawab Shuja ud-Daula, 22 June 1771.

26. Ibid.

27. *CPC* 3, p. 215, no. 795, General Barker to the King, 20 June 1771.

28. *CPC* 3, p. 225, no. 828, 22 May; from Raja Shitab Ray, 20 July; NAI, Select Committee Progs, 2 Jan to 6 Dec, 1771, No. 18; Fort William, 6 July 1771, pp. 266-9.

29. Dutta, *Shah Alam II & The East India Company*, pp. 58-9.

30. NAI, Select Committee Progs, 2 Jan to 6 Dec, 1771, No. 18; Allahabad, 17 July 1771, pp. 258-9.

31. Sarkar (ed.), *Persian Records of Maratha History*, 1, p. 36; Sarkar, *Fall of the Mughal Empire*, vol. 2, pp. 330-1.

32. Sarkar (ed.), *Persian Records of Maratha History*, 1, p. 47.

33. NAI, Foreign Select Committee Progs, 1772-3, vol. 20, 10 Jan 1772.

34. Dutta, *Shah Alam II & The East India Company*, p. 59.

35. *Voyage en Inde du Comte de Modave , 1773-1776*, ed. Jean Deloche, Pondicherry, 1971.

36. Sarkar (ed.), *Persian Records of Maratha History*, 1, p. 55; Sarkar, *Fall of the Mughal Empire*, vol. 2, p. 331.

37. Sarkar (ed.), *Persian Records of Maratha History*, 1, p. 57.

38. Sarkar, *Fall of the Mughal Empire*, vol. 3, p. 32.

39. Sarkar (ed.), *Persian Records of Maratha History*, 1, p. 58.

40. Sarkar, *Fall of the Mughal Empire*, vol. 3, p. 34; Fakir Khair ud-Din Illahabadi, '*Ibrat Nama*, BL Or. 1932, f. 207-8.

41. Husain, *The Rise and Decline of the Ruhela Chieftaincies in 18th Century India*, p. 144.

42. Sardesai, *A New History of the Marathas*, vol. 2, p. 516.

43. Mirza ' Ali Bakht, *Waqi'at-i Azfari*, ed. T. Chandrasekharan and Syed Hamza Hussain Omari, Madras, 1957, p. 5.

44. Ibid.

45. Ibid., pp. 5-6.

46. 这部分源自 Muzaffar Alam 与 Sanjay Subrahmanyam 的精彩论文，见 *Writing the Mughal World*, New York, 2012, pp. 433-44。

47. Quoted in Dutta, *Shah Alam II & The East India Company*, p. 81.

48. *Voyage en Inde*, p. 231.

49. Stephen P. Blake, *Shahjahanabad : The Sovereign City in Mughal India, 1639-1739*, Cambridge, 1991, p. 167.

50. C. M. Naim (translated, annotated and introduced), *Zikr-I Mir : The Autobiography of the Eighteeenth Century Mughal Poet, Mir Muhammad Taqi 'Mir'*, New Delhi, 1998, pp. 83-5, 93-4.

51. Khurshidul Islam and Ralph Russell, *Three Mughal Poets : Mir, Sauda, Mir Hasan*, New Delhi, 1991, pp. 221-2, 247-8.

52. Sarkar (ed.), *Persian Records of Maratha History*, 1, p. 45.

53. Sarkar, *Fall of the Mughal Empire*, vol. 3, p. 35.

54. René-Marie Madec, *Mémoire*, ed. Jean Deloche, Pondicherry, 1983, p. 170.

55. Sarkar (ed.), *Persian Records of Maratha History*, 1, p. 61.

56. Sarkar, *Fall of the Mughal Empire*, vol. 3, p. 55.

57. 这些译文出自一篇美妙的文章，David Lunn and Katherine Butler Schofield, ' Delight, Devotion and the Music of the Monsoon at the Court of Emperor Shah Alam II', in Imke Rajamani, Margrit Pernau and Katherine Butler Schofield (eds), *Monsoon Feelings : A History of*

Emotions in the Rain, New Delhi, 2018, pp. 219-54。

58. Lunn and Butler Schofield, 'Delight, Devotion and the Music of the Monsoon at the Court of Emperor Shah 'Alam II', pp. 219-54.

59. Modave writes well on this. See *Voyage en Inde*, pp. 427-8.

60. Ibid. , pp. 420-2.

61. Ibid. , p. 422.

62. Ibid. , p. 103.

63. Sarkar (ed.), *Persian Records of Maratha History*, 1, pp. 68-9. 海尔·丁写道："此次大捷是米尔扎·纳杰夫·汗的诸多胜利中最突出的一次，也是他的幸运之梯的第一级。"引自 K. R. Qanungo, *History of the Jats*, Calcutta, 1925, pp. 145-6。

64. Sarkar (ed.), *Persian Records of Maratha History*, pp. 72-3. 关于巴尔萨纳的战斗，见 F. S. Growse, *Mathura : A District Memoir*, 1883。

65. 巴拉布加尔要塞于 1774 年 4 月 20 日被攻克，法尔鲁克纳加尔的要塞于 1774 年 5 月 6 日被攻克。Sarkar, *Fall of the Mughal Empire*, vol. 3, p. 64.

66. Ibid. , p. 83.

67. Emile Barbé, *Le Nabob René Madec*, Paris, 1894, Sec. 48.

68. *Voyage en Inde*, p. 438. 海尔·丁记载了贾特人在与米尔扎·纳杰夫·汗对抗时表现出的英勇。他说："没有一个人企图自保。如果他们团结一心地战斗，就可以杀死更多敌人，安全地 [从要塞] 突出重围。"卡农戈补充道："在德埃格，守军没有放火烧死妇女防止其受辱。妇孺都被敌人处死。"见 Qanungo, *History of the Jats*, p. 174, fn. 15。

69. Sarkar (ed.), *Persian Records of Maratha History*, 1, p. 75.

70. Yuthika Sharma, 'From Miniatures to Monuments: Picturing Shah Alam's Delhi (1771-1806) ', in Alka Patel and Karen Leonard (eds), *Indo-Muslim Cultures in Transition*, Leiden, 2002, pp. 126-30.

71. *Voyage en Inde*, pp. 434-5.

72. Antoine Polier, *Shah Alam II and his Court*, Calcutta, 1947, p. 99.

73. *Voyage en Inde*, pp. 432-4.

74. Ibid. , pp. 217-18.

75. Polier, *Shah Alam II and his Court*, pp. 67-9.

76. *Voyage en Inde*, pp. 254-69.

77. *CPC* 4, p. 95, no. 506, 9 Sept 1773, from the King.

78. Sir Penderel Moon, *The British Conquest and Dominion of India*, London, 1989, p. 158.

79. Dutta, *Shah Alam II & The East India Company*, p. 69.

80. Sir Penderel Moon, *Warren Hastings and British India*, London, 1947, pp. 158-9.

81. Sir John Strachey, *Hastings and the Rohilla War*, Oxford, 1892, p. 97.

82. BL, IOR, HM/336, f. 1-8.

83. Fakir Khair ud-Din Illahabadi, '*Ibrat Nama*, BL Or. 1932, 116v.

84. Ibid. , 117r-120v.

85. Quoted in Qanungo, *History of the Jats*, pp. 185-6.

86. Fakir Khair ud-Din Illahabadi, '*Ibrat Nama*, BL Or. 1932, 120v.

87. Sayid Athar Abbas Rizvi, *Shah ' Abd al ' Aziz: Puritanism , Sectarianism and Jihad*, Canberra, 1982, p. 29.

88. *Urdu Letters of Mirza Asadu ' llah Khan Ghalib*, New York, 1987, p. 435.

89. Sarkar (ed.), *Persian Records of Maratha History*, 1, pp. 105-6.

90. Ibid. , p. 146.

91. Ibid. , p. 124; Ganda Singh, 'Colonel Polier's Account of the Sikhs ' , *The Panjab Past and Present*, 4 (1970) , pp. 239, 24.

92. Spear, *The Twilight of the Moghuls*, p. 21.

93. C. A. Bayly, *Rulers , Townsmen and Bazaars: North Indian Society in the Age of British Expansion*, Cambridge, 1983, p. 102.

94. Islam and Russell, *Three Mughal Poets*, pp. 62-3.

95. Dutta, *Shah Alam II & The East India Company*, p. 86.

96. Sayid Athar Abbas Rizvi, *Shah ' Abd al ' Aziz : Puritanism , Sectarianism and Jihad*, p. 47.

97. Quoted in Jean-Marie Lafont, *Indika : Essays in Indo-French Relations 1630-1976*, Delhi, 2000, p. 179.

98. Ibid.

99. Herbert Compton, *The European Military Adventurers of Hindustan*,

London, 1943, pp. 8-9; Lafont, *Indika*, p. 185.

100. Sayid Athar Abbas Rizvi, *Shah ' Abd al ' Aziz: Puritanism , Sectarianism and Jihad*, pp. 29-30.

101. Sarkar (ed.) , *Persian Records of Maratha History*, 1, p. 127.

102. Muzaffar Alam and Sanjay Subrahmanyam, in *Writing the Mughal World*, New York, 2012, pp. 416-23.

103. Mirza ' Ali Bakht, *Waqi'at-i Azfari*, ed. T. Chandrasekharan and Syed Hamza Hussain Omari, Madras, 1957, p. 6.

104. Ibid. , p. 8.

105. Fakir Khair ud-Din Illahabadi, ' *Ibrat Nama*, BL, Or. 1932, f. 212.

106. Ibid.

107. Sarkar (ed.) , *Persian Records of Maratha History*, 1, p. 195.

108. Fakir Khair ud-Din Illahabadi, ' *Ibrat Nama*, BL, Or. 1932, f. 214.

109. Ibid. , f. 213. 这部分的翻译见 Sir H. M. Elliot and John Dowson, *A History of India as Told By Its Own Historians*, 8 vols, London, 1867-77, vol. VIII, p. 246。

110. Fakir Khair ud-Din Illahabadi, ' *Ibrat Nama*, BL, Or. 1932. f. 214. Also Sarkar, *Fall of the Mughal Empire*, vol. 3, p. 270.

111. Dutta, *Shah Alam II & The East India Company*, p. 101.

112. Fakir Khair ud-Din Illahabadi, ' *Ibrat Nama*, BL, Or. 1932, v. 这部分的翻译见 Elliot and Dowson, *A History of India as Told By Its Own Historians*, vol. VIII, pp. 246-7。

113. Fakir Khair ud-Din Illahabadi, ' *Ibrat Nama*, BL, Or. 1932, f. 214.

114. Sarkar (ed.) , *Persian Records of Maratha History*, 1, p. 199.

115. 萨卡尔似乎搞错了是哪一座清真寺。他写道："卡迪尔拆掉了贾玛清真寺屋顶的金叶子，将其卖掉。他还想拆掉清真寺的其余部分，但被马尼亚尔·辛格阻止了。他告诉卡迪尔，对神圣的建筑做出这样的暴行会激起全城居民的武装反抗。"见 Sarkar, *Fall of the Mughal Empire*, vol. 3, p. 273。

116. Fakir Khair ud-Din Illahabadi, ' *Ibrat Nama*, BL, Or. 1932, f. 214.

117. Mirza ' Ali Bakht, *Waqi'at-I Azfari*, ed. Chandrasekharan and Syed Hamza Hussain Omari, p. 9.

118. Fakir Khair ud-Din Illahabadi, ' *Ibrat Nama*, BL, Or. 1932, f. 214.

119. Ibid. , f. 215.

120. Ibid. , f. 216.

121. BL, Add Mss 29171, ff 319-20, Jonathan Scott to Warren Hastings.

122. Fakir Khair 这部分的翻译见 ud-Din Illahabadi, ' *Ibrat Nama*, BL, Or. 1932, ? v. Elliot and Dowson, *A History of India as Told By Its Own Historians*, vol. VIII, p. 248。

123. Francklin, *The History of Shah Alam*, p. 127.

124. Fakir Khair ud-Din Illahabadi, ' *Ibrat Nama*, BL Or. 1932, f. 216. 这部分的翻译见 Elliot and Dowson, *A History of India as Told By Its Own Historians*, vol. VIII, p. 249, 但我补充了维多利亚时代英国人删去的一些细节。

125. Fakir Khair ud-Din Illahabadi, ' *Ibrat Nama*, BL, Or. 1932, f. 217r. 这部分之前从未被翻译过。

126. Ibid.

127. Ibid. 这一段被埃利奥特（Elliot）和道森（Dowson）大规模地删改过（删去了他们认为有伤风化的文字）。波斯文的原稿非常凶残：" Mi-khwaham ke in-ha-ra dar zomra-ye parastaran-e khod dakhel nemayam wa dad-e mobasherat deham! wa hama dokhtaran-e salatin be Afghana separam, ke az notfa-ye an-ha farzandan-e jawan-mard be-ham-resad。"

128. Mirza ' Ali Bakht, *Waqi'at-I Azfari*, ed. Chandrasekharan and Syed Hamza Hussain Omari, p. 8.

129. Ibid. , p. 9.

130. Julia Keay, *Farzana : The Woman Who Saved an Empire*, London, 2014, pp. 183-4.

131. Ibid. , p. 184.

132. Sarkar (ed.), *Persian Records of Maratha History*, 1, p. 200.

133. Francklin, *The History of Shah Alam*, p. 189.

134. Fakir Khair ud-Din Illahabadi, ' *Ibrat Nama*, BL, Or. 1932, ? v. 这部分翻译见 Elliot and Dowson, *A History of India as Told By Its Own Historians*, vol. VIII, p. 253。

135. Francklin, *The History of Shah Alum*, p. 190.

136. Fakir Khair ud-Din Illahabadi, '*Ibrat Nama*, BL, Or. 1932, ? v. 这部分翻译见 Elliot and Dowson, *A History of India as Told By Its Own Historians*, vol. VIII, p. 254。

137. Francklin, *The History of Shah Alam*, p. 190.

第八章 弹劾沃伦·黑斯廷斯

1. Quoted in Tillman W. Nechtman, *Nabobs: Empire and Identity in Eighteenth-Century Britain*, Cambridge, 2010, p. 104.

2. Edmund Burke, *The Writings and Speeches of Edmund Burke*, ed. P. J. Marshall, 6 vols, Oxford, 1991, vol. 6, pp. 275-6, 457.

3. Edmund Burke, *Speeches on the Impeachment of Warren Hastings*, ed. George Bell, Calcutta, 1906, vol. 1, p. 361, vol. 6, pp. 275-6.

4. Keith Feiling, *Warren Hastings*, London, 1954, p. 355.

5. Burke, *Speeches on the Impeachment of Warren Hastings*, vol. 1, p. 361, vol. 6, pp. 285-7.

6. V. K. Saxena (ed.), *Speeches on the Impeachment of Warren Hastings*, 2 vols, Delhi, 1987, vol. 1, pp. 13-14.

7. Burke, *The Writings and Speeches of Edmund Burke*, 6 vols, vol. 5, pp. 401-2.

8. Burke, *Speeches on the Impeachment of Warren Hastings*, vol. 1, p. 79.

9. Thomas Babington Macaulay, 'Warren Hastings', in *The Historical Essays of Macaulay*, ed. Samuel Thurber, Boston, 1892, p. 362.

10. Quoted in Nick Robins, *The Corporation That Changed the World : How the East India Company Shaped the Modern Multinational*, London, 2006, p. 133.

11. Quoted in the *Oxford Dictionary of National Biography*, vol. XVIII, p. 81.

12. Feiling, *Warren Hastings*, p. 357.

13. Jennifer Pitts, 'Edmund Burke's peculiar Universalism', in Jennifer Pitts, *A Turn to Empire : The Rise of Imperial Liberalism in Britain and France*, Princeton, 2005.

14. Ibid. , p. 285.

15. Ibid. , p. 339.

16. 黑斯廷斯担任总督最后阶段的比较暴虐的性格，见安德鲁·奥蒂斯（Andrew Otis）的精彩专著 *Hicky's Bengal Gazette：The Untold Story of India's First Newspaper*，Chennai，2018。

17. Sir Penderel Moon, *The British Conquest and Dominion of India*, London, 1989, p. 222.

18. Feiling, *Warren Hastings*, p. 354.

19. Ibid. , p. 111.

20. BL, Add Mss 39903, f. 34r.

21. Alexander Dalrymple, *A Retrospective View of the Antient System of the East India Company , with a Plan of Regulation*, London, 1784, p. 73.

22. Denis Kincaid, *British Social Life in India up to 1938*, London, 1938, pp. 22, 95.

23. *Voyage en Inde du Comte de Modave , 1773 - 1776*, ed. Jean Deloche, Pondicherry, 1971, p. 77.

24. Rajat Datta, 'The Commercial Economy of Eastern India under British Rule', in H. V. Bowen, Elizabeth Mancke and John G. Reid, *Britain's Oceanic Empire：Atlantic and Indian Ocean Worlds , c. 1550 - 1850*, Cambridge, 2012, p. 361.

25. Moon, *The British Conquest and Dominion of India*, p. 245.

26. P. J. Marshall, *The Making and Unmaking of Empires：Britain , India and America c. 1750-1783*, Oxford, 2007, p. 243.

27. P. J. Marshall, *Bengal：The British Bridgehead-Eastern India 1740 - 1828*, Cambridge, 1987, p. 114; Datta, 'The Commercial Economy of Eastern India under British Rule', p. 346.

28. H. V. Bowen, 'British India, 1765-1813：The Metropolitan Context', in Peter Marshall, *The Eighteenth Century*, Oxford, 1998, p. 535; C. A. Bayly, *Indian Society and the Making of the British Empire*, Cambridge, 1988, p. 35; Datta, 'The Commerical Economy of Eastern India under British Rule', p. 358.

29. Quoted in H. V. Bowen, *The Business of Empire：The East India Company and Imperial Britain, 1756-1833*, Cambridge, 2006, pp. 241

2; Holden Furber, 'Rival Empires of Trade in the Orient, 1600-1800', in *Maritime India*, intro. Sanjay Subrahmanyam, New Delhi, 2004, p. 175.

30. Datta, 'The Commercial Economy of Eastern India under British Rule', p. 346.

31. Marshall, *The Making and Unmaking of Empires*, pp. 248-51.

32. Datta, 'The Commercial Economy of Eastern India under British Rule', p. 363.

33. Ibid. , pp. 362 - 3; Bayly, *Indian Society and the Making of the British Empire*, p. 85. See also Seema Alavi, *The Sepoys and the Company : Tradition and Transition in Northern India 1770-1830*, Delhi, 1995.

34. Burton Stein, 'Eighteenth Century India: Another View', *Studies in History*, vol. 5, 1 n. s. (1989), p. 21.

35. Abdul Latif Shushtari, *Kitab Tuhfat al-'Alam*, written Hyderabad 1802 & lithographed Bombay 1847, p. 427.

36. Moon, *The British Conquest and Dominion of India*, p. 247.

37. Quoted in Denys Forrest, *Tiger of Mysore: The Life and Death of Tipu Sultan*, London, 1970, p. 205.

38. J. Michaud, *History of Mysore Under Haidar Ali and Tippoo Sultan*, trans. V. K. Raman Menon, Madras, 1924, pp. 47-8.

39. Burton Stein, 'State Formation and Economy Reconsidered', *Modern Asian Studies*, vol. 19, no. 3, Special Issue: Papers Presented at the Conference on Indian Economic and Social History, Cambridge University, April 1984 (1985), pp. 387-413, p. 403. See also Irfan Habib (ed.), *Resistance and Modernisation under Haidar Ali & Tipu Sultan*, New Delhi, 1999, Introduction, p. xxxi.

40. A. Subbaraya Chetty, 'Tipu's Endowments to Hindus and Hindu institutions', in Habib (ed.), *Resistance and Modernisation under Haidar Ali & Tipu Sultan*, pp. 101-11.

41. B. A. Saletore, 'Tipu Sultan as a Defender of Hindu Dharma', in Habib (ed.), *Resistance and Modernisation under Haidar Ali & Tipu Sultan*, p. 125.

42. Ibid. , p. 126.

43. Habib (ed.) , *Resistance and Modernisation under Haidar Ali & Tipu Sultan*, Introduction, p. xxvii. See also Mahmud Husain, *The Dreams of Tipu Sultan*, Karachi, n. d.

44. Habib (ed.) , *Resistance and Modernisation under Haidar Ali & Tipu Sultan*, Introduction, p. xxvi.

45. Maya Jasanoff, *Edge of Empire : Conquest and Collecting in the East , 1750 - 1850*, London, 2005, pp. 184 - 5; Habib (ed.) , *Resistance and Modernisation under Haidar Ali & Tipu Sultan*, Introduction, p. xxxiv.

46. T. Venkatasami Row, *A Manual of the District of Tanjore in the Madras Presidency*, Madras, 1883, pp. 812 - 13. See also Stein, ' Eighteenth Century India: Another View' , *Studies in History*, vol. 5, 1 n. s. (1989).

47. Moon, *The British Conquest and Dominion of India*, p. 248.

48. James Rennell, *The Marches of the British Armies in the Peninsula of India*, London, 1792, p. 33.

49. Moon, *The British Conquest and Dominion of India*, p. 251.

50. Quoted in Forrest, *Tiger of Mysore*, p. 149.

51. Cornwallis to Malet, 25 March 1791, BL IOR, MMC P/252/60, ff. 2005 - 6; Cornwallis to Oakeley, 30 April 1791, MMC P/252/61, ff. 2318 - 2319; Letter from Madras, 15 July 1791, BL IOR, HM 251, ff. 9 - 11; Cornwallis to Oakeley, 24 May 1791, BL IOR, MMC P/252/62, ff. 2827-9; Cockburn to Jackson, 12 July 1791, BL IOR, MMC P/252/63, ff. 3317, 3321; Torin to Cornwallis, 21 October 1791, National Archives, PRO 30/11/45, f. 5. Quoted in Mesrob Vartavarian, ' An Open Military Economy: The British Conquest of South India Reconsidered, 1780 - 1799' , *Journal of the Economic and Social History of the Orient*, vol. 57, no. 4 (2014), pp. 486-510, p. 496.

52. Quoted in Govind Sakharam Sardesai, *A New History of the Marathas*, 3 vols, Baroda, 1948, vol. 3, p. 193.

53. Military Operations BL, IOR, HM251, ff. 746-7, quoted in Vartavarian, ' An Open Military Economy' , p. 497.

54. BL, OIOC, Eur Mss F228/52 Dec 1791, f. 1

55. Jean-Marie Lafont, *Indika : Essays in Indo-French Relations 1630-1976*, Delhi, 2000, p. 186.

56. BL, OIOC, Eur Mss F228/52 Dec 1791, f. 2.

57. Ibid.

58. Forrest, *Tiger of Mysore*, p. 200.

59. Sardesai, *A New History of the Marathas*, vol. 3, p. 192.

60. Datta, 'The Commerical Economy of Eastern India under British Rule', p. 342.

61. Durba Ghosh, *Sex and the Family in Colonial India : The Making of Empire*, Cambridge, 2006; William Dalrymple, *White Mughals : Love and Betrayal in Eighteenth-Century India*, London, 2002.

62. R. B. Saksena, *Indo-European Poets of Urdu and Persian*, Lucknow, 1941, p. 21; Christopher J. Hawes, *Poor Relations : The Making of a Eurasian Community in British India , 1773-1833*, London, 1996, ch. 4; William Dalrymple, *White Mughals: Love and Betrayal in Eighteenth-Century India*, London, 2002, pp. 50-2; Bayly, *Indian Society and the Making of the British Empire*, p. 70.

63. C. A. Bayly, *The Birth of the Modern World 1780-1914*, Oxford, 2004, p. 111.

64. Anderson Correspondence, BL, Add Mss 45, 427, Wm Palmer to David Anderson, 12 November 1786, f. 196.

65. Marshall, *Bengal : The British Bridgehead*, pp. 122-5.

66. Bayly, *The Birth of the Modern World*, p. 111; Marshall, *Bengal : The British Bridgehead*, pp. 122 - 5; C. A. Bayly, *Rulers , Townsmen and Bazaars: North Indian Society in the Age of British Expansion*, Cambridge, 1983, pp. 466-7, 474, 479; C. A. Bayly, *Indian Society and the Making of the British Empire*, pp. 108, 150.

67. Kumkum Chatterjee, 'Collaboration and Conflict: Bankers and Early Colonial Rule in India: 1757-1813', *Indian Economic and Social History Review*, 30, 3 (1993), pp. 296-7. 关于这一问题的完整论述最初发表于 20 世纪 80 年代，见 Christopher Bayly 在 *Rulers , Townsmen and Bazaars* 中的论述；Karen Leonard 具有开创性的论文 'The Great Firm

Theory of the Decline of the Mughal Empire ', *Comparative Studies in Society and History*, 21, 2（1979）, and in ' Banking Firms in Nineteenth-Century Hyderabad Politics ', *Modern Asian Studies*, 15, 2（1981）。对此的不同观点还可见 J. F. Richards in ' Mughal State Finance and the Premodern World Economy ', *Comparative Studies in Society and History*, vol. 23, no. 2（1981）。

68. Rajat Kanta Ray, ' Indian Society and the Establishment of British Supremacy, 1765-1818 ', in Marshall, *The Eighteenth Century*, pp. 516-17.

69. ' Chahar Gulzar Shuja ' of Hari Charan Das in Sir H. M. Elliot and John Dowson, *A History of India as Told By Its Own Historians*, 8 vols, London, 1867-77, vol. VIII, p. 229.

70. 根据沃什布鲁克（Washbrook）、巴利（Bayly）和更近期的帕塔沙拉蒂（Parthasarathi）的研究，这么做的代价是印度经济变得相对僵化，没有办法有效应对英国工业化带来的新挑战。不过这个问题很有争议，蒂尔桑卡尔·罗伊（Tirthakar Roy）给出了更乐观的阐释。

71. Ray, ' Indian Society and the Establishment of British Supremacy, 1765-1818 ', in Marshall, *The Eighteenth Century*, p. 517.

72. Jadunath Sarkar, *Fall of the Mughal Empire*, 4 vols, New Delhi, 1991, vol. 3, p. 254.

73. 当然了，东印度公司不仅依赖于 "本地资金"，还可以使用公司在英国本土的资源以及英国政府的资源。关于英国国内消费者在茶叶贸易融资当中的作用，见 J. R. Ward, ' The Industrial Revolution and British Imperialism, 1750-1850 ', in *Economic History Review*, n. s., vol. 47, no. 1（February 1994）, pp. 44-65。

74. Sayid Athar Abbas Rizvi, *Shah ' Abd al ' Aziz*: *Puritanism*, *Sectarianism and Jihad*, Canberra, 1982, p. 44.

75. 这句精妙的话来自 Ferdinand Mount, *Tears of the Rajas*: *Mutiny*, *Money and Marriage in India 1805-1905*, London, 2016, p. 185。

76. *Voyage en Inde*, pp. 549-550.

77. Napoleon to Tipu, 7 Pluviôse VII［26 January 1799］, OIOC, P/354/38. 第二段引文见 Andrew Roberts in *Napoleon and Wellington*, London,

2001, pp. 16-17，实际上出自 1812 年，当时拿破仑在考虑发动第二次东方远征；不过它能够反映他多么自信，相信占领印度是易如反掌的事情。玛雅·贾桑诺夫（Maya Jasanoff）的 *Edge of Empire* 是关于拿破仑的埃及远征特别好的作品。

78. Quoted in Sir John Malcolm, *Political History of India*, 2 vols, London, 1826, vol. 1, p. 310.

第九章　印度的死尸

1. Quoted in Iris Butler, *The Elder Brother : The Marquess Wellesley 1760 - 1842*, London, 1973, p. 134.

2. 理查德·韦尔斯利第一次到达印度时为人所知的头衔是第二代莫宁顿伯爵。为了方便叙述，我用他 1799 年以后一直使用的头衔韦尔斯利侯爵来称呼他。

3. Quoted by Sir Penderel Moon, *The British Conquest and Dominion of India*, London, 1989, p. 341.

4. Butler, *The Elder Brother*, p. 134.

5. Richard Wellesley, *Two Views of British India : The Private Correspondence of Mr Dundas and Lord Wellesley : 1798 - 1801*, ed. Edward Ingram, London, 1970, p. 16.

6. Quoted by Anne Buddle in *The Tiger and the Thistle : Tipu Sultan and the Scots in India*, Edinburgh, 1999, p. 33.

7. 关于这件事最基础的史料是 *Proceedings of a Jacobin Club formed at Seringapatam by the French soldiers in the Corps commanded by M Domport*. Paper C in *Official Documents Relating the Negotiations Carried on by Tippoo Sultan with the French Nation*, Calcutta, 1799; J. Michaud, *History of Mysore Under Hyder Ali and Tippoo Sultan*, trans. V. K. Raman Menon, Madras, 1924, pp. 108-9。See also Denys Forrest, *Tiger of Mysore : The Life and Death of Tipu Sultan*, London, 1970, pp. 250-2; Maya Jasanoff, *Edge of Empire : Conquest and Collecting in the East, 1750 - 1850*, London, 2005, pp. 150-1, 159-60.

8. Quoted in Herbert Compton, *The European Military Adventurers of Hindustan*, London, 1943, pp. 8-9.

9. Forrest, *Tiger of Mysore : The Life and Death of Tipu Sultan*, p. 254.

10. Ibid. , p. 259.

11. Richard Wellesley, Marquess Wellesley, *The Despatches , Minutes and Correspondence of the Marquess Wellesley KG during his Administration of India*, ed. Montgomery Martin, 5 vols, London, 1840, vol. 1, p. 159.

12. Mark Wilks, *Historical Sketches of the South Indian History*, 2 vols, London, 1817, vol. 2, p. 689.

13. 关于雷蒙通信的完整翻译可见 Jadunath Sarkar, 'General Raymond of the Nizam's Army', in Mohammed Taher, *Muslim Rule in Deccan*, Delhi, 1997, pp. 125-44。

14. Compton (ed.), *The European Military Adventurers of Hindustan*, pp. 382-6.

15. Wellesley, *The Despatches , Minutes and Correspondence of the Marquess Wellesley KG*, 5 vols, vol. 1, p. 209. See also Jac Weller, *Wellington in India*, London, 1972, pp. 24-5.

16. Rt Hon. S. R. Lushington, *The Life and Services of Lord George Harris GCB*, London, 1840, p. 235.

17. J. W. Kaye, *The Life and Correspondence of Sir John Malcolm GCB*, London, 1840, vol. 1, p. 78.

18. Ibid. , vol. 1, p. 78n.

19. Quoted by Moon, *The British Conquest and Dominion of India*, p. 281.

20. Quoted in Butler, *The Elder Brother*, p. 166.

21. Quoted by Moon, *The British Conquest and Dominion of India*, p. 284.

22. Quoted in Butler, *The Elder Brother*, p. 167.

23. Quoted by Moon, *The British Conquest and Dominion of India*, p. 285.

24. Amales Tripathi, *Trade and Finance in the Bengal Presidency , 1793 - 1833*, Calcutta, 1979, pp. 4, 46 - 7, 72, 80 - 1; Rajat Kanta Ray, 'Indian Society and the Establishment of British Supremacy, 1765-1818', in Peter Marshall, *The Eighteenth Century*, Oxford, 1998, pp. 516-17.

25. Burton Stein , 'Eighteenth Century India: Another View', *Studies in History*, vol. 5, 1 n. s. (1989), p. 21. Also see D. Peers, 'State, Power and Colonialism', in *India and the British Empire*, ed. Douglas Peers and

Nandini Gooptu, Oxford, 2012, p. 33.

26. Pratul C. Gupta, *Baji Rao II and the East India Company*, New Delhi, 1939, p. 57. 即便在马拉塔人看来，这个时期的政治也是极其复杂的。佩什瓦于 1795 年 10 月死亡（可能死于意外，也可能是自杀），使佩什瓦的继承问题充满悬念，因为佩什瓦家族仅剩的两名成员巴吉·拉奥及其兄弟齐马吉（Chimaji）正在狱中（他俩是已经垮台的拉古纳特·拉奥的儿子），而且他俩与纳纳·法德纳维斯的关系都很差。道拉特·拉奥此时仍然在浦那，而纳纳开始了一场漫长的斗争，试图控制下一代佩什瓦。巴吉·拉奥擅长伪装自己，看上去是个性情温和的人。他最终承诺给辛迪亚一大笔钱，并获得了纳纳的支持，在十四个月后成为佩什瓦。但他囊中羞涩，军事上依赖于辛迪亚，行政管理上依赖于纳纳。不过，这几方之间互相猜疑，而纳纳和道拉特·拉奥势同水火。纳纳希望辛迪亚北上，辛迪亚想要钱，并且相信只有纳纳有钱。辛迪亚借助一个名叫菲罗斯（Filose）的“欧洲军官的话”，巧妙地欺骗纳纳，把他诱骗到自己的军营参加道别宴会，然后扣押了他。纳纳被囚禁在辛迪亚军营三个月之久，但拒绝拿钱出来。然后他被押送到艾哈迈德讷格尔。佩什瓦的行政机关垮台了，于是辛迪亚不得不释放纳纳并将他官复原职。但他们互相之间仍然猜忌不休，纳纳提的建议都不被采纳。英国人攻击蒂普苏丹时，纳纳请求佩什瓦出兵支援英国人。最终，在 1799 年 4 月底，纳纳写信给英国人，说他会亲自领兵前去。但已经太晚了。英国人表示可以把蒂普苏丹的部分国土交给佩什瓦朝廷，换取佩什瓦签订一份丧权辱国的条约，纳纳在 1799 年拒绝了。他于 1800 年去世。

27. Quoted in William Kirkpatrick, *Select Letters of Tipoo Sultan to Various Public Functionaries*, London, 1811. See also Kate Brittlebank, *Tipu Sultan's Search for Legitimacy*, New Delhi, 1997, p. 11.

28. Quoted in Butler, *The Elder Brother*, p. 162.

29. Quoted by Moon, *The British Conquest and Dominion of India*, p. 277.

30. Forrest, *Tiger of Mysore*, pp. 270-1.

31. Quoted in Butler, *The Elder Brother*, p. 166.

32. OIOC, India Office Library, Kirkpatrick letters, Mss Eur F228/11 f. 10.

33. Gupta, *Baji Rao II and the East India Company*, p. 58.

34. Michaud, *History of Mysore Under Hyder Ali and Tippoo Sultan*, pp. 100-3.

35. Ibid. , p. 129.

36. Mahmud Husain, *The Dreams of Tipu Sultan*, Karachi, n. d. ; Michaud, *History of Mysore Under Hyder Ali and Tippoo Sultan*, pp. 165-7.

37. Quoted by Moon, *The British Conquest and Dominion of India*, p. 285; C. A. Bayly, *Indian Society and the Making of the British Empire*, Cambridge, 1988, p. 97.

38. Butler, *The Elder Brother*, p. 170.

39. 詹姆斯·柯克帕特里克在这个时期主要关心的事情之一就是组织拉车的公牛和当作军粮的羊。见 OIOC, Kirkpatrick papers, Mss Eur F228/11, pp. 14, 15, 28, etc。

40. 韦尔斯利的评述引自 Moon, *The British Conquest and Dominion of India*, p. 286；后一条评论引自 Buddle, *The Tiger and the Thistle*。

41. Quoted by Buddle, *The Tiger and the Thistle*, p. 15.

42. David Price, *Memoirs of the Early Life and Service of a Field Officer on the Retired List of the Indian Army*, London, 1839, p. 430.

43. Quoted by Buddle, *The Tiger and the Thistle*, p. 34.

44. Alexander Beatson, *A View of the Origin and Conduct of the War with Tippoo Sultan*, London, 1800, pp. 97, 139 - 40; Price, *Memoirs of the Early Life and Service of a Field Officer*, pp. 434-5.

45. Price, pp. 418-21.

46. Captain G. R. P. Wheatley, 'The Final Campaign against Tipu', *Journal of the United Service Institution of India*, 41 (1912), p. 255.

47. Weller, *Wellington in India*, p. 73.

48. Michaud, *History of Mysore Under Hyder Ali and Tippoo Sultan*, p. 169; Forrest, *Tiger of Mysore*, p. 290.

49. Captain W. H. Wilkin, *The Life of Sir David Baird*, London, 1912, p. 68.

50. Price, *Memoirs of the Early Life and Service of a Field Officer*, p. 427.

51. Forrest, *Tiger of Mysore*, p. 291.

52. Beatson, *A View of the Origin and Conduct of the War with Tippoo Sultan*, p. civ.

53. Wilkin, *The Life of Sir David Baird*, p. 73.

54. Beatson, *A View of the Origin and Conduct of the War with Tippoo Sultan*, p. 123.

55. Edward Moor, *A Narrative of the Operations of Captain Little's Detachment*, London, 1874, pp. 24-32.

56. Quoted by Moon, *The British Conquest and Dominion of India*, p. 288.

57. Beatson, *A View of the Origin and Conduct of the War with Tippoo Sultan*, p. 148.

58. Price, *Memoirs of the Early Life and Service of a Field Officer*, p. 432.

59. Edward Moore, 1794, cited in A. Sen, ' A Pre-British Economic Formation in India of the Late Eighteenth Century ' , in Barun De (ed.) , *Perspectives in Social Sciences*, Calcutta, 1977, I, *Historical Dimensions*, p. 46.

60. Price, *Memoirs of the Early Life and Service of a Field Officer*, pp. 434-5.

61. See Forrest, *Tiger of Mysore*, p. 299. Also Buddle, *The Tiger and the Thistle*, p. 37.

62. Anon, *Narrative Sketches of the Conquest of Mysore*, London, 1800, p. 102; Anne Buddle, *Tigers Around the Throne : The Court of Tipu Sultan* (*1750-1799*) , London, 1990, p. 36.

63. Arthur Wellesley to the Court of Directors, January 1800. Quoted in Buddle, *Tigers Around the Throne*, p. 38.

64. Wilkie Collins, *The Moonstone*, London, 1868.

65. Quoted by Butler, *The Elder Brother*, p. 188.

66. Quoted in Abdus Subhan, ' Tipu Sultan: India's Freedom-Fighter par Excellence ' , in Aniriddha Ray (ed.) , *Tipu Sultan and his Age : A Collection of Seminar Papers*, Calcutta, 2002, p. 39.

67. 关于纳纳·法德纳维斯，见 Grant Duff, *A History of the Mahrattas*, London, 1826, at A. L. Srivastava, *The Mughal Empire, 1526 - 1803 A. D.* (Agra, 1964); S. N. Sen, *Anglo-Maratha Relations during the Administration of Warren Hastings*, Madras, 1974。

68. Moon, *The British Conquest and Dominion of India*, p. 314.

69. Quoted by Moon, *The British Conquest and Dominion of India*, p. 314. See

also Sir Jadunath Sarkar, ed. Raghubir Singh, *Mohan Singh's Waqai-Holkar*, Jaipur, 1998.

70. *Archives Departmentales de la Savoie*, Chambery, De Boigne Archive, bundle AB IV, Wm Palmer to de Boigne, Poona, 13 Dec 1799.

71. Ibid.

72. Govind Sakharam Sardesai, *A New History of the Marathas*, 3 vols, Baroda, 1948, vol. 3, p. 371.

73. Gupta, *Baji Rao II and the East India Company*, p. 23.

74. Munshi Munna Lal, *Shah Alam Nama*, Tonk Mss 3406, Oriental Research Library, p. 536.

75. Jadunath Sarkar, *Fall of the Mughal Empire*, 4 vols, New Delhi, 1991, vol. 3, pp. 173-5.

76. Sardesai, *A New History of the Marathas*, vol. 3, p. 371.

77. Sayid Athar Abbas Rizvi, *Shah 'Abd al' Aziz: Puritanism, Sectarianism and Jihad*, Canberra, 1982, p. 43.

78. Compton, *The European Military Adventurers of Hindustan*, pp. 346-7; Amar Farooqui, *Zafar and the Raj: Anglo-Mughal Delhi c1800-1850*, Delhi, 2013, p. 31.

79. *Roznamcha-i-Shah Alam*, BL, Islamic 3921. 所有事例都出自沙班 (sha'ban) 和拉马赞 (Ramazan) 之口，1791 年 11~12 月。

80. Lal, *Shah Alam Nama*, Tonk Mss 3406, p. 535.

81. *Roznamcha-i-Shah Alam*, BL, Islamic 3921. 两个事例都出自沙班 (sha'ban) 和拉马赞 (Ramazan) 之口，1791 年 11~12 月。

82. Governor General in Council to the Secret Committee of the Court of Directors, 13 July 1804, Wellesley, *The Despatches*, vol. IV, p. 153.

83. Wellesley, *The Despatches*, vol. III, pp. 230-3.

84. Ibid. , vol. III, no. xxxv, 27 June 1803.

85. BL, IOR, H/492 ff. 251-2, Wellesley to Shah Alam, 27 June (Political Consultations, 2 March 1804).

86. BL, IOR, H/492 f. 241, Wellesley to Shah Alam, 27 June (Political Consultations, 2 March 1804). See also Percival Spear, *The Twilight of the Moghuls*, Cambridge, 1951, p. 35. 蒙格埃尔曾是米尔·卡西姆的首都。

87. Colonel Hugh Pearse, *Memoir of the Life and Military Services of Viscount Lake*, London, 1908, p. 150.

88. Major William Thorn, *Memoir of the War in India Conducted by Lord Lake and Major General Sir Arthur Wellesley on the Banks of the Hyphasis*, London, 1818, p. 80.

89. Bayly, *Indian Society and the Making of the British Empire*, p. 86.

90. James Welsh, *Military Reminiscences Extracted from a Journal of Nearly Forty Years Active Service in the East Indies*, 2 vols, London, 1830, vol. 1, p. 147. Also Sarkar, *Fall of the Mughal Empire*, vol. 4, p. 227.

91. Sardesai, *A New History of the Marathas*, vol. 3, pp. 398–9.

92. John Blakiston, *Twelve Years Military Adventure in Three Quarters of the Globe*, 2 vols, London, 1829, vol. 1, p. 145. Quoted in Randolph G. S. Cooper, *The Anglo-Maratha Campaigns and the Contest for India : The Struggle for the Control of the South Asian Military Economy*, Cambridge, 2003, p. 81.

93. Bayly, *Indian Society and the Making of the British Empire*, p. 85; Jon Wilson, *India Conquered: Britain's Raj and the Chaos of Empire*, London, 2016, p. 187; H. V. Bowen, *The Business of Empire : The East India Company and Imperial Britain , 1756–1833*, Cambridge, 2006, p. 47; John Micklethwait and Adrian Wooldridge, *The Company : A Short History of a Revolutionary Idea*, London, 2003, p. 4.

94. Letters issued by Agent to Governor General. 摘要来自 volumes（Registers）1–21 Commissioner Banares pre-Mutiny Agency Records。另可见优秀的讨论：Lakshmi Subramanian and Rajat K. Ray, 'Merchants and Politics: From the Great Mughals to the East India Company', in Dwijendra Tripathi, *Business and Politics in India*, New Delhi, 1991, pp. 19–85, esp. pp. 57–9。

95. Cited in Bayly, *Indian Society and the Making of the British Empire*, p. 102.

96. Ibid. , pp. 102–3, 106, 108; Rajat Kanta Ray, 'Indian Society and the Establishment of British Supremacy, 1765 – 1818', in Marshall, *The Eighteenth Century*, pp. 516–17; C. A. Bayly, *Rulers , Townsmen and*

Bazaars : North Indian Society in the Age of British Expansion, Cambridge, 1983, pp. 211-12.

97. Quoted in James Duff, *A History of the Mahrattas*, Calcutta, 1912, vol. 1, p. 431.

98. Compton, *The European Military Adventurers of Hindustan*, p. 328.

99. Sardesai, *A New History of the Marathas*, vol. 3, pp. 413-14.

100. William Pinch in *Warrior Ascetics and Indian Empires*, Cambridge, 2006, pp. 106-7, 114. Thomas Brooke to Major Shawe, Secretary to Lord Wellesley. BL, Add Mss 37, 281 ff. 228b-229f.

101. Sardesai, *A New History of the Marathas*, vol. 3, pp. 403-5.

102. Ibid. , vol. 3, p. 397.

103. Memorandum of 8 July 1802, quoted by Michael H. Fisher, 'Diplomacy in India, 1526-1858', in H. V. Bowen, Elizabeth Mancke and John G. Reid, *Britain's Oceanic Empire : Atlantic and Indian Ocean Worlds , c. 1550-1850*, Cambridge, 2012, p. 263.

104. 关于韦尔斯利浮夸风格的精彩论述，见 Mark Bence-Jones, *Palaces of the Raj*, London, 1973, ch. 2。

105. Quoted in Philip Davies, *Splendours of the Raj : British Architecture in India 1660-1947*, London, 1985, p. 35.

106. Butler, *The Elder Brother*, p. 306.

107. Sarkar, *Fall of the Mughal Empire*, vol. 4, p. 229.

108. Sardesai, *A New History of the Marathas*, vol. 3, p. 402.

109. 26 Sept AW to JM, *Supplementary Despatches of Arthur , Duke of Wellington , KG , 1797-1818*, vol. IV, p. 160. See also Major Burton, 'Wellesley's Campaigns in the Deccan', *Journal of the United Services Institution India*, 29 (1900), p. 61.

110. John Blakiston, *Twelve Years Military Adventure in Three Quarters of the Globe*, 2 vols, London, 1829, vol. 1, pp. 164-5. Quoted in Cooper, *The Anglo-Maratha Campaigns and the Contest for India*, p. 108.

111. Major William Thorn, *Memoir of the War in India*, p. 279.

112. Cooper, *The Anglo-Maratha Campaigns* 是对此役的最佳介绍。我与当今的威灵顿公爵 -起参观过这个占战场，发现库珀的地图价值无量。我在皮帕尔加昂（Pipalgaon）寻访战场遗迹时捡到的一发东印度公司的滑膛枪子弹，眼下就摆在我写作本书的桌上。

113. Sir T. E. Colebrook, *The Life of Mountstuart Elphinstone*, 2 vols, London, 1884, vol. 1, pp. 63-9.

114. Quoted by Sarkar, *Fall of the Mughal Empire*, vol. 4, p. 276. Also Wilson, *India Conquered*, p. 173.

115. Thorn, *Memoir of the War in India*, pp. 276-7.

116. Cooper, *The Anglo-Maratha Campaigns*, p. 116.

117. Antony Brett-James (ed.), *Wellington at War, 1794 - 1815: A Selection of his Wartime Letters*, London, 3 October 1803, pp. 84-5.

118. Sir Thomas Munro, quoted in Moon, *The British Conquest and Dominion of India*, p. 321.

119. Compton, *The European Military Adventurers of Hindustan*, p. 204; Ray, 'Indian Society and the Establishment of British Supremacy, 1765 - 1818', in Marshall, *The Eighteenth Century*, p. 522.

120. Pearse, *Memoir of the Life and Military Services of Viscount Lake*, p. 1; Moon, *The British Conquest and Dominion of India*, p. 323.

121. Thorn, *Memoir of the War in India*, pp. 87-9.

122. Compton, *The European Military Adventurers of Hindustan*, pp. 299-301.

123. James Baillie Fraser, *Military Memoirs of Lt. Col. James Skinner C. B.*, 2 vols, London, 1851, vol. 1, p. 265; Compton, *The European Military Adventurers of Hindustan*, pp. 302-3. 康普顿称这封信"无疑是浮夸的自吹自擂和难以言喻的法式浮夸的典型代表"。

124. Fraser, *Military Memoirs of Lt. Col. James Skinner C. B.*, vol. 1, pp. 253-4; Compton, *The European Military Adventurers of Hindustan*, p. 301.

125. Fraser, *Military Memoirs of Lt. Col. James Skinner C. B.*, vol. 1, p. 251.

126. Compton, *The European Military Adventurers of Hindustan*, pp. 303-4.

127. Ibid., p. 231.

128. Fraser, *Military Memoirs of Lt. Col. James Skinner C. B.*, vol. 1, p. 266.

129. Thorn, *Memoir of the War in India*, pp. 96-7.

130. Ibid.

131. 当代关于阿里格尔攻城战最好的论述是伦道夫·G.S. 库珀（Randolph G. S. Cooper）的精彩作品 *Anglo-Maratha Campaigns*, pp. 161-3。

132. Fraser, *Military Memoirs of Lt. Col. James Skinner C. B.*, vol. 1, pp. 266-7.

133. John Pester, *War and Sport in India 1802-6*, London, 1806, pp. 156-7.

134. Lal, *Shah Alam Nama*, Tonk Mss 3406, 46th Year of the Auspicious Reign, p. 535; Maulvi Zafar Hasan, *Monuments of Delhi*, New Delhi, 1920, vol. 3, p. 7.

135. BL, OIOC, IOR/H/492 f. 301, f. 305, Proclamation by Shah Alam.

136. BL, OIOC, IOR/H/492 f. 292, Proclamation by Shah Alam.

137. Sardesai, *A New History of the Marathas*, vol. 3, p. 419; Compton, *The European Military Adventurers of Hindustan*, pp. 340-1; Cooper, *Anglo-Maratha Campaigns*, p. 188.

138. Pester, *War and Sport in India 1802-6*, p. 163.

139. 这一精彩片段引自 Randolph G. S. Cooper, *Anglo-Maratha Campaigns*, p. 172, 其来源于 *Journal of Captain George Call*, vol. 1. p. 22, National Army Museum, Acc. No. 6807-150。

140. Pester, *War and Sport in India*, p. 166.

141. Ibid. , p. 169.

142. Sarkar, *Fall of the Mughal Empire*, vol. 4, p. 246.

143. Pearse, *Memoir of the Life and Military Services of Viscount Lake*, p. 197.

144. Martin, *Despatches of Marquess Wellesley*, vol. III, p. 445. Commander-in-Chief General Lake's Secret Despatch to Governor General Richard Wellesley.

145. Fakir Khair ud-Din Illahabadi, ' *Ibrat Nama*, BL Or. 1932, f. 1r.

146. Bowen, *Business of Empire*, p. 5.

147. Wilson, *India Conquered*, p. 176.

148. Ibid. , pp. 122, 187. 韦尔斯利勋爵于 1800 年 6 月开设威廉堡学院以培养新一代的合同制公务员。

149. Bowen, *Business of Empire*, p. 5.

150. Moon, *The British Conquest and Dominion of India*, pp. 328, 343.

151. Butler, *The Elder Brother*, p. 333.

152. Rajat Kanta Ray, *The Felt Community : Commonality and Mentality before the Emergence of Indian Nationalism*, New Delhi, 2003, p. 327; Ray, 'Indian Society and the Establishment of British Supremacy, 1765–1818', in Marshall, *The Eighteenth Century*, p. 526.

153. Moon, *The British Conquest and Dominion of India*, pp. 328, 343.

154. Pester, *War and Sport in India*, p. 174.

155. Lal, *Shah Alam Nama*, Tonk Mss 3406, 46th Year of the Auspicious Reign, p. 542.

156. Thorn, *Memoir of the War in India*, p. 125.

157. Ibid. , pp. 125–6.

158. Lal, *Shah Alam Nama*, Tonk Mss 3406, 46th Year of the Auspicious Reign, p. 544.

159. K. K. Dutta, *Shah Alam II & The East India Company*, Calcutta, 1965, p. 115.

160. Lal, *Shah Alam Nama*, Tonk Mss 3406, 46th Year of the Auspicious Reign, p. 544.

161. BL, OIOC, IOR H/492, f. 349.

162. Dutta, *Shah Alam II & The East India Company*, pp. 114–15.

163. Fraser, *Military Memoirs of Lt. Col. James Skinner C. B.* , vol. 1, pp. 293–4.

164. K. N. Pannikar, *British Diplomacy in Northern India : A Study of the Delhi Residency 1803–1857*, New Delhi, 1968, p. 7.

165. Stephen P. Blake, *Shahjahanabad : The Sovereign City in Mughal India , 1639 – 1739*, Cambridge, 1991, pp. 170, 181; Spear, *The Twilight of the Moghuls*, p. 92.

166. Quoted in Frances W. Pritchett, *Nets of Awareness*, Berkeley and Los Angeles, 1994, p. 3.

167. Fraser of Reelig Archive, Inverness, vol. 29, Wm Fraser letterbook, 1 April 1806, to Edward S. Fraser.

168. See William Dalrymple, *The Last Mughal : The Fall of a Dynasty , Delhi , 1857*, London, 2006.

169. Ray, *The Felt Community*, pp. 301-3, 334.

170. Quoted in J. K. Majumdar, *Raja Rammohun Roy and the Last Moghuls : A Selection from Official Records* (*1803-1859*), Calcutta, 1939, pp. 4, 319-20.

171. Bowen, *Business of Empire*, p. 277.

172. See Joseph Sramek, *Gender, Morality , and Race in Company India , 1765-1858*, New York, 2011, p. 17.

173. Ibid. , p. 229.

174. P. J. Marshall, *Problems of Empire : Britain and India , 1757-1813*, London, 1968, pp. 142-4.

175. Quoted in Tillman W. Nechtman, *Nabobs : Empire and Identity in Eighteenth-Century Britain*, Cambridge, 2010, p. 225.

176. Micklethwait and Wooldridge, *The Company*, p. 36.

177. Bowen, *Business of Empire*, pp. 16-17.

178. Ibid. , p. 297.

179. Tirthankar Roy, *The East India Company : The World's Most Powerful Corporation*, New Delhi, 2012, p. xxiii.

180. Micklethwait and Wooldridge, *The Company*, p. 36.

尾 声

1. Fakir Khair ud-Din Illahabadi, ' *Ibrat Nama*, BL, OIOC, Or. 1932, f. 1v.

参考书目

1.欧洲语言的手抄史料

大英图书馆，东方与印度事务部藏品
（前印度事务部图书馆）

MSS EUR

'Incomplete Draft (1785) of an account of the Mysore War (1780–84)', Mss Eur K 116

James Dalrymple Papers, Mss Eur E 330

Elphinstone Papers, Mss Eur F.88

Fowke Papers, Mss Eur E 6.66

Kirkpatrick Papers, Mss Eur F.228

Sutherland Papers, Mss Eur D.547

Orme Mss

Causes of the Loss of Calcutta 1756, David Renny, August 1756, Mss Eur O.V. 19

Narrative of the Capture of Calcutta from April 10 1756 to November 10 1756, William Tooke, Mss Eur O.V. 19

'Narrative of the loss of Calcutta, with the Black Hole by Captain Mills, who was in it, and sundry other particulars, being Captain Mills' pocket book, which he gave me', Mss Eur O.V. 19

Journal of the Proceedings of the Troops commanded by Lieutenant Colonel Robert Clive on the expedition to Bengal, Captain Edward Maskelyne, Mss Eur O.V. 20
Home Miscellaneous
Bengal Correspondence
Bengal Public Considerations
Bengal Secret Consultations
Bengal Wills 1780–1804 L/AG/34/29/4-16
Bengal Regimental Orders IOR/P/BEN/SEC
Bengal Political Consultations IOR/P/117/18

British Library

'An Account Of The Capture Of Calcutta By Captain Grant', Add Mss 29200
Warren Hastings Papers, Add Mss 29,098–29,172
Anderson Papers, Add Mss 45,427
Brit Mus Egerton MS 2123
Wellesley Papers, Add Mss 37,274–37,318

Devon Records Office, Exeter

Kennaway Papers B 961M ADD/F2

Archives Départementales de la Savoie, Chambéry, France

De Boigne archive

National Army Museum Library, London

The Gardner Papers, NAM 6305–56

National Library of Wales

Robert Clive Papers, GB 0210 ROBCL1

Pasadena Library

Letters of Thomas Roe to Elizabeth, Countess of Huntingdon, Hastings Collection

Punjab Archives, Lahore

Delhi Residency Papers

Scottish Records Office, Registrar House, Edinburgh

The Will of Lieut. Col. James Dalrymple, Hussein Sagar, December 8
1800: GD 135/2086
Letters of Stair Dalrymple, Hamilton-Dalrymple Mss

National Library of Scotland

The Papers of Alexander Walker, NLS 13,601–14,193

National Archives of India, New Delhi

Secret Consultations
Political Consultations
Foreign Consultations
Foreign Miscellaneous
Letters from Court
Secret Letters to Court
Secret Letters from Court
Political Letters to Court
Political Letters from Court
Hyderabad Residency Records

Private Archives

The Fraser Papers, Inverness
The Kirkpatrick Papers, London

2.未发表的手稿与论文

Chander, Sunil, *From a Pre-Colonial Order to a Princely State: Hyderabad in Transition, c1748–1865*, unpublished Ph.D., Cambridge University, 1987
Ghosh, Durba, *Colonial Companions: Bibis, Begums, and Concubines of the British in North India 1760–1830*, unpublished Ph.D., Berkeley, 2000
Kaicker, Abhishek, *Unquiet City: Making and Unmaking Politics in Mughal Delhi*, 1707–39, unpublished Ph.D., Columbia, 2014
Rothschild, Emma, 'The East India Company and the American Revolution', unpublished essay

3.波斯文、乌尔都文、孟加拉文与泰米尔文史料

A.手稿

Oriental and India Office Collections, British Library (Formerly India Office Library) London

Tarikh-i-Alamgir Sani, Mss Or. 1749
(This manuscript has apparently no author name, nor date of composition, nor introduction)
Fakir Khair ud-Din, 'Ibrat Nama, Mss Or. 1932
Ghulam Ali Khan alias Bhikhari Khan, Shah Alam Nama, Mss Add 24080
I'tisam al-Din, Shigrif-namah-i Vilayet, Mss Or. 200
Muhammad 'Ali Khan Ansari of Panipat, Tarikh-i Muzaffari, Mss Or. 466
Roznamcha-i-Shah Alam, Islamic 3921
Shakir Khan, Tārīkh-i Shākir Khānī, Mss Add. 6585

Private Collection, Hyderabad

Tamkin Kazmi, edited and expanded by Laeeq Salah, Aristu Jah
(unpublished Urdu biography, written c. 1950 and re-edited by Laeeq Salah, c. 1980)

MAAPRI Research Institute Library, Tonk, Rajasthan

Munshi Mohan Lal, Shah Alam Nama, Tonk Mss 3406

B.已出版文献

Abu'l Fazl, Ain-I-Akbari, 3 vols, trans. H. Blochman and H. S. Jarrett, written c. 1590, Calcutta, 1873–94
Ali, Karam, 'The Muzaffarnama of Karam Ali', in Bengal Nawabs, trans. Jadunath Sarkar, Calcutta, 1952
Allah, Salim, A Narrative of the Transactions in Bengal, trans. Francis Gladwin, Calcutta, 1788
Anon., The Chronology of Modern Hyderabad from 1720 to 1890, Hyderabad, 1954
Astarabadi, Mirza Mahdi, Tarikh-e Jahangosha-ye Naderi: The official history of Nader's reign, Bombay lithograph, 1265 AC/AD 1849

Azad, Muhammed Husain, trans. and ed. Frances Pritchett and Shamsur Rahman Faruqi, *Ab-e Hayat: Shaping the Canon of Urdu Poetry*, New Delhi, 2001

Beach, Milo Cleveland, and Koch, Ebba, eds, *King of the World – the Padshahnama: An Imperial Mughal Manuscript from the Royal Library, Windsor Castle*, London, 1997

Begley, W. E., and Desai, Z. A., eds, *The Shah Jahan Nama of Inayat Khan*, New Delhi, 1990

Bidri, Mohammed Qadir Khan Munshi, *Tarikh I Asaf Jahi*, trans. Dr Zaibunnisa Begum, written 1266 AH/AD 1851, Hyderabad, 1994

Das, Hari Charan, 'Chahar Gulzar Shuja' *of Hari Charan Das*, in Sir H. M. Elliot and John Dowson, *A History of India as Told By Its Own Historians*, 8 vols, London, 1867–77, vol. VIII

'Firaqi', Kunwar Prem Kishor, *Waqa'i-i Alam Shahi*, Calcutta, 1949

Ganga Ram, *The Maharashtra Purana: An Eighteenth-Century Bengali Historical Text*, trans. and ed. Edward C. Dimock Jr and Pratul Chandra Gupta, Honolulu, 1965

Ghalib, *Urdu Letters of Mirza Asadu'llah Khan Ghalib*, New York, 1987

Gholam Ali Khan, *Shah Alam Nama*, ed. A. A. M. Suhrawardy and A. M. K. Shiirazi, Calcutta, 1914

Ghulam Husain Salim, *Riyazu-s-salatin: A History of Bengal. Translated from the original Persian by Maulvi Abdus Salam*, Calcutta, 1902

Gladwin, Francis (trans.), *The Memoirs of Khojeh Abdulkurreem*, Calcutta, 1788

Hasan, Mehdi, Fateh Nawaz Jung, *Muraqq-Ibrat*, Hyderabad, 1300 AH/AD 1894

Husain, Saiyyad Iltifat, *Nagaristan i-Asafi*, written c. 1816, printed in Hyderabad, 1900

Islam, Khurshidul, and Russell, Ralph, *Three Mughal Poets: Mir, Sauda, Mir Hasan*, New Delhi, 1991

I'tisam al-Din, *The Wonders of Vilayet, being a memoir, originally in Persian, of a visit to France and Britain*, trans. Kaiser Haq, Leeds, 2001

Jehangir, *The Tuzuk-i Jehangiri or Memoirs of Jehangir*, trans. Alexander Rodgers, ed. Henry Beveridge, London, 1909–14

Kamran, Mirza, 'The Mirza Name: The Book of the Perfect Gentleman', trans. Mawlavi M. Hidayat Husain, *Journal of the Asiatic Society of Bengal*, New Series, vol. IX, 1913

Kashmiri, Abd ol-Karim, *Bayan-e-Waqe'*, trans H. G. Pritchard, BM Mss Add 30782

Khair ud-Din Illahabadi, Fakir, *'Ibrat Nama*, BL Or. 1932

Khan, Dargah Quli, *The Muraqqa' e-Dehli*, trans. Chander Shekhar, New Delhi, 1989

Khan, Ghulam Hussain, Khan Zaman Khan, *Tarikh e-Gulzar e-Asafiya*, Hyderabad, 1302 AH/AD 1891

Khan, Ghulam Iman, *Tarikh i-Khurshid Jahi*, Hyderabad, 1284 AH/AD 1869

Khan, M. Abdul Rahim, *Tarikh e-Nizam*, Hyderabad, 1311 AH/AD 1896

Khan, Mirza Abu Taleb, *The Travels of Mirza Abu Taleb Khan in Asia, Africa, and Europe during the years 1799, 1800, 1801, 1802, and 1803*, trans. Charles Stewart, London, 1810

Khan, Mohammed Najmul Ghani, *Tarikh-e-Riyasat-e-Hyderabad*, Lucknow, 1930

Khan, Saqi Must'ad, *Maasir-i-Alamgiri*, trans. as *The History of the Emperor Aurangzeb-Alamgir 1658–1707*, Jadunath Sarkar, Calcutta, 1946

Khan, Syed Ghulam Hussain Tabatabai, *Seir Mutaqherin or Review of Modern Times*, 4 vols, Calcutta, 1790

Lal, Makhan, *Tarikh i-Yadgar-i-Makhan Lal*, Hyderabad, 1300 AH/AD 1883

Mansaram, Lala, *Masir i-Nizami*, trans. P. Setu Madhava Rao, *Eighteenth Century Deccan*, Bombay, 1963

Marvi, Mohammad Kazem, *Alam Ara-ye Naderi*, 3 vols, ed. Mohammad Amin Riyahi, Tehran, 3rd edn, 1374 AH/AD 1995

Mirza 'Ali Bakht, *Waqi'at-i Azfari*, ed. T Chandrasekharan and Syed Hamza Hussain Omari, Madras, 1957

Muhammad, Fayz, *Siraj ul-Tawarikh* (The Lamp of Histories), Kabul, 1913, trans. R. D. McChesney (forthcoming)

Mukhlis, Anand Ram, *Tazkira*, in Sir H. M. Elliot and John Dowson, *A History of India as Told By Its Own Historians*, 1867–77, vol. VIII

C. M. Naim (translated, annotated and introduced), *Zikr-I Mir: The Autobiography of the Eighteenth-Century Mughal Poet, Mir Muhammad Taqi 'Mir'*, New Delhi, 1998

National Archives of India Calendar of Persian Correspondence, intro. Muzaffar Alam and Sanjay Subrahmanyam, vols 1–9, New Delhi, 2014 reprint

Pillai, A. R., *The Private Diary of Ananda Ranga Pillai, Dubash to Joseph François Dupleix*, ed. J. F. Price and K. Rangachari, 12 vols, Madras, 1922

Proceedings of a Jacobin Club formed at Seringapatam by the French soldiers in the Corps commanded by M. Domport, Paper C in Official Documents Relating the Negotiations Carried on by Tippoo Sultan with the French Nation, Calcutta, 1799

Ruswa, Mirza Mohammed Hadi Ruswa, *Umrao Jan Ada*, trans. from the original Urdu by Khuswant Singh and M. A. Hussani, Hyderabad, 1982

Sadasukh Dihlavi, *Munkatab ut-Tawarikh*, trans. Sir H. M. Elliot and
  John Dowson, *A History of India as Told By Its Own Historians*, 1867–77,
  vol. VIII
Salim, Allah, *A Narrative of the Transactions in Bengal*, trans. Francis
  Gladwin, Calcutta, 1788
Shustari, Seyyed Abd al-Latif Shushtari, *Kitab Tuhfat al-'Alam*, written
  Hyderabad, 1802 and lithographed Bombay, 1847
Talib, Mohammed Sirajuddin, *Mir Alam*, Hyderabad
Talib, Mohammed Sirajuddin, *Nizam Ali Khan*, Hyderabad
Tuzuk-i-Jahangiri or Memoirs of Jahanagir, trans. Alexander Rogers, ed.
  Henry Beveridge, London, 1919
Yusuf Ali Khan, *Tarikh-i-Bangala-i-Mahabatjangi*, trans. Abdus Subhan,
  Calcutta, 1982

4.欧洲语言的当代著作
与期刊文章

Anon., *Narrative Sketches of the Conquest of Mysore*, London, 1800
Andrews, C. F., *Zakaullah of Delhi*, Cambridge, 1929
Archer, Major, *Tours in Upper India*, London, 1833
Barnard, Anne, *The Letters of Lady Anne Barnard to Henry Dundas from
  the Cape and Elsewhere 1793–1803*, ed. A. M. Lewin Robinson, Cape
  Town, 1973
Barnard, Anne, *The Cape Journals of Lady Anne Barnard 1797–98*, ed. A. M.
  Lewin Robinson, Cape Town, 1994
Bayley, Emily, *The Golden Calm: An English Lady's Life in Moghul Delhi*,
  London, 1980
Bazin, Père Louis, 'Mémoires sur dernieres années du regne de Thamas
  Kouli-Kan et sa mort tragique, contenus dans une lettre du Frere Bazin',
  1751, in *Lettres Edifiantes et Curieuses Ecrites des Mission Etrangères*, Paris,
  1780, vol. IV
Beatson, Alexander, *A View of the Origin and Conduct of the War with Tippoo
  Sultan*, London, 1800
Bernier, François, *Travels in the Mogul Empire, 1656–68*, ed. Archibald
  Constable, trans. Irving Brock, Oxford, 1934
Bhargava, Krishna Dayal, *Browne Correspondence*, Delhi, 1960
Blakiston, John, *Twelve Years Military Adventure in Three Quarters of the
  Globe*, 2 vols, London, 1829
Blochmann, H., trans. and ed., *The A'in-i Akbari by Abu'l Fazl 'Allami*, New
  Delhi, 1977

Bolts, William, *Considerations on Indian Affairs; Particularly Respecting the Present State of Bengal and its Dependencies*, 3 vols, London, 1772–5

Bourquien, Louis, 'An Autobiographical Memoir of Louis Bourquien translated from the French by J.P. Thompson', in *Journal of the Punjab Historical Society*, vol. IX, part 7, 1923

Burke, Edmund, *The Writings and Speeches of Edmund Burke*, ed. P. J. Marshall, 6 vols, Oxford, 1991

Caillaud, John, *A Narrative of What Happened in Bengal in the Year 1760*, London, 1764

Colebrook, Sir T. E., *The Life of Mountstuart Elphinstone*, 2 vols, London, 1884

'Cooke's Evidence before the Select Committee of the House of Commons', in W. K. Firminger, ed., Great Britain, House of Commons, *Report on East India Affairs*, Fifth Report from the Select Committee, vol. III, 1812

Dalrymple, Alexander, *A Retrospective View of the Antient System of the East India Company, with a Plan of Regulation*, London, 1784

Dalrymple, James, *Letters &c Relative To The Capture of Rachore* by Capt. James Dalrymple, Madras, 1796

D'Oyly, Charles, *The European in India*, London, 1813

Dow, Alexander, *History of Hindostan*, 3 vols, Dublin, 1792

Duff, Grant, *A History of the Mahrattas*, 2 vols, London, 1826

Entick, The Late Reverend John, et al., *The Present State of the British Empire*, 4 vols, London, 1774

Fenton, Elizabeth, *The Journal of Mrs Fenton*, London, 1901

Firminger, Walter K., and Anderson, William, *The Diaries of Three Surgeons of Patna*, Calcutta, 1909

Foster, William, ed., *The English Factories in India 1618–1669*, 13 vols, London, 1906–27

Foster, William, ed., *Early Travels in India 1583–1619*, London, 1921

Foster, Sir William, *The Embassy of Sir Thomas Roe to India 1615–9, as Narrated in his Journal and Correspondence*, New Delhi, 1990

Francklin, William, *The History of Shah Alam*, London, 1798

Francklin, William, *Military Memoirs of Mr George Thomas Who by Extraordinary Talents and Enterprise rose from an obscure situation to the rank of A General in the Service of Native Powers in the North-West of India*, London, 1805

Fraser, James, *The History of Nadir Shah*, London, 1742

Fraser, James Baillie, *Military Memoirs of Lt. Col. James Skinner C.B.*, 2 vols, London, 1851

Fryer, Dr John, *A New Account of East India and Persia Letters Being Nine Years Travels Begun 1672 and finished 1681*, 3 vols, London, 1698

Gentil, Jean-Baptiste, *Mémoires sur l'Indoustan*, Paris, 1822

George III, ed. J. Fortescue, *Correspondence of George III, 1760–1783*, 6 vols, 1927–8

Green, Jack, *Arenas of Asiatic Plunder*, London, 1767

Hamilton, Alexander, *A New Account of the East Indies*, 2 vols, London, 1930

Hanway, Jonas, *An Historical Account of the British Trade over the Caspian Sea … to which are added The Revolutions of Persia during the present Century, with the particular History of the great Userper Nadir Kouli*, 4 vols, London, 1753

Hastings, Warren, ed. G. R. Gleig, *Memoirs of the Life of the Rt Hon Warren Hastings, First Governor General of Bengal*, 3 vols, London, 1841

Heber, Reginald, *A Narrative of a Journey Through the Upper Provinces of India from Calcutta to Bombay, 1824–1825*, 3 vols, London, 1827

Hickey, William, *The Memoirs of William Hickey*, ed. Alfred Spencer, 4 vols, London, 1925

Hill, S. C., *Bengal in 1756–7*, 3 vols, Indian Records Series, Calcutta, 1905

Hollingbery, William, *A History of His Late Highness Nizam Alee Khaun, Soobah of the Dekhan*, Calcutta, 1805

Holwell, John Zephaniah, *A Genuine Narrative of the Deplorable Deaths of the English Gentlemen, and others, who were suffocated in the Black Hole in Fort William, in Calcutta, in the Kingdom of Bengal; in the Night Succeeding the 20th June 1756*, London, 1758

Hunter, W. W., *The Annals of Rural Bengal*, London, 1868

Jones, Sir William, *The Letters of Sir William Jones*, ed. Garland Canon, 2 vols, Oxford, 1970

Jourdain, John, *Journal of John Jourdain 1608–17*, ed. W. Foster, London, 1905

Kaye, John W., *The Life and Correspondence of Sir John Malcolm GCB*, 2 vols, London, 1856

Kindersley, Mrs Jemima, *Letters from the East Indies*, London, 1777

Kirkpatrick, William, *Diary and Select Letters of Tippoo Sultan*, London, 1804

Lauriston, Jean Law de, *A Memoir of the Mughal Empire 1757–61*, trans. G. S. Cheema, New Delhi, 2014

Linschoten, J. H. Van, *The Voyage of John Huyghen Van Linschoten to the East Indies*, 2 vols, London, 1885 (original Dutch edn 1598)

Lockyer, Charles, *An Account Of The Trade With India Containing Rules For Good Government In Trade, And Tables: With Descriptions Of Fort St. George, Aheen, Malacca, Condore, Anjenjo, Muskat, Gombroon, Surat, Goa, Carwar, Telicherry, Panola, Calicut, The Cape Of Good Hope, And St Helena Their Inhabitants, Customs, Religion, Government Animals, Fruits &C.*, London, 1711

Lushington, Rt Hon. S. R., *The Life and Services of Lord George Harris GCB*, London, 1840

Macaulay, Thomas Babington, 'Warren Hastings', in *The Historical Essays of Macaulay*, ed. Samuel Thurber, Boston, 1892

Madec, René-Marie, *Mémoire*, ed. Jean Deloche, Pondicherry, 1983

Majumdar, J. K. (ed.), *Raja Rammohun Roy and the Last Moghuls: A Selection from Official Records (1803–1859)*, Calcutta, 1939

Malcolm, Sir John, *Sketch of the Political History of India from the Introduction of Mr Pitts Bill*, London, 1811

Malcolm, Sir John, *Political History of India*, 2 vols, London, 1836

Malcolm, Sir John, *Life of Robert, Lord Clive*, London, 1836

Mandelslo, J. A. de, *The Voyages and Travels of J. Albert de Mandelslo The Voyages & Travels of the Ambassadors sent by Frederick Duke of Holstein, to the Great Duke of Muscovy, and the King of Persia*, trans. John Davis, London, 1662

Manucci, Niccolao, *Storia do Mogor, or Mogul India, 1653–1708*, 2 vols, trans. William Irvine, London, 1907

Methwold, William, 'Relations of the Kingdome of Golchonda and other neighbouring Nations and the English Trade in Those Parts, by Master William Methwold', in W. H. Moreland, *Relations of Golconda in the early Seventeenth Century*, London, 1931

Modave, Comte de, *Voyage en Inde du Comte de Modave, 1773–1776*, ed. Jean Deloche, Pondicherry, 1971

Moor, Edward, *A Narrative of the Operations of Captain Little's Detachment*, London, 1794

Nugent, Lady Maria, *Journal of a Residence in India 1811–15*, vol. 2, London, 1839

Parkes, Fanny, *Wanderings of a Pilgrim in Search of the Picturesque*, London, 1850

Pellow, Thomas, *The Adventures of Thomas Pellow, of Penryn, Mariner*, ed. Robert Brown, London, 1890

Polier, Antoine, *Shah Alam II and his Court*, Calcutta, 1947

Pownall, Thomas, *The Right, Interest and Duty of Government, as concerned in the affairs of the East India Company*, revised edn, 1781

Price, David, *Memoirs of the Early Life and Service of a Field Officer on the Retired List of the Indian Army*, London, 1839

Price, Joseph, *Five Letters from a Free Merchant in Bengal, to Warren Hastings Esq*, London, 1778

Price, Joseph, *The Saddle Put on the Right Horse*, London, 1783

Purchas, Samuel, *Hakluytus Posthumus or Purchas His Pilgrimes, Contayning a History of the World*, 20 vols, Glasgow, 1905

Rennell, James, *The Marches of the British Armies in the Peninsula of India*, London, 1792

Roe, Sir Thomas, and Fryer, Dr John, *Travels in India in the 17th Century*, London, 1873

Row, T. Venkatasami, *A Manual of the District of Tanjore in the Madras Presidency*, Madras, 1883

Sarker, Jadunath, ed., *English Records of Mahratta History: Poona Residency Correspondence*, vol. 1, *Mahadji Scindhia and North Indian Affairs 1785–1794*, Bombay, 1936

Sarkar, Jadunath, trans. and ed., 'Haidarabad and Golkonda in 1750 Seen Through French Eyes: From the Unpublished Diary of a French Officer Preserved in the Bibliothèque Nationale, Paris', in *Islamic Culture*, vol. X, p. 24

Saxena, V. K., ed., *Speeches on the Impeachment of Warren Hastings*, 2 vols, Delhi, 1987

Scrafton, Luke, *Observations on Vansittart's Narrative*, London, 1770

Scurry, James, *The Captivity, Sufferings and Escape of James Scurry, who was detained a prisoner during ten years, in the dominions of Haidar Ali and Tippoo Saib*, London, 1824

Sen, S., *Indian Travels of Thevenot and Careri*, New Delhi, 1949

Sleeman, Major General Sir W. H., *Rambles and Recollections of an Indian Official*, Oxford, 1915

Smith, Adam, *The Correspondence of Adam Smith*, ed. E. C. Mossner and I. S. Ross, 2nd edn, Oxford, 1987

Sramek, Joseph, *Gender, Morality, and Race in Company India, 1765–1858*, New York, 2011

Srinivasachari, C. S., ed., *Fort William–India House Correspondence*, vol. 4, London, 1949–58

Stevens, Henry, *The Dawn of British Trade to the East Indies, as Recorded in the Court Minutes of the East India Company 1599–1603, Containing an Account of the Formation of the Company*, London, 1866

Tavernier, Jean-Baptiste, *Travels in India*, trans. V. Ball, ed. Wm Crooke, 2 vols, Oxford, 1925

Temple, Richard Carnac, *The Diaries of Streynsham Master, 1675–1680*, 2 vols, London, 1911

Thorn, Major William, *Memoir of the War in India Conducted by Lord Lake and Major General Sir Arthur Wellesley on the Banks of the Hyphasis*, London, 1818

Vansittart, Henry, *A Narrative of the Transactions in Bengal from the Year 1760, to the year 1764, during the Government of Mr Henry Vansittart*, 3 vols, London, 1766

Walpole, Horace, ed. W. S. Lewis et al., *The Yale Edition of Horace Walpole's Correspondence*, 48 vols, New Haven, CT, 1937–83

Watts, William, and Campbell, John, *Memoirs of the Revolution in Bengal, Anno. Dom. 1757*, London, 1758

Welsh, James, *Military Reminiscences Extracted from a Journal of Nearly Forty Years Active Service in the East Indies*, 2 vols, London, 1830

Wellesley, Arthur, Duke of Wellington, *Supplementary Despatches and Memoranda of Field Marshal Arthur Duke of Wellington*, edited by his son, the 2nd Duke of Wellington, 15 vols, London, 1858–72

Wellesley, Richard, Marquess Wellesley, *The Despatches, Minutes and Correspondence of the Marquess Wellesley KG during his Administration of India*, 5 vols, ed. Montgomery Martin, London, 1840

Wellesley, Richard, Marquess Wellesley, *Two Views of British India: The Private Correspondence of Mr Dundas and Lord Wellesley: 1798–1801*, ed. Edward Ingram, London, 1970

Wilkin, Captain W. H., *The Life of Sir David Baird*, London, 1912

Wilks, Mark, *Historical Sketches of the South of India*, vol. 2, 1820

Williamson, Captain Thomas, *The East India Vade Mecum*, 2 vols, London, 1810, 2nd edn, 1825

Young, Arthur, *Political Essays concerning the present state of the British Empire*, London, 1772

Yule, Henry, *Hobson-Jobson: A Glossary of Colloquial Anglo-Indian Words and Phrases*, London, 1903

5.二手资料与期刊文章

Ahmed Aziz, *Studies in Islamic Culture in the Indian Environment*, Oxford, 1964

Alam, Muzaffar, *The Crisis of Empire in Mughal North India: Awadh and the Punjab 1707–1748*, New Delhi, 1986

Alam, Muzaffar, and Alavi, Seema, *A European Experience of the Mughal Orient: The I'jaz-I Arslani (Persian Letters, 1773–1779) of Antoine-Louis Henri Polier*, New Delhi, 2001

Alam, Muzaffar, and Subrahmanyam, Sanjay, *Writing the Mughal World*, New York, 2012

Alam, Shah Manzur, 'Masulipatam: A Metropolitan Port in the Seventeenth Century', in Mohamed Taher, ed., *Muslim Rule in Deccan*, New Delhi, 1997

Alavi, Seema, *The Sepoys and the Company: Tradition and Transition in Northern India 1770–1830*, Delhi, 1995

Alavi, Seema, ed., *The Eighteenth Century in India*, New Delhi, 2002

Ali, M. Athar, 'The Passing of an Empire: The Mughal Case', *Modern Asian Studies*, vol. 9, no. 13 (1975)

Arasaratnam, Sinnappah, and Ray, Aniruddha, *Masulipatam and Cambay: A History of Two Port Towns 1500–1800*, New Delhi, 1994

Archer, Mildred, *Company drawings in the India Office Library*, London, 1972

Archer, Mildred, and Falk, Toby, *India Revealed: The Art and Adventures of James and William Fraser 1801–35*, London, 1989

Avery, Peter, Hambly, Gavin, and Melville, Charles, *The Cambridge History of Iran*, vol. 7, *From Nadir Shah to the Islamic Republic*, Cambridge, 1991

Axworthy, Michael, *The Sword of Persia: Nader Shah from Tribal Warrior to Conquering Tyrant*, New York, 2006

Axworthy, Michael, *Iran: Empire of the Mind: A History from Zoroaster to the Present Day*, London, 2007

Ballhatchet, Kenneth, *Race, Sex and Class under the Raj: Imperial Attitudes and Policies and their Critics 1793–1905*, London, 1980

Barnett, Richard, *North India Between Empires: Awadh, the Mughals and the British, 1720–1801*, Berkeley, 1980

Barrow, Ian, 'The many meanings of the Black Hole of Calcutta', in *Tall Tales and True: India, Historiography and British Imperial Imaginings*, ed. Kate Brittlebank, Clayton, Vic., 2008

Baugh, Daniel, *The Global Seven Years War, 1754–63*, New York, 2014

Bayly, C. A., 'Indian Merchants in a "Traditional" Setting. Banaras, 1780–1830', in Clive Dewey and A. J. Hopkins, eds, *The Imperial Impact: Studies in the Economic History of India and Africa*, London, 1978

Bayly, C. A., *Rulers, Townsmen and Bazaars: North Indian Society in the Age of British Expansion*, Cambridge, 1983

Bayly, C. A., *Indian Society and the Making of the British Empire*, Cambridge, 1988

Bayly, C. A., *Imperial Meridian: the British Empire and the World 1780–1830*, London, 1989

Bayly, C. A., *Empire &Information: Intelligence Gathering and Social Communication in India 1780–1870*, Cambridge, 1996

Bence-Jones, Mark, *Palaces of the Raj*, London, 1973

Bence-Jones, Mark, *Clive of India*, London, 1974

Bernstein, Jeremy, *Dawning of the Raj: The Life & Trials of Warren Hastings*, Chicago, 2000

Bhargava, Meena, *The Decline of the Mughal Empire*, New Delhi, 2014

Blake, Stephen P., *Shahjahanabad: The Sovereign City in Mughal India, 1639–1739*, Cambridge, 1991

Bowen, H. V., 'Lord Clive and speculation in East India Company stock, 1766', *Historical Journal*, vol. 30, no.4 (1987)

Bowen, H. V., *Revenue and Reform: The Indian Problem in British Politics, 1757–1773*, Cambridge, 1991

Bowen, H. V., 'British India, 1765–1813: The Metropolitan Context', in P. J. Marshall, *The Eighteenth Century*, Oxford, 1998

Bowen, H. V., *The Business of Empire: The East India Company and Imperial Britain, 1756–1833*, Cambridge, 2006

Brenner, Robert, *Merchants and Revolution: Commercial Change, Political Conflict, and London's Overseas Traders, 1550–1653*, Princeton, 2003

Brett-James, Antony, ed., *Wellington at War, 1794–1815: A Selection of His Wartime Letters*, London, 1961

Briggs, Henry, *The Nizam: His History and Relations with the British Government*, London, 1861

Brittlebank, Kate, *Tipu Sultan's Search for Legitimacy: Islam and Kingship in a Hindu Domain*, New Delhi, 1997

Bryant, G. J., *The Emergence of British Power in India 1600–1784: A Grand Strategic Interpretation*, Woodbridge, 2013

Buchan, James, *John Law: A Scottish Adventurer of the Eighteenth Century*, London, 2019

Buddle, Anne, *The Tiger and the Thistle: Tipu Sultan and the Scots in India*, Edinburgh, 1999

Burton, David, *The Raj at Table: A Culinary History of the British in India*, London, 1993

Butler, Iris, *The Elder Brother: The Marquess Wellesley 1760–1842*, London, 1973

Calkins, Philip, 'The Formation of a Regionally Oriented Ruling Group in Bengal, 1700–1740', *Journal of Asian Studies*, vol. 29, no. 4, (1970)

Calkins, Philip B., 'The Role of Murshidabad as a Regional and Subregional Centre in Bengal', in Richard L. Park, *Urban Bengal*, East Lansing, 1969

Carlos, Ann M. and Nicholas, Stephen, 'Giants of an Earlier Capitalism: The chartered trading companies as modern multinationals', *Business History Review*, vol. 62, no. 3 (Autumn 1988), pp. 398–419

Chandra, Satish, *Parties and Politics at the Mughal Court, 1717–1740*, New Delhi, 1972

Chandra, Satish, 'Social Background to the Rise of the Maratha Movement During the 17th Century', *The Indian Economic & Social History Review*, x, (1973)

Chatterjee, Indrani, *Gender, Slavery and Law in Colonial India*, New Delhi, 1999

Chatterjee, Kumkum, 'Collaboration and Conflict: Bankers and Early Colonial Rule in India: 1757–1813', *The Indian Economic and Social History Review*, vol. 30, no. 3 (1993)

Chatterjee, Kumkum, *Merchants, Politics & Society in Early Modern India, Bihar: 1733–1820*, Leiden, 1996

Chatterjee, Kumkum, 'History as Self-Representation: The Recasting of a Political Tradition in Late Eighteenth Century Eastern India', *Modern Asian Studies*, vol. 32, no. 4 (1998)

Chatterjee, Partha, *The Black Hole of Empire: History of a Global Practice of Power*, New Delhi, 2012

Chatterji, Nandlal, *Mir Qasim, Nawab of Bengal, 1760–1763*, Allahabad, 1935

Chatterji, Nandlal, *Verelst's Rule in India*, 1939

Chaudhuri, K. N., *The English East India Company: The Study of an Early Joint-Stock Company 1600–1640*, London, 1965

Chaudhuri, K. N., 'India's International Economy in the Nineteenth Century: A Historical Survey', in *Modern Asian Studies*, vol. 2, no. 1 (1968)

Chaudhuri, K. N., *The Trading World of the Asia and the English East India Company 1660–1760*, Cambridge, 1978

Chaudhuri, Nani Gopal, *British Relations with Hyderabad*, Calcutta, 1964

Chaudhury, Sushil, *The Prelude to Empire: Plassey Revolution of 1757*, New Delhi, 2000

Chaudhury, Sushil, 'The banking and mercantile house of Jagat Seths of Bengal', in *Studies in People's History*, vol. 2, no. 1 (2015)

Chaudhury, Sushil, *Companies, Commerce and Merchants: Bengal in the Pre-Colonial Era*, Oxford, 2017

Cheema, G. S., *The Forgotten Mughals: A History of the Later Emperors of the House of Babar, 1707–1857*, New Delhi, 2002

Chetty, A. Subbaraya, 'Tipu's Endowments to Hindus and Hindu institutions', in I. H. Habib, ed., *Resistance and Modernisation under Haidar Ali & Tipu Sultan*, New Delhi, 1999

Colley, Linda, 'Britain and Islam: Perspectives on Difference 1600–1800' in *Yale Review*, LXXXVIII (2000)

Colley, Linda, 'Going Native, Telling Tales: Captivity, Collaborations and Empire', *Past & Present*, no. 168 (August 2000)

Colley, Linda, *Captives: Britain, Empire and the World 1600–1850*, London, 2002

Colley, Linda, 'Gendering the Globe: The Political and Imperial Thought of Philip Francis', *Past & Present*, no. 209 (November 2010)

Collingham, E. M., *Imperial Bodies: The Physical Experience of the Raj c.1800–1947*, London, 2001

Compton, Herbert, ed., *The European Military Adventurers of Hindustan*, London, 1943

Cooper, Randolph G. S., *The Anglo-Maratha Campaigns and the Contest for India: The Struggle for the Control of the South Asian Military Economy*, Cambridge, 2003

Cooper, Randolph, 'Culture, Combat and Colonialism in Eighteenth and Nineteenth Century India', *International History Review*, vol. 27, no. 3 (September 2005)

Cruz, Maria Augusta Lima, 'Exiles and Renegades in Early Sixteenth-Century Portuguese India', in *Indian Economic and Social History Review*, vol. XXIII, no. 3 (1986)

Dalley, Jan, *The Black Hole: Money, Myth and Empire*, London, 2006

Dalmia, Vasudha, and Faruqui, Munis D., eds, *Religious Interactions in Mughal India*, New Delhi, 2014

Dalrymple, William, *City of Djinns*, London, 1993

Dalrymple, William, *White Mughals: Love and Betrayal in Eighteenth-Century India*, London, 2002

Dalrymple, William, *The Last Mughal: The End of a Dynasty, Delhi, 1857*, London, 2006

Dalrymple, William, and Sharma, Yuthika, *Princes and Poets in Mughal Delhi 1707–1857*, Princeton, 2012

Das, Neeta, and Llewellyn-Jones, Rosie, *Murshidabad: Forgotten Capital of Bengal*, Mumbai, 2013

Datta, Rajat, 'Commercialisation, Tribute and the Transition from late Mughal to Early Colonial in India', *Medieval History Journal*, vol. 6, no. 2 (2003)

Datta, Rajat, *Society, Economy and the Market: Commercialisation in Rural Bengal, c.1760–1800*, New Delhi, 2000

Datta, Rajat, 'The Commercial Economy of Eastern India under British Rule', in H. V. Bowen, Elizabeth Mancke and John G. Reid, *Britain's Oceanic Empire: Atlantic and Indian Ocean Worlds, c. 1550–1850*, Cambridge, 2012

Datta, Rajat, *The Making of the Eighteenth Century in India: Some Reflections on Its Political and Economic Processes*, Jadunath Sarkar Memorial Lecture, Bangiya Itihas Samiti, Kolkatta, April 2019

Davies, Philip, *Splendours of the Raj: British Architecture in India 1660–1947*, London, 1985

Dewey, Clive, and Hopkins, A. J., eds, *The Imperial Impact: Studies in the Economic History of India and Africa*, London, 1978

Dighe, V. G., and Qanungo, S. N., 'Administrative and Military System of the Marathas', in R. C. Majumdar and V. G. Dighe, eds, *The Maratha Supremacy*, Mumbai, 1977

Dirks, Nicholas B., *The Scandal of Empire: India and the Creation of Imperial Britain*, Harvard, 2006

Disney, A. R., *Twilight of the Pepper Empire: Portuguese Trade in South West India in the Early Seventeenth Century*, Harvard, 1978

Dodwell, Henry, *Dupleix and Clive: The Beginning of Empire*, London, 1920

Dodwell, Henry, *The Nabobs of Madras*, London, 1926

Dutt, Romesh Chunder, *The Economic History of India under Early British Rule, 1757–1837*, London, 1908

Dutta, K. K., *Shah Alam II & The East India Company*, Calcutta, 1965

Eaton, Richard M., *The Rise of Islam and the Bengal Frontier 1204–1760*, Berkeley, 1993

Eaton, Richard M., *Essays on Islam and Indian History*, Oxford, 2000

Eaton, Richard M., *India in the Persianate Age, 1000–1765*, London, 2019

Edwards, Michael, *King of the World: The Life and Times of Shah Alam, Emperor of Hindustan*, London, 1970

Farooqui, Amar, *Zafar, and the Raj: Anglo-Mughal Delhi, c. 1800–1850*, New Delhi, 2013

Faruqi, Munis D., 'At Empire's End: The Nizam, Hyderabad and Eighteenth-Century India', in *Modern Asian Studies*, vol. 43, no. 1 (2009)

Feiling, Keith, *Warren Hastings*, London, 1954

Ferguson, Niall, *Empire: How Britain Made the Modern World*, London, 2003

Findly, Ellison Banks, *Nur Jehan: Empress of Mughal India*, New Delhi, 1993

Fisher, Michael H., *Beyond the Three Seas: Travellers' Tales of Mughal India*, New Delhi, 1987

Fisher, Michael, *The Travels of Dean Mahomet: An Eighteenth-Century Journey Through India*, Berkeley, 1997

Fisher, Michael, *Counterflows to Colonialism*, New Delhi, 2005

Fisher, Michael H., 'Diplomacy in India 1526–1858', in H. V. Bowen, Elizabeth Mancke and John G. Reid, *Britain's Oceanic Empire: Atlantic and Indian Ocean Worlds, c. 1550–1850*, Cambridge, 2012

Floor, Willem, 'New Facts on Nader Shah's Indian Campaign', in *Iran and Iranian Studies: Essays in Honour of Iraj Afshar*, ed. Kambiz Eslami, Princeton, 1998

Forrest, Denys, *Tiger of Mysore: The Life and Death of Tipu Sultan*, London, 1970

Forrest, George, *The Life of Lord Clive*, 2 vols, London, 1918

Foster, Sir William, 'The First Home of the East India Company', in *The Home Counties Magazine*, ed. W. Paley Baildon, FSA, vol. XIV (1912)

Foster, Sir William, *John Company*, London, 1926

Foster, Sir William, *England's Quest of Eastern Trade*, London, 1933

Furber, Holden, 'Rival Empires of Trade in the Orient, 1600–1800', in *Maritime India*, intro. Sanjay Subrahmanyam, New Delhi, 2004

Ghosh, Durba, *Sex and the Family in Colonial India: The Making of Empire*, Cambridge, 2006

Ghosh, Suresh Chandra, *The Social Condition of the British Community in Bengal*, Leiden, 1970

Goetzmann, William N., *Money Changes Everything: How Finance Made Civilisation Possible*, London, 2016

Gommans, Jos J. L., *The Rise of the Indo-Afghan Empire c.1710–1780*, New Delhi, 1999

Gordon, Stewart, 'The Slow Conquest: Administrative Integration of Malwa into the Maratha Empire, 1720–1760', in *Modern Asian Studies*, vol. 11, no. 1 (1977)

Gordon, Stewart, *The Marathas 1600–1818*, Cambridge, 1993

Gordon, Stewart, *Marathas, Marauders and State Formation in Eighteenth-Century India*, Delhi, 1998

Gordon, Stewart, 'Legitimacy and Loyalty in some Successor States of the Eighteenth Century', in John F. Richards, *Kingship and Authority in South Asia*, New Delhi, 1998

Gosha, Lokanatha, *The Modern History of the Indian Chiefs, Rajas, Zamindars, &C.*, Calcutta, 1881

Green, Nile, *Sufism: A Global History*, London, 2012

Grewal, J. S., *Calcutta: Foundation and Development of a Colonial Metropolis*, New Delhi, 1991

Grey, C., and Garrett, H. L. O., *European Adventurers of Northern India 1785–1849*, Lahore, 1929

Guha, Ranajit, *A Rule of Property for Bengal: An Essay on the Idea of Permanent Settlement*, Durham, NC, 1983

Gupta, Brijen K., *Sirajuddaullah and the East India Company, 1756–7*, Leiden, 1966

Gupta, Narayani, *Delhi Between Two Empires 1803–1931*, New Delhi, 1981

Gupta, Pratul C., *Baji Rao II and the East India Company*, New Delhi, 1939

Habib, Irfan, ed., *Resistance and Modernisation under Haidar Ali & Tipu Sultan*, New Delhi, 1999

Hall, Bert S., and De Vries, Kelly, 'Essay Review – The "Military Revolution" Revisited', *Technology and Culture*, no. 31 (1990)

Hallward, N. L., *William Bolts: A Dutch Adventurer Under John Company*, Cambridge, 1920

Hamilton, H., 'The Failure of the Ayr Bank, 1772', *Economic History Review*, 2nd series, vol. VIII (1955 6)

Hansen, Waldemar, *The Peacock Throne*, New Delhi, 1986

Haque, Ishrat, *Glimpses of Mughal Society and Culture*, New Delhi, 1992

Harding, David, *Small Arms of the East India Company 1600–1856*, 4 vols, London, 1997

Harris, Jonathan Gil, *The First Firangis*, Delhi, 2014

Harris, Lucian, 'Archibald Swinton: A New Source for Albums of Indian Miniature in William Beckford's Collection', *Burlington Magazine*, vol. 143, no. 1179 (June 2001), pp. 360–6

Hasan, Maulvi Zafar, *Monuments of Delhi*, New Delhi, 1920

Hasan, Mohibbul, *History of Tipu Sultan*, Calcutta, 1951

Hawes, Christopher, *Poor Relations: The Making of the Eurasian Community in British India 1773–1833*, London, 1996

Howard, Michael, *War in European History* (1976, reprint), Oxford, 1977

Husain, Ali Akbar, *Scent in the Islamic Garden: A Study of Deccani Urdu Literary Sources*, Karachi, 2000

Husain, Iqbal, *The Rise and Decline of the Ruhela Chieftaincies in 18th Century India*, Aligarh, 1994

Hutchinson, Lester, *European Freebooters in Moghul India*, London, 1964

Ives, Edward, *A Voyage From England to India in the Year 1754*, London, 1733

Jacob, Sarah, 'The Travellers' Tales: The travel writings of Itesamuddin and Abu Taleb Khan', in William A. Pettigrew and Mahesh Gopalan, *The East India Company, 1600–1857: Essays on Anglo-Indian Connection*, New York, 2017

Jasanoff, Maya, *Edge of Empire: Conquest and Collecting in the East, 1750–1850*, London, 2005

Jespersen, Knud J. V., 'Social Change and Military Revolution in Early Modern Europe: Some Danish Evidence', *Historical Journal*, vol. 26, no. 1 (1983)

Joseph, Betty, *Reading the East India Company*, New Delhi, 2006

Keay, John, *India Discovered*, London, 1981

Keay, John, *The Honourable Company: A History of the English East India Company*, London, 1991

Keay, Julia, *Farzana: The Woman Who Saved an Empire*, London, 2014

Khan, *Indian Muslim Perceptions of the West during the Eighteenth Century*, Karachi, 1998

Khan, Abdul Majed, *The Transition in Bengal 1756–1775*, Cambridge, 1969

Khan, Iqbal Ghani, 'A Book With Two Views: Ghulam Husain's "An Overview of Modern Times"', in Jamal Malik, ed., *Perspectives of Mutual Encounters in South Asian History, 1760–1860*, Leiden, 2000

Kincaid, Denis, *British Social Life in India up to 1938*, London, 1938

Kolff, Dirk, *Naukar, Rajput, and Sepoy*, London, 1992

Kuiters, Willem G. J., *The British in Bengal 1756–1773: A Society in Transition seen through the Biography of a Rebel: William Bolts (1739–1808)*, Paris, 2002

Kulkarni, G., and Kantak, M. R., *The Battle of Khardla: Challenges and Responses*, Pune, 1980

Kulkarni, Uday S., *Solstice at Panipat, 14 January 1761*, Pune, 2011

Kulkarni, Uday, *The Era of Baji Rao: An Account of the Empire of the Deccan*, Pune, 2017

Kumar, Ritu, *Costumes and Textiles of Royal India*, London, 1998

Lafont, Jean-Marie, 'Lucknow in the Eighteenth Century', in Violette Graff, ed., *Lucknow: Memories of a City*, Delhi, 1997

Lafont, Jean-Marie, *Indika: Essays in Indo-French Relations 1630–1976*, Manohar, Delhi, 2000

Lafont, Jean-Marie, and Lafont, Rehana, *The French & Delhi, Agra, Aligarh and Sardhana*, New Delhi, 2010

Laine, James W., *Shivaji: Hindu King in Islamic India*, Oxford, 2003

Lal, John, *Begam Samru: Fading Portrait in a Gilded Frame*, Delhi, 1997

Lal, K. Sajjun, *Studies in Deccan History*, Hyderabad, 1951

Lal, K. S., *The Mughal Harem*, New Delhi, 1988

Lane-Poole, Stanley, *Aurangzeb and the Decay of the Mughal Empire*, London, 1890

Leach, Linda York, *Mughal and Other Paintings from the Chester Beatty Library*, London, 1995

Lenman, Bruce, and Lawson, Philip, 'Robert Clive, the "Black Jagir" and British Politics', in *Historical Journal*, vol. 26, no. 4 (December 1983)

Lenman, Bruce P., *Britain's Colonial Wars 1688–1783*, New York, 2001

Leonard, Karen, 'The Hyderabad Political System and Its Participants', *Journal of Asian Studies*, vol. 30, no. 3 (1971)

Leonard, Karen, 'The Great Firm Theory of the Decline of the Mughal Empire', *Comparative Studies in Society and History*, vol. 21, no. 2 (1979)

Leonard, Karen, 'Banking Firms in Nineteenth-Century Hyderabad Politics', *Modern Asian Studies*, vol. 15, no. 2 (1981)

Little, J. H., *The House of Jagat Seth*, Calcutta, 1956

Llewellyn-Jones, Rosie, *A Fatal Friendship: The Nawabs, the British and the City of Lucknow*, Delhi, 1982

Llewellyn-Jones, Rosie, *A Very Ingenious Man: Claude Martin in Early Colonial India*, Delhi, 1992

Llewellyn-Jones, Rosie, *Engaging Scoundrels: True Tales of Old Lucknow*, New Delhi, 2000

Lockhardt, Laurence, *Nadir Shah*, London, 1938

Losty, J. P., 'Towards a New Naturalism: Portraiture in Murshidabad and Avadh, 1750–80', in Barbara Schmitz, ed., *After the Great Mughals: Painting in Delhi and the Regional Courts in the 18th and 19th Centuries*, Mumbai, 2002

Losty, J. P., 'Murshidabad Painting 1750–1820', in Neeta Das and Rosie Llewellyn-Jones, *Murshidabad: Forgotten Capital of Bengal*, Mumbai, 2013

Losty, J. P., 'Eighteenth-century Mughal Paintings from the Swinton Collection', *Burlington Magazine*, vol. 159, no. 1375, October 2017

Losty, J. P., and Roy, Malini, *Mughal India: Art, Culture and Empire*, London, 2012

Love, H. D., *Vestiges of Old Madras*, 2 vols, London, 1913

Maddison, Angus, *Contours of the World Economy, 1–2030 AD: Essays in Macro-Economic History*, Oxford, 2007

Malik, Jamaled, *Perspectives of Mutual Encounters in South Asian History, 1760–1860*, Leiden, 2000

Malik, Zahir Uddin, *The Reign of Muhammad Shah, 1719–1748*, Aligarh, 1977

Mansingh, Gurbir, 'French Military Influence in India', in *Reminiscences: The French in India*, New Delhi, 1997

Marshall, P. J., *Problems of Empire: Britain and India 1757–1813*, London, 1968

Marshall, P. J., ed., *The British Discovery of Hinduism*, Cambridge, 1970

Marshall, P. J., *East India Fortunes: The British in Bengal in the Eighteenth Century*, Oxford, 1976

Marshall, P. J., *Bengal: The British Bridgehead – Eastern India 1740–1828*, Cambridge, 1987

Marshall, P. J., 'Cornwallis Triumphant: War in India and the British Public in the Late Eighteenth Century', in Lawrence Freeman, Paul Hayes and Robert O'Neill, eds, *War, Strategy and International Politics*, Oxford, 1992

Marshall, P. J., 'British Society under the East India Company', in *Modern Asian Studies*, vol. 31, no. 1 (1997)

Marshall, P. J., 'The British in Asia: Trade to Dominion, 1700–1765', in P. J. Marshall, ed., *The Oxford History of the British Empire*, vol. 2, *The Eighteenth Century*, Oxford, 1998

Marshall, P. J., 'The English in Asia to 1700', in Nicholas Canny, *The Oxford History of the British Empire*, vol. 1, *The Origins of Empire*, Oxford, 1998

Marshall P. J., ed., *The Eighteenth Century in Indian History: Evolution or Revolution?*, New Delhi, 2003

Marshall, P. J., *The Making and Unmaking of Empires: Britain, India and America c. 1750–1783*, Oxford, 2005

Matar, Nabil, *Turks, Moors & Englishmen in the Age of Discovery*, New York, 1999

Mather, James, *Pashas: Traders and Travellers in the Islamic World*, London, 2009

McLane, John R., *Land and Local Kingship in Eighteenth-Century Bengal*, Cambridge, 1993

Michaud, J., *History of Mysore Under Haidar Ali and Tippoo Sultan*, trans. V. K. Raman Menon, Madras, 1924

Micklethwait, John, and Wooldridge, Adrian, *The Company: A Short History of a Revolutionary Idea*, London, 2003

Milton, Giles, *Nathaniel's Nutmeg or, The True and Incredible Adventures of the Spice Trader Who Changed the Course of History*, London, 1999

Mishra, Rupali, *A Business of State: Commerce, Politics and the Birth of the East India Company*, Harvard, 2018

Moin, A. Azfar, *The Millennial Sovereign: Sacred Kingship & Sainthood in Islam*, Columbia, 2014

Moon, Sir Penderel, *Warren Hastings and British India*, London, 1947

Moon, Sir Penderel, *The British Conquest and Dominion of India*, London, 1989

Moosvi, Shireen, *Economy of the Mughal Empire, c.1595: A Statistical Study*, New Delhi, 1987

Moreland, W. H., 'From Gujerat to Golconda in the Reign of Jahangir', in *Journal of Indian History*, vol. XVII (1938)

Morris, James, *Heaven's Command: An Imperial Progress*, London, 1973

Mount, Ferdinand, *Tears of the Rajas: Mutiny, Money and Marriage in India 1805–1905*, London, 2016

Moynihan, Elizabeth B., *Paradise as a Garden in Persia and Mughal India*, New York, 1979

Mukherjee, S. N., *Sir William Jones: A Study in Eighteenth-Century Attitudes to India*, Cambridge, 1968

Mukherjee, Tilottama, 'The Coordinating State and the Economy: the Nizamat in Eighteenth-Century Bengal', in *Modern Asian Studies*, vol. 43, no. 2 (2009)

Mukherjee, Tilottama, *Political Culture and Economy in Eighteenth-Century Bengal: Networks of Exchange, Consumption and Communication*, New Delhi, 2013

Mukhopadhyay, S. C., *British Residents at the Darbar of Bengal Nawabs at Murshidabad 1757–1772*, Delhi (n.d.)

Nayeem, M. A., *Mughal Administration of the Deccan under Nizamul Mulk Asaf Jah (1720–48)*, Bombay, 1985

Nechtman, Tillman W., 'A Jewel in the Crown? Indian Wealth in Domestic Britain in the Late Eighteenth Century', *Eighteenth-Century Studies*, vol. 41, no. 1 (2007)

Nechtman, Tillman W., *Nabobs: Empire and Identity in Eighteenth-Century Britain*, Cambridge, 2018

Nilsson, Sten, *European Architecture in India 1750–1850*, London, 1968

Otis, Andrew, *Hicky's Bengal Gazette: The Untold Story of India's First Newspaper*, Chennai, 2018

Owen, Sidney J., *The Fall of the Mughal Empire*, London, 1912

Pannikar, K. N., *British Diplomacy in Northern India: A Study of the Delhi Residency 1803–1857*, New Delhi, 1968

Parker, Geoffrey, *The Military Revolution*, Oxford, 1988

Pearse, Colonel Hugh, *Memoir of the Life and Military Services of Viscount Lake*, London, 1908

Pearson, M. N., *The New Cambridge History of India*, I.1, *The Portuguese in India*, Cambridge, 1987

Peers, D., 'State, Power and Colonialism', in Douglas Peers and Nandini Gooptu, eds, *India and the British Empire*, Oxford, 2012

Pelò, Stephano, 'Drowned in the Sea of Mercy. The Textual Identification of Hindu Persian Poets from Shi'i Lucknow in the Tazkira of Bhagwan Das "Hindi"', in Vasudha Dalmia and Munis D. Faruqui, eds, *Religious Interactions in Mughal India*, New Delhi, 2014

Pemble, John, 'Resources and Techniques in the Second Maratha War', *Historical Journal*, vol. 19, no. 2 (June 1976), pp. 375–404

Pernau, Margrit, Rajamani, Imke, and Schofield, Katherine, *Monsoon Feelings*, New Delhi, 2018

Philips, C. H., 'Clive in the English Political World, 1761–64', in *Bulletin of the School of Oriental and African Studies, University of London*, vol. 12, no. 3/44, Oriental and African Studies Presented to Lionel David Barnett by His Colleagues, Past and Present (1948)

Phillips, Jim, 'A Successor to the Moguls: The Nawab of the Carnatic and the East India Company, 1763–1785', *International History Review*, vol. 7, no. 3 (August 1985), pp. 364–89

Pinch, William, *Warrior Ascetics and Indian Empires*, Cambridge, 2006

Pitts, Jennifer, *A Turn to Empire: The Rise of Imperial Liberalism in Britain and France*, Princeton, 2005

Prakash, Om, *The Dutch East India Company and the Economy of Bengal, 1630–1720*, Princeton, 1985

Prakash, Om, 'Manufacturing in Eighteenth-Century Bengal', in Giorgio Riello and Tirthankar Roy, eds, *How India Clothed the World: The World of South Asian Textiles, 1500–1800*, Leiden, 2013

Pritchett, Frances W. P., *Nets of Awareness: Urdu Poetry and Its Critics*, Berkeley and Los Angeles, 1994

Qanungo, K. R., *History of the Jats*, Calcutta, 1925

Qanungo, K. R., 'Fragment of a Bhao Ballad in Hindi', *Historical Essays*, Calcutta, 1968

Rao, P. Setu Madhava, *Eighteenth Century Deccan*, Bombay, 1963

Rao, Velcheru Narayana, Shulman, David, and Subrahmanyam, Sanjay, *Textures of Time: Writing History in South India 1600–1800*, New York, 2003

Ray, Aniriddha, ed., *Tipu Sultan and his Age: A Collection of Seminar Papers*, Calcutta, 2002

Ray, Rajat Kanta, 'Race, Religion and Realm', in M. Hasan and N. Gupta, *India's Colonial Encounter*, Delhi, 1993

Ray, Rajat Kanta, 'Indian Society and the Establishment of British Supremacy, 1765–1818', in P. J. Marshall, *The Eighteenth Century*, Oxford, 1998

Ray, Rajat Kanta, *The Felt Community: Commonality and Mentality before the Emergence of Indian Nationalism*, New Delhi, 2003

Regani, Sarojini, *Nizam-British Relations 1724–1857*, New Delhi, 1963

Richards, J. F., 'Early Modern India and World History', *Journal of World History*, vol. 8, no. 2 (1997)

Richards, J. F., 'Mughal State Finance and the Premodern World Economy', in *Comparative Studies in Society and History*, vol. 23, no. 2 (1981)

Richards, J. F., 'The Seventeenth-Century Crisis in South Asia', in *Modern Asian Studies*, vol. 24, no. 4 (1990)

Richards, John F., *Kingship and Authority in South Asia*, New Delhi, 1998

Richards, J. F., *The Unending Frontier: An Environmental History of the Early Modern World*, Berkeley, 2003

Rizvi, Sayid Athar Abbas, *Shah Walli-Allah And His Times*, Canberra, 1980

Rizvi, Sayid Athar Abbas, *Shah 'Abd al'Aziz: Puritanism, Sectarianism and Jihad*, Canberra, 1982

Robb, Peter, *Clash of Cultures? An Englishman in Calcutta*, Inaugural Lecture, 12 March 1998, London, 1998

Roberts, Andrew, *Napoleon and Wellington*, London, 2001

Robins, Nick, *The Corporation That Changed the World: How the East India Company Shaped the Modern Multinational*, London, 2006

Roy, Kaushik, 'Military Synthesis in South Asia: Armies, Warfare, and Indian Society, c. 1740–1849', in *Journal of Military History*, vol. 69, no. 3 (July 2005)

Roy, Tirthankar, *The East India Company: The World's Most Powerful Corporation*, New Delhi, 2012

Russell, Ralph, *Hidden in the Lute: An Anthology of Two Centuries of Urdu Literature*, New Delhi, 1995

Saksena, Ram Babu, *European & Indo-European Poets of Urdu & Persian*, Lucknow, 1941

Sardesai, Govind Sakharam, *A New History of the Marathas*, 3 vols, Poona, 1946

Sarkar, Bihani, 'Traveling Tantrics and Belligerent Brahmins: The Sivarajyabhiṣekakalpataru and Sivaji's Tantric consecration', for the conference on *Professions in motion: culture, power and the politics of mobility in 18th-century India*, St Anne's College, Oxford, 2 June 2017 (forthcoming)

Sarkar, Jadunath, ed., *The History of Bengal*, vol. II, *The Muslim Period 1200 AD–1757 AD*, New Delhi, 1948

Sarkar, Jadunath, *Bengal Nawabs*, trans. Jadunath Sarkar, Calcutta, 1952

Sarkar, Jadunath, ed., *Persian Records of Maratha History*, 1, *Delhi Affairs (1761–1788)*, Bombay, 1953

Sarkar, Jadunath, *Nadir Shah in India*, Calcutta, 1973

Sarkar, Jadunath, *Fall of the Mughal Empire*, 4 vols, New Delhi, 1991

Sarkar, Jadunath, 'General Raymond of the Nizam's Army', in Mohammed Taher, ed., *Muslim Rule in Deccan*, Delhi, 1997

Saroop, Narindar, *A Squire of Hindoostan*, New Delhi, 1983

Scammell, G. V., *The World Encompassed: The First European Maritime Empires*, London, 1981

Scammell, G. V., 'European Exiles, Renegades and Outlaws and the Maritime Economy of Asia c.1500–1750', in *Modern Asian Studies*, vol. 26, no. 4 (1992)

Schimmel, Annemarie, *Islam in the Indian Subcontinent*, Leiden-Köln, 1980

Schmitz, Barbara, ed., *After the Great Mughals: Painting in Delhi and the Regional Courts in the 18th and 19th Centuries*, Mumbai, 2002

Schofield, Katherine, and Lunn, David, 'Delight, Devotion and the Music of the Monsoon at the Court of Emperor Shah Alam II', in Margit Pernau, Imke Rajamani and Katherine Schofield, *Monsoon Feelings*, New Delhi, 2018

Scott, William Robert, *The Constitution and Finance of English, Scottish and Irish Joint Stock Companies to 1720*, 3 vols, Cambridge, 1912

Sen, A., 'A Pre-British Economic Formation in India of the Late Eighteenth Century', in Barun De, ed., *Perspectives in Social Sciences*, I, *Historical Dimensions*, Calcutta, 1977

Sen, S. N., *Anglo-Maratha Relations during the Administration of Warren Hastings*, Madras, 1974

Sen, S. P., *The French in India, 1763–1816*, Calcutta, 1958

Shapiro, James, *1599: A Year in the Life of William Shakespeare*, London, 2005

Shreeve, Nicholas, *Dark Legacy*, Arundel, 1996

Singh, Ganda, *Ahmed Shah Durrani*, Delhi, 1925

Singh, Ganda, 'Colonel Polier's Account of the Sikhs', *The Panjab Past and Present*, 4 (1970)

Singh, Kavita, *Real Birds in Imagined Gardens: Mughal Painting between Persia and Europe*, Los Angeles, 2017

Spear, Percival, *The Twilight of the Moghuls*, Cambridge, 1951

Spear, Percival, *The Nabobs*, Cambridge, 1963

Spear, Percival, *Master of Bengal: Clive and his India*, London, 1975

Spear, T. G. P., 'The Mogul Family and the Court in 19th-Century Delhi', in *Journal of Indian History*, vol. XX (1941)

Srivastava, Ashirbadi Lal, *Shuja ud-Daula*, vol. 1, *1754–1765*, Calcutta, 1939

Stein, Burton, 'State Formation and Economy Reconsidered', *Modern Asian Studies*, vol. 19, no. 3, Special Issue: Papers Presented at the Conference on Indian Economic and Social History, Cambridge University, April 1984 (1985)

Stein, Burton, 'Eighteenth Century India: Another View', *Studies in History*, vol. 5, issue 1 (1989)

Stern, Philip J., *The Company State: Corporate Sovereignty & the Early Modern Foundations of the British Empire in India*, Cambridge, 2011

Strachan, Hew, *European Armies and the Conduct of War* (1983; reprint), London, 1993

Strachan, Michael, *Sir Thomas Roe 1581–1644*, Salisbury, 1989

Strachey, Edward, 'The Romantic Marriage of James Achilles Kirkpatrick, Sometime British Resident at the Court of Hyderabad', in *Blackwood's Magazine*, July 1893

Strachey, Sir John, *Hastings and the Rohilla War*, Oxford, 1892

Subrahmanyam, Sanjay, *Improvising Empire: Portuguese Trade and Settlement in the Bay of Bengal 1500–1700*, Delhi, 1990

Subrahmanyam, Sanjay, *The Portuguese Empire in Asia: A Political and Economic History*, London, 1993

Subrahmanyam, Sanjay, 'Connected Histories: Notes Towards a Reconfiguration of Early Modern Eurasia', *Modern Asian Studies*, vol. 31, no. 3 (1997)

Subrahmanyam, Sanjay, 'Un Grand Derangement: Dreaming An Indo-Persian Empire in South Asia, 1740–1800', *Journal of Early Modern History*, vol. 4, nos. 3–4 (2000)

Subrahmanyam, Sanjay, *Penumbral Visions: Making Politics in Early Modern South India*, Michigan, 2001

Subramanian, Lakshmi, 'Banias and the British: the role of indigenous credit in the Process of Imperial Expansion in Western India in the second half of the Eighteenth century', *Modern Asian Studies*, vol. 21, no. 3 (1987)

Subramanian, Lakshmi, and Ray, Rajat K., 'Merchants and Politics: From the Great Mughals to the East India Company', in Dwijendra Tripathi, *Business and Politics in India*, New Delhi, 1991

Subramanian, Lakshmi, 'Arms and the Merchant: The Making of the Bania Raj in Late Eighteenth-Century India', *South Asia*, vol. XXIV, no. 2 (2001), pp. 1–27

Sutherland, Lucy, *The East India Company in Eighteenth-Century Politics*, Oxford, 1952

Teltscher, Kate, *India Inscribed: European and British Writing on India 1600– 1800*, Oxford, 1995

Tharoor, Shashi, *Inglorious Empire: What the British Did in India*, New Delhi, 2016

Timberg, Thomas A., *The Marwaris: From Jagat Seth to the Birlas*, New Delhi, 2014

Travers, Robert, *Ideology and Empire in Eighteenth Century India: The British in Bengal*, Cambridge, 2007

Tripathi, Amales, *Trade and Finance in the Bengal Presidency, 1793–1833*, Calcutta, 1979

Trivedi, Madhu, *The Making of the Awadh Culture*, New Delhi, 2010

Truschke, Audrey, *Aurangzeb: The Man and the Myth*, New Delhi, 2017

Vartavarian, Mesrob, 'An Open Military Economy: The British Conquest of South India Reconsidered, 1780–1799', *Journal of the Economic and Social History of the Orient*, vol. 57, no. 4 (2014)

Ward, Andrew, *Our Bones Are Scattered*, London, 1996

Washbrook, D. A., 'Progress and Problems: South Asian Economic and Social History c. 1720–1860', in *Modern Asian Studies*, vol. 22, no. 1 (1988)

Weitzman, Sophia, *Warren Hastings and Philip Francis*, Manchester, 1929

Weller, Jac, *Wellington in India*, London, 1972

Wheatley, Captain G. R. P., 'The Final Campaign against Tipu', *Journal of the United Services Institute*, no. 41 (1912)

Wilbur, Marguerite Eyer, *The East India Company and the British Empire in the Far East*, New York, 1945

Wilkinson, Theon, *Two Monsoons*, London, 1976

Willson, Beckles, *Ledger and Sword: The Honourable Company of Merchants of England Trading to the East Indies 1599–1874*, 2 vols, London, 1903

Wilson, Jon, 'A Thousand Countries to go to: Peasants and rulers in late eighteenth-century Bengal', *Past and Present*, no. 189, November 2005

Wilson, Jon, *India Conquered: Britain's Raj and the Chaos of Empire*, London, 2016

Wink, André, 'Maratha Revenue Farming', in *Modern Asian Studies*, vol. 17, no. 4 (1983)

Young, Desmond, *Fountain of Elephants*, London, 1959

Zaidi, S. Inayat, 'European Mercenaries in the North Indian armies 1750–1803 AD', in *The Ninth European Conference on Modern South Asian Studies*, Heidelberg, 9–12 July 1986

Zaidi, S. Inayat, 'French Mercenaries in the Armies of South Asian States 1499–1803', in *Indo-French Relations: History and Perspectives*, Delhi, 1990

图片版权

Nader Shah with Emperor Muhammad Shah Rangila: © RMN-
Grand Palais (MNAAG, Paris)/Thierry Ollivier
Mughal Prince on the terrace of the Red Fort: © William
Dalrymple
Aerial view over the Red Fort: © British Library Board. All Rights
Reserved/Bridgeman Images
A Leisurely Ride by Nainsukh: © Victoria and Albert
Museum, London
Europeans Besiege a City: © The Trustees of the Chester Beatty
Library, Dublin CBL In 59.10
A scene at a Murshidabad shrine: © British Library Board. All Rights
Reserved/Bridgeman Images
Above the Hughli near Murshidabad, detail: © The Trustees of the
Chester Beatty Library, Dublin CBL In 69.10
The palaces of Faizabad: The David Collection, Copenhagen/
Photographer: Pernille Klemp 46/1980
Aliverdi Khan goes hawking: © British Library Board. All Rights
Reserved/Bridgeman Images
*Aliverdi Khan with his nephews and grandsons on a terrace,
Murshidabad:* © Victoria and Albert Museum, London
Siraj ud-Daula and women: Collection of Czaee Shah, Image ©
2017 Christie's Images Limited
Siraj ud-Daula dancing: © 2017 Christie's Images Limited
Shahmat Jang enjoys a musical performance: Lent by the Estate of
the late Major General Sir John Swinton. Photography by John
McKenzie for L&T
Siraj ud-Daula rides off to war: Lent by the Estate of the late Major
General Sir John Swinton. Photography by John McKenzie
for L&T
Ghulam Hussain Khan: © The Bodleian Libraries, The University of
Oxford MS. Douce Or. a. 3, fol. 16r
Robert Clive at the Battle of Plassey by William Heath: © National
Army Museum, London/Bridgeman Images
Mir Jafar Khan, 1760: © Victoria and Albert Museum, London
Lord Robert Clive, c. 1764 by Thomas Gainsborough © National
Army Museum, London/Bridgeman Images

SECTION 2

Shah Alam II: © British Library Board. All Rights Reserved/
Bridgeman Images

Mir Jafar and his son: © Victoria and Albert Museum, London

Mir Jafar: © William Dalrymple

Mir Qasim: © William Dalrymple

Khoja Gregory, known as Gurghin Khan: © Victoria and Albert
Museum, London

Official in Discussion with a Nawab: © Ashmolean Museum,
University of Oxford

A Palladian house and garden: © British Library Board. All Rights
Reserved/Bridgeman Images

View of Government House and Esplanade Road: © British Library
Board. All Rights Reserved/Bridgeman Images

Ashraf Ali Khan by Dip Chand: © British Library Board. All Rights
Reserved/Bridgeman Images

Muttubby by Dip Chand: © British Library Board. All Rights
Reserved/Bridgeman Images

Procession of Nawab Shuja ud-Daula: © The Bodleian Libraries, The
University of Oxford MS. Douce Or. a. 3, fol. 4r

Captain James Tod rides an elephant: © Victoria and Albert
Museum, London

Sir Hector Munro, attributed to David Martin: © National Portrait
Gallery, London

Madras sepoys: © National Army Museum, London/
Bridgeman Images

British Officer in a Palanquin: © British Library Board. All Rights
Reserved/Bridgeman Images

A Military Officer of the East India Company: © Victoria and Albert
Museum, London

Robert Clive: © National Portrait Gallery, London

The Young Warren Hastings: © National Portrait Gallery, London

Shah Alam Conveying the Gift of the Diwani to Lord Clive: © British
Library Board. All Rights Reserved/Bridgeman Images

Shah Alam reviewing the Troops of the East India Company: By kind
permission of the Trustees of Victoria Memorial Hall, Kolkata

Shuja ud-Daula, Nawab of Avadh: By kind permission of the Trustees of Victoria Memorial Hall, Kolkata
The royal procession of Shah Alam: © Victoria and Albert Museum, London
Nana Phadnavis by James Wales: By kind permission of the Trustees of Victoria Memorial Hall, Kolkata

SECTION 3

Sepoys of the Madras Infantry: © Victoria and Albert Museum, London
The Battle of Pollilur: Mary Evans/© Otto Money (photography by AIC Photographic Services)
Edmund Burke: © National Portrait Gallery, London
Philip Francis: © National Portrait Gallery, London
Warren Hastings: © National Portrait Gallery, London
The Impeachment of Warren Hastings: © British Library Board. All Rights Reserved/Bridgeman Images
Mahadji Scindia in Delhi: © British Library Board. All Rights Reserved/Bridgeman Images
Qudsia Bagh Palace: © Victoria and Albert Museum, London
The blind Shah Alam II: © Victoria and Albert Museum, London
Tipu Sultan on his elephant, detail of the Battle of Pollilur: Mary Evans/ © Otto Money (Photography by AIC Photographic Services)
Lord Cornwallis receiving the sons of Tipu Sultan: By kind permission of the Trustees of Victoria Memorial Hall, Kolkata
Tipu Sultan: © Private Collection, USA, image courtesy of Oliver Forge & Brendan Lynch Ltd
A View of the East India Docks: © British Library Board. All Rights Reserved/Bridgeman Images
Mahadji Scindia: © British Library Board. All Rights Reserved/ Bridgeman Images
Daulat Rao: © Victoria and Albert Museum, London
Richard Wellesley by John Philip 'Pope' Davis: © National Portrait Gallery, London
Arthur Wellesley by Robert Home: © National Portrait Gallery, London

The Duke of Wellington on Campaign in the Deccan: © Private Collection
Two armies drawn up in combat: © The Trustees of the Chester Beatty Library, Dublin CBL In 64.17

索 引

（索引中的页码为本书页边码）

图书在版编目（CIP）数据

无政府：东印度公司的崛起／（英）威廉·达尔林
普尔（William Dalrymple）著；陆大鹏，刘晓晖译. --
北京：社会科学文献出版社，2023. 7
书名原文：The Anarchy：The Relentless Rise of
the East India Company
ISBN 978-7-5228-0879-6

Ⅰ.①无… Ⅱ.①威… ②陆… ③刘… Ⅲ.①东印度
公司（英国）-历史 Ⅳ.①F755. 619

中国版本图书馆 CIP 数据核字（2022）第 254794 号

无政府：东印度公司的崛起

著　　者／〔英〕威廉·达尔林普尔（William Dalrymple）
译　　者／陆大鹏　刘晓晖

出 版 人／王利民
责任编辑／刘　娟　沈　艺
责任印制／王京美

出　　版／社会科学文献出版社·甲骨文工作室（分社）（010）59366527
　　　　　　地址：北京市北三环中路甲 29 号院华龙大厦　邮编：100029
　　　　　　网址：www. ssap. com. cn
发　　行／社会科学文献出版社（010）59367028
印　　装／南京爱德印刷有限公司

规　　格／开　本：889mm×1194mm　1/32
　　　　　　印　张：22.875　插　页：1.5　字　数：515 千字
版　　次／2023 年 7 月第 1 版　2023 年 7 月第 1 次印刷
书　　号／ISBN 978-7-5228-0879-6
著作权合同
登 记 号　　／图字 01-2020-2598 号
定　　价／138.00 元

读者服务电话：4008918866